The General History
of the World

最新整理图文珍藏版

世界通史

图文再现世界"四史"　温故知新人类文明

中国书店

苏美尔地区的统一

君主制的建立，为整个苏美尔地区的统一奠定了政治基础。与此同时，统一的物质条件和舆论也逐渐成熟了。当时整个苏美尔地区以幼发拉底河为主干，形成了一个完善的水利系统，它不仅对农业，而且对商业也有很大促进。手工业也有长足的进步。而商人则早已将苏美尔的物资远销印度、小亚等地。当时各邦的争霸，表面上是各邦统治者为了争夺土地、劳力和水利工程控制权而进行的残酷战争，实际上却反映了各邦人民要求统一，以从事正常生产、生活的愿望。而苏美尔自古以来也就存着许多有利于统一的因素：如各国人民都有共同的称呼——"黔首"；共同的宗教信仰，以尼普尔城恩利尔神为最高主神；共同的文化，经过上千年的民族融合，形成了以楔形文字为代表的苏美尔文化，居民自视一体，没有畛域之分。因此，到早王朝晚期，各邦开始由割据混战走向兼并统一。

苏美尔统一的过程，大概可分为三个阶段。首先是整个地区

经过几百年的混战，形成南北两个军事联盟：一个是以乌尔—乌鲁克为霸主的南方同盟；一个是以基什为霸主的北方同盟。它们分别联合了南北各邦（拉格什除外）。第二个阶段是由温马统治者卢伽尔扎萨西所进行的初步统一。他首先获得南方的霸权，随后兴兵北上，征服基什，初步统一了苏美尔地区。卢伽尔扎萨西的胜利，反映了人民困于战争、渴望统一的要求。但是，他在胜利之后所建立的是一种邦联性质的政治结构，和军事同盟相去不远，并没有建立起统一的国家，因而其统治并不稳定。就在他倾尽全力与其宿敌拉格什苦战、无暇他顾时，基什王萨尔贡乘机崛起，逐步统一南北各邦，并将其击败，作为献祭送往尼普尔城恩利尔神庙。萨尔贡后来在苏美尔北部地区兴建阿卡德城作为他所建立的新国家的首都。这个国家，这个地区和建立这个国家的闪族人，后来都以该城之名而名，整个苏美尔地区在萨尔贡的统治下，第一次统一起来了。苏美尔城邦时期过去了。古代西亚第一个中央集权的奴隶制大国——阿卡德王国出现了。

公元前 24 世纪苏美尔城市国

家拉格什的首脑乌鲁卡基那（约公元前2378~前2371年在位）所实行的改革，是现知世界历史上最早的一次大规模社会改革。由于记载改革的铭文及一些记述有关情况的文献较好地保存了下来，使我们对这个早期奴隶制国家这场改革的情况，能有一个大体明确的了解。在世界各国早期奴隶制时代的历史中，其他国家或全无类似记载，或虽提到改革而记载不详。

拉格什城初建于公元前4000年代中叶。公元前28世纪，它已以城市国家的面貌出现于历史舞台。公元前26世纪，乌尔·南希建立起乌尔·南希王朝。这个王朝共经六代恩西（ENSI，国家首脑的称呼，原意为"率领人们从事建筑的祭司"，后来意为"首领"，是国家主神在世间的代理人，其权力受到贵族的限制），即乌尔·南希、阿库尔格尔、安那吐姆、埃安那吐姆一世、恩铁美那、埃安那吐姆二世。以后，不属于乌尔·南希家族的埃冷塔西、卢伽尔安达先后为恩西。安那吐姆、恩铁美那当政时，拉格什与温马发生战争，温马战败，向拉格什缴纳贡赋，拉格什一度在苏美尔部分地区称霸。卢伽尔安达当政时，国内动荡，对外未见有什么大事。

公元前20世纪初拉格什可灌溉土地的面积约2000平方公里，人口总数（包括奴隶）约15万。除两个主要城市外，拉格什郊区有西拉兰、吉尼尼尔、巴尔巴尔、古阿当等小的政治宗教中心。从这时农民耕种份地看，农村公社还存在，土地还以公有制为主。小的政治宗教中心即为公社中心，现可列名的为14个。社会细胞是个体家庭和家族，个体家庭已占优势。

当时拉格什主要有三个阶级：一是奴隶主贵族，包括恩西、其他世俗贵族和上层僧侣；二是平民（公社普通成员）；三是奴隶。恩西、大官占有奴隶和大片土地，有一个官员占地达51甘（一甘合5.31市亩），比普通平民多几十倍。神庙经济在拉格什经济中居于重要地位。国家主神宁吉尔苏的妻子巴乌女神神庙占地约730余甘（合3880余市亩），有大批奴隶和平民为其劳动。奴隶数达400多人，加上从事体力劳动的平民、书手、记账人、经商人员，约有1200人左右。寺庙经济由上层僧侣控制，已是一种剥削劳动人民的经济形态，但还有公社共同体公有经济的成分。土地还不属于恩西、上层僧侣个人私有。

改革铭文和其他文献中的"伊格·路·杜"（Iginu－duh）意译为"不抬眼的人"或"盲人"。有的学者认为伊格·路·杜是贵族或半自由人。但从这种人常被买卖、按几头或几只计数、担负繁重劳动等情况来看，他们大多数应是奴隶，只有少数例外。

改革铭文和其他文献中还有一种人音译为"苏不路伽尔"（Sub－Lugal），意译颇不一致。各家不同译法和解释主要有：（一）"兵士"；（二）"农奴"；（三）"依附民"；（四）"屈节和匍伏于主人面前的人"；（五）认为其地位接近于苏路帕克（苏美尔城市国家之一）的"古鲁什"，是农村公社成员，劳动者，同时又是一般战士。现在不同译解还没有一致起来。弄清"苏不路伽尔"的身份是正确认识改革的关键问题之一。改革铭文提到这种人"掘井"，可见是劳动者；又提到改革前他们受到欺压。改革铭文以外的文献对弄清这种人的身份非常重要。当时神庙有这种人，神庙外也有。他们一般都耕种份地，这很能说明他们的身份是公社成员；他们主要从事农业，具体从事耕种、播种、灌溉、运粮等劳动，也从事畜牧、捕鱼、手工、建筑等事业，在买卖人口的契约中，未见有买卖苏不路伽尔的记载。在平时，他们是普通劳动者；在战时，他们应征组成轻装兵，地位低于由贵族子弟组成的重装兵。因以上种种情况，我们认为这种人的身份，上述第五种解释较符合实际，这种人受剥削、欺压，但身份是自由人，不是"农奴"、"依附民"；主要身份是劳动者，故也不宜译为"士兵"。

改革前苏不路伽尔的经济地位已严重分化，其中有的全年为神庙劳动，领取口粮。在神庙内的一般占份地1.4甘，已较贫穷；神庙外有的有份地2至4甘不等，也不富裕。个别的占地18甘，较富有，但不审详情。多数苏不路伽尔在改革前日益贫困，显然是改革面临的主要社会问题。

卢伽尔安达的暴虐统治加剧了拉格什的阶级矛盾。一方面，国家和当权者加紧压榨平民，增加了捐税，并分派官吏到生产现场征收。"从宁吉尔苏边境以至于海，到处都有收税人。"管理船民、牧人、渔民的官员由被管理者养活，跟到牧场征收驴羊，跟

最新整理图文珍藏版

到渔船上渔网中取鱼，甚至夺取驴羊、船只和渔场；手工业者负担捐税过重而乞讨面包；凡剪得白羊毛必须交给国家或缴纳难得的银子；长官以买为名，侵吞其所管平民的房子、好驴；掌管食品的僧侣进入贫苦妇人的园子强取树木和果子，等等。这加剧了贵族当权集团和平民的矛盾。另一方面，卢伽尔安达把宁吉尔苏神庙及其经济从上层僧侣手中夺归自己直接掌管，把巴乌神庙及其经济夺归其妻巴拉娜姆达姆名下，把拉格什郊区神庙夺归其子名下，使上层僧侣的权益受到严重损害。这又大大加剧了统治阶级内部僧侣贵族和当权贵族的矛盾。与此同时，社会其他矛盾也日益尖锐化。债权人欺压债务人；死者的家庭负担的殡葬费异常沉重；孤儿寡妇备受欺凌；盗窃、强夺、杀人案件增多。这一切，使拉格什社会已难以照旧维持下去。

经过一场斗争，卢伽尔安达的统治被推翻，乌鲁卡基那取得了政权。现未见正面记载这场斗争的具体经过和形式的文献，但从有关事实看，这次政权改变是通过暴力实现的，在卢伽尔安达统治时，重装兵是恩西和贵族统治的支柱，由国家和巴乌神庙供养。乌鲁卡基那执政后，供给重装兵的口粮只占原有总数的1/3，重装兵的大部分从经济报表中消失了。看来，这2/3重装兵是在战斗中被击溃，余下的一小部分站到了新政权的一边。同时，乌鲁卡基那执政第一年给轻装士兵苏不路伽尔的口粮，从过去每人每月72西拉（1西拉约合1.75公升）增加到144西拉。还有，以后乌鲁卡基那与温马作战，也以轻装兵为主要力量。

乌鲁卡基那出身贵族家庭，他的父亲恩格尔沙做过乌尔·南希王朝的高级官员，他的妻子莎克莎克是埃冷塔西的姊妹，卢伽尔安达的姑母。他开始执政时，已有两个儿子、四个女儿。儿子的名字为埃里吉阿克、埃克拉姆特，女儿的名字为基姆巴乌、基姆达尔西尔希尔、姆·尼娜和莎丽莎卡。经济文献提到姆·尼娜的男奴隶19人，女奴隶17人，莎丽莎卡有男奴隶8人，女奴隶10人。他的另一对儿女也有自己的奴隶。从他已有6个子女、多数子女已有自己独立的家庭经济，可推知他执政时年龄约在45岁以上，并已可能富有政治经验。

世界通史

最新整理图文珍藏版

乌鲁卡基那执政第一年时的头衔仍为恩西，先为吉尔苏的恩西，不久称拉格什的恩西。他执政后，先后为宁吉尔苏和巴乌神建造了几座新庙宇，为巴乌神庙建造了剪羊毛的房舍；开凿了一条新运河（以献给南希神的名义），疏浚了一条运河；为吉尔苏城建造了城墙。在他执政的第二年，拉格什与温马之间爆发了较大规模的战争，拉格什获胜。同年，乌鲁卡基那的头衔改为卢伽尔（Lugal，原意为"大人"，引申意为"主人"、"王"，地位和权威高于恩西）。他从执政第一年起即实行社会改革。改革铭文已被发现，记载在三块坨式泥板和由五块石片组成的椭圆形石板上，用苏美尔文字书写。以下分三个方面叙述改革的措施和内容。

第一，关于改革的基本政策和政治制度的改革。

（1）对贵族当权集团和一般奴隶主贵族的基本政策。

乌鲁卡基那打击旧的贵族当权集团，但有一个明确的限度。这就是只剥夺他们滥用政治特权所获得的利益并禁止继续这种滥用，但没有触动他们作为一般奴隶主贵族的经济和社会地位，这是在改革中贯穿于全局的一项基本政策，首先，对卢伽尔安达及其家族就实行了这一政策。卢伽尔安达被剥夺了恩西的地位，也失去多占神庙收入和捐税的特权，但实行改革后，他和他的妻子还活着，并过着富裕的贵族生活。他的妻子的名字从巴乌神庙名录中消失，神庙分给她一份"给养"的记录也消失了。但她还参加巴乌神庙的宗教仪式，分食"神餐"。乌鲁卡基那执政第三年她死去，还举行隆重的葬礼，参加葬礼者达200余人。其次，改革禁止官员和当权的僧侣侵吞平民的驴、羊、船、房屋、树木和果子，但也没有触动他们作为一般奴隶主贵族所占有的奴隶、土地等财产及社会地位，这种政策在当时是比较切实可行的、开明的。

（2）关于政治制度的改革和改革依靠的力量。

乌尔·南希王朝的第五代恩西恩铁美那在一件铭文中自称是宁吉尔苏神在3600人中授予他"王"权；乌鲁卡基那在改革铭文中则自称是宁吉尔苏神在36000人中授予他"王"权。这里的"人"无疑是指享有政治权力的自由人，这种人较前大大增加（扩大10倍，但未必是绝对数），显然包含着提高平民地位、扩大平民权力的内容，因此是政治制度方面的一项重大改革。但其中具体情况还未见资料。能够加以推断并值得注意的是：（一）在36000人中，包括平民，也包括贵族；（二）强调"36000人"的意义，既扩大平民的政治权力，也就必然在一定程度上削弱、分散了贵族的权力。从这一点和改革依靠轻装兵作战，采取一系列措施减轻平民负担来看，改革的主要依靠力量是平民，同时也依靠一般贵族。由此可认为，乌鲁卡基那所建立的，是一个以"36000人"为基础来统治、剥削广大奴隶的政权。这个政权的阶级基础，较前显然扩大了。

（3）关于军事制度的改革

乌鲁卡基那以平民兵为其军队的主要力量，基本改变了过去的恩西以贵族子弟兵为主要军事力量的制度。军队成分的改变与多方面存在联系。平民兵经济待遇的改善，使平民的社会地位也有所提高，而这些，也就又改善了平民的政治地位。军队情况的这些变化，是他能够推行改革的主要条件，同时也有利于加强国家的军事力量。

第二，大幅度地调整政策，取消弊政。

改革的这类内容又分为两个方面，对平民而言，改革有利于他们；对僧侣集团而言，有一些措施有利于他们，也有一些限制他们的措施。

（1）减轻平民负担、使平民免受侵夺的措施。

①撤去派往各地的税吏，减免部分捐税、欠税。"从宁吉尔苏边境直至于海，不再有收税人"。这并不是免收一切捐税，而只是撤去跟到生产场地直接收税的收税人。同时，还豁免了原来平民积欠王室的赋税（谷物）及王室另外征收的大麦，减少了手工业者负担的捐税。

②免除了平民的弟弟所负担的无酬劳役。改革前除作为一户之主的平民担负人工灌溉等国家劳役外，户主的弟弟也被征服劳役，不给报酬。改革取消了"弟弟"的负担。

③禁止当权官员利用职权侵夺平民的财产。"他禁止（……）管理船夫的人（夺去）船只。他禁止管理渔场的人（夺去）渔场。……他禁止监察官（接受）为剪白羊毛和伽巴羔羊（的毛而交）的银子"，等等。

④减少殡葬费。改革规定了殡葬手续费和仪式费的标准数额，

较前减少了一半左右到一半以上。如将尸体抬入墓内，原负担酒七杯，现定为三杯，原负担面包420块，现定为80块等等。

（2）关于对待僧侣集团的政策。

乌鲁卡基那将卢伽尔安达及其亲属夺得的神庙掌管权归还上层僧侣，使他们重新成为神庙财产的主管者和受益者。同时取消了改革前向部分僧侣征收的捐税。这些措施有利于僧侣集团的多数人，主要有利于上层僧侣。但改革也禁止当权的僧侣滥用特权，禁止掌管食品的僧侣进入贫苦妇女的园子强取树木和果子；并以减少殡葬费用，限制上层僧侣过多地剥削平民。改革将几个神庙的财产主管权发还僧侣，是针对卢伽尔安达滥用特权贪婪侵夺而采取的措施，不能认为这是把历史车轮拉向后转。从总体上看，改革对僧侣的政策有利于缓和阶级冲突和社会安定，在当时是比较适当、平稳的。

第三，改革社会制度的几项措施。

改革的这部分措施特别重要。它所反映的早期国家在社会矛盾面前所起的积极作用，是现知世界历史上最早的具体记录。它既有当时拉格什的特殊性，又反映了早期奴隶制国家历史发展的普遍的规律性。这方面主要有以下四项。

（1）以国家立法形式确定财产的私有制。

当时拉格什的经济关系中的私有制实际已经存在并在发展，但还没有达到以国家立法的形式予以承认和保护的程度。同时，还存在氏族贵族和盗窃者利用"氏族制度的共产主义传统"来为自己侵犯私人财富辩护的现象。在当时，确立并发展私有制有利于生产的正常进行和社会安定。然而，已经解体的氏族制度已不能有任何帮助，于是就只有期望形成还不很久的"国家"了。改革在一定程度上满足了这一期望。

改革铭文所记当权者侵夺财富的多方面内容，多未写明为这种行为辩护的借口。但在实际中，显然都利用其担任公职的权力，以公共利益作为借口。在当时，所谓为了公共利益还免不了利用尚存在的为了氏族共同体的观念和原始共产制的观念。如果说，这只是从理论上作出的推断，那么，从铭文的另一内容，却可清楚地看到这种"辩护"的具体观念。

在改革前，"如果氏族公社成员造了养鱼池，任何人都可以窃取他的鱼；这人说：'它是太阳照耀下的'"。按译解，"太阳照耀下的"的意思就是鱼原"不属于任何人所有"。换句话说，就是窃夺者以鱼为公共所有为自己窃夺他人的鱼的行为作辩护。针对这一问题，改革规定："如果氏族公社（?）成员造了养鱼池，任何人不能窃取他的鱼"，如果有人窃夺，"将石头掷向偷儿"（意即用石头将窃夺鱼的人砸死）。窃夺者为自己辩护的观念，在大体处于相同社会发展阶段的其他民族也有具体事例。乌鲁卡基那所采取的措施，正是以国家立法的形式给"私有财产"以及"相继发展起来的获得财产的新形式"，"盖上社会普遍承认的印章"。改革规定长官如要买平民的房子、好驴必须付出银子，不得侵夺，也是同一性质的措施。这一措施有利于生产发展、社会相对安定和社会进步，是顺应历史发展潮流的重大改革。这是整个改革具有进步性的一个重要方面。

（2）以国家立法形式确定一夫一妻制。

改革前，一夫一妻制在拉格什已实际形成，但还存在一些原始婚姻习惯的残余，"昔日的女人曾惯于嫁两个丈夫"，同时限制男子休妻，如男子休妻，恩西收取五西克勒（一西克勒合 8.4 克）银子，有关官员收取一西克勒银子。改革禁止一妻多夫，并规定，如女人再有两个丈夫，则"用石头砸死"。同时规定，如丈夫休妻，恩西和有关官员"都不收取任何银子"。这从两方面加强了夫权：一是要妇女对丈夫保持贞节，而破坏夫妻忠诚则是丈夫的权利；二是只有丈夫可以解除婚姻关系，离弃他的妻子。改革的这一立法，又给一夫一妻制盖上了社会普遍承认的印章。这也是顺应历史发展潮流的一项进步措施。

（3）关于解除债务奴役的措施。

改革铭文有关部分的原文较费解，译文歧异，但可肯定的是改革为解除债务奴役采取了措施。有关的一句话，克莱默译作（改革）"赦免了那些（由于他们）所欠的债……（而被监禁的）拉格什公民们"；贾可诺夫译作（改革）"使拉格什公民从债务奴役……中解放出来"；载美尔译作（改革）"使拉格什儿子们从生命借贷……中清洗（解放）出来"。这些译文大意相同，只译词互异。

从相同的方面看，改革解放了因欠债而被奴役或被拘禁的人，否定了旧的关系和制度。在古代世界早期奴隶制国家中，债务奴役是造成本族自由民内部纷争不已的共同问题，能否废除债务奴隶制是决定奴隶制能否高度发展（奴役外族人）的主要条件之一。迄今所知，这场改革也是涉及这一问题最早的一次，但是否废除了债务奴隶制，因受原文太简的限制，还说不清楚。

（4）关于建立法制。

改革铭文不是一部法典，但记载了建立法制的若干内容，带有立法文献的性质。铭文对改革内容的记述，有些也就是制定法和法律条款。从建立法制所达到的水平来说，有三点值得注意。其一，一切国家的法和法律都是强制实行的，改革建立的法制也是这样。允许什么，禁止什么，什么罪处死，都是强制性的规定。其二，改革的立法具有开创的特色。以国家名义确定私有制、一夫一妻制为合法，确认在商品交换中买卖双方对自己财物的主权地位等，都是改革新创立的东西。改革及其铭文的特别可贵之处，还在于它说明了这些法是在什么样的阶级矛盾和斗争中通过国家立法而产生出来的。这对于研究法的起源，是有重要价值的。其三，改革的立法又具有简单、粗犷等原始性。其中一部分内容，只是把习惯法记载下来。如"用石头砸死"罪犯，在原始社会后期实行习惯法时已经使用，并还是比较野蛮的表现，等等。

在乌鲁卡基那执政的第四年，拉格什与温马的战争重新爆发。在战斗中，由苏不路伽尔组成的轻装兵是拉格什军队的主力。其中八个队有农人队、牧人队、海上渔人队，河上渔人队等名称。保存下来的供给战士口粮的经济报表，列有队长、队员的名字。这些队每队一度是18、20、22、33人不等。战争的头一年，拉格什曾取得一些胜利。从此后名单上人员的变化，可看出在乌鲁卡基那执政的第五、第六年，拉格什的士兵伤亡很重。如一个河上渔人队在他执政第四年为22人，第六年只剩下8人；一个海上渔人队第五年为20人，第六年只剩下5人。另一情况是，第六年还第一次出现将农人、牧人、渔人混合编队的做法，大概是战士大批伤亡且兵源缺乏的表现。最后，在温马和乌鲁克联军的攻击下，拉格什失败了。温马军队攻占了

最新整理图文珍藏版

525

拉格什城及其郊区，破坏严重，"烧毁了安塔苏鲁神庙，抢走了银子和宝石，提拉什宫浴于血泊之中"，但未攻占吉尔苏城。乌鲁卡基那大概在吉尔苏又当了几年首脑。温马统治拉格什城时期形成的铭文认为，温马人冒犯了宁吉尔苏神，但"乌鲁卡基那王在这方面没有犯罪"。此后，在阿卡德王国统治时期，乌鲁卡基那可能担任拉格什的总督。因为在阿卡德王国第二代国王时，一块石碑还提到他的名字，不过，从被温马和乌鲁克联军战败后，未见有文献记载他的活动。

英雄幻灭的故事

幼发拉底和底格里斯河定期的泛滥在苏美尔人的心里植下的是深深的恐惧，没有人知道在那波涛汹涌的背后是怎样的一个地方，一种对死亡的恐惧和对世事的悲凉深深地烙刻在了这个民族之上。而这一种沧桑和无可奈何，则在史诗《吉尔伽美什》上得到了最完整的体现。

《吉尔伽美什》的前 11 块泥板上的史诗主要记述苏美尔时代英雄吉尔伽美什的传说故事。乌

刺杀天牛

鲁克城的统治者吉尔伽美什"三分之二是神，三分之一是人"。人们不堪忍受他的残酷统治，祈求诸神拯救。诸神创造半人半兽的勇士恩启都与之为敌，两人激烈搏斗不分胜负，互相钦佩而结为密友。后来，他们一同为民造福，先后战胜沙漠中的狮子，杀死迫害人民的森林妖怪芬巴巴。吉尔伽美什拒绝女神伊什妲尔的求爱，并在恩启都帮助下杀死前来复仇的天牛，恩启都受到死的惩罚。吉尔伽美什出于对死的恐惧和受神主宰的威胁，决定探求永生之法。经过遇洪水而健在的乌特那庇什廷的指点才找到长生草，被蛇吞食以后，他悲痛万分。第 12 块泥板写他在与恩启都亡魂对话后才明白人类不能永生。

故事迂回曲折，情节跌宕起伏，语言十分优美，史诗歌颂了

古代英雄为民建功的行为，也生动地反映了人们探索生死奥秘这一自然规律的愿望，也表现了人们反抗神意但最终难逃失败的悲剧色彩。尽管史诗带有浓厚的传奇色彩，但在一定程度上反映了某些真实的历史过程。史诗并不长，薄薄的一本小册子，可是它所蕴涵的价值，却是无与伦比的。在巴比伦时期的泥版以及石刻中，许多是以吉尔伽美什的传奇故事为题材的，说明该史诗不仅有很高的文学价值，而且也有重要的史学价值。《吉尔伽美什》史诗的泥版现藏于大英博物馆。

腓尼基人

喜欢航海的民族

腓尼基人是犹太人的近邻。他们也是一支闪米特人的部族，很早就已定居在地中海沿岸，并自建了两座设防完善的城镇提尔和西顿。公元前 12 世纪初，腓尼基达到极盛时期。由于腓尼基人居住在狭窄的地中海东岸，其腹地是长满森林的山地。倚山临海的形势，使他们在陆上活动的回旋余地受到很大的限制，只留下海上唯一的对外联系通道。腓尼

基人适应了这种独特的地理环境条件，成为最具有航海天赋的中东民族。

腓尼基人用黎巴嫩的雪松来建造船只

腓尼基人利用黎巴嫩地区生长茂密的雪松来建造船只。他们的船只是一种原始的平底小舟，长度不超过 20 米。船上有短凳，供 30 名桨手就坐划行。船中央有一空舱，用来堆放货物或供人乘坐。船有一面风帆，但只有当风从背后吹来时，才可减轻桨手的航行劳累，从一个岛屿驶向另一个岛屿。

由于腓尼基人早已经消失在历史的烟波云海之中，有关他们的记载都出自曾经吃过腓尼基人苦头的希腊人和罗马人之手。据说，"腓尼基"是古代希腊语，意思是"紫红色的国度"。原来在当时的埃及、巴比伦、赫梯以及希腊的贵族和僧侣，都喜欢穿紫红色的袍子，可是，这种颜色很容易褪去。他们都注意到，居住在

地中海东岸的一些人总是穿着鲜亮的紫红色衣服，似乎他们的衣服总也不会褪色，即使衣服穿破了，颜色也跟新的时候一样。所以大家把地中海东岸的这些居民叫做"紫红色的人"，即腓尼基人。

和马赛的起源。他们买卖有厚利可图的一切物品，从不受良心的谴责。他们把满登登的金银柜看作是一切善良人的最高理想。他们确实是很令人讨厌的人，连个朋友都没有。

腓尼基人使用的 22 个字母

腓尼基人头像

腓尼基人最著名的事迹，是发达的海上贸易和殖民事业。据说，腓尼基人曾于公元前 7 世纪末环绕非洲航行一圈，比达·伽马到好望角还早 2100 多年呢。腓尼基人垄断了西方的海上贸易。他们的船只去往希腊、意大利和西班牙，甚至冒风浪之险，穿过直布罗陀海峡到锡利群岛去买锡。他们在所到之处都设立小贸易站，名之曰殖民地。这些小贸易站有许多是近代一些城市，如加的斯

腓尼基牙雕作品

世界通史

最新整理图文珍藏版

世界上第一套拼音字母

腓尼基人航海和经商，那是出了名的。他们的文化也很有名，那是因为他们创造了世界上第一套拼音字母。

伴随着航海业的发展，腓尼基人的生意越做越大，逐渐需要进行书面结算，需要贸易账簿，需要书写商业文件。于是，腓尼基人为世界做出了一项杰出的贡献，他们发明了第一套简便易写的文字字母系统。腓尼基人是熟知苏美尔人书法的，但他们认为这些符号写起来很笨拙，浪费了时间。他们是忙于业务的商人，不能把大量时间花费在可写两三个字母上。于是，他们开始工作，从而发明了一个大大优越于旧文字的新文字系统。他们借用古埃及人的几个象形文字，并简化苏美尔人的若干楔形文字，为便于书写迅速舍弃掉旧文字系统的好看字样，终于把数千个不同图像变为简单而书写便利的 22 个字母。

腓尼基字母影响很大，向东传播到西亚、南亚，以至东亚一些国家，成为这些国家文字的源头，向西传到希腊，形成了希腊字母。希腊字母在腓尼基字母的基础上增创了元音，又把字母形体改为简单、优美的几何图形，从而使希腊字母完全摆脱了原先图形的束缚。后来，拉丁字母就是从希腊字母中派生出来的。现代欧美各国的文字又是在拉丁字母的基础上产生的。所以说，腓尼基文字是欧美国家文字的始祖。

在适当的时候，这 22 个字母渡过爱琴海传入希腊。希腊人又增添了几个自己的字母，并把这种经过改进的文字系统传入意大利。古罗马人稍微改动字型，又把他们教给了西欧未开化的野蛮人。那些野蛮人就是欧洲人的祖先，这就有理由说明西方文字起源于腓尼基人的文字，而非古埃及人的象形文字和苏美尔人的楔形文字。

米坦尼人的雕像

千头万绪的种族

近东是古代西亚种族最混乱的地区，如果凌空俯瞰，我们所见的好像是一片汹涌的人海。他们忽而集中，忽而分散。他们之间你压我，我压你；你咬我，我咬你；你吃我，我吃你。对这一种族细加分析，我们将可发现，其中有大的集团，有小的集团。大的集团为数少，小的集团为数多。因此大的集团总是被小的集团密密包围。那些大的集团，就是埃及、巴比伦、亚述及波斯几个大帝国。那些小的集团，就是

一个印欧种族的雕像

辛梅里安人、西利西亚、卡帕多西亚、比希尼亚、密细亚、卡里亚、吕西亚、潘菲利亚、皮西迪亚、雅利安人、米坦尼人、阿莫里特人、迦南人等数以百计的小国家和小部落。

这些小国家小部落，在普通人看来，他们实在微不足道，但他们往往成为了历史的主角和世界的中心。自有历史以来，这些游牧民族，对于以农耕为主的帝国，一直是一种很大的威胁。当河谷地带的古老民族日渐变得衰朽而疲惫，当一支精力焕发的新兴民族出现在地平线时，他们便注定了覆灭的命运。我们称这个新民族为"印欧种族"，因为它不仅征服了欧洲，还使自己成为印度的统治者。

近东一带的游牧民族，随着时代的演进，不少曾具有国家形态。对于这些民族，重要的并不是他们的国家活动，而是其人种的源流。以米坦尼人为例，我们对他所感兴趣的，并不是由于她曾使埃及帝国感到困扰，而是由于他是历史上首先露面的印欧种人。米坦尼人崇拜的神，有密特拉神、因陀罗等。这一族人在亚洲出现后，先活动于波斯，后活动于印度。今天我们所称的雅利安族，就是米坦尼人的后裔。

世界通史

最新整理图文珍藏版

印欧人的征服

在最早出现的印欧人中，文化较高，势力较大之一支，叫赫梯。他们用武力征服了小亚细亚农耕土著，而以统治阶级自居。公元前1800年之际，赫梯的势力已伸展至底格里斯及幼发拉底河上游一带。这时，他们对原为埃及属国的叙利亚已大有影响。赫梯人非常不好对付，埃及王拉美西斯二世为了维持和平，不得不和赫梯王称兄道弟。

和闪米特人一样，印欧人属于白种人，但他们说一种全然不同的语言。这种语言被视为所有欧洲语言的共同起源。当我们最早听说他们时，他们已经在里海沿岸居住了许多世纪。但有一天，他们突然收拾好帐篷，开始向北迁移，寻找新的家园。其中的一些人进入了中亚的群山，在环绕

反映近东印欧种族战争场景的古代壁画

伊朗高地的山峰间居住了多个世纪。其他人则朝着日落的方向前进，最终占据了整个欧洲平原。

雅利安人在他们的伟大导师琐罗亚斯德的带领下，许多人离开了山中的家园，沿湍急的印度河而下，一直来到海边。其他人则宁愿留在西亚的群山中，在此建立了米底亚人和波斯人的半独立社区。这两个民族的名字，都得自于古希腊的史书。在公元前17世纪，米底亚人建立起自己的米底亚王国。当安申部落的首领居鲁士成为所有波斯部族的国王时，他消灭了米底亚王国，从此开始四处远征，不久他和他的子孙成为了整个西亚及埃及的无可争议的统治者。

凭着蓬勃的精力，这些印欧种族的波斯人继续向西征战，并连连获胜。不久，他们便与数世纪前迁入欧洲并占据了希腊半岛及爱琴海岛屿的另一个印欧部族发生了严重的冲突。这些冲突导致了希腊和波斯之间的三次著名战争。波斯国王大流士和泽克西斯先后率兵入侵半岛北部，掠夺希腊人的领土，并竭尽全力要在欧洲大陆上得到一个根据地。可他们最终失败了，雅典的海军战无不胜。这是亚洲与欧洲的第一

次交锋。一方是古老的导师，一方是年轻气盛的学生。

举的施主，他们主持公正和道义，惩罚一切罪恶。

黄金时代

神祇创造的第一代人类是黄金的一代。那时候统治天国的神祇是克洛诺斯。这代人生活得如同神祇一样，他们整天无忧无虑，既没有繁重的劳动，也没有苦恼和贫困。大地给他们提供了各种各样的果实，丰茂的草地上牛羊成群，他们平和地从事劳动。他们也不会衰老，手脚一直保持着青年人的力量，并且不生疾病，一生享受盛大的宴会与快乐。当他们感到死期来临的时候，便沉入安详的长眠之中。当命运之神判定黄金的一代人从地上消失时，他们便都成为仁慈的保护神，在云雾中来来去去，他们是一切善

黄金时代 约1530年老卢卡斯·克拉纳赫

白银时代

黄金时代的人类消失后，神祇又用白银创造了第二代人类。他们在外貌和精神上都与第一代人类不同。孩子生活在家中，受到母亲的溺爱和照料。他们活了一百年身体却仍然像童年一样，精神上也总是不成熟。等到孩子步入壮年时，他们一生的时间已经只剩下不多的几年了。放纵的行为使这代人陷入苦难的深渊，因为他们无法节制他们的激烈的感情。他们尔虞我诈、肆无忌惮地违法乱纪，不再给神祇献祭。宙斯十分恼怒，要将这个种族从地上消灭掉，因为他不愿意看到有人亵渎神祇。当然，这个种族也不是一无是处，所以他们荣幸地获得恩准，在终止生命之后，仍然可以作为魔鬼在地上漫游。

青铜时代

屡次失败的天父宙斯，又别出心裁地创造了第三代人类，即

青铜的人类。这代人跟白银时代的人又完全不同。他们残忍而粗暴，只知道争战，总是不停地互相厮杀。每个人都想千方百计地去侮辱别人。他们专吃动物的肉，不愿食用田野上的各种果实。他们顽固的意志如同金刚石一样坚硬，人也长得异常高大魁梧。他们使用的是青铜武器，住的是青铜房屋，用青铜农具耕种田地，因为那时还没有铁。他们不断发动战争，可是，虽然他们长得高大魁梧，然而却无法抗拒死亡。他们离开温暖而光明的大地之后，便降入阴森恐怖的冥府之中。

人类美好时代 油画 古斯塔夫·莫罗

英雄时代

如同顽童似的宙斯，把青铜时代的人类打入地府后，他又创造了第四代人。这代人依靠大地上的出产来生活。他们比以前的人类更高尚，更公正。他们是神祇英雄的一代人，即古代所称的半神的英雄们。可是最后他们也陷入战争和仇杀之中，有的为了夺取俄狄甫斯国王的土地，倒在底比斯的七道城门前；有的为了美丽的海伦跨上远征的战船，倒在了特洛伊的田野上。当他们在战争和灾难中结束了在地上的生命后，宙斯把他们送往极乐岛，并让他们居住和生活在那里。极乐岛在天边的大海里，风光秀丽、景色谊人。他们过着宁静而幸福的生活，富饶的土地每年三次为他们提供甜蜜的果实。

古代诗人希西阿说到人类世纪的传说时，曾慨叹地总结说："唉，如果我不生在现今人类的第五代的话，那么让我早一点去世或迟一些出生吧！因为这代人是黑铁制成的！他们彻底堕落和败坏，一生充满着痛苦和罪孽；他们日日夜夜地忧虑和苦恼，不得

533

青铜时代 罗丹早年的作品

安宁。神祇留给人类的只有绝望和痛苦，没有任何希望。"

农 人

在雅典支持整个社会的是农人，他们也是社会中最贫困、最不可缺少的分子，农人在雅典有公民权，只有公民才被允许拥有土地，几乎所有农人都是其耕地的主人。这是一个庞大的小地主阶级，工商业被雅典公民看作卑微下贱，而从事农业者被视为国家经济、个人品格及军事武力之基础，受到尊敬，因此乡村的自由人把城市居民视作软弱的寄生虫。

雅典土地贫瘠，有 1/3 不宜种植。雅典农村为补偿粮食的短缺，大量种植橄榄与葡萄。坡地被做成梯田后洒水，放驴入葡萄园让它们咬掉嫩枝，使其多结葡萄。希腊在伯里克利时代，很多地方都种有橄榄树，橄榄树须 16 年以后才开始结果实，40 年到达盛产期。橄榄对于希腊人用途很广，食用、涂抹、照明及燃料。橄榄成为雅典的最贵重的农作物，因其价值高，以致政府采取专卖

古希腊女性的服饰

驮小牛者像

味品。几乎任何食物里面都放橄榄油，同时橄榄油是极佳的石油代用品，用于照明。因为盛产葡萄和酿酒业的发达，在雅典几乎每个人都喝酒，对于文明人，没有麻醉或刺激物的日子是无法忍受的。

输出，以橄榄抵偿货款，并且交换必须进口的谷物。

谷类、橄榄油、无花果、葡萄及酒，是雅典的土产食品。农人养马仅仅是服务于战争或者作赛马用。养绵羊取其毛，养山羊挤其奶，驴、骡、公牛、母牛，都是用于运输，但猪却主要作食物用。肉类是一种奢侈品，穷人家仅能在节日中吃到肉。鱼是一种日常食品，也是一种美味，穷人买鱼加盐腌后晒干。

谷物做的食品有粥、薄面包或糕饼，时常掺些蜂蜜。面包和饼很少在家里烤制，大多是由妇女小贩挑来卖，或到市场小摊去买，里面加入鸡蛋及蔬菜，尤其是蚕豆、豌豆、白菜、扁豆、莴苣、葱与大蒜。雅典水果很少，坚果非常普遍，盛产辛辣料等调

作 坊

雅典城内有各种大大小小的手工作坊，制作盔甲、盾牌、刀矛箭矢的作坊生意特别好，并集中在一个街区上。制家具制品的作坊也很繁荣。一个作坊就是一个店面，通常有一位主人和两三个奴隶匠人在店里边作营生边卖产品。其他行业，如建筑业、航海业也非常发达。雅典的手工作坊规模虽小，但非常专精。在建筑这一行里面分木工、制模匠、石匠、金属匠、油漆匠、装饰匠。工艺是父子相传或收徒相授。雅典法律规定，父母若未授子以艺，父母年老时，子可以不负赡养的责任。手工作坊的工作时间虽长，但却非常闲适，师父与徒弟从天亮工作到黄昏，夏天有午睡。没有休假日，但每年约有 60 天不做工的宗教节日。

古希腊瓶画

希腊人开采矿，为的是矿物而非燃料。雅典的地质富大理石、铁、锌、银及铅等矿藏。矿是政府的主要财源，政府保留所有地下权，将矿场租给私人开采，只有公民才准租用矿场，唯有奴隶才做掘矿的工作。他们的工作每十小时换一次班，夜以继日，从不间断。假如奴工累了停一下休息，即会吃工头的鞭子；如想逃跑，就被铁镣拴住干活；如逃掉而被捉回者，其前额用热烙铁烙

印。坑道仅3英尺高2英尺宽，奴工用锄、凿子及铁锤，跪着、俯卧或仰躺着工作。矿砂必须用篮子或袋子一个人接一个人地往外传递，因为坑道太窄小，容不得两个人方便地交会。冶金术随着矿业进步而发展，雅典银币的纯度高达98％。由于利润颇为可观，所以雅典国库完全依赖于矿业，至公元前4世纪，矿脉的耗竭加上其他种种因素，促成了雅典的式微，因为雅典的泥土中再没有别的贵重金属。

商　业

雅典经济的灵魂是贸易，而非工业或金融。许多生产者直接销售货物给消费者，在此种方式

生产者

雅典繁荣的自由市场

下，兴起了一种零售商，他们沿街叫卖或供应军队，或在节日庆典的市集，或在人民大会会场的商店、摊贩，以及城镇的其他场所推销货物。自由人、侨民或奴隶，到商店与生意人讨价还价，为家里办采购。雅典"自由"妇女的权力受到最严重损害之一，是风俗不准她们上街购买东西。

雅典商人的货物

雅典的国际商业之发展甚至比国内贸易更快，外国水果对于雅典人和本国的水果一样常享受得到。商人从比里亚斯港运出的有酒、油、毛、矿物、大理石、陶器、武器、奢侈品、书，以及由雅典各界与工厂制成的艺术品；他们带回比里亚斯港的包括来自拜占廷、叙利亚、埃及、意大利及西西里岛的谷物，来自西西里岛与腓尼基的水果和乳酪，腓尼基和意大利的肉类，黑海的鱼，小亚细亚北部的坚果，塞浦路斯的铜，英格兰的锡，黑海岸的铁，爱琴海北部退索斯与色雷斯岛的黄金，色雷斯与塞浦路斯的木材，近东的刺绣，腓尼基的毛织品、亚麻、染料，塞利尼的香料，埃及的玻璃，科林斯岛的瓦，巧斯岛与美利达斯城的床，意大利的皮靴和青铜，衣索匹亚的象牙，阿拉伯的香水和油膏。吕底亚、叙利亚及西徐亚的奴隶。

雅典因商业而致富，商人将他们的货物带到地中海的每一个角落，回来时，他们的心胸变得敏慧而开阔，他们带回来新的观念与方法，打破了陈旧落伍的风俗习惯，他们以商业文化的个性、积极的精神，代替乡绅家族的保守主义。东方和西方的文化就在雅典汇合，而且互相激荡，将彼此从窠臼中推脱出来。古老的神话失掉其对人们心灵的控制力，人们有较多的闲暇，问题从探究中获得证实，科学和哲学在成长。雅典成为当代最蓬勃而富朝气的城邦。

奴　隶

　　由于发了战争财，雅典公民普遍提高了生活水平，年收入在200斗以上的中等家境的公民都多少蓄养一些奴隶，少的一两个，多的几十个，奴隶成了房子、土地之外最时髦的"消费品"，甚至穷得叮当响的人有时也有个把奴隶侍候，因为呼婢唤奴是体面人的标志。

　　雅典的奴隶大部分是自希波战争以来通过各种渠道输入进来的，战俘是一个主要来源。在大多数希腊人眼里，奴隶制是天经地义的事情，因为人的能力有别，一些人就是为另一部分人过好日子而生的。公民身份的人要想过

买卖奴隶的市场

舒适的生活，就必须有这些天生的奴隶来伺候。虽然希腊思想家中也有极少数反对奴隶制，但他们声音过于微弱，不足以动摇这种偏见。

　　奴隶买卖一般都在市场上进行，私有奴隶制发达的邦，像雅典的广场兼市场上就经常设有专卖奴隶的摊位。出售的奴隶都是裸体的，便于顾客察看商品质量好坏。按规定，卖主有责任向买主介绍所售奴隶的脾性、身体的好坏、技能的高低。男奴价钱便宜些，大约等于一个人大半年的饭钱。女奴价钱贵些，因为女奴可以生儿育女，带来更多的收益。有些具有特殊技能的奴隶，像家庭教师、乐师、歌舞家等则价格昂贵。

　　由于奴隶是会说话的工具，所以希腊人通常不把他们当正常人看，对不听话的奴隶，主人可

紫水晶宝石黄金钉

以用戴镣铐、拷打、扭关节、灌醋、火烧、烙印、直至杀死的方法进行惩罚。但切不可误解所有城邦的奴隶处境都如此悲惨。奴隶毕竟是奴隶主的财产，是他们花钱买来为他们赚钱服务的。古希腊人对奴隶的定义是"一种最好的财产，是一切工具中最完善的工具"。雅典因为实行一种开明的公民民主制，所以对奴隶的态度也就在各邦中相对最为宽松。雅典奴隶没有特殊的服装，在街上不必给公民让道，法律禁止主人杀死奴隶，如果主人虐待奴隶，奴隶可手拿橄榄枝到神庙中求得保护，要求卖身给其他主人。

好战的雅典娜

罗马平民和贵族的矛盾

　　按照一般说法，罗马贵族和平民等级之分开始于王政时代，这种等级划分萌发于社会分工的

19 世纪英国作品：希腊海军的萨拉米大捷

需要，而后又和罗马社会经济发展引起财产分化、早期罗马侵略扩张以及吸收外来移民有关，经历了长期复杂的形成过程。

　　贵族来源于早期罗马公社各氏族部落中的显贵世家。相传早在罗慕路斯时代，已从拉丁世家中选拔出 100 个"贤能者"组成元老院，后来又不断吸收兼并而来的部落显贵补充元老院，据说从合并的萨宾人和随同老塔克文迁居罗马的伊达拉里亚人之中，先后各增补了 100 人进入元老院；这些选入元老院的人尊称为"元老"或"父老"，他们的家族和后代就被称为"父族"或"贵族"。文献记载王政时代组成早期罗马公社的三部落各有 100 元老，共

300元老组成元老院，这些数字如此整齐当然并不可靠，但在当时逐渐产生了元老贵族则是完全可信的。

平民不但人数众多，而且来源比贵族更为复杂。平民来自上述部落中的非显贵世家、脱离保护关系的依附民、零散迁居罗马的外邦人以及较后被罗马征服的拉丁部落居民。起初，这些平民都包括在库里亚组织之内，享有罗马公社成员的权利。后来，由于罗马社会经济的发展和城市的兴起，吸引了越来越多的外邦人移居罗马，同时也由于罗马不断进行扩张，地域范围逐步扩大，人口日益增多，因此，很难再把人们都编入三个氏族部落之内，只得把一部分居民排除在氏族组织以外。这些由于各种原因成批迁来的居民，主要居住在罗马外部诸山如阿芬丁等地区，大多从事工商业活动，他们可能仍然保持其原有的氏族组织和宗教信仰。这些稍后迁入罗马的大批居民构成了平民的主体。前此已编入库里亚的平民，随着时代的发展也有所分化，其中有些可能由于保护关系而成为贵族的依附民，另一些则与新来的平民汇合在一起，形成平民等级。

王政时代罗马社会已发生严重分化。贵族拥有大量的土地和财富，在政治、军事和宗教方面享受特权，把持各种公职，掌握国家权力。而平民的社会和政治地位低下，他们的权利则是不完全和不充分的。平民虽然享有作为私法权的通婚权和财产权，但在实际上却受到种种限制。平民有产者有权参加公民大会，参军服役，可是不能进入元老院和担任国家其他要职。城市平民中只有少数人由于经营工商业发财致富，大多数人生活比较困难，甚至处于贫困境地。乡村中的平民缺少土地以至没有土地。穷困的平民向贵族租佃土地，借贷财物，受着贵族的压榨和盘剥，甚至遭受贵族的奴役。

尽管如此，在王政时代由于贵族和平民等级划分刚刚产生，两个等级之间界线还不十分严格

19世纪的人们所构想的雷埃夫斯的城墙

和分明，他们虽然存在矛盾，尚未发展到严格对立的地步。另外，王政后期伊达拉里亚人入主罗马，伊达里亚王采取一系列政策措施，笼络平民，压制打击贵族势力，以加强和巩固自己的统治地位。据说塞尔维乌斯·图里乌斯实行改革，不分贵族和平民，将全体罗马居民根据财产资格划分等级并确定其相适的权利和义务，因而在一定程度上提高了平民有产者的地位；他还把贵族霸占的公有地分给平民。高傲者塔克文压制和打击元老贵族，处死了一些元老贵族，以至于元老院出现空额也不增补。这些措施可能钳制贵族势力的发展，起到了暂时延缓等级矛盾发展的作用。

然而，在公元前510～前509年推翻王政和建立共和国以后，平民和贵族的矛盾与斗争日益尖锐起来。贵族直接掌握政权后，

刻有葬礼程序的瓷

力图巩固自己的特权，扩大政治和经济方面的势力，同时，他们为了维护自己的特权地位，在内部实行联姻，封闭起来，逐渐发展成为一个完全排他性的等级。这样，贵族和平民等级界线森严，泾渭分明，他们在政治和社会方面的权利不平等，必然导致这两个等级发生冲突。另一方面，在新的历史条件下，平民的处境更加恶化了。他们在政治上继续受到贵族的压迫，在经济上也日渐贫困化。由于共和早期工商业的衰落，一部分原先经营工商业活动的平民不得不转向农牧业生产，加上人口增加，少地和无地的平民数目急剧增加起来。虽然随着罗马的对外扩张，兼并而来大片公有地，但大部分被贵族所侵占，平民很少分得土地。同时，连年的战争也加重了平民的兵役和捐税的负担，加之敌人蹂躏乡村田地，以及遭受天灾人祸，往往造成平民负债累累，家破人亡。贫苦的平民有些投靠贵族，充当依附民；有些则向贵族借贷钱粮，维持生计。但在当时高利贷盛行，利息很高。又按债务习惯法，借债须以债务人及其家属的人身为抵押，到期不能偿还，债主有权拘禁抵债者，强使他们充当债务

奴隶，甚至出卖到国外。因此，平民迫切要求改善自己的困苦境地，在经济上围绕着争取土地和取消债务奴役制问题展开斗争。同时在政治上，平民也强烈要求提高自己的地位，保障人身自由和合法权益，特别是富有平民要求享受与贵族平等的权利，参与政权，结束贵族独揽大权的局面。

共和初期的平民斗争

根据传统说法，平民反对贵族斗争最早发生在公元前494年。这次冲突的起因是债务问题。当时，平民不堪忍受债务奴役，特别是服役出征的平民战士甚至有战功的军官都因负债遭受残酷折磨，纷纷起来抗议。在军事形势紧张的情况下，为了平息平民的义愤，执政官塞维利乌斯颁布法令，禁止债主出售服役军士的财产和子女。不料在战争胜利后，另一执政官克劳狄拒不执行这条法令，听任债务人受债主的摆布。因此，再次出征的平民群情激愤，集体撤离到安尼奥河对岸、离城五公里的圣山上，表示要与罗马脱离关系。这一行动使贵族大为惊慌，因为当时罗马周围强敌如林，战争此伏彼起，平民的军事力量对罗马来说是必不可少的。于是，贵族不得不作让步，派使者和平民进行谈判，最后取得了和解。根据达成的协议，平民得到了推选自己的官员的权利，即每年从平民中选出两位保民官。保民官的人身不可侵犯，其职责是保护平民不受贵族官员的横暴侵犯，他们行使的否决权后来获得进一步发展，可以制止和否定国家官员的决定乃至国家机关的法案，大概在保民官产生的同时或稍后，又设置了两个平民市政官作为保民官的助手，他们负责阿芬丁山上平民神庙的祭祀、保管档案等，后来其权力也有所扩大。平民第一次撤离斗争的结果，可能还争取到释放当时被拘禁抵债的人，取消了未偿还的债务，但并没有废除债务奴役制。

保民官最初是如何产生的，由于缺乏确凿可靠的史料，难以断定。根据公元前471年保民官普布利里乌斯·沃来罗法推断，

巴台农神庙

雕花头盔

当时由平民按特里布斯组织召开只有平民才能参加的特里布斯平民大会（Concilium Plebis）已获得正式承认，当年的保民官就是在平民大会上选举产生的。据说平民大会投票时斗争十分激烈，保民官命令无投票权的人走开，贵族青年不走，几乎动武。特里布斯平民大会是平民的政治集会，它推选平民自己的官员，可能还审理粗暴侵犯平民权利而处以罚金的案件。特里布斯平民大会通过的决定（Plebiscita）起初只对平民有效，后来围绕着平民决定不经任何批准即对罗马全体公民具有法律效力问题展开长期和复杂的斗争。但是，无论如何，到公元前471年，平民经过斗争争得到选举保民官和创设平民大会的权利，这是确凿无疑的。

共和初期平民还开展争取土地的斗争。相传公元前486年的执政官斯普里乌斯·卡西乌斯是第一个提出土地法案的人。他建议把刚从赫尔尼克人夺来的土地的一半分给平民。另外他还想收回贵族占有的公有地，和新获得的土地一起进行分配，这样可以较彻底地解决平民缺少土地的问题。这一法案遭到贵族激烈反对，卡西乌斯被指控僭取王权而被处死了。在这以后连续十几年保民官都提出土地法案，但均未获得通过。在此期间大多是费边和克劳狄氏族贵族当政，他们顽固地反对平民的土地法案，执政官克劳狄在公元前480年收买一个保民官反对另一个保民官以阻挠土地法案的通过。在公元前473年还发生了保民官简努西乌斯被暗杀的事件。直到公元前456年，根据保民官伊启里乌斯提议通过了一项法令，把阿芬丁山上的土地分给平民以供居住。总之，平民争取土地斗争经常受挫，没有取得显著的成果。

十二铜表法

直到公元前5世纪中叶，罗马的法律只依习惯法，因循先例，没有成文规定。习惯法的规范比较含糊，对法律的解释权和司法审判权掌握在贵族官员手中，他们时常滥用职权欺压平民。平民为了保障自身的安全和财产，反

胜利女神

对贵族司法上专横行为，要求编纂成文法。据说为此而进行的斗争持续数年之久，公元前462年保民官哈尔撒提议编纂成文法，遭到贵族坚决反对，直到公元前451年才组成10人团，其成员全是贵族，赋以全权，制订法律。相传10人团只编出了十个法表，次年另选了第二个10人团，继续编纂工作，又加上了两个法表。这些法律条文刻在铜板上，故称为"十二铜表法"。从法律条文来看，十二铜表法基本上是习惯法的汇编，包含着产生于不同时代、互相矛盾的各种法规。就阶级实质来说，这部法典严格维护私有财产，保护贵族奴隶主的利益。但因为法律既已编制成明确条文，量刑定罪以此为准，这就在一定程度上限制了贵族的司法专横。

不过，由于贵族仍然保持特权地位，平民在法律上还不能和贵族处于平等地位。例如，在法典中虽已规定了诉讼程序，但平民对起诉时所用的术语和具体程序不熟悉，法庭开庭日期也未公布，因而平民起诉受到限制。尤其是在法典中规定禁止平民和贵族通婚，更是说明他们社会地位的不平等。在这以前，贵族不与平民通婚而在内部实行联姻，可能习以为常，但从未有过法律禁令。十二铜表法中规定这两个等级不许通婚，反映了贵族维护特权实行封闭达到顶点。这条被西塞罗等人斥之为不公正的立法，遭到平民强烈的反对，过了五年通过坎努利优斯法案，取消了这个法律禁令。

据说，因为10人团期满后不肯交卸权力，尤其是其领袖克劳狄专横跋扈，欺凌平民，导致了平民第二次撤离。这里不免有虚构的成分，可能真正的原因是，平民在达到公布法律目的以后要求恢复并改进原来的政制，又进行了一番斗争。结果，10人团被迫下台。公元前449年选出瓦列里乌斯和荷拉提乌斯为执政官，他们实施了三项法律。第一条法律是恢复了上诉权（Provocatia），即当公民被高级长官判处死刑或其他重刑时，他有权向公民大会提出上诉。据记载，在公元前509年罗马公民已获得上诉权，可是后来被10人团取消了，因此公元前449年立法重申这一法律。第二条法律是确认平民大会通过的决定为全体人民都必须遵守。这样，平民大会的地位和作用大为提高，发展成为罗马立法机构之一。第三条法律是涉及保民官人身的神圣不可侵犯性，根据这一法律，凡是侮辱保民官的人都要被处死，并没收其财产。以前保民官的人身不可侵犯是由平民立誓惩处侮辱者得到保障，到公元前449年则正式得到法律保护。大概在公元前471年保民官已增至4人，到公元前449年可能增至10人。

以后，大约在公元前445年平民争取到和贵族通婚合法权的

骑兵们备马组成游行队伍

同时，他们又要求担任执政官之职。贵族当然不愿把高级官职轻易让给平民，但为了应付平民要求参政的斗争，答允设置军政官这种特殊职位；每年选举产生执政官还是军政官则由元老院决定。军政官具有协议性质的执政官的权力，初为3人，后增至6人，无论贵族还是平民皆可出任。这种改变可能也出于军事方面的原因，因为当时罗马对外战争频繁，两个执政官不胜军职，需要更多的军事指挥官，而平民在军队中占有相当大的力量，历来担任各级军官，具有作战经验。据说，公元前444年选出的三个军政官之一是平民。尽管如此，由于军政官是在森都利亚大会选举产生，在那里贵族占据优势，因此在公元前400年以前担任军政官的主要是贵族，平民当选为军政官的甚少。

公元前443年设置两个监察官职位，规定只能由贵族担任，据说这也同平民反对贵族斗争有关。因为设立军政官之职后，平民担任此职握有执政官大权，而贵族不愿把执政官全部权力交给平民，于是另设监察官来分担执政官的部分职权。起初，监察官的职权是对公民进行财产调查，

分配公民到相应的财产等级和部落，后来权力扩大，负责掌管国家契约，编制元老院名册，监督社会风尚等。公元前421年原先作为执政官助手的财务官由两人增至四人，负责管理国家财政，并对平民开放。据说公元前409年四个财务官中有三个是平民。可见，到公元前5世纪下半期，平民已经获得担任国家一些官职的权利，贵族垄断政权的局面开始改观。

平民斗争结果

公元前5世纪末和前4世纪初，罗马贵族和平民的斗争一度沉寂下来，究其原因，大概是和当时接连不断地进行对外战争有关。面对埃魁人、沃尔斯奇人、伊达拉里亚和高卢人威胁和入侵，平民和贵族不得不暂停斗争，团结对敌。可是，在高卢战争后，两个等级之间的斗争重新爆发了。平民经过前一阶段的斗争虽然在政治和社会方面取得一些权利，但与平民下层密切相关的经济问题并未解决。随着罗马的扩张，公有地数量有所增加，贵族乘机大量侵占土地，平民所得无几，土地仍感不足。据说在公元前396年罗马征服威伊以后，曾分给每个公民四犹格（一说七犹格）土地，平民的土地要求得到部分满足。可是，长期战争特别是高卢战争的破坏，加速了小农的破产和土地的集中，同时债务盘剥和奴役也更严重了。因此，土地、债务和争取政治上平等权利问题结合起来，又提到斗争的日程上来。

传说从公元前376年到前367年间，平民和贵族展开了激烈的斗争，终于迫使贵族作出让步，在公元前367年通过了著名的保民官李锡尼乌斯和绥克斯图斯法案：（一）已付债息一律作为偿还本金计算，未偿还部分分三年归还；（二）占有公有地的最高限额为500犹格；（三）取消军政官，重选执政官，两个执政官之一须为平民所担任。而绥克斯图斯本人在公元前366年当选为第一个平民出身的执政官。

既然平民获得担任国家最高官职的权利，其他的官职也就对平民陆续开放了。公元前366年从执政官职权中分出审判权交给新设的行政长官，起先这一职务只能由贵族担任，到公元前337年允许平民也可担任。在公元前367年设置了两个贵族市政官，过了一年便规定由贵族和平民每年轮流出任。公元前356年和前351

年平民鲁提鲁斯先后就任独裁官和监察官，说明这两个国家重要官职也可为平民担任。公元前342年通过盖努克优斯法，规定两个执政官皆可为平民担任。公元前339年平民出身的独裁官披罗又实施了三项法律：（一）两个监察官之一须从平民中选出；（二）把元老院对公民大会通过的决议的批准权，改为高级长官提交公民大会通过的议案事先经过元老院审议。这一法律看起来是改变了元老院批准公民大会决议的程序，实际上则是削弱了元老院的权力。（三）重申平民决定具有法律效力。

平民在政治斗争中取得的胜利，加强他们的阵地，有利于他们在社会和经济方面斗争的开展。公元前357年保民官图伊利乌斯和墨纳尼乌斯把借贷的最高利息限定为1/12，公元前352年国家设立五人团，帮助负债人解决困难。公元前347年又把原有利率减半。公元前344年宣布了延期偿付令。公元前342年通过简努西乌斯法，禁止高利贷。公元前326年通过了波提利乌斯法案，禁止以人身抵债，废除了债务奴役。从此以后，平民免除了沦为债务奴隶的威胁，人身自由得到保障。

公元前304年市政官弗拉维优斯把诉讼程序和法庭术语汇编成册，公诸于众，并公布了开庭日和不开庭日，这使贵族失去了对法律和历法知识的垄断，保证平民在法律方面享受到实际平等的权利。公元前300年通过瓦列里乌斯法，重申公民对包括独裁官在内的高级官员的判决有上诉公民大会的权利。同年还通过了保民官欧古尔尼乌斯兄弟法案，把大祭司和占卜官各由4人增至9人，所增加的人数都从平民中选出。宗教职务在罗马被认为是神圣的，一直为贵族所把持，现在也被平民分享。至此，平民和贵族在担任国家公职方面已经没有任何重要区别了。

平民反对贵族最后一场大规模的斗争发生在公元前287年，据说这次斗争的起因是债务问题，但比较可能的是，其原因带有政治性质。当时平民举行了最后一次撤离，占领了台伯河对岸的雅尼库路姆山。后来，平民荷尔田希乌斯被任命为独裁官，他公布一项法律平息了平民骚动，这项法律再次批准平民决定对全体公民都有法律效力。这样，由公元前449年瓦列里乌斯和荷拉提乌斯法案所提出的权利，经过长达百余年的斗争，终于得到最后确认。一般认为，这一事件标志着平民反对贵族斗争的胜利结束。大约与此同时，罗马征服和统一了意大利。从此以后，罗马进入新的历史发展阶段。

经过两百余年的斗争，平民在政治、社会和经济方面不同程度地取得了成果。全体平民在政治和法律上争得了与贵族享受平等的权利，他们有权担任国家公职，可以参加特里布斯大会，行使政治权力，在法理上成了共和国的主人。平民与贵族通婚的合法化，使平民取得和贵族平等的社会地位。平民的经济地位通过斗争也有所改善。这就使得罗马公民内部关系得到调整，扩大了共和国的社会基础。特别是废除债务奴役制，划清了自由民和奴隶之间的界限，开创了罗马奴隶主不再奴役本国公民，而是奴役外籍奴隶的道路。后来随着奴隶制的进一步发展，罗马公民内部矛盾逐渐让位于奴隶主阶级和奴隶阶级之间的对立，使罗马发展成为一个典型的奴隶制国家。

平民地位的提高，特别是国家高级官职对平民开放，对于平民中的富裕上层具有重要意义。他们一旦当选为高级官员，便有可能经过遴选参加元老院。同时通婚权又使他们通过联姻方式与贵族融合起来。大约在公元前4世纪下半期和公元前3世纪初，平民上层便与贵族逐渐合流，形成所谓"新贵"，共同把持政权。因为在等级斗争过程中，贵族日趋衰落，他们屡屡参战，死亡枕藉，家族凋敝。狭隘的贵族内婚习俗也使其世系不健全。相反，平民的政治影响和势力与日俱增，特别是富有平民参与政权，成为当时社会上显赫人物，贵族之中许多人抛弃门第之见，开始与平民上层结好；而平民上层也有意攀附贵族，互相联姻，逐渐融为一体。他们独揽大权，排斥异己，利用职权大量侵吞公有地，大规模使用奴隶进行生产劳动，变成为新的奴隶主阶级上层。据说，李锡尼乌斯和绥克斯图斯法案通过后不久，李锡尼乌斯、绥克斯图斯和吉努西乌斯等平民家庭首先变成了新贵。以后新贵陆续增加，到公元前4世纪末出现了十几家新贵。在新贵之中也有来自拉丁姆和坎佩尼亚城市的显要人物，如图斯库罗姆城的弗尔维乌斯家族便是拉丁人中最著名的新贵家族。

富有的平民变为新贵分出去，

世界通史

最新整理图文珍藏版

余下的平民主要是占有土地或缺少土地的农民、城市手工业者和商人以及贫民。他们在等级斗争过程中地位有所改善。尽管土地问题没有得到根本解决，但随着罗马对外侵略扩张，建立军事殖民地以及分配少量的公有地，也满足了部分平民对土地的要求。据统计，从公元前343至前264年，大约把6万份地分给拉丁人和罗马人，其中罗马人约占4万份。债务的减免，土地集中有所缓和，也使罗马小农得以维持。自由农民积极支持并参与罗马对外侵略扩张活动，他们构成了罗马军队的主要来源。另外，由于罗马地位提高和城市工商业的发展，以及公民权的扩展，吸引了大批移民特别是拉丁人移居罗马，使城市人口迅速增加。他们之中包括大量的被释放奴隶和脱离保护关系的依附民。同时，由于大土地所有制的发展，奴隶劳动开始大规模使用，使农民丧失土地和工作机会，失去土地的农民流入城市，与原来的城市贫民汇合而成流氓无产者。这样，在作为奴隶主统治阶级上层的新贵出现的同时，也形成了与之相对立的新的平民阶层。

经过贵族和平民长期斗争，罗马城市国家制度也逐渐完备起来。除了原有的库里亚大会和森都利亚大会以外，又增添了特里布斯民众大会和平民大会，作为具有最高立法权的公民大会。罗马公民在这两个大会上表决通过国家立法、选举保民官、市政官、财务官和其他低级官员，审理涉及被高级官员课以罚金的上诉案件和其他案件。森都利亚大会决定战争和和平问题，选举执政官、监察官和行政长官，审理涉及被高级官员判处死刑和其他重刑的上诉案件。库里亚大会已经完全丧失其政治意义，仅在形式上授予高级长官的职权而已。由于国家职能的增加和国家事务的繁多，各种高级官职也相应地设置和增加起来，进一步完善了国家机器。在罗马共和国政制中，元老院处于权力中心的地位，拥有广泛的权力，决定着内外大政，实际上成了罗马共和国最重要的国家机关。至此，罗马国家具备以元老院为中心的一整套国家机构。

"到阿芬丁山去"

公元前494年的一天，罗马城内人声鼎沸，群情激愤，全副武装的人们汇集成一支队伍，浩浩荡荡涌出城门，有人高声喊着："走吧！抛弃那贵族的罗马，去建

最新整理图文珍藏版

立一个我们自己的城市！"“走啊，到阿芬丁山去！"原来，这是罗马共和国早期平民反对贵族斗争中激动人心的一幕。

塞维·图里乌改革以后，平民虽然获得了某些政治权利，但仍受到很多限制，贵族富豪依旧操持权柄。废除王政，赶走伊达拉里亚人以后，公元前509年，罗马贵族建立起共和政体，设立了两名任期只有一年的执政官，充任国家名义上的统治者。按规定，执政官必须由贵族担任，平民不得当选；执政官的职权处于贵族元老院的严密监督和控制之下。因此，元老院实际成为国家命运的真正主宰，罗马共和国从一开始就打上了贵族政治的鲜明印记。

共和初年，随着土地和债务问题日益突出，平民和贵族围绕政治权利展开了激烈的斗争。早在王政时代，平民就被剥夺了分享公地的权利。尽管平民替罗马国家当兵打仗，流血流汗，罗马领土日渐扩展，可是打仗夺来的大片土地却落入了贪婪的贵族手中，平民照旧无权使用。苦于缺乏足够的土地，加上繁重的战争税役，许多下层平民被迫负债破产，沦为债务奴隶。在抵债的名义下，债主任意拘押、虐待债奴，甚至惨无人道地割裂其肢体。不仅下层平民，就连一些富裕平民也对贵族垄断政权、排斥异己的行径深表不满。

这一年，罗马与外族再次发生战争，正当用人之际。平民提出要贵族放弃残害平民的债务法，否则拒服兵役，贵族假言应允，随后又背弃诺言。于是广大平民发动了这场向阿芬丁山进发的"撤离运动"（据说历史上曾先后发生过三次这样的平民撤离运动）。这一来，罗马兵力削弱，生产停顿，直接动摇了贵族共和国的统治根基。元老院贵族十分惊慌，连忙派代表赶到阿芬丁山与平民谈判，订立了"神圣约法"。在平民的压力下，贵族不得不同意减轻他们的债务负担，尤其是承认平民有权选出两名保民官，作为维护自身利益的代表。按规定，保民官人身不受侵犯，直接对平民负责；凡是元老院或高级官吏采取的任何有损平民的行为，保民官都有权干预，可以行使否决权，只要说一声"veto"（拉丁文意思是"我禁止"），这些行动或法令就不能生效。现今，联合国安理会五个常任理事国拥有的"否决权"，其实就来源于这种古老的制度。

　　设立保民官，是平民的一大胜利，却引起贵族的极度恐惧。相传公元前491年，贵族科里奥莱努斯因反对设立保民官阴谋败露，竟投靠外敌，引狼入室，妄图血洗罗马。这件事至少从一个侧面反映了当时双方之间深刻的矛盾。

　　虽然有了保民官，但还只能囿于已有的法律来行事。那时罗马通行习惯法，没有写成文字，贵族仍能利用其对法律的解释权，在司法审判方面维护自己的特权，继续迫害平民。因而，人们迫切希望能有一部权威的成文法律。经过不懈的斗争，罗马国家终于在公元前451～前450年制订并公布了这样一部成文法。法律条文被镌刻在铜牌上，最初有十块，后又增加了两块，悬挂在罗马广场之中，这就是有名的"十二铜表法"。它的内容主要体现了保护贵族和富裕平民私有财产的倾向，但同以往没有成文法律可依、任凭贵族随意解释的状况相比，毕竟是进了一步，对贵族那种无法无天的行为多少起到一些限制作用。公元前445年，罗马国家通过保民官坎努利亚提出的法案。据此，平民取得了与贵族通婚的权利，这是对旧传统的又一次冲击。

　　公元前376年起，保民官李锡尼和塞克斯图在平民支持下，经过十年的持续努力，终于使得他们的法案获得批准。这项法案规定，所有罗马公民，包括平民，都有权占有和使用公地，但占有数额最高不得超过500尤格（约合我国近2000市亩），这样既确认了平民拥有分配公地的权利，同时也对贵族兼并土地作了一定限制。法案还提出，当选执政官中必须有一人来自平民，法案通过的第二年，塞克斯图正式当选为首任平民执政官。此外，法案在债务问题上也作了有利于负债平民的规定。公元前326年通过的波提利阿法案，从法律上根本否定了债权人私自拘禁负债人的权利，实际上等于宣布债务奴隶制的废除。从此之后，包括平民在内的全体罗马公民便不再会因为债务而沦为奴隶了。结果，外族人变成了罗马奴隶的唯一来源，自由公民与奴隶之间出现了一道不可逾越的鸿沟，这同希腊雅典的情况是相似的。

　　共和国早期平民反对贵族斗争的终结，一般以公元前287年霍腾西阿法案的颁行作为标志。

根据它的规定，平民大会开始拥有立法权，平民作为自由人的法律地位得到了巩固。

经过几个回合、长达二百来年的斗争，平民取得了显著的胜利，经济地位和政治地位都有了一定的改善。过去氏族贵族的特权大体上已被废止，罗马国家的阶级关系有所调整。然而从胜利中得益最大的不过是上层的富裕平民。富裕平民通过担任国家高官和通婚途径，渐渐与原先的贵族合流，形成新的国家当权派——豪门贵族，这样，罗马仍旧保持了它的奴隶主贵族共和国的性质。对于一般平民来说，他们总算告别了沦为债奴的命运，取得了国家全权公民的身份。

罗马隶农制

罗马帝国经过将近二百年相对平稳的发展之后，渐渐走上了下坡路。其实，早在经济相对繁荣时期，就已经潜藏着危机的阴影了。奴隶主阶级敲骨吸髓的压榨，早已使奴隶丧失了起码的生产积极性。公元 3 世纪，罗马爆发了普遍的社会危机。奴隶来源减少、价格陡增以及奴隶的反抗，

使奴隶制大庄园因无利可图而急剧衰落。为了给农业寻求出路，庄园主不得不改变以往那种役使大批奴隶的经营方式，越来越多地采取较为缓和的租佃剥削方式，即把庄园的土地分成若干小块（例如 20 尤格左右一块），租给小佃农耕种，然后向他们收取地租（常常占其收获物的 5/6 甚至 9/10）。这些小佃农叫做隶农，这种剥削方式就是隶农制。

然而，隶农早在罗马共和国末期就已出现。那时，在奴隶制大庄园中，不但有大批"戴镣铐的"奴隶劳动力，而且还存在着少量"不戴镣铐的"劳动者。他们原先是罗马破产的自由农民，因生活所迫而沦落为庄园主的雇工或佃农，庄园主往往把一些不适于使用奴隶耕种的或贫瘠的土地出租给他们，一般定租期为五年，期满后契约可延长或废除。这就是最初的隶农，人数不多，影响也不大。

隶农与奴隶相比，拥有一定的独立经济，可以租种小块土地（尽管只有使用权而无所有权），支配部分收获物（虽然数量有限），拥有少量工具，因此隶农一般比奴隶具有较高的生产积极性。就社会政治地位而言，隶农可以

当兵，参与法庭诉讼等。整个说来，隶农的地位和处境要优于奴隶，而接近于封建时代的农奴，但又不完全等同于农奴，恩格斯把它称作"中世纪农奴的前辈"。

进入帝国时代，隶农制获得很大发展，遍布于意大利本土和地中海沿岸各行省，隶农人数也日益增多。一些大奴隶主通过释放奴隶，把他们变为向自己缴纳地租的隶农。许多贫苦农民因不堪帝国政府重税的盘剥和官吏的欺压，也被迫将自己的小块土地"献给"大土地占有者，以求得"保护"，充当其隶农。此外，当时还有很多迁居帝国边疆地区的外族移民，以及被征服的外族俘虏，也相继变成了罗马大土地占有者的隶农。与此同时，剥削阶级则由于剥削方式的改变，它们本身的地位也发生明显变化，随着集中使用奴隶劳动的大庄园开始转变为隶农制的大地产（拉丁语叫"萨尔图斯"），一些大奴隶主（包括当时权势上升基督教会上层）便渐渐转化为新兴的大地产主，这就是封建主阶级的前身，那些大地产主大都成为拥兵自重、割据一方的豪强，他们公然违抗国税、兵役，拒不接纳政府命官，以致后来连皇帝也奈何他们不得。

结果，大地产的发展导致了罗马帝国中央权力的削弱，大大加快了奴隶制的衰亡。

如果说，早期隶农在法律上多少还享有一些自由人的权利，那么，随着帝国由盛转衰，隶农的实际地位便出现了显著的下降，罗马奴隶制政权为了保证国家税收、维护大土地占有者所需的劳动人手，接连颁布法令，将隶农牢牢地束缚在土地上。公元332年，罗马皇帝君士坦丁一世颁发敕令，严禁隶农离开土地，规定凡藏匿逃亡隶农者课以罚金，逃亡者一经抓获，即戴枷送回原地。法令强迫隶农世世代代固着在主人的土地上，可以连同土地一起被出售和转让。隶农自由迁移权被剥夺，实际上意味着他们失去了自由人的身份。法令还禁止隶农与自由人通婚，不准隶农向法庭控告自己的主人，规定隶农的财产必须由主人来全权支配，不经主人许可，隶农不得出外当兵或当僧侣，等等。这样，隶农就完全变成了主人的依附者。隶农（其中很多人是早先的自由农民）处境的恶化，使它与奴隶地位接近、命运相连，便于他们在反抗共同压迫者的斗争中协同一致。帝国末年风起云涌的人民起义，往往表现为更加壮阔的隶农和奴隶的联合斗争，再也不会出现斯巴达克起义时奴隶孤军奋战的局面了。

五世纪晚期，奴隶制的西罗马时代帝国一朝倾覆，西欧历史从此揭开了新的篇章，罗马时代遗留下来的大批隶农，逐渐地演变为封建时代的农奴。东罗马帝国境内保存较久的隶农制也为它后来向封建社会的过渡开辟了道路。

罗马的遗产

罗马与现代世界的对比

认为我们现今与罗马人有许多共同之处，这实为一个诱人的观点：首先，罗马与古代任何其他文明相比在时间上更靠近现今；其次，罗马与现代倾向看来十分切近。人们常常注意到罗马历史与 19、20 世纪的英国和美国历史的种种相似之处。罗马经济的运行经历了由一个由简单的农业经济到包括失业、贫富悬殊和财政危机在内的复杂的城市体系的整个过程。与大英帝国一样，罗马帝国是建立在征服基础上的。然而我们不应忘记，罗马的遗产是一份古代遗产，因此罗马文明和现代文明之间的类似之处并不像表面看起来那么重要。如前所述，罗马人不屑从事工业活动，对科学也不感兴趣。他们也丝毫没有现代民族国家的思想；行省实际上是殖民地，并不是一个政治实体的有机的组成部分。此外，罗马人从未发展出一种完备的代议制政府体系。最后，罗马人的宗教观念与我们自己的宗教观念大相径庭。他们的崇拜制度与希腊人的崇拜制度一样，是外在的和机械的，而不是内在的或精神上的。基督教把虔诚——热爱神灵的一种动感情的态度——视为最高的理想，罗马人把它视为十足的迷信。

罗马文明的影响

尽管如此，罗马文明对后世文化产生了很大影响。罗马建筑的式样（如果说不是其实质）保留在中世纪的教会建筑物之中，直到今日仍见于许多政府建筑的设计之中。另外，奥古斯都时代的雕刻在装点我们的街道和公园的骑士雕像、纪念性的拱门和石柱以及政治家和将军们的石头肖像中，仍有生动的体现。虽然大法学家的法律有了新的解释，但它已成为《查士丁尼法典》的重要组成部分，从而流传到中世纪乃至现代。美国法官至今仍经常引用盖约斯和乌尔庇安首创的行为准则。进而言之，今日欧洲大陆的几乎所有国家的法律体系都大量吸收了罗马法的成分。这一法律是罗马人最伟大的成就之一，反映出他们治理一个广袤、多样化的大帝国的天才。同样应该记住的是，罗马人的文学成就为后来的知识复兴提供了许多灵感，这一复兴在 12 世纪时在欧洲蔓延开来，在文艺复兴时期达到了顶点。不那么为人熟知的一个事实是，天主教会的组织（且不说其仪式）是从罗马国家的组织结构和罗马宗教体系改造而来的。举例说来，教皇仍拥有大祭司长

斯巴达军队

（pontifex maximus）的头衔，该头衔过去一般表示作为公民宗教首领的皇帝的权威。

罗马在传播希腊文明中的作用

罗马对后世发展的最重要的贡献是把希腊文明传送到了欧洲西部。公元前 2 世纪以来在意大利发展起来的具有浓厚的希腊思想气息的文化，其本身就足以与东方居主导地位的希腊取向的文化相抗衡。此后，沿着尤利乌斯·恺撒的步履，这种文化进一步向西发展。在罗马人到来之前，欧洲西北部（现今的法国、比利时、荷兰、卢森堡、德国西部和南部以及英格兰）的文化以部落为基础。正是罗马带来了城市和希腊思想，尤其是随着高度分工的城市生活而来的人类自由和个人人身自由的概念。确实，自由的理想在实际生活中往往为人忽略——它们并未减缓罗马对奴隶制的依赖程度，以及妇女的从属地位，也未能阻止罗马在征服地区进行剥削统治，时常是压迫性的统治。但不管怎样，就我们目前所知，罗马历史是西方历史的真正开端。由亚历山大带到东方的希腊文明未能持续太长时间，由恺撒、西塞罗和奥古斯都带到西方的同样的文明，却成了西欧

最新整理图文珍藏版

其后许多成就的起点。我们在后面将看到，这一发展虽然并非连绵不绝，后来欧洲的成功中也有许多其他成分的功劳，但罗马的影响是极其深远的。

斯巴达的社会构成

斯巴达位于希腊半岛南部的拉哥尼亚平原。这里土质肥沃，农业比较发达。"斯巴达"的意思就是"可以耕种的平原"。人们对斯巴达早期的历史还不十分清楚。据说，它是多利安人侵入拉哥尼亚平原，把土著居民变为奴隶以后建立起来的。

全斯巴达约有二十五六万人，大致可以分成三部分：

第一部分是斯巴达人，虽然这部分人还不到3万，但他们都是不劳而获的奴隶主，是国家的统治阶级，过着集团性的军事生活。

斯巴达人的战争

第二部分是庇里阿西人，大约也有3万人。他们是有人身自由，但是没有公民权的半自由民，大部分住在城市周围，从事手工业和商业。他们不能参加政治活动，但必须纳税、服役。

古希腊瓶画

第三部分是希洛人。这些可怜的人就是征服后变成奴隶的土著居民，最初有20万人。后来，斯巴达人把其他被征服部落的人变为奴隶，希洛人的人数就大大增加了。希洛人只能从事艰苦的农业劳动，却要将一半以上的收获缴给奴隶主，自己过着半饥半饱、牛马不如的生活。

被剥夺了人身自由的人

身为奴隶的希洛人被完全剥

世界通史

最新整理图文珍藏版

夺了人身自由，他们除了要服繁重的徭役外，每当发生战争时，还得服兵役，而且往往被当做炮灰去打头阵。

被奴役的希洛人

哪里有压迫，哪里就有反抗。希洛人忍受不了斯巴达人的残酷剥削和野蛮暴行，经常举行武装起义。因为希洛人在数量上比斯巴达人多得多，斯巴达人就由青年组织成别动队，身藏短剑，白天埋伏在希洛人村庄附近，夜里突然出来袭击那些体魄强健、富有反抗精神的希洛人，将他们秘密处死。

有些希洛人希望通过在战争中立功来赎身，就拼死替斯巴达人作战。在斯巴达和雅典的一次战争中，曾有 2000 希洛人立下了大功。斯巴达奴隶主假惺惺地给他们戴上花冠，答应给他们自由，然后送他们到一个大庙中去向神谢恩。这些天真的希洛人哪里知道，奴隶主早已设下了埋伏。等他们从庙中出来时，迎接他们的不是自由，而是一场残酷的大屠杀。2000 名手无寸铁的希洛人，就这样被全部杀死了。

对于斯巴达人来说，希洛人是公共财产。即使个别斯巴达人无权买卖希洛人，但也可以任意伤害希洛人。在一些节日里，斯巴达人常用劣酒灌醉希洛人，然后把他们拖到公共场所肆意侮辱。可怜的希洛人既使没有过错，每年也要被鞭笞一次，目的是让他们记住自己的奴隶身份。

公元前 464 年，斯巴达境内的希洛人发动了一次大规模起义，直逼斯巴达城下，这场战斗整整坚持了 10 年。斯巴达人在无可奈何的情况下，给了起义军自由。斯巴达的统治也因此受到沉重的打击。公元前 4 世纪中叶以后，斯巴达一天天走向衰亡。

斯巴达人的恋爱与婚姻

在斯巴达，每个青年都可以尽情恋爱而不必考虑性别。几乎每一个男童都有一个年长的男情人，从这个情人那里他可以获得

最新整理图文珍藏版

557

角力学校的鞭打制度

更多的教育，为报答这种教育他必须热情地服从。据说这种"交换"往往发展为一种热情的友谊，能促使双方都能勇敢作战。实际上这就是古代同性恋的滥觞。

在斯巴达，国家指定的最佳婚姻年龄为男人30岁，女人20岁。在那里，独身是一种罪行，单身汉是没有任何优待的，而且还不得参观青年男女裸体跳舞和游行。如果结了婚却没能生育子女也被视为一种耻辱；据说，不能做父亲的人是不能享受斯巴达青年对于年长者所表现的宗教式的尊敬的。斯巴达人还有一种与众不同的习惯，那就是丈夫们会非常愿意将妻子借给那些"超人"，并希望借以诞生更加优秀的孩子；如果丈夫因为年龄或疾病失掉了性机能，则必须邀请年轻力壮的人代他生育更活泼强健的儿童。

斯巴达人的婚姻大都听从父母之命，经双方同意后，一般情形下要强行抢亲，而新娘也会奋力抵抗。平时，新娘与其父母居住，新郎仍居住于营房内，仅在夜晚与妻子幽会；有时直到孩子呱呱坠地，他们都没有机会在白天见上一面。如果在父母之命下仍有一些成年人没能结婚时，就会有人安排将数目相同的男女推进一暗室，使他们在黑暗中听天由命地选择自己的终身伴侣。有时，丈夫还会同意与他人或是自己的兄弟共妻。看来，斯巴达人真是"大公无私"啊。

公民大会

公民大会是雅典的最高权力机关，每隔10天左右召开一次，所有年满20岁的男性公民都有权参加。公民可在会上提出任何建议或批评公职人员，讨论一切内政外交政策，作出决议。

所有的提案会在开会前五天予以公布，以便让参加者事先做好准备。遇有紧急情况，可以临时召集。大会的会场设在雅典卫城西边的普尼克斯山冈上，没有座位，大家都席地坐在面向讲台的斜

雅典人修建自己的集会场所

希腊政治制度

坡上，因此即使是坐在后面的人，也能看到讲台上的情况。

大会召开时，每个公民都可宣读自己的提案，然后由支持或反对提案的人上台发言，陈述理由。如果同时有几个人要发言，就以年龄的大小作为发言次序的依据。如果有人侮辱发言的人，主持人有权把他赶出会场，甚至还要罚款。发言的人也应该有礼貌，不得侮辱或谩骂到会的人。一旦有人违反，就会被取消发言权，甚至被剥夺公民权。发言辩论之后，就开始表决。表决的方式是举手或投小石子或豆粒等，多数人同意，提案就算通过。

有趣的陶片放逐

克利斯提尼是雅典一位富有魄力的政治家，他夺取政权后，制定了一项法令凡是破坏国家民主制度，企图个人独裁的人，经过召开非常公民大会口头表决，交"陶惩审判庭"审判，并由它作出是否把他逐出雅典的判决。

参加"陶片放逐法"投票活动的雅典公民

通常，对公民实行流放需要经两次会议表决方能通过。先由500人会议提请公民大会讨论某年有没有必要流放某人，如果公民大会觉得有必要，那么就要另外召

雅典公民投票时所使用的陶片

开一次公民大会投票表决。投票在一个围着篱笆有10道门的会场内进行，每个公民在自己地区部落的入口处领到一块陶片或贝壳，各自在陶片或贝壳上面写上自己认为应该被流放的人的姓名。进门后把它交给工作人员。交陶片或贝壳时，写姓名的一面朝下，所以投票是秘密的。投票结束后，工作人员统计票数。得票数超过6000的那个人，必须在一定限期内离开雅典，被流放国外10年，期满后才能回国。这期间，被流放者保留有财产权和公民权，家属也不用担心受到株连。这个办法叫陶片（贝壳）放逐法。被逐出雅典的人是非常不名誉的，也是非常不光彩的。

"陶片放逐法"是雅典民主政治中有力的一项制度。这一制度的实施，对维护社会安定，保障公民权利，巩固政治起了很大的作用。

第二编

世界中古史

罗马帝国的分裂和西罗马帝国的灭亡

- ·-·- 4世纪末罗马帝国的疆界
- - - - 395年东西罗马帝国的分界线
- 人民起义的主要地区
- → 日耳曼人入侵路线

中世纪（约公元 476 年—公元 1453 年）也叫中古史，由西罗马帝国灭亡（公元 476 年）数百年后，在世界范围内，封建制度占统治地位的时期，直到文艺复兴时期（公元 1453 年）之后，资本主义抬头的时期为止。

同古典时期一样，中世纪时期也是以各种侵略——前者是以多里安人、雅利安人及中国周朝人的侵略，后者是以日耳曼人、匈奴人和突厥人的侵略——拉开序幕的。然而，与古典时期不同，中古时期的各个世纪，都是以相似的、连绵不断的侵略宣告结束的；这些侵略实际上波及欧亚各地区。7 世纪初，伊斯兰教武士的侵略，不仅占领了他们的发源地整个中东地区，而且最终占领了北非、西班牙、巴尔干半岛、印度、东南亚以及中亚大部分地区。突厥人和蒙古人征服的地区更为广阔，1000 年至 1500 年的 500 年中，他们占领了自波罗的海到太平洋的欧亚大陆大半陆地。

这些巨大的征服，尽管来势凶猛，规模宏大，却并不象前多里安人、雅利安人和中国周朝人的侵略那样，毁灭了欧亚大部分地区的文明。到中世纪时期，大多数地区的文明已根深蒂固，很难根除，因而各地的传统文明得以幸存。例如，在中国，汉族的明朝取代了蒙古族的元朝，整个国家又完全回到老路上来。在庞大的穆斯林世界里，土生土长的希腊—罗马人、伊朗人、闪米特人以及埃及人的各自传统，非但未被湮灭，反而溶汇成一种综合的伊斯兰教文明。

在西方，也只有在西方，曾盛行一时的古典文明被连根拔起。因此，唯独西方为新文明的形成彻底扫清了道路；这一新文明与欧亚大陆其他地区的传统文明完全不同，沿着崭新的道路自由发展。

正是西方的这一独特性，使西方能发展经济力量，推动技术进步，产生向海外扩张、控制世界诸海路的社会动力。文艺复兴的开始宣告了中世纪历史的结束。但应该指出，中世纪时期与古代时期和古典时期不同，不是以欧亚大陆游牧民族的陆上侵略为结束，而是以西方的海上冒险宣告终止的。西方探险家、商人、传教士和移民的海外活动，标志着中世纪向近代的过渡，标志着世界历史由欧亚大陆地区性阶段向全球性阶段的转变。

第一章

欧洲中古文明

"中世纪"一词是从 15 世纪后期的人文主义者开始使用的。这个时期的欧洲没有一个强有力的政权来统治。封建割据带来频繁的战争，造成科技和生产力发展停滞，人民生活在毫无希望的痛苦中，所以中世纪或者中世纪的早期在欧美普遍称作"黑暗时代"。

　　欧洲中世纪史一般可分为早期（500－1000）、中期（1000－1300）、晚期（1300－1500）三阶段。在第一阶段，罗马皈依基督教之后，古典文化与基督教文化、日耳曼文化相融合，促成了欧洲的诞生。查理曼大帝一度雄霸西欧。第二阶级是中世纪的盛期，经济起飞，城市兴起，政治文教发达，三百年间精彩叠现。第三阶段两百年，教廷分裂，英法百年征战，哀鸿遍野，疫病流行，一片颓败之势。而瘟疫过后，欧洲文化重又焕发生机，宗教革新，文艺复兴，科学革命，"理性时代"的近代欧洲呼之欲出。

世界通史

最新整理图文珍藏版

第一节　史海钩沉：重大事件　历史典故

汪达尔人的危机

　　汪达尔人是日耳曼人的一支，最初住在斯堪的纳维亚半岛的南部，大约在公元前 1 世纪时，迁居到波罗的海沿岸，并抢占了维斯瓦河与奥德河之间的一块土地。3 世纪时，哥特人击败了汪达尔人。走投无路的汪达尔人，用重金贿赂罗马皇帝君士坦丁大帝，最终获得了定居在罗马帝国的潘诺尼亚行省的权利。后来，被匈奴驱赶的阿兰人与来自匈牙利东北部的苏维汇人都进入了潘诺尼亚行省，与汪达尔人杂居相处，十分融洽。

　　但是，匈奴的铁骑并没有停止，他们随着阿兰人的踪迹一路追来，迫使汪达尔人、阿兰人和苏维汇人迁入罗马腹地。这种大规模的迁徙引起了罗马帝国的恐慌，他们试图阻止，但西哥特人此时在阿拉里克的率领下正朝意大利进军，东哥特人也伺机而动。罗马帝国为了保护意大利及罗马城的安全，召回了驻扎在莱茵河和高卢的军队，这给汪达人及其他日耳曼部落进入高卢提供了机会。

高卢罗马人的投降

　　406 年，汪达尔人顺利渡过莱茵河，直指高卢。阿兰人和苏维汇人随后也渡过莱茵河，兵临高卢。由于高卢的大批军队已被罗马调往意大利，因而汪达尔人在那里纵横驰骋，并向南跨越比利牛斯山，直抵西班牙，与阿兰人、

汪达尔人制作的手工艺品

苏维汇人一起很快把那里的罗马政权摧毁了。随后，他们开始分割土地：阿兰人占据伊比利亚半岛西部地区，苏维汇人占据半岛西北部的加里西亚，汪达尔人则占据了半岛上的其余地区。

刚分占土地不久，意大利战场上的局势发生了变化。进攻意大利的西哥特人与罗马缔结了盟约，并在416年攻入西班牙。汪达尔人面对强大的西哥特人，屡战屡败，首领贡塔里克率领汪达尔人且战且退。425年时，汪达尔人已失去了大片领土，就在汪达尔人将要被围歼之时，贡塔里克的弟弟盖塞里克成为军事首领，汪达尔人的命运从此被改变。

称雄地中海

即位后的盖塞里克审时度势，对西哥特人避而不战。他认为相比北非，西班牙半岛简直是不毛之地。与其和西哥特人血拼，不如撤离西班牙。

429年5月，盖塞里克率8万余众渡过直布罗陀海峡来到北非。安稳下来后，一路烧杀抢掠，向东移动。此时的罗马帝国军队已经势微力衰，无法阻止盖塞里克的步伐。加上当地北非人民长期受罗马政府的压迫，奴隶、隶农起义不断，因此汪达尔人在北非的战局十分有利。

当盖塞·里克剑指努米底亚时，罗马帝国派重兵前去解救，但最终还是失败了。罗马政府被迫与盖塞里克签订和约，将毛里塔尼亚等北非土地割让给汪达尔人。但盖塞里克从来也不信守和约，经常在地中海中西部从事海盗式掠夺。

435年，盖塞里克进占君士坦丁地区，439年突袭迦太基，并以此为都城建立汪达尔王国。罗马人被迫承认盖塞里克侵占的地区，实际上是把自己的粮仓北非交给了汪达尔人。

贪婪的盖塞里克仍不满足，440 年又渡海侵入西西里，东罗马慌忙派舰队前去抗击。盖塞里克收买了驻扎在多瑙河一带的匈奴人，让他们从侧面进攻东罗马。东罗马腹背受敌，只好召回了开往西西里的舰队。西罗马皇帝慑于盖塞里克的武力，把自己的女儿许配给了汪达尔的王子汉尔里克，想用和亲的手段换取和平。但罗马的软弱刺激了盖塞里克的胃口。455 年，盖塞里克兼并了西罗马在非洲的全部领地，并侵占了地中海的主要岛屿。6 月初，盖塞里克攻入罗马城，放纵部下在城内烧杀抢掠半个月。撤退时，带走了 3 万俘虏，并将未婚儿媳占为己有。

468 年，汪达尔人再次击败东罗马军队，继迦太基和罗马人之

教皇利奥一世劝说盖塞里克放弃洗劫罗马

后，称雄西地中海约一个世纪之久。

野蛮的法兰克人

高卢是一块美丽而肥沃的土地，气候湿润，河流像端庄的少女静静地流淌，高高的阿尔卑斯山直插云霄，一望无际的平原芳草无涯，如此的沃土自然吸引了无数民族来此繁衍。恺撒曾将它揽入怀中，也带来了罗马人的文明。日耳曼诸部落，勃艮第人、哥特人、法兰克人等，也先后到了这里，他们都想在这块富饶的土地上拓展地盘。

人多了必然引起战争，在诸部落中，法兰克族人数相对较少，他们刚刚从日耳曼森林中走出来，但长久的森林生活使他们威猛异常。486 年，法兰克人在其首领克洛维的指挥下，征服了整个北高卢，他们在族群争夺中笑到了最后，这块土地从此刻上了“法兰克”的名字。

法兰克人虽然勇猛，但森林中长久的野人生活使他们异常野蛮。在他们的统治下，社会开始了大倒退。战争使城市满目疮痍，经济凋敝。文化上，除少数教士

和罗马遗民外，从国王到平民都目不识丁。

有一个例子可以很好说明他们当时的野蛮程度。罗马人的生活已经达到了相当高的文明程度，修建了不少的卫生设施，也形成了文明的卫生习惯。法兰克人到来后，一切都被破坏，他们不知道洗手，上完厕所后马上用手抓起食物大口咀嚼。以至于直到五六百年后的十字军东征，他们才学会了饭前洗手和用热水洗浴的卫生习惯。在政治上，日耳曼人也同样野蛮、愚昧。法兰克人首领克洛维建立的法兰克王国，境内无政府的混乱状态与专制暴政相结合，看起来并不像是一个国家，倒像是一个原始部落。其落

后和野蛮并存，是名副其实的"蛮族"王国。

墨洛温王朝

5世纪下半期到6世纪初，野蛮而勇猛的法兰克人南征北战，占领了高卢的绝大部分领土，他们驱赶走罗马人，将高卢变为自己的农庄和牧场。法兰克人都是不怕死的斗士，他们像狼群一样凶猛而残酷无情。而在当时的法兰克人当中，墨洛温家族是最尊贵的，他们以长发披肩作为自己"高贵"的象征。

教育孩子的克洛维

465年，克洛维就出生在墨洛温家族中。他的父亲希尔德里克，是法兰克人的一支萨利克法兰克人的军事首领。也许是受家族和父亲的双重影响，克洛维从小骁

法兰克武士

世界通史

最新整理图文珍藏版

勇好斗，战斗是他的终身爱好；性格残忍，能适时铲除一切威胁到自己的人；城府颇深，善于玩弄权术；眼光长远，具有一双鹰一样的眼睛。

481年，年仅16岁的克洛维就继承了父亲的军事首领之职。而当时，西阿格里乌斯在巴黎一带势力很大，他本是罗马帝国驻守巴黎一带的将领，自封为"罗马人的国王"。他的所作所为让克洛维咬牙切齿，决定与之一较高低。486年，克洛维在苏瓦松大战中全歼西阿格里乌斯主力，最终将西阿格里乌斯送上了断头台，夺取了塞纳河和卢瓦尔河之间大片肥沃的土地，随后将首都也移到巴黎。克洛维在法兰克人心目中的地位大增。

克洛维为树立自己的威信采取了一切手段。有一次，在分享战利品时，克洛维看上了属于自己分外的一只广口瓶。但按照部落习惯，首领同普通战士一样通过抽签分享战利品，所以一个战士就用战斧将那只瓶子击得粉碎，克洛维黯然离去。一年后，他在检阅军队时，故意责备那个战士没保管好武器，当众用战斧将那个战士的头颅劈开，众人骇然。从这件事上，已看出克洛维具备

了国王的权利。

克洛维不断扩张，相继铲除了法兰克其他的部落领袖，建立了法兰克王国。他所建立的王朝就以他的家族来命名——墨洛温王朝，一直持续了一个半世纪之久。

克洛维的皈依

法兰克人一向崇拜偶像。但对于基督教，一开始他们好像不太喜欢，克洛维更是如此。493年，27岁的克洛维与信奉基督教的勃艮第公主结婚，他对妻子所

克洛维的皈依

笃信的上帝表示怀疑。

496年，克洛维率领法兰克人与进犯的阿勒曼尼人激战，后遭到重创，身陷重围。危难之际，他想到了上帝，便向上帝许愿：若能反败为胜，他将带领全体法兰克人信仰基督教。奇迹真的出现了，阿勒曼尼军中突然发生内乱，国王被杀死，群龙无首，大部分阿勒曼尼人向克洛维投降。克洛维欣喜若狂，为了兑现诺言，当年圣诞节就率领3000名法兰克将士接受洗礼，皈依基督教。

当时西罗马帝国虽已灭亡，但罗马教会仍然很有权势，而且高卢大地上还有大量信仰基督教的罗马人，他们急需一个强有力的支柱作为依靠。皈依基督教后，

《萨利克法典》的颁行

克洛维成为日耳曼人中第一个基督教徒国王，实现了法兰克王权与基督教会的结合，克洛维也因此提高了地位和声望。

克洛维继续着他的扩张战争，法兰克的版图在不断扩大。在夺取莱茵河中游两岸阿勒曼尼人的大片土地之后，500年，克洛维率领的法兰克人又与勃艮第人发生战争，最终把法国东南部的罗纳河流域的土地变成自己的私产。

当时，西哥特国王阿拉里克统治着西班牙半岛和高卢南部的广大领土，国势强盛。507年，克洛维打着讨伐异教徒的旗号，进攻今法国西南部地区的西哥特王国。两军在伏依耶原野发生激战，阿拉里克兵败被杀。法兰克人势如破竹，将曾经不可一世的西哥特人赶到了比利牛斯山以南。此战过后，克洛维也获得了基督教给予的无比荣耀，还被东罗马帝国皇帝授予了"荣誉执政官"的称号。至此，克洛维几乎征服了整个高卢地区。

克洛维时代还有一件盛事，即编制《萨利克法典》。

克洛维编制的《萨利克法典》是一部"习惯法"，其中保留了一部分代表广大法兰克人自由公社

克洛维晚年肖像

成员利益的旧习惯条文，这是因为统治者必须照顾到广大自由法兰克人的利益。例如，当有人要迁入村社时，只要有一个人出来反对，他也不得迁入。这反映出当时普通村社成员在村社公共事务上具有的权利。这种公共意识也成为中世纪欧洲人公共精神和参与意识的摇篮。此法典对法国法律体系的形成影响也很大。

克洛维的手腕

晚年的克洛维功成名就，成为国家的最高统治者，但他过得并不踏实。因为在他的周围还有不少其他的部落联盟首领，克洛维感觉他们的眼睛就像幽灵一般盯着自己的宝座。他决心把他们消灭干净。

"瘸子"西吉伯特是里普阿尔法兰克人的军事首领，过去曾是克洛维的战友，一道同阿勒曼尼人作战，并且在战斗中受伤致跛。西吉伯特的儿子克洛德里克也曾帮助克洛维战胜西哥特人。国家安定之后，克洛维却煽动克洛德里克弑父篡位。克洛德里克听从了教唆，害死了自己的父亲，并派亲信到克洛维处通报喜讯，并且答应

达戈伯特一世雕像 迪赛涅尔雕刻

克罗泰尔二世颁布"巴黎敕令"

送给克洛维一些财宝。克洛维来到科隆观看克洛德里克的财宝。这时，从克洛维的随从中冲出一个人杀死了克洛德里克，随后克洛维把里普阿尔法兰克人召集到一起，揭露了谋杀事件，把自己的责任推得一干二净。里普阿尔法兰克人沸腾了，他们把克洛维高举在盾牌之上，拥戴他为自己的国王。

克洛维对其余的军事首领同样不放过。不管是谁，只要他疑心会对自己的王位构成威胁，必定铲除。就连自己的亲人也不放过，后来他几乎成了孤家寡人。511年，克洛维在巴黎去世，安葬在圣彼得教堂。不过，他所遗留下来的庞大的法兰克王国，一直延续了300多年。

"懒王"时代

5、6世纪的墨洛温王朝统治时期，土地就是金钱，土地就是权力，土地就是一切。克洛维带领将士在征服战争中得到土地，然后土地被赏赐给亲信、侍从和立下战功的将士，从而维持他们对自己的忠诚。这样，王室的土地不断地流入到贵族手中，自己的土地越来越少。

最初，墨洛温国王还可以通过征税聚敛钱财，但后来国王把收税权也赏赐出去。国王开始免除某些封地的纳税义务，封地领主可自行征税。国王手中还握有司法权，可是后来国王居然把司法权也送了出去。起初，特权只是赠予了教会贵族，国王的官吏无权进入主教和修道院院长的领地收税，后来这种特权又扩展到世俗贵族。614年，在经过了40余年的内战之后，国王克罗泰尔二世颁布"巴黎敕令"，使贵族在战争期间攫取的司法和行政特权合法化。凡持有"豁免证书"的领地，王室官吏都无权进入执行公务。到7世纪，这种"豁免权"已经四处蔓延起来，王室的土地也已枯竭。

贵族权力越来越大，王族的权力却在不断缩小。7世纪中叶，墨洛温王朝已陷入瘫痪。纽斯特里亚、奥斯特拉里亚、勃艮第三个地方大贵族崛起，分别推选出自己的"宫相"，在宫中负责管理各自政务。朝中，国王也有自己的"宫相"，代替自己管理各种事务。国王不用再管理政务，闲居宫中，纵欲行乐。他们坐在王座上，长发飘飘，胡须垂胸，风采依然，但实际上已成为一副空壳。坐着牛车游村串巷，成为国王的"职责"。由此，他们被冠以"懒王"的美称。墨洛温王朝后期，都被称为"懒王"时代（639～751年）。

宫相掌权

宫相原是法兰克国王从他的奴仆当中选拔的官员，负责管理家务。起初，宫相地位很卑微，充其量也就是个管家。渐渐地，国王沉湎于酒色，纵欲行乐，宫相的权力越来越大，地位越来越重要，甚至掌握着王室土地的进款和王室的恩赐。慢慢地，王宫的总管也就变成了国家的总管。无形中，宫相便成

为最有权力的官职。在"懒王"时期，宫相代表国王总揽大权，料理国事。

最初，宫相还是由国王任命，后来随着王权的衰微和贵族权力的膨胀，宫相便由贵族推举，国王变成了一个花瓶。

7世纪末8世纪初，加洛林家族奥斯特拉里亚的宫相权力日重，甚至还拥有了世袭权。奥斯特拉里亚宫相与纽斯特里亚宫相为争夺领导权，展开了战争。687年，奥斯特拉里亚宫相赫里斯塔尔·丕平击败纽斯特里亚宫相的军队，集大权于一身，成为宫廷之中唯一的宫相。714年，赫里斯塔尔不幸死掉，他的妻子把持了大权，

查理·马特形象

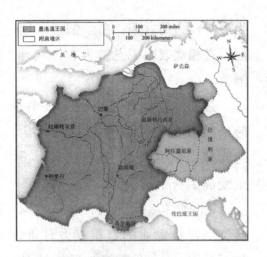

7 世纪墨洛温王朝统治疆域

将她与赫里斯塔尔的私生子查理·马特也投入了大狱。不久，查理成功越狱，召集一些奥斯特拉里亚的军队，为夺回大权展开了战斗，最后将宫相大权揽入怀中。

查理·马特掌权后的法兰克王国，内有贵族叛乱，外有外族入侵：萨克逊人攻入莱茵地区的法兰克尼亚；阿瓦尔人进入巴伐利亚；阿拉伯人征服北非之后渡海来到西班牙。内忧外患困扰着查理·马特，715 年，查理进行了大刀阔斧的改革。他创立采邑制，还建立起一支重装骑兵，不仅镇压了贵族反叛，还挫败了阿拉伯人的进攻，威信大增。查理·马特死后，其儿子矮子丕平又继任了宫相。

都尔会战

731 年 10 月，为了保卫国土，捍卫国家的主权，查理·马特率领法兰克人与阿拉伯人在都尔进行了一次会战，也被称为普瓦提埃战役、普瓦捷战役。

主要由轻骑兵组成的阿拉伯军队行动迅速，擅长进攻，强悍勇猛，在阿布德率领下集中主力向法兰克腹地都尔挺进。得到消息后，查理·马特立即率军南下迎击阿拉伯人。同时，查理给驻守都尔城的欧多公爵写了一封信，大意是：现在最好不要阻止阿拉伯人的进攻，因为阿拉伯人因贪欲正处于狂热之中，士气正旺，因此我们要暂且忍耐。欧多听从了查理·马特的建议。阿拉伯人

都尔会战

顺利攻占都尔，随后开始大肆劫掠。就在此时，查理率领的军队突然出现，像神兵天降，使阿拉伯人大为震惊。

一连几天，交战双方只进行了几次小规模的战斗，出现了对峙的局面。这时的查理并不急于出战，他把军队列成一个坚强的方阵，步兵在前，准备迎战。而阿布德急不可耐，开始组织强攻，但丝毫没有动摇法兰克人的阵容。法兰克人手臂粗壮，不仅用盾牌组成盾墙抵挡住了阿拉伯人凶猛的进攻，而且还砍杀了不少阿拉伯人。战斗进行到黄昏时分，欧多公爵率领他的部队偷偷地绕到阿拉伯军队的侧翼，向阿布德的营地发动突然袭击。那里堆放着抢劫来的无数财宝。前方的阿拉伯人听到营地被劫的消息，立即退出战斗返回营地。但营地早已被欧多公爵的军队占领了，阿布德也成了刀下鬼。阿拉伯人看到营地丢失，统帅已死，败局已定，遂溃散而逃。

军事采邑制

查理·马特继任官相后，吸取了墨洛温王朝衰败的教训，在

查理·马特白金像

国内政策方面也做了重大改革。他深知要想改变现状，必须从根本上改变土地占有制度，使豪绅显贵、军政官员同王室中央紧密联系起来，为此，查理·马特创立了军事采邑制。

军事采邑制是一种有条件的土地占有制，接受封地的贵族必须提供骑兵。王室有责任保护他们，他们必须宣誓为王室效忠，随时应召为王室作战。如果他们不履行职责，如拒服骑兵役、滥用权力、拒纳贡税等，封地就要被收回。起初，采邑制并不是世

575

袭的，当双方有一人死亡时，这种关系就宣告结束，到9世纪时，采邑制变为世袭制，但仍以服兵役为条件。

查理·马特用来分封的土地，大部分来自没收的叛乱者的土地，后来开始征用教会的土地。法兰克人皈依天主教后，从国王到臣民都大量向教会捐献土地，以求赎罪。教会也采用勒索、欺骗等各种卑劣手段巧取豪夺，因此教会获得了大量地产，成为最大的土地所有者，直接威胁到王室的利益。查理除征用部分教会土地作为封地外，还任命听命于他的人担任主教和修道院长。在分封过程中，查理特别注意避免形成大的封建主，更多的是把土地分成小块。查理及其后代，正是依靠这些中小封建主的军事力量扩展了法兰克的版图，为加洛林帝国的形成奠定了基础。

查理实行采邑制后，各个次级封建主也纷纷效仿，大大小小的封建主都把自己的土地作为封地，逐次封赐给下属，就这样逐渐形成了以国王为首的金字塔式的封建等级制度。采邑制成为查理加强政治和军事力量的有效工具。

加洛林王朝建立

查理·马特击败阿拉伯人后名声大噪，被称为"铁锤"查理，成为整个基督教世界的救世主。

"铁锤"查理登上皇位的条件已经成熟，但他将这个任务交给了儿子。查理死于741年，他的两个儿子中一个讨厌世俗，向往宁静清淡的生活，很早就归隐，于是另一个儿子——矮子丕平继任宫相。

丕平虽身材矮小，但勇气和野心却毫不逊于其父祖。751年，他废掉墨洛温皇帝而自立，并将

丕平一世肖像

世界通史

最新整理图文珍藏版

矮子丕平勇杀雄狮

事"。这时丕平站起来，抽出宝剑，只见寒光一道，狮子的脖子就断了，同时他把牛头齐肩切掉。收剑入鞘，矮子丕平对贵族们说："你们认为我配做你们的主人吗？你们难道没有听说幼小的大卫对巨人歌利亚做过什么吗？"贵族们魂飞魄散，全都为之慑服。

矮子丕平是个不知疲倦的斗士，他在欧洲大陆上到处征战。768年，征服阿奎丹人后班师回国。在回国途中，丕平因水肿病辞世，其子查理继承了父亲打下的江山，继续南征北战，建立起庞大的查理曼帝国。

末代国王希尔德里克三世贬入修道院。稍后又以意大利中部的土地作为交换条件，换取教皇为其举行加冕礼。大主教卜尼法斯亲自为丕平涂膏油，戴王冠。就这样，丕平夺得了"神授"王权，加洛林王朝开始。

最初，有些贵族对身材矮小的丕平并不服气。一次集会上，丕平命人牵出一头凶猛的公牛，又放出一头残暴的狮子，狮子咆哮着扑向公牛。这时，丕平让身边的贵族们去把公牛和狮子分开。面对殊死搏斗的狮子和公牛，贵族们已经吓得魂不附体，战战兢兢地说"天下哪有人敢尝试此

丕平献土

矮子丕平独揽大权后，篡夺王位之心已是路人皆知。但是，在欧洲篡位比较麻烦，必须跨过罗马教皇这一关。幸运的是，当时北方的蛮族伦巴第人（日耳曼人的一支）不断侵扰教皇的领地，羸弱的罗马教皇如风中残烛，哪里还有力量反抗，急需强有力的支持，而矮子丕平也急需只有教皇才能赋予的名分。双方各取所需，一拍即合。

751年，丕平遣使觐见罗马教

希尔德里克三世被剪掉头发

皇札哈里亚斯，说："法兰克国王虽属王族，可除会在公文上签名外，已无他用。"教皇心领神会，为换取法兰克的支持以消除伦巴第人的威胁，便回答道："有实权的人称王，比徒有虚名的人称王更好。"于是，丕平隆重宣布教皇的"决定"，正式篡位称王。丕平被贵族们高举在盾牌上，以示他们的拥护，红衣大主教卜尼法斯为丕平戴上王冠。

　　按照传统，只需红衣大主教加冕就可以了，但若由教皇亲自加冕，那是何等的荣耀。753年，伦巴第人再次威胁罗马，新教皇斯蒂芬二世冒着风雪，翻过阿尔卑斯山脉前往法国基尔西，向丕平求援。丕平跟教皇开始讨价还价，要求教皇亲自为自己涂圣油并加冕。作为回报，他会将意大利中部的土地赠给教皇，教皇欣然应允，754年1月6日，由教皇斯蒂芬二世再次涂油祝圣，丕平出兵。

　　754年和756年，丕平两次出兵意大利击溃伦巴第人，并将夺得的拉文那到罗马之间的"五城区"赠给教皇，从而奠定了教皇国的基础。这就是基督教世界千秋称颂的"丕平献土"。

查理曼的扩张

　　768年，加洛林王朝第一代国王丕平去世。查理继承父业，继续扩张。772年，旷日持久的萨克逊战争开始。萨克逊人属于日耳曼人的一支，居住在莱茵河以东到易北河的广大地区，当时他们还处于部落社会。法兰克与萨克逊之间只有少数的山脉、森林作为天然边界，其余多为平原，边界不清，因而双方战事频繁。

　　查理大帝即位后决心彻底解决这个问题，出兵萨克逊，但遇到了凶猛强悍的萨克逊人的拼死抵抗，双方展开了拉锯战。萨克逊人狡诈无比，每当抵挡不住便遣使和谈。一旦元气恢复，立即重燃战火。查理大帝异常恼怒，因此打败萨克逊人后极为残酷，

世界通史

最新整理图文珍藏版

在某地一次就命部下砍掉了 4500
名萨克逊人的头颅。征服萨克逊
后，法兰克的边境推进到易北河
东岸。

东面战火还没熄灭，778 年，
查理大帝又挥师西进，去征服西
班牙的阿拉伯人。查理大帝的大
军翻过比利牛斯山，攻陷许多西
班牙城镇和要塞，迫使阿拉伯人
投降。以后又经过多次征战，将
阿拉伯人赶到厄布罗河以南，建
立了西班牙边防区。

787 年，巴伐利亚战争爆发，
查理大帝不费吹灰之力就取得了
胜利。巴伐利亚公爵塔西洛的妻

哈里发的礼物

子是伦巴第国王的女儿，伦巴第
被查理大帝灭亡后，公爵夫人怂
恿丈夫塔西洛与查理大帝为敌，
欲借公爵之手为父报仇。巴伐利
亚公爵与东邻匈奴人结成同盟，
向查理大帝挑战。查理大帝不能
容忍塔西洛的狂傲无知，于是亲
率大军前去讨伐。塔西洛畏惧了，
派人到查理大帝那里求和。就这
样，查理大帝不战而胜，次年又
将塔西洛废黜，另派伯爵治理巴
伐利亚。查理大帝还趁机征服丁
西斯拉夫人的一支维尔齐人。

征服巴伐利亚后，查理大帝
不可避免地面临着与匈奴人和阿
瓦尔人的冲突。这场战争的规模

查理曼大帝

仅次于萨克逊之战，双方打了 8
年，阿瓦尔人号称坚不可摧的、
用土木栅围成的环形壁垒被夷为
平地，匈奴贵族全部战死在沙场，
可汗的宫殿被烧成白地。战后，
潘诺尼亚一带一片荒凉，渺无人
迹，只有被鲜血滋养的茂密青草
在风中瑟瑟作响。查理大帝随后
又征服了北欧人。此刻查理曼帝
国的版图已扩大到整个西欧，从
易北河到比利牛斯山脉南麓，从
北海到巴塞罗那和本尼文托。

查理曼骑马塑像

查理曼的政策

查理大帝的才能和业绩并不
仅限于军事征服上，在行政、司
法、军事和文化各方面都推行了
一系列措施。经过连年的征战，
帝国疆域广阔，几乎占尽整个西
欧大陆。查理大帝把帝国分成 250
个辖区，分别派伯爵管辖。伯爵
们又把领地逐层分封给他们的附
庸，这样封建制度在整个西欧确
立起来。

在宫廷里，查理大帝派亲信
专管财政、文书等各项事务，逐
渐建立起了专职大臣制度和常设
办事机构。在蛮族习惯法的基础
上进行修改补充，制定了中世纪
的司法制度。为适应连年征战的
需要，建立了兵役制度和军事组
织。查理还召开全欧洲范围内的
宗教会议，制定并统一了教条、
教规和什一税制度。查理大帝的
对外战争，使他制定的这一整套
行政、司法、军事制度、经济生
产管理体制、教会组织等等推行
到了整个西欧，奠定了西欧封建
社会发展的基本模式。

查理大帝为巩固帝国的统一
采取了各种措施。规定全帝国境

世界通史

最新整理图文珍藏版

内 12 岁以上的男子都必须对他宣誓效忠，并发布法令统一货币，规定某些物价，实行统一税收和劳役，保护商业流通，管理对外贸易。当时的西欧，自然经济占绝对优势，商品经济十分微弱。查理大帝赖以维持王权和宫廷的经济力量，主要是帝国内广为分布的王室领地。查理大帝非常重视庄园的组织制度和生产管理，曾发布了一个长达 70 条的《庄园敕令》。

查理曼的加冕

773 年，应罗马城主教哈德良之请，查理率军攻打不时骚扰罗马的伦巴第人。此举亦可说是子承父业，因为其父丕平就曾两次帮助教皇打击伦巴第人，从而换取了教皇的加冕，教皇视法兰克人为教会保护神。

在法兰克与意大利北部伦巴第人之间，横亘着高耸的阿尔卑斯山，白雪皑皑的山脊上到处是尖峰绝壁。查理率军翻越天险，仿佛天降奇兵，出现在伦巴第人面前。伦巴第国王困守城池，法兰克人将该城团团围住，鸟都不放出一只。数月之后，城中粮草枯竭，伦巴第国王被迫投降，法兰克人兵不血刃便赢得了胜利。

为防止伦巴第人叛离，查理娶了伦巴第国王的女儿，但她不能生育。一年后，查理与其离婚，这下惹怒了伦巴第国王。他率领臣民在帕维亚城起事，修建高墙，挖掘壕沟，紧闭城门，宣誓与法兰克人为敌。查理得到消息后，立即起兵讨伐。

当时，恰有一个叛逃的法兰克贵族奥特克尔在伦巴第国王处避难。得知查理大军逼近，两人登上高塔眺望。浩浩荡荡的车队出现在视野中，尘土遮天蔽日。伦巴第国王问奥特克尔："查理在其中吧？"奥特克尔说："不在，这只是辎重队。"片刻之后，步兵出现，队伍一眼望不到头。国王说："查理一定在其中吧？"奥特

查理大帝的加冕

克尔答道;"还不在。"国王惊恐万分:"难道后面还有更强大的兵力吗?"说话间,查理的亲随出现了。国王结巴着说:"我们藏起来吧,躲开这样一张可怕的脸!"话音未落,西方卷来一片乌云,晴朗的天空顿时黯然。一支铁甲骑兵开了过来,铁矛、铁剑、铁甲、铁盾,连同战马裹着铁甲。守军一片惶恐。查理出现了,他全身盔甲,脸色铁一般冷峻。伦巴第国王只说出一句"我盼望看到的查理就在那里",便倒地昏了过去。伦巴第守军的信心也被粉碎了,法兰克人又不战而胜。查理没有马上入城,他吩咐在城外扎营,并让手下建造一座教堂。人

查理大帝的军团

人动手,只用了 8 个小时,一座教堂就拔地而起。伦巴第人被吓傻了,再不敢与法兰克人为敌,国王被终生流放。

795 年,利奥三世继任罗马教皇。不久,便与罗马教会内有势力的大贵族发生矛盾,贵族首领以其对法兰克人软弱为借口,于 799 年 4 月将其逮捕监禁。利奥三世被虐待得有致盲致哑的危险,夜间他逃到教堂,因遇到两名法兰克使臣而得救。800 年 12 月,查理率军抵达罗马,召集所有神职人员及贵族开会,帮助利奥三世复位。几天后,当查理正跪在圣彼得大教堂作圣诞节祈祷仪礼时,利奥三世突然将一顶金

加洛林王朝重装骑兵

冠戴在他头上，并向信徒宣称："上帝为查理皇帝加冕，这位伟大的和带来和平的罗马人皇帝，万寿无疆和永远胜利！"查理因此称查理大帝，中文译称查理曼。

三分帝国

查理曼帝国盛极一时，但鼎盛局面却未能维持多久，帝国内部潜伏着危机。806年，查理大帝预立遗嘱，把帝国平分给三个儿子查理、丕平和路易。不幸的是，长子和次子先他而去。814年，72岁的查理大帝病逝于首都亚琛。死后不久，帝国即陷入混战之中。

查理大帝死后，路易继任。路易是一位不理朝政的国王，既沉溺于宗教，又优柔寡断，因此

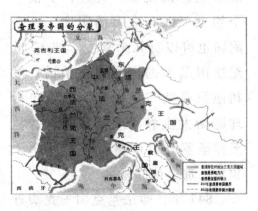

查理曼帝国的分裂

有"虔诚者"或"软弱者"之称。他统治时期，政治上软弱无能，为争夺领地、政权和臣属，父子纷争，兄弟相残，贵族叛乱，中央政权徒有其名。817年，他居然认为自己行将就木，把帝国分给三个儿子：长子罗泰尔得到意大利，次子丕平分得阿奎丹，幼子日耳曼人路易分到巴伐利亚。分封立即引起意大利和奥尔良封建主的反抗。不久，路易想给他后妻之子秃头查理一块封地，这引起了其他三个儿子的反对，一度被儿子囚禁。

838年和840年，路易的次子丕平和他本人先后逝世，罗泰尔承袭帝位。路易的幼子日耳曼人路易和秃头查理不干了——都是父亲的儿子凭什么罗泰尔能即位而我们不能？于是联合起来反对罗泰尔。841年，兄弟三人会战于方特奈莱斯，罗泰尔败北。842年2月，日耳曼人路易和秃头查理在斯特拉斯堡秘密会晤，发誓要更密切地联合起来反对罗泰尔，这被称为"斯特拉斯堡誓约"。

843年8月，兄弟三人终于和解，并达成一致，签订了《凡尔登条约》，正式瓜分帝国。

最新整理图文珍藏版

封建等级制度

欧洲封建社会时期，剥削阶级为更有效地统治而建立起一种制度，自上而下，从国王到骑士，呈金字塔形。这种制度以土地关系为纽带，通过层层分封面在他们之间形成上下、尊卑的等级差别，故而称之为封建等级制。

封建等级制的特征在于领主与附庸之间的臣属关系。国王是国家的首脑，也是全体封建主的最高"封主"。国王把土地通过采邑形式分封给大封建主——公爵和伯爵，大封建主把土地留下一部分，其余的再分封给中等封建主——男爵和子爵，即占有几个或几十个庄园的封建领主。中等

封建等级制

封建主也把土地留下一部分，其余的再分封给小封建主——骑士，从某种意义上来说，骑士属于封建阶梯中最低的等级，是金字塔的底座。

教会在封建社会中作为特殊的阶级，处于特殊的地位。大主教、主教、修道院长和其他教会封建主是统治阶层的组成部分，他们也通过分封取得土地和权力。这样，所有这些封建领主阶层形成特权等级，而全部的负担都压到了农民身上，农民以自己的劳动养活了这群寄生的封建贵族阶级。

由于是层层分封的，所以附庸只承认自己直接受封的领主是自己的领主，而与自己领主的领主却不发生臣属关系。因此出现了所谓"我的附庸的附庸不是我的附庸，我的领主的封领不是我的领主"的现象。此外，不仅一个领主可以有众多的附庸，一个附庸也可以有几个领主。如12世纪法国最大的诸侯香槟伯爵，最初他只是法王的附庸，以后包括理姆斯大主教、朗格里主教，甚至神圣罗马帝国皇帝等另外9个领主，都是他的领主。

847年，西法兰克国王秃头查理颁布了"墨尔森法令"，法令规

世界通史

最新整理图文珍藏版

定"一切自由人都必须选择国王的臣属作为主人。"

骑士的宣誓

随着时间的推移，社会的发展，领主和附庸的关系以契约的形式固定下来。

中世纪典型的骑士战斗装束

封授仪式

附庸授受领主的封土，要举行隆重的仪式，称为"敕封式"，也叫"臣服礼"。附庸在接受敕封时，跪在领主的膝下，双手放到领主的手掌中，宣誓说"主人啊，臣下是我主的仆人和家臣，臣下恪尽职守，不顾生死，一生侍奉我的主人。"而领主则将一小撮泥土和树枝授给附庸，以象征封土。如果受封者是僧侣，还要授予指环和权杖，作为宗教权力的象征。这种仪式也叫"授职礼"。

骑士不是世袭的，而只有通过一段时间的受训后受封得来。一般说来，贵族都会把儿子送到有权势的或者富有的领主家中，14岁以前只能做侍童，14岁以后才有资格当扈从，扈从也就算是预备骑士了。

平日里，扈从主要服侍女主人及主人的女儿用餐，向她们学习各种礼节，唱爱情诗并学习讨好女人的本领，还要树立起为女人献身的精神和品德。只有当主人出发作战时，他才跟在主人身边，负责为主人看管甲胄、武器和马匹，同时学习打仗。直到 21 岁时，才有资格通过"授甲仪式"成为一名真正的骑士。

骑士的浪漫

中世纪的骑士就是职业军人，凶狠好斗既是骑士的习俗，也是骑士的特点。因此，平日里他们以打家劫舍为生，以比武格斗为乐。为了表现自己，从而博得女人的欢心，他们往往也使用真刀真矛格斗，因格斗而死的人也不少。他们以勇于作战、遵守诺言、不说谎话为信条，恪守准则被认为是事关骑士名誉的大事。如果有人对骑士的勇敢和忠诚表示怀疑，就被认为是对骑士的一种侮辱。

对妇女，尤其是贵妇的勇敢与忠诚，也是骑士的重要信条。由于贵妇在骑士年轻的时候就扮演了教育者的角色，因此骑士对她会产生一种特殊的感情，即所谓"骑士的爱"。骑士对于贵妇的爱是尊敬和服从造成的，为爱情而服役如同附庸对领主的服役一样，必须听从贵妇的命令，甘冒一切之危险，甘受种种之折磨。在骑士的心目中，贵妇永远是他最尊敬与爱慕的对象。由此而产生的"骑士风度"，也就是把贵妇看得高人一等，在她们面前鞠躬低头，吻她们的手，在社交场合给她们让座，出入之时，请她们先走……

这种对妇女的尊敬，起初只限于中世纪的骑士对待宫廷贵妇，后来逐渐扩大，成为欧洲"上流社会"的一种特征。至今，这种风气仍在欧美上层社会流行。

骑士精神

骑士的征战

中世纪欧洲的骑士，骏马、铠甲，长矛、刀剑和盾牌是他们的装备。装备精良的骑士会备有几匹骏马：一匹能征善战的战马、一匹专供女人出远门用的乘马和一匹运载装备的驮马。其中战马最受优待，它还有专名，被视为朋友。在那个崇尚侠风的年代里，无论是文字记载还是口头传说中的著名英雄都是骑士，像罗兰，

骑士的战斗

亚瑟王、兰斯洛特和黑太子爱德华等。

骑士间的战斗并不可怕，相比而言，活捉对方比杀死对手更让他们感兴趣。因为俘虏敌人可以索取赎金，杀死对手或许什么也得不到。赎金的数量按俘虏的地位和家产而定，地位越高，赎金就越丰厚。

另外，无论是参加马上比武还是实战，骑士都要遵守这样的惯例：不能对一个毫无戒备的骑士发起攻击。或突然袭击，或背后偷袭，对真正的骑士来说都是一种可耻的行为。当一名骑士俘虏了另一名骑士后，必须将俘虏待如上宾。其实，这样的惯例于

中世纪英国骑士战斗装束

圣殿骑士

人于己都有好处，宽容别人就是善待自己。除交战惯例外，骑士还应该遵守基督教的戒律，如：骑士应该帮助穷人，保护教堂、妇女和所有无防卫能力的人等等。虽然，并不是所有骑士都遵守这些准则，理想的骑士和现实中的骑士差别很大，但随着时间的推移，情况还是有变化，1350 年时的骑士就比 1050 年时的骑士更有礼貌和文明得多。基督教会和贵妇人努力促使一个鲁莽、好斗的骑士变为有教养、懂礼貌的骑士，并取得了一定的成功。

骑士制度盛行于 11 世纪至 14 世纪。到了 1500 年，骑士作为战斗人员已经被备有火器武器的雇佣军取代，骑士阶层走向了衰亡。

但骑士精神和骑士风度并没有完全消失，至今仍在欧美的上层社会广泛流传。

七国时代

1 世纪中叶，罗马大军开进了不列颠，开始了征服之旅。虽然罗马兵强马壮，但对不列颠的统治也仅限于南部和中部地区。从 410 年起，日耳曼人中的盎格鲁人、撒克逊（也叫萨克逊）人、裘特人等不断侵入不列颠，此后的 30 年里，罗马在不列颠的版图越来越小。后来法兰克人又征服了高卢北部，切断了罗马与不列颠的联系。民族迁徙浪潮的兴起，迫使罗马军团撤出了不列颠。

日耳曼人征服不列颠后，建立了许多小国。内部的不断争战，使这些小国不断合并，最终形成了七个王国，即撒克逊人占主导地位的南撒克逊（或叫苏塞克斯）、西撒克逊（或叫威塞克斯）和东撒克逊（或叫埃塞克斯）三国，盎格鲁人占主导地位的东盎格里亚、麦西亚和诺森伯里亚三国，还有一个以裘特人为主的肯特王国。

世界通史

最新整理图文珍藏版

七国时代

从 5 世纪中叶到 9 世纪初的这段时间，英国历史上称为"七国时代"。这七个国家之间经常发生战争，势力此消彼长，谁也没有显示出绝对的优势，短时间内看不出谁能成为王中之王。但分久必合，七国统一是历史发展的必然；当时各王国都处于封建化的过程中，农民为了争取自身的利益，经常发动起各种暴动，触及了统治阶级的共同利益。因此，统治阶级要求联合起来共同镇压农民的反抗，这无形中促进了七国的统一，8 世纪末丹麦人的入侵，更加速了动荡的不列颠岛走向统一的步伐。

埃格伯特的霸业

七国在争霸的过程中，产生了一代又一代霸主。最早当上霸主的是南撒克逊王国的艾拉，随

公元 9 世纪时期的英格兰

后是西撒克逊王国的西阿林，然后是肯特王国的艾塞尔伯特，后来又轮到了东盎格里亚王国的雷德沃尔德。诺森伯里亚王国崛起后，蝉联了三届霸主，分别是艾德温、奥斯沃尔德和奥斯沃尔德的兄弟奥斯温，而终结诺森伯里亚王国霸主地位的是西撒克逊王国的埃格伯特。埃格伯特大约生于 775 年，是西撒克逊王国王位

的合法继承人，因为他的父亲是前任西撒克逊国王伊尼兄弟的后裔，但埃格伯特在少年时就被驱逐出境了。原来，西撒克逊王国的王位被勃屈力克窃取了，他深恐埃格伯特夺取王位，于是把埃格伯特驱逐出了西撒克逊王国。

埃格伯特起初流亡于七国之一的麦西亚，后来避难于查理大帝的朝廷。埃格伯特从查理大帝那里学到了不少治国之道，并同法兰克王国保持友好的关系。802年，勃屈力克去世，埃格伯特迎来了机会。西撒克逊王国的"贤人会议"一致推举埃格伯特为王，于是，埃格伯特结束数年的流亡生涯，开始执掌西撒克逊王国。

埃格伯特登上王位以后，立

埃格伯特国王

即实行富国强兵的政策，准备开拓疆土，大干一番。当时的英格兰南部各王国人口稀少，所居面积不大，因此比较容易征服。只是中部的麦西亚王国势头正猛，横行无忌，是埃格伯特的心头大患。

823年，兵强马壮的西撒克逊王国与麦西亚王国在艾兰顿展开大战，埃格伯特率兵击溃了麦西亚国王，麦西亚王国从而逐渐走向衰落。

艾兰顿一战成了盎格鲁—撒克逊历史的转折点，麦西亚王国威风不再，西撒克逊王国则迅速崛起，并成为这些王国中最强大的势力，埃格伯特也成为新的霸主。

829年，埃格伯特全面征服了麦西亚王国，然后乘胜进攻诺森伯里亚王国，迫使诺森伯里亚王国俯首称臣。七国争霸的局面一去不返，埃格伯特终于统一了七国，并把这个统一的国家命名为"英格兰"。

阿尔弗雷德大帝

埃格伯特统一七国后，仍面临着来自外部的威胁。一是北欧海盗丹麦人的侵扰，一是康沃尔人的袭击。835年，大批丹麦海军潜至威尔士西部，与威尔士人合攻埃格伯特，并在亨斯登丘原发生激战。埃格伯特率军大败威尔士人和丹麦人，赢得了辉煌的胜利。

865年，丹麦人卷土重来，在根兹伦率领下大举入侵不列颠，而伟大的埃格伯特已逝世26年了。东盎格里亚、诺森伯里亚和麦西亚相继沦陷，接着丹麦人沿泰晤士河向上游攻击，直逼西撒克逊王国的腹地。西撒克逊王国人民在国王伊塞尔雷德一世的号召下奋起抗敌，虽然击退了丹麦人，但伊塞尔雷德却突然暴卒，这使得西撒克逊王国人心惶惶，亡国的危险随时都有可能发生。

11世纪诺曼入侵时代的骑士和士兵

871年，伊塞尔雷德一世的弟弟阿尔弗雷德扛起了保卫国土的重任。当时，丹麦军前锋已抵威尔顿，准备趁伊塞尔雷德一世去世之机一举攻克西撒克逊王国。西撒克逊王国的军队节节败退，直到阿尔弗雷德亲临战阵，战局才出现了转机。身先士卒的阿尔弗雷德击溃了丹麦人，迫使丹麦人与之媾和，丹麦军从西撒克逊王国的领地上撤退，阿尔弗雷德保证不在其境外地区干扰丹麦人的行动。

然而，丹麦人的撤退只是缓兵之计。876年，丹麦人突袭西撒克逊王国的要塞瓦伦汉，进占埃克塞特，企图联合威尔士人共同

阿尔弗雷德国王肖像

进攻西撒克逊王国。水陆两面受敌的阿尔弗雷德立即派兵围困埃克塞特城，并派兵截断丹麦舰队对该城的增援。而前往埃克塞特城解围的丹麦舰队触礁后沉没，埃克塞特的丹麦人被迫投降。

875 年，得到增援后的丹麦人奇袭奇普纳姆，迫使阿尔弗雷德狼狈退至帕雷特河的沼泽地带，躲藏在艾瑟尔尼的一家农屋里面。同年 5 月，阿尔弗雷德聚集一支强大的军队克复威尔特郡，迫使丹麦军首脑签订《韦德摩和约》，划分了丹麦与西撒克逊王国统治的区域。后来阿尔弗雷德大力发展战舰，打造了一支足以控制英吉利海峡的舰队。886 年，阿尔弗雷德大败丹麦军后，把边疆推进到根兹伦王国境内，并且夺取了半个东撒克逊王国的旧地。

威廉的野心

10 世纪后半期，不列颠岛上的丹麦人逐渐同当地居民融合。10 世纪末，丹麦人再次侵入英格兰，其国王克努特建立起一个囊括丹麦、挪威、瑞典和英格兰的大帝国。1042 年，帝国崩溃，英格兰恢复独立，"贤人会议"拥立

西撒克逊国王伊塞尔雷德二世之子"忏悔者"爱德华为王。1066 年初，爱德华去世，没有儿女。"贤人会议"为安定社会秩序，把爱德华的内兄弟哈罗德推上王位，为哈罗德二世。

哈罗德继承王位震怒了欧洲大陆上的诺曼底公爵威廉，扬言要夺回英国王位。威廉说爱德华曾亲口允诺他为英格兰王位的继承人，且他对哈罗德有救命之恩，哈罗德也曾发誓：有朝一日，英格兰王位由威廉继承。

威廉是诺曼底公国建立以来的第七个公爵。北欧诺曼人于 912 年建立的诺曼底公国，经过 100 多年的发展，已经成为基督教世界的一个重要成员。1066 年的威廉公爵，在欧洲大陆上拥有十分强大的势力。从斯凯尔特河到菲尼斯太尔河一带的海港都直接或

威廉公爵对哈罗德二世的斥责

世界通史

最新整理图文珍藏版

间接掌握在威廉公爵中。虽然诺曼底公国的实力不足以进攻英格兰，但威廉公爵可以从布列塔尼和缅因获得支援，因为他趁安茹伯爵马特尔的两个侄子发生内战导致安茹分裂之机，收复了被安茹占领的缅因，控制了布列塔尼。同时他还可以取得佛兰德尔的支援，他与佛兰德尔伯爵鲍尔温的女儿梅蒂尔达结婚后，佛兰德尔成了他的联盟。法国、阿奎丹以及诺曼人在南部意大利的殖民地，都可以成为他坚强的后盾。战争似乎不可避免了。

黑斯廷斯战役

1066 年 8 月，准备就绪的威廉公爵带领 1 万余人气势汹汹地向英格兰进发。9 月 27 日，威廉引兵渡海，驶向苏格兰东南海岸，

征服者威廉的舰队

黑斯廷斯战役

带着这群虎狼之师于次日踏上了英格兰的土地。但是，全副铠甲的威廉刚一踏上英格兰领土就摔了一跤。他手下的士兵都紧张起来，认为这不是一个好兆头。威廉也看出了士兵的忧虑，于是爬起来大声喊道："伟大的主啊，我刚到这片土地上你就让我和它拥抱，凭着你的指示，我一定征服这片土地！"

士兵听威廉这么一说，群情振奋，直抵黑斯廷斯安营扎寨，同时搜索军粮，准备大战。

听到威廉登陆的消息后，哈罗德二世立即集结兵力，沿途号召热血志士保卫英格兰，很快就率军抵达了黑斯廷斯。

哈罗德选择了一个最好的位置排兵布阵，等待着与威廉决斗。虽然哈罗德拥有使用长柄战斧的侍卫队，可以说是当时欧洲最优秀的步兵，但当时的英格兰军队没有骑兵，甚至没有弓箭手，这

显然无法和拥有强大骑兵的威廉进行对攻。哈罗德知道自己的劣势，因此摆出了防守的阵形，等威廉进攻受挫时，再伺机反攻。

10月14日清晨，诺曼底军队在威廉的率领下离开营地，准备和哈罗德交战。威廉的军队一字排开，左翼是布列塔尼人，右翼是法国和佛兰芒雇佣兵，他自己则率领最强大的诺曼底军队坐镇中央。

威廉首先指挥弓箭手发起进攻，但无功而返，因为哈罗德用盾牌组成了一道密不透风的"盾墙"。威廉随后指挥英勇善战的步兵向哈罗德发动进攻，但在哈罗德的侍卫队面前没有占到任何便宜。威廉只得拿出了绝招，派自己的骑兵前去冲杀，但崎岖的道路影响了骑兵的战斗力，而布列塔尼骑兵的退却使威廉的军队溃不成军。

哈罗德的右翼见状立即反击，威廉也在全线溃退中落下战马，这时士兵喊道："威廉死了！"诺曼底军队军心大乱。其实威廉只是受了一点轻伤，他立即跨上战马，摘下头盔，大喊："威廉在此！"这才勉强稳住了军心。

下午4时左右，威廉和哈罗德重整军队，准备进行更激烈的决战。威廉发现单兵种作战难以取胜，于是命弓箭手放箭吸引英格兰人的注意力，然后派骑兵和步兵趁对方举起盾牌防御的时候发动猛烈进攻。这一招果然奏效，诺曼底军队在哈罗德阵地上冲开了一个缺口，骑兵终于发挥了威力。有四名骑士冲向哈罗德的大旗，杀死了哈罗德。英格兰军队失去了主帅，四散溃逃，只有仅存的侍卫队向英格兰军旗靠拢，与他们的国王死在了一起。

威廉公爵取得了黑斯廷斯战役的最后胜利。

英格兰新君

哈罗德战死后，威廉包围伦敦，伦敦投降。当年的圣诞节，威廉在威斯敏斯特举行加冕典礼，诺曼底公爵威康成为英格兰国王威廉一世，英国从此开始了诺曼王朝的统治。此事在英国历史上被称为"诺曼征服"。

但是，进驻伦敦并不代表英格兰被完全征服了，各地的反抗活动风起云涌，使刚建立的威廉政权显得极不稳定。威廉一世为了安抚人心，一方面保持盎格鲁—撒克逊时代以来"贤人会议"

征服者威廉肖像

内的英格兰人民横征暴敛，任意压榨，只要把谋取的钱财分给国王即可。同时，威廉还着手整治教会，将担任主教职务的英格兰人统统用诺曼人代之。

威廉在位期间还颁布了《森林法》，使其狩猎的"皇家森林"更加辽阔。1087 年，威廉入侵法国时，因战马受惊身受重伤，在鲁昂去世。

金雀花王朝的开始

1133 年，亨利在法国的勒芒城出生。他的父亲安茹伯爵杰弗里控制着杜莱纳、缅因等地，势力非常强大。他的母亲玛提尔达是英国诺曼王朝末代君王亨利一世的女儿，因此亨利还同英国有着血缘关系。

亨利出生不久，英国就发生了一场战争，他的家族也加入了。1135 年，亨利一世去世，而亨利的母亲玛提尔达曾被指定为王位继承人。就在玛提尔达准备接替王位时，亨利一世的外甥希腊伯爵斯蒂芬从半路杀出，抢夺了王位。玛提尔达大怒，与斯蒂芬展开了战斗。伦敦和东部封建主支持斯蒂芬为王，而西部封建主支

的政体，但现在的"贤人会议"已成为了他的御用工具，另一方面起用爱德华时代的高官贵族，给英格兰人一些有名无实的职位。同时，威廉一世对反抗者实行了坚决的打击。由于各地起义的贵族或群众既无组织又无联系，很快就被威廉一世镇压下去了。1071 年伊利岛的陷落，标志着威廉对英格兰的全面征服。

征服英格兰后的威廉一世，大肆没收英格兰人的土地，并把它们转入诺曼人手中，每一个从征的诺曼人都得到了土地。凡是获得封赐的诺曼贵族必须豢养一批骑士，在国王打仗时为国王效力。这些贵族还可以对自己领地

持玛提尔达夺回王位。经过了近20年的争斗，双方于1153年议和，斯蒂芬承认亨利为其王位继承人。

1154年，斯蒂芬去世，亨利被拥立为英国国王，是为亨利二世。因亨利二世的父亲杰弗里伯爵经常在帽子上饰以金雀花枝，所以这个新王朝又被称为"金雀花王朝"。除英国本土外，出身安茹家族的金雀花王朝在法国的安茹、诺曼底、布列塔尼等地拥有大量领土，所以又称"安茹王朝"。

亨利二世成为英王以后，控制了苏格兰和威尔士，爱尔兰后来也向他臣服。这样，南起比利

亨利二世肖像

牛斯山、北至苏格兰的广阔土地都处于亨利二世的统治之下，面积相当于法王路易七世土地的六倍，史称"安茹帝国"。

亨利二世早年对英国的有效治理使他雄霸一方，但晚年的亨利二世却处境堪忧。外部势力已难以对他的帝国构成威胁，但家庭内部的矛盾却让他焦头烂额。亨利二世早年曾任命长子亨利为王位继承人，次子乔弗雷为布列塔尼公爵，三子理查为阿奎丹土地之王，幼子约翰因年幼跟随自己身边，未封领地。但随着约翰年龄的增长，亨利二世想从封赐出去的土地中为约翰筹措封地，这招致了其他儿子的强烈反对。

1189年，亨利二世与三子理查开战。此时理查已是王位继承人，因为他的两个哥哥已相继去

亨利一世雕像

世。亨利二世最终战败，接受了理查的全部条件。但当他得知约翰却在暗中帮助理查时，气得当年含恨辞世。

无地约翰王

约翰是亨利二世的幼子，英国金雀花王朝的第三代君主。他的三个哥哥都受封有土地，而约翰因年少没有受封，所以被称为"无地约翰"。

1189年，亨利二世逝世，约翰的哥哥狮心王理查即位。理查即位后，倾全力从事第三次十字军东侵，征敛繁多，招致贵族不

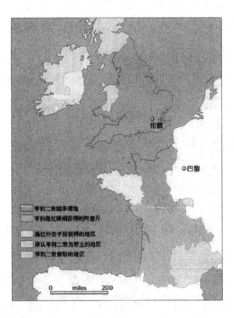

安茹帝国

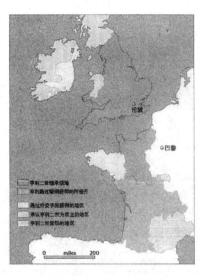

亨利二世帝国

满。而约翰觊觎王位已久，伺机作乱。1192年，狮心王理查东征归途中被奥地利公爵俘获，又被转囚至德皇亨利六世那里。约翰趁机起事，但阴谋被理查留守的大臣粉碎。

1194年3月，狮心王理查获释后返回英国，迅速将约翰流放。但理查不久又恢复了约翰的自由，并把他立为王位继承人。1199年理查去世，约翰继承王位，掌握了地跨英、法两国的"安茹帝国"。

1202年，致力于收复领土的法国国王腓力二世召集诸侯开会，命挂着法国封主身份的约翰到法国听候安排，约翰不从。腓力二世宣布剥夺约翰在法国的全部领

597

爱德华一世国王

土，并把大军开进这些地区。至1206年，诺曼底、安茹、缅因和波尔多的一部分相继脱离英国控制，成为法国领土。"安茹帝国"的版图急剧缩小，英国在法国只剩下西南部的部分领地。

英国与欧洲大陆的联系被削弱，英国贵族集团聚敛财富的渠道减少，约翰招致了贵族们对他的极大不满。为了挽回英国的颓势，约翰准备向法国开战。但他横征暴敛，践踏习惯法和成例，使贵族、骑士和市民人人自危。对外还未开战，内乱的危险却到了一触即发的边缘。而对大主教和主教选举的操纵，使罗马教皇于1212年下令废黜了约翰的王位，并指令法王腓力二世讨伐约

翰。约翰率军迎敌，但苏格兰和威尔士的相继叛离，使得他放弃了进攻法国的计划，并于1213年向教皇表示臣服。

约翰并未真的屈服。1214年，他纠集一批贵族与法国发生激战，但被法国击溃，约翰逃回英国。1215年，约翰不同意以宪章形式保障诸侯们的自由，引起了国内民众的愤慨。6月25日，约翰在泰晤士河畔的兰尼米德草地，被迫签字承认诸侯提出的63条要求，历史上称此文件为"大宪章"。

因"大宪章"限制了罗马教廷对英国教会的控制，罗马教皇宣布"大宪章"无效。约翰募集雇佣兵击败了诸侯军队，诸侯则迎立法王腓力之子路易为英王。路易率军进入英国，占领伦敦，大部分地区向他臣服。约翰被迫转战北部，1216年因患热病去世。

卡佩王朝的建立

843年《凡尔登条约》和870年《墨尔森条约》签订以后，主要讲罗曼语的西法兰克，包括纽斯特里亚、阿奎丹、加斯科尼、普罗斯旺、勃艮第等地，逐渐形

休·卡佩肖像

成中世纪的法兰西王国。

加洛林王朝在西法兰克的统治又延续了一个多世纪，但统治者大多腐败无能，如胖子查理、昏庸者查理、孩童查理、盲者路易和结舌者路易，从名字上就可见一斑。887年，加洛林王朝国王胖子查理被废掉以后，西法兰克王国出现了加洛林王朝和罗伯特家族的长期斗争。罗伯特家族的"强者"罗伯特因抗击诺曼人入侵有功，被封为法兰西岛公爵。

"法兰西岛"指塞纳河和卢瓦尔河中游、以巴黎和奥尔良为中心的南北狭长地带，"法兰西"这个名称即起源于此。后来，"强

者"罗伯特的儿子、巴黎伯爵埃德又因击退诺曼人对巴黎的围攻，所以在胖子查理被废以后被一部分封建主拥为国王，但还有一部分领主仍坚持加洛林王朝的统治，推选昏庸者查理为国王。这两个王朝相互斗争近一个世纪。后来罗伯特王朝势力逐渐强大，而加洛林王朝的领地只剩下琅城及其附近一带领土，加洛林王朝名存实亡了。987年，加洛林王朝的末代国王路易五世去世后，罗伯特家族的休·卡佩被兰斯主教等大封建主拥立为王，法国从此开始了卡佩王朝的统治。

罗伯特二世在罗马

休·卡佩当时拥有五个伯爵领地，分散在塞纳河和卢瓦尔河之间的狭长地带，全部面积不超过5816平方公里，境内只有巴黎和奥尔良两个城市。

最新整理图文珍藏版

名义上的国王

卡佩王朝建立初期,王权仍没有得到加强。在名义上国王是最高宗主,国王继位时主教也为他涂圣油,是神授政权的君王,但事实上并非如此。当时的法国分裂成许多公国和伯国,北部有佛兰德尔伯国,西北部有诺曼底公国,西部有安茹伯国和布列塔尼,南部有阿奎丹公国、土鲁斯伯国和巴塞罗纳伯国,东部有勃艮第公国和香槟伯国。

公国和伯国这些大大小小的领主各自称霸一方,领主在自己的领地内有权宣战和讲和,有权铸造自己的货币、制定法律并对其臣民进行审判。国王不但没有行政机构和固定的财政收入,而且没有固定的驻地,时而住在巴黎,时而住在奥尔良。甚至有的领主因修建堡垒,把国王从巴黎到奥尔良的通路都截断了,国王不得不带领武装侍从,小心翼翼地从领地这一端走到那一端。

卡佩王朝初期的国王生活十分狼狈,为了扩大收入,他们甚至带着随从拦路抢劫。国王腓力一世就曾对过境的意大利商人进行抢劫。

虽然卡佩王朝在国内活得不很体面,但在对外上却极力显示自己的尊严,不遗余力地提高国际威望。卡佩王朝先后与英国、德国和拜占廷的君主互换使节,国王亨利一世也与基辅大公雅罗斯拉夫的女儿安娜结婚,以提高知名度。

997 年,农民举行秘密集会,决定制定新的有关使用森林和水源的法律,这触犯了封建领主的利益,年轻的查理二世立刻派大批骑士前去镇压。在诱杀农民代表后,把起义镇压下去了。1024 年,布列塔尼又爆发了一次农民起义,但因没有组织,没有领袖,再加上武器落后,最后被封建领主调集的大批骑士镇压。虽然农民为争取更多自由而发动的起义没有成功,但激化的阶级斗争使封建领主惶恐不安,促使一部分封建主依附于王权,使王权得到了加强。

11 世纪末,由于城市的兴起,在市民阶级的支持下,封建割据势力日薄西山,法国走向统一的前景越来越明朗。

城市和国王

西欧中世纪初期的封建割据

世界通史

最新整理图文珍藏版

带来了无休止的混战，破坏了农业生产，使阶级矛盾日益尖锐。农民起义是阶级矛盾的产物，小领主无力单独镇压农民起义，因此强烈要求一个强大的王权。自12世纪开始，国王与大领主之间，中、小封建主与大封建主之间的矛盾冲突逐渐扩大，同时一个新的矛盾斗争又丰富了封建社会阶级斗争的内容。

自11世纪起，城市在法兰西社会兴起。城市走向繁荣，推动了商品货币经济的发展，使经济市场出现了欣欣向荣的局面。经济市场的良好态势，刺激了封建领主的贪欲，因当时的城市大都是在封建领主的土地上建立起来的。所以，封建领主加紧了对城市居民的剥削，使得城市与封建领主的矛盾逐渐加深。

鲁昂 中世纪法国城市想象图

一些城市为了获得自治权，要么发动战争，要么用钱赎买。中小城市的争取自治的活动一般会被镇压下去，而富裕的大城市往往用钱财赎回自治权。但是，一些封建领主挥霍完赎金后，往往会再次对城市进行勒索，引起城市市民的极大不满。于是，一些城市便直接从国王那里购买特权，以此来对抗封建领主。国王虽然与城市之间的关系不甚融洽，但也需要城市提供的货币来招兵买马，加强王权。封建领主对国王授予城市的特权虽然十分不满，但因国王在名义上仍然是全国的最高统治者，因此大多是忍气吞声。

在城市内部，货币地租的推

路易六世和主教

行加深了农民与城市的矛盾，因为农民在出卖农产品时不得不受商人的剥削，而每当货币短缺时，又不可避免地受到城市高利贷者的盘剥。城市市民与农民的矛盾，使城市市民迫切需要一种武力上的支柱。

因此，自12世纪以后，国王往往与城市结成联盟，各取所需。国王从城市得到货币以加强王权，城市则依靠国王的武装保卫自治权，而大封建主和广大农民则成了他们共同的敌人。

王权的加强

法国王权的加强是从路易六世开始的。路易六世定都巴黎后，开始拓展王室领地，并设置"御前会议"，通过法律手段加强王室的权力。12世纪中叶以后，城市与封建领主之间的矛盾成了法王加强王权的筹码。至路易七世时，城市先后25次获得了国王颁发的特许证，而腓力二世则对80多个城市颁发了特许证。国王通过与城市的联盟，不断巩固自己的王权，与大的封建领主及农民之间的矛盾越来越大。

13世纪时，法兰西的王权已

路易九世肖像

显著增强。路易九世在位期间，在王宫设立了"最高法院"，有权对任何案件进行审理，并且规定部分案件必须在这里审理。领主审理的案件及领主之间的矛盾，也以此法院为最高仲裁。封建领主独立的司法权力被进一步削弱，政权向国王集中，封建领主处理事务的空间越来越小。

为了限制大领主的军事特权，路易九世规定在王室领地之外实行"国王四十日"，即规定在宣战之后40天之内不准开战，弱小者可向国王申诉，请求裁决。而在国王的领地内，任何领主都不得发动战争。路易九世还废除了服役骑兵制，改用募兵制，国王从而拥有了一支听从自己指挥且训

路易七世接受十字架

腓力二世肖像

练有素的常备军。这些规定减少了土地兼并行为，改善了混战局面，同时提高了国王的威信，加强了王权。

除此之外，国王还统一了封地内的货币，并强行规定国王的货币可以在一切领地上流通。这种币制的统一，既利于经济发展，也使国王在财政方面掌握了主动，有力地促进了法兰西全国经济的统一。

腓力二世的功绩

卡佩王朝建立初期，国势衰微，朝纲不振。经过几代君王的努力后，王权得到了加强，但领土仍十分有限。至路易六世的孙子腓力二世统治时，开始把目标转向领土扩张。

腓力二世雄才大略，首先与雄霸一时的英王亨利二世结盟，借势征服了阿图瓦和香槟伯爵，确立了国王的统治地位。趁亨利二世势力衰微时，腓力二世开始着手对付英国的金雀花王朝，伺机夺取英国国王在法国的领土。亨利二世去世后，继任的无地王约翰目光短浅且横行霸道，惹得国内外一片骂声，这给腓力二世

布汶战役前的腓力二世

提供了机会。当时的金雀花王朝领地扩展到法国境内，腓力二世借口约翰不履行封臣义务，宣布剥夺他在法国的全部领地，双方最终爆发了战争。

腓力二世在市民阶级的大力支持下，仅用10多年的时间，先后攻占诺曼底、安茹、缅因等地，控制了金雀花王朝在卢瓦尔河以北的全部土地。在1214年的布汶之战中，因英国贵族拒绝作战，约翰只得同原神圣罗马皇帝奥托四世结盟。腓力二世同德神圣罗马新皇帝腓特烈二世结盟，派大兵与约翰进行决战，几乎全歼约翰和他的同盟军队，并俘虏了5个伯爵和20余名男爵。

这场战争被认为是法国的一次伟大胜利，腓力二世占领了英王约翰在法国的大部分领地，同时也将佛兰德尔置于法国控制之下，王室领地迅速扩大了三倍，国王的实力大为增强，腓力二世因此获得了"奥古斯都"的称号。

腓力二世以后，王室领地不断向卢瓦尔河以南扩展，后来完全兼并了普瓦都，并于1258年吞并了阿奎丹，使英王在法国的领地只剩下西南一隅。

三级会议的召开

法国王权的发展，到腓力四世时期达到一个新的阶段。腓力四世身材高大，相貌英俊，金发碧眼，素有"美男子"之称。他即位后继续扩张王室领地，努力加强君主的地位。

法国加强王权和争取国家独立的斗争，终于与罗马教皇发生冲突。为了维持庞大的军费开支，腓力四世不断增加税收，甚至向教会财产征税20%。1296年，教皇卜尼法斯八世公开发出敕令，反对腓力四世向教会征收财产税，否则将开除他的教籍。

腓力四世闻言大怒，下令禁

教皇卜尼法斯八世雕像

腓力四世

止一切金银出口，使罗马教廷难以从法国得到任何收入，最后迫使教皇让步，取得了斗争的初步胜利。但过后不久，争端又起。教皇发布关于教会权力至上的敕令，这危及到了腓力四世的权力，他当众烧毁了教皇敕令。腓力四世在同教皇的激烈斗争中，得到了国内的支持。但1302年在同佛兰德尔进行的克泰尔战役中的惨败，使腓力四世再次面临国库空虚的压力。由于法国长期对英国和佛兰德尔开战，腓力四世不得不大肆敛财，虽然使王室收入比路易九世时期增加10倍，但是仍然入不敷出。

1302年，腓力四世第一次正式召集了全国性的三级会议，研究全国赋税的征收与使用问题，历史上把这一年作为法兰西三级会议的开端。

三级会议是阶级代表制，所谓三级是指：高级教士、大诸侯贵族、城市上层代表。三个等级分别开会讨论议案，每个等级只有一票表决权。三个等级的代表与国王的利益基本一致，三级会议是王权的支柱，因此国王可以通过三级会议达到自己的目的。

瓦特·泰勒起义

起义的导火索

西欧城市的兴起，使英国从13世纪开始就实行货币地租制。封建领主的胃口越来越大，货币地租给农民带来的压力也越来越大。一些贫穷的农民因交不起地租，只好到富农或领主自行经营的土地上充当佣工，这样农业中的雇佣劳动就盛行起来了。

1348年，黑死病横扫欧洲，英国丧失了一半的人口，使英国的劳动力数量急剧减少。劳动力的减少，使佣工的工资呈现上升趋势。英国的廉价劳动力似乎看到了摆脱困境的希望。就在这些佣工期望领主提高佣金的时候，

爱德华三世

1349 年，英王爱德华三世颁布了"劳工法令"，彻底打碎了佣工提高工资的希望。"劳工法"规定：凡是 12 ~ 60 岁的成年男女，如果没有生活来源，应按黑死病以前的工资受属拒绝受雇或在受雇期满前擅自离开雇主者，将被判处监禁。

1351 年，议会又变本加厉，制定了"劳工法案"，规定凡破坏雇佣法令者戴枷下狱。10 年后，也就是 1361 年，新的"劳工法案"又一次加重了佣工的苦难："新劳工法"宣布，离开雇主者将不受法律保护，逮捕后要对其进行烙印。

"劳工法案"无视农民的利益，农民便展开了广泛的斗争。不论是在城市还是在乡村，阶级矛盾都变得极其尖锐。而在百年战争第二阶段中失利的英国统治者加紧了对人民的搜刮。如 1377 年国会决定征收人头税 14 岁以上每人需交纳 4 便士，两年后又征收一次。到了 1380 年，国会又把 4 便士的人头税提高到 5 便士。政府的剥削，税吏的敲诈，使农民忍无可忍，终于爆发了大起义。

占领伦敦

1381 年 5 月，埃塞克斯和肯特两郡向农民征收人头税时遭到农民的抵抗，舞弊的税吏被杀死，其他税吏被赶跑。埃塞克斯和肯特两郡的抗税行动，点燃了相邻各郡积压已久的怒火，抗税的浪潮汹涌而起。进入 6 月份，全国

农民起义

世界通史

最新整理图文珍藏版

理查二世肖像

40 个郡中约有 25 个郡发生了起义。斗争活动不单单是针对人头税，庄园、教堂、修道院被农民捣毁，粮食、牲畜也被农民夺取。肯特郡的农民把约翰·保尔从监狱里救了出来，人们拥戴他为起义的领袖之一。而这次起义的主要领袖是泥瓦匠瓦特·泰勒，所以这次起义也被称为"瓦特·泰勒起义"。

起义军在瓦特·泰勒和约翰·保尔的领导下，很快占领了肯特郡首府坎特伯雷。起义吸引了大批的农民，声势浩大的农民队伍震惊了国王和贵族，而起义队伍的目标也锁定了伦敦。

6 月 12 日，起义队伍开到了距伦敦几公里的布拉克希斯，伦敦市长尼古拉·窝尔窝斯大惊失色，立即关闭了城门。但在次日，伦敦的贫民给义军打开了城门，起义军几乎没有遇到任何抵抗就占领了伦敦。他们释放了那些因无力交纳人头税而被关押起来的农民，放火焚烧了主张征收人头税的贵族的住宅，还杀死了农民痛恨的贪官污吏。起义军请求与躲在伦敦塔内的国王理查二世对话，但被拒绝。最后在农民武力的威胁下，理查二世被迫接受谈判的请求，但要求义军退到一个叫迈尔恩德的大广场去，谈判要在那里举行。

国王的阴谋

这支来自英格兰不同地方的 6 万多起义军退到了迈尔恩德广场，

理查二世接见反叛者

瓦特·泰勒之死

他们正兴奋地交谈着,希望国王理查二世能给大家一个满意的答复。

这时理查二世带着一些侍从来到了迈尔因广场,他走到人们中间亲切地问道:"伟大的人民啊,你们需要什么尽管说出来啊,为什么要动刀动枪呢?"

"我们需要土地,我们需要自由,希望子子孙孙也都拥有自由,而不是祖祖辈辈都被捆绑在不属于自己的土地上!"

"伟大的人民,你们的要求都是合理的,我会满足你们的愿望。但是,你们这么多人来到伦敦,会影响政府正常的工作的。现在请你们退回各自的村庄,每个村庄留下几个代表,然后我以国王的名义给你们立下字据,还你们自由。请相信我,我还会让人把我的旗帜分送到每个区、州和

郡去。"

一部分人开始欢呼了,但一部分人不太相信国王的承诺,他们需要立即兑现诺言,而不是退回村庄后等待消息。于是,起义军内部出现了分歧,一部分人主张先退回村庄去,因为国王以自己的名誉作了保证;一部分人主张留下来,直到获得需要的自由。

当天晚上,有一部分人陆续离开了广场,回到了各自的村庄,等待着国王的消息。另一部分贫民则围在了瓦特·泰勒身边,他们要留在伦敦,请求与国王再进行一次谈判,要国王立即兑现诺言。

瓦特·泰勒带领着大约2万义军,聚集在一个叫斯密茨菲尔德的地方,然后与国王进行了新一轮会谈。

"国王陛下,这里还有很多人,他们有不同的想法。我是他们的领袖,他们誓死效忠于我,所以我要对他们负责。请你考虑一下他们的想法。"

"我不是已经承诺过了吗?你们怎么还这样呢?"

"他们想请你立刻履行诺言,不是退回村庄去等待你的消息。"

"既然我以国王尊贵的身份发

出承诺，就会实现这些诺言的，请你带着他们回到各自的村庄去吧。"

就在这时，伦敦市长带领一批全副武装的骑士来到瓦特·泰勒面前。因这些骑士都身披大衣，所以瓦特·泰勒和远处的义军都没有注意到他们隐藏的武器。

他们围住了瓦特·泰勒。"你是什么东西？竟然向国王讨价还价？"市长说着突然拔剑砍向瓦特·泰勒，猝不及防的瓦特·泰勒被砍下马，还没来得及呼救，国王身边一个叫约翰·斯坦提什的侍从跳下马来，一剑刺死了瓦特·泰勒。

无情的屠杀

起义军的首领瓦特·泰勒被杀后，理查二世立即违背诺言，开始对起义军进行镇压。他宣布，

瓦特·泰勒在斯密茨菲尔德被杀

只要不是伦敦的居民或在伦敦居住不满一年的人，必须离开伦敦，否则将会以叛逆罪处死。

许多人听到瓦特·泰勒被杀的消息后，纷纷离开了伦敦。国王的号令一下，又有更多的人离开了伦敦。约翰·保尔和另一个义军领袖贾克·斯卓躲进了一座旧房子里，准备伺机发起攻击，但不幸被国王的士兵捉到，很快就被处死了。

退出伦敦的起义军半路上遭到了攻击，大批人被杀。而逃回各自村庄的义军又遭到了各郡骑士和贵族的镇压。由于肯特郡是最先发动起义的，所以遭到了国王残酷的清洗。在肯特郡的其他地方，一些义军也被残忍杀害。据统计，被绞死和砍头的共有数千人。而那些保住性命的义军，被迫接受了更为苛刻的劳工条件。

瓦特·泰勒起义虽然失败了，但起义军给封建统治阶级带来了极大的震慑。由于起义军来自英格兰各地，所以引起了统治集团内部极大的恐慌。此后农民起义不断，长期束缚农民的劳役制逐渐废弛，农奴制度也逐渐瓦解，农民获得了越来越多的自由。

红白玫瑰战争

1399 年，英王理查二世出征爱尔兰受挫，英国北部封建主趁机拥立兰开斯特家族的亨利四世为王，结束了金雀花王朝在英国的统治，进入了兰开斯特王朝统治时期。

兰开斯特王朝的建立，引起了约克、威尔士等地封建领主的不满，他们相继叛乱。为了分化封建领主的势力，兰开斯特王朝的亨利五世重新挑起英法战争，并于 1415 年在阿金库尔战役中大败法军，暂时抑制住了封建领主的叛乱之心。

亨利五世死后，不满一周岁

阿金库尔战役

的亨利六世继承王位，但实权落在了各封建主手中，他们更加肆无忌惮。此时英法百年战争还在继续，法国民族女英雄贞德解奥尔良之围后，扭转了法国不利的战局。1453 年驻波尔多的英军投降后，英法百年战争以英国的失败而告终。

英法百年战争的混乱，促使英国各地封建主招兵买马，以扩张自己的利益。在英国同法国战争期间，封建主的武装力量起到了重要的作用。但是，当战争的硝烟散尽时，这些强大的武装力量让英国国王如鲠在喉。

百年战争的失利，使英国国内动荡的局势更加混乱，贵族和城市市民阶层把生活安定的希望寄托在了朝代的更替上。于是，约克家族重新走上了前台，受到了广泛的支持。

1455 年，约克公爵理查宣布摄政。理查此举遭到了兰开斯特

兰开斯特家族和约克家族的少年们

世界通史

最新整理图文珍藏版

家族的反对，双方于是率领支持自己的封建领主展开了混战。兰开斯特家族以红玫瑰为标志，约克家族以白玫瑰为标志，因此这两个封建集团之间的混战称为"红白玫瑰战争"，也叫做"蔷薇战争"。

约克公爵之死

1455 年 5 月初，亨利六世让各封建领主前往莱斯特参加咨议会。按照往日惯例，封建领主是不能带领大批人马参加的。但约克公爵理查以自身安全无法保障为由，率领他的内侄沃里克伯爵及数千名士兵随同前往。此举令亨利六世极为愤怒，在王后玛格丽特和执掌朝廷大权的萨姆塞特公爵的支持下，他也率领一批士兵前往会场。

5 月 22 日，亨利六世占据圣

约克公爵

奥尔本斯镇，与约克公爵理查率领的大军相遇。上午 10 时左右，约克公爵抢先发难，指挥士兵狂攻圣奥尔本斯镇，最终击败亨利六世，从此约克公爵控制了英国王室，称为"护国公"。

1459 年，王后玛格丽特帮助兰开斯特家族把约克公爵理查挤出咨议会，又引发了约克公爵与亨利六世之间的战争。同年 10 月，亨利六世在卢德福桥大胜约克公爵，迫使理查公爵和沃里克伯爵逃亡法国。

1460 年 6 月，沃里克伯爵和理查之子爱德华率军杀回英国，双方于 7 月 10 日在北安普顿发生

亨利六世加冕

激战。结果亨利六世被俘，兰开斯特军大败。约克公爵获此消息后欣喜若狂，以为王位已成囊中之物，于是早早地提出了继承王位的要求。在没有和亲信贵族商量的情况下，他宣布自己为王位继承人。

王后玛格丽特闻讯大怒，立即从苏格兰借来一支人马，纠集兰开斯特家族的残兵败将在约克公爵的领地制造祸端。约克公爵匆忙凑合一支数百人的队伍前去围剿，由于轻敌冒进，被包围在威克菲尔德城。12月30日，部分市民造反，与城外军队里应外合击溃约克公爵率领的军队，约克公爵及其次子被乱军杀死。玛格丽特把约克公爵的首级悬挂在约克城上，并扣上纸糊的王冠，供人观赏。

爱德华四世

约克公爵死后，他的长子爱德华发誓要惩治兰开斯特家族。1461年2月26日，爱德华进入伦敦。经济比较发达的南部封建主集团，以及力图树立强大王权的城市市民和新贵族给了爱德华强有力的支持。3月4日，在沃里克

爱德华四世

伯爵和上层市民的支持下，爱德华自立为王，称为爱德华四世。他立即组建军队，率兵北进，攻打玛格丽特。

1461年3月29日，飞雪连天，爱德华四世率军挺进约克城，与玛格丽特大军相遇。当时兰开斯特军队有两万余人，但处于逆风之中，睁开眼睛都很困难，更不用说拉开沾满雪花的强弓了。爱德华率领的约克军队趁机强攻，虽然兵力不及玛格丽特，但风雪减弱了兰开斯特军队射出的利箭的威力，使爱德华的攻势顺利展开。

蜂拥而上的约克军队给兰开

斯特军队以沉重的打击。为了扭转被动的局面，不断后撤的兰开斯特军队凭借数量上的优势展开反扑，使战争惨烈程度升级。战到傍晚时分，双方仍处于胶着状态，哪一方都没有显示出绝对的优势。

就在这时，约克军队的后续部队赶到，并从侧面向兰开斯特军队发动进攻，撕开了兰开斯特军队的防线，使它腹背受敌，被迫撤退。爱德华四世指挥军队乘胜追击，大败玛格丽特，迫使玛格丽特和亨利六世逃亡苏格兰。

此次大捷，使爱德华四世威望远播，也巩固了他的王位。1465年，亨利六世再次被俘，爱德华将其囚禁在伦敦塔中，并迫使玛格丽特携幼子逃往法国。爱

亨利六世肖像

德华四世统治期间，实行了一些保护工商业的政策，使中小贵族得到了很多利益，进一步巩固了他的统治。

都铎王朝的建立

英国封建专制君主制始于都铎王朝。1485年，参与"玫瑰战争"的兰开斯特家族的支裔、里士满伯爵亨利·都铎夺取王位，建立都铎王朝，称亨利七世。

年轻的亨利七世

亨利七世即位之初，英国的人口还不到300万，仅相当于法国的1/5，领土面积也远远比不上法国与西班牙。英国没有常备军，更没有对于一个岛国来说意义非

凡的海军。而30年的玫瑰战争使得社会秩序混乱，国库空虚，财政机构也几乎瘫痪，国王更是债台高筑，囊空如洗。此时封建贵族不顾内忧外患，为争权夺势而钩心斗角，不仅在地方进行大规模混战，在中央也通过咨议会和议会上院左右政局。封建分裂势力从没有停止活动，推翻新王朝始终是其政治目的。

为巩固王位，亨利七世曾以资产阶级和封建贵族调停人的身份出现，他有时依靠资产阶级去反对大封建主，有时又依靠大封建主来压制新兴的资产阶级。为加强中央集权，亨利七世实行君主专制，只在需要议会批准自己决定的法令或税收时才召集开会。

亨利七世还在御前会议所在的威斯敏斯特宫的"皇室"设置了一个听取臣民申诉、监察官吏并及时处理非常案件的机构，这一机构后来发展成为权力很大的"星室法院"。另外他还对地方割据势力进行了坚决的打击，禁止贵族蓄养家臣、家兵，扫平贵族的城堡，使乡绅阶层在地方上的政治势力大为增长。

落后的德意志

843年签订的《凡尔登条约》，是加洛林王朝瓦解的第一阶段，预示着近代西欧国家的形成。

亨利七世

公元962年的德意志地图

在这个条约中，日耳曼人路易统治下的东法兰克，也就是所说的奥斯达拉西亚，后来发展为德意志国家。

中古时期的德国比较落后，体现在很多方面。这里是日耳曼人本土，长期保存了日耳曼人的农村公社制度——马尔克制度。封建关系大约产生于 8 世纪末，始于查理大帝征服日耳曼地区，但直到 12 世纪才确立。由于远离罗马，所以罗马的文化较少渗入到这里，罗马的政治、经济和法律制度对其影响较小，日耳曼人的农村公社制度仍占据主要地位。而农村公社给农民提供了较大的自由，公社成员彼此平等，所以他们对封建制度的剥削十分抵制，

亨利一世肖像

并进行了顽强的抵抗，使德国整个地区封建关系的发展比较缓慢，如萨克逊等边远地区，到十二三世纪仍有自由的农村公社存在。

封建化进程的缓慢不利于国家统一。封建化过程缓慢又影响了手工业同农业的分离，不利于商品经济的发展，因而最终也使城市的兴起较晚。德国的城市大多兴起于 11 世纪以后，比法国与意大利大约晚了两个世纪。

另外，当时的东法兰克王国境内群雄割据，加洛林王朝根本没有实权。萨克逊、法兰克尼亚、巴伐利亚和士瓦本等著名的公国，势力强大，国王有些时候还要看这些公爵的眼色行事。而德国国王、皇帝和诸侯，多数热衷于对外侵略扩张，因此影响了国家的集权和统一。

12 世纪城市兴起以后，德国城市多在边境地区，靠对外贸易繁荣，没有一个城市像英国的伦敦那样成为全国性的经济中心，因此不利于政治上的统一。为了保障各自的利益，这些城市往往结成地区性的城市同盟，对国家的统一不感兴趣，所以德国在中古时期，无论政治上还是经济上，都处于一种分裂状态。

德意志王国的建立

9世纪末，东法兰克出现萨克逊、巴伐利亚、士瓦本、法兰克尼亚、图林根五个大公国。加洛林王朝的阿努夫于899年病死后，其年幼的儿子路易四世于次年即位，人称"孩儿路易"。路易四世即位时还是个孩子，大权落在了美因兹大主教哈托的手里。后来匈牙利人入侵东法兰克王国，东法兰克的军队遭到惨败，路易四世也于911年病死，年仅18岁。

路易四世死后，法兰克尼亚公爵康拉德当选为国王，称康拉德一世，这意味着法兰克帝国的

奥托大帝的审判

完全分裂和加洛林王朝的终结，也意味着德意志早期封建国家的诞生和德意志历史的开始。

919年，康拉德一世去世。当时萨克逊是最强大的公国，所以萨克逊公爵亨利顺利登上了王位，为亨利一世，又称为"捕鸟者"亨利，他创建了萨克逊王朝。

萨克逊王朝的社会支柱是中小封建主和教会封建主。中小封建主如果支持国王，既可以通过对外侵略增加财富，也可以借助君权对付领地内农民的反抗。教会方面，担任重要教职的都是国王的亲信，是由国王亲自任命的。国王一方面可以通过他们得到教

康拉德一世 中世纪插图画

世界通史

最新整理图文珍藏版

会领地的捐税收入，另一方面也可通过教会牵制地方公爵的势力。

亨利一世还建立了一支强大的军队，以巩固和扩展王权。他依靠骑士、家臣和市民同大封建主作斗争，遏制匈牙利人的入侵，先后占领了洛林公国、易北河以东的勃兰登堡地区，使他的声望如日中天，王权在全国得到了承认，这标志着德意志王国的正式建立。

奥托大帝

936 年，亨利一世去世，他的儿子奥托即位，即奥托一世。

奥托一世即位后坚决维护自己对公爵们的宗主权，继续推行加强王权的政策，同时打击割据势力、抵御匈牙利人的入侵。但就在他即位的第二年，萨克逊内部发生了激烈的冲突，巴伐利亚

奥托大帝到达罗马

公爵趁机谋反。奥托一世在中小封建主的支持下，两次出兵巴伐利亚，迫使巴伐利亚公爵出逃。奥托一世任命原公爵之弟为巴伐利亚公爵，但剥夺了他对主教的任职权，而是由自己亲自任命。同时，奥托一世还任命了一个权力极大的巴拉丁伯爵，代表中央处理巴伐利亚的司法事务和税收征集。

在严格限制巴伐利亚公爵的权力后，奥托一世让弟弟迎娶公爵之女。947 年巴伐利亚公爵死后，奥托一世的弟弟即位，巴伐利亚最终被奥托一世控制了。939年洛林公爵造反，奥托一世击败他后于 944 年控制洛林。949 年士瓦本公爵去世，奥托一世任命公爵的女婿即位，而公爵的女婿就是奥托一世的儿子。

奥托一世通过征讨和联姻，逐渐控制了几个大公国。国内的形势刚刚稳定，奥托一世动起了扩张之心。951 年奥托一世进军意大利，取得了伦巴第国王的称号。954 年匈牙利人侵入德国，次年 8月奥托一世将匈牙利人彻底击败。战争的胜利给奥托带来新的荣誉，他被尊为国父和大元帅。

战胜匈牙利人后，奥托一世又发动了一系列战争。到 960 年，

亨利四世向教皇请罪

已经征服易北河中游和奥得河中游之间的斯拉夫人。961年5月，奥托一世6岁的儿子加冕为德意志国王，称奥托二世。然后，他应教皇约翰十二世之请再次去意大利。962年2月2日奥托一世到达罗马，加冕为"奥古斯都"。965年，奥托一世推选约翰十三世为教皇，但是约翰十三世已被罗马人赶走。在966~972年期间，奥托一世第三次进军意大利，征服罗马，甚至攻入拜占廷。

由于奥托一世醉心于征服意大利，以重建罗马帝国并进一步称霸世界，把有生力量都消耗在了侵略战争上，导致国内割据势力乘机闹事，使已经在望的国家统一事业化为泡影。

皇帝和教皇

1075~1122年间，德皇和教皇为任命主教的权利发生了激烈的冲突。在德意志封建化过程中，罗马教皇拥有给德皇加冕的特权，而德皇则力图控制教皇和教会。地方封建主为扩大权势，又往往借助教会的力量来削弱王权。

奥托一世在位时，逐渐控制了罗马教廷，夺取了教会主教的任命权，此后的德意志皇帝也都拥有这种权利。但自10世纪起，源自法国的教会改革运动传遍欧洲各地，反对世俗政权任命神职人员的呼声越来越高。

11世纪中叶以后，教会的势力逐步增强。1073年，罗马教廷红衣主教团乘德意志内乱之际，推选意大利人格里高利为教皇，称为格里高利七世。1075年，格里高利七世颁布敕令宣称：教皇的地位高于一切，罗马教廷有权罢免教会贵族和世俗贵族，甚至皇帝，违者严惩。并警告德皇亨利四世：如果不服从教皇命令，将受到逐出教会、废黜皇位的惩罚。亨利四世采取激烈行动予以回击，1076年1月在沃尔姆斯召开帝国会议，宣布废黜教皇格里高利七世，对教皇斥责道："我，亨利，以上帝恩宠加身的国王及全体主教的名义，向你奉告：下台吧！下台吧！在时代洪流中毁灭吧!"然而国内诸侯反对派站在罗马教廷一边,拒绝为被开除教职的皇帝效力,以逼迫退位来威胁亨利四世。

在内外强大的压力下,亨利四世屈服了。1077 年冬季,亨利身披罪衣,亲往教皇居住地卡诺莎堡请罪,得以恢复教籍。这次事件使教皇声威大震。

1080 年 3 月,格里高利七世再次开除亨利四世的教籍,废黜亨利四世。许多贵族考虑到自身利益,最终占到了亨利四世一边。1084 年 3 月 21 日,亨利四世举兵攻占罗马,另立教皇克莱门三世,格里高利七世被迫逃到南方的萨莱诺城。

腓特烈一世

腓特烈的理想

1123 年,腓特烈出生时正赶上自己的家族——霍亨斯陶芬家族与威尔夫家族混战。父亲死后,腓特烈继承了士瓦本公爵爵位。1152 年,腓特烈的伯父——德意志国王康拉德三世去世,他以士瓦本公爵的身份于当年 3 月当选为德意志国王,即腓特烈一世。

腓特烈一世和神圣罗马帝历

腓特烈一世和比阿特丽斯的婚礼

代君王一样,以罗马帝国和查理大帝的继承者自命,并期望获得无上的权力。1153 年,腓特烈一世进军意大利,这是他第一次出征意大利。因为在腓特烈一世即位前夕,一度处在从属于皇帝地位的罗马教皇通过"沃尔姆斯协定",几乎取得了与皇帝平等的地位。腓特烈一世无法容忍教皇凌驾于皇帝之上,他希望像奥托一世及亨利三世那样,让教皇听命于皇权,并成为统治帝国、向外扩张的工具。如果要实现这一目标,必须使罗马教皇给他加冕为神圣罗马帝国皇帝。于是,腓特烈一世整装待发,准备进军意大利。恰在这时,教皇尤格纽斯三世写信给腓特烈,要求他火速前往罗马讨伐阿诺德,正好给了腓特烈一世出兵的理由。

腓特烈一世

原来，罗马发生了政变，商人手工业者和小骑士联合起来建立了罗马共和国，其首领阿诺德喊出了反对教皇的口号。腓特烈一世与教皇签下《康斯坦茨条约》后进军罗马。《康斯坦茨条约》规定：腓特烈一世不经教皇同意不与罗马共和国或诺曼人媾和，不把意大利土地割让给拜占廷皇帝，维护教皇的地位，教皇则保证支持腓特烈取得帝位。

但是，当腓特烈一世到达罗马时，教皇尤格纽斯三世还没来得及为他举行加冕仪式就死去了。腓特烈一世抓获阿诺德并处死后，尤格纽斯三世的继承人阿德里安四世于 1155 年 6 月 18 日在罗马为

腓特烈加冕，腓特烈一世正式成为神圣罗马帝国皇帝。同年，腓特烈一世退出罗马，他第一次入侵意大利至此结束。

血染的红胡子

意大利人给腓特烈一世起了一个"红胡子"——巴巴罗莎的绰号，意思是说他的胡子是意大利人的鲜血染红的。

1158 年，腓特烈一世第二次入侵意大利。他包围并征服米兰之后，召开龙卡利亚会议，确定皇帝的权利，剥夺各城市的自由。1162 年他回到德国，用从意大利征收的税金招募雇佣兵，准备征服西西里。

1163 年，腓特烈一世为征服西西里，发动了第三次入侵意大利的战争。但由于意大利各城市的反对力量过于强大，腓特烈一世征服西西里的愿望没有达到。

红胡子腓特烈承认亚历山大三世的权力

1166 年，腓特烈一世第四次入侵意大利。原来，1159 年红衣

主教罗兰特当选为教皇，称亚历山大三世，他想建立独立于皇帝之外的教皇统治，并于1160年将腓特烈一世开除教籍，腓特烈一世恼羞成怒，在1165年维尔茨堡会议上发誓不承认亚历山大三世，并准备出兵讨伐。1166年西西里的诺曼人国王威廉一世去世后，腓特烈一世认为给予亚历山大三世和西西里以决定性打击的时刻已经到来，于是发动了第四次入侵意大利的战争。

腓特烈一世大举攻打罗马，迫使亚历山大三世仓皇逃走，但英勇的伦巴第城市居民奋起反抗，给腓特烈一世军队以沉重打击。就在这时，腓特烈一世的军队里爆发了疟疾，大大削弱了军队的战斗力，腓特烈一世不得不宣布退回德国，第四次入侵意大利宣告失败。

1174年，腓特烈一世进行第五次意大利战役，迫使伦巴第人根据"蒙特贝洛停战协定"向他臣服。

1176年，腓特烈一世第六次发动战争，妄图一举吞没意大利。但德国贵族拒绝支援腓特烈一世，而诺曼、拜占庭、教皇亚历山大三世站在了一起，共同反对腓特烈一世，致使腓特烈一世在1176

年的雷纳诺战役中彻底失败。根据1177年《威尼斯和约》，腓特烈一世承认亚历山大三世为教皇。

鲁道夫一世

哈布斯堡王朝创建人

1218年5月1日，鲁道夫在瑞士里姆堡出生。他的父亲阿尔伯莱希特四世伯爵通过努力，使哈布斯堡家族在上阿尔萨斯地区获得采邑等种种特权。1240年阿尔伯莱希特四世伯爵去世后，20岁出头的鲁道夫继承了父亲的爵位和家业，管理着一个庞大的家族。

鲁道夫能征善战，热衷于扩张领土。先用武力夺取了瑞士托根堡伯爵的领地，然后强占了一些帝国田园和无主领地。而在接管母亲继承的基堡伯爵国与前妻继承的霍恩堡公国的领地后，鲁道夫的势力范围大大扩展，哈布斯堡家族也逐渐成为德国西南部一个势力强大的诸侯。

1254年，康拉德四世在同罗马教廷和伦巴第同盟的战争中死去，统治德意志的霍亨施陶芬王朝宣告结束。此时的神圣罗马帝国皇位虚悬，引起了众封建领主的争夺，鲁道夫也积极参与了皇位争夺的混战。1273 年 10 月 1 日，在奥格斯堡帝国议会上，55 岁的鲁道夫当选为神圣罗马帝国皇帝，号称鲁道夫一世，从此开始了哈布斯堡王朝的统治。

鲁道夫一世在位初期，决心改变德意志混乱的局势，并致力于扩大王室领地势力。他首先收回了一些小诸侯非法窃夺的帝国土地，以加强王室的势力。同时颁布了一项"国内和平"法令以

鲁道夫和教士

稳定国内局势。该法令规定：任何人不得继续对他人作战，违者将会受到帝国法庭的制裁。

但有一些骑士只知抢夺地盘，对过境商人收取重税，致使小的战乱不断发生。鲁道夫一世出兵严厉打击这些骑士，终于制服了这个群体。但由于莱茵河流域的诸侯对农民实行残酷剥削的政策，使农民反抗活动愈演愈烈，终于在 1285 年爆发了农民起义，许多地区也纷纷呼应，起义之火迅速蔓延。鲁道夫一世最终选择了武力镇压，并对被捕的领导人实施了火刑。

鲁道夫一世的扩张

鲁道夫一世统治时期，国土虽然幅员辽阔，但在政治上却极为松散，皇权势力有限，只能支配自己领地的军队，而无法号令诸侯的士兵。因此，鲁道夫一世极力扩大王室领地增强王权，不

鲁道夫肖像

久他就与波希米亚国王奥托卡二世展开了争夺奥地利的战争。

奥地利在 12～13 世纪时，还只是霍亨斯陶芬王朝巴奔堡家族的一个公国。1246 年，巴奔堡家族的最后一个成员"好斗者"腓特烈二世与匈牙利就边界问题发生战争，他本人不幸阵亡，巴奔堡家族绝嗣。1251 年，波希米亚国王奥托卡二世乘机占领了巴奔堡家族领地奥地利、士底里亚、克伦地亚和克莱因，此举遭到了罗马教皇和德意志其他诸侯的不满。

1252 年，鲁道夫一世在诸侯和贵族支持下向奥地利进军，与波希米亚争夺奥地利，匈牙利也出兵支持鲁道夫。鲁道夫的军队与匈牙利国王拉迪斯劳斯四世的军队兵分两路，对奥托卡二世的军队形成钳形攻势。正在这时，波希米亚贵族准备趁奥托卡二世

晚祈祷起义

鲁道夫一世进入巴塞尔

进行对外战争时造反。贵族密谋的消息传到了奥托卡二世那里，他只得放弃抵抗，表示归还奥地利和其他被占的土地，并愿意向鲁道夫一世臣服。

但是，奥托卡二世并没有放弃奥地利。他在西里西亚和波兰诸侯的支持下，集结了图林根、勃兰登堡和巴伐利亚诸侯的军队再次征战。鲁道夫一世率军迎战，并得到了匈牙利国王拉迪斯劳斯四世和梯罗尔迈哈德二世伯爵的军事援助。

1278 年 8 月 26 日，鲁道夫一世与奥托卡二世在维也纳东部马池河发生激战。战争初期，鲁道夫一世处于下风。但由于援军及时赶到，全歼了奥托卡二世的军队，并杀死了奥托卡二世。马池河战役过后，哈布斯堡家族在奥地利的统治确立。

1282 年底，鲁道夫一世把奥

地利、士底里亚和克莱因分给他的两个儿子，并立长子为奥地利公国及其领地的唯一国君，由此建立了奥地利哈布斯堡王朝。哈布斯堡王朝统治奥地利达600多年之久，直到1918年才告结束。

混乱的亚平宁

中古初期，意大利的工商业十分繁荣，经济发展速度很快。但是，受地理环境及政治的影响，意大利各地区的经济发展极不平衡。北部波河流域和中部托斯坎纳地区经济最为发达，如著名的城市威尼斯、佛罗伦萨、米兰等都在那里。但北部山区的经济十分落后，那里的封建农奴制度长

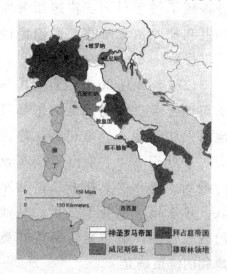

1050年的意大利地图

期占主导地位。中部教皇领地的经济也不发达，主要是农业区，除了罗马这样的大城市能形成一定的规模外，其他小的城市难成气候。而南部地区是经济最为落后的地方，这里的农奴制度一直到十五世纪还存在。

由于意大利在政治上长期处于分裂状态，所以统一进程十分缓慢。国内城市形成各自的利益集团，相互对立，而城市工商业的发展主要依靠国外市场，国内统一市场很难形成。各城市的统治者只想着维护本城市的利益，根本无暇顾及国家的政治统一。

外部势力的侵袭，也延缓了意大利统一的进程。从951年奥托一世首次入侵意大利开始，德国封建主在此后的300年里，共侵入意大利40余次，平均不到7年就有一次。这些侵入者进入意大利后烧杀抢掠，使意大利的生产几乎处于停滞状态。

罗马教皇对意大利的控制以及对西欧各国的野心，也使意大利久久不能走上统一的道路。法国安茹家族与教皇勾结，于1268年窃取了西西里的王位。此后，西班牙阿拉冈的封建贵族控制了意大利南部，使意大利的统一又多了一重障碍。

世界通史

最新整理图文珍藏版

多里奇诺起义

意大利各地区经济发展的不平衡决定了各地农民的社会地位。十三四世纪时，在北部和中部经济发达的城市里，大部分农奴已经取得自由，并使自由的农村公社获得了自治的权利。但是，获得自由的农奴并没有获得土地，他们仍要依附封建领主生活。封建领主在其占有的土地上极力压迫雇农，并剥夺已经自治的农村公社的权利。

意大利南部，落后的农奴制度依然存在，当地居民长期遭受外国封建领主的统治，生活困苦不堪。在东北部一些城市以及西北部，如萨瓦、蒙斐拉、皮埃蒙特等诸国，农奴制度仍长期保存。

1260 年，悉加列利创立了"使徒兄弟派"，宣扬信徒之间是平等的关系，就像兄弟姐妹一样。"使徒兄弟派"信徒反对封建领主，要求财产实行公有制。由于"使徒兄弟派"触犯了教皇利益，被视为异端而遭到打击。1300 年，"使徒兄弟派"的领导人悉加列利被判处火刑。

悉加列利死后，多里奇诺成为了"使徒兄弟派"的领导人。他和悉加列利一样，也要求财产公有，并认为只有采取暴力才能建立理想中的王国。多里奇诺宣传财产是万恶之源，要求人们站起来用武力去夺取自由。他的宣传引起了被压迫农民的共鸣，使斗争的队伍不断扩大。

1303 年，多里奇诺率领起义军打败封建主的军队，烧毁封建领主的庄园，没收了教堂和修道院的财产。教皇闻讯大怒，立即组织十字军围剿农民起义军。经过几次较量后，双方都没有占到太大便宜。1307 年，多里奇诺率领起义军与十字军展开决战，兵败被俘，后被判处火刑，与悉加

多里奇诺肖像

列利一样被活活烧死。

多里奇诺起义失败了，但这次起义比西欧其他国家发生的农民起义早了半个多世纪，是西欧大规模农民起义的先驱。

威尼斯共和国的辉煌

意大利北部和中部有许多繁荣的城市，在反对封建贵族和外国侵略者的斗争中取得了辉煌的战果，形成了独立的城市共和国，其中威尼斯和佛罗伦萨就是两个著名的代表。

威尼斯原为一渔村，由于其地理位置优越，逐渐成为东西方中转贸易的中心。5~7世纪时，受匈奴人和伦巴第人侵扰的内陆居民纷纷迁移此地。687年产生第一任总督，9~10世纪时工商业日趋发达，建立起了威尼斯城市共和国。

威尼斯共和国的政权是由商人贵族把持的。大议会是最高权力机关，有议员400余人，在极少数贵族世家中选举产生。政府称小议会，由6名成员组成，帮助总督处理日常事务。总督是国家元首，可以终身任职。国家的大政方针则由120名议员组成的元老院决定。

1082年，拜占廷皇帝允许威尼斯商人在帝国境内建立商栈，免税行商。十字军东侵期间，威尼斯巩固了在东方和爱琴海沿岸的地位，并乘机吞并拜占廷的大片领土，包括克里特岛、伯罗奔尼撒西南部及爱琴海上的许多岛屿，一跃成为地中海地区的强国。威尼斯共和国每年的财政收入超过了英国和西班牙，和法国的收入相当。1284年，威尼斯铸造金币杜卡特，成为当时欧洲的通用货币。

1298~1382年，威尼斯同热那亚共和国连续进行了四次海战，并最终击败了这一贸易竞争对手，垄断了地中海东部的贸易，使威尼斯成为地中海和黑海地区的强国，从而进入全盛时期。海上贸易促进了造船业和航海业的发展，

利奥纳多·劳德诺肖像

威尼斯共和国总督宫 中世纪插图画

威尼斯当时拥有的水手超过了2.5万人，欧洲各地水域都有威尼斯商人的商船在游荡。

15世纪末，随着新航路的开辟，欧洲商业中心从地中海转向大西洋沿岸，威尼斯失去了往日的辉煌。1453年土耳其攻占君士坦丁堡后，同威尼斯进行了延续二百余年的海战，威尼斯在巴尔干和地中海的殖民地丧失殆尽，逐渐走向了衰落。

基督教诸王国的兴起

阿拉伯人击败西哥特人占领西班牙后，西哥特贵族纷纷逃到半岛西北部的阿斯图里亚斯山区，并于718年在那里建立了阿斯图里亚斯王国。873年，阿斯图里亚斯王国迁都雷翁，改名为雷翁王国。11世纪初，在雷翁王国东部

阿方索六世雕像

杜罗河流域，形成了卡斯提王国。

1031年，后倭马亚王朝在西班牙的统治宣告结束，在科尔多瓦哈里发国家的废墟上出现了23个小王国。雷翁王国与卡斯提王国于1037年合并，仍称卡斯提王国，势力不断壮大，并趁机从阿拉伯人手中夺回了托勒多城，然后继续南下。卡斯提王国成为反阿拉伯人的第一个中心。

此时的伊比利亚半岛北部还有阿拉冈王国、那瓦尔王国和巴塞罗纳伯国。阿拉冈王国在拉米罗一世统治时，势力就已扩张到厄布罗河，而12世纪中叶对巴塞

战场上的罗德里戈·迪亚士

罗纳伯国的兼并，更增强了阿拉冈王国的影响力，阿拉冈成为反阿拉伯人斗争的第二个中心。

阿拉伯人迫切需要遏制西班牙人向南渗透的势头，于是向北非柏柏尔族的穆拉比兑人求助。穆拉比兑人首领伊本·优素福率二万余人挺进西班牙，1086年10月23日与卡斯提国王阿方索六世在巴达霍斯附近相遇，两军展开激战，结果阿方索大败，损失数万人。1090年，伊本·优素福几乎完全统治了西班牙，只有托勒多等城仍在基督教徒手中。

1094年，西班牙民族英雄罗德里戈·迪亚士率军攻占巴伦西亚，重创穆拉比兑人。1147年，穆拉比兑王朝结束，仍然以柏柏尔人为核心的阿尔摩哈德王朝建

立。13世纪初，阿尔摩哈德王朝约六十万大军被基督教诸国联军击败，十余万柏柏尔人惨遭屠杀。

1236年，卡斯提人攻占科尔多瓦，1248年又收复塞维尔，阿拉伯人在半岛的领地已丧失殆尽，只剩下南部的格拉纳大一个小王国。

西班牙统一国家的形成

通过不断兼并，到13世纪下半期，伊比利亚半岛形成了三个强大的基督教国家：卡斯提、阿拉冈和葡萄牙，其中势力最大的

国王夫妇和大臣 理查德·布林画

世界通史

最新整理图文珍藏版

是在反侵略斗争中起主要作用的卡斯提，其国土面积约占半岛总面积的3/5。

卡斯提国王和教俗封建主在收复失地过程中，占有了大量土地。卡斯提境内山区居多，农业发展缓慢，因此牧羊业成了主要产业，封建主为此结成了"牧主同盟"。这个组织成了国家经济的重要支柱，它拥有很多特权，如有自己的行政机关和法庭等。

在卡斯提反抗阿拉伯人统治的斗争中，城市和农民发挥了重要作用。每个城市的市民首要任务就是服兵役，每个城市也都有坚固的堡垒，各城市之间相互结盟，为赶走侵略者做出了重要贡献。因此，卡斯提议会有城市代表参加，而且城市代表成为议会

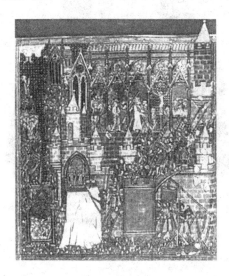

攻打城堡

中极有势力的一部分。农民也有权选派代表参加议会，他们在收复区除交纳地租外，还享有人身和迁徙自由权。

半岛第二大国是阿拉冈，但内部斗争不断，农民为争取权利与封建领主进行了不屈不挠的斗争。尖锐的阶级斗争和未完成的收复失地运动，促使阿拉冈与卡斯提走到了一起。1469年，阿拉冈王子斐迪南与卡斯提王位继承人伊莎贝拉公主结婚。1474年伊莎贝拉成为卡斯提女王，斐迪南也于1479年登上阿拉冈王位，两国正式合并，西班牙终于完成了统一。

1483年，完成统一的西班牙向阿拉伯人控制的格拉纳大发起攻击，并于1492年攻克格拉纳大，结束了长达七个多世纪之久的收复失地运动。1512年，西班牙又兼并半岛北部的那瓦尔王国，西班牙王国形成了。

葡萄牙曾是卡斯提王国统治下的伯国，1128年，16岁的阿方索率领葡萄牙人击败了卡斯提的军队，开始了葡萄牙的独立运动。1143年，葡萄牙与卡斯提王国签订《萨莫拉条约》，宣布正式独立。

"上帝的和平"运动

以上帝的名义保卫和平

11世纪初，每一个法国骑士都要做这样的宣言："我保证不进攻教堂，不抢劫教会的财物，我保证不袭击不带武器的教士、修士及其同伴。"

教会何以让威风凛凛的骑士如此敬畏？让中世纪的骑士发出这样的宣言，无异于让以战斗为生的他们放下屠刀。但自法国教会发起"上帝的和平"运动后，这一不可思议的宣言逐渐被骑士所接受。

10世纪时，法国王权衰落，各封建领主势力强大，出现了堪与中央分庭抗礼的阿奎丹公爵、勃艮第公爵、诺曼底公爵、佛兰德尔伯爵等。他们各有自己的行政系统，有自己的军队，还有铸造钱币的权力，同时还对领地内过往的商人进行勒索敲诈，使社会秩序一片混乱。

与此同时，外族的入侵使西欧生产停滞，文化凋零。由于中央政府无力组织有效的抵抗，各地封建主纷纷修筑城堡，对入侵者进行阻击。封建主大肆扩张势力，也致使内战不断升级，社会更加动荡不安。

对社会正常秩序构成极大危害的还有骑士。他们以战斗为生，任何富裕的商人都会成为打劫的目标，任何富裕的场所都会成为洗劫的对象。当外族入侵活动停止后，当时最富裕的教会成为其首选目标。社会秩序被他们粗暴地践踏着，无数的教士、农民成了他们刀下的冤魂。

九、十世纪的西欧世俗政权无法维护社会正常的秩序，所以法国基督教会发起了"上帝的和平"运动，承担起了维护和平的责任。教会一方面想通过这个活动保护教会的财产和教士的安全，

医院骑士团的修士和骑士

格利高里七世的聚会

另一方面也想摆脱世俗政权对教会的控制和干预，还有就是要驯服勇猛的骑士，使其成为基督教信仰的捍卫者和镇压"异端"的军事力量。

声名显赫的克吕尼修道院

"上帝的和平"运动正在酝酿时，克吕尼修道院的改革为其提供了最有利的时机。

910 年，法国的阿奎丹公爵威廉在自己的领地上建立了克吕尼修道院，并规定：世俗封建主和当地的主教无权干涉修道院的事务，修道院院长可由修士自由推选；修士必须过集体生活，教士不得婚娶。

克吕尼修士不从事体力劳动，而是集中精力通过祈祷的形式来拯救人的灵魂，修道院逐渐成了专门的祈祷场所。西欧的封建领主纷纷效仿，此后一个世纪里，西欧各地出现了近 2000 所类似克吕尼的修道院，并很快成为法国

和意大利修道院改革的中心。

克吕尼修道院在社会上的地位大大提高。931 年，罗马教皇约翰十一世宣布，其他修道院院长由克吕尼修道院院长管辖，克吕尼修道院系统成为欧洲第一个国际性的修道组织。公元 10 到 11 世纪，克吕尼修道院的修士出任各地的主教，使克吕尼修道院的权力进一步加强。而出身克吕尼修道院的格利高里七世和乌尔班二世当选教皇，更使该修道院的政治地位变得举足轻重。

克吕尼修道院坚持世俗封建主和当地的主教无权干涉修道院的事务，使修道院的威信大大提高，增强了普通信徒对修道院的信任。修士必须遵守独身的制度，使人越来越相信这是一个纯洁的场所，而修道院照顾老弱病残和

现在的克吕尼修道院

香客的举动，更增加了人们对修道院的好感。

"上帝的和平"运动的蔓延

为了维护社会秩序，987年，在法国南部勒皮主教区举行了和平会议。随后，阿奎丹的夏洛主教区与南部的纳尔旁主教区也相继举行了和平会议。994年，勒皮、里摩日和安瑟主教区举行了和平集会。从此以后，各地的教士和世俗贵族都宣布举行和平集会。

乌尔班二世

"上帝的和平"运动中的一个场面

"上帝的和平"集会充满了强烈的宗教色彩，让人相信这完全是由教会组织发起的运动。首先体现在主持人方面：历次的和平集会大都是由主教或修道院长主持，世俗之人很少能获得主持大会的权力。

其次体现在和平集会的展出物方面：在和平集会上展出圣徒的遗物甚至尸骨，成了集会一项必不可少的内容，藉此激发人们维护和平的信念。如994年的里摩日和平集会，圣马丁修道院院长主持的三天斋戒过后，圣徒的遗物被从各地运送到会场，所有的人都当着圣徒的遗物宣誓维持和平。与会者把双手伸向天空，齐声高呼："和平！和平！和平！"其场面感人至深。

最后一点是弘扬教会的神圣性和济世性：在和平集会上往往会有教士或修士进行治病表演，

骑士的战争

简单的方法和神奇的效果，使人们增加了对教会的神圣性和济世性的认同。

1020 年以后，"上帝的和平"运动效果显著，法国境内所有的骑士都做了前文所说的誓词。在封建主私自战争期间，骑士还必须保证不逮捕农民、妇女和商人，并保证在四旬节和万圣节期间不抢劫磨房、不毁灭葡萄园、不抢劫值钱的牲畜。

"和平法令"在约束骑士行为的同时，还规定教士不得参与暴力活动。1043 年，纳尔旁大主教归夫雷宣布：严禁教士携带武器并参与暴力活动，并保证自己从此不再携带武器，不发动和领导任何军事行动。

"上帝的休战"运动

11 世纪初期，"上帝的休战"运动兴起，进一步限制了贵族和骑士的暴力活动，使社会各个阶级免遭其害，标志着"上帝的和平"运动发展到了新的阶段。

"上帝的休战"运动在兴起之初，规定骑士在星期日和宗教节日不得发动战争。后来，克吕尼修道院院长奥迪罗拟定《上帝休战书》，扩大了休战时间，规定星期六正午到星期一早晨，停止所有的私人战争。违反规定的人将不能参加教会的圣餐礼，也不准教士为他们举行葬礼。1017 年，贵族和骑士宣誓遵守《上帝休战书》。

随着人们越来越迫切的和平渴望，休战时间继续延长。从星期四到星期六，还包括万圣节、四旬节、基督降临节（自靠近 11 月 30 日的星期日至圣诞节），停止所有的战争。1037 年，阿尔勒斯主教区召开了和平集会，规定休战时间为星期三晚上到星期六早晨。

1041 年，法国南部土鲁斯举行了和平集会，第一次把"上帝的和平"与"上帝的休战"中的一些主要因素结合起来，规定："任何人不得在教堂及其周围或教堂享有特权的地方、教堂公墓、教士居住的房屋 30 步之内进行暴力活动……禁止任何人袭击不带武器的教士，或者对教士不敬。禁止抢劫教士、修士和其他神职人员……任何人不得烧毁或损坏农民、教士的房屋和谷仓。任何人不得杀害、殴打农民、农奴及他们的妻子，也不得逮捕他们……"

奥迪罗肖像

1054 年，休战时间继续延长。纳尔旁大主教归夫雷在和平集会上提出：休战的时间为星期三日落到星期一日出。这一规定的提出，使骑士暴力活动的危害面越来越小，有效地维护了社会的和平。

英诺森三世

幸运的罗马教皇

1198 年 2 月 21 日，罗马教廷枢机团中一位资历最深的枢机助祭将一件紫色斗篷披在 37 岁的洛旦里身上，并对他说："我授予你罗马教皇尊号，你拥有了统治这个城市和整个世界的权利。"

1160 年，洛旦里出生在意大利阿纳尼城，父亲是塞涅家族特莱蒙特伯爵，教皇克力门三世与

枢机主教奥克塔维安还是塞涅家族的亲戚。年轻时他曾赴巴黎学习神学、哲学，到博洛尼亚学习法学，受教于当时著名教会法学家乌戈奇渥门下。1189 年，教皇克力门三世任命洛旦里为枢机助祭，使他进入了枢机主教团。但塞涅家族的世仇塞莱斯丁三世任教皇时，洛旦里实际上失去了在枢机团里的地位。1198 年 1 月，塞莱斯丁三世去世，枢机团立即推选洛旦里出任教皇，即英诺森三世。在继续做了六周枢机助祭后，就发生了开头的那一幕。

英诺森三世加冕为教皇后，立即实施自己的纲领。他继承了格利高里七世的"教权至上"的观念，并创立了"双刀理论"。所

英诺森三世肖像

世界通史

最新整理图文珍藏版

英诺森三世的梦想和发布教谕

谓"双刀理论"即耶稣掌握有世俗权力和宗教权力这"两把刀"，并把它们交给了圣彼得的继承人——罗马教皇。英诺森三世同时还提出了"日月理论"，即教皇犹如太阳，世俗君主犹如月亮，月亮需要借助太阳的光辉才能发光。由此他得出了一个结论：教皇掌握神权并把世俗权力授予皇帝、国王，因此皇帝和国王应臣属于教皇，教皇有废立他们的权力。

权势达到巅峰的罗马教皇

1197 年，德意志皇帝亨利六世去世，其继承人西西里国王腓特烈年仅三岁。当时德国诸侯为争夺王位而进行战争，形成了两大军事集团，一方以亨利六世之弟、霍亨斯陶芬家族的士瓦本公爵腓力为代表，另一方以韦尔夫家族的布伦瑞克公爵奥托为代表。

英诺森三世趁机向腓力与奥托提出为其加冕的条件：承认教皇对西西里拥有实际统治权，承认教皇拥有意大利本土上的皇室领地。奥托爽快地答应了，但腓力拒绝了他的要求。于是，英诺森三世站到了奥托一方，支持他夺取皇位。腓力死后，英诺森三世为奥托加冕，称奥托四世。但奥托四世不久就反悔，要吞并西西里王国。英诺森三世大怒，宣布开除奥托四世的教籍，然后支持西西里国王腓特烈。

英诺森三世和腓特烈二世在争论中

1212 年，英诺森三世宣布年仅 18 岁的腓特烈为皇帝，称腓特烈二世。英诺森在保持意大利实际统治权的同时，还使皇帝听命于他。

英诺森三世在与世俗君主的斗争中取得了骄人的战绩。1205年，因英国无地王约翰禁止他任命的坎特伯雷大主教入境，愤怒之下宣布革除约翰教籍，废除其王位，并怂恿法国向英国开战。双方僵持五年后，约翰最终屈服，承认自己是教皇的封臣，每年向教皇进贡1000马克。英诺森三世还插手法国国王腓力二世、阿拉冈国王彼得二世及莱昂国王阿方索九世的婚姻，并取得了成功。

英诺森三世在位期间，发动了第四次十字军东征，镇压异端阿尔比派。当攻陷阿尔比派的比塞埃城时，教皇随军特使竟叫嚣道："把他们统统杀光，让上帝去分辨谁是他的子民！"

英诺森三世还批准天主教成立多明我会与方济各会，这在信徒中产生了重要影响。1215年，英诺森三世主持召开第四次拉特兰公会议，颁布了圣餐变体说教义，标志着教廷在整个基督教世界的胜利。

诺曼底公国的建立

8～9世纪，整个欧洲都笼罩在来自斯堪的纳维亚的侵略骚扰

之中。奥多伯爵成为西法兰克国王后，分裂成许多小君主国，无法集中力量抵御丹麦人的入侵。而挪威诺曼人也想到法兰西来争夺统治权，一个名叫罗洛的率众来到了这里。

罗洛是挪威贵族罗格瓦尔之子，原名罗夫。从年轻时就当海盗，最大的嗜好就是抢掠，经常带着大批抢来的财物趾高气扬地返回挪威，炫耀自己的"战果"。虽然哈拉尔德也是海盗出身，但成为国王后很注意面子，他不能容忍罗夫这样公开张扬的海盗行为，于是在一次司法会议上，宣布将罗夫驱逐出境。

罗夫离开挪威后，加入到丹麦海盗的队伍，经常随着他们乘船出海攻城略地，烧杀抢掠。20

罗洛的洗礼

诺曼人殖民西欧示意图

多年的海盗生涯把罗夫造就成一个作战勇猛又有心计的海盗首领，他的海盗队伍很快发展成几十万之众，法国人叫他"罗洛"。

885年11月，罗洛在法兰克福称帝，此后便在法国沿海大肆抢掠。9世纪初，罗洛率众定居在法国北部的纽斯特里亚一带。911年，西法兰克国王查理三世被迫承认罗洛为其封臣，并把纽斯特里亚的部分地区划归给罗洛，授予他诺曼底公爵的称号。作为交换条件和回报，罗洛发誓信奉基督教，采用法语，放弃海上骚扰行动，军队改为法兰克式的骑兵作战方式。就这样，罗洛成了法国国王属下合法的公

爵，他的部下成了诺曼底人，并按耶稣基督骑士的待遇，配备了武器和马匹。现在"诺曼底"一词就源于定居那里的北欧人。

诺曼底公国在11世纪时成为西欧封建制高度发展的国家之一。在接下来的几百年里，这些丹麦诺曼人后裔仍然保持着祖先们好斗善战的传统，不断派出远征军征战，相继征服了许多地方，并向这些地区移民拓殖。

卡努特王朝

英国的阿尔弗雷德大帝虽然采用分土而治的策略挽救了英格兰，但在他899年去世后，丹麦人又卷土重来了。

丹麦国王哈拉尔一世完成了统一大业，使丹麦人皈依了基督教，并征服了挪威。哈拉尔一世死后，他的儿子斯汶继承了丹麦王位。1013年，斯汶亲率大军占领了伦敦，成了丹麦和英国的统治者。

当时的英格兰国王爱德蒙二世，面对丹麦大军的攻击，曾率领军民展开了保卫伦敦的战斗，并在与斯汶一世之子卡努特一世的战斗中夺回了牛津和肯特，但

卡努特大帝和他的妻子

是在埃塞克斯之战中失利，被迫和卡努特签署和平协议，由爱德蒙二世治理埃塞克斯，卡努特统治麦西亚和诺森布里亚，并约定两人中不论谁先死，另一方都有权继承全部领土。不幸的是，爱德蒙在当年的11月就去世了。就这样，全英格兰就都归于卡努特一世的统治之下了，史称卡努特大帝。他一人兼任丹麦和英格兰两国国王，版图包括挪威、英格兰、苏格兰大部和瑞典南部。

卡努特大帝统治手段比较柔和，可谓勤政爱民，因此成功统治英格兰近二十年。1035年11月，卡努特大帝去世后，他前妻的儿子

哈罗德当上了国王，但五年后死去。1040年，卡努特续妻所生的哈德卡纽特继承了英格兰王位，但两年后也死去。这样从1042年起，丹麦王朝的王统断绝了。

罗马尼亚民族的形成

上古时期生活在罗马尼亚的主要是达契亚人。公元前7世纪末，古希腊人开始在罗马尼亚黑海沿岸的多布罗加建立殖民城邦。公元前1世纪，在特兰西瓦尼亚西南部，一个强大的达契亚部落联盟发展成为奴隶制国家。第一个知名的国王布雷比斯塔时期，版图西自多瑙河中游平原，东至黑海沿岸，北起北喀尔巴阡山，南抵巴尔干山。但到公元前44

图拉真纪念碑

年，布雷比斯塔被废黜后，疆土迅即分裂。

公元前 28 年，屋大维派部将克拉苏占领了多布罗加，公元 46 年，多布罗加并入达契亚行省。101～102 年、105～106 年，罗马皇帝图拉真两次出兵达契亚，将其变成达契亚行省。在罗马统治达契亚的一百六十多年间，达契亚人逐渐罗马化，他们采用拉丁语，接受罗马的宗教信仰、习俗和姓氏，在与罗马移民融合后，被称作达契亚—罗马人了。

3 世纪时，罗马奴隶制陷入严重的危机，无力继续维持对达契亚的统治，只好把驻军撤出达契亚。

征服达契亚 浮雕

在 4 世纪末叶开始的民族大迁徙中，哥特人、匈奴人、阿瓦尔人都曾在达契亚留下过足迹。6～7 世纪，斯拉夫人同达契亚—罗马人杂处，逐渐为达契亚—罗马人所同化，大约到 11 世纪时形成了今天罗马尼亚人的祖先，同时形成了罗马尼亚语。

异族统治下的罗马尼亚

罗马尼亚长期遭到外族的入侵和统治。9 世纪末 10 世纪初，第一保加利亚王国侵占了瓦拉几亚、摩尔达维亚和特兰西瓦尼亚的一部分。10 世纪末摩尔达维亚为基辅罗斯所征服，11 世纪末特兰西瓦尼亚并入匈牙利王国。1241 年，拔都率领蒙古军队横扫特兰西瓦尼亚和瓦拉几亚，将摩尔达维亚并入金帐汗国。13 世纪末瓦拉几亚臣服于匈牙利。1350

描绘瓦拉几亚的图画

爪勾斯肖像

年，摩尔达维亚又臣服于匈牙利。

特兰西瓦尼亚、瓦拉几亚和摩尔达维亚的本国封建主，依靠人民群众力量，不断谋求民族自决权。1324 年，瓦拉几亚第一代大公巴萨拉布一世，自称"全罗马尼亚（指瓦拉几亚）的大公和君主"。1330 年，他宣布独立，建立瓦拉几亚公国。1359 年，摩尔达维亚在小贵族波格丹领导下，建立了摩尔达维亚公国。但是，波格丹死后，摩尔达维亚被迫向波兰称臣纳贡。特兰西瓦尼亚则从匈牙利国王手里争得较大的自治权，但始终没有形成为一个独立的公国。

反抗奥斯曼帝国的斗争

14 世纪末叶，奥斯曼土耳其开始入侵罗马尼亚。1396 年 9 月的尼科堡战役中，瓦拉几亚、法国、英国、德意志和匈牙利组成的五国联军竟被土耳其杀败，瓦拉几亚被迫臣服于土耳其苏丹。

尼科堡战役后，摩尔达维亚大公拱手把国家主权献给了土耳其，但 1457 年 4 月 12 日斯特凡夺取了政权，史称斯特凡大公。斯特凡当权后，表面上承认土耳其的宗主国地位，暗中却蓄积力量，力图联合瓦拉几亚和特兰西瓦尼亚建立一个统一的罗马尼亚王国，

斯特凡大公肖像

摆脱土耳其人的统治。

土耳其苏丹怎能容忍斯特凡的所作所为，1474年派了一支12万人的大军，讨伐斯特凡。当时斯特凡仅有四五万军队，他冷静分析后，决定采取坚壁清野和诱敌深入的策略，把土耳其大军引到拉科瓦河与伯尔拉河汇流处的沼泽地，与之决战。因为泥泞的沼泽困住土耳其长途跋涉的疲劳之师，定能扭转自己兵力少的劣

土耳其驻瓦拉几亚总督（1456～1476年在位）

势。1475年1月7日至10日，斯特凡身先士卒，经过三天三夜拼死的决战，把土耳其军队杀得大败，这就是罗马尼亚历史上著名的"高桥战役"。

1476年，土耳其苏丹亲率大军20万，并策动黑海北岸的鞑靼人前来惩罚摩尔达维亚。斯特凡率领1.2万名步兵迎敌。白溪一战，斯特凡战败了。1487年，斯特凡被迫承认了土耳其的宗主权，但很快一支以山区牧民和贫苦雇农为骨干的1.6万人的队伍又集结到斯特凡的麾下，匈牙利的援军也及时赶到了，两军合力发动一场突然猛攻，土耳其军队大败，不敢再轻易入侵摩尔达维。

之后，斯特凡又以与特兰西瓦尼亚大公联姻的办法，把它变成了摩尔达维亚的保护国，至此2/3的罗马尼亚已处在斯特凡的掌握之中。1504年7月2日，一生为罗马尼亚自由和独立而战的斯特凡大公去世。

勇士米哈伊

16世纪中，瓦拉几亚由一个非常懦弱、对土耳其苏丹惟命是从的大公亚历山德鲁统治，他的宰相叫米哈伊·康塔库奇诺。土耳其苏丹觉得亚历山德鲁没有魄力，不能有效地替苏丹掠取更多的财物，便任命米哈伊为大公。从此，开始了米哈伊统治的时代。

1594年11月的一天，米哈伊

勇士米哈伊进入阿尔巴尤利亚

击方式进军特兰西瓦尼亚，并一战征服了它。之后回师，1600 年 5 月大败摩尔达维亚，统一了分立的三个公国，奠定了现代罗马尼亚多民族国家的基础。

四分五裂的塞尔维亚

在当上大公一年后，将所有在瓦拉几亚的土耳其商人和高利贷者集合到一间很大的屋子里，命人放火一举烧死了他们。并调动军队击败了驻在瓦拉几亚的土耳其军队，占领了多瑙河沿岸的许多堡垒。

1595 年 8 月，米哈伊率领 1.5 万军队在克卢格雷尼沼泽地大败土耳其军。不久，土耳其援军赶到，由于众寡悬殊，米哈伊被迫退入山区。

米哈伊反抗土耳其人统治的斗争深得民心，许多人自动投身到他的队伍当中。摩尔达维亚大公什特凡·勒兹万亲率援军赶来，特兰西瓦尼亚也派来了 2000 名援军，三方奋勇作战，大败土耳其军队，使其撤出了瓦拉几亚，米哈伊因此赢得了"勇士"的称号。

1599 年 10 月米哈伊以突然袭

6 世纪至 7 世纪，南部斯拉夫人西支的三个部落群体塞尔维亚人、斯洛文尼亚人和克罗地亚人迁居到巴尔干半岛西部，之后他们同化了当地的土著居民伊里利亚人，改变了这一地区的民族

米哈伊尔雕像

成分。

塞尔维亚人分布于萨瓦河中下游以南至亚得里亚海沿岸一带，中心地区是拉什卡。塞尔维亚国家是在同强邻保加利亚和拜占廷长期斗争中形成的。9 世纪中叶，保加利亚出兵塞尔维亚，塞尔维亚的拉什卡大公弗拉斯吉米尔经过三年的战斗，打败了保加利亚人。弗拉斯吉米尔死后，他的三个儿子穆吉米尔、斯特洛伊米尔和哥尼克又取得了对保加利亚人的胜利。但胜利过后，发生内讧，国力削弱，872 年，穆吉米尔在拜占廷的支持下，击败了他的两个兄弟。891 年，穆吉米尔死后，其堂兄彼得·哥尼科维奇夺取了塞尔维亚的大公位。917 年，保加利亚大公西蒙出兵推翻了彼得·哥

斯蒂芬·尼曼亚肖像

尼科维奇，并在 924 年将塞尔维亚并入第一保加利亚王国。

曾作为人质被扣留在保加利亚的拉什卡贵族契斯拉夫·克隆尼米罗维奇，于 927 年逃回塞尔维亚，在拜占廷的支持下收复了拉什卡，还把波斯尼亚和特拉布尼亚纳入自己的版图。但 10 世纪末，塞尔维亚又一度处于保加利亚的统治之下。

1018 年，拜占廷灭了第一保加利亚王国，迫使塞尔维亚臣服。此后，塞尔维亚的政治中心转到了泽塔，米哈伊尔大公在位时期合并了拉什卡。为了提高塞尔维亚的国际地位，米哈伊尔于 1077 年从罗马教皇格利高里七世那里得到一顶王冠，开始称王。其子博丁在位时期又合并了波斯尼亚。博丁死后，塞尔维亚再度陷于分裂，波斯尼亚依附于匈牙利，其他地区则处于拜占廷的控制之下。

塞尔维亚的强盛时期

12 世纪，拉什卡重新成为塞尔维亚的政治中心。1169 年，斯蒂芬·尼曼亚成为拉什卡大公，开始了统治塞尔维亚二百多年的尼曼亚王朝统治。尼曼亚于 1186

年合并了泽塔，1185 年，与保加利亚缔结同盟条约。1190 年，尼曼亚又迫使拜占廷承认塞尔维亚独立。

尼曼亚王朝君主（局部）壁画　中世纪绘制

尼曼亚统治时期，塞尔维亚的封建生产关系得到发展，但阶级矛盾的尖锐化，曾发生了"鲍格米勒派运动"。

1196 年，尼曼亚让位于其子斯蒂芬·尼曼亚二世。1217 年，尼曼亚二世得到教皇赐予的一顶王冠，开始称王。1219 年，尼曼亚二世使塞尔维亚教会摆脱了奥赫里德大主教的控制，由他的兄弟萨瓦担任了独立的塞尔维亚教会的第一任大主教。

斯蒂芬·乌罗什二世统治时期，塞尔维亚开始向东南扩张，从拜占廷手中夺取了马其顿北部和阿尔巴尼亚北部。斯蒂芬·乌罗什三世在位时期，1330 年 7 月 28 日，在丘斯滕迪尔附近，塞尔维亚打败了保加利亚和拜占廷的联军，并击毙了保加利亚国王米哈伊尔，使保加利亚成为塞尔维亚的附庸国。

东南欧最强盛的国家

斯蒂芬·杜尚统治时期，塞尔维亚国势最盛，成为东南欧一大强国。

杜尚幼年在拜占廷宫中度过了七年，深谙拜占廷的典章制度。23 岁即位，马上派军队长驱直入马其顿南部，占领了奥赫里德、斯特鲁米察、普里累普诸城。1345 年，又征服了整个阿尔巴尼亚和马其顿的绝大部分。1346 年 4 月，在斯科普里城，塞尔维亚的大主教为杜尚举行隆重的加冕礼，尊他为"塞尔维亚人和希腊人的皇帝"，首都也迁到斯科普里。杜尚直接治理马其顿、希腊、阿尔巴尼亚，塞尔维亚本土则交

644

由他的儿子乌罗什治理，并授以乌罗什国王的称号。1348年，杜尚又占领了希腊的伊庇鲁斯、帖撒利和阿卡纳尼亚。

为加强中央集权，杜尚于1332年春镇压了泽塔和阿尔巴尼亚北部的一些封建主的反抗，巩固了封建秩序。在由僧俗贵族参加的斯科普里会议上，通过了《斯蒂芬·杜尚法典》，这部法典记录了塞尔维亚的习惯法。

13世纪至14世纪，塞尔维亚的手工业有了较大的发展，其中首推矿业。矿业收入是国库的重要财源之一。塞尔维亚1349年，铸有金、银、铜三种货币，在国外也享有盛誉。在塞尔维亚的城市中，意大利等国的商人和手工业者人数众多。他们在特定的侨民区内居住，从塞尔维亚国王那里获得种种特权。塞尔维亚的对外贸易也相当活跃，输出金属、

1389年科索沃战役

牲畜、木材、毛皮、皮革等，输入食盐、酒、纺织品及奢侈品等。

第一王国的崛起

7世纪时，定居于多瑙河下游南岸的七个南部斯拉夫人部落，组成了"七部落联盟"。稍后，有一支属于突厥部落的保加尔人由亚速海沿岸西移，渡过多瑙河，定居在今保加利亚东北部。出于共同反对拜占廷的需要，当地的斯拉夫人与他们结成了同盟。679年，保加尔人的首领阿斯巴鲁赫率众打败拜占廷的军队。681年，拜占廷被迫与阿斯巴鲁赫签订条约，承认保加尔人—斯拉夫人国家的存在，这个国家在历史上称为第一保加利亚王国。

保加尔人本来人数就不多，再加上社会发展水平较低，因此

斯蒂芬·杜尚加冕仪式

保加尔人的首领库布拉特汗和他的儿子们

库布拉特汗肖像

并割给保加利亚王国一块土地，使它的疆域扩展到达色雷斯的北部。

在与斯拉夫人经过两个世纪的融合后，改操斯拉夫语，彻底为斯拉夫人所同化，而"保加利亚人"这一名称则一直沿用下来，但已不是指原先的保加尔人，而是指融合了保加尔人的斯拉夫人。

保加利亚建国后，实力逐渐增强。由村社农民组成的军队战斗力很强，多次打败拜占廷军队的进攻。705年，在拜占廷皇帝查士丁尼二世的请求下，还派遣一支由1.5万人组成的保加利亚军，参加了拜占廷的内战。为了答谢保加利亚人的帮助，查士丁尼二世承认保加利亚大公为恺撒（仅次于皇帝，相当于国王的称号），

在克鲁姆大公统治时期，保加利亚和拜占廷又爆发了四年的大战，拜占廷皇帝尼基福鲁斯也在811年战死。克鲁姆乘胜夺取了黑海西岸要塞麦森布里亚，直抵拜占廷帝国首都君士坦丁堡城下。经过这场战争，保加利亚的领土扩展到包括现在保加利亚的全部以及罗马尼亚和匈牙利的一部分。

盛极而衰的第一王国

到克鲁姆之子奥莫尔塔格大公统治时期，第一保加利亚王国已经发展成为东欧的一个强国，

世界通史

最新整理图文珍藏版

克鲁姆国王肖像

西部边境与当时西欧强大的法兰克王国毗邻。但向南扩张的势头还是受到拜占廷人的遏制，双方在 817 年缔结了三十年和约，保加利亚人的势力不得不退出拜占廷北部地区。之后，保加利亚又向克罗地亚、潘诺尼亚和塞尔维亚等地扩张。

在鲍里斯大公统治时期，保加利亚人势力一直延伸到了亚德里亚海岸。到鲍里斯之子西蒙大公统治时期，第一保加利亚王国达到了极盛。这时传入了大量的拜占廷文化，包括基督教在内。但政治上，西蒙大公仍以拜占廷为敌，曾在 919～924 年间四次进抵君士坦丁堡，与拜占廷皇帝罗曼努斯缔结了和约。925 年，西蒙自称"罗马人和保加利亚人皇帝"，并得到罗马教皇的认可，史称"西蒙大帝"，拜占廷也不得不礼遇保加利亚的使节，在宫廷宴会上奉其为上宾。

但是貌似强大的第一保加利亚王国却因连年劳民伤财的战争、日益繁多的苛捐杂税，导致国内农民起义此起彼伏，争权夺利的宫廷政变层出不穷，国家力量明显受到削弱。西蒙死后，他的儿子彼得即位，彼得的兄弟们各自据地自立，脱离了保加利亚国家。

拜占廷皇帝巴西尔二世在位时，软硬兼施，采用各种手段，收买许多保加利亚贵族，并进攻保加利亚。1018 年，被收买的保加利亚贵族背叛祖国，里应外合，将首都让给了拜占廷。之后保加利亚全境被拜占廷占领，沦为了拜占廷帝国的一个行省，历史上的第一保加利亚王国就此灭亡。

西蒙大帝肖像

第二王国的兴起

保加利亚成为拜占廷帝国的行省后，拜占廷帝国皇帝派驻保加利亚的官吏横征暴敛，保加利亚人民赋税沉重。此外，拜占廷还在保加利亚分封军事采邑，使得仅存的一部分自由农民也农奴化了。

拜占廷的残暴统治不断激起保加利亚人民的反抗，1185年，声势浩大的反抗拜占廷统治的人民大起义爆发了，几乎席卷保加利亚全国，许多保加利亚中、小

巴西尔二世肖像

贵族也参加到了起义的队伍之中。领导这次起义的是保加利亚东北部第诺伐人伊凡·阿森和彼得·阿森兄弟。起义者经过两年多的浴血奋战，终于击败拜占廷驻军。1187年，拜占廷被迫承认保加利亚的独立，从此开始了第二保加利亚王国（1187～1396年，也叫后保加利亚王国）的历史。

第二保加利亚王国初期，王权很不稳固，国王阿森和卡洛扬先后被封建贵族所杀。但独立的环境使保加利亚的封建经济得到较快发展，并趁拜占廷帝国在1204年被十字军所灭之机，不断扩张领土，先后巧妙地占领了马其顿、色雷斯和阿尔巴尼亚的北部，成为保加利亚历史上版图最大的时代。

重蹈覆辙的保加利亚

然而，第二保加利亚王国在强大起来后又走了第一保加利亚王国的老路，宫廷内部阴谋、篡权、叛变与暗杀层出不穷。正在这时，蒙古人的侵袭激发了广大农民群众的反抗，他们组成了游击队到处打击侵略者，推举牧人伊瓦依洛为领袖。1277年起义军

世界通史

最新整理图文珍藏版

宣布伊瓦依洛为国王，随后占领了保加利亚首都第诺伐。

可是，起义军同时要抗击三方的军队：蒙古人、拜占廷人、本国封建主。由于起义军中的中小贵族不时叛变投敌，以及农民阶级本身固有的那种分散性和保守性，终于导致起义军的大分裂，严重削弱了自己的力量。1280 年，起义军被镇压，伊瓦依洛被迫出走后被蒙古军杀害。此后，起义军在贵族们的血腥镇压之中失败了。

保加利亚贵族虽然残酷镇压了农民起义，但是不久，旋风一般的蒙古大军在横扫了俄罗斯和东欧平原后，一举灭亡了第二保加利亚王国，使保加利亚陷于蒙古人统治之下达十年之久。蒙古人退出后，保加利亚国家内讧不已，国力严重削弱，一度沦为塞尔维亚王国的附庸。1365 年又分

伊瓦依洛肖像

裂为第诺伐、维丁和多布罗加三个独立的公国。1371 年，塞尔柱突厥人在马里乍河附近打败了保加利亚，保加利亚重镇索菲亚、第诺伐也相继沦陷。1396 年保加利亚被奥斯曼土耳其帝国所侵占。直到 1877 年俄国战败土耳其后，保加利亚才摆脱了土耳其的统治获得独立。

捷克国家的形成

捷克人属西斯拉夫人的一支，他们的祖先原先居住在易北河上游波希米亚和摩拉维亚一带。6 世纪末 7 世纪初，在对抗多瑙河中

伊瓦依洛起义

斯维雅托波尔克及其妻子

达哥伯特一世肖像

下游阿瓦尔人进攻的战斗中，很快从部落联盟过渡到国家体制中。

第一个载入史册的捷克国家是萨莫公国，于623年由萨莫大公创建。萨莫公国带领西斯拉夫各部落迎击阿瓦尔人，并最终击退敌人。接着，又与法兰克国王达哥伯特一世（629～639年）展开决斗，最终建立起了幅员辽阔的萨莫公国。但这个新兴的国家的根基并不稳固，35年之后，658年萨莫大公死后，这个国家也土崩瓦解了。

9世纪初，为了抵抗德国封建主的入侵，又出现了一个大摩拉维亚国家（830～906年），捷克、摩拉维亚、斯洛伐克等地都被包括在内。面对强敌，摩拉维亚大公罗斯提斯拉夫向拜占廷求援，并以接受希腊正教作为交换条件。863年，拜占廷两个传教士西里尔和美多德，为了传教跋山涉水来到摩拉维亚。传教过程中，他们以希腊字母为基础，创造了斯拉夫文字（称为"格拉果尔文字"），并把《圣经》翻译成古斯拉夫文。

摩拉维亚公国在斯维雅托波尔克（870～894年）统治时期，国势日盛，疆域广阔，包括西里西亚、鲁日查和奥波德利等地在内都纳入摩拉维亚公国的版图，定都维列格勒。但在斯维雅托波尔克死后，为争权夺利，贵族内部内讧纷起，国家开始分裂。906年，匈牙利人入侵，终结了该王朝。此后，捷克人以波希米亚为中心，建立起独立的捷克王国。

来自德国的殖民者

捷克发展过程中伴随着的一个明显的特点：长期依附于神圣罗马帝国。帝国极盛时期的疆域

波列斯拉夫一世肖像

包括近代的德意志、奥地利、意大利北部和中部、捷克、斯洛伐克、法国东部、荷兰和瑞士等地。1086年，神圣罗马帝国皇帝亨利四世授予捷克公爵弗拉提斯拉夫二世国王称号，从此捷克成为神圣罗马帝国的一部分。

德国统治者早已对捷克的土地、矿藏觊觎良久。13世纪左右，德国殖民者便大量涌入。捷克国王为了增加自己的收入，欢迎他们来帮助建造城市，开采矿藏。这样一来，德国人几乎霸占了城市贵族和矿山主等所有肥差。企业被他们垄断，议会也被操纵在他们的手中。1350年以前，捷克首都布拉格的市议会中，竟然没有一个捷克人。在德国人所建造起来的城市里，他们享有特权，他们不仅可以免税，而且还不受捷克法律制约。

德国殖民者实际上成为捷克城市中的"楷模"。捷克贵族极力摹仿他们的言谈举止，德语成为捷克宫廷最时髦的语言。在捷克的德国城市贵族并不满足，他们将自己的势力深入农村。15世纪初，布拉格和古登堡周围有115个农奴村庄属于布拉格城市贵族。他们贪婪地榨取捷克城乡劳动人民的血汗，严重阻碍了捷克民族

经济的发展。14世纪至15世纪，捷克城市中的赤贫者占城市总人口的40%～50%。

捷克大起义

1414年，罗马教廷在君士坦丁召开宗教大会，教皇约翰在大会上公开指责胡斯为"异端"，并指令胡斯前往君士坦丁受审。在得到神圣罗马帝国皇帝的安全保证后，胡斯毅然前往。可是到达君士坦斯不久，他即被捕，会议根本不给胡斯申诉的机会。但牢狱与枷锁并没有将他吓倒。胡斯在法庭上庄严宣布："为了捍卫《圣经》指示给我的真谛，我宁愿死亡！"

1415年7月6日，在君士坦丁城郊，胡斯被活活烧死，他的骨灰被风撒落到莱茵河上。

胡斯的辩论

胡斯之死，让捷克人民无比愤怒。正当教会在欢庆自己胜利的时候，捷克人民揭竿而起。1419年7月，约4.2万名农民和城市贫民集合在捷克南部的塔波尔山丘上宣誓起义，这便是"塔波尔派"的来源。为了支援起义，布拉格的城市贫民在约翰·捷里弗斯基的领导下，夺取了城市政权。而企图夺取教会财产的捷克贵族和希望摆脱贫困的中小骑士，也都加入了战斗的行列，成为革命的暂时同路人。他们组成了温和派，也称"圣杯派"，主张采用和平改革手段斗争。

1420年春，为扼杀捷克人民革命，罗马教皇马丁五世组织4万人的十字军，在神圣罗马帝国皇帝的率领下向捷克进发。1420年7月初，在布拉格城郊维特科夫山发生激战，杰式卡指挥捷克人民粉碎了十字军的围攻。捷克人民为了纪念杰式卡的功绩，将维特科夫山改名为杰式卡山，一直流传至今。此后，敌人又发动两次大规模的进攻，但都被粉碎了。1424年10月初，杰式卡被鼠疫夺去了生命，大普罗可普被推选为领袖。义军越战越勇，一直深入到德国内地，萨克逊和巴伐利亚等地被义军占领，当地农民

世界通史

最新整理图文珍藏版

约翰·胡斯之死

和城市贫民都夹道欢迎。

1434年5月，德国诸侯同"圣杯派"贵族相勾结，进攻塔波尔派，双方会战于里旁。小贵族查贝克所率领的骑兵不听指挥，临阵脱逃，于是战局急转直下，义军领袖大普罗可普和小普罗可普均壮烈牺牲。

这次起义虽然失败了，但它是中世纪欧洲规模最大、时间最长的一次农民起义，也是一场激烈的民族解放斗争，给整个欧洲造成了极大的震撼。

波兰王国的建立

波兰人是西斯拉夫人的一支。他们原居住于西起奥得河，东至布格河和维普什河，北滨波罗的海，南到喀尔巴阡山的辽阔区域

内。在这片神奇的土地上，波兰人一直过着原始部落联盟的生活。9世纪末10世纪初，波兰人直接由部落联盟过渡到早期封建国家，部落首领摇身一变成为王公，亲兵也变成了贵族，并没有经历奴隶制社会。因为当时周边国家都早已进入了封建社会，奴隶制已经失去了生长的土壤。同时，生产力的发展为波兰的直接过渡创造了条件。

随着生产力的发展，农民手中的剩余产品逐渐增加，市场经济也就随之形成，城市相继出现。10世纪中叶，沃林和克拉科夫已经成为工商业中心。在设防城市的基础上，大波兰公国建

墨什柯一世肖像

立起来了。第一个载入史册的波兰大公是具有雄才大略的墨什柯一世，他雄心勃勃，致力于国家的统一。

当时的波兰大地上部落分立，战乱不断。墨什柯一世亲率3000亲兵经过南征北战，先后征服了约30个部落公国，结束了混战局面，开创了普雅斯特王朝（960～1370年）。

墨什柯一世还强迫臣民信仰罗马天主教。与此同时，把西欧文明、先进的文化和封建制度也一同带到了波兰，加速了波兰的封建化过程。

墨什柯一世统治末期，波兰版图已经显著扩大，包括西里西亚、马佐夫合、波莫瑞和维斯拉人居住的广大地区都属于波兰的领土。墨什柯一世的长子勇者波列斯拉夫一世继承父业，一举兼

战斗中的波列斯拉夫一世

并了克拉科夫地区，完成了国家的统一。

随着国家的强大，波列斯拉夫一世亲兵的人数也在不断增加，最后扩大到2万人。通过战争强占来的土地被分封给自己的亲兵和教会，逐渐形成了封建庄园。为了得到教会的支持，波列斯拉夫一世还在格内森建立了主教区。1025年，罗马教皇为波列斯拉夫一世加冕，其国王地位得到承认。

波兰和立陶宛的合并

1138年，波兰国王波列斯拉夫三世病逝，他的五个儿子瓜分波兰，形成五个分别独立的小国：西里西亚、马佐夫舍、大波兰、桑多米尔和克拉科夫。起初，五个小国都承认克拉科夫大公享有最高仲裁权。

五分天下的波兰实力大大削弱，这样，一个个封建割据下的小国根本无力抵御外族侵略。在波列斯拉夫三世死后不久，德国封建主就入侵西波美拉尼亚。1226年，马佐夫舍公爵康拉德引狼入室，邀请条顿骑士团一起与北方的普鲁士人作战，普鲁士被

条顿骑士团占领。唇亡齿寒，波兰通往波罗的海的出海口也被切断。

1241年，拔都率领的蒙古大军横扫波兰，许多繁华的城市顷刻间化为废墟。波兰贵族居然邀请德国商人共同开发波兰的土地，建造城市。结果，波兰城市中绝大部分贵族是德国人。城市的行政和审判权，也大都掌握在德国人手里。

面对大贵族和德国城市贵族排挤，波兰中小贵族的日子并不好过。沃凯太克依靠中小贵族的支持，组织武装力量对抗大贵族和德国城市贵族，并力图统一波兰。他的儿子卡西米尔三世继承父业，一生致力于波兰统一大业，并先后将马佐夫舍、大波兰、克拉科夫统一于旗下。

1370年卡西米尔三世逝世，但他没有孩子，王位只好由他的亲戚匈牙利国王路易继任。1382年路易死后，其女儿雅德维佳被推选为波兰国王。而此时条顿骑士团的势力不断壮大，开始骚扰东欧诸国。1385年，波兰与立陶宛联合抗击条顿骑士团。共同的战斗碰撞出了友谊的火花，1386年，波兰女王雅德维佳与立陶宛大公雅盖洛结婚，雅盖洛顺理成章地成为波兰国王，即瓦迪斯瓦夫二世。随着封建制度的发展，大贵族的势力不断膨胀，波兰贵族企图兼并立陶宛在乌克兰和白俄罗斯的土地。1430年，双方兵戎相见，联盟趋于破裂。

16世纪中叶，沙皇俄国迅速崛起。为争夺土地，波兰和俄罗斯陷入长期战争，最后波兰战败。1667年双方签下和约，波兰所占领的俄罗斯土地大部分归还俄罗斯，从此波兰日趋衰落。

波兰女王雅德维佳肖像

条顿骑士团

两只好斗的公鸡

条顿骑士团是由德意志骑士组成的封建军事组织，十字军东征期间成立，后在东欧一带发展，拥有强大的军事力量，占领了东欧许多国家的土地。15世纪初，天生好斗的条顿骑士团积极向外扩张，逐渐强大的波兰—立陶宛联盟也对外虎视眈眈。两强相遇，必有一场恶战。两只好斗的公鸡已经伸长了脖子。

从波兰—立陶宛一方来说，

立陶宛大公维托尔德肖像

世界通史

最新整理图文珍藏版

波兰正处于几个世纪以来的巅峰时期，立陶宛的加盟带来了肥沃的土地，更使其如虎添翼。强大起来之后的波兰人民强烈要求收复被条顿骑士团占领的波美拉尼亚，特别是靠近骑士团领地的一些城市中的贵族表现得更为抢眼。同时，立陶宛大公国也企图借合并之强大力量，收复被骑士团占领的日姆兹地区。

波兰、立陶宛的合并直接威胁着条顿骑士团的利益。在两国合并的过程中，骑士团曾用威逼利诱的手段加以破坏，但最终失败了。两国对骑士团的领土要求更让骑士们不能容忍。比如日姆兹地区，对骑士团就非常重要，因为该地区使条顿骑士团和宝剑骑士团的领地连成一片（宝剑骑士团形成于十字军东征期间，圣殿骑士团是其前身）。况且多年来的侵略占领，骑士团已经积累了相当的财富，更有一支装备精良的军队。因此，条顿骑士团希望通过战争进一步巩固自己在波罗的海的地位。

战前双方都在努力寻求外界的支持。战争爆发后，和立陶宛关系良好的罗斯、捷克组织专门的志愿兵帮助波兰，克里木的鞑靼人也支持波兰—立陶宛联盟。

而德意志皇帝和匈牙利国王都支持骑士团。骑士团还从西欧各国招募了不少军队，其中有德、法等国的骑士以及英格兰、瑞士等国的雇佣兵。

大战的序幕

1409 年春，在立陶宛大公维托尔德的支持下，日姆兹地区爆发了大规模的反骑士团起义。起义后不久，波兰国王瓦迪斯瓦夫二世便向骑士团大团长乌尔里希·冯·雍宁根发出警告："立陶宛的敌人就是我们的敌人，如果你们攻击立陶宛，我们就要攻击你们。" 1409 年 8 月，乌尔里希·冯·雍宁根对波兰宣战，骑士团军队随即越过边界，占领了波兰的多布任地区。瓦迪斯瓦夫二世立即宣布实行"全民武装"，战争终于爆发，波兰历史上将其称为"伟大的战争"。

波兰马尔堡里的条顿骑士团伟人雕像

但开战后的波兰与立陶宛联盟行动迟缓。1409 年秋，双方签订停战协定。

1409 年冬，双方都做好了充分的准备，决定性的战役一触即发。在西欧各国的大力支持下，到 1410 年夏，骑士团已经建立起一支以重装骑士和步兵为基础、并装备有大炮的军队。在大团长乌尔里希·冯·雍宁根指挥下，连同外国雇佣军在内，差不多有 6 万人。条顿骑士军排成两线队形作战，富有经验、装备精良的骑士被排在最前面。

波兰军主要由各封建主的民军和装备精良的雇佣军组成。波兰—立陶宛军编成三线战斗队形：最前面的军队要顶住敌人的攻击，打乱敌人队形；中间部分是基本兵力，要从纵深向前实施突击，粉碎敌人的中央部分；最后面的是预备队。

战前，波兰和立陶宛的指挥官在布列斯特—利托夫斯克会面，协商作战计划。议定 1410 年夏季以前，波军在沃尔波尔日集中，立陶宛和俄罗斯军队在纳雷夫河一带集中。一旦行动开始，各军立即会合，进攻骑士团首都马尔堡。1410 年夏，51 个中队的波兰军队和 40 个中队的立陶宛军队在

条顿骑士

切尔文尼集结，数千名鞑靼骑兵参加了立陶宛军。从摩拉维亚与捷克也赶来援军。这时军队的总数达6万余人，略多于骑士团。

格林瓦尔德会战

1410年7月2日，瓦迪斯瓦夫二世统率的波军同维托尔德大公的立陶宛—俄罗斯军队在切尔文尼会合后，进军马尔堡。准备充分的联军势如破竹，9日便攻下了几个重要据点。10日，势不可挡的联军抵达德雷文次河河口，在这里遇上了第一个钉子。河口对岸的防御工事坚固。联军侦察得知：骑士团企图在这里借助有利地势将联军击溃。联军果断决

定放弃不利条件下的进攻计划，退守佐耳陶，以便下一步进攻北面。

为阻止联军铁骑继续践踏自己的土地，乌尔里希·冯·雍宁根大团长急忙赶到丹涅贝尔格，亲自指挥战斗。7月14日黄昏，骑士团的主力在格林瓦尔德（日耳曼人称为坦能堡）与丹涅贝尔格一带排下兵阵。而此时，联军也正向该地区推进。

在格林瓦尔德上空，阴云密布，双方的炮手和弩手都在前沿阵地严阵以待。骑士团的火炮齐向联军阵地发射，但联军并未遭受重大损失。鞑靼骑兵和维托尔德的先头部队向骑士团左翼发起猛攻，被骑士团击退。维托尔德的主力部队和预备军队立即投入战斗，但又被骑士团一一击退。维托尔德的部队溃逃，骑士团乘胜追击。谢苗·林格文·奥利格尔多维奇公爵率领的三个俄罗斯中队充当了救世主，牵制了骑士

格林瓦尔德战役 波兰未知画家画

世界通史

最新整理图文珍藏版

团的部分兵力，才使其得以喘息。

在右翼，波兰各中队正在同骑士团展开搏杀。波军进攻得手，才使得立陶宛军有足够的时间重整旗鼓，由溃败转入反攻。经过激战，立陶宛和俄罗斯各中队合力击溃骑士军左翼。随后，联军合围并歼灭了骑士军右翼。无奈之下，大团长命令预备队投入战斗中，联军也派出预备队迎战，骑士团的最后希望被击溃。大团长及所有指挥官全部战死疆场，骑士团大部被歼。

条顿骑士团的衰落

格林瓦尔德一战中，骑士团精锐受重创。联军乘胜进入骑士团领地，失去头领的各城市纷纷缴械投降。1910 年 7 月 25 日，联军逼近马尔堡，将该城团团围住。但围城两个月没能攻下，联军撤回波兰境内，骑士团才逃脱了全军覆没的命运。

1411 年 2 月，匈牙利国王齐格蒙特·卢森堡从中调解，波兰—立陶宛同条顿骑士团签下《托伦和约》。双方议定在雅盖洛和维托尔德死后，日姆兹地区归还立陶宛，多布任地区归还波兰，而东波美拉尼亚仍处在骑士团占领之下。此外，骑士团支付给波兰—立陶宛 10 万布拉格格罗什作为战争赔偿。因为德国、匈牙利等国干涉和威胁，和约条件如此之宽容让人咋舌。

尽管《托伦和约》的条款够宽容了，但有了强大靠山的骑士团拒不履行条款，并且在边境不断寻衅滋事，新的战争随时可能爆发。大战在即，波兰和立陶宛也开始行动，1413 年 10 月他们在赫罗德洛签订了新的条约，重申了联合的原则，强调立陶宛仍将是由大公统治的独立国家，但是承认波兰的宗主权。为了更好地联合，瓦迪斯瓦夫二世和维托尔德大公宣布立陶宛贵族享有波兰

格林瓦尔德战役纪念碑（局部）

659

贵族所享有的一切特权，但必须要信奉天主教。波兰贵族成为立陶宛贵族的楷模，立陶宛贵族也逐步波兰化。

随着波兰和骑士团关系的进一步恶化，波兰—立陶宛方面提出要求，收复东波美拉尼亚、赫翁诺等波兰的土地，并且要求骑士团立刻归还日姆兹。双方战事再起，1414年和1419年，瓦迪斯瓦夫二世又发动了两次对骑士团的战争。骑士团已无力招架，1422年9月27日，在梅尔诺湖畔，双方再次签订和约，立陶宛收复了日姆兹，而波兰并无太大收获。

持续了近二百年的冲突终于结束。自此以后，骑士团再也无力对外扩张。

战斗中的钱尔里希·冯·雍宁根大团长

中古时期的匈牙利

匈牙利人国家的建立

匈牙利人原属于芬兰—乌格尔人游牧民族中的一支，9世纪以前，散居在乌拉尔山与卡马河、伏尔加河之间水草丰美的土地上。匈牙利人共有七个部落，其中马札尔部落势力最大，因此匈牙利人又称马札尔人。早先有一部分匈奴人从中亚迁徙至多瑙河中游，繁衍生息。这七个部落的匈牙利人同匈奴人的后裔长期共存，相互融合，构成新的匈牙利人的主体。

长期游牧生活的锻炼，使匈牙利人个个能骑善射。906年，在马札尔酋长阿尔帕德统率下，匈牙利人摧毁大摩拉维亚公国，占领斯洛伐克。10世纪上半叶，匈牙利人的战马曾一度闯入法国中部和意大利南部的土地。955年，在德意志的奥格斯堡附近，匈牙利人击败了德意志皇帝奥托一世的军队。从此以后，他们逐渐过上了定居生活。在征战过程中，匈牙利贵族占有了大片土地，逐渐演变成封建贵族。相应地，奴隶演变成农奴，原来的公社成员也逐渐丧失土地，沦为农奴。

征战过程中的匈牙利人逐渐强大。那时候，要想真正在欧洲立足，得到罗马教皇的承认是必不可少的条件。斯蒂芬一世在位时，于1000年左右得到教廷加冕，阿尔帕德王朝（1000～1301年）正式建立，天主教顺其自然成为国教，下设两个大主教区和八个主教区。同时，大片的土地被送给罗马教廷。此外，为彻底摧毁氏族制度、巩固封建统治，斯蒂芬把全国划分为40个行政区，委派家臣前往治理，他们享有广泛的军事、司法和财政职权。这些措施一方面加速了封建化的进程，同时，也加剧了各阶级之间的矛盾。经过几次的反复之后，封建制度最终得以确立。

匈牙利人大迁移

封建割据时期

11世纪末12世纪初，逐渐强大的匈牙利不断扩张。在东面，特兰西瓦尼亚被匈牙利兼并；在西南面，克罗地亚和达尔马提亚被匈牙利占领。一个濒临亚得里亚海的大国就这样建立起来。

在当时，拜占廷帝国仍然是一个不可小觑的国家。为了对抗拜占廷，原本亲密的匈牙利同德意志的关系不断得到加强。许多德意志贵族移居匈牙利和特兰西瓦尼亚地区，他们不仅占有了匈牙利的大片土地，还享有特权。

在长期的对外战争过程中，国王把抢夺来的土地赏赐给立下战功的骑士，一个中小贵族阶层逐渐形成。与此同时，大封建主更不甘心落后，他们大肆抢占土地，进一步扩大自己的领地。13世纪初，大封建主的势力越来越大，封建割据势力出现并日渐强大。与此相对，王权的势力自然不断被削弱。

1222年，安德烈二世参加第五次十字军东征，结果以失败告终，这更激化了国内阶级矛盾。大小贵族联合起来强迫皇帝颁布"黄金诏书"。诏书规定：领地为贵族的世袭财产，贵族和教会具有捐税豁免权，州以下的官员由

匈牙利国王安德烈三世

匈牙利国王王冠

当地贵族推选，而国家官吏未经许可不得进入贵族庄园。国王必须每年召开一次国会，凡是贵族不论大小均可自由参加。

该诏书的颁布，使大小贵族的利益得到了有效的保障，而王权却进一步被削弱。

1301年，安德烈三世死后没有继任者，阿尔帕德王朝因此结束。德意志、意大利、波兰和捷克的一些王室，因为和安德烈有点姻亲关系，都想夺得匈牙利王位。

强盛时期的匈牙利

在安德烈三世死后的王位争夺战中，那不勒斯王国安茹王室的查理·罗伯特夺得了王位，称查理一世。查理及其子路易一世统治时都采取措施抑制大贵族的权力，加强王权，国王主要依靠的力量是中小贵族。

为了既维护贵族的利益，又巩固自己的统治，1351年，路易

西吉斯孟德的朝圣之路

一世颁布法令，规定只有贵族能拥有土地，并且贵族对其领地上的农奴享有司法权。同时，路易一世还巩固了对克罗地亚和达尔马提亚的占领，征服了摩尔达维亚和瓦拉几亚，并入侵塞尔维亚。

路易一世统治时期，十分注重加强与周边国家的经济联系，匈牙利的社会经济发展较快，城市异常繁荣，匈牙利的安茹王朝盛极一时。路易一世死后，王位被路易一世的女婿卢森堡的西吉斯孟德夺走。1410 年，西吉斯孟德被推选为德意志皇帝。1436 年，野心勃勃的西吉斯孟德兼并了捷克。此后，还曾出兵那不勒斯、波兰和波斯尼亚。

1396 年 9 月，在西吉斯孟德

马提亚·科尔温肖像

率领下，德意志、匈牙利、捷克、保加利亚、瓦拉几亚、法国和英国的骑士组成联军，同巴耶济德率领的奥斯曼土耳其军队在保加利亚的尼科堡展开会战。联军被土耳其人击败，西吉斯孟德幸免于难。但保加利亚和瓦拉几亚被土耳其兼并，匈牙利完全暴露在奥斯曼土耳其帝国面前。

西吉斯孟德死后，波兰国王瓦迪斯瓦夫兼任匈牙利国王。出身罗马尼亚的贵族亚诺什·洪雅迪在当时很有影响，1441 年，他被任命为匈牙利驻特兰西瓦尼亚总督。洪雅迪凭借自己的聪明才智，率领一支农民军多次击败当时战斗力极强的奥斯曼土耳其人。1444 年 11 月，在瓦尔那战役中，洪雅迪被奥斯曼土耳其人打败，国王瓦迪斯瓦夫也不幸身亡。1456 年，洪雅迪率领一支 3 万人的联军卷土重来，在贝尔格莱德与土耳其苏丹穆罕默德亲自统率的 19 万大军发生激战，取得了巨大的胜利，这让整个欧洲为之震动。

匈牙利的衰落

1458 年，洪雅迪之子马提亚·科尔温继承匈牙利王位。他依靠中小贵族和市民的支持，加强王权，抵御土耳其的进攻，还

匈牙利勇士发现路易二世的遗体

侵占了捷克的摩拉维亚和西里西亚。但在 1467 年对摩尔达维亚的战争中，被斯蒂芬大公击败。科尔温死后，势力已经相当强大的大贵族在政治上几乎取得完全独立的地位。

1514 年 10 月，匈牙利召开了所谓的"野蛮会议"。会议通过决议，规定农民不准自由迁徙，贵族可以自由地增加农民的劳役负担。严禁农民携带武器，违者处以死刑。匈牙利农民的处境日益恶化，生活处于水深火热之中。火山终有一天会爆发，16 世纪初，匈牙利历史上规模最大的一次起义——乔治·多沙起义爆发。

1526 年，奥斯曼土耳其军队与匈牙利和捷克联军在摩哈赤展开决战，结果联军大败，匈牙利被瓜分，中部和南部直接被土耳其占领，东部被划入土耳其附属国特兰西瓦尼亚，西部被并入奥地利。

东斯拉夫人

斯拉夫人的祖先原居住在维斯杜拉河上游以东、第聂伯河中游以西和普鲁特河口以北一带，地方不大，自然条件极为恶劣。以后，他们分别向东、西、南三个方向发展。向东发展的部分斯拉夫人定居在俄罗斯平原，即东斯拉夫人，也就是今天的俄罗斯民族的祖先。

东斯拉夫人来到俄罗斯平原之后，发现这里自然环境比较恶劣，尤其是冬天冷得让人难以承受，并且这里大部分地区被茂密

中世纪早期的东斯拉夫人想象图

的森林和沼泽地所覆盖。在生产力非常低下的阶段，要改变这种恶劣的自然条件是很困难的，但东斯拉夫人还是顽强地活了下来，并且形成了今天的俄罗斯民族。

最先来到这里的东斯拉夫人主要以畜牧业为生，过着群居的氏族生活。随着生产力的发展，在 8 世纪左右，一些氏族首领及其亲兵、僧侣逐渐从氏族成员中分离出来，形成氏族贵族。

斯拉夫人的迁徙及分布示意图

9 世纪左右，东斯拉夫人的发展史上一个划时代的巨变发生了——铁器工具被发明并应用于生产。俄罗斯平原虽然自然环境恶劣，但蕴藏着丰富的资源，铁矿埋藏很浅，铁矿石很容易挖掘，这又在自然环境方面赋予东斯拉夫人以极大的优越性——有利于向铁器时代的过渡。铁器时代的

到来也标志着"英雄时代"的出现，东斯拉夫人用锋利的铁器征服了大森林和沼泽地，万亩良田便呈现在眼前。与此同时，东斯拉夫人也从以畜牧业主的游牧生活过渡到以农业为主的定居生活。农业生产的进步与快速发展，加剧了阶级分化。9 世纪时，基辅、车尔尼雪哥夫、斯摩棱斯克以及诺夫哥罗德等一系列封建小国在俄罗斯平原上出现。

留里克王朝的建立

随着铁器的出现，生产力进一步发展，9 世纪时，氏族社会逐渐解体，许多有阶级出现的部落联盟形成。这些联盟大都以设防城市为中心，过着稳定的生活。在这些联盟中以北方的诺夫哥罗德和南方第聂伯河中游的基辅势

留里克及他所率领的海盗们 俄罗斯版画

力最为强盛。但北欧诺曼人的入侵，打破了东斯拉夫人宁静的生活。

八九世纪时，北欧的诺曼人处在从氏族社会向阶级社会过渡的阶段，但诺曼人的生活中军事民主色彩更为浓厚。擅长水上生活的他们在军事领袖统率下，乘船沿水路进行远征，掠夺财富是诺曼人唯一的目的，因此其活动带有浓厚的海盗色彩。后来诺曼人逐渐意识到土地的重要性，开始过定居生活。诺曼人乘船从芬兰湾各河口逆流而上，深入东欧腹地劫掠。入侵东欧的诺曼人被称为瓦兰吉亚人，他们开始在征服的土地上建立政权。

862年，瓦兰吉亚人的军事首领留里克，统率亲兵入侵东欧并推翻了俄罗斯平原上的诺夫哥罗德政权，成为诺夫哥罗德的王公。而南方的基辅也被瓦兰吉亚人阿斯科德和迪尔推翻，并建立起基辅公国。

879年，留里克死后，奥列格辅佐留里克年幼的儿子伊戈尔总理朝政。奥列格雄心勃勃，882年，带兵沿水路南下征服了基辅公国，并将其政治中心由诺夫哥罗德迁至基辅，奥列格就任基辅大公。此后，留里克族系子孙迅速合并，并逐渐征服了东斯拉夫人各部落及其周边一些其他部落，以东斯拉夫人为主体的国家形成，俄国史学家称之为"基辅罗斯公国"，基辅城被认为是罗斯诸城之母。

建立留里克王朝的瓦兰吉亚人跟东斯拉夫人相互融合，接受了斯拉夫的语言文化，逐渐斯拉夫化。

基辅罗斯的扩张

为了争夺通往黑海的商路的控制权，基辅罗斯与拜占廷帝国多次发生冲突，互有胜负。907年，奥列格曾率兵进攻拜占廷，双方签订和约，罗斯商人因此获得免缴贸易税权。此后伊戈尔掌权后再次出兵拜占廷，941年被击败，但944年的进攻取得了胜利。伊戈尔的儿子斯维雅托斯拉夫继任大公后，依靠武力不断向外扩张。

斯维雅托斯拉夫一生都在征战中度过。出征时，除了武器不带别的东西，夜间席地而睡，以鞍为枕。首先击败伏尔加河上的保加尔人和哈查尔人，征服了北高加索，打通通往东方的道路，

斯维雅托斯拉夫的巡行索贡

与拜占廷相毗连。967 年击败保加利亚后，斯维雅托斯拉夫在保加利亚首都定居下来后，宣称："这里，是我领土的中心。希腊的黄金，捷克的白银，匈牙利的马匹，一切好东西都该集中到这里！"

拜占廷帝国担心基辅罗斯过分强大威胁到自身利益，便派军队将罗斯军击败，斯维雅托斯拉夫也被赶出了保加利亚首都。斯维雅托斯拉夫撤军的消息被拜占

斯维雅托斯拉夫肖像

廷密报给了突厥人。突厥人乘机伏击，斯维雅托斯拉夫被杀死，突厥酋长将他的头盖骨做成了饮酒器。斯维雅托斯拉夫死后，为争夺权力，三个儿子发生内讧，国家濒临瓦解。后来弗拉基米尔击败自己的弟兄，重新统一基辅罗斯。弗拉基米尔继续扩张，兼并加利奇，击败波兰和立陶宛。随着封建关系的发展，大封建贵族势力不断增长。1054 年，基辅罗斯发生内讧，分裂成三个小国，各王公不断互相讨伐，战乱不断，基辅国家开始解体。12 世纪时，又分裂成十几个小公国，混战依然。基辅罗斯渐渐衰亡了，但它是俄罗斯、乌克兰、白俄罗斯三个斯拉夫民族的文化摇篮。

楚德湖战役

基辅罗斯分裂后，封建割据局面开始出现。内部的分崩离析给外部侵略势力以可乘之机。13 世纪时，罗斯遭到东西两面两股强大力量的侵袭：亚洲的蒙古人和德国的条顿骑士团。

条顿骑士团开始取得了一些胜利，并占领了罗斯波罗的海沿岸的一些土地。1242 年在诺夫哥

667

罗德附近的楚德湖上，双方发生激战，被称为冰湖战役，也叫楚德湖战役。据估计，当时骑士团大约有1万人参战，以重骑兵为核心。罗斯联军有1.5万～1.7万人参战，以步兵为主，由诺夫格罗德公爵亚历山大指挥。

　　罗斯联军据守冰湖东岸。条顿骑士团发动楔形攻势，以重装骑兵作为箭头进行突击，步兵跟进，两翼和后方则由轻骑兵保护。这是骑士团的惯用战术，能够迅速撕开对方防线，达到由点到面击败敌军的效果。其缺点是两翼的防御力量薄弱，很容易被打开缺口。亚历山大了解这种战术的特点，把联军中的轻装步兵安排在中间，列成加厚方阵，而把精锐步兵放在两翼。同时，地理上的劣势也给骑士团带来麻烦，湖岸结了冰的斜坡使重骑兵很难有效发挥冲击力，进攻陷入僵局。

　　在诺夫格罗德精锐步兵的攻击

楚德湖战役

楚德湖战役

下，骑士团的两翼慢慢向中心收缩，逐渐陷入联军的包围之中。亚历山大派出了自己最精锐的亲卫骑兵从右翼后方攻击骑士团，作致命一击。包围圈收缩得越来越小，骑士团重骑兵由于没有足够的施展空间，优势无法发挥。联军步兵用长矛将骑士挑落下马，不少穿着重铠甲的骑兵掉进了冰窟窿里。

　　此战骑士团只有少数人突围出来，绝大多数人战死，包括大团长在内的50多名贵族和500名骑士被俘。该战役给骑士团以毁灭性打击，扩张步伐就此停止。

世界通史

最新整理图文珍藏版

蒙古人对俄罗斯的统治

罗斯逐渐由鼎盛走向衰落时，东方的蒙古迅速崛起，逐渐强大起来，而罗斯的内乱给蒙古的入侵以可乘之机。

蒙古人在成吉思汗的率领下崛起于蒙古高原，蒙古大军犹如旋风横扫了欧亚大陆。而处于分裂状态下的罗斯各公国，根本无力抵抗蒙古铁骑。1223年，蒙古大军侵入俄罗斯南部的草原，在卡尔卡河畔击败俄罗斯军队；1237年，拔都率领的蒙古大军迅速地从南方草原打到了北方，连续攻陷了包括莫斯科在内的14座城池；1240年，蒙古大军又以不可阻挡之势攻占基辅。至此，俄罗斯的绝大部分地区都陷于蒙古军队的铁蹄之下。1243年，拔都

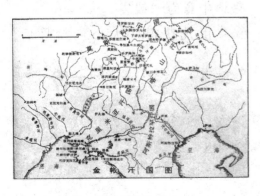

金帐汗国地图

以伏尔加河为中心建立金帐汗国，也就是蒙古历史上的四大汗国之一钦察汗国。从此，基辅罗斯处于蒙古人统治之下。

面对罗斯这样一个疆域广阔的大国，金帐汗国采取"以敌制敌"的办法进行统治。具体说来，也就是在所有臣服的俄罗斯诸公中挑出一个最顺从自己的大公，授予"弗拉基米尔"的称号，作为金帐可汗在罗斯地区的代理人，代表金帐可汗征收贡赋，管理土地。为争夺这一特殊的地位与权力，各大公之间明争暗斗，互相告密，竭力讨好蒙古人，奴才嘴脸暴露无遗。

莫斯科公国的兴起

莫斯科原属于罗斯托夫—苏茨达尔公国。最初只是一个偏僻的小乡村，有史记载以来首次提到莫斯科是在1147年，因此这一年也被认为是莫斯科的建城之年。此后，莫斯科迅速发展，到13世纪前期发展成为一个拥有封土的公国。

莫斯科的地理位置优越，扼守奥卡河和伏尔加河的咽喉要道，东南方向不远就是顿河的上

669

伊凡·达尼洛维奇

莫斯科公国历代的统治者都善于玩弄权术，他们借助蒙古统治者的威力震慑并欺压其他公国，从而壮大自己的力量。尤里·达尼洛维奇当上莫斯科公国大公后，极力逢迎讨好蒙古大汗，并且娶可汗的妹妹为妻，博得了蒙古大汗的欢心，大汗甚至拨一支蒙古军队由其调遣。老天不会尽如人意，1325年在和特维尔大公争夺可汗"荣宠"地位的斗争中，尤里被政敌杀死，他的妻子也不幸丧命。

游，沿顿河南下可直入黑海。便利的交通使这里的贸易繁荣起来，给莫斯科带来大宗税收。由于莫斯科处于俄罗斯的中心地带，四周公国林立，不易受到外族的侵扰。相对安定的环境，更为经济的发展提供了有力的保障。这些是莫斯科公国得以发展的客观原因。

尤里死后，伊凡·达尼洛维奇继承哥哥的大公的位置。和哥哥相比，伊凡的能力毫不逊色，善于用金钱收买贿赂蒙古的王公贵族，因此获得了蒙古大汗"弗拉基米尔和全俄罗斯大公"的封号。伊凡对人民以善于搜刮钱财和吝啬闻名，因而获得了"伊凡·卡里达"的"美誉"。卡里达在俄语中意为"钱袋"。

伊凡获得"大公"封号后，

世界通史

最新整理图文珍藏版

蒙古人的追杀 中世纪晚期插图画

库里科沃战役 俄罗斯国家博物馆藏

对内狠命剥削，对外疯狂兼并，国势日渐强盛。后来，他几乎控制了整个东北俄罗斯地区，把教会的牧首驻地迁到莫斯科，提高了莫斯科公国在宗教和政治方面的地位。莫斯科渐渐地成为俄罗斯境内最强大的公国。

金帐汗国统治的结束

莫斯科大公伊凡三世即位后，大力发展本国经济，使莫斯科公国出现了空前繁荣的景象。经济的繁荣为政治的统一奠定了基础，同时也刺激了伊凡三世扩张的野心，他先后兼并了雅罗斯拉夫里公国和罗斯托夫公国。

莫斯科公国兴起之时，正是金帐汗国衰败之日。而此时，金帐汗国的东南方向的帖木儿帝国迅速崛起，不断地侵扰金帐汗国边境，更加削弱了金帐汗国的实力。局势的改变为莫斯科公国的独立与统一创造了条件。伊凡三世抓住时机，拒绝向金帐汗国纳贡。阿合马大汗立即与立陶宛大公结盟，欲从东、西两面夹击莫斯科。1480 年，在奥卡河的支流乌格拉河的两岸，阿合马的兵马与伊凡三世领导下的俄罗斯联军隔河对垒，最后阿合马的军队粮草耗尽，只好撤军。

对于莫斯科公国来说这是一场伟大的胜利，蒙古人对俄罗斯整整 240 年的统治宣告结束。莫斯科公国在全俄罗斯的威望也大大提高，伊凡三世成为全俄罗斯人民心目中的英雄，为俄罗斯的统一奠定了基础。

俄罗斯中央集权国家的建立

伊凡三世统一俄罗斯后，急欲建立起一个中央集权国家。1472 年，伊凡三世迎娶拜占廷末代皇帝君士坦丁十一世的侄女索菲亚·巴列奥略为王后，与拜占廷帝国修好。此后，又与意大利、

瓦西里三世肖像

伊凡四世肖像

土耳其、伊朗等国建交，希望通过外交手段实现建立一个新的像古罗马和拜占廷一样的帝国的梦想。

伊凡三世自诩为拜占廷帝国的继承人，甚至把拜占廷皇室的双头鹰徽记作为自己的徽记。还把各个王公降为世袭领主，并效

伊凡三世拒绝纳贡

仿古罗马的元老院建立咨议机关——"杜马"。此时的莫斯科被称为"第三罗马"。

伊凡三世作为最高国家领导人，掌握最高权力，下设中央权力机构管辖全国，派总督管理地方。而总督的任期、权限和薪俸等国家都有规定。伊凡三世对广大劳动人民实行着血腥统治。1497年颁布新法典，改革司法制度，规定一切杀死主人、反对封建法制的人统统处死。还限制农民迁徙自由，农民只能在尤里节前后各一周的时间内，在偿清租金的前提下才能离开。俄罗斯的封建化进程进入了新阶段。

1533年，瓦西里三世之子年仅三岁的伊凡四世即位，其母叶琳娜·格林斯卡娅摄政，处理朝中事务。巾帼不让须眉，叶琳娜·格林斯卡娅镇压了两个皇叔的叛乱。然而不幸的是，1538年叶琳娜·格林斯卡娅猝然辞世。

1547年1月，伊凡四世举行加冕礼，并称为"沙皇"。由于连年的横征暴敛，人民不堪忍受，各地反对暴政的起义不断。伊凡四世亲政后，一方面采取措施镇压起义，另一方面着手改革，以加强王权。

十字军东征历程

11 世纪的西欧，城市兴起，商品货币关系逐渐发展，封建贵族对城市商品和东方奢侈品的需要日增，从领地上剥削所得已不能满足他们日益扩大的胃口。当时西欧实行长子继承制，封建领地由长子继承，其余诸子成为无地骑士，常靠服军役和劫掠商旅为生。因此，封建主，特别是小封建主，渴望向外夺地掠财，那神话般富庶的东地中海各国就成为他们梦寐以求的宝地，这是导致西欧封建主阶级主动十字军东侵的根本原因。

在十字军远征中起着特别重要作用的是西欧天主教会。它不但是西欧封建社会的精神支柱和最大的封建领主；而且，在封建割据的西欧，它又是巨大的国际中心。教皇企图通过发动东征一箭三雕：争夺封建霸权，进一步凌驾于西欧各国君主之上；重建统一的基督教世界；扩张到伊斯兰教势力范围中去。

西欧城市商人，特别是威尼斯、热那亚和比萨的商人，企图从阿拉伯和拜占廷手中夺取地中海东部地区的贸易港口和市场，独占该地区的贸易，也积极参与十字军。

11 世纪西欧的农民，大都沦为农奴和依附农民，封建主胃口的扩大，使他们受到更加苛重的剥削与压迫。另外还受到持续灾荒的困扰，11 世纪的法国就有二十六个荒年，第一次十字军远征前，1089 ~ 1095 年，西欧又连年歉收。濒临死亡的农民被骗往东方，梦想寻找摆脱饥饿和封建枷锁的出路。

这时，地中海东部地区的客

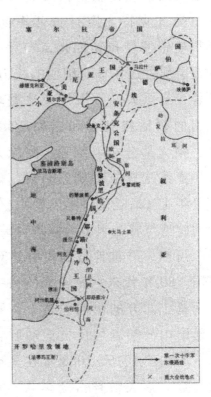

东征路线图

骑士城堡复原图

观形势有利于西欧封建主实现其侵略计划。塞尔柱突厥人兴起后，于 1055 年占领巴格达并解除阿拔斯哈里发的政治权力；又于 1071 年在曼齐克特大败拜占廷军队，俘获皇帝罗曼拉斯四世，实际上摧毁了拜占廷在小亚细亚的权力。接着，突厥人又夺取埃及法蒂玛王朝的领地叙利亚和巴勒斯坦，并占领大部分小亚细亚。突厥人在小亚细亚建立罗姆素丹国，定都尼西亚（后迁爱科尼阿姆），他们的前哨与君士坦丁堡隔岸对峙，一苇可航，严重地威胁着拜占廷帝国。80 年代末，突厥人的另一个部落、北方的佩彻涅格人与拜占廷国内异端者的反抗运动联合在一起，于 1086、1088 年在多瑙河附近先后大败拜占廷军队，并进而骚扰色雷斯。1091 年，佩彻涅格大军直逼君士坦丁堡城下，塞尔柱突厥人准备与他们联合行动。尽管佩彻涅格人后来吃了败仗，但拜占廷岌岌可危的处境迫使皇帝阿历克塞一世（1081～1118 年）不得不派遣使臣向教皇和德国皇帝求援。至于塞尔柱突厥人的强盛，为时并不久，1092 年开始分裂为摩苏尔、大马士革、阿勒颇、安条克和的黎波里等几个总督区，它们之间互相敌视，干戈扰攘，无力阻止西方侵略者的进攻。

第一次十字军远征

耶路撒冷是历史上有名的宗教圣地，世界上较有影响的犹太教、基督教、伊斯兰教都把它奉为各自宗教的圣地。犹太教徒宣称，所罗门王曾在耶路撒冷建造圣殿，它是犹太人朝拜的中心；伊斯兰教徒认为自从他们定居耶路撒冷后，不仅建造了清真寺，据说穆罕默德还是在此地升天；基督教信徒则深信为他们受尽苦难的耶稣就是在此地被钉死在十字架上的。为争夺这块圣地，或者更明确地说是为了争夺这块遍地是"奶和蜜"的肥沃土地，古代的巴比伦人、罗马人都曾在这里留下征服者的脚印，耶路撒冷几度化为废墟。11 世纪，欧洲的

世界通史

最新整理图文珍藏版

撒拉丁肖像

第一次十字军远征

大封建主和罗马教廷又在"拯救"圣地的名义下，号召基督教徒去夺回"主"的墓地——被伊斯兰教徒控制的耶路撒冷，发起了对东方的侵略战争。这就是历史上有名的历时两个世纪之久的"十字军"东征。"十字军"，因其每个战士都以衣服上所缝的十字为标记而得名。表面上十字军进攻东方是一场宗教战争，即基督教徒反对伊斯兰教徒，"十字架反对弯月"，实际上它是一场以掠夺为目的的侵略战争。

通往东方的路对欧洲人来说并不生疏。按照基督教的传说，巴勒斯坦是耶稣基督生活过的地方，也是他被钉死在十字架上的地方，基督的坟墓就埋在耶路撒冷。所以基督教徒把巴勒斯坦视为"圣地"，每年都有大批的善男信女，跋山涉水，到巴勒斯坦去朝圣。虽然早在七世纪，巴勒斯坦就已被阿拉伯人征服，但伊斯兰教徒对基督教徒异常宽容。从拜占廷和西欧来的朝圣者可自由进入"圣地"巴勒斯坦。朝圣者往往结群同行，充塞道路，络绎不绝。西欧的朝圣者来到东方几乎眼花缭乱。他们看到熙熙攘攘，有数万人口的大城市，规模超过

油画《耶路撒冷陷落》

了欧洲的城市，而当时西欧最大的城市也不过几千人。他们看见了东方城市中壮丽的庙宇和富丽堂皇的宫殿，看见了拜占廷和阿拉伯富有者生活的奢侈豪华。相比之下，用粗糙坚硬的石块砌成的西欧中世纪城堡，黑暗、阴冷，室内陈设寥寥无几，即使是贵族之家也很简陋。这一切，使西欧人产生关于东方国家神话般富有的概念，激起他们强烈的占有的欲望，似乎只要远征东方就会带来无尽的财富。

实际上，西欧正面临着一场严重的社会危机。自从封建制度在西欧确立以来，始终实行嫡长子继承制，即封建领地只传给领主的嫡长子，其余各子均不得分享。结果造成社会上出现一大批既无领地，又无财产，每日无所

耶路撒冷大屠杀

事事，空有贵族头衔的骑士阶层。他们既想保持符合贵族身份的生活，却又身无分文。于是放纵游荡，拦路抢劫，债台高筑，或者是参与领主之间的混战，成为社会一害。而且进入 11 世纪以来，西欧连遭荒年，饥饿、瘟疫流行。早已沦为农奴的西欧广大农民处于贫困和绝望之中，反抗情绪日增。为了缓和西欧社会内部的尖锐矛盾，封建统治者和教会企图祸水东引，鼓动人们把目光转向富庶的东方。农民希望在东方获得土地和自由；骑士想在东方发财致富；占有领地的大小封建主们则垂涎东方肥美的土地，妄图在那里建立受他们支配的国家；商人们，特别是意大利威尼斯、热那亚、比萨等城的商人也热衷于东征。他们希望夺取东方的港口和市场，在地中海东岸建立商站，排挤贸易上的劲敌拜占廷和阿拉伯，独占贸易特权。因而积极赞助十字军。罗马教皇的野心最大。他想利用东征提高自己的威望，树立自己在一切基督教世界的统治，不仅企图控制已脱离罗马教廷的以拜占廷为中心的东正教，甚至梦想使穆斯林改宗，归属罗马教廷。而且，教皇借口为东征募捐，乘机捞取巨额金钱。

由于在政权分散的西欧，罗马教廷是封建势力的中心，因而教会成为十字军东征的积极倡导者和组织者，它在十字军运动中把西欧诸国各阶级的分散力量组织起来，汇成一股远侵东方的浊流。

那么东方的情形如何呢？11世纪的东方依然是富庶的，然而强有势力的帝国已不存在。在来自西亚的塞尔柱突厥人的猛烈进攻下，一度声威赫赫的阿拉伯帝国解体了，拜占廷帝国也极为衰落。塞尔柱突厥人几乎控制了整个小亚细亚，建立起一个庞大的塞尔柱突厥帝国。但是这个帝国实际是由各自独立的若干小公国组成的，虚有其表。而且这些小公国之间亦经常内讧，干戈不息，自顾不暇。这就为西欧人的东侵提供了可乘之机。11世纪末，由于突厥人的混战，有一些基督教会和修道院被破坏，有些富人逃到拜占廷帝国的欧洲部分，西欧的朝圣者也只能从海路去耶路撒冷。借此机会，罗马教廷宣传编造了许多关于伊斯兰教徒的"残暴行为"，渲染他们"侮辱"西方朝圣者的奇怪消息，为发动侵略战争制造借口。恰在此时，迫于突厥人的进攻，拜占廷帝国的皇帝亚历克塞一世求救于罗马教皇，甚至向教皇乌尔班二世表示，愿将东正教重新合并在罗马教皇统治之下。这样，教皇发动十字军的东侵就更加师出有名。在宗教旗帜的掩饰下，基督教徒反对伊斯兰教徒的圣战，好像箭在弦上，一触即发。

1095年11月，罗马教皇乌尔班二世在法国中部克勒芒召开宗教会议。这次会议规模很大，有来自西欧几个重要国家，各阶层的数千人参加。会议结束时，乌尔班二世发表了慷慨激昂的演说。他向封建主、骑士、教士和农民发出号召：停止封建混战，到东方去和"异教徒"作斗争，夺回"主"的坟墓，拯救圣地耶路撒冷。教皇在演说中露骨地讲到："在我们西方，土地的出产不多，你们只能勉强糊口；可是在东方，

第一次东十字军东征的四位首领

连穷人也可以过上丰衣足食的生活。东方国家的土地上，遍地是蜜和乳；那里的耶路撒冷，是地球的中心，比世界上任何地方都肥沃得多，简直是第二天堂。在这里悲惨贫困的人，到那里就会欢乐富有！"教皇的富有煽动性的演说，挑起人们对宗教的狂热，使一场侵略战争蒙上宗教的虔诚。激动的人们不断呼喊着"这是上帝所愿！"演说刚结束，许多人立即答应出征。狂热的人们，争先恐后向教皇的随从人员领取一块红布做的十字，缝在自己的衣服上，作为参加远征的标志。教会对参加十字军的人许愿，保证他们在远征期间可以不还欠债，由教会保护他们的家庭和财产，教

678

哈廷战役后，撒拉丁与狮心王理查谈判和平协定。

会还欺骗人们，说有罪的人参加圣战可以得到上帝的赦免；农奴参加远征，可以得到人身自由。

渴望摆脱封建压迫的农民，在受到教会的煽动后，迅速集结起来。他们急如星火，廉价变卖仅有的财产，又高价购买路上所需物品，不及等待骑士队伍，提前数月出发。1096年2月，法国北部和中部以及德国的农民，在法国阿眠的僧侣隐修士彼得和德国骑士穷汉华尔特的领导下，分为数队，沿朝圣者常走的路向东进发。这些穷困的农民几乎手无寸铁，拖儿带女，没有整齐的装备，没有足够的给养，靠沿途抢劫以应急需。他们根本不知道怎样作战，才到小亚细亚就被塞尔柱突厥人所歼灭。农民除被教俗封建主引上灾难和死亡的道路而外，没有得到丝毫利益。

1096年秋，法国、意大利和德国西部的封建主和骑士开始第一次东侵。他们组织严密、装备精良，分别从洛林、诺曼底、法国南部和意大利南部到君士坦丁堡会合。各路骑士共有三四万人，到1097年春才集结完毕。1097年春，十字军渡过博斯普鲁斯海峡，踏上艰苦的征途。他们时而越过陡峭的山脉，时而穿过广阔的沙

漠。欧洲骑士身着重装铠甲，又兼酷暑、缺少给养，使他们生活极端困难。而且，突厥人对十字军的入侵采取焦土政策，沿途留给十字军的只是一片瓦砾，并时常袭击十字军，骑士们不得不忍受着饥渴，许多人和马在灼热的阳光下倒毙。虽然在进军途中，十字军占领了小亚细亚的一些城市，特别是大肆抢劫了突厥人的重要城市安条克。但是，十字军也遭到严重挫折，队伍减员，有的阵亡，有的回乡，战斗力不断削弱。直到1099年7月，十字军才到达它东侵的目的地——耶路

撒冷。当时城内只有一千守军，全城军民坚守城池。十字军骑士把耶路撒冷团团围住，用攻城机、木梯等武器猛烈攻击，终于占领了这座圣城。城垣上升起了一面面绣着十字的旗帜。

十字军骑士以解放者的姿态进入城内。他们开始"拯救"圣地，"拯救"这里的居民：每一个街巷都在血肉相搏，全城的金银财宝被抢劫一空，小孩的头颅被摔碎，隐匿在清真寺中的人也不能幸免，全城有七万多人被屠杀。在令人目眩的财富面前，骑士们暴露出野蛮本性，所谓骑士风度

德·圣吉尔攻克的黎波里后接受穆克的归顺

早已抛到九霄云外。他们尽其所能在城内抢劫，甚至达成这样一种默契：谁首先进入一个住宅，谁就可以获得和占有那个住宅及其中一切东西，不受别人侵犯。接着，他们又采取了骇人听闻的残忍手段：剖开死人的肚皮和肠子，从中取出死者生前吞下的金币。因为这样做太麻烦了，他们又把尸体堆积起来烧为灰烬，以便容易地找到黄金……这就是所谓的"拯救"圣地，耶路撒冷在这些"虔诚"的教徒拯救之下毁灭了。

由罗马教皇煽动起来的，对东方赤裸裸的侵略，前后共有八次，延续的时间达二百年之久。侵占耶路撒冷是其中的第一次，所以历史上又称它为"第一次十字军东侵"。

第二、三次十字军远征

1144 年，突厥摩苏尔总督伊马德·丁·赞吉攻占埃德萨。罗马教廷趁机煽动组织第二次十字军远征。

1147 年夏，法、德两国各已组成七万人左右的大军，参加者多为骑士。农民在经受第一次十字军远征的惨痛教训后，仅数千人参加。第二次十字军由德皇康拉德三世（1138～1152 年）和法王路易七世（1137～1180 年）各率已部，分头进军。康拉德率领的德国十字军先出动。他们越匈牙利，经色雷斯进入君士坦丁堡，渡过海峡后，10 月底，与爱科尼阿姆素丹战于多里利昂附近，大败而退，德国十字军大部分羽铩而归。康拉德和一些残兵败卒则留待路易七世队伍的到来。

当第二次十字军刚发动时，一向觊觎拜占廷帝国的西西里国王罗泽二世一方面与埃及穆斯林国家联盟，一方面率军占领拜占廷的科孚岛，蹂躏科林斯和底比斯，并攻掠爱奥尼亚群岛。拜占廷为对付西西里，遂与刚刚打败康拉德的爱科尼阿姆素丹讲和。不久之后，当法王路易七世的队伍到达小亚细亚时，这位素丹又予以重创，法军死亡过半。

1148 年，康拉德和路易的残部与耶路撒冷王国的军队会合。他们一道围攻大马士革，但未能得手。大马士革总督使用挑拨、行贿等手段，致使十字军溃散。康拉德和路易先后狼狈返国，第二次十字军全归失败。

但东方穆斯林世界却不断加强并日趋统一。1171 年，埃及军事长官萨拉丁·优素福·伊本·阿尤布发动政变，推翻法蒂玛王朝，建立阿尤布王朝（1171～1250年），萨拉丁自立为素丹，他迅即征服大马士革和阿勒颇，把埃及、美索不达米亚和北叙利亚都统一在他的指挥之下。1187年7月，萨拉丁在提比里亚湖附近的赫汀发动对十字军的进攻。耶路撒冷国王发倾国之兵，集结了大约1200名骑士、2000名本地轻骑兵应战，结果几被全歼，国王也被俘。接着，萨拉丁又攻占阿克、贝鲁特、西顿、雅法、凯撒利亚和阿斯卡伦等沿海城市，一举切断耶路撒冷与欧洲的交通。9月20日，萨拉丁围攻耶路撒冷城，10月2日耶路撒冷乞降。

萨拉丁占领耶路撒冷的消息，使西欧大为震动，教皇乌尔班三世惊惧而死。于是西欧又组织主要由德、英、法三国大封建主和骑士参加的第三次十字军（1189～1192年）。由德皇红胡子腓特烈一世（1152～1190年）、英王狮心理查（1189～1199年）和法王腓力二世（1180～1223年）亲自率领。德皇怀着吞并拜占廷的野心，和拜占廷的近敌爱科尼阿姆素丹结盟，又与刚脱离拜占廷的保加利亚和塞尔维亚谈判联合反对拜占廷。拜占廷则与萨拉丁联盟，共同对付十字军。第三次十字军

一开始就不顺利。1190年3月，德皇率领的3万德国十字军进入小亚细亚。6月，由于德皇在小亚细亚的一条小河落水淹死，德国十字军即折返国内。英、法两国十字军分头出发的时间略晚于德国，中途在西西里岛又耽搁半年多，直至1191年春末才到达叙利亚，旋即参加东方十字军正在进行的阿克城围攻战。十字军之包围阿克城，早在1189年8月便已开始，英、法十字军的到来，增强了围攻的力量。阿克城坚守近两年，1191年7月，十字军在付出极大代价后才得以占领。攻占阿克城以后，由于英、法两王之间矛盾重重，法王腓力旋即率军回国。英王理查留在东方，虽继续攻占雅法和阿斯卡伦，但进攻耶路撒冷的企图并未实现。1192年9月，理查与萨拉丁签订和约；十字军保有从泰尔到雅法的沿海地带，耶路撒冷仍归埃及，但三年内基督教徒可自由进入耶路撒冷。第三次十字军远征并没有收到多大成果。

第四次十字军远征

教皇英诺森三世（1198～1216年）即位不久就号召组织第四次十字军远征（1202～1204年），目的是阿尤布王朝统治中心

的埃及。第四次十字军的参加者主要是法、德、意的贵族，实际起支配作用的却是意大利城市威尼斯。1201年，当十字军使者向威尼斯总督恩里科·丹多罗商谈载运十字军前往东方的条件时，他就决定变十字军的军事征伐为商业活动。当时，威尼斯与埃及商业关系密切，威尼斯向埃及大量输出木材、铁和武器，每年可获利百万，还输入奴隶，因此丹多罗极想将十字军进攻的矛头从埃及转向威尼斯的商业劲敌拜占廷。

丹多罗提出按照每个人两马克，每匹马4马克计算，共需运

基督教徒的四个国家

费8.5万马克为条件，答应提供船只载运十字军。1202年，当十字军集中在威尼斯时人数较预定的为少，未能交足原定的款额。威尼斯就迫使十字军进攻威尼斯的商业对手、同奉基督教的扎拉城，以其掳获来补欠款。1202年11月，扎拉城陷，遭到极其残酷的劫掠。

13世纪初的拜占廷已经十分衰弱，为对付时常来犯的突厥人和意大利南部诺曼人等，军费开支浩大，因十字军诸国与东方直接发生商业联系以及威尼斯等意大利城市共和国在拜占廷拥有极大特权等原因，国库收入锐减，经济力量受到极大破坏。政局又十分动荡，时常发生宫廷政变。丹多罗与十字军首领孟菲拉侯爵卜尼法斯就以1195年政变中的废帝伊萨克二世之子的求援为借口。转送十字军攻打君士坦丁堡，而拜占廷的衰败不堪使得十字军极易得手。

十字军在城中纵火三昼夜，全部坊肆以及收藏古典书籍极为丰富的君士坦丁堡图书馆都付之一炬。他们还奸淫、掳掠、屠杀当地民众。据当时人记述："他们把奉祀上帝的处女用以满足贪色的青年的淫欲。他们不但掠夺皇

室财富，毁坏贵族和平民的财物，而且还一定要残暴地打劫教会，甚至打劫教堂的用具，把祭坛上银制饰品打得粉碎，打劫圣所，并掠走十字架和圣者的遗物。"他们把掠夺来的不可胜数的金银、宝石、绸缎、皮货以及其他珍宝运回西方，其中包括极其名贵的艺术品。

随着君士坦丁堡的陷落，拜占廷帝国大部分领土都被侵占。十字军在巴尔干建立起拉丁帝国（1204～1261年，为区别希腊帝国——拜占廷而命名），下有帖撒利亚王国、雅典公国和亚该亚公国等三个附庸国。希腊正教会被置于罗马教皇统治之下。

在这次远征中获利最大的是威尼斯。它得到拜占廷 3/8 的领土，包括君士坦丁堡的一部分，亚得里亚堡和马尔马拉海沿岸大量据点，还占领爱琴海上的许多岛屿和伯罗奔尼撒西南部。不久之后，又得到克里特岛。

第四次十字军建立起来的拉丁帝国，在当地人民不断反抗下，终于在 1261 年灭亡，拜占廷复国。

继第四次十字军东征之后，还进行了几次东征，没有一次取得成功。在当时的西欧社会，"十字军"之名十分流行，各地儿童平日都以组织十字军东征为游戏，而且当时西欧民间出现一种荒谬的说法，认为有罪的人不能夺回圣地，只有纯洁的儿童，才能感动上帝，出现奇迹。1212 年，在多旺姆少年斯蒂芬和科伦少年尼古拉的宣传下，法国和德国分别集中起数万儿童。法国儿童从马赛分乘七艘船出发，两艘在地中海沉没，其余五艘开往埃及，船上儿童全被船主贩卖为奴。德国儿童由科伦出发，沿莱茵河南下，越过阿尔卑斯山，沿途死亡殆尽，残留者溃散。

教皇英诺森三世利用数万儿童的死亡，在 1215 年拉特兰宗教会议上煽动组织第五次十字军（1217～1221 年）。1217 年，匈牙利王安德鲁二世、德国和奥地利的公爵们以及荷兰伯爵率军东征。1218 年，安德鲁抵达阿克时，已经感到这次东征是徒劳无功之举，遂率军折返欧洲。其余十字军向埃及进军，于 1219 年夺取尼罗河口的达米埃塔，但在 1221 年向曼苏拉进军时，却遭到挫败。同年 8 月，双方签订休战八年和约，十字军撤离达米埃塔。

教廷把第五次十字军失败的原因归于德皇腓特烈二世（1212

撒拉丁苏丹的国家

~1250 年）之未履约参加，处以"绝罚"。腓特烈二世为向东方扩张，组织第六次十字军（1228~1229 年）。教皇格列高里九世宣布禁止这次十字军，并出兵占领腓特烈在意大利南部的领地。1229年，已经到达东方的腓特烈巧妙地利用埃及素丹和大马士革总督之间的矛盾，与埃及素丹谈判，缔结条约，保证支持素丹，反对他的敌人；素丹愿将耶路撒冷和拿撒勒、雅法、西顿、伯利恒等城市交予德皇统治。嗣后腓特烈

回师欧洲，驱走他领地上的教皇军。但巴勒斯坦的十字军在腓特烈离去后，却勾结大马士革的总督，对抗埃及素丹。1244 年，埃及素丹出兵，重占耶路撒冷。

埃及重占耶路撒冷后不久，法王路易九世（1226~1270 年），为在地中海上扩张势力，组织第七次十字军（1248~1254 年），远征埃及。参加者主要是法国骑士。1249 年，十字军在埃及措手不及的情况下，突然登陆达米埃塔，并向南围攻曼苏拉。但在埃及军队英勇抗击下，终于大败，被俘者万人，包括路易本人在内。路易被迫同意归还达米埃塔并交付巨额赎金后，才被释放。

第七次十字军结束后不久，蒙古旭烈兀率军西侵，于1258 年占领巴格达，摧毁阿拔斯王朝，接着又攻陷阿勒颇和大马士革。埃及部队在大马士革以南的地方大败蒙古军，随后攻陷十字军控制下的凯撒里亚、雅法和安条克等地。

1270 年，法王路易九世雇佣骑士，组织第八次十字军侵入突尼斯，但不久就因瘟疫流行，路易染疫身亡而退兵。

此后，尽管教皇还企图组织新的十字军，但都无结果。十字

军在东方的残余占领地如泰尔、西顿、海法和贝鲁特等地则相继为埃及所攻克。1291 年，十字军在东方最后一个据点——阿克，经埃及军队 43 天围攻，也丢失了。十字军以全部失败而告终。

第四次十字军以后，十字军运动由高潮转向低潮直至终止的根本原因，除了东方人民不断起来反抗、打击十字军之外，还有以下几点：一、13 世纪的欧洲由于生产力的增长和王权的加强，中小贵族或从农民那里剥削到更多财富，或投身国王部下作雇佣军人，或自行经营农牧场，不一定要冒险远征东方。二、一部分德国骑士正在波罗的海沿岸侵略西斯拉夫人，一部分法国骑士正指向法国南部的阿尔比派异端，他们就近都有了新的掠夺对象。三、西欧城市逐渐与伊斯兰教国家建立起商业关系，不愿因战争影响商业。四、第四次十字军赤裸裸地扔掉了宗教外衣，彻底暴露了十字军侵略的本质，教廷难于再作大规模的宣传鼓动。

第五次十字军东征

第四次十字军东征，建立了拉丁帝国，而置圣地耶路撒冷于不顾，十字军在东方的根据地日益陷于累卵之危。尽管教会一再呼吁发动新十字军，但响应者寥寥，为了掀起新的宗教狂热，教会导演了一场恶作剧。说只有"纯洁无瑕"的儿童，才能获得神佑，凭借奇迹从穆斯林手中解放"圣陵"。1212 年，几万儿童十字军被送上东征之途。然而可怜的孩子们大都在途中死于非命，剩下的人被黑心的商人卖作奴隶。后来匈牙利国王安德鲁二世以及奥地利公爵利奥波尔德六世和德国南部一些大封建主，为了自身的利益表示愿应召出征。1217 年夏，十字军从达尔马提亚港埠斯巴拉托出发。

但是，这时叙利亚的基督教徒已不再欢迎十字军。因为他们和穆斯林和平相处，平等交易，战争会破坏他们的商业利益。因此，十字军到达东方后受到冷遇，在阿克毫无意义地过了一年。安德鲁二世知道徒劳无功，率军回国。留下来的十字军准备进攻埃及的商业要塞城市达密伊塔。该城位于尼罗河三角洲的一条支流上，有三道城墙和坚固的城防设施。十字军围攻数月，毫无进展，一些十字军感到失望，纷纷回国。后来由于城内发生饥荒，埃及苏丹主动撤出达密伊塔，十字军进城大肆抢劫一番。1221 年 6 月，十字军进攻曼苏拉，时值尼罗河水暴涨，十字军营地为洪水所淹。穆斯林趁机发起反攻，并断其后路，十字军进退维谷。穆斯林军从四面八方进攻，十字军招架不暇，濒于溃灭。最后被迫接受和议，退出达密伊塔，狼狈逃回欧洲。

第五次十字军的组建困难及其失败，说明十字军运动业已时过境迁，教廷的号召和远征东方已得不到众多人的响应。特别是叙利亚的基督教徒不支持十字军战争，这是导致十字军必败的重要原因。

第六次十字军东征

教皇格列高里九世将第五次十字军失败归罪于德皇腓烈二世（红胡子腓特烈一世之孙），因为他在即位时曾向教皇宣誓参加十字军东征，但即位后却不履行誓言。愤怒的格列高里九世将腓特烈二世逐出教门，并宣布他是基督教的狡猾的敌人。1128年夏，腓特烈二世为夺取耶路撒冷王位继承权（1225年他与耶路撒冷公主邱兰特结婚），主动率军东征，是为第六次十字军东征的开端，但是教皇不承认腓特烈为十字军人，说他是海盗，是想"窃取耶路撒冷的野心家"。腓特烈不理睬教皇的谴责，到阿克后就与埃及苏丹进行谈判。当时埃及苏丹与大马士革总督为争夺叙利亚和巴勒斯坦的统治权进行紧张的斗争，无力对付腓特烈二世的进攻。1229年2月，双方缔结为期十年的条约，规定苏丹将耶路撒冷（奥马清真寺所在地区除外）及巴勒斯坦的伯利恒、拿沙勒、提尔、西顿等城市让与腓特烈二世，腓特烈则保证支持苏丹对其敌人（包括驻叙利亚的十字军）的斗争及穆斯林在上述城市的信仰自由。这样，腓特烈二世通过外交手段，一兵不损，顺利地取得了十字军想得而又得不到的好处。

但是教皇不予承认，一方面宣布腓特烈的行径是背叛行为，对圣城耶路撒冷实行离门制裁，即禁止耶路撒冷的基督教徒举行

第六次十字军的首领弗里德里希二世

礼拜。另一方面，教皇把军队开进南意大利腓特烈的领地。腓特烈闻讯立刻回师与教皇军作战，结果教皇军被击败，双方签订和约，教皇解除对腓特烈二世的宗教制裁，旋又批准了腓特烈与埃及苏丹签订的条约。

第六次十字军东征，就战略战术而言，是整个十字军战争最成功的一次，做到了不战而屈人之兵。

第七次十字军东征

腓特烈二世在耶路撒冷的统治没有维持多久。1244 年，原来居住在里海附近的花剌子模人（突厥人的一支）在蒙古西征的压力下开始西迁，后来击败法兰克人十字军，侵入叙利亚。埃及苏丹乘势攻占耶路撒冷，圣城又回到穆斯林手中。翌年，罗马教廷在里昂召开宗教会议，依教皇英诺森四世的要求，通过了第七次十字军东征的决议。法王路易九世为巩固法国在地中海的地位，愿意东征。1248 年，路易九世率十字军自法国出发，到塞浦路斯岛集中。路易和第五次十字军一样，把埃及作为首攻目标。1249年 6 月，十字军由热那亚船队送至尼罗河的达密伊塔。由于敌方缺乏准备，十字军很快地占领这

个城市。时值尼罗河泛滥期，不能继续进军，一直等到深秋才开始向曼苏拉进攻。路易九世被暂时的胜利冲昏头脑，他以为敌人弱不堪击，不等主力到达，前头部队就开始攻城。结果陷入敌军埋伏，几百骑士阵亡，路易九世之弟亚多亚伯爵也在此役中丧生。路易九世率主力部队急忙渡河驰援，在敌前背水地方扎下营寨。埃及人利用有利地形从四面包围敌军，首先在尼罗河上击沉十字军停泊在曼苏拉的船只，切断敌军与其基地达密伊塔的交通，断绝粮食和军需的供应，然后伺机发起总攻。陷于困境的十字军，由于得不到粮食供给，士气沮丧，全军命运危在旦夕。路易九世被迫下令撤军，埃及军队乘胜追击，敌人溃不成军，纷纷投降，路易九世及其两个兄弟也作了俘虏，这是 1250 年 2 月的事，后来路易九世用 40 万金盎司赎身，并以十字军退出达密伊塔为条件而获释。路易九世退到阿克后，还想重整旗鼓继续战争。他派人回国招集军队，但无人响应。得不到增援的路易，不得不于 1254 年率领残兵败将回国。

第八次十字军东征

13 世纪后半叶，叙利亚、巴

发动这场战争的教皇英诺森三世

勒斯坦的十字军殖民势力，日趋消亡。一方面，它得不到外面的支援单凭自己无力支持，而统治者及十字军将领互相敌视，彼此攻伐，耗尽力量。另一方面，埃及马穆路克王朝日益强大。苏丹培巴尔步武萨拉丁，决心消灭十字军，收复失地。1256年夺取凯撒里亚和阿克，1268年占领雅法和安条克，十字军在东方的殖民地几乎被消灭殆尽。法王路易九世不堪忍受当年失败的耻辱，在巴黎召开贵族会议，决定主动请命再次东征。1270年，他把政事委托于重臣，亲率3个王子、6000骑士和3万步兵，自南法埃格摩特港扬帆东征。值得注意的是，这次东征事前既没有制定作战计划，也没有确定进军目的地。直到抵达撒丁岛后，才决定进军

北非突尼斯，然后由突尼斯进攻埃及。路易所以作出这样的决定，是因为他在撒丁岛听说突尼斯总督阿里·莫斯坦西尔曾表示愿意改宗基督教，路易打算把十字军开进突尼斯对这位总督施加压力，促进他改宗基督教的立场，然后和他结盟共同进攻埃及。这样，既可以扩大十字军的力量，又可以通过突尼斯迂回进攻埃及，以避免重踏先年直接进攻埃及而遭致失败的覆辙。此外，突尼斯的富有对路易也有很大的诱惑力量。

但是，当路易在北非登陆后发现，突尼斯总督并不欢迎十字军，并以重兵在首都严阵以待，路易九世愤怒不已，命令军队围城。突尼斯总督与埃及方面取得联系，苏丹培巴尔驰军支援，十字军腹背受攻，损失惨重。同时，十字军为酷暑和时疫所困，路易之爱子及其本人先后死于瘟疫，十字军几乎溃灭。后来安茹伯爵查理、那瓦尔伯爵提率军来援，但为时已晚。1270年10月，查理与敌方媾和后，率军回国。

伊凡雷帝

伊凡四世执政后，从司法、

伊凡雷帝杀子 列宾画

行政、军事三方面着手进行改革。1550年，颁布新法典，惩治贪污腐败；在各地设专门的司法机关，以削弱地方总督的司法职权；提拔中小地主担任官职。伊凡四世用火器配备步兵，并由精锐部队组成近卫团，加强炮兵组织。1555年，在中央设领地衙门和军事衙门。1556年，伊凡四世又颁布军役法，规定不管是大贵族的世袭领地还是中小贵族的领地，每150俄亩的土地必须出骑兵一名。大贵族在军役方面的特权被取消，骑兵人数大大增加，进一步加强了王权。

当时的俄罗斯，拥有大片领地的大贵族仍然不少。1565年，为彻底解除大贵族对王权的威胁，伊凡四世再次推行新政策。将全国划分为普通区和特辖区两部分，土地肥沃、商业发达、具有重要

军事意义的地方统统划为特辖区，特辖区内大贵族的世袭领地被收回，由沙皇掌管，被分给忠于沙皇并服军役的中小贵族。普通区则由杜马管理。伊凡四世还从中小贵族中挑选亲信组成特辖军团，以镇压大贵族的反抗。这些措施引起了大贵族的强烈不满，有些大贵族蓄意谋反，但都被伊凡四世血腥镇压。伊凡四世因此获得了"恐怖的伊凡"的称号，也被称为"伊凡雷帝"。

伊凡四世对外进行了大规模的军事扩张。1550年、1552年他两度出兵喀山汗国，喀山汗被迫向俄罗斯称臣。1556年，伊凡四世又兼并阿斯特拉罕汗国，伏尔加河中下游流域和乌拉尔山以西的领土都被并入俄罗斯，这片土地上的鞑靼人、玛里人、楚瓦什人、乌德摩尔特人、巴什基里人、摩尔多瓦人等各族人民也都变成了"俄罗斯人"。沙皇统治下的一个多民族俄罗斯出现了。

拉辛起义

受人民爱戴的拉辛

1598年，沙皇费奥多尔死后无嗣，鲍里斯·戈都诺夫夺取皇

拉辛和他率领的哥萨克起义军

位，留里克王朝在俄罗斯的统治宣告结束。此后俄罗斯陷入皇位争夺的混乱中。1613年1月，俄罗斯贵族、商人、僧侣和哥萨克上层的代表推举罗斯托夫总主教菲拉列特的儿子米哈伊尔·费多罗维奇·罗曼诺夫为沙皇，罗曼

米哈伊尔·费多罗维奇·罗曼诺夫肖像

诺夫王朝的统治开始。

罗曼诺夫王朝采取各种措施加强农奴制。1649年，沙皇阿列克谢·米哈伊洛维奇颁布新法典，规定贵族有无限期追捕逃亡农奴的权力，被追回的农奴连同家属及其全部财产都归属原农奴主，农奴制最终在法律上得以确立。农奴完全失去自由，被固定在地主庄园里，地主可以任意买卖或转让他们，农奴简直成为地主的商品。

拉辛在策划起义

这种蛮横而残暴的统治必然招致广大劳动群众的反抗，1667~1671年，西南地区爆发的由斯杰潘·拉辛领导的农民起义是其中的代表。拉辛是哥萨克人，不仅人长得高大威猛，为人谦虚老成，而且在军事和外交方面很有经验，会讲几种语言。1667年春，拉辛率领走投无路的穷人，在顿河、伏尔加河下游以及里海以南

袭击过往的富商船队。起义军的规模越来越大。1670 年 6 月，阿斯特拉罕被义军攻下，义军沿伏尔加河北上，直取萨拉托夫和萨马拉。9 月，围攻辛比尔斯克，同时另两支农民军逼近莫斯科。拉辛把战利品分给大家，人民非常拥戴他，称他为"父亲"。

声势浩大的农民大起义

随着革命形势的发展，拉辛领导的起义军队伍不断壮大。1670 年春，拉辛实际上已经掌握了顿河地区的政权，镇压了哥萨克上层的抵抗。被沙皇派到顿河企图刺探义军情报的使臣叶夫多基莫夫也被拉辛处死，这是公开反政府的一种表现。

为振奋士气，拉辛召开了全体大会，在会上提出了"给百姓自由，杀尽贵族、督军和衙门官吏"的口号，做出"进军伏尔加，

拉辛在被送往刑场的路上

再取俄罗斯"的决定。同年 5 月 14 日，7000 多人的起义大军向伏尔加河察里津逼近，15 日包围察里津。当地市民和哥萨克将该城双手奉上。一支沙皇派来的大部队赶来增援，也被义军击败。

此后，拉辛领导的起义军连克数城。当时，俄罗斯中部许多县也有起义军活动。农民骚动席卷俄罗斯中部、乌拉尔和西西伯利亚。伏尔加河中游的绝大多数城市皆处于起义军控制之下。9 月 4 日，拉辛派手下率领义军进抵辛比尔斯克，几乎全歼来援的部队，并攻占辛比尔斯克附近大部地区。

面对浩大的起义军，统治者着急了，沙皇军队大量集结，组成讨伐军。讨伐军在武器装备和军事素质上都占据优势。起义军虽然规模较大，但行动不协调，义军接连失败。战斗中拉辛两次负伤，使义军军心涣散。10 月 4 日在辛比尔斯克城下，讨伐军再次挫败义军。拉辛率领部队乘船顺河而下，撤至顿河对岸。10 月底，讨伐军转入进攻。12 月 20 日，起义军在伏尔加河中游地区的最后一个堡垒奔萨陷落。1671 年 4 月，拉辛被俘，6 月 6 日被处死。

立窝尼亚战争

伊凡四世上台后，野心勃勃，积极对外扩张，首先将矛头对准西方。征服波罗的海沿岸、争夺出海口，是他的第一个梦想。波罗的海地处北欧交通要道，是沙俄通往大西洋的最便捷的通道。要想自由出入于波罗的海，必须先占领立窝尼亚。这一地区从12世纪起，便被日耳曼立窝尼亚骑士团（又名宝剑骑士团）和条顿骑士团所占据。

1558年1月，伊凡四世以立窝尼亚骑士团与立陶宛勾结反对俄罗斯为名挑起战争。这时的俄罗斯已经相当强大，立窝尼亚根本没有足够的力量与之抗衡。伊凡四世派4万精兵越过立窝尼亚边境，很快攻陷芬兰湾南岸爱沙

伊凡四世查看贡品

尼亚的港口那尔瓦和塔尔图等城，包围里加主教区。1559年，被逼无奈之下的立窝尼亚骑士团与俄罗斯签订停战协定。

1560年2月，战火重燃，俄军再次进攻立窝尼亚并占领马尔堡和维尔扬吉，骑士团主力基本被消灭。这直接威胁到了波罗的海沿岸国家的安全，波兰、立陶

赫米尔尼茨基肖像

宛、瑞典、丹麦纷纷对俄宣战。1561年，瑞典首先出兵并占领包括塔林在内的爱沙尼亚北部，立窝尼亚与波兰—立陶宛将西德维纳河以北地区并入立陶宛，形成西德维纳公国；西德维纳河以南的地区建立了库尔兰公国，隶属波兰—立陶宛。1562年，俄罗斯

直接出兵立陶宛，直逼其首都维尔纽斯。1579 年波兰参战，同时瑞典从北方进攻俄罗斯。面对强敌，俄罗斯不敢造次，俄国先后与波兰、瑞典签约停战历经 25 年的立窝尼亚战争，使沙俄丧失了波罗的海沿岸部分土地，沙俄最终以失败收场。

俄国与乌克兰的合并

16 世纪初，当时的立陶宛公国颇为强大，白俄罗斯和乌克兰都是立陶宛公国的疆土。而波兰也日渐兴起。1569 年，在卢布林会议上，立陶宛和波兰合并。白俄罗斯仍隶属立陶宛，然而乌克兰大部土地则归于波兰。波兰贵族霸占乌克兰村社中的最好土地，继而又强迫乌克兰人信仰天主教。这些政策无视乌克兰的实际情况，严重阻碍了乌克兰的发展。

被压迫下的乌克兰人民实在是无法忍受了，16 世纪末，反对波兰统治的起义此起彼伏。1648 年春，在富裕哥萨克波格凡·赫米尔尼茨基领导下首先爆发起义，起义浪潮从第聂伯河下游迅速席卷乌克兰全境。同年 5 月至 9 月

间，义军两度击败波兰军，波兰统帅也被俘虏。年底，基辅城被解放。无奈之下，波兰国王不得不承认乌克兰独立。1651 年，不甘心失败的波兰再度集结大军开往乌克兰。大敌压境，赫米尔尼茨基先后两次向克里米亚汗求援，岂料克里米亚汗出卖了乌克兰，与波兰贵族相勾结。基辅被攻陷，乌克兰人民惨遭蹂躏，无数的乌克兰人被掳为奴。无奈之下，赫米尔尼茨基向沙俄求助。沙俄以保护乌克兰为由，向波兰宣战。1654 年 1 月，乌克兰人在佩累雅斯拉夫召开会议，部分贵族表态，愿意归属俄国。战局对沙俄有利，1667 年沙俄借机同波兰签订《安德鲁索沃停战协定》，为期 13 年。条约规定：白俄罗斯的部分地区、斯摩棱斯克和第聂伯河东岸的乌克兰归沙俄所有。1686 年，俄波再签和约，基辅也归俄国。从此，乌克兰人、白俄罗斯人与俄罗斯人同处在沙皇统治之下。

沙俄在西伯利亚的扩张

16 世纪后半期，沙俄侵略的魔爪伸向西伯利亚。伏尔加河流域首先被吞并，与俄国东南边疆

接壤的由蒙古人建立的几个汗国，如克里米亚汗国、诺该汗国等，均被蚕食。伏尔加河中下游和乌拉尔山以西广大地区逐渐被沙皇控制。

征服伏尔加河流域后，伊凡四世继续东侵，西伯利亚成为目标。沙皇授权大地主斯特罗干诺夫家族招募雇佣军，沿河蚕食。当时西伯利亚社会发展水平较低，沙俄的扩张又没有什么竞争对手，因此扩张迅速。1555年，西伯利亚的失必儿汗国被迫向沙皇称臣纳贡。1558年，伊凡四世将卡马河中游的土地"赐给"斯特罗干诺夫家族以示奖励，并授权该家族在此构筑堡垒，招兵拓地。1574年，伊凡四世授意直接出兵失必儿汗国。

叶尔马克进军西伯利亚

1579年，以叶尔马克为首的一批哥萨克被斯特罗干诺夫家族收编。1581年9月，叶尔马克纠集840名侵略军侵入西伯利亚西部。失必儿汗国的首领库程汗带领人民坚决抵抗，但终因力量悬殊，首都伊斯堪城失守。叶尔马克因战斗"有功"，得到伊凡四世的亲自接见，并被奉为"英雄"。但失必儿汗国人民没有屈服，仍坚持游击战，伊凡四世连续派两支援军支援叶尔马克。当时，俄军缺粮，又染上坏血病，战斗力大降。1584年，失必尔汗国人民夜袭成功，叶尔马克的主力部队被歼灭，叶尔马克跳船逃跑时淹死在额尔齐斯河中。

1586年初，沙皇又两度兵发失必儿汗国，先后构筑秋明城、托博尔斯克和塔拉等城堡，作为继续进攻的基地。1598年，库程汗的军队被迫退入南方草原，后库程汗被宿敌杀害。失去了头领的失必儿汗国人民再也无力抵抗，坚持17年之

叶尔马克肖像

久的抗战最终以失败告终。叶尔马克竟然被俄国教会吹捧为"民族英雄"，沙俄政府专门在托博尔斯克城为叶尔马克树立了16米高的纪念碑。

吞并失必儿汗国后，沙皇以此为阵地，采取各个击破的方法继续东侵。

沙俄对中国黑龙江流域的侵略

沙俄势力在扩张至东部西伯利亚之初，他们并不知道中国的内河黑龙江。直至1636年，俄国人才传言外兴安岭以南有一条黑龙江。1643年，借中国内乱、清军入关之机，沙俄雅库茨克基地的统领戈洛文派遣波雅科夫率军入侵黑龙江流域，首先进入黑龙江支流精奇里江一带。

波雅科夫的行动也得到了沙皇的大力支持，1644年，沙皇下

谕："新土地上若有人难以制服……可用战争。"波雅科夫有恃无恐，肆无忌惮地到处捕杀，甚至以人肉为食。据载，"哥萨克吃掉50个异族人"，当地居民称他们为"吃人恶魔"。

此后，沙皇又两度派由盐商、盗窃犯组成的侵略军在大暴发户哈巴罗夫的带领下入侵黑龙江。1650年9月，达斡尔族人的驻地雅克萨被入侵者占领。哈巴罗夫手持沙皇下发的"远征令"扬言：若拒绝臣服，就要动武，将中国男女老幼"斩尽杀绝"。侵略者到处"焚毁住区，杀害居民"。1651年6月，伊古达尔城也被俄国侵略者攻占，一次就屠杀男子661名，掠夺妇女243人，儿童118人。许多老弱之人被投入火海中活活烧死。

侵略军的血腥暴行，激起了黑龙江流域各族人民的坚决抵抗。1652年4月，中国军民首次联合抗俄。此后，中国军民又连续多

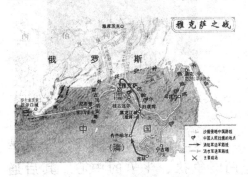

雅克萨之战地图

雅克萨之战 中国人民革命军事博物馆藏

次联合保卫祖国，特别是 1658 年两江之战中，匪首斯捷潘诺夫被击毙，中国军民锐气大长。由于中国军民的坚决抵抗，俄国的侵略军被限制在黑龙江上游一带。

中国政府一再提出和平解决边界问题，均遭拒绝。1660 年古法坛村之战和 1665 年巴海之战，沉重打击了侵略者，他们不得不撤回雅库茨克。1685 年 6 月，雅克萨城也被收复。沙俄侵略者一再遭受打击，不得不同意进行边界谈判。1689 年，双方签订《尼布楚条约》，条约明确规定黑龙江和乌苏里江流域包括库页岛在内的广大地区是中国领土。

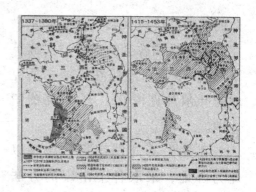

百年战争

英法百年战争

概况

从 1337～1453 年，英国和法国之间断断续续进行了长达一百多年的战争，历史上称为"百年战争"。一百多年时间，这场战争从最初争夺王位继承开始，逐渐演变成了一场侵略和反侵略性质的战争。

英国和法国两国王室之间，长期存在领土纠纷问题。自 1066 年法国诺曼底公爵征服英国，成为英国国王以来，两国之间的纠纷就从来没有停止过。诺曼底公爵成为英国国王以后，在法国仍然拥有大片领地。他的子孙后代通过联姻和继承关系，到 12 世纪中期金雀花王朝时，英国在法国拥有的领土甚至六倍于法国正室本身拥有的土地。

英国国王亨利五世

英王在法国的领地，一直是两国争执、斗争的中心。其后通过一系列战争，法国夺回了英王在法国的大部分土地，但是英国王室从来不甘心罢休，力图夺回失去的领地，而法王则竭力夺取仍残留在英王手中的南方领土，双方矛盾尖锐化。

1328 年，法国卡佩王朝的查理四世逝世，死后没有留下可以继承王位的后代，英王爱德华三世作为查理四世的外甥，是法国王位的继承人候选人选之一。但是，法国害怕英国势力在法国继续增大，最终推选查理四世的堂弟、支裔华洛瓦家族的腓力继承王位，即腓力六世（1328 ～ 1350 年）。王位继承问题激化了英法之间的矛盾。爱德华三世心生不甘，腓力六世也宣布要收回英国在法境内的全部领土，战争遂起。

这场战争除王位继承原因外，还为了争夺法国境内富庶的佛兰

法国国王查理五世

德尔和阿基坦地区。佛兰德尔形式上是处于法国国王的统治之下，但实际上却是独立的。佛兰德尔以毛纺业著名，与英国有着密切的经济联系，它的羊毛原料主要来自英国。

1328 年，佛兰德尔爆发了城市上层和农民的起义，法国派军队进入佛兰德尔，建立起法国的直接统治，并于 1336 年逮捕了在那里经商的英国商人。英王爱德华三世采取报复措施，下令禁止羊毛向该地出口。佛兰德尔地区为了保持原料来源，转而支持英国的反法政策，承认爱德华三世为法国国王和佛兰德尔的最高领主，并希望英国出兵法国。佛兰德尔使英法两国矛盾进一步加深。这也是导致战争发生的一个基本原因。

英国和法国之间的这场战争时断时续，几经休战，进行了一百多年，大体可以分四个阶段：

战争的第一阶段（1337 ～ 1360 年），法国屡战屡败，英国频占上风。1337 年，英法正式宣战。1340 年，在斯吕斯海战中，英国以其强大的海军重创法国海军，控制了英吉利海峡，夺得制海权。从此，英军通过英吉利海峡自由进出大陆，将战争带到了法国

12世纪后半期的法兰西和英吉利

本土。

在1346年8月的克勒西会战中,英王爱德华率领的英军又打败了法王腓力领导的、人数两倍于英军的法军,取得了陆上的优势,并经十一个月的围攻,于1347年占领了英吉利海峡对岸的法国海岸要塞加来港。此后,加来长期成为英军渡海攻打法国的据点。

占领加来港后,战争暂停,因为当时爆发了横扫欧洲的黑死病。

将近十年的休战之后,法军在普瓦提埃战役中再次被击败。1356年,爱德华三世的大儿子"黑太子"(因其披甲颜色得名)统率英军,攻打法军。法军由当时的法王约翰(1350~1364年)统率,人数约为英军的四倍。但是结果,法军仍然大败,连法王约翰和他的幼子都被俘虏,英王乘机向法国索取了大量赎金。1360年,法国被迫在布勒丁尼签订和约,和约条款极为苛刻,法国承认英国占有从卢瓦尔河至比利牛斯以南的领土和加来等地。

在几次的英法交战中,英军在人数上并不占优势,但是总能取胜,主要是由于它有一支灵活善战、身手敏捷的弓箭手队伍。他们能在1分钟内射出10~12支箭,能在170码的距离内射穿一个身披甲胄的骑兵的大腿。而且,英军组织性很强,各种配合良好。而法军尽管也是作战勇猛,但是缺乏纪律,兵败如山倒。

战争给英法两国的经济、社会都带来很大的灾害。法国作为这场战争的战场,人民所受的苦难更是深重。战争的失败,亲人的阵亡,庞大的军费开支,经济的衰败,再加上当时黑死病肆虐,使人口锐减,法国人民忍无可忍,终于爆发了马赛领导的巴黎市民起义(1357~1358年)和卡尔领导的扎克起义(1358年)。

战争的第二阶段(1369~

1396 年），法国取得阶段性胜利。法王约翰死后，太子查理监国八年后登位为王，即查理五世。为了收复失地，法王查理五世（1364～1380 年）励精图治，实行改革，改编了军队，整顿了税制。英国的雇佣军优于法国的封建骑士民团，这促使法国第一次建立了常备雇佣军，取代部分骑兵。

神圣罗马帝国皇帝查理五世

法军吸取了上一阶段战争的失败经验，改变战术，大量使用火炮。这些对西欧国家军队的建设都有重要影响作用，在西欧军事史上具有历史意义。查理五世还修筑城乡防御工事，并建立了野战炮兵和新的舰队。他起用英勇善战的骑士杜·克斯克林为军队总司令，赋予他很大的权力。查理五世通过改革扭转了战局，一度收复了几乎所有的失地。

1368 年，法军配合加斯科涅反英暴动，收复大片失地。1372 年，法舰队在拉罗谢尔打败英国舰队，重新控制西北沿海海域。到 70 年代末已逐步迫使英军退到沿海一带，除加来等几个沿海据点外，英国在法国的领地都被收复。英国遂与法国签订停战协定。

1380 年，查理五世逝世，其继承人查理六世患间歇性精神病，不能治理国家，封建主乘机争权夺利，形成以奥尔良公爵和勃艮第公爵为首的两大集团。法国的形势为英国继续入侵创造了条件，但是此时的英国，为了保住在法国的几个沿海港埠和波尔多与巴荣讷间的部分地区，并鉴于国内形势恶化，爆发了大规模的农民起义和封建主内讧，无力再战，两国于 1396 年缔结停战协定。

战争的第三阶段（1415～1424 年），法国进入最困难最艰苦的阶段。英王亨利五世即位后，政局稍加稳定。而法国因奥尔良公爵和勃艮第公爵之间的内战，矛盾加剧，农民和市民举行新的起义也使国力遭到削弱，英国乘机重启战端。

法国的勃艮第公爵企图在法德之间建立一个独立王国，因此以承认英王有权继承法国王位来换取英国的支持。1415年，英王亨利五世趁机率军入侵法国阿金库尔。英王入侵时，法国封建主正在内战，勃艮第公爵站到了英军一边，其他封建主匆忙集结兵力迎战。英军大败法军，并在与其结成同盟的勃艮第公爵的援助下占领法国北部，并继续向南推进。

1420年5月21日法国被迫在特鲁瓦签订丧权辱国的和约。按照和约条款规定，法国沦为英法联合王国的一部分，承认英王亨利五世为法国摄政王，并有权在法王查理六世死后继承法国王位。但是，查理六世和亨利五世于1422年都先后猝然死去。英国把英王亨利五世年仅十个月的儿子立为法国和英国的国王，亨利五世的兄弟贝特福公爵为法国摄政，成为法国北部半壁江山的实际统治者。

由于争夺王位斗争（1422～1423年）加剧，法国遭到侵略者的洗劫和瓜分，处境十分困难。农村荒芜，城市残破，捐、税和赔款沉重地压在英占区的居民的身上。此时，战争的性质已经产生变化：对法国来说，争夺王位的战争已转变为民族解放战争，而英国方面则是进行侵略性的非正义战争。英国的侵略行为激起了法国人民的爱国之心，纷纷主动加入战争，针对英国的战争从军队的战争，转变为全民的战争，英法百年战争由此进入第四个阶段，也是最关键的一个阶段。

战争的第四阶段（1424～1453年），形势渐渐有利于法国，法军取得最后的胜利。随着人民群众的参战，游击战更加广泛地展开。1429年，英军围困法国重镇奥尔良。奥尔良是通往法国南部的门户，一旦失守，法国就面临全部沦陷的危险。就在法国岌岌可危的关头，传奇式的法国女英雄贞德脱颖而出。

贞德出生在法国北部香槟与洛林交界处的杜列米村一个农民家庭，艰苦的生活使她逐渐成为一个性格坚强、不怕困难、敢于斗争的少女。她童年时代目睹了英国侵略者的种种暴行，对英军深恶痛绝，一直希望自己能加入反击敌军的队伍，亲手血刃英军。

1428年，年仅19岁的贞德三次来到南方求见王太子查理，陈述她的救国大计，请缨解救奥尔良。1429年4月，束手无策的王太子终于同意了贞德的请求，将信将疑地给了她一支3000士兵的军队，并授予她"战争总指挥"

世界通史

最新整理图文珍藏版

的头衔。

贞德的英勇鼓舞了奥尔良城内外的将士们，就连农民也纷纷拿起武器，聚集在贞德的周围。贞德身披甲胄，腰悬宝剑，率兵3000，向奥尔良进发。奥尔良当时已被英军包围达半年之久，官民几乎已经丧失信心。贞德先从英军围城的薄弱环节发动猛烈进攻，英军难以抵挡，四散逃窜。

英国弓箭手在1346年的克勒西之战中大败法国重铠骑士军队

贞德身先士卒，冲入敌阵，身负箭伤仍然浴血奋战，广大士兵也个个奋勇当先。在她的领导下，法军杀进敌军包围圈。困在城中的守军深受鼓舞，也乘机杀出，里应外合，使敌军受到两面夹攻。5月8日，被英军包围二百零九天的奥尔良终于解了围。奥尔良解放的钟声敲响了！

奥尔良战役的胜利，扭转了法国在整个战争中的危难局面，从此战争朝着有利于法国的方向发展。法军转败为胜，士气高涨，在贞德率领下继续挥师北上，迅速攻克了圣罗普要塞、奥古斯丁要塞、托里斯要塞。敌人听到贞德的名字就吓得发抖，法国人民则亲切地称她为"奥尔良姑娘"。

1429年，贞德亲自拥戴王太子查理加冕，查理成为法国国王，即查理七世（1422～1461年在位）。这次加冕的意义在于，否定了英国所立的国王和摄政，重新确立了法王对法国的统治权。

但是，宫廷贵族和查理七世的将军们却不满意这位"平凡的农民丫头"影响的扩大，他们慑于贞德的威望，既嫉妒又害怕，便蓄意谋害贞德。1430年在康边城附近的战斗中，贞德率军与强敌作战，被逼撤退回城时，这些封建主闭门不纳，把她关在城外，使贞德陷入英军的同盟者勃艮第之手，最后勃艮第党人以4万法郎将她卖给了英国当局。

宗教法庭以"女巫"罪判处贞德死刑。1431年5月，备受酷刑的贞德在卢昂城下被活活烧死，她的骨灰被抛进塞纳河中。牺牲时，这位法国民族女英雄还不满二十岁。

贞德为了民族解放不惜牺牲自己的生命，唤醒了人民的民族意识，激起了法国人民极大义愤和高度爱国热情，振奋了民族精神。在人民运动的压力下，法国当局对军队进行了整顿。1436年，也就是贞德死后第五年，查理七世进驻巴黎。1437年法军攻取巴黎，1441年收复香槟，1450年夺回曼恩和诺曼底，1453年又收复基恩。英国在法国的领地，除加来港外，先后都被收回。1453年10月19日，英军在波尔多投降，法国大胜，这场延续了一百多年的战争至此结束。

百年战争的胜利，不仅使法国摆脱了侵略者的统治，而且还使法国人民团结起来，民族感情迅速增强了，国王受到了臣民的忠心支持。百年战争以后，法国经济逐渐复兴，王权得到加强，消除了封建割据状态，法国成为一个中央集权的封建国家，封建君主政体演变成了封建君主专制政体。

战后的英国，在经历了一段内部的政治纷争后，也建立起中央集权的君主专制国家。

英法百年战争的爆发

1328年卡佩王朝告终，瓦洛亚王朝登上历史舞台，第一任国王为腓力六世（1328～1350年），在他统治时期，英法爆发了旷日持久的百年战争。英法两国争夺领地的斗争由来已久。近因是法王想收复英国在法国的最后一块领地亚奎丹，而英王爱德华三世则借口自己是腓力四世的外孙，要求继承法国王位。以法国王位继承纠纷为导火线，终于引发了英法"百年战争"。

然而，除王位继承纠纷外，百年战争的爆发还有其他更深刻的原因。首先是领土纠纷，英国的两个统治王朝〔诺曼底王朝（1066～1154年）和安茹王朝（1154～1399年）〕都是来自法国的封建主，因而在法国大陆拥有大批领地。腓力二世统治时期剥夺了英王在法国的大部分领地，但英王仍占领着法国西南部的不少土地。只要领地没有被完全剥夺，英国王室就仍抱有在法国大陆扩张势力的野心。法英冲突的另一个问题是佛兰德尔问题。佛兰德尔地区城市发达，各城市的毛织业当时名列欧洲之首。毛织业的主要原料羊毛，大部分来自英国，城市与英国的经济联系十分密切。但是，在政治上，佛兰德尔伯爵是法国国王的附庸。14世纪上半叶，佛兰德尔伯爵极力从经济上搜刮城市，政治上压制城市自由，双方矛盾非常尖锐，伯爵求助于法国国王镇压城市反抗，城市市民则在政治上倾向于英王。

所有这些矛盾交织在一起，导致了英法之间旷日持久的战争，这场战争前后持续一百多年（1337～1453年），史称百年战争。

1337年，英王、法王相互向对方宣战。同年英国向佛兰德尔进军，英王爱德华三世派舰队占领加桑德堡垒，百年战争正式爆发。1340年英国海军打败法国海军，控制了英吉利海峡，1346年在克勒西战役中主要由英国自由农民组成的弓箭手，在少量炮火的配合下，打败了素称"法兰西之骄傲的花朵"的法国骑士。在军事史上，这次战役标志着骑士制度开始走向没落。1347年英军占领法国海滨重镇加莱。1356年，普瓦提埃战役爆发，由英王长子"黑太子"（因其披甲黑颜色而得名）统率的8000英国军队，打败了4万余法国骑士，法王约翰二世（1356～1364）及其幼子和大批法国贵族被俘。1360年两国签订《布列提尼和约》，法国承认英王以国王而非法王附庸的身份占有法国的大片领土，英王则放弃对法国王位的要求，并规定法国须交300万克朗以赎回法国国王及被俘贵族。

巴黎市民起义

1356年法国在普瓦提埃战役失败之后，十八岁的王太子查理监国摄政，他为了筹集战费和国王赎金，乃召开三级会议。在800名代表中，半数是市民代表，他们要求国王的行动需受特别监督，应惩治失职官吏，并拘捕以财政大臣罗伯特为首的22名高级官吏，强迫他们交出侵吞的公款。王太子查理十分害怕，下令解散会议，市民更加不满，整个巴黎开始骚动。查理被迫于1357年2月再度召开三级会议。在巴黎呢绒商会会长艾田·马赛的操纵下通过一系列改革决议，称为"三月大敕令"，其中最主要的是三级会议设立36人的执委会（每个等级13人），负责监督政府，国王必须服从三级会议的决定，每年召开三次例会，审定国家大事。如果国王执行大会决议，市民则同意筹款装备3万军队，抗击英军。此外，还有对租税收支，进行监督及救济贫民等。王太子被迫签署了三月大赦令。但不久反悔，拒绝执行三月敕令。1358年2月，在巴黎商会会长艾田·马赛领导下巴黎市民举行武装起义，22日，3000多名起义者冲进王宫，当着王太子的面杀死了为太子宠信的三名贵族，太子查理由于马赛的保护才免于一死。3月，查理逃出巴黎，巴黎掌握在以马赛为首的起义市民手中。

1348年，黑死病相继在法国各地泛滥，大约有1/3的人口死于瘟疫，个别地区死亡人数竟达半数。瘟疫之外，战乱也给农民带来灾难，战费和贵族赎金榨尽了农民的血汗。但使农民更难忍受的是英国侵略军和法国骑士、雇佣军的烧杀劫掠。例如，一个叫做格利费特的贵族率军四处抢掠，使塞纳河与卢瓦尔河之间地区成为荒芜不毛之地。农民走投无路，只好揭竿起义。1358年5月，北部博韦地区农民起义，推举吉约姆·卡尔为首领。史称"扎克雷（意为"乡下佬"）起义"，起义队伍达5000多人。其他地方农民也纷起响应，毁城堡、杀贵族，以"消灭一切贵族，一个不留"作为起义口号，但他们认为国王是人民的保护者，旗帜上仍绘有王徽百合花。为了利用

农民起义，艾田·马赛一度支持起义，并两次派出共800人的军队援助农民军。封建贵族们推举法王约翰的女婿、西班牙的那瓦尔国王"恶人"查理率军队进入博韦地区镇压起义。"恶人"查理以谈判为名，诱捕并杀害了义军首领卡尔，起义军失去指挥，内部混乱，最后为封建贵族武装残酷镇压。

扎克雷起义是中世纪法国历史上规模最大的一次农民起义，起义打击了封建贵族势力。农民起义失败后，封建贵族集中全力围攻巴黎。1358年7月31日巴黎街头发生巷战，艾田·马赛被杀死。8月2日太子查理率军进占巴黎，市民政权被推翻，大批市民被镇压，巴黎市民起义也最终失败。

贞德抗英和百年战争的结束

1360年，法国被迫向英军求和，把加莱港、西南部的基恩和加斯科尼割给英国。监国太子查理即位后，称查理五世（1364～1380年）。他进行一些改革。实行征收关税、盐税、户口税的经常税制度；建立庞大的雇佣军，加强了炮兵建设，修建了防御工事体系。这些改革使法国军事力量大大加强。1369年，战争再起，

法军转败为胜，收回大部分失地。到 1380 年，英军仅占有沿海几个据点了。

但是，到 15 世纪初，英王亨利五世（1413～1422 年）利用法国封建领主内讧，重新发动进攻。1415 年，大破法军于阿金库尔，占领巴黎和法国北部大部地区。1422 年，英王亨利五世和法王六世先后死去，英方宣布不满周岁的亨利六世（1422～1461 年）兼领法国国王。法国太子查理（后称查理七世）受到南方贵族的支持，与北方对抗。1428 年，英军南攻奥尔良，该地是通往南方的门户，如果失守，法国南方就有全部沦陷的危险。当时军情紧迫，以查理七世（1422～1461 年）为首的统治集团，惊慌失措，束手无策。法国人民则奋起抵抗，满怀爱国热情的农村姑娘贞德（约 1410～1431 年）出生于香槟与洛林交界之处的杜列米村一个农民家庭。在她童年时代，法国的半壁山河，业已沦于英军铁蹄之下，沦陷区内外法国人民的抗英斗争激起贞德高昂的爱国热忱，她认为从法国土地上赶走英国侵略者是她责无旁贷的使命。她的爱国宣传在人民中间产生了很大的影响。查理七世在危险处境中不得不向人民爱国力量寻求援助。1429 年 4 月 22 日，不满 20 岁的贞德受命参加解救奥尔良城的军事指挥。5 月初，保卫奥尔良战役开始，贞德奋勇当先，全军士气大振，一举击溃英军的围攻，保卫了南部国土，人民无不称颂贞德，称她为"奥尔良姑娘"。随后贞德建议向兰斯进军，主张查理七世在兰斯大教堂举行加冕礼。这个建议也是当时进行大规模游击战争，决心把英国人逐出国境的法国人民群众的要求。自从奥尔良保卫战获胜后，贞德及其拥护者声势浩大，查理不能不同意向兰斯进军，沿途法国军民攻下许多被英人占领的城市，查理如愿以偿地在兰斯大教堂举行了加冕礼。这时贞德的声誉已达到高峰，人民赞扬她的信件从四面八方寄来，国王赐给她贵族称号和优厚恩赏。但是贞德仍和过去一样保持纯朴的农村姑娘作风。她拒绝接受任何荣誉和恩赏，只要求豁免她深受战祸的故乡人民的赋税。贞德建议进攻巴黎，但法国贵族害怕贞德影响的扩大，会引起人民运动的高涨，开始对她进行暗害活动。1430 年春，贞德在康边附近一次战斗中担任后卫，当她即将撤入城内时，城门竟然

圣女贞德

被关闭，后退无路，被敌人俘虏。在被英军囚禁一年中，贞德受尽迫害，坚贞不屈。1431 年 5 月，贞德以魔女罪名被教会法庭处以火刑，牺牲于卢昂广场。查理七世忘恩负义，不顾贞德的奇功伟绩，按兵不动，坐视不救。

贞德虽死，但她的爱国精神已在法国人民中间开花结果，在法国人民力量的打击下，英军接二连三地遭到失败。1436 年，法军收复巴黎。1453 年，百年战争以法国的最后胜利告终。英国侵占的土地除加莱一城外，全被法国收复。

千年帝国

以君士坦丁堡为首都的拜占廷帝国在历史的记忆中存续了一千多年之久，在这段对于人类历史长河来说并不算长的时间里，拜占廷人所经历的是血雨腥风的动荡不安的历史，在不断地征服与被征服中，拜占廷帝国以其独特的魅力向世人展现了她令人炫目的风采。而我们在回味那段历史的同时，那颗起伏不断的心也在随着她的成败跳动。

从罗马到拜占廷

公元 330 年 5 月 11 日，君士坦丁大帝用六年时间建立的新首都——君士坦丁堡（今伊斯坦布尔）顺利落成，它耸立在博斯普鲁斯海峡旁边，位于欧亚两大洲交界处的古代拜占廷地域内。这是罗马帝国彻底改变政策的最后阶段，君士坦丁大帝力图在东方寻找生路。当时最繁荣的省是叙利亚、巴勒斯坦和埃及。诞生于巴勒斯坦的基督教就在这里发展起来，并使帝国获得了新生。312 年君士坦丁给予基督教徒信教的自由，325 年他又强迫这些教徒在信仰上协调一致。他的目标不仅在宗教方面，而最终目的是首先必须保卫疆界，尤其是保卫受到哥特人和波斯人威胁的多瑙河和幼发拉底河的疆界。由此帝国采取了灵活的自卫政策，终于牵制住和同化了哥特人，或者把哥特人遣送到西方去，远离帝国心脏。一部分元老院设立在博斯普鲁斯海峡边上的罗马帝国，于476年结束了辉煌的历史历程。

一方面是东方的经济繁荣养育了君士坦丁堡，另一方面帝国政治中心的东移，使东方原具有的优势有了更大的发展，其经济文化的繁荣也很快为世人所瞩目。君士坦丁堡很快就代替了旧都，成为亚欧大陆上最为繁荣昌盛的一颗璀璨的明珠。这座城市从一开始就信奉基督教，尽管361～363年尤利安（Julien）试图建立异教，但君士坦丁堡从381年起就庇护主教会议，451年它的主教上升到教会权力的第二位。君士坦丁堡像从前的罗马一样，成为头等重要的城市，称为"Polis"（城邦）。直到15世纪，当土耳其人让当地农民指路时，这些农民指着城墙和塔楼说"到城里去"，一千年以来都是这样，那座城就是君士坦丁堡。因此，这个被我们称之为"拜占廷"的帝国，是罗马帝国的延续，但它也从里到外不同于罗马帝国，这是一个希腊人和基督徒的东罗马帝国。

世界性、多样性的帝国

6世纪初，帝国达到政局平衡和成熟期，以致查士丁尼为了把地中海重新变成拜占廷帝国的内海，不惜以高昂的代价同波斯人修好。帝国的两位将军贝利泽尔和纳尔瑟斯相继重新征服北非、意大利和西班牙南部。即使没有获得完全成功——因为高卢和五分之四的西班牙未被征服——查士丁尼还是用这种方式阐明了拜占廷政治思想的一个基本特点——世界性。

查士丁尼历久不衰的作品——编纂法典——也证明了这种世界性。早在5世纪初，罗马帝国皇帝提奥多西二世就已经让人收集所有的现行法律。但提奥多西法典很快就过时了，因为他把罗马法最重要的部分——判例扔在一边；而且提奥多西二世及其后继者在这部法典公布后，继续制定法律。从529年起，查士丁尼交给特里波尼安一个任务，就是编纂一部新法典，但同时在《学说汇纂》中收集判例，给大学生们提供一部教科书《法学阶梯》。534年，全部工作完成了，其成果就是举世瞩目的法典《民法大全》，但它马上就暴露出不足，其分门别类过于简单，避免不了重复和矛盾。但更主要的缺点还在于这些律例如汇编是用拉丁文写成的，拉丁文是行政管理用语即"官话"，但老百姓讲希腊语。语言上的障碍，使得新颁布的法律老百姓连字都看不懂，更别提好好地去遵守了，这样的法律就失去了存在的意义。查士丁尼认识到了这一点，所以规定，今后的法律，一律要用希腊文写成。

查士丁尼本身还体现了这个帝国的多样性，以及它的伟大和矛盾。他生于伊利里库姆，自己

查士丁尼一世像（547 年镶嵌画）

讲拉丁语，却统治着一个讲希腊语而且在东部地区讲叙利亚语或科普特语的帝国。他在东方受到威胁，便重新征服西方，并且近乎愚蠢地忽略了保卫巴尔干。他独断专行，差一点于 532 年向尼卡（Nika）起义投降，只是由于他的妻子提奥多拉说"皇袍是美丽的尸布"，遂奋然而起，才成功镇压了起义。他作为正统贵族的代言人，以异教不知悔改为由，关闭了雅典学院，并重建了圣索菲亚大教堂——直到君士坦丁堡陷落，它一直是基督教最大的教堂——但他娶了一个主张耶稣单性说的耍狗熊的女人。也许正是他自身所体现出来的戏剧性的冲突和矛盾，注定了他所创造的罗马大帝国的神话有如昙花一现的命运。

帝国灾难

在查士丁尼生前，最早的斯拉夫人已经穿越了多瑙河；从 565 年起，伦巴第人涌向意大利，只给帝国留下最南边的部分和拉韦纳与罗马之间一块不安全的地区。接着，610 年左右波斯人占据了叙利亚、巴勒斯坦和埃及，将真正的十字架遗物掳掠而去。从 629 ～ 630 年起，赫拉克利乌斯重建了幼发拉底河的边界，并在耶路撒冷

世界通史

最新整理图文珍藏版

重建十字架。就在 626 年，围攻君士坦丁堡的阿瓦尔人差一点在城中会师。这个起源于土耳其和塔塔尔人的民族，将斯拉夫人组成人数众多的团队移师西方；不过斯拉夫人留在巴尔干，并一直延伸到伯罗奔尼撒的尖端。

查士丁尼颁布法典

事隔不久，623 年，阿拉伯人再次向拜占廷发起了进攻。阿拉伯人所到之处以披靡之势前进，于 636 年在约旦附近摧毁了赫拉克利乌斯的军队，然后占领了叙利亚、巴勒斯坦和埃及。而后的 50 年，北非也成为他们的囊中之物。670 年左右，他们建立了一支咄咄逼人的舰队，虽然拜占廷人掌握着制海权，他们严守一项军

事秘密——用石油为基本原料制造的"希腊火"。总之，717 年 3 月 25 日，小亚细亚主要部队的首脑（或统帅）伊索里亚人利奥夺取了王位，局势万分危急，阿拉伯人乘机从陆路和海路围攻君士坦丁堡，因为至少在托罗斯边境还有隙可乘。至于巴尔干，帝国的势力范围只剩下它的爱琴海海岸上狭窄的一块地方。

俗话说：瘦死的骆驼比马大。由于上个世纪开始的政治重组，及步步为营保家卫国的战士的品质，帝国终于顶住了压力阻止了阿拉伯人的入侵。从 8 世纪末起，帝国加速收复被斯拉夫人占领的特拉斯、沙尔西迪克、希腊中部和伯罗奔尼撒等领土。9 世纪中叶开始，阿拉伯人再不能越过托罗斯山。相反，拜占廷重新在北方向亚美尼亚的边境发动征战。

帝国复苏

随着马其顿王朝（867～1057 年）统治时期的到来，标志着拜占廷军队最鼎盛时期的到来。重新征服构成罗马帝国的领土，对想成为世界性帝国的马其顿王朝来说是至关重要的。拜占廷军队一有机会，便越过托罗斯山，夺取梅利泰纳、安提俄克、埃德斯和耶路撒冷等四座历史名城，是

这一政策的象征。梅利泰纳城位于幼发拉底河上游的右岸，从752年至931年它最终被合并到罗马帝国，其间不断地被夺取和再夺取。拜占廷人把主教所在地称为安提俄克，即"上帝之城"，对于信奉基督教的拜占廷帝国不能失去对这个城市的控制，969年10月29日尼塞福鲁斯·弗卡斯皇帝终于夺回了它。相反，975年约翰·特基米斯凯斯的军队不得不在离圣城耶路撒冷150公里处止步。最后，1032年，帝国收复了位于幼发拉底河河湾及以圣像闻名的埃德斯。收复以上四座名城后，拜占廷帝国并未从此停下争战的脚步，而是推进得更远，朝高加

索进军，亚美尼亚逐步被蚕食，随着1045年安尼（Ani）被攻占，亚美尼亚并入了罗马帝国的版图。

罗马帝国自从961年尼塞福鲁斯·弗卡斯皇帝重新征服了克里特岛以后，主宰了东地中海，同样也在西地中海取得霸权。在南意大利，它逐渐重新控制伦巴第公国，轻而易举地遏制了日耳曼帝国的企图，值得一提的是帝国又重新占领了具有重要战略地位的巴尔干全境。

"保加利亚屠夫"巴西尔二世

与保加利亚人的斗争持续了两个多世纪。813年，保加利亚大公克鲁姆的军队摧毁了尼塞福鲁斯·弗卡斯皇帝的军队，后者在首都的城墙下坚守不住而战死。鲍里斯改信基督教，希腊的神职人员移居保加利亚，不过这样的和平只是短暂的。10世纪末，西美昂的一个继承者萨穆伊尔重新拿起了攻打拜占廷的武器——当时拜占廷的强大达到鼎盛期。巴西尔二世进行了16年的浴血斗争，巩固了在东方的地位，进而消灭保加利亚帝国，将它合并，并收复了多瑙河的边界。1014年7月，在克利迪昂的隐蔽地带，保加利亚军队被彻底击溃了，1.5万人成了俘虏。巴西尔二世把这

瓦西里二世像（11世纪古书插图）

些俘虏的双眼弄瞎，每 100 人中有一个只弄瞎一只眼，以便把他其他 99 个全瞎的不幸的同伴带回给萨穆伊尔。萨穆伊尔接受不了这一惨败的打击，于 1014 年 10 月 6 日去世。保加利亚帝国不久就被巴西尔二世吞并。胜者为王，败者为寇，战败者的命运注定是不幸的，正如萨穆伊尔，而巴西尔二世作为胜者在他逝世时，留下一个金库，拥有数以万计的金币。这种货币单位称为"诺米斯玛"，自君士坦丁统治时期以来一直很稳定，作为货币标准，通用于波罗的海至红海地带。11 世纪中叶，马其顿统治时期的帝国成为世界第一强国。

十字军东征的转折点

可是，以往成功的因素已经耗尽。拜占廷商人开始让位于意

1204 年十字军攻占君士坦丁堡，进一步加强他们的地位。在 14 世纪和 15 世纪，他们建造了大吨位战船，与划桨快船相配合。

大利人、威尼斯人和亚美尼亚人。农民的小土地所有制是收税和征兵的基础，两个世纪以来不断在衰落。从 1012 年开始，获得经济高涨的西方先头部队，同诺曼人一起，定居在拜占廷的意大利地区。1071 年，拜占廷在意大利的最后一个要津巴里（Bari）落入诺曼人之手。从 1095 年起，掀起一场涌向耶路撒冷的大规模运动，西方派出多余的十字军。初看起来，为了对付从 11 世纪上半叶开始来自土耳其的危险，增援并不是多余的。土耳其人在 1055 年夺取了巴格达，在小亚细亚一再发动突袭，对濒临解体的帝国政权垂涎欲滴。1071 年 8 月 19 日，在亚美尼亚的曼齐凯尔特边界进行了一场决定性的战役：一部分拜占廷贵族叛变，帝国军队被歼，土耳其人夺取了小亚细亚。阿列克塞·科穆宁（1081～1118 年）为了重整旗鼓，夺回地盘，需要士兵。十字军似乎为他提供了兵员，但十字军很快就考虑到自身利益，因此在 1098 年夺取了安提俄克以后，竟然拒绝把被称为"上帝之城"的安捷俄克交还给皇帝。另一方面，十字军被用作对付土耳其人的盾牌，使皇帝能够重新征服小亚细亚的大部分地区。

罗马帝国的最后幸存者

科穆宁的帝国（1081～1185年）闪耀出无可比拟的光辉。十字军的部队中无论是君王还是普通骑士，都被金银财富满溢、生气勃勃的城市弄得眼花缭乱。一时间，西方人共同涌向这个黄金城。先是威尼斯在1082年出钱获得帝国舰队的帮助，对抗诺曼人，在给了贡品以后，威尼斯商人得到了大大少于付出的利益，如被免除了商业税，还得到超过拜占廷人多得多的优惠。其他意大利人纷纷效仿威尼斯人，例如比萨人。但帝国已是元气大伤，再也恢复不了往日的强盛。相反，1176年拜占廷军队再次被土耳其人打败，一个世纪重建的努力毁于一旦。

于是帝国再也不能威吓同盟者了。拉丁语居民在君士坦丁堡与日俱增，引起了拜占廷人排外的反应。

1171年，威尼斯人就这样被逐出城外。他们逃脱了1182年5月西方商人遭遇的屠杀，不久又趁着科穆宁垮台后帝国政权的不稳定，毫不犹豫地利用了第四次十字军东征的大规模行动。1204年4月13日，十字军冲进这座人口最多的基督教城市，凶残地进行大肆掠夺和屠杀。十字军和威尼斯人瓜分帝国的势力范围，而拜占廷的合法政权则龟缩到了尼西亚一带。

罗马的继承者当然不会甘心就这样寿终正寝，1261年8月15日，米哈伊尔八世重建了帝国，

十字军攻占君士坦丁堡

世界通史

最新整理图文珍藏版

但这只是回光返照。从十三世纪初中断的来自土耳其的压力，这时又恢复了。土耳其人在80年内夺取了整个小亚细亚，一直扩张到爱琴海边。他们在新王朝即奥斯曼王朝的激励下，于1348年越过达达尼尔海峡。正当苟延残喘的帝国残余陷入到内战时，奥斯曼土耳其人在不到50年的时间内，以迅雷不及掩耳之势夺取了巴尔干。相反帝国却逐渐萎缩到特拉凯和莫雷，仅在特雷布松还有一小块延伸部分，而这只不过是一个延缓死亡的小公国，这时的帝国已经是名不副实了。但是，罗马帝国的最后几位幸存者却坚持要实现大一统，骄傲地拒绝西部靠不住的援助条件。正是这样，帝国像它的最后一位皇帝那样，站着战斗而死，直到终结也没有人改变自己的信念。

奥斯曼土耳其人的扩张

土耳其人最初居住在里海和阿尔泰山脉之间广阔的土耳其斯坦平原地带，即我们古代所称的突厥人。

公元6世纪时，土耳其人逐步强盛，曾于568年遣使至拜占廷帝国宫廷，协商联合打击波斯军队的计划，拜占廷也因此派使节蔡马赫斯回访。

7世纪时，土耳其人被分为东西两个部分，由于受到中国唐朝军队的追击，开始向西迁徙，我们所称的阿瓦尔人、保加利亚人和卡扎尔人原本都属于土耳其人的部落。

10世纪时，土耳其人的一支塞尔柱突厥人发展迅速，建立了塞尔柱突厥人国家，并将势力扩大到伊朗和俄罗斯草原，其西部边界延伸至小亚细亚地区，开始与拜占廷帝国军队发生接触。由于土耳其人惯于游牧生活，精于骑射，因此，常常大批受雇于拜占廷军队。

至12世纪，塞尔柱突厥人国家发生内战，由此分裂成西亚地区的许多小国，其中最强大的丹尼斯曼迪德斯王朝（1085～1178年）占据和主宰拜占廷卡帕多西亚地区和伊利斯河谷数十年，迫使拜占廷帝国承认他们对"被征服的罗马人土地"的占有。

13世纪以后，在拜占廷人始终自称为罗马人的土地上形成了强大的罗姆苏丹国，而奥斯曼土耳其人就是从这里发展起来的。

罗姆苏丹国曾一度是拜占廷东部边境的巨大威胁，但是，战乱时代局势总是那么的瞬息万变，蒙古人的西侵改变了小亚细亚地区的局势。蒙古军队继公元 1258 年攻占巴格达并灭亡阿拔斯王朝后，又横扫叙利亚和美索不达米亚广大地区，即使是比较强大的罗姆苏丹国也不得不在善战的蒙古人的铁骑下被迫屈服。原罗姆苏丹国的部落纷纷宣布独立，出现了许多埃米尔国，其中龟兹部落的首领奥斯曼也乘机于 13 世纪末宣布独立，自称苏丹，建立了奥斯曼土耳其国家，开始了奥斯曼王朝数百年的统治。

为了实施向欧洲扩张的计划，奥斯曼土耳其人采取了三个步骤：

首先，乌尔罕苏丹不断派遣士兵越过海峡进入拜占廷，有时他们在色雷斯地区和君士坦丁堡城郊抢劫财物，有时则应拜占廷皇帝的邀请，帮助拜占廷军队作战。总之，他要以各种借口呆在欧洲，扩大影响并等待时机完成征服计划。当时，约翰六世也极需要土耳其人的骁勇善战的才干，为了满足土耳其人，他花光了国库的积蓄，甚至将莫斯科大公捐赠的用来修复圣索菲亚教堂的金钱也支付给了土耳其人。

其次，乌尔罕苏丹利用拜占廷的困境，以帮助拜占廷为名进兵欧洲。他曾于公元 1348 年、公元 1350 年、公元 1352 年和公元 1356 年四次大规模增兵，其中最大的一次（1352 年）人数在两万左右，从而使色雷斯南部地区牢牢地控制在自己手中。每次派兵，乌尔罕苏丹都是一举两得，一则他要求与拜占廷皇帝订立协议，迫使后者提供金钱和承认对色雷斯部分城市的占领，二则又为他的军事扩张披上了合法化的外衣。

最后，乌尔罕致力于建立进军欧洲的军事基地。过去，奥斯曼土耳其人大多是经过达达尼尔海峡进入色雷斯南部地区，因此，位于海峡欧洲一侧的加里伯利城就被确定为具有战略意义的军事基地。乌尔罕曾多次进攻此城，都因城池坚固而未果。因此，乌尔罕要顺利达到目的，就必须攻下加里伯利城。

公元 1354 年，乌尔罕的机会终于来了，色雷斯南部地区发生强烈地震，当地居民纷纷逃离，奥斯曼土耳其军队乘着大好时机占领整个地区，在地震废墟上重新修建城墙和堡垒，并在加里伯利城驻扎大批军队，囤积大量给养。从此，这里就成为奥斯曼土耳其帝国进军欧洲最重要的战略中心和军事基地。

在奥斯曼土耳其人发展的前半个世纪里，其主要的征服活动集中在陆上，而后便开始发展海上势力。巴耶札德具有超过其父辈的野心和欲望，当然他也具有相当的远见卓识。他清楚地认识到，要建立帝国必须灭亡拜占廷，而要攻占君士坦丁堡必须建立强大的海军。因此，他下令网罗人才，建造舰船，训练水师，组建大规模舰队。以此为基础，他命令海军首先分区清剿在爱琴海横行了半个世纪的土耳其海盗，收编或征服了萨鲁汗、奥穆尔和希德尔·贝伊等一大批土耳其海盗武装，将许多海上的和沿海的海盗老巢变为奥斯曼土耳其帝国的海军基地和据点，从而控制了爱琴海地区。但是，精明的巴耶札德注意不使海军主力分散，而是集中于具有战略意义的博斯普鲁斯海峡地区。在这里，他沿着海岸建立多处海军要塞，并将势力发展到黑海南部水域。

可以说巴耶札德为了自己远大的目标，他处处小心，步步为营，为最后的决战做好一切充分的准备。巴耶札德在被征服土地上建立奥斯曼土耳其帝国的统治机构，强迫被征服地区君主提供军队随同作战，大胆启用外族军事将领，积极准备进攻君士坦丁堡。有了强大的军事力量做后盾，

巴耶札德为了在政治上造成既成事实，他以最高宗主的名义召集巴尔干半岛各国君主会议，强令其臣属国的君主，即拜占廷帝国皇帝、米斯特拉专制君主、法兰克的阿塞亚侯爵和塞尔维亚君主到会。在会上，他还作为仲裁人判决拜占廷人和法兰克人之间的争端。

公元 1386 年，巴耶札德在多瑙河南岸的尼科堡战役中击溃由匈牙利国王希格蒙德（1387～1437 年）统率的由威尼斯、热纳亚、匈牙利、伯艮第公国、法、英、德、波兰等国组成的十字军，最终确立了奥斯曼土耳其帝国不可动摇的国际地位，也为最后攻占君士坦丁堡作好了准备。

正当巴耶札德踌躇满志、雄心勃勃准备完成奥斯曼土耳其帝国的伟大事业之际，一件意料不到的事件中断了他的计划，这就是铁木尔（1370～1405 年）率领的蒙古军队击败了巴耶札德的奥斯曼土耳其军队，给鼎盛时期的巴耶札德当头一棒。

铁木尔出身蒙古贵族家庭，曾在察合台汗国任高官，公元1369 年，发动政变，自立为汗。公元 1380 年，他开始从事对外扩张，首先占领呼罗珊，而后灭亡

伊儿汗国，吞并伊朗和阿富汗。公元1390年，征服金帐汗国。公元1398年，他征服印度后，挥师西进，进入两河流域，次年攻陷大马士革，旋即入侵叙利亚和小亚细亚地区，与奥斯曼土耳其帝国军队发生冲突。公元1401年，铁木尔计划进攻奥斯曼土耳其帝国，为此，与拜占廷皇帝约翰七世（1425～1448年）和热纳亚人订立协议，结成同盟共同攻打巴耶札德。

公元1402年7月2日日，两军在安卡拉战役中苦战一天，巴耶札德战败，与其子一起被俘。骄横成性、不可一世的巴耶札德不肯认输，对铁木尔骂不绝口，遭致杀身之祸。树倒猢狲散，消息传来，被土耳其军队征服的各个国家纷纷起义，脱离巴耶札德的统治，奥斯曼土耳其帝国迅即瓦解，拜占廷因此得到解救。

但是，这个事件只能救拜占廷一时而不能救其永远，拜占廷的灭亡也成历史必然，它只是推迟了拜占廷的灭亡日期。50年后，拜占廷的末日终于来到了。

穆罕默德围攻君士坦丁堡

安卡拉战役之后，奥斯曼土耳其人陷入长期内战，巴耶札德的后人为争夺苏丹权力进行殊死地厮杀。拜占廷皇帝乘机与占据奥斯曼土耳其帝国欧洲领土的苏丹苏里曼在公元1403年订立协议，将色雷斯、马其顿、爱琴沿海、黑海南部诸港口和沿海峡地区重新收回，公元1404年又迫使苏里曼称臣纳贡。此后，他以轮流支持奥斯曼土耳其国内强大一方的办法为拜占廷争得了一些权利，并和巴耶札德六个儿子中仅存的穆罕默德（1413～1421年在位）保持了持久的友好关系。值得注意的是，曼努尔二世不是通过推行清理政治时弊、大力发展经济、加强军队建设、扶植商业贸易、整顿金融财政等一系列国内措施恢复拜占廷国家的实力，而是以支持奥斯曼土耳其帝国内部斗争的方式着重恢复拜占廷原有的领土。因为，他在国内推行的任何一点改革都无一例外的遭到大官僚和大贵族的反对，他试行的任何新政措施都因中央和地方保守势力的反对破坏而中止。这充分说明拜占廷社会内部矛盾已经发展到无法调和的程度，国家的衰落已经无法挽回，即使历史给它提供了重新奋起自救的机遇，它也只能眼看着机会从身边溜掉，"守株待兔"般地等待最后的末日。

公元 1421 年，穆拉德二世（1421～1451 年在位）继承了苏丹权力，他决心全面恢复强大的奥斯曼土耳其帝国，重新夺回过去 20 年丧失的土地，并要重新征服宣布独立的各国君主，其最终目的将是彻底征服拜占廷，夺取君士坦丁堡。他首先起用了一批最优秀的政治家和军事将领，为他出谋划策，东征西讨，而后，利用基督教各国之间的矛盾和斗争，巧施外交手段，逐步恢复奥斯曼土耳其帝国的元气。

公元 1422 年 6 月，穆拉德二世发动了对君士坦丁堡的进攻，他选择了三十多年前约翰五世迫于巴耶札德苏丹压力而未能加固的那段城防薄弱点强行攻城，动用了各种攻城机械，竭尽全力，连续作战两个月有余，但是，没能前进一步。君士坦丁堡毕竟是千年古城，历代君主对它的修筑使之极为坚固，如果没有内应，仅以强攻占领它绝非易事。穆拉德二世是个善于总结过失经验的人，他从攻城失败中认识到，要彻底征服拜占廷时机尚未成熟，还需要作大量的准备。于是，他像巴耶札德苏丹那样，将君士坦丁堡放在一旁，集中精力在巴尔干半岛和小亚细亚地区征服反叛的臣属国和埃米尔国家，清除铁木尔征服后留下的汗国属地。公元 1451 年，攻打拜占廷的准备工作基本就绪，但穆拉德二世因病去世，他的儿子穆罕默德二世子承父业，力图征服拜占廷。

穆罕默德二世（1451～1481 年在位）即位时虽然年仅 19 岁，但是，由于多年来跟着父亲征战南北，已经是具有多年统治经验的政治家和军事家。早在他 12 岁以前，就按照奥斯曼土耳其帝国传统担任小亚细亚西部地区的省级地方官，12 岁以后做过将近两年的奥斯曼土耳其帝国苏丹。他受过良好的宫廷教育，知识渊博，智慧超群，精通波斯、希腊、拉丁和阿拉伯等多种语言。早年从政的经历使他对政治和外交驾驭自如，而他对军事与战争更有深刻的研究和独到的见解。穆罕默德即位后的首要任务就是征服拜占廷、夺取君士坦丁堡，完成巴耶札德、穆萨、穆拉德二世等历代奥斯曼土耳其帝国苏丹未竟之业。

外交上，穆罕默德首先孤立拜占廷，与所有有可能援助君士坦丁堡的势力进行谈判。1451 年，与威尼斯订立协议，以不介入威尼斯和热那亚战争为代价换取了威尼斯人的中立；同时，又与匈牙利国王订立和平条约，以不在多瑙河上建立新要塞的承诺换取了匈牙利人的中立。

在军事上，他在其父亲的基础上又进行了三项准备：

第一，组建了莫利亚军团和阿尔巴尼亚军团，前者用于在希腊方向上作战略牵制，后者用于阻止马其顿西部援军。

第二，组织大规模军火生产，特别是用于攻城作战的军事机械。他专门高薪聘请匈牙利火炮制作工匠乌尔班指导生产了当时世界上最大的巨型火炮，其口径达99厘米，可发射1200磅（相当于544公斤）重的石弹，是攻城最强有力的武器。

第三，在博斯普鲁斯海峡最窄处建立鲁米利·希萨尔城堡和炮台，配置强大的火炮，它与海峡对面的阿纳多利·希萨尔城堡隔水相望，能有效地封锁并控制海峡。

面对穆罕默德二世有条不紊的备战，守城的拜占廷皇帝君士坦丁十一世（1449～1453年）没有坐以待毙，他也在作最后的外交努力。他一方面向几乎所有的欧洲国家和教廷派出使节，哀求基督教兄弟们看在上帝的分上立即出兵，解救君士坦丁堡；另一方面与莫利亚地区的希腊专制君主、他的兄弟联系，希望他们停止内战，增援危急中的首都。但是，雪中送炭难这一生活法则在国家政治之间也发挥得淋漓尽致。所有的欧洲国家君主除了表示同情和开具出兵援助的空头支票以外，没有及时作出任何具有实际意义的行动，即使个别君主派出的小股部队对抵抗即将到来的攻击也只是杯水车薪，无济于事。莫利亚的皇室成员内争正酣，彼此势同水火，对君士坦丁十一世的呼吁根本不予理睬。至于特拉比仲德的希腊人，连类似西欧君主的同情表示都没有，也许他们正幸灾乐祸地等待帕列奥列格王朝的灭亡，因为这个王朝一直是他们争夺拜占廷最高权力的障碍。这样，君士坦丁十一世处于既无内助又无外援的可悲境地。他可以用来抵抗土其人的防御力量只有不足五千人，另外还有两三千外国自愿军，其中热那亚贵族乔万尼·贵斯亭尼安尼率领的700人战斗队最有战斗力。在海上，皇帝仅有26艘船，一字排开，防守在黄金角湾入口处的铁链之后。这种情形正如一位当时的作家所写的那样："这个民族衰弱之极，

世界通史

最新整理图文珍藏版

似乎一阵微风也能将它刮倒，它就要被敌人吞没了。"

在双方的势力特殊的局势下，战争如弦上的箭，不得不发。

顽强惨烈的君士坦丁堡保卫战

尽管奥斯曼帝国拥有兵力与武器、海上与陆上的绝对军事优势，但君士坦丁堡的顽强抵抗却远远超出穆罕默德二世的预料。行将衰亡的拜占廷帝国在其向敌人拼死的、精彩的最后一击中，充分迸发出千年辉煌文明的力量。然而，业已腐朽的古国毕竟大势已去。

公元 1453 年 4 月 6 日是穆斯林的安息日，穆罕默德二世的继承人穆罕默德解开了大炮，一场酝酿已久的战斗开始打响了。

攻城战正式开始，奥斯曼王朝的 50 多门炮一起开火，一时间爆炸声震耳欲聋，爆炸的气浪遮住人的眼睛。围困在城中的人们，修女和贵族，烧饭丫头和教士，街头顽童和朝臣，大家一起修补断垣残壁的每一个新缺口。他们从 4 月底一直战斗到 5 月的第三个周，为自己的信仰而战，为自己的世界而战，为自己的生活方式而战。饥饿、疲惫、疾病，他们知道无论再做什么也拯救不了他们自己了。

君士坦丁没有理睬朝臣们的恳求，他们动员他逃离首都。逃跑仍然是可能的，如果能逃到一个安全地带，比如说伯罗奔尼撒的某个地方，有一天他还有可能从土耳其人手中收复陷落的帝国。但是君士坦丁不存任何幻想，拒绝离开。首都的命运，帝国的命运，就是他自己的命运。当穆罕默德的信使向他提出投降条件，以保住城市和人民的生命安全时，皇帝君士坦丁摇了摇头，把信使打发走了。拜占廷皇帝最后的搏杀十分悲壮，值得我们稍作详细叙述：

在 5 月 28 日凌晨时分，空气中似乎传来一种预感。土耳其军队在陆地城墙外的营帐内休息，他们在积聚力量做最后的攻击。双方的每一个人都清楚总攻会在黎明到来前趁着天黑展开。城内管理者们在分发武器，教士们拿着圣像围着城墙来回转圈。声势浩大的游行队伍挤满大街，他们高唱："上帝保佑我们。"皇帝最后一次对他的人民讲话，他说："敌人靠枪炮、骑兵、步兵的支持，数量上占绝对优势；我们依靠的是上帝和救世主，还有我们的双手和上帝赋予我们的力量。"

君士坦丁来到位于布莱舍耐

第二编 世界中古史

最新整理图文珍藏版

719

的宫殿，在那里，陆地城墙与黄金角湾相接。君士坦丁对大伙为他付出的努力表示感谢。君臣之礼彻底崩裂了，大家都不避讳这一事实。君士坦丁说，国难当头，心绪烦乱，若有任何冒犯和不礼貌，还请大家原谅。然后他向大家一一告别，走向城墙，与他的人民共同面对土耳其人的进攻。

果不其然，5月29日，土耳其军队又组织了一次新的攻城战，但这一次与前几次不同，他们在大队士兵之前由一位士兵带领着一批扛着许多蜜蜂箱的养蜂人。

土耳其部队很快到达了君士坦丁堡城下，这些养蜂人立即把蜂箱扔上城头。霎时间，成千上万只蜜蜂从摔开的蜂箱中铺天盖地飞出来，遇人便蛰，把守城的军民蛰得睁不开眼，一个个哇哇直叫，乱成一团，顷刻间便失去了守城的能力。土耳其军队一鼓作气发起猛攻，两个小时后就完全占领了君士坦丁堡。就这样，在城被围困50天之后，曾打退科斯洛埃斯和多位哈里发进攻的君士坦丁堡，终于不可挽回地被穆罕默德的武力征服了。至此，有着一千多年历史的拜占廷帝国寿终正寝了。

失落的文明

每当一座大城市陷落和遭到洗劫的时候，历史学家注定只能重复一些人云亦云的大灾难的情景。同样的情绪必然产生同样的结果，而当这类情绪不加控制地任其发展时，那文明人与野蛮人之间便没有什么差别了。在一片含糊的偏执和憎恨的喊叫声中，那些土耳其人并没有受到对基督教徒滥加杀害的指责，但根据他们的古老的格言，战败者都不能保全性命；而战胜者的合法报酬则来之于他们的男女俘虏的劳役、卖出的价款和赎金。君士坦丁堡的财富全被苏丹赏给了他的获胜的军队，一个小时的抢劫比几年的辛苦劳动所得多得多。

在公元1453年5月29日这一天中，只用了几个小时，这座城市的财富就被用车子运走，赃物被瓜分，抓获的俘虏被任意凌辱。4千拜占廷人被杀，5万人被俘。这座城市终于沉寂了下来。

君士坦丁没有亲眼目睹他的帝国最后的灭亡，他在保卫城墙时身亡，躺在尸体堆里。尽管苏丹命令搜遍全城，一定要找到君士坦丁的尸体，但搜索最终没有结果。皇帝的最后安息地一直没人知道。但是他的死证实了一个古老的拜占廷预言，那就是帝国的开国皇帝是君士坦丁，帝国灭亡时在位的也是一位叫君士坦丁的皇帝。

6月18日凯旋的苏丹返回阿德里安堡，对那些基督教皇帝派来的卑贱的、无用的使臣面含微笑，似乎他们从东部帝国的陷落中，已看到了自己即将灭亡的命运。

新罗马——君士坦丁堡

君士坦丁大帝迁都君士坦丁堡成为拜占廷帝国的开端，拜占廷人对它也是喜爱有加，赋予它许多夸张的名称——美丽之城，光明之城，万城之冠。我们不禁要问，新都君士坦丁堡有什么魔力使君士坦丁大帝将以前的千秋大业"付之西去"？而建成的新都又是以何颜面与大家见面？新都的发展对整个拜占廷帝国的发展带来了什么？它对拜占廷文明又做出了什么贡献？以下的篇章将为我们一一解答。

与众不同的城市

君士坦丁堡经历过迅速而异乎寻常的成功，尤其是当拜占廷帝国失去像安条克、亚历山大等东部大城之后，它就成为帝国唯一的奇观。事实上，帝国的其他城市如泰萨洛尼克、以弗所、特雷布宗虽然常有市集，拥有三四万人口，经济上也占有重要性，但与君士坦丁堡相比就显得微不足道了。

君士坦丁堡能有如此成功还应归功于他的始创者——君士坦丁，因为他很合适地选择了古拜占廷位置。这座城市处于分隔马尔马拉海和黑海的博斯普鲁斯海峡西岸入口处，因此，它处于东方与地中海和欧亚两洲之间海陆交通的汇合点。优越的地理条件，使它很快成为来自世界各地的商人的汇聚地。

为了强调新建立的君士坦丁堡是罗马帝国的新都城，君士坦丁皇帝将它称为"新罗马"。事实上，君士坦丁堡几乎就是古罗马城的翻版，它的城区格局和全部

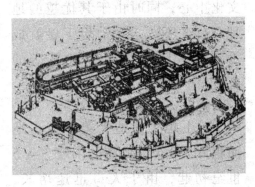

君士坦丁堡复原图

的建筑物几乎完全按照罗马的模式。君士坦丁堡模仿古罗马城,将其城区划分成七个地区,称之为"七丘",在此基础上又划分出十四个区;君士坦西丁堡也同古罗马城一样将第二区命名为"卡匹托丘",也将政治中心设于此;古罗马城的皇宫与竞技场相邻,君士坦丁堡也做了相同的规划;甚至连城市的管理体系和巡夜、消防组织的人数都与罗马城相同。君士坦丁皇帝为了安抚他的臣僚们,还修建与罗马城相差无几的元老住宅,豪华依然。迁都后的拜占廷长期保留了他们在古罗马城使用的拉丁语官方地位,尽管在新都城中真正懂得拉丁文的人并不多。

随着帝国统治中心的东移,最后转移到了新罗马——君士坦丁堡城,它逐渐取代古罗马城,成为拜占廷帝国新的政治、经济、文化中心,同时由于其优越的地理条件,不久,君士坦丁堡就成为亚欧大陆上最为繁荣昌盛的都市。

难以攻陷的围墙

君士坦丁建造了第一道占地面积为750公顷的海陆围墙。从5世纪初起,由于人口迅速增长,有限的围墙显出了不足,于是又向西扩展,因此,提奥多西二世将防御面积扩大到两倍而且还加固了海岸。至于陆地围墙,他设计了双层结构。在土耳其人用上火炮之前,围墙可以说是坚不可摧,唯一的危险就是叛变或地震。人们的担心并不是多余的,甚至就在提奥多西二世生前的447年11月7日和448年1月6日的地震就坍塌了城墙和394座塔中的57座;但是,由于"上帝之鞭"阿提拉的威胁而变得紧急的修复工作却只花了60天就完工了,而且,再也没有比之更严重的地震威胁过它们。靠马尔马拉海的城墙有8公里长,靠"黄金角"海湾的有7公里长,靠陆地的一边有6.5公里长。

希腊塞萨洛尼基发现的拜占廷古城墙

世界通史

最新整理图文珍藏版

土尔其伊斯坦布尔现存的拜占廷古城墙

但是，尽管海岸城墙有 12 米到 15 米高，仍显得很矮小。因为，城墙后清晰可见大片公共建筑群、宫殿、赛车竞技场，尤其还有教堂的穹顶，其中最高的是圣索菲亚大教堂的穹顶。这四个建筑物面向一个大广场——奥古斯都大广场，它是君士坦丁堡的市中心。在东边，元老院上有穹顶，前有柱廊，全由白色大理石铺成，尽管它在 7 世纪初就失去了政治上的作用，但还是保持着那种象征性意义。元老院后面是大皇宫，面向奥古斯都广场是一幢紧闭着黄铜大门的建筑物"沙尔塞"。6 世纪，建筑物之上的君士坦丁像被换成了基督。在 726 年取下圣像的时候，利奥三世发起圣像破坏运动，激起了强烈的骚乱。

赛马

在奥古斯都广场南部，由君士坦丁创建的、与首都同时诞生的赛车竞技场，从一开始就在君士坦丁堡人民的生活中扮演着重要的角色。它模仿罗马圆形大竞技场而建，木制看台直到 10 世纪才换成大理石的，能容纳 3 万到 5 万观众。君士坦丁堡人依旧从罗马继承了对赛马运动的激情，首都民众无论贫富都有观看马车比赛的传统，即使停发公粮时，赛马运动仍然能吸引大批的观众。驾车者的雕像被刻在纪念章上或浮雕玉石上在民间流传。直到 12 世纪，凡是节日庆典、皇家诞辰或庆祝胜利，君士坦丁堡都少不了这项赛事。5 月 11 日的比赛是最重要的。四辆四马二轮战车必须跑完七圈，竞赛在上、下午各举行四次。

赛马活动要提前多日准备，而且有严格的程序规则。首先要得到皇帝的批准，再由执政官和市长确定比赛日期，而后张榜公布，在蓝、红、绿、白各赛车协会组织观众和拉拉队的同时，参赛者也开始报名。比赛用马统一在大皇宫喂养，以防被对手动了手脚。比赛当日，数万观众纷纷进入竞技场，而后皇帝及贵族们进入赛场包厢，人们要向皇帝致敬，赛事组织者和市长要向皇帝汇报准备情况。一切就绪，皇帝

最新整理图文珍藏版

在祈祷三次后，将一方白色手帕扔下，比赛开始了。全场一片沸腾，所有的马车都为两轮四马，在宽60米、长480米的环形跑道上奔驰，决一雌雄。每场比赛的获胜者，将得到胜利桂冠和参加复赛的资格。妇女一般禁止观看比赛，个别贵族女青年只能到附近教堂的顶楼上观看比赛。每场比赛还配有各种形式的文艺节目，观看比赛无需买票，因此许多下层民众也能享受这种娱乐，这为赛马的流行奠定了基础。

赛马这一项日常娱乐活动与政治存在着千丝万缕的关系。赛车竞技场与大皇宫之间相通。皇帝坐在看台中间的包厢里，周围是元老和高官显贵。蓝党坐在右边，绿党坐在左边，没在区里注册的观众坐在剩下的阶梯上。皇帝进场时首先向两党之一致意，在他登基时通常就已经选好了蓝党，以后也往往是这样。这种偏爱表示并非没有导致政治上的后果，甚至宗教上的后果，因为蓝党一般因袭传统，信奉东正教；而绿党爱闹事，通常更具敌对性，拥护耶稣单性说。赛车竞技场在政治生活中也发挥着作用。通常人们就在那里颂扬新君主，在那里皇帝与人民对话并参与他自己感兴趣的一切活动。例如在766年发生的圣像危机中，修士修女们被迫脱下教服，并且两个一行，一男一女，手牵手走完跑道。

在最早的几个世纪里，赛马竞技场还是两个敌对党派激烈冲突的舞台。一般来说，当他们的联盟给皇权带来危机时，他们的相互敌对也就让皇权从中获益。其中532年爆发的尼卡起义就是很典型的倒退：在蓝党和绿党联

皇帝在赛马场观看比赛

皇帝塞蒂姆—赛维尔时期的赛马竞技场

圣索非亚大教堂剖面图

合的威胁之下，查士丁尼全凭着皇后提奥多拉的冷静和他的将军贝利泽尔的决断才保全了王位。贝利泽尔终于把两党逼到赛马竞技场，将他们关在里面进行大屠杀。

圣索菲亚大教堂

奥古斯都广场的北面与赛马竞技场相对的是高大庄严的大教堂，它就是由特拉勒斯的安特米乌斯和米耶的伊西多尔在532年到537年主持修建而成的圣索菲亚大教堂。基督教采用罗马长方刑堂结构修建教堂，世俗建筑物用来团结民众，而教会在教堂则

君士坦丁堡索菲亚教堂外景

用来汇聚信徒。但教会想在教堂增建穹顶，它代表在教徒头顶上的天国。君士坦丁堡的圣索菲亚大教堂被认为是最完美、最庄严的有穹顶的长方形大教堂。

大教堂在长方形平面上修建了高达60米的半球状屋顶，用1米的厚度顶住粗柱、墙垛、拱扶垛、拱顶等，保持平衡。当信徒离开奥古斯都广场进入圣索菲亚大教堂，穿过柱廊来到中庭时，众多的建筑物简直让人目不暇接，当跨过门廊进入殿堂时，总会不由自主地朝装饰着耶稣圣像的穹顶望去，只要朝光束照耀下的天顶看上一眼，就会沉浸在被神圣威严的气派压服和灵魂升华的情感中。出于对这种象征的敏感，君士坦丁堡人每个周六和周日都自觉来到教堂，接受神灵的洗礼。

从奥古斯都广场到金门是君士坦丁堡的通道之一，延伸着一

圣索菲亚教堂剖面图

条有纪念性意义的街道——梅泽大道。两边都是柱廊，柱廊尽头开设有商店。这条街道分别由圆形和长方形的广场交替组成——君士坦丁广场、提奥兹多广场、公牛广场、阿卡狄乌斯广场等等。其他东西走向的重要街道都是以同样的方式出现。

　　与之相反，次要街道却很狭窄，曲曲弯弯，根据罗马分区的传统，从北到南的街道倾斜，有时甚至是一段阶梯。相对通行方便的交通主要干道，这儿的交通状况也一直是让君士坦丁堡人感到头痛的一大问题。

大厦、民房和商店交相混杂

　　君士坦丁堡的贵族拥有雄伟壮观的大厦，这些大厦大都与外界隔绝，面向内部园子或面向两旁有柱廊、由走廊连接而成的庭院。楼层延伸到街道上并设有露台，窗户通常采用凸肚窗。在大厦内，大厅可以豪华隆重地迎接数量众多的客人，住宿房间大小十分适宜。与民房不同的是，大厦配有多种舒适设备，包括舒适的沐浴设施。

　　与之不同的是民房矮小、阴暗，不舒服，经常座落在手工作坊占据了底层的房屋楼上。对于人口众多的君士坦丁堡来说，尽管有可通到色雷斯的引水渠网供水的大型蓄水池，水的供应仍存在着一些问题，所以在城市的大街小巷，经常可以看到运水者的踪迹，运水者就成为大家司空见惯的人。人口众多给城市带来了各方面的压力，如下水道不能完

君士坦丁堡一角

繁华、混杂的城市

世界通史

最新整理图文珍藏版

全解决废物排出问题，为此专修的街道也根本是无济于事。此外，在人口增长时期，围绕着都城大量民宅在空地上迅速落成。因此，君士坦丁堡成了一座贫困郊区和富裕城市中心城区并存的城市。

君士坦丁堡的贵族生活

空气流通的城市

当你置身于君士坦丁堡，你会发现那里大广场众多，地面工程还远未修好。在居民密集区的旁边或行人众多的街道上，可以发现很多园子甚至小田地。教堂和修道院像宫殿一样经常带有园子，它们遍布城市。城市居民主要集中在临海区、梅泽大道附近及东部地区。在鼎盛时期的6世纪及12世纪，城市里的1450公顷土地上容纳了约35万到40万人口，就是现在看来，也算得上是一个比较大的都市了。

这座城市的真正诱惑力来自各区的多样性。各区的名字有时令人想起占主导地位并决定其声音、颜色、气味的主要行业。在圣索菲亚大教堂附近向西就是嘈杂的锅匠区沙尔科普拉特，再远些在梅泽大道上，是金银匠区，再就是塞吕莱尔苏香区，面包商遍布全城，但主要集中在梅泽大道上。

在君士坦丁广场和提奥兹多广场之间的商业区，经常用某个拥有大厦的大人物名字命名。贵族的住宅与平民的房屋毗邻，反差极大，贫富差别十分明显。富人意识到自己属于另一个特殊群体，这个群体对帝国其余的人几乎毫不隐藏他们的蔑视。

拜占廷帝国覆灭

事件概况

罗马帝国建立之后，东西两个地区的经济发展很不平衡。公元330年5月，罗马皇帝君士坦丁正式决定迁都到拜占廷，并将此地改名为君士坦丁堡。公元395年，在罗马帝国皇帝提奥多西死后，他的两个儿子将罗马帝国一分为二：西罗马的首都为罗马，东罗马的首都为君士坦丁堡。因此，历史上也称东罗马帝国为拜占廷帝国。

在历史上，拜占廷帝国是个相当强大的国家，其疆域包括过去罗马帝国比较富裕的地区，例如巴尔干半岛、小亚细亚地区和埃及等。而且，君士坦丁堡位于欧亚水陆交通的要道，是中世纪欧洲人口密度最大的城市。由于位于中国和欧洲、非洲贸易的中转地，所以帝国每年有巨额的贸易税收。同时，经济的发达使拜占廷帝国拥有一支庞大的军队。

公元476年，西罗马帝国灭亡，而拜占廷帝国却继续保持了

拜占廷武士像

稳定和繁荣，是地中海地区强大的国家。

但是从公元7世纪起，阿拉伯人开始崛起，占领了地中海东岸和北非地区。东部的塞尔柱突厥人在1055年占领巴格达以后，继续向西部扩张，攻占拜占廷帝国。1071年8月，塞尔柱突厥军队攻占了小亚细亚大部分地区。与此同时，来自北欧的诺曼人进入地中海，攻击拜占廷帝国在意大利南部的领土。不久，诺曼人占领亚得里亚海西岸的重镇巴里，结束了拜占廷帝国在意大利南部的统治。在北方，突厥人的一支佩彻涅格人于1088年在多瑙河附近的多罗斯托尔击败拜占廷军队，进而袭击色雷斯，威逼君士坦丁堡。

到11世纪末，拜占廷帝国结束了其原先的"东方帝国"的时代，丧失了地中海东部的控制权，其领土只剩下小亚细亚、色雷斯和巴尔干半岛地区，成为以希腊人为主的帝国。

8~9世纪，君士坦丁堡发生了破坏圣像运动。帝国皇帝和贵族为了削弱教会的势力，支持圣像破坏派夺取修道院的土地和财富，驱逐教徒。但是在运动过程中，在民众支持下的保罗派以异

端形式出现，要求恢复原始基督教的平等，并举行起义。无奈之下，皇帝不得不宣布恢复圣像崇拜，农民起义遭到镇压。

此后，拜占廷帝国的封建化进程加速。11世纪末，帝国实行领地制度，将国家的土地分给封建主，并且终生不收回。此外，土地领主在领地内享有司法权和行政权，领地内的农民需要缴纳地租，并丧失人身自由。至此，封建化基本完成。

正是由于封建化的完成，致使帝国中央集权化遭到破坏，拜占廷帝国开始日趋衰落，并遭到连续两次侵略。第一次是塞尔柱突厥人，他们夺去了拜占廷帝国的小亚细亚大片地区，使得帝国的领土再次减少；第二次是十字军东征，致使拜占廷帝国的商业贸易大为减少。1204年，十字军在威尼斯商人们的鼓动下，攻占

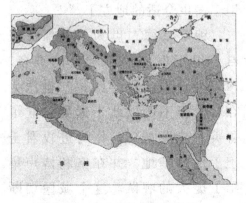

6世纪~7世纪的拜占帝国

了君士坦丁堡。为了显示东征的威严，十字军统帅下令对君士坦丁堡进行任意洗劫，并持续了七天。

继而，十字军侵占了拜占廷帝国色雷斯、希腊等地区，建立了拉丁帝国。欧洲其他国家的封建领主占领了拜占廷的大片土地，并任意压榨领地内的农民。不过，十字军的残酷镇压遭到了拜占廷民众的不断反抗，后来逐渐形成了三个政治中心：一个是小亚细亚西北部的尼西亚帝国，一个是黑海南岸的特拉布松帝国，一个是希腊西北部的伊庇鲁斯王国，其中尼西亚帝国最为强大。1261年，尼西亚皇帝领导希腊人民重新夺回了君士坦丁堡，推翻了拉丁王朝。

虽然拜占廷帝国复国了，但是其领土已经进一步缩小，仅包括小亚细亚小部分、色雷斯、马其顿和爱琴海北部地区的一些小岛屿。此外，帝国内部也四分五裂，昔日的强大国家，至此已经处于软弱地位。

由于长期的战乱，使得原先发达的商业和农业遭受了严重的破坏。农业上，耕地荒芜，农作物产量下降，加上小亚细亚耕地的丧失，导致拜占廷帝国粮食供

应严重不足。在贸易上，埃及和红海成为东西方贸易通道的重心所在，拜占廷商业中心的角色已经丧失；另外，拜占廷和黑海以及地中海的贸易处于意大利商人的控制下。贸易的衰落导致了财源的枯竭，拜占廷帝国的财政陷于严重的危机之中。

就在拜占廷帝国衰落并日趋灭亡的时候，旁边逐渐兴起一个新的帝国——奥斯曼帝国。奥斯曼是土耳其人原始突厥部落的一支。13世纪依附于塞尔柱突厥人，占领了小亚细亚半岛西北角的小块土地。1242年，塞尔柱突厥人在蒙古人的打击下瓦解，但是却给这支部落带来了发展的好机会。

13世纪末，该部落酋长奥斯曼即位。不久，奥斯曼宣布独立，并自称苏丹，从此该部落不断向外扩张。

1301年，奥斯曼带领部落攻占了富庶的卑斯尼亚平原。至此，西边的拜占廷帝国成为其西进的主要障碍。不久，他们占领了小亚细亚的全部土地，并将首都迁到西亚的布鲁萨，建立了奥斯曼帝国。继而，他们渡过达达尼尔海峡，占领了东色雷斯，切断了君士坦丁堡和巴尔干半岛其他地方的联系。14世纪末，奥斯曼人获得了在君士坦丁堡建立土耳其人居住区和在加拉塔驻军的权利。至此，君士坦丁堡已经陷于孤立，并且有被随时攻陷的可能。

不过就在此时，东方的帖木儿帝国开始侵略奥斯曼帝国，使得奥斯曼帝国不得不回过来对付来自东面的侵略。1402年，帖木儿帝国在安卡拉附近大败奥斯曼帝国的军队，并将其首领苏丹擒获。奥斯曼帝国不得不放弃攻打君士坦丁堡的计划。

从15世纪20年代、30年代开始，帖木儿帝国开始衰落，这使得奥斯曼帝国已经没有后顾之忧了。1451年，穆罕默德二世上台统治奥斯曼帝国，奥斯曼帝国开始复苏，并决定最终攻打君士坦丁堡。在登基时，穆罕默德二世声称："世界的帝国只有一个，只能有一个宗教、一个王国，要缔造这个联合，世上没有比君士坦丁堡更合适的地方了。"

穆罕默德二世为了确保征服君士坦丁堡，做了充分的准备。1452年3月，穆罕默德二世派兵在君士坦丁堡以北不远处建立了鲁美利希萨城堡，作为进攻君士坦丁堡的基地，并在格利博卢集结了庞大的舰队。这个城堡切断了君士坦丁堡同黑海各港口的一切联系，也断绝了拜占廷帝国来自乌克兰的粮食来源。

1453年4月5日，穆罕默德二世亲率步骑兵9万人、舰船320艘，从陆海两面包围君士坦丁堡，企图彻底灭亡拜占廷帝国。

君士坦丁堡位于博斯普鲁斯海峡西岸南口，整个城市呈三角形：北面是金角湾，入口处有铁链封锁；南面是马尔马拉海峡，沿海岸修有防御工事；只有西面是陆地，修有两道城墙，城外挖有一条宽约20米、水深约30米的壕沟。所以，天然地势的险要，加上拜占廷帝国几百年来的构筑经营，城防工事十分坚固，真可以说是铜墙铁壁，固若金汤。

君士坦丁大帝的巨大青铜头像

当时君士坦丁堡的守城将士不过1万人，居民约为6~7万人。总之，从兵力上来看，拜占廷帝国是不可能打赢这场战争的。他们只能凭着爱国之心和苦心经营的工事来战斗了。

4月6日，奥斯曼军队从四面陆地发起进攻。首先，他们用重达几百公斤的大炮、攻城锤和投石器轰毁了君士坦丁堡的城墙。之后，士兵们用树干滚动巨大的木桶，向护城壕沟冲去，企图用木桶里面的泥土把壕沟填平。城内军民在君士坦丁十一世的指挥下进行顽强抵抗，用枪炮打退了奥斯曼军队的第一次进攻。

强攻不行，奥斯曼军队便决定使用其他方法。首先，他们打算通过挖地道来穿过护城墙和城墙，但是还没等地道挖完，城内的居民就发现了奥斯曼军队的企图，并用炸药将地道炸毁了。

此计不成，他们又决定用攻城塔车。所谓攻城塔车，就是在战车上修筑起坚固的塔堡，然后再在上面裹上厚厚的牛皮，以防敌军的箭石，车上还载有弓箭手。此战车可以通过一个用滑轮升降的云梯来爬上城墙。不过当攻城塔车靠近城墙时，城内的军民就往塔车内投掷希腊火（用石油、石灰等制成的燃烧物），将塔车烧着，或用大杆推倒云梯。土耳其人的第二次进攻又遭惨败。

就在陆上奥斯曼军队受挫的同时，拜占廷海军也冲破了土军对海峡的封锁，由于金角湾有坚固的铁链封锁水面，所以土耳其的舰船不能进入该水域。同时，拜占廷的舰队也利用天然地势的优势，给土耳其舰队以沉重打击。

奥斯曼军队久攻不下，加上国内反对攻打君士坦丁堡的情绪开始增加，穆罕默德二世如热锅上的蚂蚁。后来，他想到金角湾的水面不宽，拜占廷人只是用铁索来阻挡进攻，但是如果能绕过这些铁链而从水路登陆，那么肯定能在敌军毫无防备的情况下攻破城池。但是，如何绕过铁索，却始终解决不了。

后来在手下的启发下，穆罕默德二世终于想到了一个策略。他首先派人到热那亚商人占领的加拉太镇去，买通那里的商人。在征得商人们的同意之后，他组织数千人在海峡和金角湾之间铺设长约1.5千米的涂油圆木滑道，利用暗夜掩护将80艘轻便帆船拖上海岸，用人畜和滑车拉过山头，再顺斜坡滑进金角湾，并在金角湾，并在金角湾最窄处架设浮桥，

在桥上配置火炮，然后向君士坦丁堡发动新的攻势。

由于君士坦丁十一世认为金角湾固若金汤，根本不可能有敌军能够通过那里进攻的。所以，当奥斯曼军队在金角湾向君士坦丁堡内开炮时，城中的官兵都惊呆了。慌乱之下，君士坦丁十一世命令从两线撤兵增援，而将西面的防守交给了来援的3000多名热那亚士兵。

为了配合金角湾水路的进攻，穆罕默德二世在西面也发动了再次进攻。他将非正规军放在头阵，让他们进攻城墙最薄弱的地方。虽然非正规军在人数和作战技能方面都处于劣势，但他们仍然热情地战斗。战斗了两小时后，他们得到撤退的命令。

第二次进攻的是伊斯哈克军队的土耳其人，这支军队比前一支更加训练有素。他们炮轰城墙，利用喇叭和其他的工具制造噪音来分散守军的注意力。但是城内的士兵还是利用工事顽强抵抗。

就在这时，奥斯曼帝国的军队发现了机会。君士坦丁堡城墙发内墙和外墙，之间是"空场"，为了不让守外墙的士兵撤退而死战到底，君士坦丁皇帝下令锁死了所有内墙下的城门。一部分土

耳其军队在用大炮攻破三道外城墙后，进入"空场"。此时第三道城墙下有个被叫做"竞技场门"的小门无人看守，而且敞开着（据后来历史学家推测，这可能是前一天晚上出来修补城墙的士兵所犯的致命疏忽）。

大队的土耳其军从这里蜂拥而入，他们是第一批冲进城市的军队。他们进入城市时，遭到城内守军的沉重打击，其中的大部分人被杀死。这次战斗在破晓时结束。

穆罕默德没有给守军以喘息的机会，第三次进攻又开始了，这次是穆罕默德最为得意的苏丹近卫军。他们首先在远处向城内射击箭和子弹，投掷石头和标枪，然后在栅栏处与敌军进行肉搏战。这次，守军终于不敌，遭到奥斯曼军队的大肆屠杀。君士坦丁十一世此时从金角湾赶到，但已无力扭转战局，在投入战斗后不久就被杀。

1453 年 5 月 29 日傍晚，土耳其人终于攻占了君士坦丁堡全部城区，此举意味着延续了一千多年的拜占廷帝国正式灭亡。

君士坦丁堡的陷落，意味着千年帝国——拜占廷帝国的灭亡，同时也标志着新的世界帝国——奥斯曼帝国的崛起。此后，君士坦丁堡改称为伊斯坦布尔，成为奥斯曼帝国的首都。这个名称一直沿用至今。原来城内的基督教堂和教徒被彻底毁灭，取而代之的是清真寺和穆斯林。在此后的二三十年间，奥斯曼帝国的领土急剧扩大，占领了几乎全部巴尔干半岛，并且占领了亚洲的安那托里亚和克里木汗国。另外，君士坦丁堡的陷落，也给现代穆斯林和基督教徒在巴尔干地区的争斗埋下了伏笔。

皮萨罗的征服

弗朗西斯科·皮萨罗出生在西班牙埃斯特雷马杜拉地区的特鲁希略镇，是个私生子，从小就学干农活。1509 年，皮萨罗参加阿隆索·奥赫达组织的"远征队"，从伊斯帕尼奥拉出发到今巴拿马地区从事探险、殖民活动。1517 年，皮萨罗奉命带队侵占巴拿马地区，修筑巴拿马城。

印加帝国在西班牙人的传说中是一个遍地布满黄金的地方，对贪婪的皮萨罗有强烈的吸引力。他曾分别在 1524 年、1526 年两次远征印加帝国，但都以失败而告

阿塔瓦尔帕肖像

终。1531 年，带着西班牙国王谕旨的皮萨罗率领 180 人再次远征印加帝国。而此时，印加帝国正在打内战。

库斯科城内的皮萨罗雕像

1526 年，印加王瓦伊纳驾崩，爱妃之子阿塔瓦尔帕逮捕太子瓦斯卡尔，囚之于王都库斯科，自立为王。"太子派"起兵抗争，内战不息。皮萨罗见有机可乘，决定利用这"鹬蚌相争"之时夺取秘鲁。他获悉阿塔瓦尔帕正在卡哈马尔卡指挥作战，决定率兵前往会晤。

1532 年 9 月 24 日，皮萨罗带领 102 名步兵和 62 名骑兵出发，11 月 15 日到达目的地，他派人约定第二天与阿塔瓦尔帕在市中心广场相见。届时，阿塔瓦尔帕身着盛装，在上万名卫士簇拥下进入广场，皮萨罗下令早已埋伏在广场周围的人马冲进去后对印加人大肆杀戮，阿塔瓦尔帕也被活捉。皮萨罗要求印加人用黄金填满囚禁阿塔瓦尔帕的房间（长 671 厘米、宽 519 厘米、高 275 厘米），用白银装满隔壁两间小屋以赎回他们的帝王。可当印加人金银将指定的房间装满时，皮萨罗背弃信义，于 1533 年 8 月 29 日将阿塔瓦尔帕送上了绞架。

此后，皮萨罗于 1533 年 11 月 15 日攻陷印加帝国首都库斯科，在印加帝国的故土上建立起了殖民统治，印加帝国灭亡了。

世界通史

最新整理图文珍藏版

尼德兰革命

概况

"尼德兰"一词的原意为低地,是指欧洲西北部莱茵河下游、缪司河、斯海耳德河下游及北海沿岸一带低洼地,包括现在的荷兰、比利时、卢森堡和法国东北的一部分。在中世纪初期,这里曾是法兰克王国的中心。

11世纪后,这地区分裂为许多封建领地,分别隶属于德国和法国。15世纪,它的大部分地区成为勃艮弟公国的部分。后来由于无免联姻及继承关系的演变,成为神圣罗马帝国哈布斯堡家族的领地,16世纪初又成为西班牙王国的属地。

早在13世纪至15世纪,尼德兰的手工业和商业就已经得到了很大发展,弗兰德尔的呢绒业早已闻名整个欧洲。新航路开辟之后,随着国际市场的扩大,欧洲商业中心开始逐渐转移到大西洋沿岸。由于尼德兰地处大西洋西岸,天然良港加上原先较为发达的工商业,使得尼德兰和资本主义有了相当发展。

16世纪初时,尼德兰共有17个省,约300多个城市,总人口大约300多万,因此有"多城市国家"之称。由于历史和地理的原因,尼德兰各地的资本主义发展程度并不一样。在北部七省中,以荷兰和西兰两省的工商业最为发达,这里是毛、麻纺织业和造船业中心。航海业和渔业也具有相当高的水平,16世纪中叶时,每年有1000多条船从阿姆斯特丹和北方诸省出海捕鱼,各类鱼年产值为330万杜卡特。

阿姆斯特丹是北方诸省的经济中心,当时这里已经出现了规模较大的手工工场。由于该城市的法律保障商业自由,并保护外国商人的利益,所以它与英国、波罗的海沿岸各国以及俄罗斯等有着频繁的贸易往来,但与西班牙则较少经济联系。

在南方的弗兰德尔和不拉奔,纺织业、冶金业、印刷业等都出现了不同程度的发展,手工工场随处可见。不拉奔省的最大城市安特卫普是当时欧洲商业和殖民地贸易的中心之一,也是当时的国际金融中心,银行业非常发达。由于该城拥有天然的良港,致使这里每天都有几千条商船进进出出。在城内的国际性商品交易大楼中,每天还有几千名外国商人在进行商业洽谈。据说，当时这个大楼门前悬挂着"供所有国家和民族的商人使用"的标牌。此外，这里还有1000多个外国的商务办事处分支机构。

16世纪荷兰布市场

不过南方的资本主义发展和北方不同。北方具有相对的独立性，并不依赖西班牙宗主国。而南方纺织业等工业的原料供应和产品销售都依赖于西班牙市场，因此这里的资产阶级和西班牙殖民当局之间有着较为密切的依赖关系。

另外，当时尼德兰东部以及北部的一些边远省份如阿多瓦、

那慕尔、卢森堡等，经济发展还比较迟缓，封建土地所有制仍占统治地位，农奴制还在这里部分生存，农民对地主不仅有土地依附关系，甚至还有人身依附关系。

16世纪初期之后，西班牙政府为了遏制法国，加紧对尼德兰的控制。尼德兰曾是历代国王"王冠上的明珠"，给他们提供了大量的财政支持。在查理一世期间，西班牙在尼德兰获得的税收收入，是当时西班牙国库总收入的一半左右。因此，西班牙不希望看到尼德兰资本主义经济的发展，害怕新兴的资产阶级会脱离他们的控制。另外，西班牙还在尼德兰推行天主教统治，设立宗教裁判所，据此迫害给西班牙带来利益威胁的新教徒。当时有个恐怖的"血腥敕令"，规定凡是从事新教活动或者被指控为新教教徒的人，男的杀头，女的活埋。

但是资产阶级的发展势不可挡。在北方，大商人和大的工场、农场主已经成为城市的资产阶级，他们要求摆脱西班牙的压制以自由发展资产阶级。在宗教上，他们接受了加尔文教，给以天主教为统治阶级的西班牙殖民当局以重大打击。由于有推翻西班牙封建统治的需求，这些新兴的资产

阶级愿意和工人农民一起，共同打击西班牙殖民统治，并在运动中担任了领导职务。

南方虽然也发展了资本主义，不过由于这里的资产阶级和西班牙当局的联系太紧密，致使他们对西班牙殖民者妥协，不希望通过革命手段获取自身的发展。

那些靠封建制度生活的地主和旧贵族，更加不愿意资产阶级革命，而是希望能够继续保持封建土地所有制和特权，继续维持天主教统治，所以他们是反革命者。一些和西班牙有矛盾的旧贵族，也只是希望能够仿效德国路德教诸侯和法国胡格诺贵族，通过宗教改革没收教会的土地和财产，以增加自己的财富。

手工工场的工人、农场的雇佣劳动者、矿工、帮工和学徒，以及城市贫民和人数众多的农民群众，深受异族和阶级的双重压迫，处境极端困苦。他们每天要工作 12 甚至 14 小时，却只能领到微薄的工资，女工和童工的工资更低。他们当中很多人参加了再洗礼派，强烈要求改变现状。

1556 年，西班牙国王腓力二世上台，任命自己的姐姐玛格丽特公爵为尼德兰总督，由红衣主教格兰维尔辅政，全面加强对尼德兰的压迫和控制。玛格丽特到任后，迅速剥夺尼德兰 17 省的自治权利，到各地加派驻军。此外，尼德兰的天主教主教区从原先的 6 个增加到了 20 个，他们利用设立的天主教宗教裁判所，接二连三地处死许多加尔文教徒和再洗礼派教徒。

为了从经济上打击尼德兰资产阶级，腓力二世于 1557 年宣布国家"破产"，拒绝偿付原先向尼德兰银行发行的国债，致使尼德兰的银行家损失惨重。此外，他还宣布取消了尼德兰商人和西班牙殖民地直接通商的特权，禁止尼德兰和英国的贸易往来。1560 年，西班牙故意提高西班牙羊毛对尼德兰出口的税率，使得尼德兰很多纺织业工场不得不关闭，大批工人失业，城市中的流浪汉日益增多。这些措施实施后，尼德兰北部城市原先的一派经济繁荣景象不见了，取而代之的是一片萧条。

西班牙的暴行，激起了尼德兰人民的反抗，各地人民要求推翻西班牙的殖民统治。尼德兰新教徒和天主教徒之间的矛盾激化，在佛兰德尔、不拉奔、荷兰、弗里斯兰和安特卫普等省市，先后多次发生新教徒反抗西班牙反动

最新整理图文珍藏版

统治的暴动。

以奥兰治亲王威廉为首的尼德兰贵族，利用人民运动日益高涨的形势，组成了以中小贵族为主的"贵族同盟"。1566年4月5日，贵族同盟向玛格丽特总督呈递请愿书，要求废除"血腥敕令"，停止宗教迫害，召开三级会议，撤退西班牙驻军，免除红衣主教格兰维尔的职务等项要求。西班牙政府拒绝了他们的要求，并一再辱骂他们是"乞丐"。

1566年8月，弗兰德尔等地方出现了以破坏圣像为主要形式的人民起义，起义者手执棍棒和其他武器，冲进教堂和修道院，捣毁圣像、圣徒遗骨和遗物，并没收教会财物，焚毁地契和债券。运动迅速扩展，到10月份的时候，已经席卷了不拉奔、西兰、荷兰、弗里斯兰等12个省区，参加起义的人超过数万人，捣毁教堂和寺院5500多所。起义发展到后来，起义者不仅限于破坏圣像和烧毁债券、契约，还强迫市政当局停止迫害新教徒，承认新教徒信仰自由，限制天主教僧侣的活动。

面对尼德兰的起义，西班牙首先采取了缓兵之计，暂停宗教裁判所的活动，允许加尔文教徒到指定地点做礼拜．赦免贵族同盟的成员。对此，害怕人民起义再次扩大的尼德兰贵族们和加尔文派的资产阶级领袖毫无保留地接受了西班牙统治者做出的"让步"，反过来要求人民遵守秩序，一部分贵族甚至公开帮助政府镇压人民起义。

1567年8月，腓力二世派遣阿尔发公爵率领18000名士兵到尼德兰镇压起义。这个以残暴闻名的阿尔发一来到尼德兰就向外发布消息："宁把一个贫穷的尼德兰留给上帝，不把一个富庶的尼德兰留给魔鬼。"他在尼德兰设立了"除暴委员会"，用以审判起义者和异端分子。此后，绞刑架和宗教裁判所的火刑柱遍布各地，西班牙军队在尼德兰大肆搜捕起义者，只要是参加过起义的人，一经抓到就马上处以火刑，甚至对一些没有参加起义的人，也以不起来反对起义的罪名加以杀害。因此这个"除暴委员会"又有"血腥委员会"之称。

在这场镇压中，大约有8000余人被杀，其中包括贵族反对派的首领厄格蒙特伯爵、荷恩大将以及资产阶级领袖安特卫普市市长凡·斯特拉连等人；几万人的财产被没收。经过镇压之后，原先发达的尼德兰工商业处于停滞时期，成千上万的工人失业。

当贵族和资产阶级纷纷逃亡国外时，广大的底层人民群众和部分革命的资产阶级分子继续战斗，他们在密林中组成森林游击队，称为"森林乞丐"，袭击西班牙的小股军队。北方的荷兰、西兰、弗里斯兰等地的水手、渔民和码头工人组成海上游击队，称为"海上乞丐"，袭击西班牙船队和沿海据点。

各地游击队的斗争不断取得胜利，1572年4月，"海上乞丐"游击队收复了布里尔城，6月又击溃了庞大的西班牙舰队，削弱了西班牙的海上力量。到该年夏初，荷兰、西兰两省的大部分地区都已经摆脱了西班牙的控制。随之，参加的人越来越多，队伍日益壮大，一些逃亡国外的贵族和资产阶级人物，也回来参加游击队，并且逐渐取得了领导地位。

8月，奥兰治亲王威廉在北方各省议会上被推选为总督。到1573年，北方七省先后都摆脱了西班牙的统治。虽然西班牙派来了增援的部队，但是都遭到起义军和尼德兰人民的顽强抵抗。不得已，腓力二世换掉了阿尔发，改派另一员大将去镇压起义，但

也是徒劳无功。

北方革命的胜利推动了南方各省人民的反抗运动，他们也联合起来，共同打击到处窜扰的西班牙军队。1576年9月4日，布鲁塞尔爆发起义，起义者占领议会大厦，逮捕议会成员，并解散了国务会议，推翻了西班牙在尼德兰的最高统治机关。10月，尼德兰南北各省的代表，在根特举行全尼德兰三级会议，商讨南北联合斗争问题。11月3日，会议各方签订了"根特协定"，宣布废除阿尔发颁布的一切法令，各城市恢复原有的自治权利和贸易自由，南北联合共同反对西班牙，承认加尔文教的合法地位。

这次会议虽然提出了南北联合抗争的问题，但是对尼德兰独立和彻底消灭封建土地所有制方面却未涉及，于是人民群众决心把革命斗争继续开展下去。1577年秋，南方的布鲁塞尔、根特和安特卫普军城市的人民又发动新的起义，在推翻了旧的市政委员会后，建立了革命的"十八人委员会"权力机关，并采取了一些民主措施。某些省的农村也爆发了大规模打击地主的起义。

南方革命的高涨，引起了南方贵族、天主教的恐惧，1579年1

月6日，南方反动贵族长阿图瓦省城阿拉斯坦成"阿拉斯联盟"，承认西班牙对尼德兰的"合法统治"，并宣布天主教为唯一合法的宗教。从此，南北方分道扬镳。

为对抗南方各省的背叛，北方各省结成了以荷兰为首的"乌特勒支同盟"，宣告北方各省为永不可分的联盟，以各省代表组成的三级会议为最高权力机关。1581年7月，乌特勒支同盟的三级会议正式宣布废黜腓力二世，成立"联省共和国"，后来改名为荷兰共和国，由资产阶级和贵族公认的奥兰治·威廉为领袖。

西班牙殖民者不甘心自己在尼德兰北部的失败，新总督和阿拉斯联盟的旧贵族一起，在镇压南方的革命后率军北犯，但是遭到北方联军的强烈反击，屡被挫败。1588年，西班牙的"无敌舰队"远征英国惨败，致使其海上力量遭到致命性打击。这对北方共和国极为有利，北方联军乘机收复了被西班牙占领的北方领土，还夺取了南方的部分地区。1598年，西班牙国王腓力二世死后，西班牙完全衰落，更没有力量进攻荷兰了。

1609年4月9日，西班牙与联省共和国缔结十二年休战协议，事实上已经承认共和国的独立。后来在1648年30年战争结束后订立的"威斯特发里亚条约"中，西班牙正式承认了荷兰独立。

尼德兰革命是人类历史上最早成功的资产阶级革命，并建立了欧洲第一个资产阶级共和国，为荷兰资本主义发展扫清了道路。当整个欧洲还处于封建专制统治之际，这次胜利具备深远的影响。此后，荷兰的资本主义有了巨大发展，在欧洲商船的总吨数中，荷兰商船占了3/4，"海上乞丐"变成了"海上马夫"，几乎垄断欧洲的海运贸易。17世纪前期，荷兰已拥有庞大的殖民地。1602年成立的荷属东印度公司，享有印度洋和太平洋贸易的独占权，并先后排挤了西班牙和葡萄牙。1621年荷兰成立了西印度公司，垄断了美洲和西非的贸易、殖民特权。

革命前夕的尼德兰

尼德兰资产阶级革命是在宗教改革的外衣下进行的，它是尼德兰社会政治经济发展的结果，也是整个16世纪宗教改革发展的产物。

"尼德兰"意为低地，指莱茵河下游及北海沿岸一带地方。16世纪的尼德兰包括现在荷兰、比利时、卢森堡和法国东北部的一部分。中世纪初期，尼德兰是法兰克王国的中心。11 世纪后，分裂为许多封建领地，有些臣属于法国，有些臣属于德国。15 世纪，勃艮第公爵统一了尼德兰各邦。1477 年，勃艮第公国被法国吞并，尼德兰成为独立的领地，归德国的哈布斯堡王族统治（勃艮第公爵的次女嫁给哈布斯堡族的王子）。1516 年，出生于尼德兰的哈布斯堡族的王子查理继承了西班牙的王位，称查理一世（1516 ~ 1556 年），从此尼德兰成为西班牙的属地。1519 年，查理又当选为德国神圣罗马帝国皇帝，称查理五世（1519 ~ 1556 年）。查理五世的领地除德国、西班牙及美洲殖民地之外，还包括尼德兰、意大利的大部地区和北非的突尼斯等地。西班牙以天主教为统治工具，成为天主教势力的最大支柱。

西班牙士兵在尼德兰杀戮新教徒

16 世纪尼德兰农民的婚礼

早在 13 至 14 世纪，佛兰德尔的毛纺织业就很有名，布鲁日、根特等城所产呢绒质量，远远超过英法等国的产品。16 世纪前期，尼德兰的经济发展更为迅速，北方各省，以荷兰和西兰两省的工商业最为发达，这里的毛、麻纺织业、造船业、航海业都负有盛名。许多大城市都有不少规模很大的手工工场。商业以阿姆斯特丹为中心，与英国、波罗的海沿岸诸国以及俄罗斯有比较密切的贸易关系，与西班牙的经济联系则较少。农村中封建势力比较薄弱，土地大部分掌握在自由农民、资产阶级和新贵族手里。他们或者自己耕种，或者经营资本主义农场，或者把土地出租给自由佃农。

在南方各省，经济最发达的

佛兰德尔和不拉奔，早在14世纪就已出现许多手工工场，16世纪，毛、麻纺织工业的手工工场特别发达。这里的毛纺织业主要依靠英国和西班牙的羊毛和市场，这里的大商业资产阶级和西班牙及其殖民地有密切的经济联系。在农村，农奴制业已瓦解。农民向封建地方缴纳货币地租，成为小土地租佃者。资本主义农场也已出现，但为数不多，南部的安特卫普是当时世界上最大的商业中心之一，欧洲各国在这里设立的商行和代办处约千余家，每日往来的外国商人有五六千人。港内可同时停泊大小船只2000多艘。

尼德兰的新贵族（主要在北方）和资产阶级，多是加尔文教的信徒，他们都主张推翻西班牙的封建专制统治，在革命中起了领导作用。旧贵族（主要在南方）力图保持封建土地所有制和各种特权，他们信奉天主教，反对革命。但也有一部分旧贵族与西班牙有矛盾，他们羡慕德国路德教诸侯和法国胡格诺贵族的地位，要求没收天主教会财产以加强自己的经济地位。他们一般信奉路德教或加尔文教，投机革命，有很大的妥协性。南方的大商业资产阶级，特别是和西班牙及其殖民地有经济联系的人，则比较保守，他们虽然反对西班牙专制统治的某些措施，但不想根本脱离西班牙，在宗教上他们或者属于天主教或者属于加尔文教的右翼。

广大的城市平民（破产的手工业者、手工工场工人、其他雇佣劳动者等）和农民群众，在阶级和民族双重压迫下，处境痛苦，革命要求最坚决，是革命的主力军。他们一般信奉再洗礼教或加尔文教。

尼德兰成为西班牙的属地以后，查理五世在尼德兰推行专制统治，无限制地搜刮财富，妨碍了尼德兰资本主义的发展。

1556年，查理五世退位，德国方面的领地和皇帝的关衔，由他的弟弟斐迪南继承。西班牙王位以及尼德兰、意大利、美洲殖民地等国土都由他的儿子腓力二世（1556～1598年）继承。腓力二世笃信天主教，残暴专横，对尼德兰的统治尤为残暴。查理五世时期，尼德兰资产阶级在他庇护下可以前往德国、西班牙和美洲等地经营有利可图的贸易。到腓力二世时，他为了保护西班牙本国资产阶级的利益，限制尼德兰商人进入西班牙的港口，并禁止他们与西属美洲直接贸易。尼德兰资产阶级在腓力二世身上得不到一点好处。1557 年，他还拒付国债，使尼德兰的银行家蒙受巨大损失。因此，双方的矛盾空前尖锐。

圣像破坏运动

尼德兰的最高统治者是西班牙委派的总督，他拥有最高的行政、司法和财政大权。总督之下设有由大贵族组成的国务会议。各省另有省长。除政权机关外，还有等级代表机构：各省有省议会，在它之上有全国性的三级会议。起初，省议会和三级会议享有一定的自治权，例如征收新税，需经省议会批准，方可征收。但西班牙国王查理五世，不顾尼德兰的传统权利，恣意加强政治控制和搜刮捐税，掠自尼德兰的捐税收入占西班牙国库总收入的一半。因此尼德兰曾被查理五世称为他"王冠上的一颗珍珠"。他以天主教会作为专制统治的重要工具，压制一切自由思想，在尼德兰设立宗教裁判所，残酷迫害新教徒。1550 年颁布的敕令规定，凡是新教徒或被控为新教徒者，"男的杀头，女的活埋"，甚至帮助过新教徒或和他们谈过话的人也要治罪，没收其财产。因此人们把这个敕令称为"血腥敕令"。

腓力二世（1556～1598 年）继位后，变本加厉地推行专制统治政策。他任命其姐玛格丽特公爵为尼德兰总督，由宠臣红衣主教格兰维尔辅政，全面加强对尼德兰的压迫和控制。玛格丽特剥夺尼德兰 17 省残存的自治权利，加派各地驻军，利用天主教会，大肆镇压尼德兰人民。宗教迫害案件激增，宗教裁判所接二连三地处死许多加尔文教徒和再洗礼派教徒。

腓力二世为了保护西班牙本国资产阶级的利益，限制尼德兰商人进入西班牙港口，禁止他们同西属美洲殖民地直接进行贸易，提高从西班牙运出羊毛的税额，从而使尼德兰从西班牙进口的羊毛锐减 40%（由每年 40000 包减到 25000 包）。许多手工工场倒闭，成千上万工人失业。他还公开拒付国债，更使许多尼德兰银

尼德兰：破坏圣像运动

行家蒙受巨大损失。外来统治者强加给尼德兰的这些灾难，都带有明显的民族压迫的性质。尼德兰资产阶级和广大人民群众与西班牙专制制度之间的矛盾急剧激化，在佛兰德尔、不拉奔、荷兰、弗里斯兰和安特卫普等省市，先后多次发生新教徒反抗西班牙反动统治的暴动。

腓力二世的高压政策，激起尼德兰人民的极大愤慨，甚至尼德兰贵族也因在政治上受到排斥而日益不满。尼德兰贵族利用人民运动日益高涨的形势，组成以中小贵族为主的"贵族同盟"。1566年4月5日，贵族同盟中300多人联合行动，向玛格丽特总督呈递请愿书，提出废除"血腥敕令"，召开三级会议，撤退西班牙驻军，免除格兰维尔的职务等项要求。西班牙政府拒绝了他们的要求。

1566年8月11日，佛兰德尔的一些工业城市中的手工工场工人和城市贫民发动起义，斗争的锋芒首先指向西班牙反动势力的精神支柱——天主教会。起义者冲进教堂和修道院，捣毁圣像、圣徒遗骨和遗物，没收教会财物，焚毁地契和债券。运动从南部开始迅速扩展，很快席卷了不拉奔、

西兰、荷兰、弗里斯兰等12个省区，起义群众捣毁教堂和寺院5500多所。起义者不仅限于破坏圣像，并烧毁债券和契约，还到处强迫市政当局停止迫害新教徒，承认新教徒信仰自由，限制天主教僧侣的活动，起义者甚至准备夺取城市领导权。汹涌澎湃的群众性革命运动是尼德兰革命的开端。

西班牙统治者慑于人民的革命威力，在8月23日颁布的"协议令"中，被迫答应暂停宗教裁判所的活动，允许加尔文教徒在指定地点做礼拜。尼德兰贵族们对群众运动怀有恐惧心理，因此毫无保留地接受了西班牙统治者作出的"让步"，一部分贵族甚至分开帮助政府镇压人民起义。加尔文派资产阶级也不敢坚持斗争，并号召人民服从政府。由于资产阶级的妥协和一部分贵族的叛变，各地的人民起义于1567年春遭到反动当局的镇压。

狡诈的西班牙国王腓力二世于1567年8月，派遣以狂暴闻名的阿尔发公爵率18000名讨伐军来到尼德兰。阿尔发宣称："宁把一个贫穷的尼德兰留给上帝，不把一个富庶的尼德兰留给魔鬼。"他设立所谓"除暴委员会"（即处理

有关"异端"和叛逆案件的非常法庭，史称"血腥委员会"），在各城市派驻西班牙军队，大肆搜捕起义者，实行恐怖统治。绞刑架和宗教裁判所的火刑柱遍布各地，九千多人财产被没收，直接被处死者达一千多人。贵族反对派的首领厄格蒙特伯爵、荷恩大将以及资产阶级领袖安特卫普市市长凡·斯特拉连等人，也都被送上了断头台。阿尔发为了掠夺尼德兰人民，于1569年3月，颁布新税制：一、各种动产和不动产的财产税，税率1%；二、土地买卖税，税率5%；三、商品交易税，税率10%。仅第一项税，一年就搜刮到330万佛洛林。高税盘剥，使得尼德兰的经济受到致命的打击。

阿尔发公爵的恐怖统治与掠夺政策，迫使贵族和资产阶级中许多人相继逃亡国外。奥兰治·威廉逃到他的德国领地拿骚，在那里联系德国新教徒诸侯和法国胡格诺贵族，期望能得到他们的援助。威廉本人有一定作战经验，他21岁时便在查理五世麾下任军事指挥官，曾指挥过一支2万名士兵的部队。1568年，阿尔发下令要他前往"除暴委员会"受审，威廉率领23000名雇佣军进攻弗里斯兰，但被阿尔发打败。此后他又多次带兵回尼德兰，进攻西班牙反动军队，都因没有发动群众

莫卧儿皇帝沙杰汉为纪念宠后蒙古所建的陵墓

而受挫。

当贵族和资产阶级纷纷逃亡国外时，南方的许多手工工场工人、手工业者、农民和部分革命的资产阶级分子转入佛兰德尔、根涅皋和海诺特的密林中组成森林游击队，称为"森林乞丐"，袭击西班牙的小股军队，惩办天主教神甫和司法官吏。北方的荷兰、西兰、弗里斯兰等地的水手、渔民和码头工人组成海上游击队，称为"海上乞丐"，袭击西班牙船队和沿海据点。各地游击队的斗争不断取得胜利，参加的人越来越多，队伍日益壮大，一些逃亡国外的贵族和资产阶级人物，也回来参加游击队，并且逐渐取得了领导地位。

1572 年北方起义和革命运动的扩大

人民群众坚持反抗斗争，推动了革命高潮的到来。1572 年 4 月 1 日，一支海上游击队突袭攻占了西兰岛上的布里尔城。随后，符利辛根和恩格华也先后爆发了起义。到 1572 年夏，几乎整个荷兰、西兰两省都摆脱了西班牙的统治，资产阶级在许多城市中组成武装队伍，夺取政权。农民群众则群起捣毁天主教堂、寺院和贵族庄园，拒缴什一税和履行各种封建义务。到 1573 年底，北方各省乌特勒支、佛里斯兰、上伊科塞尔、格尔德兰等都先后宣告独立。1572 年 7 月，奥兰治·威廉亲王在北方各省议会上被推为总督。阿尔发对起义各省市进行野蛮的反扑，但无法挽救西班牙的失败。1572 年 12 月至 1573 年 7 月，哈勒姆城军民抗击西班牙的围城军达七个多月之久，阿尔克马城的市民英勇抵抗，迫使西班牙不得不放弃围城计划。在一连串失败以后，腓力二世不得不于 1573 年 12 月把阿尔发召回，任命长于外交的列揆生为总督。

列揆生于 1574 年 5 月围攻莱登城，守城战士英勇奋战，8 月间，放水淹没敌军，西班牙侵略者狼狈而逃。军事失利后，列揆生又施展政治阴谋。为了分化革命阵营，列揆生下令停收新税并赦免投诚的奥兰治党人。1574 ~ 1576 年，南方的贵族，特别是在经济上和西班牙有密切联系的大资产阶级，渐渐趋向于妥协，但在北方，奥兰治·威廉所领导的革命势力，仍继续扩大，日益巩固。

北方革命的胜利鼓舞了南方革命人民的斗志。1576 年 9 月 4 日，布鲁塞尔首先爆发了奥兰治党人的起义，并夺取了政权，接着许多其他南方城市的市民，纷纷拿起武器，革命声势日益壮大。与此同时，列揆生于1576年春病死，他所统率的军队由于西班牙国库枯竭，不能按时发饷，不断哗变，到处劫掠，更加激起南方人民革命情绪的高涨。南方各省想和北方起义各省市联合起来，反对西班牙这个共同的敌人。1576年10月，尼德兰南北各省的代表在根特集会，商讨联合斗争问题。会议期间西班牙军队又一次发生政变，1567年11月4日，洗劫了最大城市安特卫普，杀死居民8000人，劫走财物约值500万杜卡特，烧毁房屋1000多所。西班牙军队的暴行，促使根特会议于1576年11月8日达成协定。"根特协定"规定：废除阿尔发颁布的一切法令，南北联合共同反对西班牙；南方仍然信奉天主教，但承认加尔文教的合法地位。

"根特协定"缔结后，南北各省联合斗争，革命声势更加壮大。1577年，伊普塞尔、伊普尔、安特卫普等城市，都发生了武装起义。农民运动也席卷了佛兰德尔、不拉奔、上伊塞尔、德伦特、格罗林根等省。但革命潮流的高涨引起南方反动贵族的恐惧，他们不愿失去西班牙王权的保护。1579年1月6日，阿尔土瓦和海诺特两省的反动贵族在阿拉斯城缔结联盟，决定联合西班牙反对革命。

阿拉斯联盟破坏了"根特协定"，于是北方各省于同年1月23日成立了"乌特勒支同盟"，加盟者包括北方各省和南方部分城市，宣告同盟各省市永不分离；有各省代表参加的三级会议为最高权力机关，制定共同的军事和外交政策，统一货币和度量衡。1581年，三级会议废除腓力二世的王位，成立联省共和国，革命在北方取得胜利。

1584年，奥兰治·威廉被西班牙派人刺死，西班牙军队配合"阿拉斯联盟"发动进攻，先后攻占安特卫普、布鲁塞尔、根特、布鲁日、伊普尔等城，恢复了西班牙在南方的统治。但西班牙军队向北方进攻则遭到强烈的反抗，屡被击退。在外交上联省共和国获得英、法两国的大力支持。1588年，西班牙的"无敌舰队"远征英国；1589～1598年，西班牙出兵干涉法国胡格诺战争，均遭到失败，国力大削。1609年，不得不与联省共和国订立十二年休战协定。直到1648年西班牙才

彩片镶嵌而成的墙壁装饰品

正式承认联省共和国独立。至此，尼德兰革命在北方取得最后胜利。

尼德兰革命的历史意义

尼德兰革命是历史上第一次胜利的资产阶级革命，这次革命推翻了西班牙的专制统治，建立了历史上第一个资产阶级共和国，在封建欧洲打开了第一道缺口，为资本主义的发展开辟了道路，为历史的发展指明了方向，是有深远历史意义的。尼德兰革命以加尔文教派为旗帜，在资产阶级和新贵族的领导下，主要是依靠人民群众，特别是城市平民的积极斗争取得胜利的，革命的胜利说明在人民群众充分发动起来的革命战争中，小国可以打败大国，弱国可以打败强国，新生力量必然战胜反动力量。由于革命的胜利，尼德兰北方获得了民族独立、政治民主和宗教自由。但由于领导革命的是资产阶级和新贵族，他们和封建制度有千丝万缕的联系；以国外贸易和手工工场为基础的资产阶级还不成熟，他们在斗争中不坚决，因此，反封建斗争不能彻底胜利。反西班牙统治的斗争，只在北方各省获得成功，南方仍然处在西班牙统治之下。无论是全国的三级会议还是各省市的会议，都只代表少数在资产阶级和贵族的利益。封建土地所有制没有彻底摧毁，农民没有分到土地，对工业资本的发展起了限制作用。这次革命的成就，远不能同 17 世纪英国革命相比，更不能同 18 世纪的法国革命相比。"1789 年的革命只有 1648 年的革命来做它的原型（至少就欧洲来说），而 1648 年的革命，则只有尼德兰人反对西班牙的起义来做它的原型。这两次革命中的每一次革命，都比自己的原型向前迈进了一个世纪；不仅在时间上如此，而且在内容上也如此。"

世界通史

最新整理图文珍藏版

第二节 文化中兴：艺海拾贝 科技撷英

查理曼的文化情结

为了巩固统治和推行基督教，查理大帝致力于文化教育。他邀请欧洲各地知名学者，例如英格兰的阿尔昆、意大利的保罗副主祭等人到宫廷讲学。

查理大帝勤奋好学，连吃饭的时候也让仆人在旁边为他朗读，特别喜欢听奥古斯丁的《上帝之城》。为学习书写，身边和枕下总放着写字板和纸张。他会讲古德语、古法语、拉丁语，并粗通希腊语，还认真学习语法、修辞、

查理曼和阿尔昆

辩论和算术、几何、天文、音乐这"古代七艺"，并研习早期基督教学者的学说，发布了不少敕令督促教会和修道院传授和学习文化知识。他还令人抄写大量古典和早期基督教的著作加以保存，这些著作因此得以流传至今。这些成就后来被称为"加洛林文艺复兴"。

为了培养贵族子弟及少量平民，查理大帝在宫廷中和各地建立了一些学校，聘请饱学之士主持，让贵族子弟和一部分平民入学学习，并且经常在政务和打仗余暇检查这些学生的学业。他发现，凡出身低微的孩子学习都比较好，而贵族豪门的后代却成绩很差。他对那些学习好的孩子说："我的孩子们，你们深得我的喜爱，因为你们竭尽全力去执行我的命令，并且自己也得到了好处，因此今后要继续学下去，以达到完善。我将赐给你们主教管区和华丽的修道院，你们在我的眼睛

里永远是光荣的。"而对坏学生他则大发雷霆："你们这些贵族，你们这帮少爷，你们这群花花公子，你们仗着出身、仗着财产，对我让你们自己谋求上进的命令竟置若罔闻！你们忽视探求学问，沉湎于奢侈和嬉戏，沉溺于游手好闲和玩乐。上帝在上，我看不上你们的高贵出身和漂亮仪表，虽然别人或许因此而羡慕你们。千万要明白，除非你们发奋读书，弥补从前的怠惰，否则你们永远得不到我的任何恩宠！"

加洛林王朝的建筑风格

矮子丕平建立了加洛林王朝。查理大帝即位后，采取了一系列措施恢复古典文化，这样，既可以争取教会的拥戴，又可以

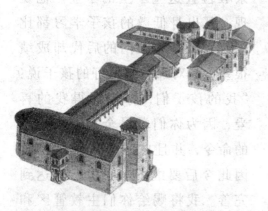

查理大帝时期建造的亚琛王宫教堂复原图

吸收先进的文明，促进文化的交融。尤其是在建筑方面，吸取了早期希腊—罗马和拜占廷艺术中的精华，其建筑风格一直传到西班牙、奥地利、不列颠和意大利，成为中世纪建筑艺术中的瑰宝。

加洛林时期的建筑以教堂为主，呈长方形状的"巴西里卡"风格是主要形式，其主体分为中殿和侧廊，后殿为半圆形。查理大帝定都亚琛后，大兴土木，修建了许多金碧辉煌的宫殿和教堂，其中亚琛的王宫教堂就是加洛林王朝建筑艺术的代表，堪称欧洲宗教建筑史上里程碑式的杰作。

经过无数战火的洗礼和岁月的沧桑后，只有亚琛的王宫教堂保存了下来。它曾经是一座雄伟宫殿的组成部分，现在孤零零地站在那儿见证着历史。亚琛的王宫教堂和同时代的教堂相比，具有独创性。内部放弃了各小厅之间的彼此交错，以便于清晰而简洁地划分空间。大厅引出的通往回廊的壁龛，不再是普遍的圆形而变成了八角形。一个由气势雄伟的拱廊构成的底层承载着一个楼厢，楼厢上方则又是一个高高的拱廊，其敞开的一面则按照拜占廷的式样，以两列重叠的圆柱

加以"围栏"。一个八棱锥形拱顶覆盖了这个八角形建筑，下面的回廊是正方形和三角形的十字交叉拱，楼厢则有筒形的拱顶。整个穹顶技术都源于古罗马的式样。另外，教堂还拥有一个两层的门厅，两边有两个圆塔，使得整幢建筑在方向上朝向圣坛，而三个塔楼构成的群体使得外观上也十分明显，这种方法为我们指明了罗马式建筑今后发展的可能性。

加洛林王朝的美术成就

雄伟的纪念碑式雕塑是古典艺术的一个最重要的方面，但在

加洛林王朝时期制作的木雕作品

加洛林王朝时期制作的插图画

加洛林时期却未能有所突破。一方面，因为当时教会认为塑像可能会成为一种新的偶像崇拜而会威胁到自己的利益；另一方面，也缺少创作大型雕塑所需要的技术条件。在加洛林时期，浮雕艺术的发展显然要优于独立塑像。

加洛林绘画往往是壁画或者镶嵌画，现在留下的只有残片。但是，从所记载下来的描述中，我们能了解到表现《旧约》故事和《新约》故事的组画，这些在教堂里到处可见。然而，从大量流传下来的手抄本插图的实例中，我们才真正了解到当时的绘画风格。那些由一页页古手稿装订而

成的书取代了传统的书写卷轴，书籍作为知识的载体被赋予了重要意义。

态的衣服褶皱生动地表现了形体，具有印象派风格的风光背景赋予画面以立体感。古代晚期写实的绘画风格在加洛林时期手抄本插图中得以复兴。

鞭笞

早在加洛林王朝之前，就已经开始对特别珍贵的书籍进行绘画装饰了，但是，这种绘画装饰开始仅限于装饰起首的大写字母。爱尔兰僧侣首先创造了这种花纹装饰风格，而动植物纹饰起源于凯尔特人和日耳曼人，平面纹饰则是受科普特人的影响。查理曼大帝把一些爱尔兰僧侣召集到亚琛，他们在宫廷的学校里教授手抄本插图艺术。于是，这里也完成了装饰画艺术从抽象纹饰到人物插图的重大转变。这种新的风格首先表现在阿达派的手抄本插图中，醒目的人像和古典装饰形式是具有开创性的。在兰斯大主教的"福音书"里，具有强烈动

英国习惯法之父

亨利二世一生功勋卓著，但他刚上台时，接手的却是一个烂摊子。当时的英国经历了连年的战祸，满目疮痍，生产停滞不前，社会动荡不安，王权衰落，纲纪废弛。而一些大封建领主拥兵自重，到处为乱。亨利二世上台后，在市民、骑士和教会的支持下开始了强有力的改革。

亨利二世最大的建树是司法方面的改革。他广纳贤士，召集了一批法律方面的专家，然后依照罗马法律、法国法律和英国各地的习惯法，对英国的法律进行整理，统一了英国的法律。亨利二世设立的陪审团制度，为现代两大法系之一的英美法系奠定了基础，成为英国司法制度的核心，因此被人誉为"英国习惯法之父"。

亨利二世以牺牲封建贵族法庭的方式提高了国王司法会议权

限，加强了王权。他规定在刑事和民事诉讼中实行陪审制度，以誓证法取代神命裁判法，每个自由人只要缴纳一定费用即可将诉讼案从领主法庭转到国王法庭，从而削弱了封建主的司法权限。但是占全国人口绝大多数的农奴却不得向国王法庭申诉，仍然受领主法庭的管辖。

1164 年，亨利二世颁布了《克拉伦登条例》，规定国王有权干预高级教职的选任，教士的诉讼必须到国王法庭受审。非经国王特许，教会法庭审理的案件不得上诉罗马教廷，从而限制了教会法庭的权限。

议会君主制的形成

无地王约翰去世后，部分英国贵族拥立他年仅 9 岁的幼子亨利即位，号称亨利三世。因亨利三世年幼，暂时由大封建主和大臣监国。

亨利三世亲政后，曾多次重申承认"大宪章"，表示接受贵族监督。后因向教皇献纳过多，又任用法国封建贵族执政，引起英国贵族反对。他本人又好大喜功，到处插手政事，使国家财政消耗

很大，经济出现严重困难。1258 年，贵族武装集会，强迫国王实行改革。同年 6 月，亨利三世被迫接受《牛津条例》，决定组织 15 人会议，非经会议同意国王不能做出任何决定。不久，反对派阵营因骑士和贵族利益冲突而分裂，亨利三世乘机否认《牛津条例》，内战爆发。

在 1264 年 5 月 14 日的刘易斯战役中，亨利三世及王子爱德华被以孟福尔为首的贵族俘获，孟福尔控制了英国政权，于 1265 年召集贵族、骑士、城市市民集会议事，成为英国议会之始。1265 年 8 月孟福尔兵败被杀，亨利三世恢复王位，但实际上由爱德华掌权。

亨利三世去世时，爱德华正参加第八次十字军东征，直到 1274 年才回国加冕，是为爱德华一世。爱德华一世统治时期，英国议会制度正式确定下来。1295 年，爱德华一世召开英国议会，出席的除教会封建主和世俗贵族外，还有骑士和市民的代表参加。因为这次议会的组成和职能成为后世议会的"楷模"，故史称"模范议会"。

欧洲大学的创设

世界通史

最新整理图文珍藏版

大学创立概况

大学从中世纪诞生到现在已经历了近八百年的历史。在发展过程中，大学的功能也不断变化，从最早的培养少量牧师传授经典知识的教师行会，发展到后来成为集教学、科研和为社会服务为一体的综合体，成为了社会前进的"发动机"。

华丽的封面

公元476年，西罗马皇帝罗慕·奥古斯都路斯被迫退位，标志着罗马帝国的灭亡。

公元476年，强大的西罗马帝国灭亡之后，希腊、罗马灿烂的古典文化迅速衰落，古代的各种教育机构也荡然无存。中世纪，西欧的经济、政治有了一定的发展，这迫使教会不得不改变愚民政策，兴办了一些修道院、教区学校，培养教士和僧侣。但此时学生所学的一切都为了传教所需，教师都由神职人员担任，讲课用拉丁语，学生只知道有《圣经》、神学，不知有文学、艺术和科学，因此有人把中世纪称为"黑暗的时代"。

到了11世纪，欧洲的教育界发生了很大的变化。首先，当时已有阿拉伯数字和中东的宗教、医学等知识的传入。再者，中世纪瘟疫盛行，死人无数，人们急于找寻解救的方法。再加上欧洲人的生产活动和贸易来往的频繁，需要新的知识去提高技术和管理。于是有了大学的诞生。

大学（university）在中世纪是一个非常含糊的名词，它指的是人们的一种联合体状态或协会。

大学的神学教育

实际上中世纪的大学都是为了追求这种联合状态的优越性而组成的社会团体，因此它们更像是一些行业公会。事实上，在11世纪时，"大学"和"行业公会"的确是可以相互替换地用于工艺会社的。"studium generale"这个词指的是由从事高等学术活动的学者和学生组成的"大学"或"行业公会"。这样的机构吸引了许多从世界各国来向精通某些领域知识的教师学习的学生。"大学"一词也就狭义地专指进行高等教育的机构了。

最初的大学不是由教育主管部门批准建立的，而是自发形成的。中世纪的世俗大学是市民阶级的产物，它们在城市与行会组织获得发展的条件下形成。当时大学的开放性是今天所无法比拟的，因为它没有校园，没有校舍，没有图书馆，没有固定的上课地点。学生们一般在租赁的教室里上课，流动性很大。

1088年，在意大利工商业发达的城市出现了第一所世俗大学——博洛尼亚大学。它是最先开办了几个学院的综合大学。博洛尼亚大学起源于学习罗马民法和教会法的学生组织，在法律、文学和医学三个专科学校合并的基础上形成。到13世纪初时，博洛尼亚大学里的学生已达5000余名。它以法学研究著称，吸引了来自西欧各地的知名学者。学校是由学生们自己构成的一个委员会管理的。他们雇佣教师，支付

圣·索菲亚教堂

薪水，解雇玩忽职守或教学效果不好的老师。是意大利、西班牙和法国南部所有大学的基本模式。

　　与博洛尼亚大学不同，巴黎大学是以教师为主的行会团体，在巴黎圣母院教堂学校的基础上发展起来。1179年，巴黎大学的教师团体取得录用教学人员的权力。1194年又获得特权，可以组织独立于地方司法的学校法庭，负责审理有关师生的案件。巴黎大学以文艺学和经院哲学最为著名，后来发展成为欧洲最重要的神学研究中心，在神学和宗教事务上发挥了权威性作用。它被置于教会法管理之下，师生们都享有教士等级的特权，诸如不纳税、不受国家法律约束等等。巴黎大学是英格兰、苏格兰和其他北欧大学的样板。

　　1167年，许多英国的教师和学生由巴黎回到牛津，设立了牛津大学，按照巴黎大学的组织方式讲学。

　　后来欧洲又成立了许多大学，每一个大学尽管都有它自己独特的起源和历史，但是却可以分成三种主要的类型。一种是由教会建立的，以巴黎、牛津和剑桥大学为代表。这些学校中的学生和教师形成一个由校长指导的、封闭性的集合体。第二种类型是市立学校，例如博洛尼亚和帕多瓦大学。这些学校由一个学生选举出来的教区长管理，学生对教师以及学校的课程有很大的控制权。第三种类型是国立大学，它们是由世俗的统治者在教皇的认可下建立的。由西西里的腓特烈二世建立的那不勒斯大学和卡斯提耳的腓特烈三世创立的萨拉曼卡大学，就属于这种类型。

　　13世纪时，欧洲一共有五所重要的大学，即巴黎、奥尔良、博洛尼亚、牛津和剑桥大学。在法国南部还有另外两所。意大利自夸有十一所，而西班牙仅仅有两所。德国直到14世纪才有大学出现。到中世纪末期，在欧洲已建立的二十多所大学中，有2/3是在法国和意大利。

　　中世纪大学的学习生活非常紧张，由于大学强调权威的价值以及书籍的无一例外的昂贵（写在珍贵的羊皮纸上装订而成），因此学生要死记硬背的东西非常多。

　　当时大学的专业主要有文艺、法律、医学和神学四科目，学生花三四年时间学习文法、修辞、逻辑，通过考试后可以取得学士学位。由于学生通常具有教士身份，他们按照规定应当独身，所

格劳秀斯在法学方面的突出成就为他赢得了"近代国际法奠基人"的盛誉

主教教堂相联合的学校。在这里，给年轻的神父们上神学课、音乐课及被教会认为是作为一个教士所必须学习的科目。在中世纪的大学里，当学生数量也增加了的时候，某些不安分和家庭有势力的学生也成为影响学校的一种不可忽视的动荡因素。为了保护教师们的利益，全体教师组织了"大学教师协会"。

中世纪大学吸引学生的地方很多。所有学生都以拉丁语作为学习使用的语言。他们组成了"乡友"（团体）。大学具有很大的权力，并且从市政府和基督教会那里获得了很高程度的自治权。在大学里，没有标准年龄或年级的分配。学生们以粗暴、拥有武器以及酗酒而闻名，并且常常闹事。在未设奖学金或学生贷款的大学中，他们就常常以乞讨、偷窃为生。因此他们与当地城市居民的关系非常紧张，并常常发生冲突，甚至还会进行激战。剑桥大学就是在牛津大学与市民的一次武装冲突中，逃散的一部分师生跑到剑桥逐步形成的（1209年）。

尽管名声不好，大学的基础仍然主要是年轻人追求知识或至少是在毕业后追求财富和权利的

以英文里"学士"（Scholar）一词就有单身汉的意思。学士再花几年时间读完算术、几何、天文和音乐，就能获得硕士学位。若要摘取博士的桂冠，还要接受更多的专门训练。巴黎大学神学博士科目需要十四年才能修完。只有取得硕士、博士资格，才能谋取在大学教书的职位。

一般来说，基督教会的权威们虽然在初生的大学中占统治地位，但某些主要学科的确切起源并不很清楚。在11、12世纪，随着老的修道院学校的威信日益下降，教区总教堂的学校和半世俗的市立学校开始取代它们。某些这样的学校在12世纪发展得相当大，经过默默无闻的几个世纪以后，逐渐成为高等学术活动的中心。例如，查理曼曾建立了和大

圣索菲亚大教堂壮观的穹顶

欲望。当时的学生大部分是成年人、商人、神父等。

中世纪的大学虽然是权力很大的机构，但永久性的学校建筑却非常稀少。上课经常是在教授的房子里或租来的房屋中进行。学生们常常是相互独立地与教授订立雇佣和支付教师报酬的协定。学生学习六年以后，可以参加一次考试。如果通过了这次考试，就有资格当教师。许多报酬丰厚能赚大钱的职业为大学毕业生敞开着大门。大学生可以接受神职，成为牧师或担任其他的教会职务。他们的学术研究能力可能会受到一个有钱的庇护者的赏识，他也许会去从事医学或法律研究，或者做个誊写员。但是，甚至在13世纪，就已经有学生拒绝这些传统的道路。他们追求一种漫游、闲逛的学者生活，周游遍布欧洲的各个大学和各地的小酒馆。

在所有的大学中，教学内容都局限在宗教教义的范围内，并且还受到教义的调整。学术上的偏离会被当作异端而受到惩罚。特别是在13世纪的宗教混乱中，世俗的权力屈服于基督教的势力，在大学中成立了托钵行乞修道士的修会，以反对异端。几乎在这一转变发生的同时，亚里士多德著作也以它原始的纯粹希腊的形式出现，从而能为学者们所利用。

中世纪大学的产生，是世界历史上的一件大事。这是从黑暗愚昧的中世纪走出的重要一步。大学诞生以后，成为社会的思想和技术中心，为社会走向科学和民主做出了重要的贡献。直到现在，大学仍然发挥着社会思想库和科技发展中心的作用。

欧洲大学的兴起

中世纪的西欧文化教育相当落后，完全被教会把持。教会为了加强封建统治，避免任何反抗意识的产生，有意使群众处于长期愚昧之中。他们利用宗教在人们精神上造成一种强大的压力，禁止一切与宗教神学相违背的精神文化滋生。教士们刮去古代羊皮纸手稿上的学术著作，改为抄写文字不通的宗教神话；教会开列大批禁书目录，封锁禁锢文化传播；更有甚者，391年，阿非罗主教竟下令烧毁了藏书几十万册的亚历山大图书馆。这是一座古典文化宝库，它收藏了古代希腊、罗马学者多少年积累下来的智慧和心血的结晶，却被一把大火化为灰烬。教格里哥利利一世曾公然宣称："不学无术是信仰虔诚之母。"结果，在中世纪初期，不仅普通百姓全都是文盲，王公贵族也都粗鲁无知。社会上只有少数高级教士由于阅读圣经和宣传教义的需要而掌握拉丁文。当时，西欧各国的政府文告、外交书信也都是用拉丁文书写。

教会是中世纪初期唯一设有学校的地方，学生主要是教会人士。教会学校的培养目标仅仅是训练为教会服务的工具，为封建统治阶级培养人才。在教会学校里学习"七艺"，即：文法、修辞、逻辑、几何、数学、天文和音乐。从形式上看，似乎这些课程也是文理全科，实际上，这七门学科只是为了一个目的——宣传宗教教义，为宗教神学服务；七门学科也只有唯一的一本教科书——《圣经》。因此，七艺中的

文法是为了明白圣经的语法；修辞是训练传经布道的辩才；逻辑是为了在与"异端"诡辩中进行形式推理和论证神学命题；数学是为了论证圣经中的有关数字；几何是为了说明地球不是圆的，而是浮在水上的扁平的一片以及有助于教堂的建筑；天文是要说明地球是宇宙的中心和为了推算宗教节日、占星卜兆；音乐则是为了演唱赞美诗……等等。总之，文化各科无不是为宗教服务，充满了宗教神学的性质。无怪当时的教会要说："科学是宗教的仆人。"这样的文化教育，使我们不难想象中世纪初期的欧洲，人们是生活在怎样的黑暗之中。他们除了圣经不知还有其他书籍，更不知还有文学、艺术、科学，粗鲁愚昧，虔诚地信仰上帝。

公元500年基督教世界和异族入侵

但是，随着历史的发展，中世纪的欧洲社会发生了重要变化。10世纪左右，阿拉伯人征服西班牙，把许多古代东方文明的精华带到西欧。阿拉伯人在西班牙兴办学校，讲授《古兰经》，学习文学、数学、医学和天文学等自然科学，并建立了图书馆。西班牙成为当时欧洲的文化中心，它的学校曾吸引了大批欧洲青年。另一方面，大规模的十字军东侵在客观上给欧洲文化带来影响。十字军骑士们接触到东方文化，也掠回许多技艺高超的手工艺人和博学多识的拜占廷学者。东方的文明和东方的豪华奢侈以其神奇的魅力展现在西欧人面前，使他们感受到基督教世界之外的生活。于是，非基督教文化的渗透和掌握文化的非基督教人士的出现，使中世纪早期教会垄断文化的局面打开缺口。特别是11世纪以来，西欧社会经济发展，陆续产生一些以工商业为主的城市，随之出现了一个新的、工商业者组成的市民阶层。他们力图从封建领主的压迫下解放出来，在政治经济方面独立自主。他们需要新的文化生活，迫切要求自己掌握文化，提高文化水平，再也不能容忍教会对文化教育的垄断。

因此，为适应市民生活的需要，并为他们培养掌握文化知识的人才，最早在意大利城市，接着在西欧其他城市相继出现一批不受教会控制的城市学校。这些城市学校大都教授罗马法，因为罗马法重视主权和产权，符合当时政治经济的需要。城市学校可以说是中世纪大学的先驱。

大学（由拉丁文的"联合"一词引申而来），是中世纪西欧开始建立的高等学校。11世纪末，在意大利波伦亚法律学校基础上形成的波伦亚大学是中世纪西欧的第一所大学。12世纪，法国巴黎大学、英国牛津大学相继出现。13世纪时，西欧各大城市纷纷创立大学。意大利的萨勒诺大学、巴勒摩大学，西班牙的拉曼加大学，德国的海德堡大学，法国的奥尔良大学，英国的剑桥大学等，都是在这一世纪创立的。到15世纪，欧洲已有四十多所大学。

巴黎大学是西欧中世纪大学的典型。它形成于12世纪前半期。1200年，经法兰西国王腓力二世颁发诏书批准而正式诞生。巴黎大学集中了来自欧洲各地的求学者。据说有个时期，巴黎大学的学生达5万人之多。这主要是由于巴黎大学和中世纪西欧其

世界通史

最新整理图文珍藏版

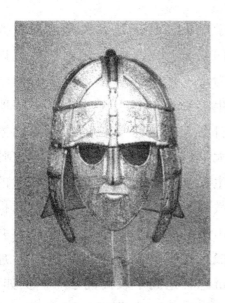
萨顿胡出土的蒙面贴铜的铁制头盔

他大学一样，一律使用拉丁语教学，所以它能接纳欧洲各国通晓拉丁语的学生。

巴黎大学不仅由学生和教师联合组成，而且为它服务的人，如书贩、信差、药商、抄写人、甚至旅店老板等，都算是大学的成员。教师和学生们有各自的组织。教师，按照他们自己的才能，也就是能教某种学科的能力，分别结合成不同的团体，它相当于现代大学中的"系"（是从拉丁语"才能"一词转化而来），而从中选出的"首席"或"执事"，就是后来所称的系主任。各系的教师必须是已经获得学士、硕士或博士学位的人担任。来自各地的学生按乡土组成同乡会，称为学馆。

巴黎大学最初有诺曼底、英格兰、高卢和皮卡尔迪四个学馆。每个学馆都有自己的宿舍、食堂、小教堂以及舍监和导师。这种学馆后来发展成为学院，它的名称一直沿用到现代。

当时，巴黎大学设有四个学科：文艺、医学、法律和神学。文艺学科是初级科，学习"七艺"，它的内容与教会学校的"七艺"大不相同。语法，包括拉丁语和文学；辩证法，即逻辑学；修辞，包括散文、诗的习作和法律知识；几何，包括地理和自然历史；天文学，包括物理学和化学；还有算术和音乐。这个学科人数最多，修完后可以得到学士学位。其他三个学科是高级科，只有初级科毕业的学生才能升入，修完后可以获得硕士学位。不过在中世纪，要想获得学位是一件很复杂的事。在上大学的人中，往往只有 1/3 的人获得学士学位，而获得硕士学位的仅占 1/16。其

波利萨略的胜利勋章

奥古斯丁主教的十字纪念碑

余离开大学的人根本没有获得任何学位，只满足于他们在初级科学学到的知识。中世纪大学各科的学习年限较长，文艺科一般要学五至七年。其他三科，每一科也要学习五至七年。学习年限之长，往往也限制学生不能修完各门学科。

中世纪大学的学习方法主要是听讲、记笔记和参加辩论会。教材多是古代传下来的一些名著。每天清晨，学生们到教堂做完弥撒，就去教堂上课。教师一边诵读教材，一边加以解释，不允许学生怀疑，也极少实验。即使是医学教学也不进行活体解剖，更绝对禁止做人体解剖，教师只能从阿拉伯的医书上引用某些解剖

学知识。辩论是大学学习最重要的部分，也是中世纪大学生习以为常的活动。所有获得学位的学生都必须经过公开答辩，来证明自己获得这个学位的权利。巴黎大学组织辩论会，主要是本校师生参加，有时也邀请其他大学的教师来辩论。辩论时，辩论者提出某些命题，听取反对意见，并驳斥这些意见。当时，很多参加辩论者达到了较高的水平。例如：有一次，一个英国牛津大学出身的硕士来巴黎大学参加辩论会。他听取了二百多条反对意见，竟能全部当场记住，并且立即依次加以反驳。辩论会常常是在热烈的气氛中进行，当辩论达到高潮时，激动的双方面红耳赤，甚至会扭打起来。

巴黎大学创立初期，校内行政管理具有较浓厚的民主气氛。学生和教师之间都是相当民主的，享有同等权利，并共同选举大学校长。学校由校长领导，不受任何上级管辖。这种大学自治的特点，恰恰表现了它是城市市民反抗封建教会斗争的产物。

但是，教会极端仇视这种不受其管辖的世俗大学。它不能容忍文化知识在人们中间传播，启迪人们的心灵。因此千方百计运

圣索非亚教堂内的马赛克画：查士丁尼和君斯坦丁站立在圣母玛丽亚前

用宗教权力将教会势力渗入大学，并残酷迫害那些主张不依赖神学而独立研究学术及哲学的教师。一些敢于提出与教会不同的观点，并坚持自己观点的学生和教师，被教会法庭处以火刑，甚至活活打死。到13世纪中期，巴黎大学已完全为教会所操纵，其他大学也难逃此运。许多具有自由思想的教师不是被驱逐出去，就是惨遭迫害。学校的教师多由教士担任，他们讲授的课程多是从圣经中引来，并不是真正的知识。从此，在大学里占主导地位的是轻视经验、崇奉教会权威，压制自由思想的经院哲学。只有医学、法学等实用学科未被排斥。

尽管如此，西欧中世纪大学的出现依然是世界教育史上一个具有划时代意义的重大历史事件。

它虽未能彻底摆脱宗教势力的约束，但世俗大学毕竟不同于教会学校，学生来源广泛了，教师也不是清一色的神职人员。它的出现意味着对宗教独占文化教育内容的一种突破。

中世纪大学组织的形成

中世纪大学的组织是在城市与行会组织发展的条件下形成的，欧洲"大学"一词原来的意义是由人们组织起来的团体，后来又发展为专指由从事学习、教学和研究的人组织起来的团体。此后在大学形成的过程中，又有了较为明确的含义，指并非专由一个地区或一个阶层团体得到学生，而是由各个地方来的学生组成的学校。它从事包括有神学、法学和医学这些学科的高等教育，而且每种学科是由多位教师讲授，大学的组织与教学的形成经历了一个长期过程并有着各种类型。

意大利的波洛尼亚大学起源于学习罗马民法和教会法的学生组织。波洛尼亚所在的伦巴德地区，处于西欧和东方贸易往来的通道，罗马教皇与神圣罗马皇帝进行长期斗争的中间地带，工商业发达，出现了大批的自治城市，为学术研究的兴起提供了有利条件，欧洲各地的学生纷纷到此求学。但是中世纪城市和行会的法律、规章是维护本地人利益的，对于这些外来的学生极为不利，学生们在房租和学费上受到敲诈，甚至要他们替同乡人归还欠下的债务。于是这些学生们便逐步组织起来形成团体，制定了自己的规章从事学习和聘请教师。学生团体考核聘请教师的学术质量，规定聘金和讲授课时数量，还有一些更详细的规定，如教师上课不得迟到早退，必须按照课本逐节进行讲解和论证，如果一门课不能吸引来五个以上的学生，这门课的讲授资格便被取消。学生团体与城市当局协商房租标准，不得允许有人向房主出高租来驱逐学生。而由学生团体认可在学识和讲授方面合格的教师，才有资格向学生进行考试，并授予从

威特比修道院

事法律等专业的合格证书，随着学生团体的壮大和规章的完备，波洛尼亚大学便成为西欧第一所有着完备制度的大学。

学生团体之所以能取得这样的成就，是由于中世纪城市行会林立，法规纷杂，在团结起来的学生面前不得不让步，而学生多是富家子弟和有教会支持资助的教士，也是城市的经济来源，教师则多为"游学之士"，也要从学生团体得到可靠收入。德国的神圣罗马皇帝和罗马教皇在意大利北部城市激烈争夺，各城市均有"皇帝党"与"教皇党"之分，都要争取具有法律和其他学识的人才。1158年，皇帝腓特烈一世（巴巴罗萨）授予波洛尼亚大学特许状，批准了大学自治的法律地位，1189年教皇克莱门特三世的通谕，更进一步明确了保障学生租房居住，商定租金的权利。大学从这些敕令与通谕中获得的重要法律权利还有：大学生可以自由通行，城市与各地方当局不得阻碍；大学生与外人发生诉讼，均由大学审理；大学师生免交赋税，免服兵役。

随着由西欧各地来的学生人数的增多，学生团体为便于组织和管理，又分为"同乡会"，首先

世界通史

最新整理图文珍藏版

是分为阿尔卑斯山内和山外两个同乡会，后来山内同乡会又分为伦巴德、托斯卡纳和罗马三个同乡会，山外同乡会又分为高卢、皮卡迪利、勃艮第、普瓦图、图尔内与缅因、诺曼底、加泰隆尼亚、匈牙利、波兰、德意志、西班牙、普罗旺斯、英格兰、加斯科尼十四个同乡会。同乡会的原则是互相保护、帮助、共同娱乐。要求纯洁，友爱，照顾病人，提供贫困者的需求，防止争吵斗殴，埋葬死者，互助学业的研修，援救被迫害者等，每个学会有专门的负责人，并收一些会费。最初学生团体没有集中的领导机构，只是在有重大问题时派代表共同会商，后来各团体共同选举产生了校长，并授予校长以司法权力。学生对同乡会和校长的关系是采用缔结章程、宣誓遵守服从的形式结成的，这种组织形式主要是保证学生的学习、生活和不受外人侵犯，教师是处于这种组织之外的，但是学生团体除了聘任与判定合格的教师之外，也不干涉教师的教学，考试与学术活动。

波洛尼亚大学在成长过程中也经历了多次斗争，包括与城市当局、封建贵族、教会和师生内部的斗争，有司法斗争，武装自卫，学生罢课，教师罢教，大学集体迁移等种种形式，由于大学学术水平卓越，并善于利用矛盾取得支持，斗争往往取胜，以致这些斗争形式均被承认为大学的合法权利。波洛尼亚大学到 13 世纪初学生已达 5000 余名，除了民法与教会法外，于 1316 年增设医学，1360 年增设神学。波洛尼亚大学这种由学生主持管理校务的体制，成为意大利、法国南部、西班牙、葡萄牙等地大学的榜样。大学的法律教育的影响遍及西欧，但较为轻视神学与经院哲学，形成了较为自由的学术气氛，也为孕育意大利的人文主义思想提供了条件。

西欧中世纪大学的另一个典型是法国的巴黎大学。巴黎在查理曼帝国时代就设有教会和宫廷学校，此后巴黎的几个著名教堂和修道院学校，尤其是巴黎圣母院的主教学校一直持续发展。12 世纪古典文化的复兴，经院哲学的形成和唯名论与唯实论的激烈斗争，在巴黎的教会学校是最为集中的研习和讨论场所。过去的宗教教育已远远不适应需要，许多人要求接受文艺学科、哲学、神学和教会法的教育。而在教会势力强大的法国，进行这类教学

765

必须得到教会颁发的许可证。最初这种许可证由教会学校的校长颁发，由于教会学校校长对许多学科毫无知识并经常以出售许可证谋利，严重损害学者的声誉和权利，各教会学校的教师便组织起来抗议与抵制。1179年，在拉特兰宗教会议上的斗争，使教皇亚历山大三世颁布通谕，严禁教会学校校长出售许可证，并必须担保教学人员的质量。教皇特别斥责了巴黎圣母院主教学校的校长。此后，取得教学资格就主要取决于教师团体的"授职"了。由于巴黎的教师与学校拥有很高的声誉和地位，西欧各地求学的学生纷纷来到巴黎学习，以得到教师团体的授职。教师团体由于拥有众多的学生，势力强大起来，经常与巴黎的市民发生冲突。巴

在781~783年的古抄本中，耶稣被描绘得如同上帝一样。

黎的教师团体便向教皇亚历山大三世请愿，取得了由教师审判有关学生的法律案件的特权，实际上是由一个教师专门组成的法庭审理。后来这些特权又由教皇西斯廷三世于1194年加以确认，将巴黎大学所有师生置于教会法管理之下，使他们在与俗人的争端中享有教士特权，并实际由大学处理。法国国王腓力二世（奥古斯都）于1200年正式承认了巴黎大学的特权。在这些斗争中，教师团体把过去的习惯和规章写成了具有法律效力的文件，并使教师团体成为处理各类法律事务的法人团体，指派固定官员，使用专门印章，并最后排除了主教学校校长对大学的权力。虽然教师和学生均具有教士身份，但由于他们来自各地，不愿受巴黎当地教会组织的管辖，终于在1231年得到罗马教皇的支持，又取得了独立于当地教会的自治权。巴黎大学的教师团体之所以能够连续取得这些成就，主要是当时罗马教廷的权力达到最高峰，罗马教皇企图利用巴黎大学对法国的教会和俗权进行控制，而巴黎大学又汇集了西欧各地有权势、有学识的教士，权倾西欧的教皇英诺森三世，就曾是巴黎大学和波洛

四枚银币

尼亚大学的学生。

在大学成长过程中起重要作用的是人数最多的文艺学科教师团体。他们也组成了法兰西、皮卡迪利、诺曼底和英格兰四个同乡会（实际包括了西欧其他地区来的人）。但教师更上一层的组织是分学科的教授会，分为文学、神学、教会法学（罗马民法在巴黎被禁止讲授）和医学四个教授会。每个教授会有权颁发本学科的教学许可证书，决定本学科的教学规则和学生纪律。每个教授会选举一个会长。大学的重大事务由几个教授会共同会商。到13世纪末，文学教授会的会长由于拥有较多人力、财力，实际上成为巴黎大学的校长。巴黎大学这种由教师团体主持校务的体制，成为英格兰、苏格兰和北欧各大学的榜样。巴黎大学最盛时曾达5万多人，号称与教皇和皇帝并为

欧洲三足鼎立的势力，尤其以文艺学科和经院哲学最为著名。巴黎大学在神学和宗教事务上的权威和影响，在14世纪教廷分裂时期甚至凌驾于教皇之上，形成了大学中强大的宗教保守势力，一直延续到欧洲近代时期。

中世纪大学中还有一个具有特别影响的典型，即英国的牛津大学。牛津在中世纪初期就有一些学者在此教学，在1167年左右，由于英王亨利二世与法国国王的争执，许多英国的教师和学生陆续由巴黎大学回到牛津，按照巴黎大学的组织方式讲学，逐步形成了牛津大学。但是牛津既非工商业中心，也不是政治和教会中心，教师、学生的研习和生活必须以独特的方式加以保证，于是便形成了学院制度。学院制度在西欧其他大学也存在，起源于为付不起房租的穷学生提供宿舍，逐步形成学生共同学习和生活的组织。但是在牛津，学院成为大学体制的主要形式，大学是因一个个学院的建立而发展起来。学院是由英国各地的贵族、教会以至国王捐助的资金、土地和房屋而建立起来的，最早形成的是大学学院（1249年）、贝利奥尔学院（1260年）和莫顿学院

（1263年）。每个学院订有由国王和教会当局批准的章程。章程包括尊重捐献者的意愿，服从某个教俗上层的领导，教师团的组成，院长的产生和权力，经费的运用，学生的学习规章和纪律等，学院对于招收师生、经费应用和进行教学方面均拥有自主权。学院拥有学生和教师宿舍、教堂、食堂、教室、图书馆和庭院，各具风格。大学的重大事务由各学院院长会商，并轮流分工负责。大学的校长是由国王和教会任命的，主要是负责大学独立的司法权，学院制度的建立在当时具有重大意义，它为许多贫穷的学生和教师提供了学习、生活的保障，使各种教授、学习、管理制度能够系统化和贯彻实施，并为大学提供了可靠的经费来源，使大学不仅在司法上，并且在经济上也加强了独立性。

高卢国王丕平三世

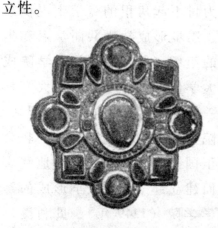

法兰克族的胸针

牛津大学虽然在一个小城市形成，也经历了与城市当局和市民的长期斗争，甚至发生多次武装冲突。在1209年一次武装冲突中，逃散的一部分师生跑到剑桥，逐步形成了剑桥大学。此后牛津学生又几次被市民打得逃散。但是牛津大学得到国王和教会的支持，国王在1244、1248、1275年一再颁发的特许状中保护牛津大学的权利，最终在1355年大学战胜城市当局，成为牛津的掌权者。大学的得胜也是由于大学建立了许多学院，全英国各地的学生均来此就学，人力财力增强并博得了全国的支持。虽然学院林立，制度各异，牛津大学的教师还是形成了严密的组织来管理大学。来自英国南方和北方的教师分别选出两个

世界通史

最新整理图文珍藏版

学监，学监后来取得了指派各学科的教师代表选举校长的权利。全体教师又逐步形成教师会议，教师会议提出和修改学校规章，讨论决定重大财政收支，总管授予学位事项。教师会议多次与教会和修道院团体对大学教学的干涉进行斗争，并取得胜利。

牛津大学在西欧中世纪也起到重大的作用。牛津校长格罗塞特和学者罗吉尔。培根对抗教会压力，最先开展对自然科学的实验研究。邓斯·司各特和威廉·奥卡姆发展了唯名论，对抗罗马教会的正统神学，成为中世纪学术界对罗马教会基本信仰和理论最严重的挑战。约翰·威克里夫提倡国家教会，反对罗马教皇和教士，成为宗教改革运动的先驱。

在波洛尼亚、巴黎、牛津等大学榜样的带动下，到十五世纪末，整个西欧建立了近80所大学。意大利有20所，法国有18所，英国有2所，苏格兰有3所，西班牙有13所，葡萄牙有1所，德意志神圣罗马帝国境内（包括尼德兰、捷克和瑞士）有16所，匈牙利有3所，波兰、丹麦和瑞典各有1所。大学是在中世纪封建制度下，在城市、行会、教会团体各种组织的影响下形成的，

但在形成过程中，大学却又与这些组织和制度进行了激烈的斗争，取得了存在、发展、自主的种种权利。尽管大学组织并不能摆脱封建制度和神权统治总的束缚和要求为其服务的目的，但是追求知识、追求真理、追求得到改造社会和自然界的能力这种人类进步的总倾向，是限制不了的。正因为西欧中世纪大学这种组织为此提供了较为良好的条件，才会成为近代高等教育制度的先导。

西欧初期的大学

中世纪初期，欧洲的文化教育一直被教会垄断。教会把教育的大权掌握手中，借助文化宣传教义，以欺骗和麻痹人民。那时的学校都设立在教会内部，讲授知识的是清一色的僧侣，接受教育的也只是贵族子女和修士，培养出的都是为教会服务的人才。显然，这种方式不符合大众的利益。

10世纪阿拉伯人征服西班牙以后，给当地人民带去灾难的同时，也带去丁东方的文明以及希腊、罗马古典文化的精华。阿拉伯人在那里创办了学校，并建立

了图书馆。这种学校不仅讲授
《古兰经》，还讲授文学、数学、
医学和天文学，欧洲大批的青年
学子被吸引了过去，西班牙也成
为了当时欧洲的文化中心，这给
基督教文化造成了极大的冲击。

十字军占领拜占廷以后，虽
然没有把拜占廷的文化带到欧洲，
但却把拜占廷精致的珠宝饰物带
到了欧洲，还掳回了一批掌握古
典文化的学者。拜占廷手工艺人
的智慧使西欧人大开眼界，而博
学多识的俘虏也打开了教会垄断
文化局面的缺口。但给教会以致
命打击的是经济的发展，这是中
世纪大学出现的根本原因。中世
纪城市兴起后，商品货币经济逐
步取代了自然经济的统治地位，

巴黎大学索邦神学院

并产生了一个新的阶级——工商
业者所组成的市民阶级。这种新
兴的市民阶级表达出了对知识的
渴求，他们要求掌握文化以维护
本阶级的利益。11 世纪末，经济
繁荣的意大利出现了第一所世俗
大学——博洛尼亚大学。进入到
12 世纪，巴黎大学、牛津大学相
继出现。13 世纪后，布拉格大学、
维也纳大学、剑桥大学、海德堡
大学、奥尔良大学纷纷成立。

早期世俗大学的共同特点就
是民主，如巴黎大学的学生有同
乡会，教授有专业行会，他们的
权力相等，大学校长就是由他们
共同选出的。世俗大学的校长只
对学校负责，不听命于任何人。
如果市政当局危害到学校的利益，
学校可以另觅城市，举校搬迁。
因此，早期的这种大学在教育史
上被称为自治大学。

中世纪的大学

世界通史

最新整理图文珍藏版

艰难生存的世俗大学

世俗大学的蓬勃发展让教会人士坐立不安。于是，教会势力加紧了对世俗大学的渗透。到13世纪中叶时，教会已经完全操纵了巴黎大学，有自由思想的教师都被逐出学校，大学授课的主要内容也变成了经院哲学。

到14世纪后，许多世俗大学实际上成了教会大学。学生和教师失去了选举校长的权力，学校

中世纪大学校长

的各项工作由教会指派的主教管理：教授不再从博士中选举产生，而是由教会单独任命；学生除了按时交纳学费外，对学校的行政已经没有任何干预的权力了。

但是，中世纪的世俗大学毕竟不是教会学校，虽然它无法摆脱教会势力的束缚，但成立之初的一些良好传统仍保留下来了，如生源的广泛性、学科的多样性等。这里的教授不再是清一色的僧侣，学生也不再只是贵族子弟或修士，学科除了经院哲学外，还有医科、法科和文科。

中世纪大学的学习方法比较简单，主要就是听课和辩论。上课后先由教授讲解某些命题，作一番繁琐冗长的考证后，全体学生开始各抒己见、进行辩论。由于都是经院哲学的论证，所以最后总是无法统一见解。虽然上课很轻松，但考试却很严格。学生每学完一科都要做一次论文答辩，通过后才能取得硕士或博士学位，学位是当讲师或教授的必要条件。

中世纪的大学对学生的年龄没有限制，但限制了学习年限。一般学科都要学习5～7年，否则无法毕业，这在一定程度上限制了学生的入学年龄。

中世纪大学的产生，是世界

教育史上一个具有划时代意义的历史事件。它对宗教这一最高权威提出了挑战，打破了基督文化教育一统天下的局面。

《斯蒂芬·杜尚法典》

《斯蒂芬·杜尚法典》是塞尔维亚国王斯蒂芬·杜尚在位时期制订的一部法典，它反映了13世纪至14世纪塞尔维亚的经济制度和阶级关系。当时，塞尔维亚的农业生产有了显著的进步，实行二圃制或三圃制。教会或世俗的封建土地占有形式，一种是世袭

斯蒂芬·杜尚肖像

领地，叫巴士提那，由领主世袭享用，可以自由买卖和转让，只有当领主背叛国王时，国王才予以收回。另一种是以服兵役为条件占有的土地，叫做普洛尼，即所谓军事采邑。普洛尼不可以世袭，也不可以买卖和转让。封建主在自己的领地和采邑里，享有征收租税、审理一般的司法案件和任免役吏的特权。

依附农民主要分成三类。一类叫"麦洛普赫"，他们领有一小块份地，要向国家纳税，向教会缴什一税，向封建主交租。地租以劳役地租和实物地租为主。《杜尚法典》规定，麦洛普赫每年要为封建主服劳役106天之多。另一类叫做"奥特洛克"，其境遇还不如麦洛普赫。他们没有任何权利，多从事家务劳动，充当仆役。奥特洛克数目不多，后来其地位逐渐接近麦洛普赫。第三类叫做"弗拉赫"，居住于山区，多从事畜牧业，因此后来弗拉赫成了牧民的同义语。弗拉赫所受到的剥削，较麦洛普赫为轻。

《杜尚法典》把农民牢牢束缚在土地上，逃亡者要受到烙印等酷刑的惩罚，还规定农民不得集会，违者割去双耳。

世界通史

最新整理图文珍藏版

拜占廷文明源起

公元 330 年，君士坦丁大帝迁都新罗马——君士坦丁堡，由此开始了东罗马帝国的历史时期。后来，由于近代学者为了研究的需要开始使用"拜占廷"一词，以区别古希腊和近代希腊的历史文献。由此，东罗马帝国也被称为"拜占廷帝国"。在这本书中，我们采用现在的通说，即公元330年作为拜占廷国家历史的开端。

"拜占廷"名称的由来

"拜占廷"这一名称最初是指位于博斯普鲁斯海峡的古城拜占廷。这个城市始建于古希腊商业殖民时代，4 世纪时君士坦丁大帝（324～337 年在位）在古城旧址上扩建罗马帝国的东都，重振帝国雄风。此后，拜占廷城飞速发展，成为地中海地区第一大都市，而拜占廷这个名字也因此传遍世界。

然而，在中古欧洲并不存在什么"拜占廷帝国"，也没有任何民族自称为"拜占廷人"。当时，原罗马帝国东部被称为"东罗马帝国"，其君主自称为"罗马皇帝"，当地的居民则自称"罗马人"，连他们的首都也冠以"新罗马"。那么，我们使用的"拜占廷帝国"、"拜占廷国家"和"拜占廷人"等名称究竟从何而来呢？要回答这个问题并非难事，这些称谓实际上是近代学者在研究工作中开始采用的。1526 年，德国学者赫罗尼姆斯·沃尔夫在最初奠定《波恩大全》编辑基础工作中，第一次使用"拜占廷"一词，以示这部丛书的内容有别于其他古希腊和近代希腊的历史文献。1680 年，法国学者西维奥尔·杜康沿用这一名称作为其《拜占廷史》一书的题目，用来讲述这个以古城拜占廷为首都的东地中海国家的历史。久而久之，学者们就将涉及这个古国的事物冠以"拜占廷"二字，东罗马帝国也自然的被称为"拜占廷帝国"。

拜占廷国家历史的开端

拜占廷国家历史式于君士坦丁一世正式启用古城拜占廷为东都"新罗马"，这一年是公元330年，后来该城改称为君士坦丁堡，意为"君士坦丁之城"。拜占廷历史起始年代长期以来一直是史学界争论不休的问题，学者们对这一年代的判断各持己见，意见多达近 10 种。本书采用通说330 年作为拜占廷国家史的开端。

从真正意义上来说，拜占廷

国家在 330 年时已经具有比较完善的政治实体。这时正是罗马帝国历史发展的转折点，发生了"公元 3 世纪危机"，这场危机使罗马帝国陷于全面的社会动荡和政治混乱。在动荡的局势中，相对稳定的东罗马帝国即拜占廷帝国逐步发展，其作为帝国统治中心的政治地位逐步超过了帝国西部。自皇帝戴克里先（245 或 246 ~约 316 年在位）及其后的多位皇帝将行宫设在帝国东部。直至 330 年，君士坦丁一世正式启用扩建后的拜占廷城为"新罗马"，标志着具有独立政治中心的政治实体的形成。而此时的罗马和亚平宁半岛作为帝国政治中心的地位已经名存实亡。新国家带来了新气象，迁都后的君士坦丁一世，在新国家进行了一系列改革。新国家还建立了有别于旧罗马帝制不同的血亲世袭制王朝，君士坦丁一世将皇帝的位子传给其子君士坦丁二世（337 ~ 340 年在位），并后传四位血亲皇帝，从而开始了拜占廷帝国王朝的历史。同时，新帝国建立了由皇帝任免、对皇帝效忠并领取薪俸的中央和地方官僚机构，在拜占廷社会中，庞大的官僚阶层由此形成，这个阶层与罗马帝国时期作为公民代表的官员存在着本质区别。有了官僚机构，当然少不了军队和法律，这些国家机构的建立直接服务于皇帝的统治。而皇帝成为军队最高统帅，同时还是立法者和最高法官。

拜占廷国家政治制度的剧变有其深刻的经济背景。自"公元 3 世纪危机"以后，西罗马帝国陷入经济萧条、人口锐减、城市破败、商业凋敝的危机之中，衰亡之势不可逆转。与之相反，东罗马帝国则有多种经济形式并存，对危机具有较大的灵活性和适应能力。早期拜占廷农村存在的公社制、隶农制、自由小农制，家

帝国的创立者——君士坦丁大帝

村组织形式的多样性使农业经济一直比较发达的东地中海沿海地区避开了类似西罗马帝国那样严重的农业危机，因而，也为早期拜占廷国家提供了相对稳定的经济发展条件。早期拜占廷国家相对稳定的政治局势，也使占有商业贸易地理优势的拜占廷帝国，能够继承古代世界开创的东西方贸易传统，发展起活跃的国际商业活动，以至君士坦丁堡成为"沟通东西方的金桥"（马克思语）。显然，330年时，以君士坦丁堡为中心的东地中海经济区已经形成，它不再是西罗马帝国经济的附属部分，而是一个具有独立经济系统的区域。不仅如此，其繁荣和发达的程度还远远超过罗马帝国的西部。

经济基础和政治上层建筑的变化必然造成拜占廷帝国在宗教和社会意识形态方面也发生了深刻的变化，这主要表现为基督教的迅速发展。基督教产生于1世纪的古罗马，并广泛流传于东地中海沿岸地区，至3~4世纪时，它已经从被压迫被剥削的下层人民的宗教逐步演化成为占统治地位的宗教，其早期的性质、社会基础、教义、教会组织和教规礼仪也随之发生了巨大且深刻的变

化，日益成为罗马帝国政府的统治工具。4世纪上半叶君士坦丁一世颁布的《米兰敕令》，和他亲自主持召开的尼西亚会议，实际上是变相的宣布基督教获得了国教的地位。基督教的发展与传播，为普遍存在的对现实生活绝望的社会心理和颓废思想提供了精神寄托，使意识形态的混乱局面得到调整，而刚刚建立的拜占廷帝国也慢慢趋于稳定。由于东罗马帝国政治相对稳定、经济相对繁荣，以希腊人和希腊化的其他民族为主体的拜占廷人，就开始有选择性地吸收古代希腊罗马文化、古代东方文化和基督教文化，积极发展具有独立文化特征的拜占廷文化。可以说，东地中海地区一直是古典文化的中心，也是拜占廷文化发展的温床。

拜占廷历史分期

自330年君士坦丁一世迁都"新罗马"，开始东罗马帝国时代到1453年君士坦丁堡被奥斯曼土耳其军队攻陷，拜占廷历史经历了1100余年。在此期间，拜占廷历史发展大体可以划分为三个历史阶段，即330~610年的早期拜占廷史，610~1056年的中期拜占廷史和1056~1453年的晚期拜占廷史。

775

早期拜占廷国家经历了由古代社会向中古社会的成功转型。为了能够在普遍的混乱和动荡中找到维持稳定的统治形式，拜占廷帝国皇帝进行多种尝试，其中以君士坦丁一世和查士丁尼一世（527～565年在位）的改革为突出的代表。查士丁尼一世以其毕生精力企图重振罗马帝国昔日的辉煌，力图恢复古代罗马帝国广大的旧疆界，其努力注定要失败，因为在旧社会的框架和制度中寻求建立新秩序的时代已经一去不复还了。565年查士丁尼一世逝世后，拜占廷帝国陷入内忧外患的危机，政变不断，外敌入侵，农田荒芜，城市缩小，人口减少，特别是斯拉夫人、阿瓦尔人、波斯人、阿拉伯人、伦巴第人等周边民族的四面围攻进一步加剧了形势的恶化。

610年，希拉克略一世（610～641年在位）登上拜占廷帝国皇位的宝座，标志拜占廷中期历史的开始。在此期间，为加速帝国社会组织的军事化，拜占廷进行了以军区制度为中心的改革。这一制度适合当时形势发展的需要，有力地缓解了危机形势，为稳定局势、加强国力提供了有力的保障。在帝国国力不断增强的基础上，拜占廷军队以巴尔干半岛和小亚细亚为基地，不断对外扩张。到马其顿王朝统治时期，拜占廷帝国势力达到鼎盛，而瓦西里二世（976～1025年在位）发动的一系列成功的对外战争成为拜占廷国家强盛的标志。但事物是瞬息万变的，曾经一度挽救拜占廷帝国危亡形势的军区制，在发展过程中暴露了一系列自身无法克服的矛盾，军区制下发展起来的大土地贵族日益强大，在经济和政治上都足以与帝国中央集权相对抗，而军区制赖以存在的小农经济基础的瓦解，成为拜占廷帝国衰落的开端。马其顿王朝统治的结束标志拜占廷帝国中期历史的终结，同时也是拜占廷衰亡史的开始。

晚期拜占廷历史是帝国急剧衰落、直至灭亡的历史。11世纪末，曾鼎盛一时的军区制彻底瓦解，帝国经济实力急剧下降，国库空虚，以农兵为主体的小农经济的瓦解使拜占廷不仅陷入经济危机，而且兵源枯竭。以大地产为后盾的贵族、特别是军事贵族参与朝政、角逐皇位，他们相互残杀，引狼入室，致使君士坦丁堡于1204年失陷于十字军骑士之手。此后，拜占廷国土分裂，中央集权瓦解，领土不断缩小，最终极盛一时的拜占廷到了沦为东地中海的小国的地步，而且还要在奥斯曼土耳其、塞尔维亚和保加利亚等强国之间周旋、苟延残喘。1453年奥斯曼土耳其帝国攻陷君士坦丁堡，末代皇帝君士坦丁十一世（1449～1453年在位）阵亡，拜占廷帝国最终灭亡。

拜占廷帝国疆界

拜占廷帝国疆域一直处于不断的变化的状态。早期拜占廷帝国疆域基本与原罗马帝国的领土无异，到君士坦丁一世去世时（337年），其领土包括多瑙河以南的巴尔干半岛、黑海及其沿岸地区、幼发拉底河以西的小亚细亚、叙利亚、巴勒斯坦、尼罗河第二瀑布以北的埃及、北非的马

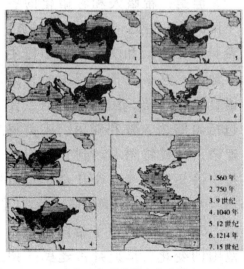

1. 560 年
2. 750 年
3. 9 世纪
4. 1040 年
5. 12 世纪
6. 1214 年
7. 15 世纪

拜占廷帝国疆域变化地图

格里布地区、西班牙、高卢和意大利。5世纪初，拜占廷帝国的疆域并未发生改变，划分为119个省。

查士丁尼一世继承皇帝权力时，原西罗马帝国的疆土几乎全被日耳曼各小王国所占领，拜占廷帝国的领土仅包括巴尔干半岛、黑海南岸、小亚细亚、叙利亚、巴勒斯坦和埃及。查士丁尼一世致力于恢复罗马帝国昔日的光荣，多次对西地中海世界发动远征，收回了帝国西部部分领土，重新控制意大利、北非马格里布沿地中海地区、西班牙南部和直布罗陀海峡。到查士丁尼一世去世时（565年），除高卢和西班牙北部地区外，拜占廷帝国基本重新占据了罗马帝国的旧领土，地中海再次成为帝国的内海。

可好景不长，被查士丁尼一世收复的昔日罗马的领土一直在遭受外来的侵犯。6世纪末，斯拉夫人和阿瓦尔人大举侵入巴尔干半岛，波斯军队则进犯帝国亚洲领土，兵抵地中海东部沿海，伦巴第人的进攻也使拜占廷军队龟缩于拉文纳总督区。至7世纪中期，阿拉伯人更以凶猛的进攻夺取拜占廷帝国在亚洲和非洲的领土，从而导致帝国疆域发生巨大

变化。8 世纪时，拜占廷帝国疆域仅包括以阿纳多利亚高原和幼发拉底河上游为东部界标的小亚细亚地区，和以马其顿北部为边界的巴尔干半岛，以及爱琴海及其海岛。此后，这一边界基本保持不变，上述领土构成拜占廷帝国版图。

直至 9 世纪，随着拜占廷帝国国力增强和实施对外扩张的政策，其疆域有所扩大。巴尔干半岛包括阿尔巴尼亚和伊庇鲁斯、直到多瑙河南岸地区又重归拜占廷帝国所有，意大利南部和西西里岛也再次为拜占廷人所控制，帝国的海上势力远达塞浦路斯岛和克里特岛。10 ~11 世纪帝国再次发动对外战争又取得了成功，其疆域又有所扩大，东部边界推进到两河流域中上游和美索不达米亚地区，南部直到叙利亚地区的恺撒利亚城。在此期间，帝国西部疆界基本没发生变化。

第四次十字军沉重打击了拜占廷帝国，他们攻占拜占廷帝国首都君士坦丁堡开启了拜占廷人丢城失地的历史。在博斯普鲁斯海峡东岸的尼西亚城流亡 57 年的拜占廷政府只控制小亚细亚的中部地区。1261 年拜占廷帕列奥列格王朝重新入主君士坦丁堡后，其疆域仅剩京城附近地区，黑海南岸的特拉比仲德王国、伯罗奔尼撒半岛南部的莫利亚地区和伊庇鲁斯山区虽然承认拜占廷中央政府的宗主权，但实行独立统治。拜占廷帝国的版图最终"确立"，直到帝国最后灭亡。

拜占廷民族

可以毫不夸张地说，拜占廷是一个民族众多的洲际国家。早期拜占廷帝国的居民基本上是由原罗马帝国东部地区各民族构成的。他们包括东地中海沿海地区各民族，即巴尔干半岛南部的希腊人，希腊化的埃及人、叙利亚人、约旦人、亚美尼亚人，以及小亚细亚地区的古老民族，如伊苏里亚人和卡帕多西亚人等，还包括西地中海的西班牙人和意大利人等。虽然帝国的民族构成复杂，但是，希腊人和希腊化的各个民族是拜占廷帝国的主要民族，希腊人在政治和文化生活中居主要地位。这一时期，帝国的官方语言是拉丁语，民间语言则主要包括希腊语、叙利亚语、亚美尼亚语、科普特语等。到 6 世纪末拉丁语几乎已经完全让位于希腊语，希腊语成为帝国的通用语言。

6 ~7 世纪，由于帝国的疆域范围的变化，早期拜占廷民族构成发生巨大变化。

首先，拜占廷帝国非洲的全部领土和亚洲的部分领土丧失于阿拉伯人，在这些领土上居住的民族随之成为阿拉伯哈里发国家的臣民，例如埃及人和约旦人就是从这一时期开始伊斯兰化的。此外，西班牙人也逐步摆脱了拜占廷帝国的控制。

其次，斯拉夫人大举迁徙进入巴尔干半岛，并作为帝国的臣民定居在拜占廷帝国腹地，在与希腊民族融合的过程中逐渐成为拜占廷帝国的主要民族之一。这样，中期拜占廷帝国的主要居民包括希腊人、小亚细亚地区各民族和斯拉夫人，他们使用的官方语言是希腊语和拉丁语。这里要特别指出的是，作为帝国臣民的斯拉夫人与巴尔干半岛北部地区独立的斯拉夫人有很大区别。前者与希腊人融合，成为现代希腊人的祖先之一，后者则独立发展成为现代斯拉夫人的祖先；前者使用希腊语为母语，而后者以斯拉夫语为母语。这种状况在晚期拜占廷帝国没有发生重大变化，12世纪以后，拜占廷帝国的主要民族成分基本上与中期拜占廷的民族成分一样，只是拉丁语不再为拜占廷人所使用，只有少数官员和高级知识分子偶尔使用拉丁语。

在拜占廷帝国，还存在着一些源于不同模式的民族，他们无论定居何处都不改变自己的生活方式和宗教信仰，其中以犹太民族为典型。另一些民族，如阿拉伯人和亚美尼亚人通婚融合的情况经常发生，从而产生了一些新的思想和习俗。自11世纪后，吉普赛人的数量也在不断增加。但总的来说，在6世纪中期以后，真正对帝国的历史和文化等方面产生重大影响的还是希腊人及希腊化民众形成的民族群体。

拜占廷的文学艺术与教育

拜占廷人继承了古希腊、罗马人崇尚文学、热爱艺术、重视教育的优良传统，并在前人取得的成就上再创辉煌，给世人展现了一段独具特色却又崇尚古风、既先进又古老的文化发展进程。我们在尽情享受拜占廷人带来的文化饕餮的同时，也应从各方面想想是什么驱动着拜占廷在文化等各方面的繁荣。

拜占廷文学

拜占廷人不仅继承了古希腊人重视教育的传统，还继承了古希腊人热爱文史哲研究的传统，重视文史哲创作活动。我们将拜占廷人文史哲创作统归于"文学"是因为当时的文史哲各学科之间并不像今天这样区分明确，史学家可能同时就是文学家和哲学家，而哲学家不仅撰写哲学和神学书籍，也创作文史作品，因此，文学在这里是指通过文字进行创作的学术活动。拜占廷人在文学创作和历史写作方面并没有继承到古希腊人那样的灵感和气魄，但是，拜占廷人有庞大的作者群体，在长期的连贯的创作中逐渐形成拜占廷独特的风格。

拜占廷文学的发展在各个时期有不同的侧重点。在早期，语言的不统一是个十分重要的问题。拜占廷作家的创作大多使用希腊语，当时，在拜占廷各地流行着三种形式的希腊语。从4世纪建国初期，用于写作的希腊语就与居民日常使用的口语有明显区别，

书籍是贵族的专用品

前者称为"书面语"，是知识界和有教养阶层的语言；而后者称为"民间语"，它并不遵循严格的语法和词法，是一种用词混乱、语法简单的语言。直到12世纪前后，拜占廷社会才逐步流行标准的希腊语，更加接近古希腊语，即严格按照语法规则为元音和双元音标注复杂的重音，这是一切受教育必须认真学习的语言。拜占廷希腊语是古希腊语和现代希腊语之间的桥梁，它也为现代希腊语的语法简化和单重音体系改革奠定了基础。

沿着历史的脉络，我们可以看到拜占廷文学发展大体经历了四个阶段。4~7世纪初是拜占廷文学发展的第一个阶段，主要是由古代文学向拜占廷文学的转变阶段。

这个阶段的拜占廷文学的主要特征表现为古代文学逐渐衰落，新的文学形式和标准逐渐形成，奠定了拜占廷文学的基础。基督教思想观念、宗教抽象的审美标准取代了古代文学的相关内容，甚至写作形式也发生变化。在这一翻天覆地的转变过程中，基督教作家极力反对和排斥古代作家的"异教"思想理论，尽管如此，他们也不可能完全摆脱古代文学

世界通史

最新整理图文珍藏版

对他们的影响，因为他们也接受了同世俗作家一样的基督教育。这种古代世俗文学对拜占廷基督教作家的影响在最初拜占廷支持所有文化知识的政策下表现更为明显，尤其是那些努力发展教俗友好关系的基督教领袖们的立场更提供了有利条件，他们并没有刻意排斥世俗文化，而是逐渐将教会文学和世俗古代文学结合。

其中将教会文学和世俗古代文学结合的最成功的最突出的代表是尤西比乌斯（260～340 年），他在撰写教会历史和君士坦丁大帝传记中，充分展示了其深厚的古典文学基础和基督教文风，创造了新的写作风格。他的代表作是《教会史》、《编年史》和《君士坦丁大帝传》。

尤西比乌斯出生在巴勒斯坦北部的凯撒利亚城，师从当地著名基督教理论家、学者潘菲罗斯，后因躲避宗教迫害而流亡各地。但在他来到后西罗马帝国却受到了礼遇和款待。公元 313 年，罗马帝国当局颁布宗教宽容法律后，尤西比乌斯当选凯撒利亚城主教。机缘巧合的尤西比乌斯成了君士坦丁的好友，并得到了君士坦丁一世的重用，成为御用史官。他积极参与皇帝主持下的重大教会

事务决策。在他的一生中，著述颇丰，传世作品也很多。他仿效晚期罗马帝国作家阿非利加努斯的作品，完成了十卷本《编年史》一书。这本书提供了有关古代近东和北非地区统治王朝的详细谱牒，以及其所在时代世俗和教会的大事年表。他所关注的重点主要是基督教的发展，尤其是他在此书中提出的观点对后世影响很深。

尤西比乌斯的另一部力作是为了庆祝君士坦丁一世登基 30 年而成的《君士坦丁大帝传》，该书主要描述了君士坦丁一世在公元 306 年 7 月称帝以后其 30 年左右的统治，它比较详细地记载了这位皇帝在罗马帝国晚期的政治动乱、军阀割据的形势中完成统一帝国大业的过程。在这部书中，作者对皇帝充满了崇敬，也有着太多的赞誉之词，不可避免地影响了他对历史事实的客观评价。我们可以确信的是，他留下的记载都是可靠真实的，不仅为当时的其他作品所证实，也被后代作家传抄，史料价值极高。同时，这本书也成为研究君士坦丁一世和拜占廷帝国开国史的最重要资料。在这部传记中，记载较多的内容是关于君士坦丁的宗教事务。

因此，在 4 世纪末时被教会作家翻译为拉丁语，并将原书续写到阿莱克修斯时代的 395 年。

在《教会史》中，尤西比乌斯充分地展示了他的理念，继续着他的劝人向善的说教。他坚持认为：人类得到耶稣基督的拯救是历史的重要内容，跟从上帝的选们历史的主角，其中忠实于上帝意旨的皇帝是神在人世的代表。受到以上信仰的左右，尤西比乌斯在写作中特别重视政治和思想历史的记述。在书中，他用大量文字，对君士坦丁一世赞不绝口，而对君士坦丁一世的种种劣迹和暴行却只字不提，他还将其他皇帝颁布的宗教宽容法律移作君士坦丁一世所为，为他脸上贴金。因此，尤西比乌斯所作的这些记载都影响了《教会史》的准确性。

除尤西比乌斯外，5 世纪的左西莫斯和 6 世纪的普罗柯比（490~562 年）也在各自的作品中表现出新旧两种文学创作的结合。他们在历史编纂中保持古希腊历史学家的文风，同时开创教会史和传记文学的形式。

此外，埃及亚历山大主教阿塔纳修斯（295~373 年）则在神学论文、颂诗和其他宗教写作中大放异彩，为以后基督教作家的创作提供了基本样式和蓝本。基督教传记文学则是在埃及修道隐居运动中兴起的。基督教赞美诗歌的发展在罗曼努斯（？~555 年）创作的上千首诗歌中达到顶点，他在创作中大量运用古代诗歌的韵律知识和格式，开创了基督教赞美诗写作的新纪元。

7 世纪中期至 9 世纪中期是拜占廷文学发展几乎处于中断的状态。和第一阶段相比，这个时期既没有名贯青史的作家，也缺少不朽的作品。这一现象的出现与当时拜占廷的政治局势有直接关系。当时的拜占廷帝国面临阿拉伯人、斯拉夫人入侵，帝国丧失其在亚、非、欧的大片领土，战争需要武器而忽视文学，拜占廷文学在此背景下难以发展。8 世纪开始的毁坏圣像运动对于拜占廷文学来说简直是雪上加霜，在一定程度上阻止拜占廷文学的发展。马克西姆（580~662 年）和大马士革人约翰（675~749 年）代表这一时期拜占廷文学创作的最高水平。马克西姆在反对当局宗教理论的斗争中写出大量基督教文学作品，而约翰则在云游东地中海各地时运用丰富的古典哲学知识全面阐述基督教哲学理论。

9世纪至1204年是拜占廷文学史发展的第三阶段，以弗条斯（827～891年）为代表的拜占廷知识界以极大的热情发动文学复兴运动。弗条斯出生在权贵之家，自幼饱读古书，青年时代即为朝廷重臣，多次出使阿拉伯帝国，48岁时以非神职人员身份被皇帝任命为君士坦丁堡大教长。他一生著作颇多，特别致力于古典文学教育活动。在他担任君士坦丁堡大学教授期间，积极从事古希腊文史作品的教学。为了便于学生学习，他编纂了古代文献常用词汇《词典》。在他写给国内外各方人士的信件里，以鲜明的态度反映出他传播古代知识的热情，以及在融合教俗知识上所作的努力。弗条斯作为普通信徒出身的基督教领袖，他的作品推动了已经衰落数百年的拜占廷文学的重新崛起。

马其顿王朝统治时期的拜占廷帝国国势强盛，安定的社会生活为文学的发展提供良好的条件。学者型皇帝君士坦丁七世在位期间，拜占廷文学的发展进入到一个黄金时期。在此期间，文史作品和作家不断涌现。泼塞留斯是当时拜占廷文学发展的代表人物。他出身中等家庭，但是学识渊博、

智慧超群，他撰写的历史、哲学、神学、诗歌和法律草案都代表当时文学写作的最高水平。当时学术界对新柏拉图哲学的再研究为在亚里士多德学说束缚下的思想界带来了新鲜的空气，揭开了怀疑亚里士多德理论的长期思想运动，这种深远的影响甚至在意大利文艺复兴运动中也有所反映。

公元1204年以后是拜占廷文学发展的最后阶段，文学在民族复兴的强烈欲望中显示出其最后的活力。那时的作家、学者无一例外通过文学创作表达重振国威的急切心情。其中，尼西亚学者布雷米狄斯的政论散文《皇帝的形象》反映出知识界普遍存在的通过理想皇帝重整河山再创辉煌的愿望。但是，拜占廷帝国已经无可挽回地衰落了，光靠文学不可能找回失落的世界，于是，拜占廷文学家们将其再现古代文化的满腔热情和对古代光荣的无限留恋转移到意大利，这种变化直接促进了那里复兴古代文化艺术思潮的兴起。

在浩瀚的拜占廷文学海洋中，诗歌和散文创作非常发达是拜占廷文学最突出的特点。那时拜占廷的散文作品可以分为神学、断代史和编年史、自传和圣徒传、

783

书信和悼词、小说及讽刺小品，诗歌则可以分为赞美诗、叙事诗、浪漫诗及各种讽刺诗、打油诗等等。

拜占廷帝国不仅有丰富的官修或私人史书，还有大量的传记文学，它们成为断代史、编年史、教会史的重要补充。传记文学包括皇帝传记、圣徒传记和自传等多种类型。4世纪的尤西比乌斯撰写的《君士坦丁大帝传》和阿纳斯塔修斯撰写的《安东尼传》激发众多教士的写作热情，开创拜占廷传记文学的写作方式，一时间出现了许多风格各异的人物传记，其中不乏精品。到了6～7世纪，希利尔（525～559年）的《东方圣徒传》和利奥条斯所作的《亚历山大主教传》将传记写作提升到了另一高度。他们对于巴勒斯坦和埃及地区基督教教徒的记载注重人物的内心活动，从记述对象扶贫助困的事迹中着重挖掘他们仁慈善良的品格，读来生动感人，催人泪下，受到普遍的好评。安娜的《阿莱克修斯一世传》和约翰六世的《自传》是皇帝传记的代表作。

拜占廷文学中的小说兴起较晚，其成果只有一两部，据现代学者考证，仅有的这一两部作品还不是拜占廷作家的原创作品，它们是从叙利亚语翻译成希腊语的印度故事。讽刺散文和杂记是不可忽视的拜占廷文学形式，其寓严肃主题于诙谐幽默的叙述风格来自古希腊文学。拜占廷讽刺散文有三部代表作品，即10世纪的《祖国之友》、12～13世纪的《马扎利斯》和《庄主》，对时政和社会腐败表示不满是它们所要表达的主题，但是，在讨论重大社会问题时，无一例外地采用轻松的笔调，对当时的文学创作产生一定影响，以致同时代的某些医学、哲学作品也模仿他们的风格。杂记文学的代表作品是6世纪拜占廷商人哥斯马斯的《基督教国家风土记》，其中记述各东方民族的风土人情、地理物产，因此具有很高的资料价值。

从4世纪开始拜占廷诗歌创

现存意大利圣维塔利安教堂的6世纪拜占廷镶嵌——塞奥多拉及其侍女。

世界通史

最新整理图文珍藏版

作就进入了长盛不衰的发展过程。当时，"卡帕多西亚三杰"之一的尼撒的格列高利在众多诗人中成就最为突出，他的作品富有哲理，思想性强，很受人们推崇。5世纪的代表性诗人是皇后尤多西亚，她的赞美诗以其纯朴幼稚的风格给拜占廷诗坛带来清新之风，更由于她的特殊地位，在她的影响下，写诗作赋竟成了一时的风尚。罗曼努斯是6世纪韵律诗歌的代表人物，他以重音体系结合语句的抑扬顿挫，写出上千首对话式的诗歌，读起来朗朗上口，在民间非常流行。罗曼努斯的诗歌非常"实用"，因为他的诗歌可以应答对唱，并附有副歌，因此常常用在教堂的仪式活动中。克里特主教安德鲁（660～740年）也创造出将多种韵律诗歌串连在一起的抒情诗体裁，为各个层次的诗人开辟创作的新领域。9世纪才高貌美的修女卡西亚（800～867年）是一位极具传奇色彩的人物，她曾经因拒绝皇帝塞奥弗鲁斯的求婚而闻名，后献身于与世隔绝的修道生活，专心诗歌创作，创造出一种充满虔诚情感的诗歌形式，在拜占廷诗歌发展中占有一席之地。晚期拜占廷帝国出色的诗人中应提到约翰·茂罗普斯（1000

～1081年）和塞奥多利·麦多西迪斯（1270～1332年），他们的诗歌表现出浓厚的学术韵味，与当时复兴古代文化运动的形势非常适应。

诗歌的发展直接促进了拜占廷音乐的进步。从应答对唱的诗歌形式中发展出两重唱的音乐形式，而韵律诗歌对12音阶和15音阶的形成起了促进作用，重音、和声、对位等音乐形式迅速形成。拜占廷教会流行的无伴奏合唱至今保持不变，对欧洲近代音乐的发展起了奠基作用。

拜占廷艺术

拜占廷艺术是拜占廷的精华部分，包括镶嵌画、壁画、纺织艺术、金属加工艺术、建筑、音乐和舞蹈等几个主要分支。在被现代学者誉为"欧洲的明珠"和"中古时代的巴黎"的君士坦丁堡集中了各种艺术的杰作，可以毫不夸张地说君士坦丁堡是用拜占廷艺术装饰美化起来的。

镶嵌画是最具拜占廷特点的艺术形式，由于这种绘画采用天然彩色石料，所以其绚丽多彩的色泽可以永久保持，使我们得以在许多拜占廷遗迹中欣赏到这种给人留下深刻印象的艺术品。大多数人都以为镶嵌画是拜占廷人

晚期罗马帝国时代的镶嵌地板"酒神狂饮"（现存美国普林斯顿的 3 世纪古物）

发明的，因为在现存的大量镶嵌画中，拜占廷的作品最丰富，工艺水平最高，但这一艺术形式真正发源地是古典时代的希腊。镶嵌画早在古希腊时代就已经出现，镶嵌画装饰的地板在许多古希腊遗址中都可以见到。罗马帝国时代，镶嵌画被广泛应用在公众聚

拜占廷镶嵌地板（现存法、美两国的 5~6 世纪古物）

会的广场和集市的地面上。拜占廷艺术家继承古代艺术传统，不仅继续在水平的地面上装饰镶嵌画，而且在垂直的墙壁上使用镶嵌画。镶嵌画的基本材料是被切割成大小基本相等的各种形状的天然彩色小石块，表面约 1 平方厘米，有时彩色玻璃碎块也可以代替罕见的石料。艺术家首先在平整的石膏画底上勾画出描绘对象的轮廓和画面线条，然后根据色彩的需要将五颜六色的石块和玻璃块粘贴上去，最后，使用金片填充背景空白处。镶嵌画经最后抛光完成，在灯光的照耀下，光彩夺目，即使在昏暗的烛光中也不时闪出奇光异彩。意大利拉文纳城圣维塔利教堂保存着世界上最好的拜占廷镶嵌画，教堂中心大厅两侧墙壁装饰的大幅镶嵌画是皇帝查士丁尼一世和皇后塞奥多拉与朝臣宫女的肖像，至今在灯光的照耀下，仍是五颜六色，大放异彩。

拜占廷绘画主要以壁画和插图来表现，这种艺术形式虽然不像镶嵌画那样富于拜占廷特色，但是，由于绘画使用的材料比镶嵌画价廉，绘画技术的要求相对简单，因此，使用也更加广泛。拜占廷艺术品中保留最多的是圣

像画，在世界其他地区的基督教教堂中可以发现拜占廷各个时代的壁画，大到数十平方米，小到几平方厘米不等。除了装饰教堂墙壁的壁画外，还有大量画在画板上的各类版画和书中的插图。绘画的主题和素材大多涉及宗教故事，"圣像"是拜占廷绘画的重要形式，圣像画的内容主要描绘圣母和圣子的神圣，反映圣经故事和圣徒事迹。绘画的方法比较简单，通过线条和色彩表现主题，强调传神而不重视象形，注重寓意而不要求真实。拜占廷绘画对意大利艺术影响很深，特别对早期文艺复兴时代的艺术具有直接的影响，在世界美术史上占有重要地位。文献插图作为拜占廷绘画艺术的另一个组成部分，以涉及内容广泛、直现生活的历史画面等因素而始终以稳定的速度发展。插图绘画的内容和形式与文字内容相一致，而创作的目的也只是对文字形式形象补充说明。这门艺术对用具和材料的要求不高，笔、刀、尺、颜料等，就可以满足创作的需要，任何人都可以在任何地方进行创作。同壁画一样，拜占廷的插画也主要以宗教为题材，直到现在我们还可以看到大量描述基督教圣经故事和圣徒事迹有关的插画，当然也不乏反映拜占廷人生活场景的作品。

拜占廷人注重微观艺术，表现为艺术纺织和金银宝石加工技术的高水平。流散于世界各大博物馆的拜占廷工艺品包括精美的金银杯盘、镶嵌珠宝的大教长教冠、编金线织银缕的巨型挂毯、精细的象牙和紫檀木雕刻、典雅的大理石花雕柱头等，鬼斧神工，巧夺天工，至今光辉依旧，以其绚丽多彩、丰风多姿使人们感受到拜占廷艺术的魅力，也给后人留下一笔宝贵的遗产。

拜占廷建筑艺术影响极大，在欧、亚地区广泛分布着拜占廷式建筑，其中现存伊斯坦布尔的圣索菲亚教堂是拜占廷建筑的杰作。这座教堂堪称中古世界的一大奇观，也是其他民族刻意模仿的榜样。在巴尔干半岛、意大利、俄罗斯、中欧，甚至在英、法等西欧国家均保留多座拜占廷式教

拜占廷镶嵌地板"动植物花草"图
（现存法、美两国 5～6 世纪古物）

"耶稣·基督像"（现存希腊阿索斯圣山修道院 1260 年壁画）

现存意大利帕瓦的 9～10 世纪拜占廷工艺品——银质镀金墨盒

堂。拜占廷建筑特点一方面体现在设计布局和建筑材料的使用上，另一方面体现在对建筑物的内外装修上。拜占廷建筑的精巧特点与古典建筑的质朴宏大成鲜明的对比，构成独具特色的拜占廷建筑风格。

拜占廷的丝织纺织水平在当时世界也是独树一帜的，即使在丝织业随着拜占廷帝国衰落而逐步萎缩期间，其技术和工艺水平仍然远在其他地中海和欧洲国家之上。拜占廷丝织业的发展为其丝织艺术的发展提供了广阔的空间，形成了拜占廷艺术的重要组成部分。与其他艺术形式相比，拜占廷丝织品一般依据其用途确定图案的内容，以动植物和几何图形为主，很少出现基督和圣徒的图像。拜占廷的织棉技术也比较发达，主要用丝、毛、麻混合的方法，而其中以金银丝与丝线混纺最有特色。

古希腊罗马的时代，崇尚自然和谐的人们对音乐和舞蹈格外热爱，在音乐和舞蹈的实践中创造了许多新的形式，这一切对拜占廷人的影响极大。据记载，拜占廷人在重大仪式、庆典活动、崇敬礼仪、民间节目、婚礼、宴会等场合都会以音乐来营造气氛。

君士坦丁堡以金银细工闻名，如酒杯、圣物盒、珠宝首饰等。

众神之母库柏勒

医药神阿斯克勒庇俄斯及其女人

但拜占廷的音乐和舞蹈受基督教禁欲主义的影响，宗教音乐获得了长远发展。虽然戏剧和舞蹈遭到教会的否定，但在民间却广泛流传，几乎成为其生活不可缺少的内容。遗憾的是，有关于戏剧和舞蹈的记载非常少，所以我们无法领略多才多艺的拜占廷人的舞姿，只能天马行空，充分发挥想象力再现当时的情景了。

拜占廷的教育

想在拜占廷社会高层占有一席之地，首要条件就是要有一定的经济基础，而后还要有处理行政和军事事务的能力，而能否进入行政机构工作主要取决于个人能力的大小。君士坦丁堡对贵族家庭的孩子有一套教育系统，在这里，文化不仅是一种乐趣，也不仅是区分社会地区的标志，而是一种需要。如此一来，提高文化素养就会被拜占廷人提高到一定地位，而受教育作为获取知识不可缺少的环节，人们对它的重视程度就可想而知了。

拜占廷人的教育主要来自于古典希腊罗马和基督教的传统，强调对经典文本的准确记忆，及根据基督教思想原则对古代文明遗产的深刻理解。这种两个似乎对立的文化因素的结合是 7 世纪以前拜占廷教育的特点，它导致相应的拜占廷教育方法和内容的产生。7 世纪以后，由于教会的发展，拜占廷教育一度被教会垄断，世俗教育大都由私人教师和父母在家庭中进行。直到毁坏圣像运

789

动以后，世俗教育才重新获得了同步发展的机会。

拜占廷人继承古代希腊罗马文化，也继承了古希腊人重视教育的传统。拜占廷文化的高度发展与其完善的教育制度有直接联系。在拜占廷帝国，接受良好的教育成了每个人的愿望，而缺乏教养则被公认为是一种不幸和缺点。几乎每个家庭的父母都认为不对子女进行适当的教育是愚蠢的行为，甚至被视为犯罪，只要家庭条件许可，每个孩子都会被送去读书。社会舆论对没有经过教育的人进行辛辣的嘲讽，就连有些行伍出身未受到良好教育的皇帝和高级官吏也会因为缺乏教

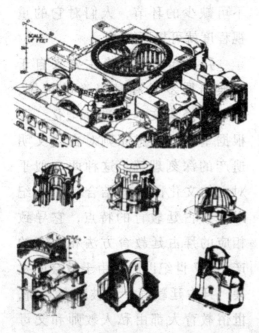

拜占廷式建筑的几种主要穹顶结构图

养而遭到奚落。

拜占廷帝国社会各阶层均有受教育的机会，但受教育的程度也会因为社会地位及财富的不同而存在差异。由于时代的局限，当时拜占廷的学生能接受什么样的教育首先取决于老师的能力与偏好。王公贵族的子弟几乎都有师从名家的经历，4至5世纪最著名的拜占廷学者阿森尼乌斯（354~445年）受皇帝塞奥多西一世之聘教授两位皇子，9世纪的大学者和君士坦丁堡大教长弗条斯（810~893年）曾任皇帝巴西尔一世子女的宫廷教习，11世纪拜占廷学界顶尖人物颇塞留斯（1018~1081年）是皇帝米哈伊尔七世的教师。社会中下层人家的子弟虽然不能像上层社会子弟那样在家中受教育，但也有在学校学习的机会。

在拜占廷小学教育相当普及，儿童从6~8岁开始先进入当地的初级学校学习语言。语言课首先包括希腊语音学习，以掌握古代语言的发音和拼写方法为主。10~12岁时，孩子们就开始了中学阶段的学习，学生们开始学习语法，语法课的目的是使学生的希腊语知识进一步规范化，使之能够使用标准的希腊语进行演讲，

现存伦敦维多利亚博物馆的8世纪丝织物——赫拉克勒斯（或参孙）徒手猎狮。

能准确地用希腊语读书和写作，特别是学会用古希腊语思维，以便日后正确解读古代文献。语言课包括阅读、写作、分析词法和句法，以及翻译和注释古典文学的技巧。早期拜占廷教育和学术界尚古之风极盛，普遍存在抵制民间语言、恢复古代语言的倾向，因此，语言课的教材主要是古典作家的经典作品，如《荷马史诗》等。此外，语言教材还包括基督教经典作品和圣徒传记。语言课除了读书，还包括演讲术、初级语言逻辑、修辞和韵律学，但这种语言课一般要在14岁左右才开始进行。修辞和逻辑课被认为是非常重要的课程，安排在语言课之后，使用的教材是亚里士多德和其他古代作家的作品，《圣经·新约》也是必不可少的教材。逻辑学教育常常与哲学教育同时进行，都属于中级教育的内容。

中级教育之后，一部分学生进入修道院寻求"神圣的灵感"，而另一部分则进入大学继续深造。在初级语言、逻辑和哲学教育的基础之上，学生们要在大学里接受高级修辞学和哲学以及算术、几何、音乐、天文的学习，其中后四项被拜占廷人称为"四艺"。高级修辞课主要通过阅读古代作品采完成，学生们要求背诵古希腊文史作品，并按照古代写作规范和文风写论文或进行演讲练习。读书是学习的主要方式，例如在哲学课程中，学生必须阅读亚里士多德和柏拉图以及新柏拉图哲

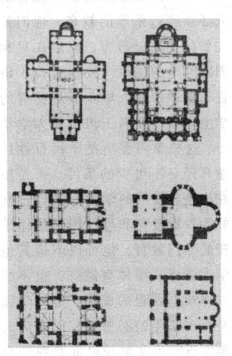

拜占廷式教堂建筑流行的式样平面图

791

学家的全部著作，还要求他们背诵希腊文本福音书。基础教育的目的是培养完善的人格，造就举止优雅、能说会写的人，而高等教育的目的是培养探索真理和传播真理的人。在大学里，学习必须是全面的，无所不包的。这种教育应囊括知识所有分支的思想体现在教育的全过程中，基础教育更重视全面的教育，我们今天使用的"百科全书"一词即来源于拜占廷人基础教育的概念。法律、物理和医药学虽然属于职业教育的内容，但是学生们在大学中可以自由学习。

在拜占廷，立志读书做官的人必须经过系统的教育。他们首先要接受基础教育，而后在贝利图斯等地的法律学校通过拉丁语言和法律课程，毕业后最优秀的学生将继续在君士坦丁堡大学学习，这些学习经历是平民百姓仕途升迁必不可少的条件。而希望在法律界发展的学生必须经过良好的基础教育和贝利图斯法律学校的专门教育，他可以不像其他学生那样从事体育锻炼，也不必取得戏剧课程的成绩。但神学课是所有学生的必修课，而专门的神学研究不在学校里而是在教会和修道院里进行，对神学问题感

兴趣的学生可以在修道院里进一步深造。

拜占廷基础教育和大学教育的内容相互交叉，只是深浅程度不同而已。有些学者既是大学教授，也是普通学校教师，例如，4世纪的学者巴西尔在雅典大学教授语法、政治学和历史，同时在当地的职业学校担任算学和医学教师，他同时还担任某些贵族的家庭教师。

拜占廷的学校普遍采取古希腊人以提问讨论为主、讲授为辅的教学方法。学生一般围坐在教师周围，或席地而坐，或坐于板凳上，使用的教材放在膝盖上。教师主要是就教材的内容提出问题，请学生回答或集体讨论，阅读和背诵是基础教育的主要方式，而讨论是高等教育的主要学习方式。

学校兼具教育和学术研究的

演奏苏不拉琴

世界通史

最新整理图文珍藏版

拜占廷学校上课和教师指导的场面（13
世纪古书插图）

功能，教学相长，最著名的教育
中心同时也是最具实力的学术中
心。在拜占廷帝国各地有许多集
教育和学术研究为一体的中心。
据考古和文献资料提供的证明，
除了君士坦丁堡外，雅典是古希
腊哲学和语言文学的教育中心，
埃及亚历山大是"所有科学和各
类教育"的中心，贝利图斯是拉
丁语和法学教育的中心，萨洛尼
卡是古代文学和基督教神学的教
育中心，加沙和安条克是古代东
方文学和神学的教育中心，以弗
所和尼西亚是基督教神学教育中
心。查士丁尼法典记载当时拜占
廷帝国"三大法学中心"，它们是
君士坦丁堡、罗马和贝利图斯，
规定所有政府官员和法官律师必
须取得有关的学历才能任职。

在拜占廷，学校分为国立、
私立和教会三大类，它们在拜占
廷的教育事业中占据着重要地位，

缺一不可。教会学校由教会和修
道院主办，办学的主要目的是培
养教会神职人员的后备力量。拜
占廷修道院学校办学方式和西欧
修道院完全不同，是专门为立志
终生为僧的人开办的，因此，其
教学内容非常单一，只学习语言、
圣经和圣徒传记。国立大学和普
通学校是拜占廷教育的主要基地，
对所有人开放，其教授由国家任
命并发放薪俸。国立大学的课程
在 7 世纪以前不受任何限制，非
基督教的知识也可以教授，学校
的拉丁语教授多来自罗马和北非，
医学和自然科学教授多来自亚历
山大，哲学教授来自雅典。查士
丁尼一世时期，为了加强教育控
制，对全国学校进行整顿，采取
了取消除君士坦丁堡、罗马和贝
利图斯以外的法律学校，关闭雅
典学院，停发许多国立学校教师
薪俸等措施，基础教育的责任就
落在了私塾和普通学校的身上。7
世纪以后的许多著名学者都是在
私塾中完成基础教育，然后进入
修道院接受高等教育。很多学者
学成之后，还自办私人学校。

拜占廷教育事业发展几经波
折，出现过高潮和低潮，其中查
士丁尼罢黜百家、独尊基督教的
政策对拜占廷教育的破坏最为严

拜占廷典型的教育情景

重。查士丁尼以后的历代皇帝大多支持教育，例如，君士坦丁九世鉴于司法水平低下，在1045年建立新的法律学校，并要求所有律师在正式开业前必须进入该校接受培训，并通过考试，否则就没资格行业。他还任命大法官约翰为该校首席法学教授，任命著名学者颇塞留斯为该校哲学教授，通过加强师资力量的投入，以提高学生的水平。科穆宁王朝创立者阿莱克修斯一世除了大力支持国立大学和普通学校外，还创造性地开办孤儿学校，帮助无人照料的孤儿接受教育。许多皇帝通过经常提出一些测试性的问题，亲自监督国立大学和学校的工作，检查教学质量，任免教授和教师，给教学效果好的教师增加薪俸。

在拜占廷皇帝的亲自过问和参与下，学术活动非常活跃，学校教育发展迅速。

拜占廷政府高度重视图书馆的建设，因为这是学术研究的主要组成部分。建国初期，政府即拨专款用于收集和整理古代图书，在各大中城市建立国家图书馆，古希腊时代的许多作品即是在这一时期得到系统整理。查士丁尼时代推行的思想专制政策曾一度摧毁了很多图书馆，其中亚历山大和雅典图书馆的藏书破坏最为严重。但民间的藏书并未受到打击，仍然十分丰富，著名的贫民诗人普鲁德罗穆斯（1100～1170年）就是广泛借阅民间图书，自学掌握古代语法和修辞，并通过研究亚里士多德和柏拉图的大部分著作，成为知识渊博的诗人。由于国家政策的大力支持，教会图书馆发展尤其迅速，几乎所有教堂和修道院均设立图书馆，这些图书馆后来成为培养大学者的重要场所，直至今日它们仍是取之不尽的古代图书的宝藏。拉丁帝国统治时期是拜占廷教育和学术发展停滞的时期，文化上相对落后的西欧骑士在争夺封建领地的战争中，自觉或不自觉对拜占廷学校和图书馆造成了破坏，他们焚烧古书以取暖，其情形类似于 4~5 世纪时日耳曼人在罗马焚烧刻写罗马法条文的木板取暖。在民族复兴的政治运动中，拜占廷知识界掀起复兴希腊文化的热潮。分散在各地的拜占廷文人学者纷纷集中到反对拉丁人统治的政治中心尼西亚帝国，并在拉斯卡利斯王朝的支持下，开展了抢救古代图书文物的各种活动，或游访巴尔干半岛与小亚细亚地区，收集和抄写古代手抄本，或整理和注释古代名著，或建立私塾传授古典知识，组织学术讨论，以各式各样的方式拯救图书。这些活动为帕列奥列格王朝统治时期的"文化复兴"奠定了基础。著名的学者布雷米狄斯（1197~1269 年）是尼西亚帝国时期拜占廷文化的领头羊，他培养出包括皇帝塞奥多利在内的许多知识渊博的学者，在文化界受到广泛的尊敬。

可以说，帕列奥列格时代的拜占廷文化教育活动是民族复兴自救运动的一部分。当时的拜占廷国家已经衰落，国内政治动荡，外敌欺辱，正一步步走向灭亡的深渊。拜占廷知识界为挽救民族危亡，在尼西亚帝国文化教育事业的基础上，开展文化复兴运动，

使拜占廷文化教育发展进入又一个辉煌时期，出现了前所未有的学者群体。他们积极参与政治宗教事务，同时研究古希腊文史哲作品，从事教育，从而成为民族重兴自救运动的一分子。他们对古典哲学和文学的广博知识令其意大利留学生极为惊讶，这些学者及其弟子中的许多人后来又成为意大利文艺复兴运动的直接推动者。直到拜占廷帝国即将灭亡之际，在君士坦丁堡和萨洛尼卡仍然活跃着许多民间读书团体和学术沙龙，它们经常组织讨论最著名的古希腊文史哲作品。在为数不多的学校里，仍然保持较高水平的教育活动，欧洲各地的学生仍继续到这里求学。

拜占廷的自然科学

正如拜占廷的文学一样，拜占廷人在自然科学方面也取得了令世人刮目相看的骄人成就，他们有先进的医疗技术、医疗设备和医疗机构，他们有几乎与现代社会同步的历法，他们有精密的天文仪器，等等。以上种种辉煌的成就，不仅对当时的整个世界产生了巨大的影响，时至今日，

人们还在从中受益。

拜占廷医学

拜占廷医学是在古典希腊医学基础上发展起来的，是一门在民众中普及的科学，医学知识并不仅仅为专业医生所掌握，而是被所有拜占廷知识分子和大多数普通民众所了解。

拜占廷人认为血液、粘液、黄胆汁和黑胆汁是人类体质病理分类的基础，所有疾病均出自干、湿、热、冷四气失调，而健康则有赖于这四种体液的适当比例和四气状态的平衡。这与古希腊医生希波克拉底和盖伦的理论如出一辙。拜占廷医学著作，如皇帝

12世纪西西里教堂镶嵌画——基督
治愈跛子和盲人

朱利安的私人医生欧利巴修斯（325～395/6年）的《诊断学》，保罗（？～642年后）的《妇学》、《毒物学》和《处方》，11世纪西蒙的《食谱》和《保健手册》等也都是以希波克拉底和盖伦的理论为指导。

拜占廷人注重养生和预防，广为流传的"饮食历书"将一年四季分成干、湿、热、冷四个阶段，并详细地罗列宜食和忌食的食物名单。他们认为：疾病是人体各种因素和状态失调的结果，因此治病的关键在于调理，治病的最好办法是休息、保温和发汗，养生应重于治病。在拜占廷人们非常推崇一些民间土方，例如，用胡椒调理肝脾，用青草去除口臭，一年春夏秋季三次放血，使用按摩和推拿治疗扭伤，用烧灼方法止住大出血，用艾蒿清洁空气，等等。我国古代史书中还记载拜占廷外科医生"善医眼及痢，或未病先见，或开脑出虫"。

拜占廷国家非常重视医院的组织建设，不仅在军队中设立军事医护团，而且大的慈善机构和修道院也附设医院或高级医生团。

在拜占廷，医疗保健是教会的责任，修士会经营的医院遍布全国。其中最著名的是位于君士

世界通史

最新整理图文珍藏版

"门珍医生"（现存巴黎国家图书馆的1339年拜占廷古籍插图）

坦丁堡的潘托克拉特修道院医院。到12世纪已拥有50个床位，分属各病房，供外科、内科和妇科使用。医院有10名男医生和1名女医生，以及男女助手和草药师，1名医学教授为新医生授课，还有厨房工作人员，主要为病人准备素食。

按当时的标准，这些医院的医术已相当先进了。因为拜占廷不仅继承了希腊罗马丰富的传统医学遗产，也继承了阿拉伯的医学专长。拜占廷的医生能开出治消化不良、心脏病和胸痛的药，他们通过尸检和解剖改进手术技艺。医生们有专业分工，有眼科医生、妇科医生和牙科医生等。

在一幅壁画中画着这样一幅图画，描绘医生圣潘托里蒙生活中的场景，他手握十字架和药箱，这两样东西象征他用奇方治愈病人的能力。

还有的壁画中画着一些器具，这是用来测量给病人放血量的，这是拜占廷常见的医疗程序。上面的两个机械师记录血流入下边盆中的高度。这种计量器是由阿拉伯人发明的，他们被尊为医学权威，他们的医学方法全欧洲都在研究。

在一幅画中画着两位医生用绳子吊着病人沿着梯子阶梯上下拉动，希望这种牵引和按摩能治好他的脊椎错位。

在10世纪拜占廷医学课本上的插图配有说明，解释怎样包扎头部。

拜占廷的天文历法
天文

在拜占廷最具盛名的天文学家是4世纪下半期拜占廷数学家、天文学家塞奥（？～380年），他是当时地中海世界最著名的大学者，曾注释了托勒密的《天文学大全》，并对这部古典天文学的集大成著作的后半部进行补充。他还在仔细研究托氏理论的基础上，准确计算出364年两度发生的日食和月食。

为了计算天体运动，塞奥整理注释公元前4世纪古希腊数学家欧几里得的《几何原本》等著作，使这些极富价值的作品得以

保存，它后来成为伊斯兰学者转译为阿拉伯文的古典几何学珍贵文本的主要依据。塞奥能受到学术界普遍的尊崇，还在于他培养了一大批学者，其中包括他的女儿海帕提娅，她被认为是拜占廷历史上最出名的女学者。

在天文学领域，拜占廷人仍视 2 世纪的亚历山大天文学家托勒密的理论为最高权威，其"地心说"仍然在拜占廷学术界流行。他们十分重视古代希腊罗马的天文知识，注重学习古典天文学理论。

自 4 世纪以后，拜占廷人翻译注释了许多古代天文学作品，其中影响最大的是晚期罗马帝国数学家和天文学家帕珀斯（？~320 年）的《天文学大全注释》，该书依据托勒密（130 ~ 175 年）天文学理论分析天体运行，准确地预测了发生在 320 年 10 月 18 日

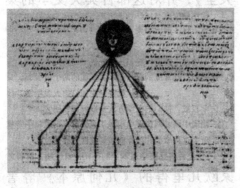

九大行星

的日环食。如同在古希腊也出现过"日心说"一样，拜占廷学者也对托氏理论提出挑战，但托勒密的理论并未被推翻。对于日环食现象，拜占廷天文学家进行了正确的说明，他们还基本正确地解释了闪电雷鸣与暴风雨的关系，但是，对异常天象和自然灾害还没能有科学的解释，而常常将这些现象解释为来自上天的警告和对人类罪孽的惩罚。

拜占廷天文学的发展是从对包括托勒密在内的古代天文学家著作进行翻译注释开始的。令人费解的是，拜占廷人在翻译古代天文学作品时特别关注方法而不重视理论，特别注意研究星图和观测工具，而缺乏对天象生成道理的探讨。托勒密的地心说宇宙体系论和以所谓均轮及本轮圆周运动解释天体运动的理论，对拜占廷人来说既显得深奥难懂，难以理解，又没有实用价值，因此并未引起拜占廷的重视，反而遭到他们的轻视。而托勒密所绘制的星图却受到拜占廷人格外的青睐，拜占廷天文学家塞奥在翻译托氏著作时专门为该星图撰写大、小《注释》两部书。许多拜占廷天文学家也非常喜欢绘制星图，以至于今天拜占廷学家们仍然为

拜占廷时代保留的大量星图感到惊异。除了星图外，太阳运行图、星辰目录等也非常受欢迎，它们的作者既有古代希腊罗马时代的人物，也有古代波斯或两河流域的居民。

拜占廷形形色色的天体运行图和星图之所以非常受欢迎，是因为它们是计算复活节等宗教节日的准确日期以及确定日常生活的计时标准，从而完善拜占廷历法体系。拜占廷人根据太阳运行图和月亮周期表，制定了太阴历和太阳历结合的 532 年大历法周期，他们还根据日晷记录分割白昼，根据星表记录分割夜晚，将

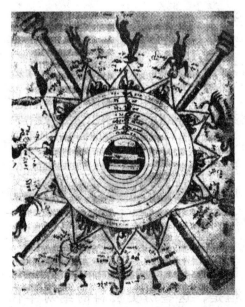

"黄道十二宫"图（现存巴黎国家图书馆的 15 世纪初拜占廷古籍插图）

每昼夜划分为 12 个时辰，太阳升起时为第一时辰，依此类推。为了计算更小的时间单位，拜占廷人使用日晷和滴漏设置，将每个时辰划分为 5 份，又将每份划分为 4 秒，再分每秒为 12 瞬间。通常，他们按罗马人的传统，将每昼夜 1/3 的时间作为夜晚，其他 2/3 作为白天。

由于拜占廷人重视观测，所以拜占廷帝国时代天文观测工具发展迅速，诸如子午环、回归线仪、浑天仪、地座仪、星位仪等古代天文书籍中记载的工具全都被智慧的拜占廷人复制。其中的星盘是用来测量天体高度的仪器，公元前 3 世纪即被古希腊人发明，拜占廷人进一步完善了这种工具，现存的拜占廷星盘是由带有精细刻度的圆盘和可以旋转的观测管两部分组成，观测管与圆盘中心相连，类似于近代出现的六分仪。这些天文观测工具帮助拜占廷人绘制出许多星图，并比较准确地计算出数百年间的多种基督教节日。

在拜占廷占星术受到格外的重视，早在古希腊罗马时代，人们就通过观测星体之间的位置预测未来或解释过去。拜占廷人继承了这一传统，并进一步完善了

星占学体系。他们通过大量实际观测，补充古代遗留下来的星图，使黄道十二宫的星位更加准确，更易于理解。

拜占廷人在古代星命术、择时占星术和决疑占星术的基础上，发展出总体占星术，也称政治占星术，使这四种占星术在细节上更加完善，并将它们统一成一个体系，涉及人类社会生活的方方面面。

当人们对个人的前途和命运感到不解时，可以通过其出生年月日时和某行星所在黄道十二宫的位置作出预测，即所谓星命术；当人们在进行诸如作战、手术等重要行动之前感到疑惑而犹豫不决时，可以根据天文观测确定最佳时间，即确定黄道吉日，这称为择时占星术；决疑占星术则指根据求签算卦者的提问，对比天文观测和占星天宫图作出解答；而那些涉及社稷民生和国家大计，预测人类未来的占星术在拜占廷帝国受到特别的重视，其占星过程和手段则更为复杂。

拜占廷历法也根据占星术的结论确定了许多忌日和吉日。而基督教教会天文学家也从圣经中为占星术找到了理论根据，使古典时代产生的这一古老预言方法

在笃信基督教的拜占廷社会获得广泛的社会基础。

拜占廷天文学还融合了其他民族天文历法的因素。拜占廷人为了完善其历法体系，不仅吸收古典希腊罗马的"异教"知识，而且也不再坚持他们与其他民族的文化区别，忽视宗教争议，大胆利用萨珊波斯和阿拉伯伊斯兰天文历法。

历法

拜占廷帝国是中世纪欧洲文明程度最高的国家，其历法是在古代希腊罗马天文历法基础上，结合基督教神学思想，形成具有重要特点的独立历法体系。

拜占廷人将每年分为 4 季，将每季分为 3 个月，一般将每月分为 4 周，将每周分为 7 日，将每天分为 12 时辰。每周以周日为头一天，称周一为"第二日"，以此类推。

由于拜占廷历法是在古代希腊罗马历法基础上发展而来的，所以从基督教角度看，这样的历法被认定为异教历法。

拜占廷人十分重视历史记述，由此留下了大量珍贵的历史资料。但是，这些历史资料的绝对年代却难以判断，因为早期拜占廷作家并不采用全通用的纪年法，在

世界通史

最新整理图文珍藏版

在新旧罗马象征围绕下的
执政官玛努斯身穿华服

不同时代不同地区的拜占廷史料中纪年方法也不同，以上现象的出现是因为整个帝国内部缺乏为大家共同认可和使用的统一的纪年法。如4世纪的埃及土地契约中使用"第二个税收年的第某年"表明年代，查士丁尼的《法学总论》序言落款年代则记为"查士丁尼皇帝第三执政官期间"，等等。这种情况在拜占廷持续了相当长的时间，直到9～10世纪才出现类似于我国古代史书中通用

的干支纪年和皇帝年号纪年法。

拜占廷帝国早期的历法主要是以罗马历法为依据，罗马历法形成于罗马共和国时期，据考证，它与罗马城初创者罗穆洛斯（公元前8世纪）结合古希腊人的历法制定而成的罗马古历法并不相同，它是以月亮运动为天文依据的太阳历，每年比实际回归年少10余天，这样一来至公元前1世纪时，罗马古历法已经变得十分混乱，无法规范罗马人的社会生活。形势所迫，恺撒（前102～前44年）遂邀请亚历山大城天文学家索西耶内斯主持历法修订，以太阳运动为依据制定太阳历，并取消罗马古历。新历法以凯撒姓氏命名为儒略历，分一年365天为12个月，并采取闰年增时措施，以克服计时的微小误差。

早期拜占廷人以儒略历为计时依据，实行"税收年纪年法"。所谓"税收年"是指国家向民众征收捐税的时间，最初是由罗马帝国皇帝戴克里先（284～305年在位）确定的，他为了保持国家税收数量的相对稳定，立法规定每5年调整一次税收量，以收获季节的9月为岁首。后来，拜占廷帝国第一位皇帝君士坦丁大帝又将5年一度的调整期改为15年。

最新整理图文珍藏版

801

在拜占廷帝国早期，无论在正式的官方文件还是人们的日常生活中，"税收年"都被用来纪年。由于每个税收年周期为15年，因此在计算某个税收年的具体年份相当于绝对年代时，应采用"税收年周×154＋税收年4＋312"的公式，反之在计算某一绝对年份相对应的税收年时，应使用"（绝对年份－312＋3）÷15"的公式，能够除尽的为税收年周的首年，不能除尽的，其余数即为具体税收年份。

与税收年纪年法同时被使用的还有"执政官"、"皇帝年号"、"名祖"等多种纪年方法。前两种方法大多为真实的历史人物担任皇帝或执政官的年份，而后者大多为拜占廷帝国古代作家为记述方便，虚构出来的先祖或神的名字，用以标志年份。按照早期罗马共和国时代的传统，每年罗马人应选举执政官，任期一年。到晚期罗马帝国和拜占廷帝国时期，执政官已经失去原有的管理职能，已无实权，但仍保留其荣誉头衔意义，并由民众选举变为皇帝任命。由于其每年变更的特点使它具有标志年代的功能，许多拜占廷帝国早期历史作家便以某位执政官注明其描写事件的年份。

皇帝的年号在拜占廷历法纪年体系中的作用和执政官纪年大体相似。在采用这类纪年法计算绝对年代时，应注意参照有关的史料确定文献中提到的执政官被任命或皇帝在位的准确年份。皇帝年号纪年法比执政官纪年法更可靠，因为在注重政治事件记载的拜占廷帝国史料中，可资借鉴的旁证更多，用起来就更为可靠。历史的延续也说明了这一点，执政官纪年法仅使用到7世纪初，而戴克里先纪年法持续使用到13世纪。

这一时期，拜占廷帝国某些地区、特别是在重要的文化中心和地方政治中心还存在一些地方性纪年法，除了埃及地区流行的税收年纪年法外，在西亚的叙利亚地区还流行"安条克纪年法"。安条克纪年法于公元前49年10月1日算起，可能是为纪念恺撒视察该城市而设立，于公元前47年正式被采用。直到公元5世纪中期，安条克纪年的岁首才改为9月1日，为的是与中央政府颁布的历法保持一致，该纪年法至7世纪中期阿拉伯军队占领叙利亚以后逐渐停止使用。除了上述主要地方性历法外，还存在以大区长官或朝廷重臣命名的纪年，它们大多通行于某官员任职或出生地区，没有普遍性，但是，我们在涉及这类史料提及的年代时，还应给予充分的重视。

拜占廷纪年法

早期拜占廷历法由于受古希腊罗马天文历法的巨大影响，带有明显的世俗色彩，被基督教称为"异教历法"。然而，随着基督教思想在拜占廷帝国的传播，拜占廷历法逐渐表现出愈来愈明显的宗教性，笃信基督的拜占廷人极力准确地掌握"上帝的时间表"。

拜占廷帝国时期，基督教神学思想与古典天文历法相结合，形成了以基督教思想为核心、以古典历法为手段的新型历法。基督教在拜占廷帝国时代，其正统神学和教义逐步形成，在拜占廷皇帝的直接参与主持下，完善了其思想体系，成为在拜占廷社会占统治地位的意识形态。人们开始用基督教神学理论解释天文历法问题，反过来又用古典天文历法知识为基督教服务，尤其注意利用历法计算宗教节日。

"复活节纪年法"源自教会天文学家编制每年一度的复活节表。复活节确定在3月2日至4月25之间，按照拜占廷教会传统，每年春分节当天或节后一周遇有满月，则其后的第一个礼拜日为纪念耶稣基督死后复活的节日，如果满月恰好出现在周日，则复活节顺延一周。

为了推算出复活节的准确日期，拜占廷人做了很大努力，他们恢复古代天文学，加强天象观测，绘制星图。他们注意整理翻译注释古希腊罗马天文学著作，制作用于观测天体的星盘，并计算赤道和黄道的夹角，确定月亮运行的轨道等等。显然拜占廷人在发展拜占廷星占学的同时，为基督教历法发展提供了天文学依据。

笃信基督的拜占廷人以基督教基本教义解释计时含义，他们认为所谓"时间"是指发生某些事件的时段，他们的计时体系是以昼夜和四季等自然变化的现象为主要依据，同时以对天体运动的观测为参考。拜占廷人在如何解释计时单位时，特别强调基督教思想。他们虽然按照自然和天文变化确定了天、月、季节和年等时间单位，但是他们却以上帝创世和基督降生来解释其纪年方法的由来。他们还特别注意以圣经中关于上帝创世的故事为依据，完善了每7日为安息日的礼拜计时方法，并沿用至今。在 9 世纪以前拜占廷帝国流行的所有纪年方法中，以基督教历法发展最快，逐渐取代了古典历法的正统地位。这一时期，出现了"亚历山大纪年法"，"创世纪年法"、"基督降生纪年法"等等，最终形成了"拜占廷纪年法"。

拜占廷帝国多种纪年法混用的情况使 9 世纪以前的历史作家在使用古代文献时遇到极大的困难，他们常常为准确判断某个历史事件的年代而翻阅大量资料，即便如此，错误仍然会出现，就连当时最博学的作家塞奥发尼（Theophanis，752～818 年）在使用 7～8 世纪的文献时也因纪年法混杂而出现了确定年代的错误。因此制定统一的历法纪年体系是中期拜占廷帝国知识界的迫在眉睫的事情，所以"拜占廷纪年法"应运而生，并成为此后占主导地位的历法。

"拜占廷纪年法"是严格按照《旧约·创世纪》的内容计算出来的，确定上帝于公元前 5508 年 3 月 21 日创造世界，因此这一天为拜占廷纪年的开端。

"拜占廷纪年法"还以复活节周期为主要依据，以校正可能出现的误差。拜占廷天文学家根据观测，确定以月亮运行为依据的太阳年周期为 19 年 235 个月，其中设置 7 个闰月，分布在第三、六、八、十一、十四、十七和十九年；又确定以太阳运行为依据的太阳年周期为 28 年，而后将太阴、太阳两周期相乘，得出 532 年的复活节大周期。事实上，设置这一大周期的目的在于通过改变其岁首月龄的办法以达到调整拜占廷历法在数百年间使用中出现的误差。"拜占廷纪年法"从 9 世纪以后成为拜占廷帝国通用的历法，直到 15 世纪中期拜占廷帝国灭亡以后，还被东正教教会采用。

拜占廷人为了更准确地计时，还注意吸收其他历法的优点，调整拜占廷历法的不足。他们一改以往的传统，在历法问题上并不在乎借鉴对象属于何种宗教，也不太关心使用对象来自哪个民族，只要它有可取之处就会改头换面加以利用，以丰富和完善计时体系。

拜占廷历法在中古地中海和欧洲文化发展进程中曾长期发挥重要作用，它对周边各民族，特别是对东欧斯拉夫各民族和东正教世界产生了不可忽视的影响。

中世纪盛期知识的复兴

四项主要知识成就

中世纪盛期主要的知识成就表现在四个相关而又不同的方面：初级教育和扫盲的普及；大学的产生和发展；古典知识和伊斯兰知识的传入；以及西方人在思想领域所取得的实际进步。其中任何一项成就都足以使中世纪盛期在西方学术史上占据显著的位置；四项成就合在一起，就开创了西方在知识文化上层主导地位的时代，而此成为现代的一个界标。

初级教育的普及

公元 800 年左右，查理大帝下令，每一个主教辖区和隐修院都应兴办初级学校。虽然这一命令是否得到不折不扣的执行尚属疑问，但在加洛林王朝统治时期

中世纪有关基础教育的两个观念

肯定兴建了许多学校。不过，后来维金人的入侵危及这些学校的继续存在。在一些隐修院和教区总教堂所在城镇，初级教育勉力维持下去，但在 1050 年之前初级教育发展的程度和质量仍处于相当低的水平。然而，此后，与在人类活动的其他领域进入全面发展时期一样，教育方面也呈现出蓬勃发展的局面。就连亲历这种变化的人也为学校在欧洲普及的速度感到震惊。法国的一位修士在 1115 年写到，1075 年前后他在长大成人时"教师极为罕见，在乡村几乎一个也没有，在城市里也微乎其微"，但在他成人之后"众多学校脱颖而出"，学习语法"蔚然成风"。与此类似，一份佛兰德编年史提到了 1120 年前后人们异乎寻常的学习修辞术并进行实践的新的热潮。显然，经济的复苏、城镇的发展和强有力政府的出现使欧洲人得以前所未有地致力于基础教育。

中世纪教育的变化

1. 主座学校的发展

中世纪盛期教育的勃兴不只是表现为学校数目的增多，因为学校的性质发生了变化，同时随着时间的推移课程表和上学的人员也发生了变化。第一个重大变

化是12世纪的隐修院培育外来人的做法。在此之前，由于当时别无其他学校教人们读书识字，因而隐修院也收隐修院修士之外一些有特权的人进院学习。但到了12世纪，可作替代的学校十分充足。欧洲教育的主要中心变成了位于方兴未艾的城镇中的主座学校。教皇统治制度对这一发展予以有力支持，它在1179年下令所有主座教堂都应留出一部分收入供养一位学校教师，这样这位教师就可以免费指导所有希望上学的人（不论穷人富人）学习。教皇认为这一措施可以扩大训练有素的教士和潜在的管理人员的人数，事实也确实如此。

2. 课程范围增广

主座学校在一开始几乎完全只对教士进行基础培训，其课程设置只是为了让学生具备基本的读写能力，能认识教会祷告文即可。但在100年之后不久，学校的课程范围增广了，因为教会和世俗政府的发展相应地需要越来越多训练有素的、不仅仅会读寥寥祈祷文的官员。法律再次得到重视，使改进初级教育的质量以培养未来的律师变得尤为迫不及待。更重要的是，课程表中包括了熟练掌握拉丁文法并能用拉丁文写作，其方法往往是学习某些古罗马经典著作，诸如西塞罗和维吉尔的作品。这些著作重新引起人们的兴趣，以及人们试图模仿它们的风格写作，就导致一些学者把这些现象称为"12世纪的文艺复兴"。

3. 世俗教育的发展

在1200年左右之前，城镇学校里的学生仍以教士为主。就连那些希望成为律师或管理人员而不只是教士的人通常也发现担任

博洛尼亚大学的法学班

圣职是有好处的。但在 1200 年之后，更多的不属于教士阶层且根本不想成为教士的学生进入了学校。一些学生出自上层家庭，他们开始把识文断字视为地位的一个标志。其他学生是未来的文书（即起草官方文件的人），或者需要有一定识文断字能力并（或）掌握计算技能以便于经商的商人。一般说来，后一类人不会上主座学校，而进更多地传授实用技能的学校。在整个 13 世纪期间这一类学校如雨后春笋般发展起来，并完全不受教会的控制。不仅进入这些学校的学生是俗人，任教的教师往往也是俗人。随着时间的推移，教学不再像迄今一直那样使用拉丁文，而转而使用欧洲各种方言。

世俗教育兴起的重要意义

世俗教育的崛起是西欧历史一个极具重要性的发展，这样说有两个互相关联的原因。其一，在近一千年间教会第一次失去了对教育的垄断地位。学术以及由此产生的学术态度现在可以变得更为世俗了，同时随着时间的推移这种趋势愈来愈明显。世俗人士不仅可以对教士进行评价和批准，而且可以完全按照世俗的方法进行研究。因而，西方文化最

终成为世界各种文化中最不受教会控制，最不受与教会相关的传统主义控制的一种文化。其二，世俗学校数目的增长，连同培育世俗人士的教会学校的发展，致使世俗人士中能识文断字的人数大大增加：到 1340 年，佛罗伦萨大致有 40% 的人口能识文断字；到稍晚的 15 世纪，英格兰总人口中也大约有 40% 能识文断字。（这些数字中包括奴女，她们通常是在家中而不是学校由支薪的家庭教师或家庭中的男性成员教会识字的。）考虑到 1050 年左右几乎完全只有教士能够识字、识字人数只占西欧总人口的 1%，我们完全可以说发生了一场令人瞩目的革命。没有这场革命，欧洲的许多其他成就也是不可能取得的。

大学的起源

大学的产生同样是中世纪盛期教育繁荣的一个方面。就起源而论，大学是提供普通的主座学校不能提供的对高深研究进行指导的机构。这些高深研究包括高深的文科七艺和对法律、医学和神学的专门研究。意大利最早的大学是博洛尼亚大学，它在整个 12 世纪期间脱胎成形。虽然博洛尼亚大学也传授文科教程，但自 12 世纪产生到中世纪结束一直以

欧洲研究法律的主要中心而享有盛誉。在阿尔卑斯山脉以北，最早、最著名的大学是巴黎大学。与其他许多大学一样，巴黎大学一开始时是主座学校，但在12世纪它开始成为北方公认的知识学术生活的中心。出现这种情况的一个原因是学者们感受到了日益强大的法国王权所提供的进行学术研究所必需的和平安定的环境；另一个原因是该地农产品丰富，食物充裕；第三个原因是12世纪上半叶当时最具魅力、最引起争论的教师皮埃尔·阿贝拉尔（1079～1142年）在此巴黎主座学校任教。阿贝拉尔是法国经院哲学家，关于他在思想文化方面的成就，我们将在下文论述。欧洲各地的学生蜂拥前来听他讲课。据当时一个荒诞不经的传说，由于他的有争议的观点，阿贝拉尔被禁止在法国土地上执教，他就爬上一棵树，学生们围坐在树下听他讲课；当他被禁止从空中讲课时，他就开始在船上讲课，学生们聚集在两岸聆听他的教诲；由此可见阿贝拉尔是多么的激动人心。由于仰慕阿贝拉尔的声誉，其他许多教师也在巴黎大学定居下来，开始进行比其他任何主座学校都要形式多样和先进的教学

活动。到了1200年，巴黎大学发展成为专门教授文科七艺和神学的大学。大约在这一时期，曾在巴黎大学受教的英诺森三世教皇把这所学校称为“为整个世界烤制面包的烤炉”。

中世纪大学的本质

应当着重指出，大学这种机构实际上是中世纪的发明。自然，在古代世界就有高级学校，但它们没有固定的课程或有组织的教职员工，同时它们也不授予学位。中世纪的大学本身起初并不是学者聚集之地。“大学”一词本意是指一个联合体或行会。实际上中世纪所有大学都是教师或学生的联合体，它们像其他行会那样组织起来以保护自己的利益和权利。但是大学一词逐渐用来指一种拥有一所文科学校以及一个或更多的从事法律、医院和神学等专门学科教学的系院的教育机构。在约1200年之后，博洛尼亚大学和巴黎大学被视为大学的原型。在13世纪期间、牛津、剑桥、蒙彼利埃、萨拉曼卡、那不勒斯等著名的教学机构纷纷建立起来或获得正式认可。在德意志，直到14世纪才有了大学——这反映了该地区四分五裂的状态。但在1385年，德意志大地上第一所大学海

德堡大学建立起来，其后许多大学很快就涌现出来。

中世纪大学的组织

中世纪欧洲的每一所大学都是以博洛尼亚大学和巴黎大学这两种不同的模型建立起来的。在意大利各地、西班牙以及法国南部，大学通常那是以博洛尼亚为蓝本建立的，其中学生们自己构成一个委员会。他们雇佣教师，支付薪俸，可以解雇玩忽职守或教学效果不佳的教师或者予以罚款。北欧各所大学则以巴黎大学为样板，它们不是学生的行会，而是教师的行会。大学中包括四个系——文科、神学、法律和医学——每个系都以系主任为首。北方绝大多数大学都以文科和神学为主要分支。在 13 世纪结束之前，巴黎大学内部逐步建立起各个不同的学院。学院最初不过是捐赠给贫穷学生的住所，但最终学院既是学生居住的中心，又是教学的中心。在欧洲大陆，这类学院在今天大多已不存在了，但在英格兰，牛津大学和剑桥大学依然保留着自巴黎大学照搬过来的学院联合组织模式。这种学院构成了各个半独立的教育单位。

学习的科目

我们现代的大学组织和学位制度大都源自中世纪的大学制度，但实际学习的科目发生了很大变化。中世纪的任何课程表中都不包括历史或类似于现今社会科学的东西。中世纪的学生在进入大学之前就要精通拉丁文文法——他们是在小学或"文法"学校学习到这些的。只有男性方能进入大学。在进入大学后，学习要花大约四年的时间学习基本的文科技能，这就意味着要进一步钻研拉丁文法和修辞学，并要掌握逻辑原理。如果考试通过，他就可以无一例外地获得初等的学位即学士（bachelor of arts，现今 B. A. 的原型）为了确保自己在职业生活中获得地位，他通常必须再花几年去获取更高的学位，比如文学硕士（M. A.），或法律、医学或神学博士。要获得硕士学位，就必须再用三四年学习数学、自然科学和哲学。这可以通过阅读和评注古代经典之作（比如欧几里得，尤其是亚里士多德的著作）来达到。抽象分析很受重视，但没有实验科学之类的东西。要获得博士学位，则要进行更多的特殊训练。攻读神学博士学位尤为艰苦：到中世纪末，要获得巴黎大学神学博士学位，首先要花八年左右的时间攻读神学硕士学位，此后要花 12 至 13 年攻读博士课程。在这期间学生不必不间断地居住在学校里，因而能在 40 岁之前获得神学博士学位的人可谓凤毛麟角；实际上，校规禁止了授予 35 岁以广者博士学位。严格说来，有广博士学位，甚至包括医学博士学位，只获得了任教权利。不过在实际上大学的各级学位被看成所达到成就的标准，是通往非学术职业的一个途径。

中世纪大学的学生生活往往十分简陋。由于一般要在 12 到 15 岁之间开始大学学业，因为许多学生是些不成熟的少年。此外，所有大学学生都认为自己构成一个独立的和有特权的社会，从而与当地城市居民的社会格格不入。由于后者想从学生身上获得经济上的好处，而学生自然而然地爱吵闹，因此"城镇"（town）和"穿长袍的大学师生"（gown）之间常常发生冲突，有时还发生激战。不过，大学的学习生活非常紧张。由于大学最强调权威的价值，又由于书籍一无例外地十分昂贵（用手写在珍贵的羊皮纸上装订而成），因而学生要死记硬背的东西非常多。随着学生所受训导的加深，他们往往也被要求具备在正式的公开辩论中论争的技

巧。高深的辩论练习非常复杂和抽象，有时也会延续数日。与中世纪大学生相关的最重要的一个事实是，在约 1250 年之后，大学生人数众多。巴黎大学在 13 世纪时在校学生人数达 7000 人，牛津大学在任一学年都有大约 2000 名学生。这就意味着在欧洲男性中间，除农民和艺匠之外至少有相当可观的人接受过较低层次的教育。

对希腊和阿拉伯知识有了了解

随着中世纪盛期在各个层次上受到教育的人数大大增加，学术质量也有了极大提高。这主要是由于中世纪欧洲人重新了解到希腊知识以及穆斯林所取得的知识成就的吸引力。由于实际上没有一位西欧人会希腊语或阿拉伯语，因而要了解用这些语言写成的著作只能通过拉丁文译本。但在 1140 年之前此类著作的拉丁文译本非常罕见：在 12 世纪中叶之前，亚里士多德数量众多的全部著作中，只有个别逻辑论文才有拉丁文译本，但在 12 世纪中叶突然迸发出翻译热潮，大量著作被翻译过来，西欧人几乎可以了解到古希腊人和阿拉伯人的所有科学知识。这些翻译活动发生于西班牙和西西里，因为居住在这里

的欧洲人与讲阿拉伯语的人或既懂拉丁文又懂阿拉伯文的犹太人比邻而居，交往最密切，在翻译过程中可以求得他们的帮助。希腊著作首先是由更早的阿拉伯文译本转译成拉丁文的；后来一些西方人设法学会了希腊文（往往是通过到讲希腊语的地区旅行的办法），他们又由希腊文原文直接翻译不少希腊著作。结果，到了1260年前后，我们现在所能见到的亚里士多德的几乎所有著作都有了拉丁文译本。诸如欧几里得、伽伦和托勒密这样重要的希腊科学思想家的代表作也有了拉丁文译本。只有希腊文学的里程碑式的著作和柏拉图的著作尚未被译成拉丁文，因为这些著作没有阿拉伯文译本；它们虽有拜占廷抄本，但难以弄到。但是，除希腊人的思想外，西方学者也熟知所有伊斯兰世界重要哲学家和科学家（诸如阿维森纳和阿威罗伊）的成就。

西方科学和思辨思想的发展斯特和罗杰·培根

在掌握古希腊人和阿拉伯人的科学和思辨思想的精髓之后，西方人得以据此有所建树并作出了自己的进步。这种进步以不同的方式显现出来。在自然科学领域，西方人未遇到太多困难就在外来学术的基础上有所建树，因为这些外来学术与基督教的准则没有太多矛盾。但在哲学领域，就产生一个重大问题：如何才能彻底地把希腊和阿拉伯思想与基督教信仰协调起来。13世纪最先进的西方科学家是英格兰人罗伯特·格罗西特斯特（约1168～1253年），他不仅是位伟大的思想家，而且作为林肯主教在公共生活中也很活跃。格罗西特斯特十分精通希腊文，曾把亚里士多德的《伦理学》全部翻译出来。更为重要的是，他在数学、天文学和光学方面作出了非常重要的理论性贡献。他对彩虹作了复杂的科学解释，同时指出了透镜的放大作用。格罗西特斯特最出类拔萃的弟子是罗杰·培根（约1214～1294年），在今天他比他的老师还要出名，因为他看来预言了汽车和飞行机器的产生。实际上培根对机械并不感兴趣，但他确实把格罗西特斯特在光学方面的研究进一步深入下去，比如更进一步探讨了透镜的种种特性、极快的光的速度以及人类视力的特性等。格罗西特斯特、培根及其在牛津大学的某些信徒辩称，建立在感觉证据之上的自然知识比建

作为宇宙设计师的上帝（13世纪法文《旧约》彩饰）

立在抽象理性之上的知识更为可靠。就此而论他们可以说是现代科学的先行者。但是他们仍然具有一个重要缺陷，即他们没有进行任何真正的科学实验。

经院哲学的含义

中世纪盛期希腊和阿拉伯哲学与基督教信仰的碰撞，这方面的结果基本上就反映在经院哲学的产生上。关于"经院哲学"一词，可以从不同的角度进行界定，同时人们也正是这样处理的。就词根而言，经院哲学指中世纪学校中遵循的教学和学术方法。这就意味着它是非常系统化的，也是极其尊重权威的。不过经院哲学不只是一种研究方法。它也是一种世界观。就其本身而论，它教导说，人类通过自然方式，即通过经验和推理所获得的知识与天启传授的知识是兼容的。由于中世纪学者认为希腊人精于自然知识，而所有启示都见于《圣经》，因而经院哲学就是使古典哲学与基督教信仰协调一致的理论和实践。

皮埃尔·阿贝拉尔

为经院哲学铺平了道路、但其本人并不完全是经院哲学家的最重要的思想家之一，就是爱惹麻烦的皮埃尔·阿贝拉尔。阿贝拉尔在12世纪上半叶在巴黎及其周围很活跃。他可能是第一位立意以知识分子为职业（而不只是一位在一旁教书的教士或无意促进知识发展的教师）的西欧人。他在逻辑和哲学方面极富才能，在求学期间就令当时的专家（这些人出任他的老师真可谓时运不济）相形见绌。别的人如果具有如此高的才识也许会韬光晦迹，但阿贝拉尔不然，他在公共辩论中以公开羞辱年长于他者为能事，因而树敌甚众。令事态复杂化的是，他在1118年诱奸了17岁的才华横溢的姑娘埃洛伊兹，后者一

阿贝拉尔

世俗生活，在 1132 至 1141 年间一直在巴黎大学任教。这一时期是他事业的顶峰。但在 1141 年他再次被指斥为异端（这一次指控者是非常有影响的圣贝尔纳），并受到宗教会议的谴责。不久之后，这位受到迫害的思想家宣布弃绝信仰；1142 年，他死于退隐处。

阿贝拉尔在一封名为《我的苦难经历》的信函中谈到了其中的多次磨难。该书是西方自奥古斯丁的《忏悔录》以来最早的自传之一。捧读该书，人们的第一感觉是它极为反常地具有现代气息，因为作者喋喋不休地自吹自擂，看来有悖中世纪基督徒的谦卑美德。

但实际上阿贝拉尔叙述他的磨难并不是为了自夸。相反，他的主要意图是从道德角度解释他如何由于"好色"而受到失去"犯罪"部分（即生殖器被阉割）的公正处罚，以及他在首次遭到谴责出于知识的虚荣而焚毁自己的著作所受到惩处。由于阿贝拉尔在简约地题为《认识自己》的伦理论文中力促对人类的行为进行强烈的自省和分析，因而这样下结论看来是最为明智的，即阿贝拉尔从未打算向人们倡导自我主义信条，而反过来是 12 世纪中

直在私下听他授课。埃洛伊兹怀有身孕后，阿贝拉尔娶她为妻，但两人决定保守这一秘密，以免影响阿贝拉尔的事业。然而这激怒了埃洛伊兹的叔父，因为他认为阿贝拉尔计划遗弃他的侄女；因而他为了家族的名誉进行报复，阉割了阿贝拉尔。阿贝拉尔遁为隐修士，他的敌人不久就第一次指控他为异端。阿贝拉尔仍安定不下来，脾气恶劣，感到隐修生活并未给他带来精神上的慰藉；在与两个不同的隐修社团发生争吵并断绝关系之后，他重新去过

几位主要的试图通过个人内省而探究人性的思想家之一。不无讽刺意义的是，这几位思想家中有一位就是阿贝拉尔的敌人圣贝尔纳。

《是与否》与经院哲学方法

阿贝拉尔对经院哲学发展所作出的最大贡献，体现在其《是与否》（Sic et Non）和众多具有独到见解的神学著作上。在《是与否》一书中，阿贝拉尔辑录了早期基督教教会的神父们对 150 个神学问题的正、反两个方面的说法，从而为经院哲学方法铺平了道路。过去人们一直认为自以为是的阿贝拉尔这样做是为了让

814

彼得·隆重巴尔德

权威难堪，但事实恰恰相反。阿贝拉尔这样做的真正意图是开始一种仔细钻研的过程，据此就可以看出《圣经》这一最高权威是一贯正确的，各最好的权威虽然表面上与此相悖，但实际上是一致的。后世经院哲学家按照他的研究方法研究神学：先提出根本性问题，然后把权威文献上的答案一一罗列下来。阿贝拉尔本人在《是与否》中未作出任何结论，但他在其独创性的神学著作中确实开始这样做了。在这些著作中他认为要像对待科学那样对待神学，对它尽可能全面地进行详细，并把自己极其擅长的逻辑这一工具应用于神学研究之中。他甚至毫不迟疑地用逻辑这一工具分析三位一体的奥秘，这是他遭到指责的过头之处之一。因而，阿贝拉尔是最早的试图使宗教与理性协调一致的人士之一；就这一特性而论，他是经院哲学看法的先驱者。

彼得·隆巴尔德的《教父名言录》

在阿贝拉尔死后，紧接着的两个步骤就为成熟的经院哲学的出现铺平了道路。其中之一是阿贝拉尔的学生意大利神学家彼得·隆巴尔德（1100～1160 年）在

1155 至 1157 年编纂的《教父名言录》。该书严格按照重要性把所有最根本性的神学问题都罗列出来，每个问题都由《圣经》和基督教权威中引证出正反两方面的答案，随后对每一个问题发表意见。到了 13 世纪，彼得·隆巴尔德的这部著作成了一部标准读本。一旦大学中有了正式的神学院，所有申请神学博士学位的人都要研读《教父名言录》并作出评论，毫不令人奇怪，神学家们在撰写著作中也仿照其框架结构。这样完整的经院哲学方法就孕育出来了。

如前文所述，经院哲学发展的另一个重要步骤，是约 1140 年之后古典哲学重新为西方人所了解。阿贝拉尔本人或许非常愿意吸取希腊人的思想，但由于当时已经译成拉丁文的希腊著作寥若晨星，他无法做到这一点。然后，后世的神学家可以充分利用希腊人的知识，尤其是亚里士多德的著作和阿拉伯人的注释。到 1250 年左右，亚里士多德在纯哲学问题上享有如日中天的权威地位，以致人们径直用"哲学家"一词来指代他。与此相应，13 世纪中叶的经院哲学家虽恪守彼得·隆巴尔德的结构框构，但在考虑纯基督教神学权威之外还考虑到古

希腊和阿拉伯的哲学权威。他们试图通过这种方法建构了解整个宇宙的种种体系，把过去各自独立的信仰领域和自然知识领域最为充分地协调起来。

圣托马斯·阿奎那

迄至那时在这种尝试中成绩最为卓著的是巴黎大学主要的经院派神学家圣托马斯·阿奎那（1225～1274 年）。作为多明我会的一名修士，圣托马斯终生坚持信仰可由理性加以卫护这一原则。

圣托马斯·阿奎那

更重要的是，他认为自然知识和对上帝创世的研究都是探究神学智慧的正当途径，因为"自然"补充"神恩"。他这样说的含意是，由于上帝创造了自然界，尽管其最高真理的最终确定只能通过《圣经》超自然的启示才能达到，人们可以通过其措辞接近上帝。托马斯·阿奎那深信人类理性和人类经验的价值，深信自己有能力把希腊哲学和基督教神学协调起来，因而是心境最安宁的圣徒。他在执教巴黎大学和其他地方的长期教学生涯中，极少耽于争论，而是静静地撰写自己的两部煌煌的神学。《大全》:《反异教徒大全》（Summacontra Gentiles）和部头比前者大得多的《神学大全》（Summa The - ologica）。他希望通过这两部著作把有关信仰的所有说法都建立在最坚实的基础之上。

多数专家都认为圣托马斯仅差一丁点就实现了这一极为雄心勃勃的目标。他的两部恢弘的《大全》编排极为有序，颇具思想深度，令人赞羡不已。他在书中承认有一些"信仰的奥秘"，诸如三位一体和道成肉身等教义，不是孤立无助的人类才智所能探究的；除此之外，他对所有神学问题都以哲学方法进行了探讨。在这一点上，圣托马斯非常仰赖亚里士多德的著作，但他绝不仅仅"受到了亚里士多德的洗礼"，他把亚里士多德学说完全置于基督教的基本原则之上，使它为后者服务，从而形成了自己独具一格的哲学和神学体系。这一体系在多大程度上有异于更早的圣奥古斯丁的基督教思想，对此学者们意见不一。不过有一点看来是没有多少疑问的：圣托马斯·阿奎那更为重视人类理性，更重视人类在本世的生活，更重视人类参与自身救赎的能力。在他去世后不久，托马斯·阿奎那即被封为圣徒，因为他的思想知识成就看上去无异于奇迹。他的思想在今天仍具有影响，因为它有助于人们恢复对理性和人类经验的信心。从更为直接的角度看，现代罗马天主教会的哲学据认为是根据托马斯主义的方法、信条和原则进行传授的。

随着圣托马斯·阿奎那在13世纪中叶所取得的成就，西方中世纪的思想发展到了顶峰。西方中世纪文明的其他方面也臻于极盛，这并非偶然。在圣路易统治之下，法国正处于最富成果的和平和进步时期，在巴黎大学

世界通史

最新整理图文珍藏版

正在形成其基本的组织形式，法国最伟大的一批哥特式大教堂正在兴建过程中。一些景仰中世纪文化的人注意到了这些成就，把13世纪称为"最伟大的一百年"。自然，这种判断带有个人主观的感情，许多人会反驳说这一时期生活仍很艰辛，宗教正统的规定过于严厉，不能对这一逝去的时代极尽称颂之能。然而，不论我们对此作出什么判断，匡正一些有关中世纪知识生活的错误印象，以此结束本部分，看来是明智的。

有关经院派思想家的一些错误印象

人们往往认为，中世纪思想家极其保守，但中世纪盛期的最伟大的思想家实际上都令人惊异地迅速接受新思想。作为虔诚的基督徒，他们不允许对其信仰的原则表示怀疑，但在其他方面他们乐于接受他们所能得到的来自希腊人和阿拉伯人的一切知识。鉴于亚里士多德的思想强调理性并强调自然本质上是善的、具有目的感的，与西方人过去接受的观念大相径庭，因而经院哲学家迅速接受亚里士多德学说无异于一场哲学革命。另外一个错误的印象是，经院派思想家受到了权威的很大限制。确实，他们比我们今人更敬重权威，但圣托马斯·阿奎那这样的经院哲学家并不认为仅仅引经据典就足以解决争论。倒不如说，权威被用来说明种种可能性，但随后理性和经验显示出真理来。最后，人们往往认为经院派思想家是"反人本主义的"，但现代学者日趋得出相反的结论。毋庸置疑，经院哲学家认为灵魂高于肉体，来世的得救高于现世的生活。但他们也颂扬人性的尊严，因为他们把人性视为上帝的值得称道的创造；同时他们相信他们自己和上帝之间是有可能建立有效用的合作的。此外，他们对人类理性的力量有着异乎寻常的信念，其程度可能比现今有过之而无不及。

第三节　社会生活：生活百科　民俗缩影

拥挤的中世纪城市

中世纪西欧城市兴起的早期阶段，最初移居的市民单纯依靠手工业生产是难以维持生活的，他们在城市里生活也必须从事农业生产，以获得稳定的生活资料。因此，此时的城市更像农村，规模十分狭小，还不能算真正意义上的城市。这种城市的居民一般在5000人左右。14世纪初欧洲最大的城市，人口也不过5万～10万人左右。

封建战争的频繁，使城市变得拥挤不堪。为了保护城市，人们在城市的周围筑起带碉楼的泥墙或石墙，外面还围有壕沟。这虽然有效阻止了敌人的攻击，但也使人们进入城中居住不再便利。新来的居民只好住在城墙周围安家落户，于是"城郊"逐渐形成了。而城郊的居民也建起了泥墙或石墙，更后来的居民只能形成新的"城郊"。

城市不断扩充的过程，看似加大了城市面积，其实使城市发展中的不合理之处更加突出。如人们建房时没有考虑街道的狭窄，致使房屋杂乱无序，交通极其不便；城市既没有导水管，也没有下水道，街道也没有经过铺砌，道路在雨天时污水横流，一片泥泞；随地倾倒的垃圾使城市里的空气污浊不堪，时常发生的瘟疫夺去了大量的生命。14世纪时，德皇查理四世的宰相曾抱怨说：

中世纪城镇街景

世界通史

最新整理图文珍藏版

"街道上满是泥泞，骑马行走也有危险。如果马不小心陷到了泥潭里，骑马的人就会被摔在臭气熏天的街泥中。"

争取自治权的斗争

中世纪城市兴起以后，市民与封建领主之间的关系变得复杂起来。城市通常是建立在封建主或教会的领地上，有的城市同时隶属于两三个、甚至更多的封建领主，城市的管理权掌握在这些封建领主手里。封建领主把城市市民视同庄园里的农奴，对他们进行大肆剥削，甚至公开抢劫来往客商，这激起了市民对封建领主的仇恨，城市要求脱离封建领主控制的呼声越来越高。封建领主的压力越来越大，虽然他们在城市建立之初曾为其提供了一定

中世纪欧洲法庭

的保护，但当城市发展起来后，他们对市民的盘剥显然是不得人心的。从11世纪开始，城市争取自治的斗争如火如荼地展开了。经过两个世纪的发展，遍及西欧各地。

在人民起义的威慑下，一些封建领主主动授予市民人身自由和某些特权，也有一些城市是通过金钱从封建领主那里赎买自治权的，如法国南部和意大利的一些城市就采取这种方式。取得完全自治权的城市，只需向国王或领主交纳定额赋税就可以了，城市居民可以成立自己的市民议会，作为城市的最高权力机构，拥有制定政策、法令和铸造货币的权

城市暴乱

利，还可以通过选举产生自己的市长和法官等管理人员，行使行政、司法和财政大权，还可以组建保卫城市的武装力量，甚至有权宣战、媾和等。这些城市只在名义上从属于皇帝、国王或大封建主，它们对领主所应尽的义务，仅限于缴纳一定的税额和战时提供少量的军队。

另外一些城市没有取得完全自治的权利，只能称为自由城市，封建领主仍起着重要作用。但自由城市的市民人身都是自由的，他们可以自由结婚，可以自由地支配自己的财产，自由进行贸易而不受领主的限制。而且还可以根据城市法选举自己的代议机关——市议会，在法律面前都享有平等的权利。其他一些小城市的斗争很难取得成效，不得不在封建领主的剥削统治下生活，但起义和暴动时有发生。

中世纪的行会

西欧城市兴起之时，手工业者已经获得了较大的生存空间，商品交换非常有序地进行着。但为获取人身自由不断进入城市的农奴，对原来手工业者的"饭碗"

构成了一定的威胁。为了对抗封建势力的剥削和农奴的竞争，保护本行业的共同利益，按行业建立了各自的同行业团体组织——行会。

行会是手工业者的封建组织，有严格的等级制度。行会的首领称为"行头"，组织成员称为"行东"。行东一般都是作坊主，就像现在的个体老板一样。行东手下有帮工和学徒，帮助行东经营作坊。那时的学徒不仅没有工资，而且还要交学费。学艺期满后，才升为帮工。而帮工只能领取少量的工资，仍受行东的剥削。因此，行东和帮工、学徒之间，实际上是一种封建剥削的等级关系。

一个行东手下通常有一两个帮工和几个学徒，再加上自己家人，共同经营一个作坊，自产自销，规模往往不大。但行会对手工业作坊的生产监督却很严。为

市井百态

了保护行业利益，一个作坊的人数、生产设备、产品的数量和规格，以及工作时间和产品的售价等等，都有统一的规定。行会也有人性化的举动，征收的会费除日常开支外，还用来救贫济弱。

另外，行会还可以组建自己的武装，负责本地区的警备任务。在与封建领主对抗时，这种武装力量起到了极大的作用，为争取城市自治权立下了不少功劳。

但随着人们日益增长的需求，作坊式的手工业生产已难以适应商业的发展，行会的保守主义经营方式显然不符合时代的要求。竞争的加剧，使一部分行东失去了作坊，也使一部分雇佣劳动者变成了行东，行会逐渐走向了解体。

黑死病爆发

黑色妖魔

"我的弟弟！我亲爱的弟弟……我怎样开头？我又该在何处转折？所有的一切都是如此悲伤，到处都是恐惧。我亲爱的兄弟，我宁愿自己从来没有来到这个世界，或至少让我在这一可怕的瘟疫来临之前死去。我们的后

修道院的恐怖

世子孙会相信我们曾经经历过的这一切吗？没有天庭的闪电，或是地狱的烈火，没有战争或者任何可见的杀戮，但人们在迅速地死亡……"

这是中世纪意大利诗人彼特拉克写给他弟弟的一封信。他弟弟当时在一所修道院里，那里的修士死了 34 个，而整个修道院也只有 35 个修士，只剩下彼特拉克的弟弟幸免于难。

彼特拉克信中"没有天庭的闪电，或是地狱的烈火，没有战争或者任何可见的杀戮，但人们在迅速地死亡……"是对 14 世纪的欧洲真实情况的一种写照。原来，欧洲当时正流行一种名为"黑死病"的瘟疫，所到之处，几

14 世纪时黑死病在欧洲的蔓延

乎没有人能够生存下来，存活下来的人们心理留下了巨大的阴影。

"黑死病"其实就是鼠疫，是鼠疫杆菌引起的一种烈性传染病。原为鼠类及野生啮齿动物中发生的兽疫，鼠疫杆菌借助鼠蚤叮咬传播给人。鼠疫患者痰中含菌，可通过飞沫在人与人之间传播，造成人间鼠疫大流行。因患者皮肤呈紫黑色，故有"黑死病"之称。

鼠疫在人类历史上曾有数次世界性大流行，在鼠疫流行期间，人和鼠大量死亡，尸体遍布街巷，城市上空飘荡着腐臭的味道。那些不知道能不能活到明天的人偕家外逃，远离人群，以至于十室九空。据统计，死于流行性鼠疫的人数，超过历史上所有战争死亡人数的总和，所以人们又把其

形象地称为"黑色妖魔"。

差点毁了欧洲的"黑死病"

世界上曾发生过三次鼠疫大流行。第一次是在 542 年，爆发在查士丁尼统治时期的拜占廷帝国，经埃及南部塞得港沿陆海商路传至北非、欧洲，几乎殃及所有大国。据记载，在鼠疫传播的高峰期，拜占廷帝国首都君士坦丁堡每天有 5000 人到 1 万人染病死亡，总死亡人数在 20 万人以上，几乎摧毁了君士坦丁堡，历史上把这次鼠疫称为"查士丁尼鼠疫"。

第二次鼠疫大流行发生于 14 世纪，在 100 年中大约使 2400 万人丧生，这个数字相当于当时欧洲人口的 1/4。

第三次鼠疫大流行始于 1894 年，在 20 世纪 30 年代达到高峰，波及亚、欧、美、非 60 多个国家，波及地区之广、传播速度之快，远远超过前两次大流行。

"黑死病"笼罩下的马赛

瘟疫 约 1515～1516 年

"黑死病"在意大利

在三次鼠疫大流行中，第二次持续时间最长，持续近 300 年，给中世纪的欧洲带来了沉重的打击。对于这次鼠疫流行的原因：有人认为起源于美索不达米亚平原，因十字军远征，鼠疫被带到了其他国家和地区；另一种说法认为可能起源于中国西部、印度、中亚和俄罗斯南部，因为这些地区古时曾爆发过鼠疫，可能是鼠疫疫源地。

还有一种说法认为是蒙古人带到欧洲的：1346 年蒙古人从亚洲征战到欧洲，在围攻克里米亚的卡法时，用炮车将患有鼠疫的士兵尸体抛射进了城里，导致了鼠疫在城内流行，使城内大批居民逃亡。卡法居民乘商船驶向意大利热那亚的途中，大批人染上了鼠疫，当局禁止船上的人上岸。虽然卡法居民没有上岸，但船上的老鼠却爬上了岸。在很短的时间内，热那亚的居民相继患上了淋巴结肿大的鼠疫，皮肤上出现了可怕的色素点。在三年左右的时间里，这场鼠疫传到了北非、意大利、西班牙、法国、奥地利、瑞士、德意志和北欧斯堪的纳维亚及波罗的海沿岸诸国。其中意大利和英国死亡人数达到其总人口的 1/2，有不少城镇的人口全部死亡。

世界末日来临

中世纪的"黑死病"使整个欧洲陷入了世界末日来临的恐慌中，有人描绘当时的情景说"惨不忍睹、阴森可怖……幸存的人们只能孤独地残存人间"。住在城里的居民，可能前一天晚上还能胆战心惊地入睡，但夜里痛苦袭来，就看不到明天的太阳了。而那些活动在海上的船只因为水手的相继死亡，只好孤零零地飘荡在海面上。

据说意大利的佛罗伦萨，城里近10万人只剩下4万人了。市民们相互回避，邻里彼此不相打搅，甚至亲人死了也不敢前去探望。生存的渴望打碎了一切关系，亲情、爱情、友情都被摧残得支离破碎，父母抛弃了年幼的孩子，儿子丢下了年迈的双亲，丈夫离开了妻子，妻子躲避着丈夫……人们四处逃散，寻找能活下去的角落。于是，街上腐臭的尸体旁躺着发呆的老人，旁边还有不知名的婴儿大声哭泣着。

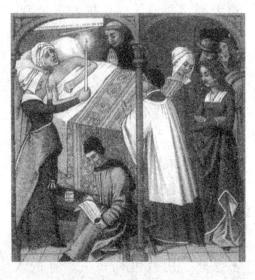

"黑死病"病人

有的人则结成了小团体，过上了一种与外界隔绝的生活，他们把自己关在没有病人的房子里，断绝任何关于死亡与疾病的消息和讨论，然后期待着瘟疫尽快过去。

还有些人放纵着自己，利用一切时间饮酒作乐。由于大批人逃散，许多房屋合成了公共财产，他们从一个房屋钻进另一个房屋，随意地用着房间里主人遗弃的东西，或者发泄地破坏任何可以接触到的东西。这个时候他们不必担心任何行政官吏和司法人员的指责或逮捕，因为他们也是逃的逃、死的死。

意大利作家薄伽丘的《十日谈》反映了这种情况。佛罗伦萨的10位男女青年为躲避黑死病到乡村避难，借欢宴歌舞和讲故事消遣时光，用笑声将死神的阴影远远抛诸脑后。薄伽丘在书里面写到："白天和朋友一起吃午餐，而晚上和祖先在天堂一起进晚餐。"这就是那场可怕的瘟疫带给人们世界末日般的感觉。

愚昧导致妖魔降临

中世纪的"黑死病"使人们感觉世界末日好像就要来了。由于人们无法对"黑死病"做出科学的解释，认为这是上帝对人类

恐怖的"黑死病"版画

等待死亡的"黑死病"病人

的惩罚。有人认为向上帝坦白罪恶就能取得上帝的谅解，就能远离"黑死病"，于是祈求宽恕成为治疗"黑死病"的主要方法。一些人组成了自笞队，通过相互间的鞭打以求上帝的宽恕。自笞队高唱着"我最有罪"在各个村镇间游行，每到一个公共场所，他们就用鞭子彼此抽打，一直到皮开肉绽，鲜血淋漓。

鼠疫在欧洲的泛滥，还由于信仰基督教的人们对猫的偏见。当时的教会认为猫和猫头鹰有相似的外表，猫令人毛骨悚然的叫声和闪烁凶光的眼睛表明它是魔鬼撒旦的化身，或是造祸女妖的帮凶，是与魔鬼结盟的异教畜生。在教会的大力宣扬下，人们接受了"猫是魔鬼的化身、邪恶的代表"这一观点，大批的猫遭到遗弃或滥杀。猫的数量急剧减少，导致了鼠害泛滥。

而关于鼠疫的传说，更说明了人们对鼠疫缺乏科学的认识。据说有一个美貌的鼠疫女子，她围着一条深红色的围巾，总是从一个村落走到另一个村落。只要她把那条红色的围巾在经过的窗户或门前一挥，这家人就会染上鼠疫。有一个男子发誓要砍掉鼠疫少女的手臂，以切断鼠疫的传播。他终日坐在门口，但不幸的是，鼠疫少女经过了他的窗户，然后挥了一下手臂，这名男子最终也死于黑死病。

"黑死病"给欧洲的社会造成了严重的影响，使其经济紊乱、

风俗败坏，同时冲击了封建制度，客观上加速了封建制度的瓦解。而在宗教方面，"黑死病"使人们意识到上帝拯救论不再可靠，促成了以后的宗教改革和宗教战争。

富有的佛罗伦萨

佛罗伦萨的历史的确有点曲折。它最初是罗马帝国的殖民据点，5世纪末臣服于东哥特王国，6世纪中叶被东罗马帝国统治，6世纪下半叶被伦巴第王国征服，8世纪末并入法兰克王国，962年起隶属神圣罗马帝国。

1115年，佛罗伦萨成为独立的城市公社。12世纪下半叶，佛罗伦萨建立市政领导机构。1187

穿铠甲的科西莫·美第奇

年击败神圣罗马帝国皇帝亨利六世，其自治权得到承认，成为独立的城市共和国。

佛罗伦萨的商人和高利贷者与罗马教廷有密切的关系，他们通过向罗马教廷贷款、代征各国教会税等手段，积累了大量资本。1252年，佛罗伦萨开始铸金币佛罗林，一度成为地中海区域的通用货币。1293年，城市贵族的统治被推翻，富商、银行家和行会上层分子掌握了政权，并制定了新宪法——"正义法规"。新宪法规定，行政机关长老市政会由9人组成，其中7人是由7个大行会分别选出的代表，为富商或银行家，被称为"肥人"；另外2人是由14个小行会共同选出的代表，为手工业者，被称为"瘦人"。市政会负责人称为"正义旗手"，兼任军队总指挥。

佛罗伦萨自14世纪起开始对外扩张，先后征服皮斯托亚、沃尔泰拉和阿雷佐。15世纪初，佛罗伦萨征服比萨，获得经阿诺河到地中海的出海口，成为托斯坎纳地区霸主。1434年，美第奇家族夺取政权，建立僭主政治。

15世纪末以后，意大利工商业衰落，商人和高利贷者转而投资于土地。1472年，佛罗伦萨有

270 家制呢手工工场，1527 年降为 150 家，1537 年仅剩 60 家。

1494 年法国侵入佛罗伦萨，美第奇家族被逐。1569 年，美第奇家族依靠西班牙支持，建托斯坎纳大公国，把佛罗伦萨定为首府，这标志着共和国历史的结束。

哥特时期的西班牙

公元前 9 世纪到公元前 8 世纪，克尔特人从中欧陆续迁入西班牙。公元前 218 年到公元 414 年受罗马人统治，415～711 年被西哥特人占领。

419 年，西哥特人在高卢南部和西班牙地区建立起西哥特王国以后，夺取罗马大地主 2/3 的耕地、1/2 森林以及部分奴隶、隶农和工具，国王把土地分给自己的

瓜达拉维尔河战役

公元 500 年的西哥特王国疆域

臣属和主教，西哥特王国的封建等级制由此逐渐建立起来。

西哥特人瓜分了罗马人的土地，但没有摒弃罗马大土地私有制。受其影响，原有的农村公社迅速瓦解，逐渐向土地私有制靠拢。到国王尤里克统治时期（466～484 年）时，土地私有制已经确立，土地买卖现象已经出现，农村公社的社员大都变成了穷人，部分公社成员沦为依附农、隶农和奴隶，一些完全破产的社员甚至要把自己的子女卖为奴隶才能生存。同时，自由哥特人的地位也逐步下降，他们对国家政治的影响力越来越小。

5 世纪中叶，军事会议取代了人民会议，国王独揽大权，宣战与媾和都由国王自己决定。当时

拉赫曼三世和建筑师

的罗马人与哥特人之间存在着严格的等级制度，如罗马人不能与哥特人结婚等。但随着封建化进程的加快，这种界限越来越不明显。国王利奥维基里德统治时期（573～586年），罗马人与哥特人的禁婚规定被取消。国王列卡列德（586～601年）上台后，立即把罗马天主教改为国教，西哥特王国得到了基督教僧侣的支持，封建化进程大大加快。

到国王岑达司维特（646～652年）统治时期，封建等级制度更为明显。岑达司维特及其后继者所制定的法典中，把自由人分为上等人和低等人两种，他们在法律上的地位是不平等的。如上等人作伪证只需赔付一定的金额就行了，而低等人作伪证，则面临沦为奴隶的危险。

封建化另一方面的表现是，国内封建割据势力强大，贵族专横跋扈，对王权构成了极大的威胁。631年，贵族西泽南特勾结法兰克人反对国王斯文吉拉。711年，尤利安伯爵与阿拉伯将领塔立格所率领的1万余大军配合，阻击西哥特国王罗德里克，而奥帕斯主教的叛变，使2万余人的西哥特军队在瓜达拉维尔河战役中惨败，从此阿拉伯人统治了西班牙。

阿拉伯人在西班牙的统治

8世纪初，阿拉伯倭马亚王朝的政权巩固以后，阿拉伯贵族发动了大规模的对外战争。在东线，征服了布哈拉、撒马尔罕、信德及部分旁遮普地区；在西线，攻占埃及以西的北非地区后，于711年越过直布罗陀海峡，占领了安达卢西亚，控制了西班牙。到8世纪中叶倭马亚王朝后期时，阿拉伯帝国已成为地跨亚、非、欧三大洲的庞大封建军事帝国。

8世纪20年代以后，阿拉伯统治集团之间的矛盾激化，内讧不止。一直受歧视和压迫的非阿拉伯穆斯林纷纷揭竿而起。倭马亚家族的统治在 750 年被推翻，贵族阿拔斯夺取政权，他下令把倭马亚家族全部杀死，但让倭马亚家族的王子拉赫曼逃脱，他也是倭马亚家族 90 余名成员中唯一幸存的人。

拉赫曼逃到西班牙后，受到一部分阿拉伯贵族和柏柏尔人的欢迎，他于 756 年宣布独立为后倭马亚朝。这个王朝到了拉赫曼三世（912～961 年）统治时期定都科尔多瓦，王权高度集中，其势力达到了顶峰。西班牙接受了阿拉伯人带来的先进技术和科学文化知识，如开凿运河、种植水稻、采矿、纺织和金属加工等，并使先进技术在西班牙得到推广。

但是，西班牙的繁荣是建立在残酷剥削劳动人民的基础上的。如阿拉伯统治者征收人丁税，凡是信仰基督教和犹太教的人每年都要交纳 12 到 40 个迪尔汗，而从事耕作的农奴，则要把收成的 4/5 交给新来的穆斯林地主。

另外，拉赫曼三世奢侈的生活更加重了人民的负担。他花费了 20 年修建一座宫殿，然后部署了近 4000 名奴隶组成的禁卫军来保卫这座豪华的宫殿。他手下还有 10 万常备军供其调遣，成为对内镇压和对外扩张的有力工具。

在国家的财政收入中，有 1/3 用来修建工程，1/3 用作军饷，但拉赫曼三世仍然忧心忡忡，担心哪一天会爆发农民起义。他后来在遗书中说，平生只有两个星期是无忧无虑的，由此可见对农民起义的恐惧。

欧洲的基督教化

经法兰克王国和拜占廷帝国长达几个世纪的努力，整个欧洲最终完成了基督教化。

496 年，法兰克国王克洛维率 3000 士兵来到兰斯大教堂，在那里接受了基督教的洗礼，成为征服罗马帝国的蛮族人中最早的正统基督教徒。

法兰克统治阶层正式皈依基督教后，罗马基督教会开始借助其王室的影响力在中欧和西欧推行基督教。法兰克统治阶层也致力于提高教会的地位，国王把大片土地赐给教会，并号召他的子民信仰基督教，这促进了基督教在欧洲的发展，也加快了教会的封建化进程。

511 年，法兰克王国创立者克洛维主持召开了宗教会议，并通过了一系列宗教法规。法规赋予

接受基督教的克洛维

了教会免税的特权，并规定行政官吏不得打扰教会的生活，且不能到教堂抓人。同时还有一项特别规定：凡是法兰克境内的居民，必须到附近的教堂作弥撒。这次会议把教会的地位推向了一个新的高度。克洛维晚年定居巴黎时，还曾营造一座供奉使徒的教堂。

6世纪中叶以后，随着信徒的增加，教会的权力越来越大，已经深入到国家各个管理层面。在法兰克，主教可以参与制定国家法律，有权更改国家法官的判决，甚至有权处分失职的国家官吏。各级政府机关也都有神职人员任职，且都是重要官职，若神职人员触犯法律，只能由主教按照教会法规审理，国家法官无权审理。

基督教在法兰克王国的发展蒸蒸日上。至查理曼帝国解体后，西法兰克和意大利基本上已经基督教化，东法兰克仍不遗余力地向中欧地区传播基督教。随着德意志神圣罗马帝国的扩张，匈牙利人、斯拉夫人和丹麦人也接触到了基督教。大批信仰基督教的德意志人北移和东移，更加速了基督教的传播。大约10到11世纪，中欧和北欧实现了基督教化。

东欧和巴尔干地区的基督教化是由拜占廷帝国希腊正教（即东正教）教会完成的。以君士坦丁堡大教长（也称牧首）为中心，基督教向周围辐射，塞浦路斯等爱琴海岛屿上很快有了基督教信徒。随着拜占廷向北方扩张，基督教传到了巴尔干和东欧各地。保加利亚和基辅罗斯在9到10世纪先后皈依了东正教，东欧的基督教化也逐步实现了。

君士坦丁的洗礼 梵蒂冈教皇宫壁画

教会大分裂

由于社会环境的不同，自4世纪以后，东欧与西欧的基督教在宗教语言、教义、仪式等方面呈现出了越来越大的分歧。

东部教会受希腊文化的影响较大，而西部教会受拉丁文化影响较大。因此，东方教会希腊化、西方教会拉丁化的趋势异常明显。经过不断的发展，东方教会神学理论占据重要位置，并倾向于神秘主义化；西方教会则出现了伦理化、法律化和讲求实际的特点。

东西方教会的分歧，归根结底体现在教义上。基督教的一个

君士坦丁九世 壁画

重要信条是"三位一体"，即圣父、圣子、圣灵三者是一体的。东方教会向来强调耶稣基督人性的传统，如4世纪初东方教会亚历山大里亚主教阿利乌斯，他就认为耶稣基督是人不是神，其品级低于上帝，这是对"三位一体"的否定。西方教会则认为"圣灵出自圣父和圣子"，坚持了"三位一体"的信条。这种争论长期存在，它们都指责对方为"异端"。

在举行圣餐仪式方面，东西方教会也存在分歧。东方教会认为用发酵的饼显得神圣，而西方教会则认为必须用未经发酵的饼。

东西方教会在宗教教义和仪式上的分歧，预示着分道扬镳的结局迟早都要到来。

八九世纪拜占廷帝国发生圣像破坏运动，因罗马教皇插手此事，干涉东方教会圣像崇拜和反崇拜的斗争，导致了君士坦丁堡大教长佛提乌斯与教皇尼古拉一世之间的矛盾和冲突，这个冲突加速了东西方教会分裂的进程。

11世纪时，拜占廷的领土大大缩小。东方教会为了保住在意大利南部残存的领地，要求那里的教会执行希腊正教的礼仪，以免罗马教会染指，罗马教廷于是怂恿诺曼人进攻南意大利。谁知

最新整理图文珍藏版

佛提乌斯浮雕像 拜占廷艺术品

教会势力的发展

　　早期基督教曾受到罗马统治者长达数百年的迫害，经过三个世纪的斗争之后，在教会影响日益上升和帝国内部矛盾日益加剧的情况下，罗马西部皇帝君士坦丁一世和东部皇帝李锡尼于313年共同发布"米兰敕令"，承认基督教与其他宗教同享自由，不受歧视。392年，狄奥多西一世以帝国名义宣布基督教为国教，由此完成了基督教在西方世界从非法变为合法，又从合法变为独尊的过程。

　　罗马帝国分裂后，基督教形成了东、西两大教派，即东罗马的东正教和西罗马的天主教。而在中世纪起主要作用的是天主教，

　　竟引狼入室，罗马教廷也经常遭受诺曼人的袭击。罗马教皇利奥九世只好与拜占廷皇帝君士坦丁九世修好，共同对付诺曼人。

　　君士坦丁九世与利奥九世签订了一项密约，承诺在适当的时候把部分教区转交给罗马管辖。这一密约导致了君士坦丁堡大主教与罗马教皇于1054年的相互绝罚。从此以后，东西方教会正式分裂。东方教会自称为"正教"，也称"东正教"、"希腊正教"，西方教会则自称为"公教"、"天主教"、"世界宗教"，也称"罗马公教"。

中世纪基督教会势力在欧洲的发展

但习惯上仍称之为基督教。在经历了蛮族大迁移后，日耳曼人的入侵并没有摧毁这一宗教，但基督教不得不寻找新的依附力量，并最终选定了法兰克王国。而此时的法兰克王国也急需一套道德理论体系巩固政权，于是双方开始融合。但当时的教士均由国王任命，并听命于国王。

到了加洛林王朝时期，法兰克王国需要借助教会的力量实现统一，教会成了国王发动战争的工具，但同时也获得了壮大自己力量的机会。如国王赏赐给教会大量土地及财物，使教会积聚了强大的经济实力。

11～13世纪是教会的鼎盛期。在文化上，教会确立了神权高于王权的理论；在政治上，教会拥护等级制度，认为僧侣是人的眼睛，贵族是人的手臂，民众是人的下身，这是有机的整体，不能错位，从而确立了教会高高在上的地位，教会还维持封建制度，确立封建法律，设立法庭——宗教裁判所，行使独立于王权之外的权力；在经济上，一个修道院可拥有几千处庄园，教会还拥有向教徒征税的权力，从而聚集了大量财富。因此，教会成了中世纪文化、政治、制度、经济的总代表。

神权与王权

自11世纪中期开始，随着罗马教皇权威的加强与教、俗权之争的展开，传统的基督教神权政治文化发生了裂变，罗马教廷提出了"新神权主义"的政治学说。从"灵魂"统治权高于"肉体"统治权的原则出发，罗马教廷否定了王权直接由上帝授予的传统政治理念，鼓吹王权是由教皇所授的政治理念。1073年当选为教皇的格利高里七世就声称："上帝的恩惠缔造了主教权，教皇乃是皇帝的主人。"

1075年，格利高里七世发表了《教皇敕令》，宣称"他也有权废黜皇帝"、"一切君主应当亲吻教皇的脚"。12世纪的神学家则提出了所谓的"双剑"说：上帝把

格利高里七世

神圣罗马皇帝亨利四世

进行论证，提出了新的"神命君权至上"论。12世纪初，英国教士编撰的《约克文集》宣称：国王接受了世界上最隆重的加冕礼，是"神授之王"，是上帝在尘世的影像，值得所有人将其作为大主教和最高主宰来加以崇拜。

在中世纪，罗马教廷同世俗君主进行了长期斗争，使神权与王权之争变得难解难分。

统治尘世的两把剑赐予教皇，教皇保留了神权的"灵魂之剑"，将俗权的"物质之剑"授予了皇帝。当皇帝滥施权力时，教皇就能够废黜他。

1198年当选为教皇的英诺森三世，称自己是"基督的代表"乃至"上帝本身的代表"，宣称教皇可以代表上帝行使一切权力，有权废黜世俗君主，是"万王之王，万主之主"。他在位期间，教廷的权势达到了历史上的顶峰。

针对罗马教廷"新神权主义"的政治说教，一些依附于王权的"国王派"教士极力批驳，并对"王权高于教权并有权统治教会"

教阶制度

1054年东西方教会正式分裂后，罗马公教与东正教沿着各自的道路发展，逐步形成了完善的体系。

罗马公教，中国人根据明末耶稣会传教士的翻译，称之为天主教、罗马天主教。天主教会的组织形式严格集中，重视教阶制，把教阶制分为神职教阶和治权教阶。神职教阶主体包括主教、神父（琳甫）和助祭（执事）三个品位；治权教阶包括教皇、宗主教、牧首主教、省区大主教、都主教、大主教、教区主教等，其中教皇权威最高，神圣不可侵犯，由枢机主教构成的枢机团选举产生。枢机主教又称红衣主教，是罗马教廷中最高级的主教，由教皇任命，分别掌教廷各部门和一些国家重要教区的领导权。除教皇之外，公会议也具有至高权威。公会议由教皇主持召开，与会代表为世界各地区的主教。

东正教也形成了完整的教阶制，包括大教长（也称牧首或宗主教）、都主教、大主教、主教、大司祭（也称大司铎）、司祭（也称司铎）、辅祭（也称助祭、执事）等。其中都主教是重要城市都会的主教；大主教主管一个大教区；主教是教区的主管人；大司祭是司祭神职的高级职称，可以代主教行大型弥撒和管理教务；司祭是神父的正式品位之一，主持传教工作；辅祭主要辅佐司祭工作。

东正教教会组织与罗马公教的教会组织有些区别。第一，虽然各教会认为君士坦丁堡大教长处于全教会的首席地位，但各国教会在法规和行政方面有独立自主权，并可自选大主教。第二，东正教在很大程度上依附于世俗政权，大主教的任免、主教会议的召开、对教义的解释，均由皇帝控制掌握，国家君主被奉为教会首领，世俗生活与宗教生活混为一体。

圣奥古斯丁与教义

基督教经过数百年的发展，到中世纪时，已经进入了成熟期，罗马天主教的教义和礼仪与以前相比有了显著的变化。如基督教在发展初期，虽然受希腊—罗马哲学的影响，但其教义和信仰基本是建立在神话传说基础上的，缺乏系统的理论。而罗马帝国后期兴起的教父学使《圣经》内容得到了详尽的诠释，从而使教义和信仰变得更加系统化和理论化了。四五世纪时，教父学出现了神学家、哲学家奥古斯丁，他为中世纪"教权至上"提供了理论依据，其学说对后来基督教各派

枢机主教肖像

奥古斯丁肖像

的神学和哲学都产生了巨大影响。

　　基督教有一个基本信仰：三位一体的上帝是创造并治理天地万物的主，但谁也说不清"三位"是什么关系，他们又是怎样成为

三位一体和六圣人

"一体"的。教父学家和神学家各执一词，争论不休。奥古斯丁虽然专门写下了《三位一体论》，但到最后也没能说清楚"三位一体"的确切含义。对于基督教这一信条的不同理解，成为了各派别分歧的根源。

　　奥古斯丁认为，人类的能力有限，靠自身的力量是无法得到救赎的，因此需要一个连接人与神的人。这个人既具有人性又具有神性，能传达神的旨意也能反馈人的信息，这个人就是耶稣。耶稣为了拯救人类把生命献给了上帝，这一举动不仅偿清了人类的罪恶，还积累了无量的功德。于是，教会创造了一个"善功圣库"，把耶稣积累的功德储存在这个圣库里，逐步抵偿死人和活人所犯下的罪责，使其得到赦免。显然，教会"窃取"了耶稣的赦罪功能，使耶稣赦罪变成了以教皇为首的神职人员的赦罪。

基督教的礼仪

　　基督教早期的圣礼十分简单，只有洗礼和圣餐礼两种，是信徒与上帝相互沟通的礼仪。到了13世纪以后，基督教的圣礼发展成

世界通史

最新整理图文珍藏版

了七种：洗礼、圣餐礼、坚信礼、告解礼、婚配礼、终敷礼和授圣职礼。这些礼仪制度加强了教会对教徒的控制，巩固了教俗封建主的政治统治。

洗礼被认为是耶稣创立的圣事，经过洗礼可免除人的"原罪"和"本罪"，接受洗礼仪式是成为基督教徒的必要步骤。洗礼仪式分为注水礼和浸礼，其意义相同。注水礼主要是针对婴儿及年老体弱的群体，主礼者在受洗者额上洒几滴水，然后诵经施洗；浸礼主要是针对成年人，主礼者引领受洗者全身浸入水中，礼成出水。

圣餐礼也称圣体礼，是基督教的主要仪式之一。耶稣在最后的晚餐中拿起面饼和葡萄酒说："这是我的身体和血液，是为众人免罪而舍弃和流出的。"由于犹大的叛变，耶稣让众人以吃面饼和

圣餐仪式油画

喝葡萄酒的方式来纪念他。中世纪的圣餐礼由神职人员主持，他们把面饼和葡萄酒放在圣坛上，经主礼者诵经和祝祷后，面饼和葡萄酒就如同耶稣的肉体和血液，具有了为众人免罪的功能。但罗马公教规定，信徒只能领到饼，只有神职人员才可以同时领到饼和葡萄酒。

坚信礼也称坚振礼，是主教对信徒实行的按手礼，但只有入教一定时间后的信徒才有资格接受。行礼时，主教将手按在受礼者的头上，然后诵经祝祷，可以使圣灵降临受礼者身上，以坚定其信仰。

告解礼也称悔罪礼，一般是信徒向神职人员私下告解和忏悔，主礼者为其保密并指明补偿罪过的方式。

婚配礼是教堂内神父主持的结婚礼仪。主礼者先询问男女双方是否愿意与对方结为夫妻，在得到肯定回答后，主礼者诵经祝祷，并宣布这对夫妻是"上帝所配合的，不能分开"。

终敷礼在信徒临终前举行。主教用已经祝圣的橄榄油敷擦其耳、鼻、口、目、手足，并诵经祝祷，使其灵魂升入天堂。

授圣职礼也称授神职礼，由

837

上级神职人员或世俗官员主持，按照规定将某种圣职授予领受者。中世纪时期，教皇与日耳曼皇帝就为取得授职权争斗不休。

隐修制度

3、4世纪时，基督教兴起了一种隐修制度，即基督教徒远离世俗社会，隐居深山老林进行苦身修行。其实，最初的隐修士多是迫不得已，主要是为了躲避罗马帝国的迫害而离群索居的。也有部分教徒是为了净化灵魂而远离尘世的喧嚣，因为在基督教里禁欲苦行是赎罪的具体表现。

圣本笃肖像

隐修活动最初只是个人行为，后来发展成了有组织的行动。270年，圣安东尼只身隐居荒野历时30余年，他的苦行精神使基督界大为震动，基督教徒纷纷效仿，隐修活动于是发展成了有组织的行动。

大批的隐修士聚集在庙宇或废弃的军事设施里生活，那些地方成了早期隐修院（即修道院）的雏形，后来有了财产积累才修建专门的隐修院。大约在315～320年，埃及基督教徒帕克米亚斯创办了第一所隐修院。从此以后，大大小小的隐修院在北非和西亚如雨后春笋般涌出。规模小的隐修院可以聚集上百人，规模大的隐修院可以聚集上千人，他们共同祈祷，共同劳动，希望通过高强度的劳动来洗刷灵魂的罪恶。

埃及建立了最早的修道院，产生了最早的隐修制度。隐修制度从埃及传到巴勒斯坦和叙利亚，然后又从那里传到小亚细亚和巴尔干。这一条传播路线基本上属于东方教会系统。由于东西方文化的不同，东方教会的隐修制度注重神秘主义和玄虚思考，而西方教会的隐修制度更注重实际勤苦和清静诚心。6世纪本笃派隐修制度在意大利的形成，标志着西

圣安东尼的诱惑

方教会创制了适合自己的修道制度。

异端

"……我们面临着史无前例的逆境，可恶的异端传教士百般地诱惑着愚昧无知的人民。他们故意曲解《圣经》的本意，图谋破坏天主教会的团结统一……我严令你竭尽所能，扑灭一切异端……必要时，呼吁贵族与人民揭竿而起，阻遏异端的流传！"这是英诺森三世在就任教皇两个月后给地区大主教奥士的谕令。

所谓"异端"，是以正统自居的组织或派别对异己的思想或理论的称呼。早期的宗教之间存在着许多矛盾，他们往往斥责对方为"异端"。天主教成为罗马帝国国教后，与其观点歧异的教派一律被斥为"异端"。同时，天主教还借助世俗权力对其进行残酷迫害。

11世纪，意大利、法国和尼德兰等地出现了一个以皮鞭自挞的"鞭笞派"。"鞭笞派"认为一般的苦行不能解脱痛苦，只有加重肉体的痛苦才能够免除罪恶。他们从一个村庄走到另一个村庄，从一个城市走到另一个城市，边走边抽打自己，直至皮开肉绽。这种集体性的鞭笞活动到15世纪仍盛行不衰。1349年，天主教认为"鞭笞派"通过鞭打自身以解

阿尔比派教徒被逐出阿尔比城堡

圣多明我对异端的判决

除罪恶的行为否定了教会神职人员在救赎中的决定性作用，是"异端"。同时，鞭笞派信徒不购买"赎罪券"，也不向教会贡献财物，影响了教会的经济收入。于是，罗马教皇颁布训谕，严厉谴责"鞭笞派"的行为。15世纪，因"鞭笞派"揭露天主教会的罪恶，甚至要求改革教会，遭到了大规模的屠杀。

12世纪和13世纪流行于法国南部、意大利北部的"阿尔比派"，也遭到了血腥的镇压。"阿尔比派"在法国建立了独立的教会组织，并斥责天主教会主教是"假冒伪善的豺狼"。由于当地的封建伯爵与天主教会无力对付"阿尔比派"，英诺森三世便联合法国组织十字军讨伐，对其进行了血腥的屠杀。

宗教裁判所

宗教裁判所是13～19世纪天主教会侦察和审判"异端"的机构，又译宗教法庭、异端裁判所，旨在镇压一切反教会、反封建的"异端"，以及有"异端"思想或同情"异端"的人。凡是被指控为"异端"的，宗教裁判所即行审讯，不许辩护。一经定罪，便没收其财产，并处以包括火刑在内的各种严峻的处罚。在暴力镇压的同时，教皇还让多明我会与方济各会托钵僧到"异端"活跃地区宣传基督教义，消除"异端"的影响。

关于惩处异教徒的办法，《旧约》中已隐约提到。如果有三位值得重视的证人证实他们"去侍奉敬拜别神"，则将他们逐出城外，并"用石头将他打死"。拜占廷帝国的君主曾援引罗马法律，判定摩尼教及其他"异端"信徒以死刑。西欧各地君主都发表了

宗教裁判所

严厉处罚"异端"信徒的法令，其中以1220～1239年间腓特烈二世所颁布的条文最为苛刻：教会所谴责的"异端"信徒立即焚死，即使改变信仰，仍要监禁终生，且不得享受任何高官厚禄；"异端"信徒的居所应该夷为平地，不得重建。

宗教裁判所是从13世纪上半叶开始建立的。教皇英诺森三世为镇压法国南部"阿尔比派异端"，曾建立教会的侦察和审判机构，是为宗教裁判所的发端。霍诺里乌斯三世继任教皇后，于1220年通令西欧各国教会建立宗教裁判所。1229年，土鲁斯会议正式决定成立"异端"裁判所，教皇格利高里九世发布通谕强调设置机构的重要性，指定多明我会修士担任裁判官，要求各主教予以协助。自此以后，宗教裁判所在西欧天主教国家普遍成立。

一度垄断教育的教会

进入中世纪后，古希腊、罗马文化失去了主导地位，但社会上暂时还没有出现另一种强势文化。于是，西欧的文化教育进入了青黄不接的时代。

法兰克王国的查理大帝登上王位后，为了巩固王权、传播基督教，大力提倡文化教育，鼓励贵族子弟、政府官吏接受教育。794～797年，查理大帝给一些修道院院长写信，主张修道院担起传播文化的重任，让一些受过教育的修士去讲授知识。各地修道院院长反应积极，选出了大量修

圣多明我和阿比尔教派

最新整理图文珍藏版

士担任讲师。学校在教会和修道院兴起后，修道院逐渐成为了文化教育的中心。

为了表现宫廷对教育的重视，查理大帝在宫中设立了一所宫廷学院，聘请各方人才到这里讲学。查理大帝本人也前去听课，并参与学术讨论。英国著名学者阿尔昆曾来到宫廷里讲学，他统一了《圣经》的拉丁文本，平抑了"异端"，还完成了许多著作。但是，各国的学者并不长住宫中，他们完成某个任务后就离开了。因此，到学院里进行研究和讲学的学者都是不断流动的，他们不仅给宫廷学院带来了知识，也给整个法兰克王国带来了知识。

查理大帝去世后，宫廷学院仍继续兴办。845 年，秃头查理就曾延请爱尔兰著名学者约翰·司各脱进入宫廷翻译拜占廷著作。但教会为了宣扬自己倡导的学说，竭力迫害与其思想相左的学者，甚至指称对方为"异端"。这破坏了良好的学术氛围，使教会垄断了文化教育。

圣人阿奎那

1225 年，托马斯·阿奎那在意大利罗卡塞卡一个贵族家庭出生。他拥有令人羡慕的身份：德意志皇帝腓特烈一世的外甥、腓特烈二世的堂兄弟。

阿奎那 5 岁时进入蒙特长西诺修道院学习，对教会仪式、艺术、文学等方面表现出了浓厚的兴趣。后因修道院解散，阿奎那只好辍学回家。不久进入那不勒斯大学学习，在那里他接触了多明我会，深受其影响。1244 年，阿奎那正式加入多明我会。

阿奎那的举动触怒了整个家族，因为阿奎那家族信仰的是本笃派，于是他被软禁在了家里。1245 年，被软禁一年的阿奎那终于获得了自由，并于当年年底进入巴黎大学，师从著名神学家大阿尔伯图斯，学习古希腊哲学和神学。1252 年，阿奎那再赴巴黎大学攻读神学硕士学位，并于 1256 年开始担任巴黎大学教务长一职。1259～1268 年间，阿奎那曾先后担任亚历山大四世、乌尔班四世、克雷其四世三位罗马教皇的神学教师和法王路易九世的神学顾问。1274 年 3 月 7 日，阿奎那在福沙诺瓦修道院逝世。

阿奎那一生勤于著述，写出了大量的神学、哲学著作，其中较为重要的有《神学大全》、《反

世界通史

最新整理图文珍藏版

阿奎那的胜利

异教大全》等，其《神学大全》被认为是"基督教的百科全书"。

阿奎那还根据宗教教义与亚里士多德的有关学说解决经济问题，其经济思想在欧洲统治长达两个世纪。他还把亚里士多德哲学运用于神学领域，创建了庞大的、系统的经院哲学和神学体系，在伦理学、逻辑学、政治学和认识论等方面都做出了重要的贡献。其哲学和神学体系于1879年被教皇利奥十三世定为天主教官方学说，后世称之为"托马斯主义"。

1323年7月18日，罗马教皇约翰二十二世追封阿奎那为"圣徒"。1567年，教皇庇护五世又封他为天主教会"圣师"。此后，历代教皇都一直奉他为神学导师。

遍布各地的教堂

中世纪给人印象最深的成就是在建筑艺术方面，而教堂建筑则是建筑艺术的最佳诠释。每个主教管区都有为主教建立的大教堂，每个修士团也都建有自己的寺院教堂，甚至每个神父也都建造了一个教区礼拜堂，其建筑艺术水平难分高下。

教士们提出建造这些教堂时，得到了信徒的广泛支持：富人捐出了大批的财物，穷人捐出了大

中世纪末期的亚眠大教堂

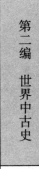
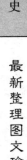

中世纪最大的教堂——梵蒂冈圣彼得教堂

把的力气，建筑师则捐出了最好的创意。一座伟大的建筑物，往往需要几代人努力才能完成。它把几代人的智慧都吸收了进去，然后以一种不朽的形象展现在世人面前。

中古西欧社会的宗教生活是以教堂为主要场所展开的，随着基督教的深入传播，规模大小不一的教堂星罗棋布地出现在城乡各地。除了罗马以外，壮丽豪华的大教堂多建在城市之中，它既是主教、大主教及其随员生活和处理重大教务的地方，也是附近居民举行宗教仪式的场所，这类教堂逐渐成为主教区或大主教区的神权政治中心。

乡村的教堂是举行公共活动的地方，村民常集合于此观看案件审判。同时也是村民碰面和交流信息的场所，甚至还是一处市场，因为商贩和居民就在教堂边吆喝生意。每当重大节日来临时，教堂就成了人们欢庆的首选场所。在兵荒马乱的年月，教堂还成了村民的避难所。

中古西欧教堂的设计结构和建筑风格，都具有浓厚的象征主义色彩。其内部圆的穹顶，神圣的祭坛，使人仿佛置身于无限广阔的宇宙之中。通向大厅及殿堂呈拱形的大门，被视为"通向天堂之门"，世界的未来（"世界末日"）在西门，而神圣的过去被保存在东门，这些都增加了教堂的神秘感。在建筑样式上，罗马式和哥特式是西欧教堂最具代表性的风格。

罗马式和哥特式

从中世纪初期到 12 世纪，罗马式建筑一直占据着统治地位。罗马式建筑从古代罗马的巴西利卡式演变而来，并开始使用石头屋顶和圆拱，创造出了用复杂的骨架体系建筑拱顶的办法。在教堂的平面设计上，罗马式教堂通常建成十字架的形式，并在圣坛后面加建了一些名为"圣器屋"的小屋。这种罗马式十字形成为罗马式的主要代表形式。

世界通史

最新整理图文珍藏版

巴黎圣母院外景

或许为了在关键时刻把教堂变成避难所，罗马式教堂的外墙特意加厚了，窗户距离地面较高，而且开得很小，这样就变得易守难攻了。法国的圣塞南教堂、德国的沃尔姆斯教堂、英国的杜汉姆教堂、意大利的比萨教堂等，都是罗马式建筑的典型代表。

12 世纪初的时候，哥特式建筑逐渐兴起，到 13 世纪时开始风靡西欧，罗马式建筑逐渐丧失了主导地位。哥特式建筑由罗马式建筑发展而来，但它已褪去了城堡式的影子，而是由尖角的拱门、肋形拱顶和飞拱构成一个完整的体系。哥特式建筑整体具有高、直，尖和强烈向上的动势等特点，体现了教会远离尘嚣的宗教思想。法国巴黎圣母院的立面、亚眠大教堂的本堂、夏特尔大教堂的塔、

兰斯大教堂的赚刻是哥特式教堂完美的典范。

北欧的古老居民

公元前 6000 年左右，斯堪的纳维亚半岛和日德兰地区就有人定居了，当时叫诺曼人，意为北方人。多数学者认为，他们是古代日耳曼人的后裔，主要包括古代丹麦人、瑞典人和挪威人。古

诺曼人"长屋"想象图

代阿拉伯历史学家伊本·赛德这样描述他们："身材魁梧结实。相貌堂堂，勇于袭击；不过英勇精神并不表现在马背上，因为他们一切充满战斗行动的事业都是在船上进行的。他们在攻击时，不把敌人完全消灭绝不罢休。"

北欧冬季长，日照时间短，耕地狭小而分散，农牧业发展十分滞后。夏天时波罗的海和北海水上交通十分方便，将早期的北欧居民造就成了海洋民族，古代北欧英雄史诗中曾描述说："大海就是他们的后院，战船便是他们的长靴。"

早期的北欧居民大概从公元前的最后半世纪起，就开始到欧洲大陆和地中海地区从事经商与掳掠了。罗马帝国从奥古斯都皇帝时代开始，对这个僻远的北欧地区发生了兴趣，因为这一地区的沿海盛产优质琥珀和贵重的皮毛，而琥珀是罗马贵族妇女的时髦饰物，价格非常昂贵。因此，商品贸易很快便在南北欧之间兴盛起来了。北欧人用船横越波罗的海给罗马人运送去琥珀和皮毛，再从欧洲大陆运回黄金、白银、玻璃器皿、织物等北欧罕见的物品，更重要的是输入大宗北欧严重不足的粮食。

北欧海盗

航行到美洲

对于是谁发现了美洲这个问题，人们会不假思索地脱口而出："哥伦布！"但是，一些学者认为，在哥伦布之前最先发现美洲的是北欧海盗。

据冰岛古代传说《格陵兰人故事》和《埃里克的英勇事迹》记载，982年埃里克发现格陵兰不久，另一冰岛人海尔约尔夫松于986年从冰岛乘船驶往格陵兰岛，途中的狂风曾把船吹到一处满眼望去皆是森林的陆地，他们没有上岸就调转船头驶向格陵兰岛了。后来很多人讲起了那个神秘的陆地。1001年，埃里克的儿子莱夫买下海尔约尔夫松的船后，率领35个精壮男子去寻找那片神奇的土地。莱夫的船先到达一个充满岩石和冰川的地方，那里很是荒凉，他们给它取名为"赫卢兰"，就是今天的巴芬岛。接着航行，莱夫发现了一个有森林密布的小山，他为这个地方取名"马克兰"，就是今天加拿大的拉布拉多。莱夫继续向南航行，找到了

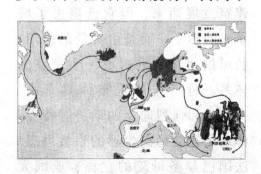

诺曼人航海和殖民示意图

一个可以定居、生长着许多野生葡萄的地方，他把这里叫做"葡萄国度"，又叫"文兰"。这里的冬天温暖而明亮，于是莱夫他们在此度过了一个冬季。第二年春天，他们满载着木材和葡萄，返回到格陵兰。

在莱夫发现的鼓舞下，其他诺曼人先后三次出航到"葡萄国度"去过冬，但后来和当地人发生了冲突，被赶回了格陵兰。1014年，莱夫的私生女弗雷德斯率领60多人到达"葡萄国度"后，她见财起意，杀了同伴30多人。至此，诺曼人"葡萄国度"的故事，就在这个悍妇发动的自相残杀中结束了。1020年，这批探险者中的最后一批人返回了格陵兰。

在诺曼人的向西移民的狂潮中，"葡萄国度"是他们到达过最远的地方，此后这股狂潮开始逐渐消退。13世纪时，格陵兰和冰岛的移民臣服于挪威。昔日的荣耀并没有因为他们的臣服而抹去，他们记载下海盗的英雄传奇，让后人了解英勇无畏的祖先们的梦想与壮举。

诺曼人的发展

在罗马帝国兴盛时期，北欧居民与罗马进行着和平的贸易往来。这种状况持续到4世纪时发生了变化，那时的欧洲正经历着历史上著名的民族大迁徙，局势动荡，战乱不止，这使北欧居民

诺曼武士和他的仆从

战船上的诺曼人

847

再无法像以前那样悠闲地乘船越过波罗的海同罗马帝国进行贸易了，必须南下到地中海一带才能做生意。这么遥远的路程对于半开化状态的北欧居民来说简直太难了。

南、北欧之间的贸易虽然受到严重影响，但是，置身于局外的北欧居民从民族大迁徙的纷乱中得到了好处，那就是中欧日耳曼人从罗马帝国掠夺来的财富，有不少通过不同的途径落到了他们的手中。制作精良的武器、制造这些武器的技术和冶炼铁器的方法轻而易举地传到了北欧。正因如此，5世纪和6世纪初期，丹麦、瑞典和挪威进一步开化起来，向着欧洲大陆的文明看齐。起初，北欧人到南欧做生意是规规矩矩的，携带的武器也仅是用来自卫。粗犷的本性虽然也使他们进行打劫，但那只是零星的，多是由于船舶迷失航向，或是船上的食物不足了，偶尔登岸骚扰一番，满足后就离去了。但是积累起这些零散的打劫行为后，他们发现动荡不安的欧洲大陆对打劫的抵抗是那么软弱无力，而打劫所获的财富与正常贸易的所得相差无几，有时甚至更高，于是他们便不再携带货物，而专门进行抢劫，因为这比经商获利更快。

社会形势造就的海盗

9世纪末，哈拉尔德统一挪威后当上了国王，实行专制的独裁统治。而挪威、丹麦和瑞典各民族中涌现的一批冒险家们为了摆脱哈拉尔德的统治，追求无拘无束的生活，开始疯狂地向外扩张，成为令人恐惧的海盗。

这一时期众多的诺曼人到冰岛定居或者当了海盗，主要是因为斯堪的纳维亚本土的动荡不安造成诺曼人向外扩张。当时斯堪的纳维亚半岛上许多小国的统治者实行残暴的统治，任意撤换部族首领。那些被撤职的首领中性

诺曼人的掳掠

情刚烈坚毅的不甘逆来顺受，便带领其部下远征海外，开始其海上探险生涯。再有就是从9世纪初开始，一夫多妻的诺曼人家庭结构，使得人口快速增长，土地显得越来越少了，本土再没有足够的良田来养活增多的人口。酷寒的气候、贫瘠的土地、过剩的人口，致使太多太多的年轻人在国内无法谋生，别无选择地手持刀剑上船，到海上去铤而走险。

诺曼人勇猛，喜欢冒险，爱好游历，同时也贪财。他们中的一些人有坚固的船只和熟练的航海技能，还具有经商的天赋，这都促使他们主动向海外拓展，寻找更多的发展机会。

独特的海盗船

诺曼人有数百年的航海经验，船是他们的生活重心。他们的船非常有特点：船体狭长，船首刻

斯堪的纳维亚海盗博物馆里保存的诺曼人战船

有高高仰起的龙头，当时只要一看到这种龙头船，人们就知道诺曼人来了！正是这种独有的诺曼式的龙头船，使诺曼人得以驰骋在惊涛骇浪中。

龙头船是一种快速战船，用厚橡木板制成，有一根稳定的龙骨和一张大型的中央帆。船上最多有30个桨，分列在船的两侧，每个桨都有一个划桨的人。在抵近陆地而需要更快速度或没有风的时候，他们就会使用这些桨。每一艘战船还有一张单帆，是用皮条加固的粗羊毛做成的，在公海上航行时才使用。

龙头船主要是载运近程抢劫的军队，或者是用于在海上长距离的探险和到远方贸易。船上的水手不是很多，约有15至30人。船只两旁设有盾形的防御物，船上没有磁铁罗盘，而使用一种太阳罗盘。龙头船吃水浅、速度快、灵活性强，长于在港口和海湾等浅水区航行和快速转弯，也便于上溯到内陆的河道，因此，诺曼人常用它来发动突然袭击，速来速去，为诺曼人的成功抢劫提供了极大的便利。

除了龙头船外，诺曼人还制造了一种像救生艇的"斯哥特船"。

诺曼人的船在航行时都挂满红白相间直条纹的船帆，面积有100多平方米大小，多由双层的亚麻或粗羊毛织品制成，也有染成红色的，但不是为了炫耀，而是用来作为指引航行的指向标。

天降灾难

英格兰东海岸的林第斯法恩岛是当时颇负盛名的"圣岛"，岛上教堂和修道院林立。793年6月8日这天，岛上的居民像往常一样到修道院去朝圣。这时从海上来了许多船，居民们想也许那些人也是来朝圣的。于是，岛上大小寺院都响起了钟声，修道士们排成长队到海滩上去迎接远道而来的"信徒"。然而，他们做梦也没有想到，迎来的却是一场可怕的灾难。

这一场突如其来的海盗袭击震动了英伦三岛，《盎格鲁·撒克

诺曼人劫掠林第斯法恩岛

逊编年史》中记载说："6月8日，异教徒进行了掳掠和屠杀，并且残酷地摧毁了林第斯法恩岛上的教堂。"为了使后人永远记住这一事件，岛上树立起了一座石碑，

诺曼骑兵

一边刻有十字架、上帝的手和跪着祈祷的两个修道士；另一边刻着北欧人模样的海盗挥舞着大战斧。这座石碑至今仍是游人们凭吊的古迹。从6月8日这一天起，先是不列颠群岛，继而是西欧沿海地区先后受到了海盗的蹂躏，从此以后长达300余年的时间里是欧洲历史上北欧海盗横行的时期。

世界通史

最新整理图文珍藏版

凶残的北欧海盗

自 793 年 6 月 8 日北欧人首次在英格兰登陆骚扰得手之后，他们便年复一年地在夏天来到英伦三岛或者欧洲大陆进行抢掠。他们风一般刮来，潮水一般退去，来无影去无踪，行动快速迅捷。

在大海上航行的海盗船

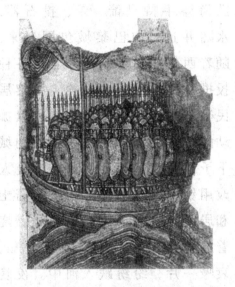
中世纪时袭击法国的海盗船 中世纪插图画

当时不列颠岛上的人给他们起了个最恰当的名字——"北欧海盗"。

据记载，从 793 年至 795 年春天，北欧海盗连续不断地袭击了许多毫无防备的修道院和教堂，这些修道院全都位于北海和爱尔兰的岛屿上。797 年不列颠群岛的马恩岛遭殃；800 年，贾罗南部的一个修道院遭劫，接着是苏格兰西岸的一个修道院。

教堂和修道院是欧洲人心中的圣地，因此北欧海盗在当地人眼中，简直就是亵渎教会的魔鬼。海盗们每到一个教堂里，就将所有值钱的物品抢劫一空：教堂中的收藏珍品、黄金圣物、金十字架、镶嵌宝石的福音书、教徒们捐赠的珍宝，无一幸免。除了教堂，北欧海盗还劫掠村庄，凡是诺曼海盗袭击后的地方都成了血与火的海洋。

巴黎保卫战

885 年，大批丹麦诺曼人在抢劫了鲁昂之后，乘船沿塞纳河直驱巴黎，企图一举攻下法国首都。11 月 24 日拂晓，诺曼海盗兵临城下，海盗船上那密密麻麻的桅杆将塞纳河变成了水上森林。率领这支海盗队伍的是丹麦诺曼人首领西格弗雷德，700 艘战船共载来 3 万名诺曼战士。当时城内空虚，只有巴黎主教约斯兰和纽斯特里亚伯爵奥多带领200名骑士和少量士兵守卫。

然而，西格弗雷德并没有立即进攻，海盗们劫掠的主要目标是塞纳河上游的一些富饶的乡村和城镇，那里是他们心目中的天堂。但卢瓦尔河和塞纳河上以及联结巴黎城堡的几座小桥阻挠了他们向上游行驶的步伐，海盗们明白，要么通过殊死大战来打通航道，要么让巴黎人屈服投降后自由自在地通过。

于是，西格弗雷德找到约斯兰，劝他说："你们只有200人守卫，我们有3万名勇士。看在上帝的分上，要想保护巴黎城和你的信徒，赶快屈服吧。"

约斯兰主教厉声说："巴黎人不但不会屈服，还肩负着阻止敌人前进的神圣使命，你们不可能在任何地方住下，巴黎会通过坚守来自救的。"

"那好吧，我遗憾地告诉你，我们会在破晓时分射出毒箭，不取得胜利不会停止。"西格弗雷德恶狠狠地说。

第二天凌晨，密密麻麻的北欧海盗手持弓箭、矛、投石器，水陆并进，向巴黎城包围过来，随着西格弗雷德一声令下，各种投掷物穿梭般射入城内。巴黎居民毫不畏惧，他们将任何可以挪动的东西都以最快的速度投到城下予以坚决还击。后来，诺曼人改用铁器猛击城墙，守城的骑士和居民们便往下倾倒沸油和燃烧着的沥青，烫得海盗们焦头烂额，哀嚎一片，纷纷跌入河中。夜晚时，巴黎城部分地区的火光冲天，但巴黎居民仍然顽强地坚守在堡垒之中。眼看破城无望，北欧海盗们决定改用包围战术，他们把巴黎团团包围了起来，就这样双方僵持了整整一年。后来法王查理三世率领大军回师巴黎城外，但打了几仗却无法获胜。无奈之下只好答应给诺曼海盗700磅黄金，请他们罢兵。这一协定，激怒了巴黎人民，他们在巴黎解围之后，把查理三世赶下了台。

奥多伯爵保卫巴黎 维克多·斯利兹画

阿尔巴尼亚人的苦难

阿尔巴尼亚人的祖先是伊里利亚人，在公元前1000年，由中欧迁到巴尔干半岛西部，后来这一带就叫伊里利亚。当时，他们已经由青铜时代向铁器时代过渡，原始公社开始解体，部落联盟出现了。公元前7世纪时，古希腊人侵入到阿尔巴尼亚的沿海地区，他们建立殖民城邦，经营工商业，同伊里利亚人贸易。

公元前5世纪至公元前2世纪，伊里利亚人在阿尔巴尼亚先

穆拉德二世表演骑射

后形成了几个奴隶制小国。公元前168～167年，古罗马征服了阿尔巴尼亚，带来了拉丁语和罗马文化。395年罗马帝国分裂后，阿尔巴尼亚归属拜占廷帝国。

六七世纪时，南斯拉夫人的一支在伊里利亚定居下来。由于斯拉夫人人口众多，其他地区的伊里利亚人逐渐被斯拉夫人同化，但阿尔巴尼亚的伊里利亚人居多数，始终保持着自己的民族特征，并发展成为今天的阿尔巴尼亚人。

9世纪中叶，保加利亚人从拜占廷手中夺取了阿尔巴尼亚，将其土地并入第一保加利亚王国。第一保加利亚王国灭亡后，阿尔巴尼亚又沦为拜占廷的统治之下。11世纪至12世纪时，阿尔巴尼亚又遭到诺曼人和十字军的侵扰。

14世纪时，塞尔维亚国王斯蒂芬·杜尚将整个阿尔巴尼亚并入塞尔维亚帝国的版图。1355年，塞尔维亚帝国瓦解后，阿尔巴尼亚境内出现了几个封建公国，彼此混战不已。

民族英雄斯坎德培

乔治·卡斯特里奥特·斯坎德培年幼时，曾作为人质生活在

土耳其人的王宫，长大后在土耳其军队中任军官。他是一个有着强烈的民族感情的血性青年，常与一些志同道合的朋友们议论如何为争取祖国阿尔巴尼亚的独立而献身。

1443年，斯坎德培随同土耳其大军远征匈牙利，11月3日这一天，土耳其军队失利，军营中一片混乱。斯坎德培乘机于22日率领300名精壮的阿尔巴尼亚人骑兵离开战场，潜往家乡卡斯特里奥特领地的克鲁亚城，一举全歼土耳其守军。28日，斯坎德培在克鲁亚城宣布独立，在城头上竖起了红色底子上绣着代表卡斯特里奥特家族族徽黑色双头鹰的大旗。

奥斯曼土耳其苏丹穆拉德二世知道后，急忙派阿里巴夏率2.5

阿尔巴尼亚首都地拉那的斯坎德培骑马雕像

万人的军队前去镇压。斯坎德培把敌人诱入伏击圈，只一仗就把来敌全歼了。穆拉德二世恼羞成怒，1450年5月亲率10万大军，再次扑向克鲁亚城。当时，斯坎德培的军队只有1.8万人，但他毫无惧色，把军队分作三股，一股为1500人，留城坚守，由乌兰指挥；另一股约8000人，自己亲自率领，驻扎在克鲁亚城以北山上，伺机采取作战行动；再一股编为游击部队，分成小分队活动，在来敌周围骚扰打击。

由于山林崎岖，土耳其10万大军无法集中起来作战，导致围城4个多月战事毫无进展。而斯坎德培方面坚如磐石，8000名轻

斯坎德培肖像

骑兵经常利用有利地形频频出击，游击小分队经常在夜间偷袭土耳其军营。后来，又奇袭了土耳其的庞大运输队。围城没有进展，粮秣又被劫，土耳其军心动摇，穆拉德二世只得留下2万多具尸体狼狈地逃回阿得里亚堡。1443~1467年，斯坎德培又领导阿尔巴尼亚人八次击退了土耳其人的进攻，维护了祖国的独立。1468年1月17日恶性疟疾夺去了斯坎德培的生命，死在列沙城，享年63岁。

斯坎德培死后，阿尔巴尼亚人民继续战斗。到1479年时，由于长期战争的重大消耗，寡不敌众，才被土耳其兼并。

胡斯的宗教改革

德国人所把持的天主教会是压在捷克人民身上的另一座大山。早在12世纪，德国僧侣就已拥有大量封地。到13世纪30年代，则迅速扩大到1000个乡村和600个庄园。14世纪下半期，天主教会已成为捷克最大的领主，他们掌握着捷克超过1/3的土地。布拉格全部土地的一半属于教会。

布拉格大主教是当时捷克最

约翰·胡斯肖像

显赫的人物，他自己拥有900个村庄、14座城市。教会贵族为了榨取人民身上最后一滴血，甚至伪造文件、制造圣灵奇迹和滥发赎罪券等，盘剥贫民口袋里所剩无几的钱财。教皇克莱门特六世当权时期，这种额外敲诈就达500次之多。农民向教会交纳的地租更是昂贵。由于天主教会是最大的封建主，教会的上层全被德国人所把持，因此，反教会的斗争必然是一场激烈的阶级斗争。在捷克，这一斗争还具有民族解放斗争的性质。

在阶级矛盾和民族矛盾的双层交织下，捷克人民处于水深火热之中，布拉格大学校长兼教授约翰·胡斯首先觉醒了，他公开指责教会的腐败和贪婪，要求废除繁琐的宗教仪式，僧侣应当服从世俗政权，僧俗平等，都有享用"两种圣体"（葡萄酒和面饼）的权利。

最初，胡斯并不打算与教会决裂，但在人民群众的热情感召下，他改变了最初的想法，并时刻准备着为维护信仰而献身。

1412 年，教皇在捷克滥发赎罪券，胡斯站出来公开表示与教会决裂，号召人民起来反抗教会，用剑来保卫自己的权利。在胡斯的召唤下，布拉格贫民和学生举行了一次反教皇的示威。教皇震怒了，决定解除胡斯布拉格大学校长和教授的职务，并将他强行驱逐出布拉格。为了唤醒广大的捷克人民，胡斯开始用捷克语传道，并将《圣经》译成捷克文。

罗斯受洗

945 年，基辅罗斯大公伊戈尔率兵进攻拜占廷帝国，被拜占廷人击败，被迫签订和约，割让克里米亚给拜占廷，并允许基督教在罗斯传播。伊戈尔大公的妻子奥尔加担任基辅罗斯摄政时，曾

弗拉基米尔的洗礼

接受基督教洗礼。据记载，975年，奥尔加前往君士坦丁堡拜访拜占廷皇帝。拜占廷皇帝对她一见倾心，提议与她共同治理帝国。奥尔加说她还是一个异教徒，如果皇帝为她施洗的话，她愿意接受基督教。于是拜占廷皇帝和教会负责人一起为奥尔加施洗礼。此后，皇帝重提婚事，奥尔加却说："你既然亲自为我洗礼并称我为女儿，怎么可以娶我呢？"皇帝知道自己上当了，但对此又无可奈何。

980 年，弗拉基米尔成为基辅罗斯大公，他深知宗教在加强思想控制方面的重要作用。987 年，拜占廷帝国发生内乱，向基辅罗

世界通史

最新整理图文珍藏版

斯拉夫人的洗礼 壁画

罗斯教会的发展

斯求援。弗拉基米尔大公要求拜占廷皇帝将其妹妹安娜公主嫁给自己，并为自己举行洗礼，自此皈依基督教。988年，接受洗礼后的弗拉基米尔大公带着新婚妻子和一批拜占廷神父返回基辅，弗拉基米尔下令废除多神教，命令全体臣民跳入第聂伯河中，让神父为他们举行集体施洗。并在罗斯境内建立大主教区，兴修教堂，并捐赠给教会大片土地。

从君士坦丁堡传来的基督教属基督教的东派（当时基督教会尚未正式分裂）。这个教派允许做礼拜时不使用拉丁语，可以使用民族语言，因而更易于在罗斯传播。不久，由西里尔和美多德兄弟翻译成的斯拉夫文的《圣经》广泛流传开来。

基辅罗斯成立基督教教会后，还是由君士坦丁堡教区牧首（即大教长）任命都主教管理教务。第一任都主教是希腊人菲奥姆普特，教区中心设在基辅。罗斯境内的所有主教都由都主教在征得各国王的同意后任命。同时，许多教堂和修道院修建起来，其中基辅索菲亚大教堂和洞窟大修道院非常著名。

13世纪时，基辅因战乱遭到重创，政治经济中心也随之逝去，而东北罗斯的弗拉基米尔大公国逐渐强大。1299年，大公把都主教的驻地迁到弗拉基米尔，弗拉基米尔大公国成为当时罗斯的政治和经济中心，不过都主教辖区仍然叫基辅教区，这个称呼持续了150年。后来，莫斯科公国逐渐强大，1326年，都主教驻地迁至莫斯科。

1439年，为解决东西方教会的分歧，罗马教皇在佛罗伦萨召开宗教会议，莫斯科都主教伊西多尔代表俄罗斯参加，擅自以莫斯科教会的名义签署了两教合并的协议，承认罗马教皇为"基督在世的全权代表"。得知此消息后，莫斯科大公极为愤慨，斥责都主教是"拉丁教的魔鬼"，同西方教会和好是对东正教正统教义的叛离，下令将伊西多尔撤职查办，并派俄罗斯人约纳担任都主教。从此莫斯科教会正式脱离君士坦丁堡。

圣索菲亚大教堂

奥斯曼土耳其攻占君士坦丁堡后，莫斯科东正教会趁机自立为东正教首脑，并宣布政权也承袭自罗马帝国。在东正教中，莫斯科从此成为继君士坦丁堡、亚历山大、耶路撒冷和安提阿之后的第五个牧首区。17世纪初，俄国处于"大动乱年代"，也正是由于俄国宗教领袖激发了俄罗斯人民的民族意识，才挽救了俄罗斯。

封建关系的形成

由于生产力的迅猛发展及邻国社会发展状况的影响，基辅罗斯在奴隶制尚未普及的情况下直接进入了封建社会。

八九世纪时，北方森林地区的居民用铁斧砍伐森林，南方草原地区的居民用铁镰除去野草，开辟耕地。农民在开辟的土地上种植黑麦、小麦、大麦和燕麦等。农村公社"维尔福"出现，其成员称为"斯莫尔德"，意即自由农民。东斯拉夫人与拜占廷帝国毗邻，基辅罗斯建国前就和拜占廷有贸易关系，拜占廷先进的生产力和文化对东斯拉夫人产生了重

智者雅箩斯拉夫雕像

大影响。

基辅罗斯早期的封建关系中没有采邑，却有贡赋制度。留里克王朝初期，大公以"索贡巡行"的方式向人民征收粮食、毛皮等贡物，用征收来的贡物酬劳亲兵。10到11世纪时，随着农业生产的进一步发展，贫富分化加剧，公社中的自由农民破产，富户兼并破产农民的土地，失地农民沦为依附者。封建关系进一步确立。

索贡巡行 中世纪俄罗斯插图画

东正教传到基辅罗斯后，统治者捐赠大片土地给教会，教会大地产逐渐形成。教会、王公、贵族朋比为奸，争相抢占公社的土地，封建大土地所有制最终形成。智者雅罗斯拉夫统治时期，颁布《雅罗斯拉夫法典》，规定封建主对其领地上的农民有司法裁判权；地主杀死农民只需付少量

赔偿金。通过立法，封建关系进一步巩固。此外，还成立了教会管理机构，修建修道院将封建统治加以神化。封建制度至此完全确立起来。

年轻有为的底米特里

底米特里1350年生于莫斯科，年仅9岁便继承了莫斯科大公的王位。当时，封建割据的局面继续持续，广阔的俄罗斯土地上散布着大大小小众多的公国，而所有公国中以莫斯科公国实力最强，不过仍然得向金帐汗国称臣纳贡。

与莫斯科相邻近的特维尔、梁赞、苏兹达尔—尼什哥罗德三个公国虽然势力也不弱，但可以向其他公国发号施令的"弗拉基米尔大公"封号依然掌握在莫斯科公国手中，他们对此权位觊觎良久，随时准备进攻莫斯科公国。东北方向的立陶宛公国也日益强大，急于向东扩张，矛头直指莫斯科公国。

莫斯科公国虽然四面强敌环视，但底米特里大公雄心依旧。年幼的底米特里在摄政大主教阿列克塞的辅佐下，实施了一系列

859

富国强兵的政策，以加强大公的权力。底米特里鼓励垦荒，大力发展农业；改革币制，为经济发展创造条件；兴建防御设施，增强军事力量。底米特里对外坚持武力征服，先后征服了特维尔、梁赞、苏兹达尔—尼什哥罗德，随后挥兵直指立陶宛。几年的苦战过后，立陶宛公国被打败。1367 年，底米特里在莫斯科城外修建了俄罗斯第一座巨大的防御工事——白石城墙，这大大提高了莫斯科城的防御力。这些措施为莫斯科摆脱蒙古统治奠定了坚实的基础。

而此时，蒙古贵族为了争权夺势，内讧不已，马麦可汗控制

底米特里杀死怪物

下的金帐汗国开始衰落。1374 年，底米特里经过深思熟虑后断然停止向金帐汗国纳贡。并借给儿子洗礼之机，在佩雷雅斯拉夫里城召开王公大会，商量共同抗击马麦可汗的大计。

顿河英雄

1378 年秋，马麦可汗派王公别吉奇率兵进攻莫斯科。面对强敌，底米特里毫不畏惧，亲自率兵在沃查河一带阻击别吉奇。起初，双方只是隔河相望，谁也不敢贸然出击。在河右岸，底米特里指挥士兵悄悄布下了一个口袋阵，同时让士兵们装作骚动，以蒙蔽别吉奇。急于求胜的别吉奇果然中计，命令部队马上渡河作战。待蒙古军过河后，底米特里率军三面出击，慌乱之中的蒙古兵四下溃散，莫斯科军队大胜而归。

沃查河战役的惨败让马麦可汗怒火中烧，决定亲率大军讨伐底米特里。1380 年，蒙古骑兵和一批来自北高加索的雇佣军共有 6 万之众，直逼莫斯科。面对来势汹汹的蒙古军，俄罗斯草原上各公国纷纷聚到底米特里旗下，共

御强敌。

蒙古大军行进到顿河边安营扎寨，等待后续部队到达。身穿铠甲、手握宝剑的底米特里来到顿河边，目光落在顿河右岸的一片平原上。那片平原叫做库里科沃，平原的西部、北部和东部沟壑与河流纵横交错，蒙古骑兵难以发挥优势。平原的东部有一片茂密的树林可以设下伏兵。

天黑了，乘着夜色，底米特里命令部队渡河。黎明时，平原上漫山遍野都是莫斯科士兵。底米特里一改古老的墙式队形，排成前、后、左、右、中五点式队形。这时，马麦可汗的大军也出现在平原上。黎明的浓雾刚刚消散，平原上战火燃起。底米特里冲在自己部队的最前头，蒙古兵将他团团围住，幸亏底米特里的盔甲坚实，并没有受伤。蒙古骑兵勇猛异常，底米特里的前锋纷

伊凡三世肖像

库里科沃战役的胜利 俄罗斯国家博物馆藏

纷倒地，大公的帅旗也倒了。底米特里沉着冷静，带领部下边战边退。马麦可汗哪肯罢休，指挥蒙古大军紧紧追逼。正在这时，早已埋伏好的俄军从树林里冲出来。蒙古将士乱了阵脚，纷纷溃逃。看到形势无法控制，马麦可汗只得逃走。

库里科沃平原一战过后，金帐汗国在东北罗斯的统治基础开始动摇，俄罗斯人看到了黎明的曙光。1389 年，年仅 39 岁的底米特里病逝。这位大公励精图治、英勇善战，赢得了俄罗斯人民的尊敬和爱戴，被称为"顿河英雄"。

第一次农业革命

1059 年之前的农业状况

在近代工业化形成之前，农业劳动者即"荷锄者"通过其劳动从物质上支撑着欧洲文明，他们的贡献比其他任何阶层更大。不过，虽然看起来令人目瞪口呆，但在 1050 年前，他们甚至连把锄头也没有。加洛林时代的农具清单表明，就连在最富裕的农业庄园里，金属工具也极为罕见，甚至木制工具也数量不多，许多农业劳动者确确实实只能徒手与自然搏斗。约 1050 至 1250 年间，一切都发生了变化。在这大致二百年的时间里，一场农业革命发生了，它完全改变了西欧农业的性质，并大大提高了农业的产量。

中世纪农业革命的先决条件

1. 农耕地区转移

中世纪农业革命爆发的诸多先决条件在 11 世纪中叶之前都已具备了。最重要的一个先决条件在于，欧洲文明的重心由地中海移到了北大西洋。自英格兰南部到乌拉尔山脉欧洲北部的大部分地区土地辽阔、湿润，是非常肥沃的冲积平原。由于他们只统治着这一地区的一部分，由于这里离罗马文明的中心相去遥远，又由于他们没有适宜的工具和制度去开发它们，因而罗马人在这里基本上无所作为。大致从加洛林王朝时代开始，人们对拓殖并耕种这一广袤的冲积平原较为在意了。加洛林人开发了德意志的整个西部和中部，并且开始尝试着使用更适于耕种这一新拓殖地区的工具和方法。这一切都对加洛林人取得其他成就产生了促进作用。但如前文所述，加洛林时代的和平昙花一现，不可能产生任何长期的发展。在 10 世纪罹受外族入侵之后，必须重新开始有系统地开垦北方潜在的财富。然而，只要西方文明以英格兰、法国西北部、低地国家和德意志为中心，这片沃土就有可能得到耕种。

2. 气候好转

农业发展的另一个前提是气候条件改善了。对于以往几百年间欧洲气候类似的情况，我们所知远远不够，但气候史家不无道理地断定，自 700 年左右一直持续到 1200 年，西欧气候条件有所好转，出现了一个作物繁殖生长的"最适条件"。这不仅意味着在这几百年间平均气温有所提高（最多只上升了约 1 摄氏度），而且意味着气候也更为干燥一些。气候干燥对北欧最为有利，因为这里的土地通常过于潮湿，不适于精耕细作，却对南方的地中海地区不利，因为那里本就够干燥的了。在各种前提中，这一最适条件的出现有助于解释为何在冰岛之类的北方地带农耕活动比以后要多。（同样，由于北方海洋中的冰山减少了，挪威人才得以到达格陵兰和纽芬兰，而格陵兰那时或许真的较绿而不是完全被冰雪覆盖。）虽然最适条件开始于700年左右并在9、10两个世纪一直存在，但它本身不能抵过10世纪外族入侵的有害影响。万幸的是在欧洲人能够利用它时，气候依然很适宜。

3. 技术与有利的条件相结合

类似的评语也适用于下述事实：加洛林人即已知道我们下面将要讨论的许多技术发明，它们在后来促使西欧人完成了其第一次农业革命。虽然最基本的新发明在1050年以前即为人所知，但它们都是在1050至1200年之间及1200年左右才得到广泛使用并逐渐臻于完善的，因为只是在那时各种最有利的条件才结合在一起。外族入侵销声匿迹，优良的气候继续存在，不仅如此，较为优良

的政府渐渐提供了农业大发展所必需的更为持久的和平。另外，地主更感兴趣的是获利而不是纯粹的消费。首要的一点是，自约1050年到1200年，一个进步引起另一个进步，财富积累愈多，用于投资的愈多；简单地说，现在有能力进行技术发明了。

技术革新

1. 重犁

农业领域首当其冲的突破之一就是重犁的使用。自然，耕犁古已有之，但罗马人只知道一种轻便"浅犁"，它只能犁开地表，而不能把地完全翻过来。这种农具对于地中海地区的薄地完全足够了，但对于欧洲北部更厚、更湿的土壤实际上毫无用处。在中世纪早期，出现了一种适于耕种

轻犁和重犁

863

北方土地的比过去更重、更有效得多的犁，这一较重的犁不仅可以犁翻更厚的土壤，而且犁上安装了新的部件，可以翻耕垄沟，使土壤充分通气。这种犁的好处不可估量。除了可以耕种先前抛荒的土地外，它耕出的犁沟为水涝地区提供了极好的排灌系统。另外它还节省劳力：罗马浅犁须在田里来回耕作两次，重犁只需耕一次，却更为彻底。简而言之，如果没有重犁，开发欧洲北部进行集约的农业生产以及随后出现的一切都是无法想象的。

2．三田制

与重犁使用密切相关，作物轮作的三田制（三圃制）出现了。在近代之前，由于没有足够的肥料维持较为集约的农业生产，同时三叶草、苜蓿之类的固氮作物基本上不为人所知，因而，农民总是把其大片可耕地休耕一年，以免地力枯竭。不过罗马人生产力极为低下，在任何年份都无力耕种过半的耕地。中世纪的革新之处在于引进了三田制，从而把休耕地减少到总耕地的三分之一。在一年中，三分之一的田地抛荒，三分之一的田地留给秋季种植、初夏收获的庄稼，三分之一的田地留给暮春下种、八九月份收获

的新式作物——燕麦、大麦或豆子。三种地块年年轮换，三年构成一个循环。重要的革新在于种植了生长期为整个夏季的新式作物。由于田地较为贫瘠，尤其是因为过于干燥作物根本不能在夏季生长，因而罗马人不能实行这一制度。就此而论，土地较湿润的北方显然具有先天之利。种植新式作物的好处在于它们不像小麦、黑麦之类谷物那样损耗地力（实际上，它们补充了谷物自土壤中带走的氮）；此外，它们提供了新式食品。如果第三块田地即春耕地种上燕麦，人和马都可以此为食；如果种上的是豆子，这种作物可以提供蛋白质来补充主要摄取谷物类碳水化合物之不足，从而平衡人的饮食。由于三田制还有助于在全年中分散劳动，把产量由二分之一提高到三分之二，因而它无异于一个农业奇迹。

3．使用磨

第三项重要发明是磨的使用。罗马人知道水磨的情况，但很少使用它们，这部分上是因为他们拥有足够的奴隶，对节省劳力的装置不屑一顾；部分上是因为罗马多数地区缺乏湍急的适于安装水磨的溪流。然而，自1050年左右开始，北欧出现了兴建越来越

高效的水磨的十足的热潮。在法国的一个地区，11世纪时有14座水磨，到12世纪上升到60座；在法国另一地，850至1080年间兴建了约40座水磨，1080至1125年和1125至1175年间又分别建造了40座和245座。一俟掌握了建造水磨的复杂技术，欧洲人就把注意力转移到驾驭风力上：大约1170年，他们兴建了欧洲第一座风磨。此后，在像荷兰这样没有湍急的河流的一马平川地区，就像水磨在其他地区广为传播那样，风磨在荷兰迅速蔓延。虽然磨的主要用途是碾碎谷物，但不久之后它们又被派作其他重要用场：比如用来拉锯、加工布匹、榨油、酿制啤酒、为铁匠炉提供动力以及捣碎纸浆等。早在此之前，中国和伊斯兰世界就已生产纸了，但它们从未用纸磨造纸；由此可证。与其他发达文明相比，西方技术达到了精密水平。

4. 其他技术进步

我们还应该注意到在1050年左右聚集力量的其他重要的技术突破。其中一些使马匹得以用作耕畜。800年左右，一种带衬垫的马轭首次被引入欧洲；这种马轭使马可以在不窒息自己的情况下全力拉拖。大致一个世纪过后，保护马蹄的铁马掌首次得到使用，同时或许在1050年前后出现了纵列挽具，从而使马可以前后纵列牵拉。由于这些技术进步，再加上实行三田制后燕麦产量更大了，因而马在欧洲某些地区取代牛成为耕畜，耕作效率更高，耕作时间更长。其他一些发明有手推车和耙。耙用来平整犁过的土地并把种子掺入土中。比上述发明的大多数更重要的是铁在中世纪盛期得到了更广泛的使用；铁能增加各种农具的强度，对于重犁中与土地接触的部门至为关键。

可耕地的增多和集约化种植

迄今我们一直在叙述技术的发展，似乎他们是促成中世纪盛期农业革命的仅有因素。事实绝非如此。紧随着技术进步而出现的是可耕地数量增多了，业已开垦的田地得到更为集约的种植。尽管加洛林人已开始开发耕种西北欧肥沃的平原，但他们选择清

中世纪的风磨

理的是那些最易开垦的地块：加洛林时农业拓殖地地图表明，无数小块耕地孤立存在，四周是大片大片的森林、沼泽和荒地。清理土地运动开始于1050年前后，

建筑工程

在12世纪大大加速；这一行动完全改变了欧洲北部的地理情况。首先，更大的和平和稳定使法国北部和德意志西部的农业劳动者得以越出拓殖地孤岛，一点一点地开垦土地。起初他们不声不响地进行这种活动，因为他们实际上正在侵入贵族领主拥有的地块。不久，领主也想从中获得好处，就对开荒活动给予了支持。此后，清除森林、排干沼泽的活动进行得更为迅速了。这样，在整个12世纪过程中，加洛林王朝时代孤岛状的小块耕地逐步扩大，彼此连接在一起。在此过程中，同时在此之后依然存在，一些全新的地区得到拓殖和开垦，比如英格兰北部、荷兰，尤其是德意志东部地区。最后，在12、13世纪，农民开始更有效率、更为集约地耕种他们开垦出来的所有田地，以便为自己获得更多的收入。他们先犁后耙，经常锄草，又在其轮作年轮中额外进行翻耕，这些大大有助于地力的恢复。

所有这些变化的结果就是农业产量大大增加了。开垦的土地越多，种植的作物显然也就越多，而新的更有效率的农作方法的引入则进一步增加了产量。因此，下播一粒种子由加洛林时代至多收到二粒，上升到1300年左右的三或四粒。所有这些多余的谷物都可以比从前迅速得多地就地加工，因为一个磨一次加工的谷物相当于40人的工作量。因而，欧洲人第一次开始仰赖定期的、稳定的食物供应过活。

农业革命的后果

这一事实反过来对欧洲历史的进一步发展产生了最为深远的

后果。首先，这意味着更多的土地可以用于生产谷物以外的用途。与此相应，随着中世纪盛期的发展，农业有了更大的分工和专门化。大片地区用于养羊，其他地区生产葡萄酿酒，或者种植棉花和染料作物。这些新的项目所出产的产品有不少是在当地消费的，但也有不少用于远距离贸易，或用作新型工业部门——尤其是织布业——的原料。如下文将要看到的那样，商业和制造业的发展促进了城市的产生并为城市提供了支柱。农业的繁荣还从另一个方面促进了城市的生长，即人口因此剧增。由于食物增多、饮食改善（尤其是蛋白质的增加），人的预期寿命由加洛林时代欧洲穷人的平均30岁左右增加到中世纪盛期的40至50岁。人们身体更健康了，出生率也就提高了。由于这些原因，自约1050年到1300年间，西方的人口增加了大约三倍。人口增多和更节省人力的装置的使用，意味着无需所有人都呆在农庄里：一些人可以迁到新兴的镇子或城市，在那里去过一种新的生活。

其他后果

农业革命还有其他一些后果。它增加了领主的收入，从而使他们可以过上更讲究的贵族生活；君王的收入也有所增加，这为国家的成长进一步奠定了物质基础。欧洲的普遍繁荣还促进了教会的发展，从而为学校和知识事业的蓬勃发展铺平了道路。最后一个更难以捉摸的结果是，欧洲人与其世界舞台上的任何对手相比，显然更为乐观、更富于活力、更愿意进行尝试和冒险。

失落的马丘比丘

马丘比丘古城约修建于1450年，由印加帝国统治者帕查库特克·印加·尤潘基建造，后不知因何原因被废弃。1911年，美国探险家海勒姆·宾厄姆发现了该古城遗址。遗址虽只剩下残垣断壁，但当初兴盛时期的壮观风貌依稀可见：整齐有序的街道、宫殿、寺院、作坊、堡垒等，多用巨石堆砌而成，各具特色。

据推测，当初古城的人口在1500人以上，从挖掘出的头骨看，女性人数与男性人数的比例为10：1，证实了这里曾是个宗教祭奠活动的场所，因为这里的人们崇拜太阳，而女人被视为太阳的贞女。

古城的砖石建筑令人叹为观

建在高山之巅的马丘比丘古城

止：各种不同形状的石块不使用砂浆堆砌而成，却又让人难以觉察到石块间的接缝，看上去好像只是一大块石头，如此超凡的技巧，在没有用来进行切割与运输整块巨石的实用工具的年代里，怎么能建造出如此绝妙的建筑呢？有人便说可能是外星人建造的，我们虽然不敢苟同，却也不能驳倒，因为直到如今没有一个人能说出它是怎么建造的。这实在是一个令人难以破解的谜。

而且，古城坐落在陡峭狭窄

印加古都库斯科遗迹

的山脊上，四周被崇山峻岭重重包裹，古代印加人为什么要在这绝顶上建造这样的城市呢？这也是一个谜。

城中最著名的是"拴日石"，它是一块精心雕刻过的怪异巨石，据说是印加人每年冬至的太阳节时为祈祷太阳重新回来而制作，会象征性地把太阳拴在巨石上。印加人崇拜太阳，太阳神是他们最重要的神灵。印加王都自称为"太阳之子"。既然如此，这些太阳的子民为什么竟遗弃了他们的拴日石？这也是一个谜。

麦哲伦的东方之行

费尔南多·麦哲伦生于葡萄牙一个破落的骑士家庭，约10岁左右，被父亲送进王宫服役，1492年成为王后的侍童。

约在1496年，麦哲伦即参加了葡萄牙国家航海事务厅的工作。1499年，达·伽马从印度返航，带回了庞大的东方财富，葡萄牙便进一步着手组织更大规模的海外远征队。1505年，麦哲伦以水手的身份获得了参加远征队的机会。

1506年3月，在科那诺尔

（印度马拉巴海岸卡利训特以北）海战中，麦哲伦第一次受到重伤。1509年2月，麦哲伦在第乌海战中又一次受伤。这次海战葡萄牙击败了阿拉伯、印度的联合舰队。同年8月，麦哲伦又被编入一支由80人组成的武装船队继续向东探索，开始远征马六甲和马来群岛。9月11日葡萄牙船队进入马六甲港。由于船队的挑衅行为，遭到了这里从事和平贸易的居民的强烈反对，结果葡萄牙人被赶

麦哲伦肖像

走。麦哲伦随之返回柯钦。1510年，麦哲伦在参加进攻卡利库特城的战斗中再次受重伤。

1510年春，麦哲伦伤愈后决定返回葡萄牙，途中因船只在离印度海岸数百海里的巴杜恩砂州触礁，不得不继续留在印度。不久，麦哲伦被提升为船长。1510年末，回到柯钦后的麦哲伦又参加了阿尔布凯尔基领导的侵占印度果阿的战争。1511年，第二次参加对马六甲的远征。1512年和1513年年初，在苏门答腊、爪哇、马都拉、西里伯斯（苏拉威西岛的旧称）、布鲁、安泣和班达群岛等地进行探索和游历。

1513年，回到里斯本的麦哲伦并未得到葡萄牙国王的青睐。为贫困所迫，他又参加葡萄牙对北非摩洛哥的征服，再次受伤。

天才的思索

麦哲伦在国内无所作为之时，远洋探险的新消息却不断传来。早在1501～1502年佛罗伦萨探险家阿美利哥通过探航后确认：哥伦布到过的地方不是过去所误认为的亚洲，而是一块"新大陆"，（后被称为阿美利加州，实即美洲），他认为绕过这块新大陆的南端，有可能到达东方摩鹿加（马来群岛）——香料群岛。1513年9月，西班牙探险家巴尔博亚越过巴拿马地峡，在高山顶上发现西边有一片海洋，他称之为"大南海"（即太平洋）。如果在美洲能找到一条沟通大西洋和"大南海"的海峡，就有可能到达盛产香料

查理五世肖像 雅各布画

的东方。

麦哲伦密切地注意着这些发现。他早从葡萄牙对东方的多次远征中了解到，摩鹿加群岛以东是一片汪洋大海，这使熟悉哥伦布发现的麦哲伦很容易联想到，经过这片海洋距摩鹿加群岛以东不远的地方，应是哥伦布从欧洲西行所发现的土地。1515 和 1516 年，迁居到奥波尔托的麦哲伦，开始把自己酝酿已久的航行愿望拟成具体的计划，要绕过美洲驶向摩鹿加群岛，关键是要真正找到一条沟通大西洋和"大南海"的通道——海峡。

麦哲伦向国王提出他的远洋探航计划，但未被采纳。1517 年

10 月 20 日，麦哲伦到了西班牙。3 月 18 日，西班牙国王查理一世接见麦哲伦。3 月 22 日查理与麦哲伦等签署了远洋探航协定。1519 年 9 月 20 日，一支由 265 人组成的队伍，分乘五艘船，载重量最大的 120 吨，最小的 75 吨，总共还不到 500 吨，他就带着这些人和船，终于从西班牙塞维利亚城的外港圣卢卡尔出发开始远洋探航了。

麦哲伦海峡

在大西洋航行中，选择航线是首先遇到的问题。当时由欧洲到美洲可走哥伦布的"西班牙航线"，也可走卡伯拉尔被吹送到南美的"葡萄牙航线"。麦哲伦坚决主张走"葡萄牙航线"，因为这条航线虽然似乎要多走一些路，却有着赤道洋流和东北信风等可利用的条件。

船队经过两个多月的海上漂泊，于 11 月 29 日到达今巴西海岸累西腓城以南地区。稍事休整，船队继续前进，12 月 13 日到达圣路西亚湾（里约热内卢），再向南驶，于次年 1 月 10 日见到拉普拉塔河口。可惜，这个过去被认为可能是海峡的地方，经过实地探查，证明它不过只是一个宽广的河口而已。

麦哲伦肖像

船队继续南行，前面的道路都是以前的航海家所未到达过的地方。3月31日，船队驶进了圣胡利安港，麦哲伦决定在这里抛锚。

船队在圣胡利安港停留了近五个月，到8月24日又继续探航前进了。由于一艘船早在5月间探航时就沉没了，剩下南行的四艘船历尽艰险终于在10月21日驶入南纬52度处的一个海峡口。这个海峡通道很长，忽宽忽窄，弯弯曲曲，港汊交错，潮汐汹涌。有一艘船在困难面前丧失了信心，掉转船头逃回了西班牙。11月28日船队走出海峡西口，见到浩瀚无边的"大南海"时，就只剩下三艘船了。

经过重重困难，沟通大西洋和"大南海"的通道终于找到并通过了。为了纪念麦哲伦，后人把他所发现的这个海峡，称为

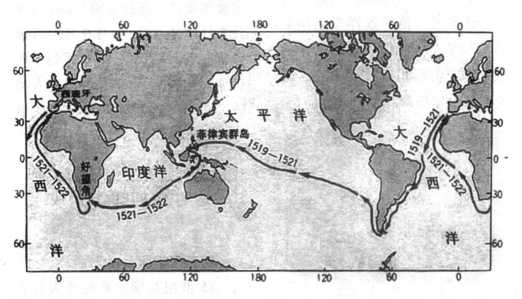

麦哲伦环球航行图

"麦哲伦海峡"。

殒命太平洋

海峡找到了，就可以在"大南海"中探索前进了。从1520年11月底到1521年3月初，"大南海"上风平浪静，船队在三个多月中竟没有遭到一次暴风雨的袭击，因此麦哲伦和他的海员们便把这个海叫做太平洋。

3月27日，船队到达了今菲律宾群岛的马索华岛。28日清晨，有一只载着8个土著居民的小船开到船队的旁边。这时麦哲伦突然想起他从马六甲带来的奴仆亨利。他叫亨利用马来语和这些土著居民说话，对方居然懂得并能够回答。至此，麦哲伦才恍然大悟，他向西行绕到东方的理想已经实现。他的远洋探航事业已基本完成。古代一些相信地圆说的学者们所预言过的事情：无论背着太阳或向着太阳一直向前，

最终会回到原来出发的地方。这个学说现在已被一个坚韧果敢、百折不挠的航海家证实了。

麦哲伦在出发前与西班牙国王所签订的协定，其中就有远航队应当尽力扩大王室版图的意图。现在菲律宾群岛已到，麦哲伦决定在这里停留下来。扩张的野心驱使他企图利用菲律宾一些部落小土邦之间的矛盾来达到掠夺和征服的目的。4月27日，麦哲伦以征服者的姿态参与菲律宾土著居民的战斗，在菲律宾的马克坦岛浅滩战败被杀。

麦哲伦死后，环球航行的最后一段航程由他的随员们继续完成。剩下的一艘船——维多利亚号，于12月21日单独启程归航，横渡印度洋，绕过好望角后，于6月8日越过赤道，7月9日经过佛得角群岛，9月6日终于回到了西班牙原出发地圣卢卡尔港。人类破天荒第一次环绕地球一周的航行，终于胜利地结束了。

达·伽马开辟新航线

葡萄牙崛起

15世纪初期，葡萄牙人首先绕过非洲西海岸，开始奴隶贸易

世界通史

最新整理图文珍藏版

麦哲伦十字架

活动。由于奴隶贸易的利润极为丰厚，因此英国、荷兰等国也纷纷加入。贪得无厌的贩奴者为了获取更多的暴利，沿着非洲西海岸往南继续寻找奴隶的来源。1446年，他们的足迹到达了佛得角，并在几内亚湾找到了大量黄金。此后，更多的探险家和贩奴者到达这里，期望获得更多的财富。

由于《马可·波罗游记》对印度和中国的描述，使欧洲人认为东方遍地是黄金和香料。由于原有的东西方贸易商路被阿拉伯人控制着，为了满足自己对黄金的贪欲，欧洲的封建主、商人、航海家开始冒着生命危险远航大西洋去开辟到东方的新航路。但

新航路的发现

葡萄牙航海家用象限仪测地平线

是包括哥伦布在内的航海家都没有从大西洋到达印度和中国。所以，很多人期望通过其他路线来实现这个目标。

随着这些探险队沿西海岸南下，人们开始逐渐明白整个非洲西海岸的地形。因此，很多探险家就想，能否通过非洲南边而到达印度。葡萄牙人自从航海家从亨利王子（公元1394～1460年）时代起就一直在寻找这样的一条航线。

1486年，巴都罗苗·狄亚士率领三艘轻便帆船出航，途中遭到风暴袭击而被吹往南方。在黄金海岸住了几个月后，狄亚士到达了非洲最南端。在这里，狄亚士的探险队遭到了汹涌的海浪袭击，几乎全队覆没。狄亚士率领少数生存者逃生

到了非洲南端岬角处。为了让人们记住这里的巨大风浪,狄亚士将这里命名为"风暴角"。不过狄亚士回到葡萄牙后,葡萄牙国王对这个名字非常不满,建议将之改名为"好望角",意为"过了这里前往东方就大有希望了"。

国王十分清楚,那条长期寻找的通往印度群岛的路线眼看就要成功了。但是由于其他各种原因,葡萄牙国王一直没有派出另外的航海队。1492 年,哥伦布从大西洋出发寻找印度,最终发现了美洲大陆。当时人们都认为哥伦布已经找到印度了,所以整个欧洲为之振奋。

显然,西班牙在航海方面已经超越了葡萄牙。为了赶上西班牙,葡萄牙国王决定派遣到印度

达·伽马开辟了西欧到印度的新航路

群岛的探险队。1497 年,这支探险队真正起航,国王挑选瓦斯科·达·伽马为探险队队长。

1460 年,瓦斯科·达·伽马出生在葡萄牙锡尼什的一个小贵族家庭。他的父亲曾是一名出色的航海家,并受命于葡萄牙国王开辟一条通往印度的航道,但最终因失败而病逝。他的哥哥也是一名从事航海生涯的船长,在他后来的探险过程中,哥哥几次陪同。

1497 年 7 月 8 日,达·伽马率领由四艘船只组成的探险队,从里斯本南部的海港出发,开始了前往印度的航行。这支探险队共计 170 多名船员,其中包括会讲阿拉伯语的翻译。

探险队由到过非洲南端好望角的航海家狄亚士领航,最初向佛得角群岛航进。8 月 3 日,船队离开佛得角群岛,三个月后到达圣赫勒那岛海域。在对船只进行检修和物质补给后,达·伽马没有沿着狄亚士航行过的航道行进而是向大西洋远航,航线几乎是直线向南。在向南行进了很长一段路线后,在朝东转去。达·伽马的探险队终于抵达好望角。

达·伽马的探险队也在好望角受到了巨大海浪的袭击,很多

海员要求返回里斯本，但是遭到达·伽马的拒绝。在遭受3天3夜狂浪骤雨的袭击之后，船队终于绕过好望角，随后又沿非洲东海岸而上。

12月16日，达·伽马的探险队进入了当时欧洲船队从来没有进入过的海域，然后于圣诞节到达南纬31°附近一条高耸的海岸线前。考虑到那天是圣诞节，达·伽马将该地命名为"纳塔尔"，意为葡萄牙语的"圣诞节"。今南非共和国的纳塔尔省的名字就从此而来。

在向北航行的路上，探险队还在几个穆斯林控制的城市停留过。1498年4月，探险队来到现今肯尼亚的马林迪。在这里，达·伽马受到马林迪酋长和当地

欧洲人努力去寻找更多的殖民地

居民的热情对待，并为他提供了一位有经验的阿拉伯领航员，即著名的阿拉伯航海家艾哈迈德·伊本·马吉德。在马吉德的领航下，达·伽马一行从4月24日从马林迪起航，乘着印度洋的季风，安全横越印度洋。

5月20日，大约在离开葡萄牙十个月之后，达·伽马到达当时印度南方最重要的贸易中心卡利卡特。当时的卡利卡特是欧洲人和阿拉伯人进行商品交易的最大商业中心。达·伽马他们一上岸，立刻就被这里的繁荣富庶与异国风光给惊呆了。

达·伽马他们用国内带来的物品与印度人交换当地的土产、宝石、香料等，价格是欧洲本地的1/10。根据当时的商业惯例，商人每经过一个国家的关口，都需要缴纳大量的关税，这是造成欧洲商品价格居高不下的主要原因。由于卡利卡特是一个直接交易的港口，所以没有关税。

长期垄断卡利卡特贸易的阿拉伯商人，把达·伽马一行视作自己的竞争对手，并逼迫他们在8月底离开此地。同年8月29日，达·伽马带着香料、肉桂和五六个印度人率领船队返航，途中经过马林迪，并在此建立了一座纪

念碑，这座纪念碑至今还矗立着。

返航比出航更为艰难。由于没有领航员，穿越阿拉伯海就用了大约三个月的时间。在此期间，许多船员都死于坏血病，加上由于暴风雨袭击导致船队被冲散，达·伽马一行损失惨重。最终有两艘船安全返航：第一艘于1499年7月10日到达葡萄牙里斯本，达·伽马自己的船也于两个月后到达。到达时，船队只剩下了55名船员，还不到启程时船员的1/5。

不过葡萄牙国王还是认为达·伽马这两年的航行是一次巨大的成功。达·伽马不仅带回来了名贵货物，还带回不少航海资料，包括印度海岸、孟加拉湾、锡兰岛以及马六甲海峡的情况。所以，

迪亚斯像

当达·伽马回到葡萄牙时，葡萄牙举国欢腾，国王也极为高兴，下令授予达·伽马贵族称号，并赐给他许多的钱财和土地。

六个月后，葡萄牙国王派遣了一支以佩德罗·阿尔瓦雷斯·卡布拉尔为首的追踪探险队去印度。卡布拉尔如期到达印度，并载着一大批香料返回葡萄牙。但是这支船队在卡利卡特中转时，有些船员遭到阿拉伯人的杀害。因此，国王命令达·伽马率领一支由20条航船组成的舰队去卡利卡特执行讨伐使命。

1502年2月，达·伽马开始了他对印度洋的第二次航行。由于这次航行的目的是为了建立葡萄牙对他所发现的这条航线的霸权地位，因此达·伽马在探险中的行为极其残忍。

船队一离开印度海岸，就捕获了一条过路的阿拉伯商船，把商船上面的货物卸下来后，达·伽马下令在海上把那条船带人一起烧掉，包括其中的妇女和孩子。据当时的船员说："在持续了长时间的战斗之后，队长以残暴的手段烧毁了那只船，烧死了船上所有的人。"当船队经过吉尔瓦时，达·伽马又背信弃义，把国王扣押在自己的船上，要求其臣服葡

萄牙。

达·伽马的船队,一路上耀武扬威,向沿途居民进行挑衅、威胁,并宣布对某些地方的宗主权,同时抢劫路过的商船、屠杀船员与渔民。到达印度后,达·伽马的船队攻占了那里的城市科泽科德和权钦,使它们成为葡萄牙在印度进行殖民统治的最早根据地。

到达卡利卡特后,达·伽马凭借自己船队先进的武器,蛮横地要求当地官员把所有的阿拉伯穆斯林都驱逐出这个城市。当他看到卡利卡特的领导人对自己的要求犹豫不决时,达·伽马就命令自己的船队向卡利卡特市区发射炮弹,导致 38 名印度人伤亡。

15 世纪的星盘仪

虽然印度人对达·伽马的行为极其愤怒,但却无可奈何,只得答应了达·伽马的要求。不久,达·伽马又在附近的海面上击溃了阿拉伯国家的一支商船队。在从印度回来的途中,达·伽马又在东非建立了一些殖民地。

1503 年 9 月,达·伽马带着从印度带回来的黄金、宝石和香料等珍品回到了葡萄牙。这次航海给达·伽马带来了丰厚的利润,使之成为葡萄牙最富有的贵族。

1519 年,葡萄牙国王因为达·伽马在第二次远航中的巨大成就,而封其为伯爵,并给予大量财富和领地。1524 年 9 月,达·伽马又被任命为葡萄牙在印度的总督,并马上以此身份第三次赴印度。然而,由于年老体衰,达·伽马在到达果阿之后染上了重病。12 月 24 日,达·伽马病逝,后来被重新安葬在葡萄牙里斯本附近。

达·伽马既是一名优秀的航海家,也是葡萄牙早期殖民者之一。作为航海家,他所开辟的新航线,对东西方经济的发展起到了很大的促进作用,在此以后仅四个世纪里,来往于欧洲和亚洲的船只都只能沿着他开辟的航线前进。这条航道开辟以后,世界贸易的范围和商品流通的条件都因此而扩大。此后，欧洲的贸易商业中心从地中海沿岸转移到了大西洋沿岸。

这条航线开辟之后，原先阿拉伯人控制的陆上贸易之路遭受了严重挫折，从此变得荒凉冷落。阿拉伯商人不久就被葡萄牙人彻底击败并取而代之，阿拉伯国家的经济也因此受到巨大影响。

作为殖民者，他的航线开辟了欧洲进行殖民掠夺扩张的新时代，自己也是葡萄牙对印度的最早殖民统治者。

从大西洋到印度这条新航线

西班牙画家笔下的达·伽马画像

的开辟，对葡萄牙产生了巨大影响。在达·伽马发现此航线后的几十年间，葡萄牙一直控制着这条通往东方的贸易航线，因此而获得了巨大收益。葡萄牙不久便甩掉贫穷落后的帽子而成为欧洲最富有的国家之一。

不仅如此，葡萄牙成为印度最早的殖民主义者，在印度周围建立起一个强大的殖民帝国。葡萄牙人在印度、印度尼西亚、马达加斯加、非洲及其他地区都设立了殖民地。这个当时只有150万人口的小国，竟然囊括了东大西洋、整个印度洋和西太平洋的贸易和殖民权力。这些殖民地中有几个直到20世纪上半叶还被葡萄牙人所控制。

从长远的观点来看，达·伽马航线的开辟影响最大的是印度和东南亚，而不是葡萄牙、其他欧洲国家或中东国家。在达·伽马发现这条航线之前，印度和东南亚国家还处于闭关自守的状态，但是达·伽马的航海使印度通过海路与欧洲文明世界相接触。此后，葡萄牙人和其他欧洲人对印度的影响逐步上升。

19世纪下半叶，整个印度次大陆都成为印度的自治领。虽然说殖民统治给印度带来了痛苦，但是这段时期在印度历史上是整个印度统一在一个君主之下的唯一时期。殖民统治给印度带来了工业革命后的生产技术，使之产生了民族资本主义经济。

哥伦布发现新大陆

黄金的诱惑

黄金，在我们的语言中是名贵的象征，人们常以其誉称一些美好和荣耀的东西。但是，由于黄金本身特有的价值，又使不少利欲熏心的人拜倒在它的脚下。在他们眼中，黄金仿佛就是圣洁和权威的化身，占有黄金，就会掌握整个世界的命运。在黄金占有欲的驱使诱惑下，15世纪到16世纪初，欧洲人扬帆出海，远涉重洋，闯荡到传说中的地方去寻访神话中的黄金国，从而演出了一幕地理大发现的历史剧。

15世纪以后，西欧的商品经济不断发展，资本主义生产关系的萌芽促进了交换的进行。作为一般交换手段的货币，它的需要量急剧增长。那时候，西欧的货币制度正由银本位制逐渐过渡到金本位制（即把黄金作为一般等价物的货币制度）。黄金变成了欧洲各国和欧亚各国间国际贸易唯

一的支付手段。欧洲社会的这种变化，刺激了上层阶级对财富的贪求。新兴的商人冒险家疯狂地追求黄金，以谋扩大他们的资本；日渐没落的封建贵族穷奢极欲，愈感入不敷出，也拼命地追求黄金；日益强大起来的封建王权为了巩固和维持其统治秩序，豢养了庞大的军队和官僚体制，也要求有更多的黄金。由于渴望财富西欧上层社会形成了一种拜金狂。哥伦布曾露骨地说过："黄金是一个令人惊叹的东西！谁有了它，谁就能支配他所需要的一切。有了黄金，甚至能使灵魂升入天堂！"

尽管黄金成为封建主和有产阶级疯狂追逐的宠物，但是，欧洲的金银储藏量却很小，富金矿更是少见。由于受当时生产技术水平的限制，可供开采的贵金属

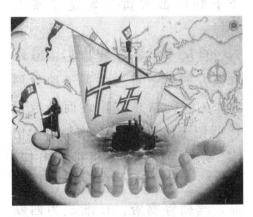

满足黄金欲望，开辟东方新航路。

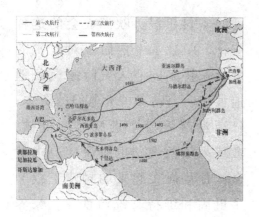

哥伦布远航图

矿日渐稀少。从 1300 年到 1450年，欧洲旧金矿的产量不断减少，对于新矿的开采也进行得十分缓慢。而商业的发展，使西欧各国迫切需要金钱和铸造货币的贵金属，不仅广泛的商品交换需要大量的黄金，它还逐渐取代土地成为社会财富的象征。因此，西欧社会上自国王、宫廷贵族，下至中小贵族、僧侣，人人追求奢侈豪华，个个渴望发财致富。上上下下好像都被黄金勾走了魂儿一样。

自从十字军东侵以后，欧洲和东方的商业贸易关系迅速发展起来。欧洲从东方输入商品数量 13 世纪末比 12 世纪初增加了十倍多。东方的香料（胡椒、肉桂、丁香、肉豆蔻等）、珠宝、化妆品、丝绸等物资，日渐成为西欧中上等阶层的生活必需品。为此，

他们每年都要付出大笔黄金，造成西欧贸易逆差。

不仅如此，在东西方贸易往来过程中，一些欧洲商人长期不能直接得到东方商品。他们只能从地中海沿岸的市场购买，中间必须经过阿拉伯、印度、南洋和中国商人多次转手。当时，东西方商路主要有三条：一条是从中亚由陆路沿里海、黑海到小亚；一条是先由海路至波斯湾，然后经两河流域到地中海东岸的叙利亚一带；第三条是先由海路至红海，然后再由陆路到埃及的亚历山大港。在这几条商路中，红海以东是由阿拉伯商人掌握；地中海一带则为意大利的威尼斯和热那亚所垄断。15 世纪中叶，奥斯曼土耳其帝国兴起，占领了巴尔干半岛、小亚细亚和克里米亚地区，控制了东西方之间的传统商路，对在商路上往来的欧洲商人横征暴敛，使运抵欧洲的商品比原先的价格提高八至十倍。为了换取东方异国货物，欧洲上层社会不惜出重金购买，结果造成大量黄金外流，引起贵金属恐慌。为此，英国政府从 15 世纪末到 16 世纪初，先后十几次制定和重申禁止金银外流的法令，均未见效。这时，"黄金问题"变成了要求迅

速解决的经济问题。

然而，欧洲大陆本身难以解决黄金短缺的问题。唯一的出路就是面对海外，冲出欧洲寻找财富。在东西方文化交往过程中，欧洲人久闻亚洲的富庶和繁荣，羡慕那里的物质文明。这时在欧洲广泛流传一部书，名为《马可·波罗游记》，其中对亚洲许多国家的财富作了夸张的描述，使欧洲的封建主和其他贪得无厌之辈受到极大的诱惑。

《马可·波罗游记》是由著名的意大利旅行家马可·波罗口述，经比萨文人鲁思梯谦记录整理而成的一部关于亚洲的游记。书中叙述了中亚、西亚和东南亚等地区许多国家的情况，重点是中国。马可·波罗夸大了亚洲的富庶，在他的叙述中，仿佛中国、印度、东南亚等国遍地都是黄金。例如：他在描写日本时说，这里的黄金之多，数也数不清。由于黄金太多，都不知道如何使用它了。于是，宫廷的屋顶全部是用"精金"建造的，室内的地板竟铺满了金砖以代替石板。他在讲述南海诸岛国时说，这些国家出产"或为黄金宝石，或为一切种类香料，多至不可思议。"书中在写到出产宝石的斯里兰卡时，荒唐地宣称

斯里兰卡国王拥有一块与手掌一般大，同人的胳膊一样长的巨型宝石，是为稀世之宝。《马可·波罗游记》记载的中国、印度等国"遍地黄金、香料盈野"的说法，激发起西欧社会中国王、封建贵族、僧侣以及商人们日益炽烈的掠夺东方黄金的欲望。在黄金的诱惑下，他们不惜冒着生命危险，探寻到东方去的航路。

在这次探寻新航路的活动中，热情最高的是西班牙、葡萄牙等大西洋沿岸国家。它们远离地中海，不得不从意大利商人手中购买东方商品，这使它们付出了很高的代价，丧失了大量黄金。为了破坏意大利商人对东方商品的垄断，跻身到一本万利的东西方贸易中来；为了到遥远的东方探宝寻金，它们更加积极地关心开辟一条直接通往印度和中国的新航路。正如恩格斯所说："葡萄牙人在非洲海岸、印度和整个远东寻找的是黄金；黄金一词是驱使西班牙人横渡大西洋到美洲去的咒语；黄金是白人刚踏上一个新发现的海岸时所要的第一件东西。"

哥伦布航海壮举

随着科学技术的发展，到了14、15世纪，中世纪欧洲流行的

星相家

"天圆地方"、笔直远航有掉下深渊危险的传说，遇到了挑战，越来越多的人开始相信地圆学说。西欧绘制地图的技术已很先进，出现了标明海岸线及港口位置的航海图。中国发明的罗盘针，经阿拉伯人西传后，14世纪已被欧洲普遍使用。罗盘针使海船装上了"眼睛"，使远航有了依据而不迷失方向。15世纪时造船术也有很大进步。过去的帆船使用旧式

哥伦布与自己的船员在一起

三角帆，只适宜于在地中海周围航行，这时出现了新式的多桅、多帆的大型海船，具有船舱宽、速度快、安全性能好等特点。一个探索通往东方新航道的大航海时代开始了。由此产生了一批伟大的航海家，这其中就有发现美洲大陆的哥伦布。由于他的发现，使得世界的面积扩大了几乎一半，对后世产生了无法估量的影响。

伟大的航海家

哥伦布出生于意大利热那亚一个纺织工人家庭。他从青年时代就刻苦学习天文、地理，受德埃利地理著作《世界图志》和意大利地理学者托斯卡内利影响，深信"地圆说"。

哥伦布还读过《马可·波罗游记》，对东方的富庶非常向往，总想找一条从西方通向印度、中国和日本的新航线。为此他于1474～1475年到热那亚的船队工作。哥伦布拟定了从欧洲西行至东方的航海计划，从此开始了他的航海生涯。但是他所在的商船队遭到法国和葡萄牙组成的联合舰队的袭击，哥伦布抓住一块木板飘到葡萄牙，从此定居葡萄牙。

1484年，哥伦布向葡萄牙国王若昂二世提出他的航海计划，寻求财政支持，未获成功。1485

航海用的计时器

年他移居西班牙，向伊莎贝拉一世女王求助。1492 年 4 月，他的计划终为西班牙女王所接受，同他签订了航海协议，授予他"海上大将"称号，任命他为所发现的岛屿和陆地的总督，准其从这些地方的产品和投资所得中抽取一定收入，并答应给予必要的财政和物质支持。

1492 年 8 月 3 日，哥伦布开始了第一次航行（1492～1493年），此次他携带着西班牙王室致中国皇帝的国书，率领"圣玛丽亚"号、"平塔"号和"尼尼亚"号三艘船，船员 90 人，从西班牙西南海岸的帕洛斯港起航，经加那利群岛西行，历尽艰险，终于在 10 月 12 日发现巴哈马群岛中的

瓜纳阿尼岛（即今华特林岛。当时哥伦布把这个岛定名为圣萨瓦尔多，即基督教"救世主"之意）。接着发现古巴的东北海岸。继续东航，又发现海地岛，并称之为"埃斯帕尼奥拉"，意为"小西班牙"。他在海地岛寻找黄金，筑纳维达德堡，派人驻守，旋即返航。1493 年 3 月 15 日返抵帕洛斯。

第一次航行取得了意想不到的成果。当哥伦布经过 240 天远航探险回到西班牙的时候，不仅轰动西班牙，也震撼了整个欧洲。这是人类历史上首次完成横渡大西洋的壮举，甚至还发现了新天地与新人种，被称为"自开天辟

1492 年，哥伦布终于实现了出海航行的计划。

地以来，除了造物主的降生与死亡的最伟大的事件"。对于大西洋彼岸还有不为人所知的陆地，这对欧洲人来说，整个世界的概念，顷刻之间起了惊天动地的变化。因为在这之前，人们都以为西班牙西岸是世界的尽头。

第一次航行以后不久，哥伦布开始了自己的第二次航行（1493～1496年）。1493年9月25日，他在西班牙国王资助下，怀着在新发现地区殖民和寻找黄金的目的，率领约1200人分乘17艘船只，满载牲畜、农具、种子和粮食，从加的斯出发，第二次前往美洲。11月3日发现多米尼加岛，接着又发现瓜德罗普岛和波多黎各等岛，然后驶抵海地岛。因纳维达德堡已为当地印第安人夷平，于是另筑伊莎贝拉堡，建立西班牙在美洲的第一块殖民地。印第安人被课以黄金重税，或被驱使到金矿从事奴隶劳动，还有的被捕捉运回欧洲贩卖。1496年，哥伦布返回西班牙，其弟B·哥伦布留在海地岛，另建圣多明各城作为西班牙新的殖民据点。

1498年5月30日，哥伦布率领由6艘船只和200人组成的船队，开始第三次航行。哥伦布将船队分两组从圣卢卡尔起锚，3只船直驶海地岛，另3只船由哥伦布率领，经佛得角群岛向西航行，于8月1日发现特立尼达岛。8月5日在委内瑞拉帕里亚半岛登陆，第一次踏上南美大陆。8月31日返回圣多明各。此时海地岛西班牙人互相倾轧，争权夺利，虽然哥伦布实行委托监护制进行安抚，仍不能稳定局势。1500年10月，哥伦布连同他的两个弟弟被强行押回西班牙。哥伦布后虽获释，却失去统辖其所发现土地的权力。

1502年4月3日，哥伦布率领4艘船只和约150人从加的斯出发，开始了他第四次也是最后一次航行，企图在古巴和帕里亚半岛之间的海面上尽快找到通往"印度"的航道。1502年6月15日，发现马提尼克岛，然后沿海地岛南海岸西行，过牙买加向中美洲进发，再沿洪都拉斯南驶，越尼加拉瓜和哥斯达黎加，最后抵巴拿马的达连湾。因无西行航道，只得于1503年6月折回牙买加岛，经圣多明各返回西班牙。

1504年11月7日哥伦布完成了他的最后一次航海回到西班牙，结束了他充满惊险的海上生涯。这时他刚50多岁，但是长期的航海生活极大地损害了他的健康，而且哥伦布的发现并未给西班牙

哥伦布

国王带来丰厚的收益，他所发现的土地并不如他所宣称的那样富庶，和人们所了解的亚洲毫无共同之处，所以受到国王的冷遇。1506年5月20日，哥伦布在贫病交加中死于巴利亚多利德。他死后留下的航海日记和信件，成为研究美洲航行的重要史料。

沟　通

哥伦布在航海中，不但发现了新大陆，而且也将很多新大陆的物产带回了欧洲。

比较重要的，一个是烟草，一个是梅毒。

1492年10月12日，哥伦布的船队到达圣萨尔瓦多岛屿时，其中两船员"看到无数人，男男女女手里拿着火把和草叶在吸"。哥伦布的航海人员被那些"吞云吐雾"的印第安人惊呆了。只见他们一手持着点燃的木棒，一手拿着一根长管，嘴巴和鼻孔里喷出一缕缕浓雾般的青烟。经过一番调查，终于揭开了其中的奥秘。原来，那是用一种草的叶子（即烟草）卷在玉米叶子里制成的。这就是烟草的发现。哥伦布成了目前世界公认的烟草传播者。现在，烟草行业成为世界工业的重要组成部分，不但影响着人类的经济，而且几十亿人都在抽烟，也大大改变了人类的生活习惯。

如果对哥伦布把烟草传到欧洲有非议的话，另一个梅毒就更是污点了。哥伦布既有很好的名声——航海发现了新大陆，也有不太好的名声——把花柳病（梅毒）带回到欧洲。哥伦布的船员在新大陆寂寞的生活导致他们接近一些印第安妇女，而他们并不知道，在新大陆，有一种极其严重的疾病——梅毒，这种病就在现在也是非常危险的，关键是传播很快，不好控制。哥伦布的船队回到欧洲，也把梅毒带到了欧洲。梅毒迅速在欧洲蔓延，很多人因此丧命。后来由于交往的缘故，欧洲人又把梅毒带到了中国。

现在，全世界范围内都能看到梅毒的影子。

但是不管怎么样，新大陆的发现还是将哥伦布推到了世界伟人的地位。虽然哥伦布发现了美洲新大陆，但他一直把它当作印度，直到去世也未曾明白这一点。哥伦布尽管没有达到亚洲大陆，但是他发现了西半球的美洲大陆，发现了加勒比海中几乎所有重要的岛屿，开辟了横渡大西洋的新航线，并带回了在这个大陆的另一面存在一个"南海"的消息，所有这些重要的地理发现，都大大开拓了人们的视野，打破了长期禁锢人们头脑的传统地理概念。哥伦布的航行揭开了地理大发现的序幕。欧洲新兴的资产阶级纷纷步哥伦布的后尘，踏上新发现的美洲大陆。另一位伟大的航海家麦哲伦，继续哥伦布未完的事业，进行了人类历史上的第一次环球航行。

到达美洲

"啊！看见陆地了。"一位水手突然激动地大叫起来。大家兴奋地拥到船前的甲板上。哥伦布马上双膝跪下，感谢上帝。他吩咐全体船员高唱"光荣属于至尊的上帝"，并且让船队朝海岛驶去。但船队行驶了几个小时也没有看到这个海岛，而且根本就不存在什么海岛。他们目睹的所谓海岛只不过是地平线上一缕和陆地相似的云彩。

水手们再也忍耐不住了，埋怨、不满情绪一下子都迸发了出来。他们围住哥伦布又嚷又喊，有的甚至号啕大哭，"海军上将先生，我们在海上一个多月了，陆地在哪里啊！""你究竟要把我们带到哪里去？我们还有老婆孩子，不想死在海上，让我们回家吧！"水手们都愤怒地嚷。他们认为：每过一分钟，离开西班牙就增加一段距离，死的威胁就增长一分。必须强迫哥伦布返航，要不就把他扔到海里去。

这时，哥伦布虽然忧心忡忡，但他没有动摇西航的坚定信念。他平静地向大伙儿讲西航的种种

此幅绘画对哥伦布的航海作了富有想象力的描绘

世界通史

最新整理图文珍藏版

好处，并向大家保证说："光埋怨、喊叫没有用，请大家相信我，如果三天之内找不到陆地，我就允许返航。"水手们被哥伦布的自信和冷静震慑住了，他们终于平静了。

大西洋风平浪静，碧波万顷。哥伦布站在甲板上，远眺天水相连的景色，心潮翻腾起伏，他暗下决心：向印度前进，决不返航。

是的，不能返航，返航就意味着失败。西航印度是哥伦布多年的夙愿，为能争取西班牙国王的资助，他费了多少心思啊！

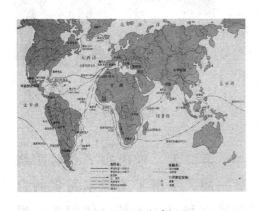

15、16世纪的海外探险

赫里斯托弗尔·哥伦布，1451年出生在地中海沿岸热那亚一个纺织工的家庭。他从小就对航海产生了浓厚的兴趣。成年后，又是一名很有经验的水手，到过英国、几内亚和冰岛等地。一个偶然机会，使他读到了《东方见闻录》（又名《马可·波罗游记》），从此他认为东方是"香料盈野"，"黄金遍地"的天堂。因此，他渴望到东方去寻找黄金和财富。

为实现横渡大西洋远航亚洲的计划，哥伦布先后向葡萄牙、西班牙、英、法等国请求资助，结果都遭到了拒绝。1487年葡萄牙人迪亚士的船队沿着非洲西海岸向南航行，到达非洲最南端的好望角。这就意味着葡萄牙成功地开辟了从欧洲到印度的新航路，并对新航路进行垄断。西班牙国王为获得更多的殖民地，因而同意资助哥伦布，以实现他西航印度的计划。

经过了半年的准备，1492年8月30日拂晓，海军上将哥伦布率领船队从西班牙南端的巴罗斯港扬帆出发了。这是一支由90人分乘三只小船的船队，其中的尼尼亚号和平塔号较小，圣玛丽亚号最大，它长约20公尺，宽约六公尺，排水量130吨。哥伦布就是站在这条船的甲板上指挥航行的。

10月11日虽然没有发现陆地，却看到海水里漂浮着树枝、绿树叶和花朵。哥伦布兴奋地指给大家看："陆地已经离我们不远了，谁第一个发现陆地，我就赏给他一件丝绸上衣。"每个人都迫切地希望找到陆地。晚十点，哥伦布看到地平线上似乎有摇曳不定的火光，过了几分钟，光又完全消失了。船员们认为这只是注意力过度紧张而引起的错觉、幻觉。

　　船破浪前进，上下颠簸，水沫四溅。在阳光照耀下，船头激起的浪花泛着银白色的光。10月12日清晨两点钟，一名叫特里亚纳的水手，站在高高的桅杆上首先发现了陆地。他放声大叫"陆地！陆地！"这时，船上的人对天放炮，把消息告诉另外两条船。水手们欣喜若狂，欢呼雀跃，兴奋得不能入睡，站在船头上等待着黎明的到来。

　　天亮后，船队靠上一座小岛。岛上长着许多阔叶植物，海岸边布满了闪闪发光的珊瑚。哥伦布带领水手举着一面白底上缀有绿十字架的远征队旗，庄严地踏上航行了七十天第一次遇到的陆地。上岸以后，大家流着欢喜的眼泪，跪在地上，抚摸着土地。哥伦布慢慢地站起身，将这个岛宣布为"救世主岛"。救世主在西班牙语中，念作"圣萨尔瓦多"，从此人们就称这个岛为"圣萨尔瓦多"岛，就是现在加勒比海上的巴哈马群岛中的华特林岛。

　　岛上的居民看到穿着奇异服装的人出现在岸上，立刻从四面八方拥来。他们半裸露着身体，脸上、身上画着各种色彩的花纹；男子头戴羽冠，妇女鼻子上穿挂着金片。欢呼歌唱，表示欢迎客人的到来。

15世纪时，葡萄牙人用来探险的大帆船，船尾的上层建筑是指挥部。

　　第二天，哥伦布下令船队绕岛一周，考察了圣萨尔瓦多的自然风光和风土人情。他们在这里没有找到香料和黄金，便雇佣了当地的六名居民做向导，在10月14日下午离开圣萨尔瓦多，向西南继续航行。不多几天，船队到达了古巴岛和海地岛。哥伦布以极大的兴趣探索着这些岛屿地一切。这里有莽莽丛林、村落和农田，有用很大的棕榈树造的房屋，房屋里陈列着精制的家具，妇女们在室内纺纱织布。他们在这里看到了欧洲人从未见过的玉米、马铃薯、烟草等。哥伦布将这些果实和种子带回里斯本，后来传播到全世界。不过，除本地人所佩带的装饰品以外，这儿并没有发现任何黄金的踪迹。

一幅表现美洲土著的铜片画

哥伦布苦心孤诣去寻找盛产黄金的国度，他曾在日记中写道："黄金是一个可以令人惊叹的东西，谁有了它，谁就能随心所欲地支配一切。有了黄金，就是要把灵魂送到天堂也是可以做到的。"但命运却做出相反的决定。可怜的哥伦布没有找到黄金和香料，三条船继续沿着港湾众多的古巴海岸向西航行，突然，"圣玛丽亚"号猛的一震，"不好！"一个水手突然惊叫起来，过度疲劳的水手都惊醒了，只见水不断地注入船舱。原来，由于水手们的疏忽，"圣玛丽亚"号触礁了。哥伦布只得决定返航，他将三十九名水手留在岛上。为他们修建了营房，并把他们居住的营房命名为纳维达德，意思是圣诞城。1493年初，哥伦布和剩余的水手驾着两条小帆船向西班牙返航。

两条小帆船在大西洋中缓缓东行。在一月份的前四周都是风平浪静，但到一月的最后一天，海上突然飓风骤起，恶浪汹涌，小船一会儿被抛到半空，一会儿又跌落到深谷。哥伦布目不转睛地注视着迎头冲来的每一个巨浪，沉着指挥。

"哗啦"一声，桅杆被飓风折断了，狂风把风帆撕成碎片，船身很快地倾斜下去，帆船就要被卷进海底！哥伦布感到绝望了。他迅速走进自己的船舱，船身拼命地摇晃，舱里的物品也在随着船身的摇摆而不断滚动。哥伦布机智地把自己捆在一张固定的椅子上，在膝盖上绑上一块木板，急速把自己发现的"东方"土地（他自认为已到达了东方）和有39名水手留在海地岛上等情况记在羊皮纸上。写好后，用上蜡的布

最新整理图文珍藏版

包扎好，塞进一只椰子壳里，用沥青密封起来，抛进大海。他想能在他死亡之后把这次航海的材料保存下来，希望海浪把它送到西班牙。做完了这一切，他安然地闭上眼睛，任凭风浪摆布。

可是"尼尼亚"号经受住了这场飓风的袭击，海浪把哥伦布送到了葡萄牙的海岸。葡萄牙国王热烈地接待了哥伦布。

1493年3月15日，哥伦布的船队回到了西班牙。巴罗斯港人声鼎沸，鼓乐齐鸣，人们簇拥在街道两旁，欢迎哥伦布的归来。

哥伦布的前面走着几个印第安人，他们头上插着羽毛，身上佩带着鱼骨和黄金做成的装饰品。接着是几个水手抬着奇异的植物和鸟的羽毛，手里还提着装鹦鹉的笼子。哥伦布走在队伍的最后，在鼓乐声中向群众招手致意。国王和王后在王宫里设宴庆祝他们的胜利。

哥伦布在人类历史上首次完成了横渡大西洋的航行，为以后全部发现美洲大陆奠定了基础，也为麦哲伦环球航行提供了必不可少的资料，他的功绩是伟大的。

影 响

哥伦布处在15世纪末16世纪初欧洲商业资本主义发展和封建制度瓦解的转变时期，他对美洲的发现顺应了欧洲资产阶级掠夺新财富、发展资本主义的迫切要求。美洲的发现和殖民，促进了世界市场的形成，大量金银流入欧洲，扩大了资本主义的原始积累，推动了欧洲资本主义的发展，加速了欧洲封建制度的崩溃。同时，哥伦布发现美洲以后，在拉丁美洲建立起殖民奴役制度，给印第安人带来了深重的灾难。但从另一方面来讲，同样也加速了美洲的开发和资本主义化的进程。总之，哥伦布的远航是大航海时代的开端。新航路的开辟，改变了世界历史的进程。它使海外贸易的路线由地中海转移到大西洋沿岸。从那以后，西方终于走出了中世纪的黑暗，开始以不可阻挡之势崛起于世界，并在之后的几个世纪中，成为海上霸主。一种全新的工业文明成为世界经济发展的主流。

马丁·路德宗教改革

概况

16世纪初期，文艺复兴运动在欧洲各国相继展开。当这场人文主义的春潮席卷整个欧洲之时，一场更为深刻的运动也在德国进行，这就是宗教改革运动。

自罗马帝国灭亡之后，基督教逐渐进入了欧洲人的意识，并被接受。在一段时间内，基督教在维护世界和平与稳定、建立学校、抵抗外来侵略等方面都起到了很大作用。到16世纪时，资本主义经济开始萌芽，封建制度开始逐渐解体，民族国家逐渐形成。这时的基督教渐向保守。以教皇为首的罗马教廷，控制着欧洲的政治经济，宗教神学成为唯一的意识形态。

通过几个世纪的积累，教会拥有大量的土地和财富，成为欧洲最大的封建主。他们通过宗教手段和世俗封建主的一切手段去剥削人民。为了维护自己的利益，罗马教廷极力维护旧的封建秩序，阻碍了社会进步。

当时的德意志是神圣罗马帝国的主要组成部分，是个没有统一行政机构的四分五裂的国家，没有全国性的法律、货币、度量，全国人口达到1500万，分别属于七个选帝侯、十几个大诸侯、200多个小诸侯和上千个独立的帝国骑士。

在经济上，德国开始逐渐出现资本主义经济，采矿业、纺织业等发展迅速。当时采矿工人已经达到十几万，从1493年到1540年，德国的白银产量达到了85000公斤，而当时欧洲其他各国的白银产量才两万公斤。另外，由于从地中海到北欧的商业道路需要经过德国，因此德国在欧洲国际市场上占据重要的位置。

政治上的分裂严重阻碍了经济的发展，但是却给天主教会势力的发展提供了很好的条件。德国天主教会和罗马教廷相互勾结，成为德国最大的封建势力。天主教会占有整个德国1/3以上的耕地，有的天主教成了诸侯或者选帝侯。教会凭借其政治和宗教权力去掠夺和奴役人民，例如教会可以向人民征收各项名目的税收，包括大什一税（谷物）、小什一税（蔬菜）、血什一税（牲口）等。

天主教会的堕落，引起德国人民的极度不满。新兴的资本主义经济强烈要求整个德意志民族统一，建立中央集权化的国家，同时摆脱罗马教廷的控制。一些诸侯和帝国骑士也希望减少天主教会占有的土地，取消他们的特权。这一切最终导致了德国的宗教改革。

在德国宗教改革发生之前，天主教会内部已经采取了一些改

891

革措施。从 14 世纪开始，教会内部就开始对有关教义的争论，最终导致教会将教廷从罗马迁到了亚维农。在教皇格里高利十一世之后，罗马和亚维农各选出了一个教皇，出现同时存在两个教皇的局面。另外，教会的腐化堕落也致使教会内部某些教徒希望能够对教会进行改革。

一些有识之士也纷纷提出要进行宗教改革，包括英国的威克里夫和捷克的胡斯，但是他们的微薄力量并没有引起广泛的影响。直到 16 世纪初，马丁·路德才真正开始揭开宗教改革的序幕。

1483 年 11 月 3 日，马丁·路德出生在德意志东部的一个小山村，父亲是当地的一个小矿主。在他出生后的第二年，路德全家迁到曼斯菲尔德。在他 5 岁时，路德被送入曼斯菲尔德的一个拉

胡格诺派教徒被处死的场面

丁语学校，13 岁时被送到马格德堡读书。他的父亲希望马丁·路德长大后能够继承和扩大他的基业，因此在他中学毕业之后就将他送到爱尔福特大学学习法律。

在少年时代，马丁·路德就受到文艺复兴思想的影响，同时目睹了天主教会的腐败糜烂，便下定决心要学习神学。因此，他在大学毕业之后，进入爱尔福特圣奥古斯丁修道院当修士，在那里学习神学。1510 年，路德去了罗马。在那里，他看到教皇和其他教职人员的奢侈和败坏生活，使他非常震惊。他原先决定真诚苦行的决心受到了摇动。

1512 年，路德获得了神学博士学位，并成为维登堡大学的神学教授。

经过几年的学习和研究，路德形成了自己的神学思想。他认为，宗教信仰是每个个人自己的事情，不能受到教会的强制和干预；一个人灵魂的获救只需靠个人虔诚的信仰，根本不需要什么教会的繁琐仪式，教徒灵魂的得救，并不一定要通过由教士主持的宗教仪式来达到；在强调《圣经》权威性的同时，他认为教皇颁布的敕令都是荒唐的；应该建立没有教阶制度、没有复杂的宗

教礼节的"廉俭教会"。

1517 年，罗马教皇利奥十世为修缮圣彼得大教堂，派人到德国贩卖赎罪券。荒唐的是，赎罪券价格的高低由罪行的大小而定，并且声称只要购买了赎罪券，罪人的"灵魂马上会从炼狱升上天堂"。

路德对罗马教廷的做法极其不满。10 月 31 日，马丁·路德把一张拉丁文的告示钉在教堂的大门上，邀请参加"关于赎罪券功能的辩论，出于爱心和对真理的热诚，愿公之于亮光中"，即著名的《九十五条论纲》。《论纲》的主要内容就是讨论赎罪券的问题，揭露赎罪券的欺骗性，但是没有直接反对罗马教皇，只是说教皇并不知道此事。

在将《九十五条论纲》钉到

自由拍卖立刻引起了路德的革命

教堂大门上的同时，马丁·路德还将它们送给朋友和当地教职人员。辩论会并没有举行，但是其中一份公告到了迈恩的大主教亚伯特手里，他是包销赎罪券的人之一。他跟几个神学家商量，决定把公告送去罗马，并要求对马丁·路德采取压制行动，同时告诫赎罪券贩子，在贩卖时不要过分夸张。

但是路德这个《论纲》在德国引起强烈反响，其程度甚至出乎路德自己的预料。人们纷纷把这个《论纲》翻译成德文，互相传抄和讨论。到 1518 年初，公告已经被翻印、传送到好些城市。这时，全国掀起了要求宗教改革的运动，主题主要是宗教与钱财的关系。在不到一个月之内，欧洲各大学和宗教中心，都掀起一片热潮。

路德一下子成为德国全民族的代言人，在各阶层的热烈支持下，路德走上了同罗马教廷彻底决裂的道路。不久，路德发表了更为激烈的文章和演讲，直接否定教皇的权力。

教皇知道路德的举动之后，命令奥古斯丁修道院的总主持处分那不守规矩的会士。结果，路德写了一份长篇大论的答辩书。

经过奥古斯丁修道院的开会辩论，免除了路德区会监督的职务。

1519 年，罗马教会的神学家约翰·艾克同马丁·路德在莱比锡展开了大论战。在论战期间，路德的教会朋友、威登堡的教员们都站在路德一方。最后，约翰·艾克狼狈不堪地败下阵去。

1520 年是路德的宗教思想传播最快的一年。当年，路德一共出版了德文书籍 133 册，文章 50 多篇，其中包括被称作宗教改革三大论著的《致德意志贵族公开书》、《教会被囚于巴比伦》、《基督徒的自由》。这一年被视为路德宗教改革的最高潮。

在这些著作中，路德坚持认为教会没有教皇也能存在，并申明自己同意捷克宗教改革家胡斯的观点。继而，他的攻击矛头从原先的教皇指向整个封建神权政治。

路德的举动已经令教皇不能再忍受。1520 年 10 月，教皇下诏书，勒令路德在 60 天内悔过自新，否则将开除他的教籍。为了支持路德的宗教改革，威登堡的神学院学生和一些教职人员在城门广场上，把教廷的书籍点燃焚烧。同时，路德也把教皇谕令投在烈焰中，并且宣告："因为你污

损神的真理，愿神把你毁灭在这火里！"

面对路德及其拥护者的举动，教皇一再敦促德皇查理五世为路德定罪，并决定于 1521 年 4 月 17 日在沃尔姆斯召开帝国会议，为路德定罪。面对教皇和德国皇帝的威胁，路德拒绝朋友们善意的劝阻，昂首挺胸地到达沃尔姆斯。很多德国民众从其他地方来到沃尔姆斯，支持路德。一些德国的武士和许多民众，都站在路侧，表示支持他。路德成了举世瞩目的英雄。

在帝国会议上，路德据理力争，毫不让步。当皇帝的代表问他"是否认错收回这些所发表的意见"时，路德清晰响亮、著名的回答，震动了欧洲，也决定了历史："除非圣经或理由清楚的说服我，我受所引用的圣经约束，我的良心受神的话捆绑。我不能，也不愿收回任何的意见，因为违背良心既不安全，也不正当。我不能那样做。这是我的立场，求神帮助我。"

查理五世、教皇等一帮人无计可施，只好宣称路德是"恶名彰著的异端分子"、"恶魔化身"，"他和他的党徒都该除灭"。同时，教皇宣布路德著作是异端邪说，

19 世纪西方人眼中的路德

应当禁止并焚烧。同时，教皇宣布开除路德的教籍。

在当时的欧洲，一个没有教籍的人是不受法律保护的，任何人都可以对之进行追杀。在人身安全没有保障的情况下，路德只好隐居到瓦特堡，从事圣经翻译。

1522 年，德文《圣经》新约部分出版。海涅认为路德对圣经的翻译是"创造了德语"。德文圣经的出版，使所有德国人都可以读到自己语言的《圣经》，因此有助于宗教改革的进行。他的翻译为德国民众提供了对抗天主教会的思想武器。

没有路德的威登堡，陷于混乱当中。人们开始反对天主教会，从而失去了信仰中心。一些诸侯趁乱夺取了教会的财产和领土，并在他们的领地之内建立了新教会。底层广大人民在宗教改革的影响下行动起来，在反对罗马教廷的同时，开始起来反对封建主的压迫。不久，德国爆发了大规模的农民战争。

当民众要把宗教改革变成一场推翻现存剥削制度的政治革命时，路德退缩了，并且成为世俗统治者的代言人。路德写信给选侯腓德烈说："现在不是你保护我，是我保护你的时候了。"1522 年 3 月，路德回到威登堡，住在那里直到离世。

回到威登堡时，路德写了《劝基督徒勿从事叛乱书》，指责当时的农民起义。之后，他又写了《反对杀人越货的农民暴徒书》，对待农民起义的态度由劝抚、调解到力主镇压，以求平息叛乱。后来，路德竟然说："无论谁，只要力所能及，无论是暗地里也好公开的也好，都应该把他们戳死、扼死、刺杀，就像必须打死疯狗一样！"恩格斯后来说："路德不仅把下层人民的运动，而且连市民阶级的运动也出卖给诸侯了。"

1529 年，路德编写了《教义问答》。次年，在奥格斯堡帝国会议上，路德发表了公开纲领《奥格斯堡信条》，成为路德教的基本纲领和信仰声明。

1546 年 2 月，路德病逝于出生地艾斯勒本，享年 63 岁。路德至死还坚持他的教义。当他弥留之际，有位教徒问他："你是否至死坚信你所传的呢？"路德睁开眼睛，以坚定清楚的声音回答说，"是的！"这是他在世上所说的最后一句话。

路德病逝后，德国的新教运动并没有消失。1555 年，德国皇帝被迫和新教诸侯签订了《奥格斯堡和约》，规定"教随国定"，各个诸侯有权选择新教或旧教，他们的继承人如果愿意，也可以改变信仰；但是其所属领地内的臣民，只能信仰当时统治者所信奉的宗教。此时，路德教正式得到了确认。在此之前，挪威、丹麦和瑞典分别于 1536 年、1537 年和 1541 年成为最先公开接受路德教的国家。

马丁·路德的宗教改革，是当时影响最为深远的。不久，加尔文也发动宗教改革运动，建立了加尔文教；英国发生了自上而下的宗教改革运动，成立了英国国教。到 16 世纪后期，基督教分化成新教、天主教和东正教三大派。应该说，路德领导的宗教改革运动，突破了传统宗教思想的束缚，使欧洲在思想上得到了一次大解放。恩格斯认为路德是他那个时代的"巨人"。

宗教改革条件的成熟

15 世纪末和 16 世纪初，德国虽然仍是封建生产方式占统治地位，但社会经济已较前有了很大进步。工业方面，采矿、冶金、纺织、印刷、武器制造业等都很发达。德国白银产量为全欧其他地方总产量的两倍半。全国总人口约有 1200 万至 1500 万，其中矿工的人数达十万之多，并且是当时欧洲最熟练的矿工。在矿冶和纺织等部门中，资本主义手工工场日益增多。印刷和建筑业中已有十至二十名雇工的企业。在法兰克福、乌尔姆、斯特拉斯堡、海尔布琅、门明根以及科伦和奥格斯堡，"分散"型的手工工场甚为普遍。商业方面，德国的中介贸易、尤其是边境地区的对外贸易相当繁荣。在德国西部以科伦、美因斯、特里尔等城市为主，曾组成莱茵同盟。参加这一同盟的多系莱茵河两岸的城市，以呢绒制造和金属生产著称。这些城市同尼德兰、法国和意大利贸易关系活跃。在德国北部波罗的海沿岸以汉堡为主的汉萨同盟，虽从新航路开辟后，已经失去了它原来在商业上的垄断地位，但是，直到16世纪时，汉萨同盟的诸城市仍然在北海、波罗的海以及从北欧至西欧之间的商业上占据着重要地位。德国南部和西南边界上则建立了一个士瓦本城市同盟，它包括多瑙河上游约90个城市，为首的工商业中心是奥格斯堡、纽伦堡、乌尔姆等城市，奥格斯堡主要经营意大利的丝织品、印度的香料以及东方的各种商品，是东西方商品集散的中心之一。

威克里夫的门徒到各处传播他关于宗教改革的思想

虽然德国存有不少繁荣的商业城市，已经产生了资本主义的萌芽，还有一些极大的富豪，如南德奥格斯堡的大银行家佛该尔，

他不仅是矿山业的投资者、大银行家，并且是德皇以及许多大诸侯的债权人。他不但操纵着中欧的经济，甚至也极大地影响着德国的政治局势。但是，德意志帝国经济上的致命弱点，则是发展的不平衡和经济上的严重分散，大城市都处于边疆地区，主要经营对外贸易，相反的，对国内贸易则关心不大，整个德国没能形成统一的国内市场。因此，也"没有一个城市像英国的伦敦一样发展成为全国工商业的中心。"在没有一个统一的国家的支持下，当然也就无力进行在海外殖民掠夺方面的竞争。因此，德国的经济较前虽已有长足的进步，并有一些方面超过了英、法等国，但以总体来比较，比法国、英国等先进国家，还是相差甚远的。

德国经济上分散性的特点，决定了德国政治上长期处于分裂割据的局面。德国同当时中央集权制的英国和法国相反，实际是一个独立的诸侯国的大联合。宗教改革前，在德国除七大选侯外，还有十几个诸侯，二百多个小诸侯，上千个帝国骑士，他们各自独立，成为国中之国。诸侯、骑士和城市市民经常混战，或同德皇对抗。国内又复关卡林立，仅从美因斯到科伦不足 200 公里，就有关卡 13 处之多。德国的货币繁杂，达千种以上。政治分裂和封建混战，严重地阻碍了德国资本主义经济的进一步发展。

16 世纪初，德国的阶级矛盾也同样十分复杂和尖锐。在封建贵族内部，统治的阶层是帝国诸侯。他们在领地内有收税、司法和铸币等特权，并拥有常备军。他们对上要求分权，对下则实行集权，同德皇、教会互相对抗，残酷压榨农民，反对任何社会改革。低级贵族（即骑士）随着枪炮的应用和步兵作用的增长，其作用和地位均日趋下降。骑士反对诸侯跋扈，嫉妒教会富有，希望统一德国与王权强大，但是，骑士又是个必然要竭力维护封建农奴制的阶级，这就决定了他们不可能得到人民群众的同情和支持，而只能孤军作战。

天主教会，作为封建社会的精神支柱同时又是最大的地主阶级来说，内部也有严格的教阶制度，大主教、主教、修道院长等高级教士是特权阶层，靠搜刮民脂民膏养肥了自己，是当时德意志帝国各阶层都很嫉恨的主要对象，也是革命的主要对象。但是，在城乡中的一般僧侣传教士，属于低级僧侣，并多为平民出身，收入微薄，与下层被压迫的广大人民群众交往广泛，由于他们低下的社会地位，又属于知识分子阶层，因此往往可能参加人民的反抗斗争，并为反抗斗争提供理论人才。

城市内阶级结构的变化也很大。城市贵族把持政权，与诸侯的联系和一致性增强，常共同镇压人民的反抗。市民阶级包括手工业主、商人和新兴的手工工场主。他们要求发展工商业和资本主义，主张结束封建分裂局面，实现国家统一，建立"廉俭教会"。城市居民的下层是平民，包括贫困的手工业者，帮工、日工，他们积极参加宗教改革和农民战争，但当时还未形成一支独立的政治力量。

被压在社会最下层的是占全德人口 80% 的广大农民。15 世纪后，随着商品经济的发展，封建主不断增加地租和徭役。有些地区，尤其是在西南部，封建主力图将自由农变成农奴，还强占残留的村社附属地。封建主任意蹂躏农民及其妻女，农民稍有反抗或不满，封建主就施以割耳、劓鼻、挖眼、截指断肢、车裂等酷刑。有一位农民只从河里抓了几只螃蟹，便被封建主斩首。此外，农民还要受商人的剥削和高利贷者的盘剥，因此，农民是当时德国最革命的阶级，他们迫切要求改变现状。

15世纪末和16世纪初，德国在各种复杂的矛盾中，教会封建主是各阶层共同痛恨的对象。德国的天主教会不仅据有宗教特权，并且按鄂图一世（913～973）所规定的"鄂图特权"，高级僧侣同时就是大封建领主和地方行政、司法长官，他们占有和管辖全德1/3的土地和人口。教会不仅征收贡赋，要求农奴执行各种封建义务，还利用宗教手段，如征收什一税、出卖圣职、出售圣物、出卖赎罪券……等欺骗讹诈的手法，恣意榨取人民的血汗。据统计，16世纪初，罗马教廷每年从德国榨取的钱财多达30万古尔登之巨，这个数目比德皇的年收入还要多好几倍。因此，德国在当时有"教皇的奶牛"之称。

因此，德国反封建剥削、反罗马教廷、反抗天主教会特权统治的斗争是结合在一起的，所有的斗争集中表现为反对天主教会的斗争。

早在德国宗教改革和农民战争之前，农民反封建主的起义斗争就此伏彼起。1476年，法兰克尼亚的数万农民在牧人汉斯·贝海姆领导下举行起义。自1493年起30年间，农民在"鞋会"的旗帜下，多次发动起义。1502年，"鞋会"起义不仅主张废除农奴制，而且提出了没收教产分给人民和建立统一的君主国的要求。1503年，在士瓦本出现"穷康拉德"组织，其成员包括逃散的一部分"鞋会"成员。1514年"穷康拉德"也曾发动过武装起义。上述各次起义虽都遭到镇压，但社会基本矛盾却更加尖锐，更大的斗争风暴正在酝酿当中。

15世纪末和16世纪初，德国的阶级关系和社会矛盾极为复杂和尖锐，当然主要矛盾是广大农民和封建主阶级之间的矛盾。但因当时各种矛盾的焦点集中在教会问题上。所以德国大规模的反封建的农民战争，便在宗教改革的旗帜下爆发了。

马丁·路德的宗教改革

马丁·路德（1483～1546年）的宗教改革，点燃了德国这个火药桶。路德出身富裕市民家庭，在大学学习期间，接受人文主义思潮影响。1511年，路德去罗马朝圣，亲眼看到罗马教廷的腐败和黑暗，决心进行宗教改革。

1517 年，教皇立奥十世借口修缮罗马圣彼得教堂，在德国大规模地发售赎罪券。教皇的特使特兹尔前来出售，他宣称，只要购买赎罪券的钱币一敲响钱柜，罪人的灵魂，马上可升天堂，这种无耻行径引起许多人的反对。1517 年 10 月 31 日，路德写成"九十五条论纲"，公布于维登堡教堂的正门，揭露、斥责贩卖赎罪券的无耻行径。路德不准备和教皇决裂，只想同教皇进行神学辩论。但是，当时德国的革命形势已经成熟，"论纲"被人由拉丁文译为德文，不胫而走，各地争相传抄，两周之内就传遍了整个德国。路德放出的闪电引起了燎原大火，人民群众纷纷投入了这场运动。由于人民的支持，路德的态度逐渐趋向坚决。1519 年，在莱比锡的神学论战中，他开始否认教皇的权力，指出没有教皇，教会也可以存在。他公开同情胡斯的观点，谴责康斯坦茨宗教会议。1520 年初，他号召"运用百般武器"讨伐罗马罪恶之城的蛇蝎之群，"用他们的血来洗我们的手！"1520 年 12 月，他当众烧毁教皇斥责他的论点为邪说的敕令。次年 1 月，教皇下令开除路德的教籍，路德写成《反对反基督者

的敕令》，斥教皇为反基督者，还写成著名的《致德意志民族的基督族贵族书》，建议组织独立的德国教会，没收教会地产。1521 年 1 月，皇帝查理五世在沃姆斯召开帝国议会，要路德到会辩护或公开表示悔改，路德在一些大诸侯的支持下，拒不让步，会后皇帝下令逮捕路德。但路德藏身于萨克逊公爵的瓦德堡，并利用空闲将《圣经》译成德文，影响颇大。使德国社会各阶层可以利用《圣经》的语句作为宗教改革的武器。

路德的宗教哲学的核心是"唯信称义"。他认为，信徒只要虔诚信仰上帝都可以和上帝直接交通，不需教会的中介，人死后能否得救（升天堂）惟有靠个人的信仰，信仰唯一的根据是《圣经》，而不是《圣言》（教皇的诏令和中世纪宗教会议的决议等）。《圣言》认为：人的得救必须通过教会和"圣礼"（在教会指导下举行的各种礼拜仪式和捐献）完全是骗人的。因此路德主张建立没有教皇和教阶制度、没有繁文缛礼的廉价教会。

随着宗教改革深入，德国社会各阶级逐渐分裂为三大政治集团，即：反宗教改革的天主教反动集团，属于这个集团的有皇帝、

高级教士、部分诸侯和城市贵族，他们要求维持现状，反对任何改革；温和的改良派集团，属于这个集团的有新兴资产阶级、中小贵族和部分大诸侯，他们主张改革天主教，建立脱离罗马教廷的民族教会，但反对进行彻底的革命；激进的革命派集团，主要由农民和城市平民组成，他们要求彻底推翻现存封建制度。路德在革命斗争日益尖锐的情况下，抛弃了运动的下层人民，托庇于诸侯的保护，成了温和改良派的代言人。

路德教的确立和传播

伟大的德国农民战争失败后，封建统治者对起义农民进行了骇人听闻的反攻倒算。许多村庄被夷为平地，有10万以上的农民惨遭杀戮。幸存的农民多沦为农奴，重新陷入封建主的奴役之中。中产阶级的革命半途而废，城市特权被诸侯剥夺，不得不向诸侯交纳巨额赔款。更严重的是，工商业的普遍衰落和德国的分裂割据状态加强，资本主义的发展受到阻碍。

从1525年革命中得到好处的只有诸侯。一部分诸侯不仅乘机夺得大量教产，加强了对农民的压榨，而且为了维护既得利益，利用路德宗教改革的形式，在自己的领地内保持路德教派，建立新教教会，自己成为教会首脑。利用路德新教作为加强政权工具的诸侯被称为新教诸侯。在萨克逊选侯和普鲁士的公爵领地内，早在1525年已信仰路德新教，黑森伯爵领地内是1526年信仰路德新教的，接着在不伦瑞克—吕纳堡也流行了路德教。

路德为了建立路德教也广为活动。1527至1529年，路德在萨克逊选侯领地内，曾随同新选侯约翰到各地巡视并督促路德教派的牧师开展传教活动，并且不准旧教徒举行礼拜。特别是1529年10月1日至3日，路德在玛尔堡城内同慈温利的公开辩论，影响很大。路德将福音的基本观念归纳为"14条"，这便是路德派新教教义主张的重要根据。路德后期宗教改革活动的特点是加强系统的教理建设和创建与整顿路德宗的教会。他先后发表了许多重要著述。如《基督教信仰的纲要并说明》是1529年5月发表的。《士马尔卡登信条》（1536年12月）、《论教会会议与教会》（1539年3月）是最有代表性的论著，其中详细阐明了路德派的教理和主张。《桌上谈》和路德译注的全部《圣经》修订本，充分表述了路德对基督教和宗教改革的观点。路德晚年仍然坚持了同罗马教皇的斗争，直至他逝世。

德皇以及天主教诸侯力图在德国全面恢复天主教会的完全统治，因而同新教诸侯展开长期斗争。1529年，德皇查理五世召开帝国议会，重申1521年沃姆斯会议关于反对异端的禁令。在旧教诸侯结成"士瓦本联盟"之后，新教诸侯以萨克逊选侯约翰和黑森伯爵菲力普为首，于1530年12月在萨克逊境内的士马尔卡登小城聚会抗议并组成对抗性的秘密同盟，即"士马尔卡登同盟"。路德派新教诸侯由于对斯拜尔会议提出抗议，因而被称为"抗议者"。此后，在德国进行了一段时期的新、旧教诸侯以及诸侯同皇帝之间的封建混战。新教诸侯最初曾受挫，后来某些天主教诸侯在法国国王的武力支持下，同新教诸侯一道反对德皇，在1552年战败了德皇的军队。经过谈判，1555年9月25日德皇与诸侯签订并颁布"奥格斯堡宗教和约"。和约规定了诸侯在其领地内有权决定本人及其臣民宗教信仰之权利的"教随国定"原则。新旧教同权平等、路德教的合法地位从此得到确认。至此，路德派新教最后确立了。德国出现两个诸侯集团，北部和东北部属于路德教诸侯集团，南部和西南部属于天主教诸侯集团，德国的封建分裂局面加甚，并长期继续下去。

诸侯提出抗议，故路德教又称抗议教。1531年，他们组成士马卡登同盟，抗击以皇帝为首的天主教诸侯武装，直到1555年双方才缔结奥格斯堡和约，规定诸侯有权决定臣民的信仰，路德教在德国和天主教有平等地位，标志路德教的确立。

路德的宗教改革虽然不彻底，但在一定程度上符合市民建立廉价教会的要求；路德教会首领的世俗化，也适合一些国家加强王权和使教会民族化的需要。一些北欧国家，自上而下地实行宗教改革，改奉了路德教。1536年，丹麦国王实行宗教改革，剥夺了天主教会的大量地产，大多转归国王所有，国王成为教会的首领。1527年至1544年，瑞典国王也改奉了路德教，没收了天主教会的财产，直接管辖新教会。挪威国王也在同一时期接受了路德教。

路德教的确立和传播，大大缩小了天主教的势力范围，对罗马教廷是一个沉重打击。

马丁路德的转变与奥格斯堡告白

沃尔姆斯会议以后，革命进一步深入。首先，托马斯·闵采尔站在下层人民一边批判路德，提出自己的革命主张。其次，1522 至 1523 年爆发了骑士暴动。原来路德的宗教改革一开始就得到骑士的支持。胡登曾致书路德，希望为了祖国的自由和解放建立密切联系。胡登知道路德在沃尔姆斯会议上的坚决态度后，曾写信声援，并谴责迫害路德的高级教士。沃尔姆斯会议以后，路德却更深地投入诸侯的怀抱，骑士遂单独举行暴动。骑士暴动没有得到市民或农民的支持，以失败告终。

革命深入以后，路德一再讲道和撰文攻击闵采尔和革命群众。1521 年底，维登堡发生学生、市民冲进教堂驱逐神甫事件。一直躲在瓦特堡的路德再也坐不住了，潜回维登堡观察形势。1522 年元月，他出版《劝基督徒毋从事叛乱书》，伪装公允，谴责双方，要群众"镇定"，听从"教导"，千万不能乱说、乱想、乱动，并提出上帝禁止暴动的口号。他还不指名地攻击闵采尔"草率从事"、"违反福音"。同年 3 月，路德在维登堡接连八次讲道，攻击群众"太过火了"、太"激烈"了，号召大家"彼此顺服，携手相助"。他以自己为例现身说法：虽反对赎罪券和教皇，但从来不用暴力。1523 年 3 月，路德发表《论俗世的权力》，公开维护当时的政治制度，号召"缴纳税款，尊敬长官"，"服事政府，帮助政府"。这篇奇文是路德堕落的耻辱柱。

1524 年夏，德国南方首先爆发大规模的农民战争，翌年达到高潮。在滚滚的农民战争洪流面前，路德把一切旧仇忘得干干净净，罗马教廷变成无罪的羔羊。他公然号召市民、贵族、诸侯和教皇团结起来反对起义的农民，堕落为可耻的叛徒。1524 年 8 月闵采尔住在缪尔豪森，路德给市当局写信告密，请求镇压。1525 年 5 月 15 日，当他获悉闵采尔被俘后立刻致书约翰·吕埃尔说："我希望知道怎样捉住他、他是怎样表演的，这样可以彻底弄清这个家伙的傲慢无礼。这个可怜的畜生落到这个下场可怜又可鄙，然而，我们有什么办法！这是上帝的意旨，要使老百姓懂得惧怕。否则，魔鬼会更加肆虐。这种不幸比较可取，这是上帝的审判，动刀者必死于刀下。"同年 5 月，

903

路德还发表《反对杀人越货的农民暴徒》，号召无论谁只要力所能及，应该把起义农民戮碎、扼死、刺杀、就像打死疯狗一样。路德仇恨革命达到疯狂的程度。

路德叛变以后，他从事的宗教改革蜕变成诸侯手里的工具。他虽然没有抛弃只靠信仰得救的主张，但对信仰的解释有重大变化。路德不再讲信仰自由和思想自由了，却起劲地攻击自由意志。他一再攻击伊拉斯莫有关自由意志的观点，认为自由意志只能对挤牛奶、盖房子等小事情起作用，于信仰完全无能为力，甚至狂叫"理性是信仰之敌"。1529年10月16日，路德在提交奥格斯堡帝国议会的声明（后称"路德告白"）中说得更清楚：信仰"不是人为的，也不是人力所能及的，它是神的化工"。此外，他还极力污蔑农民、美化诸侯，甚至力争与天主教会重归于好。1529年，他在一次讲道中说：诸侯虽有宏伟的城堡，穿戴宝石、金项链和丝绒，但非常"忙碌、危险和劳苦"，庄稼汉闭眼不看诸侯之苦，只看到戴貂皮帽子是不对的；其实，"国王和贵族虚有闪光的外表，而臣民才有真正的黄金"，因为诸侯的貂皮帽下思虑和忧愁之多宛如帽

上之毛。1530年6月15日，路德把他亲自审定的《奥格斯堡告白》提交议会宣读，系统阐述路德教的理论。告白以给查理五世的信为序，号召基督教各派"宽容、温和与平心静气地"协商，生活在一个教会里，因为"我们大家都是基督的臣民和战士"。告白还攻击自由意志和再洗礼派。恩格斯愤怒地斥责《奥格斯堡告白》是一场令人作呕的交易，是改头换面的"市民教会制度的最后定案"，路德的宗教改革蜕变为"庸俗市民阶级性质"的"官方的宗教改革"。马克思指出："路德战胜了信神的奴役制，只因为他用信仰的奴役制代替了它。他破除了对权威的信仰，却恢复了信仰的权威。他把僧侣变成了俗人，但又把俗人变成了僧侣。他把人从外在的宗教解放出来，但又把宗教变成了人的内在世界。他把肉体从锁链中解放出来，但又给人的心灵套上了锁链。"

路德教简化宗教仪式，废除圣像、圣物和十字架，牧师可以结婚，用地方语言做礼拜，实行廉价的教会。路德教会的首脑是诸侯，不受教皇控制。由于诸侯互不统属，德国没有统一的路德教会。德国北部和东北部的诸侯，

如萨克逊、麦克伦堡、普鲁士、不伦瑞克等改宗路德教，乘机夺取天主教会财产。南部和西南部的诸侯多宗天主教。德国的分裂割据依然如故。1555年的奥格斯堡和约规定教随国定的原则，即诸侯有权决定臣民的信仰。路德教取得合法地位。十六世纪时，瑞典、丹麦和挪威也改宗路德教，建立从属于王权的路德派教会，天主教会的垄断地位从此被打破。今天，路德教是新教中最大的一派，在德国、美国和北欧诸国势力很大，拥有信徒约7千万人。

亚非中古文明

第二章

中世纪的亚非历史，主要讲述了阿拉伯帝国、奥斯曼土耳其帝国、日本、朝鲜、印度、埃及等亚非国家的历史。

　　阿拉伯帝国（630 年—1258 年）是中世纪时阿拉伯人建立的伊斯兰教国家。八世纪初的 712 年兵取西班牙被认为其鼎盛时期的开端，疆域东起印度，西临大西洋及与法兰西接壤。南至莫桑比克苏丹国北迄高加索山，形成横跨亚、非、欧三洲的封建大帝国。八至九世纪为极盛时期，后因民族矛盾和内部分裂等原因，逐渐衰弱。1055 年，塞尔柱突厥人曾攻陷巴格达。1258 年，被蒙古帝国所灭。

　　奥斯曼帝国为土耳其人所创立之国。始王奥斯曼一世，初居中亚，并奉伊斯兰教为国教，后迁至小亚细亚，日渐兴盛。极盛时势力达欧亚非三大洲，领有南欧、中东及北非之大部，西达摩洛哥，东抵里海及波斯湾，北及奥地利和罗马尼亚，南及苏丹。自灭亡东罗马帝国后，定都君士坦丁堡（改名伊斯坦布尔），且以罗马帝国继承人自居。故其帝视自己为天下之主，继承了罗马帝国及伊斯兰文明，东西文明在其手中因而得以统合。

　　中世纪的日本经历了大化改新和天皇制的确立、奈良和平安时代、镰仓和室町幕府统治、丰臣秀吉和日本的统一几个阶段。朝鲜的中世纪时期，即朝鲜的封建社会时期，朝鲜自三国时期（高句丽、百济、新罗）的中世纪历史延续了一千多年，在这漫长的朝鲜文明史中，经济和文化非常发达，斗争传统非常光荣。

　　中世纪时期的非洲社会发展很不平衡。北非的埃及和马格里布，早就确立了封建制度；东非的苏丹和埃塞俄比亚，也进入了封建社会；西非的苏丹地区，中南非洲和马达加斯加岛都建立了早期封建国家；但是，在西非沿海、东非内陆和南非地区还有一些氏族部落处于原始社会的不同发展阶段。

世界通史

最新整理图文珍藏版

第一节　史海钩沉：重大事件　历史典故

7世纪前的阿拉伯半岛

　　阿拉伯人原来住在阿拉伯半岛上。半岛位于亚洲西南部，是世界上最大的半岛，面积达300万平方公里，约为欧洲的1/3，绝大部分土地为沙漠和草原，叫做"内志"，气候干燥，土地贫瘠。半岛西南部的也门，气候温和，是一个富庶的农业区，称为"阿拉伯福地"，主要生产咖啡、椰枣和大麦。6～7世纪时，半岛上的居民大多数为牧民，称为贝多因人。他们逐水草而居，放牧骆驼、羊和马匹。骆驼素有"沙漠之舟"之称，是阿拉伯半岛不可缺少的运输工具。在半岛西部红海沿岸，有一条狭长地带，叫做"汉志"。自古以来，这个地区就是亚欧两洲交通的一条重要商道，中国的丝绸、印度的香料、非洲的黄金和奴隶等，都经海路运往也门，

然后由骆驼运到地中海东岸，再转运到欧洲。半岛上出产的椰枣、皮革和金银矿产等也通过这条商道运往境外。商路两旁形成许多商业据点和城镇，其中以麦加和雅特里布最为重要。

　　麦加城是个繁荣的城市，它是商道上的重要枢纽，手工业和商业都很发达。麦加城的多数居民是古莱西部落（意为收集财物），他们主要经营商业和服务行业，也有一些手工业者。麦加城有个克尔柏古庙。其中有一块黑陨石，为阿拉伯人所崇拜。每

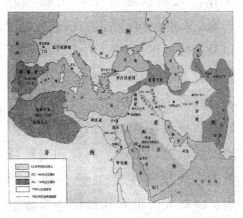

7世纪至9世纪阿拉伯人的征服

谦卑又虔诚的善慧波罗门，因而获授记为历史上的佛陀：高大摩。

年春季举行的庙会，成为定期市集，各方的阿拉伯人常来赶集和朝拜神庙。古莱西部落的贵族组织和领导朝拜及交换事宜，从中获得大量的商业收入和其他经济收入。

阿拉伯人的社会发展是极不平衡的。半岛西南部的也门地区，早在公元前就建立了奴隶制城邦国家。7世纪时，居住在汉志一带以及少数绿洲的阿拉伯人，处在原始公社解体和阶级社会产生的阶段。部落中分化出来的贵族占有较好的牧场、牲畜和奴隶。在通商要道的城市里，出现了商业和高利贷贵族。奴隶的主要来源是战争俘虏，也有人因犯罪和负债沦为奴隶的。阿拉伯人认为，掠夺是光荣的，为了争夺水草和牲畜，部落之间经常发生战争，氏族之间血亲复仇之风盛行。奴隶和贫苦牧民为了反抗贵族的剥削和压迫，经常起来反抗，捣毁贵族的帐幕，抢走他们的牲畜和财产。

6世纪初，伊朗和埃塞俄比亚为了争夺半岛的西南地区进行长期战争，使也门地区遭到严重的破坏，土地荒芜，人口锐减，商旅不前，汉志地区商业因而转向衰落。东方商业改由波斯湾和两河流域运到地中海。商业的破坏和经济的衰落，使农民、牧民、手工业者和奴隶深受其苦，许多靠过境商业维持生活的部落逐渐贫困化。麦加贵族和富商乘机用高利贷盘剥穷人，广大下层人民的处境非常困难，人民群众不满情绪日益高涨，反抗斗争不断发生。贵族为了加强统治，镇压人民群众反抗，夺取新的土地，开辟新的商业途径，需要政治统一，建立一个强有力的国家机构。阿拉伯人民也希望打破部落的局限，获得牧场和肥沃土地。阿拉伯各部落联合成为统一国家的前提条件已经具备。伊斯兰教的产生，就是这些社会变动和政治统一要求在意识形态上的反映。

笈多王朝的兴衰

4世纪初，印度北部小国林立，西北部的贵霜帝国和南部的安度罗帝国国势衰微，辉煌不再。320年，恒河下游的摩揭陀国境内，旃陀罗·笈多一世（月护王）即位，使用"摩诃罗阇"称号，建立了笈多王朝。月护王南征北战，使临近的王公纷纷臣服，远地的小国也前来朝贡，最终将印度西北部完全归入其统治范围。

月护王雕像

月护王的儿子沙摩陀罗·笈多（海护王）即位后，笈多军队更是锐不可当，海护王将领土西扩到印度河，南至奥里萨、德干东部，东到恒河下游，直逼孟加拉湾。其后的旃陀罗·笈多二世（超日王），利用与德干的瓦卡塔卡王国联姻结盟机会，征服了乌阁衍那的塞种州长国，夺取了马尔瓦、卡提阿瓦和信德。至此，笈多王朝几乎统治了北印度，成为中世纪印度第一个封建大帝国。

笈多帝国建立后，将华氏城定为首都，实行中央集权制，将全国划分成若干个省，省下设若干个县，由总督和县长治理，从而结束了印度北部小国林立的局面，有效地阻击了中亚游牧部落的袭扰。此后，北印度的社会生产逐渐走上正轨，北部有了一个良好的发展氛围。

超日王以后，笈多王朝逐渐走向衰落，5世纪中叶，阉哒人首次南侵笈多，虽被当时在位的塞建陀·笈多击退，但笈多王朝的颓势已经无法改变。6世纪初，笈多帝国发生经济危机，各地封臣

中世纪的华氏城

纷纷叛离中央，阁哒人卷土重来，吞并了笈多王朝大部分领土，一度以旁遮普的奢羯罗城为首都，建立了阁哒帝国。

567 年，阁哒帝国被突厥和伊朗所灭，但此时的笈多帝国也陷入分崩离析状态。570 年，笈多王朝的统治宣告结束。

戒日王和他的帝国

笈多王朝衰落后，北印度重新陷于分裂状态，萨他泥湿伐罗有个叫毗乞罗摩迭多的王公趁机扩张势力，建立了伐弹那王国。606 年，该国君主曷利沙·伐弹那（即戒日王）以尸罗阿迭多为号，开始了统一印度北部的征程。

戒日王雕像

戒日王生于 590 年 6 月 4 日，父亲光增王统治时期，伐弹那王国吞并了邻近的小国，势力逐步加强。年轻的戒日王即位后，立即统率兵马，向东讨伐设赏迦王。设赏迦王是当时一个实力雄厚的君主，热衷于扩张，邻近的小国终日生活在其淫威之下。戒日王联合受设赏迦王压迫的阿萨姆王，并邀请当时拥有众多信徒的佛教大师日友入朝参政，开始了与设赏迦王的战争。

六年战争后，戒日王收复了莫克利王国和后笈多王国的领地，将国土从奔罗伐弹那延伸到比阿斯河，612 年，正式承袭莫克利王国的王位，其在北印度的霸主地位基本确立。

经过几年的休整，戒日王继续出兵，先后征服信德、孟加拉等地，并使富饶的海岸王国伐腊比称臣。633 年，戒日王进攻南方强国摩诃刺陀国，遭遇了摩诃刺陀人的奋勇抵抗，不得不失意而归，这是戒日王征服史上唯一一次败仗，其势力范围的南部疆界止于纳巴达河。

此后，戒日王接连征服乌荼国、恭御陀国，其势力范围东到布拉马普特拉河，西达印度河，北临雪山，南至纳巴达河，戒日

世界通史

最新整理图文珍藏版

王朝达到了鼎盛时期。但是，戒日王并没有建立起一个中央集权的国家。647年，没有子嗣的戒日王去世，戒日帝国解体，印度北部又出现了群雄割据的局面。

莫卧儿帝国的建立

14世纪末，积弱的印度成为帖木儿帝国眼中的肥肉，德里苏丹国家洛提王朝的领土被大量蚕食，已无力统治全国，各省总督趁乱纷纷独立。此后，北印度分裂为孟加拉、马尔瓦、古扎拉特、

巴布尔的狩猎

克什米尔、拉其普坦那等部分，群雄混战的局面再次开始。

1525年11月，帖木儿的后裔巴布尔率领一支1万余人的军队向德里进军，洛提王朝易卜拉欣·洛提国王亲率大军4万人。从德里出发迎战。4月21日，双方在德里北部的帕尼巴特开战。

帕尼巴特一带地势平坦，以骑兵为主的巴布尔军占据了很大的优势，虽然在数量上略少于对方，从战斗力发挥来看，双方可算平手。帕尼巴特战役一开始，洛提大军就集中到一起发动进攻，巴布尔并没有出击，而是用战车在正面组成了一道防线，并在防线后布置了火枪队，压制住了对方的攻势，同时命骑兵迂回到洛提大军侧翼。骑兵的突然袭击，令洛提军队阵形大乱，一溃千里。

帕尼巴特之战后，巴布尔相继占领了德里和阿格拉，同年5月，巴布尔宣布自任印度斯坦皇帝，莫卧儿王朝在印度的统治开始了。此后，巴布尔派儿子胡马雍进攻占据有恒河平原的阿富汗人，自己则征讨拉杰普特人。

1527年3月，巴布尔在西克里靠猛烈的炮火大败有"印度武士"之称的拉杰普特人，次年夺取拉杰普特人堡垒钱德里。不过，

其子胡马雍就没有那么幸运了，在 1528 年被阿富汗人击败后，就再也无法前进。当战事陷入胶着状态时，得胜后的巴布尔大军正好来到，两军合在一处，一举消灭了盘踞在孟加拉的阿富汗人，进而歼灭了据有拉合尔的阿富汗部落。

至此，巴布尔征服了整个印度斯坦，建立了一个庞大的帝国。

阿克巴的扩张

巴布尔虽然建立了庞大的莫卧儿帝国，但统治基础并不稳固。胡马雍即位后，在曲女城战役中被比哈尔阿富汗酋长舍尔沙击败，被迫流亡波斯和阿富汗，莫卧儿王朝在印度的统治暂告中断。

莫卧儿帝国时期的印度地图

胡巴雍流亡期间，其子阿克巴出生。1555 年胡马雍重征印度平原，占领德里和阿格拉，恢复了莫卧儿王朝在印度的统治，此后，宣布阿克巴为合法继承人。1556 年，胡马雍去世，13 岁的阿克巴在拜拉姆汗辅佐下登上王位。这时，阿富汗人喜穆出兵占领德里。

阿克巴是个很有魄力和抱负的君主，气愤于阿富汗人的挑衅，即位不久就率军出征，与阿富汗人在帕尼巴特展开了激战，史称第二次帕尼巴特战役。

帕尼巴特确实是莫卧儿王朝的福地，当时喜穆有骑兵 5 万人、战象 1000 头、大炮 51 门，相比于阿克巴仅有骑兵 1 万余人，可说是大占优势，但阿克巴仍凭借优秀弓箭手组成的射骑队赢得了这次战役，此后，顺利地占领德里。

阿克巴攻占德里后，看到北印度大部分地区还在阿富汗人统治之下，决定继续出兵征讨。然而，在第二次帕尼巴特战役中立下大功的宰相拜拉姆汗逐渐骄横起来，他凭借辅助幼主的功劳，开始专权，大肆迫害非伊斯兰廷臣。阿克巴早就对这个跋扈的宰相看不惯了，于是在 1560 年 3 月，找了个借口解除了拜拉姆汗的所

阿克巴攻占德里

有职务，确立了自己君主专权的地位。

内部安定后，阿克巴继续军事扩张，先后征服阿姆培尔、古吉拉特、孟加拉、比哈尔、俾路支等地，成功统一了北印度。1598年，阿克巴率大军进攻德干，此后的三四年中，将南印度的五个苏丹国并入莫卧儿版图，莫卧尔王朝达到了空前的繁荣。

新罗的统一

中世纪初期，新罗、百济、高句丽相互之间征伐不断，势力此消彼长。在长年累月的争斗中，新罗逐渐确立了优势，其军事、经济实力均超过了百济和高句丽。551年，新罗占领汉江上游地区和百济的汉江下游地区，开始威胁高句丽和百济的势力，两国组成联军开始进攻新罗。新罗眼见情势危急，于660年向唐朝请求出兵相助。

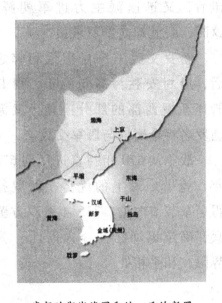

唐朝时期渤海国和统一后的新罗

唐高宗李治派遣水陆大军13万，联合新罗5万军队，于660年向百济进攻，不久，百济灭亡。百济灭亡后，其遗臣福信派人前往日本，在日本帮助下重新复国。662年，新罗文武王联合唐朝军队围剿百济，并在锦江口击溃日本水军，百济复国梦想彻底破碎。

有唐军做后盾的新罗又把目标瞄向了高句丽，666年，高句丽诸王子为争权发生内讧，新罗联合唐军，于668年攻陷平壤，灭亡高句丽。

在借助唐军的援助灭掉百济和高句丽后，新罗统一朝鲜半岛。670年，高句丽旧域发生起义，高句丽王族安胜被推为王，唐朝闻讯后，又迅速派主力进军朝鲜，这时，安胜却向新罗求援。

新罗文武王反复衡量利弊之后，册封安胜为高句丽王，命其管理新罗西部的部分土地，又派新罗名将金庚信与唐军交战。

战争从670年一直进行到676年，凭借地理上的优势，新罗打得唐军节节败退。735年，双方罢兵，确定以坝江（今大同江）为界限，和平相处。

高丽统治时期

新罗王朝后期，王族间战乱频繁，农民不堪重负，纷纷起义，众多起义领袖或旧王朝贵族利用农民起义的力量，或改朝换代，或复兴旧国。到10世纪初时，朝鲜半岛重新形成了三国鼎立的局面：高丽、新罗与后百济。

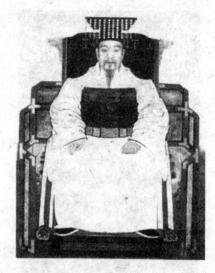

高丽太祖王建画像

建立高丽的是贵族出身的僧侣弓裔。在农民起义如火如荼时，弓裔加入农民起义军，因胆识过人受到重用，并掌握了部分兵权。897年，势力壮大的弓裔拥兵自立，先后占据铁圆（今江原道铁原）、松岳等地，在击败了最后一支的反对势力后，于901年称高丽王，904年立国号摩震。

正当弓裔踌躇满志时，大地主出身的泰封国大将王建崛起。918年，锐不可当的王建军队推翻弓裔，自立为王，改国号为高丽。919年，定都开京（今京畿道开城），历史上称其为王氏高丽，王建为高丽太祖。王建仿照中国唐朝制度，建立中央集权的国家体制，中央设三省、六部，全国划

韩国庆州雁鸭池

为十道，道下设府、郡、县等。此外，调整土地制度，使农业、手工业得到迅猛发展，高丽经济空前繁荣。

国家建设初步完成后，王建将矛头指向了新罗与后百济，开始了统一朝鲜半岛的征程。935年，新罗王朝敬顺王自愿归顺高丽，936年，后百济因发生内讧被王建征服，从此，朝鲜半岛又兴起一个统一而强大的王朝。

从939年开始，高丽越过狽江边界，不断向西北面扩张。993年，辽圣宗派80万大军抗击高丽的扩张，由于当时宋、辽斗争激烈，为取得对宋的优势，辽军在取得初步胜利后就开始议和，承认高丽即得地区，将鸭绿江东数百里之地割让给高丽。

从此，鸭绿江下游开始成为中朝边界。

李朝的建立

13世纪中叶，高丽内乱不断，统治阶层为争权夺利打得头破血流，农民起义也是风起云涌。雪上加霜的是，无处不到的蒙古大军也看上了高丽这个好地方，几次出兵攻打。

凭残喘之气，高丽多次击退蒙古大军，最后仍被蒙古征服，直到元末农民大起义推翻元朝统治后，高丽才算摆脱了蒙古的控制。然而，此后的统治者不思进取，搞得国内天怨民怒，日本也趁虚而入，高丽统治处于风雨飘

李朝太祖李成桂肖像

摇之中。

中国明朝建立初期，高丽朝廷内部分为亲元派和亲明派两种势力，分别以崔莹和李成桂为首。1388年，明朝准备收复被高丽夺取的旧铁岭以北的地方，高丽朝内一片混乱。崔莹怂恿国王辛禑出兵辽东，以逼迫明军后撤防御，不久，李成桂接到了进军的命令。然而，李成桂军渡过鸭绿江后，国内总是找理由减发或缓发粮草，造成大军士气低落、行军困难，李成桂愤然回师都城开京，发动政变，流放崔莹，立辛禑之子辛昌为王，开始把持朝政。

1392年7月16日，李成桂看到时机成熟，在开京（开城）寿昌宫即位，次年定国号为朝鲜，1394年从开京迁都汉城。

1400年，李朝政府进行改革，中央国家机关设议政府、承政院、六曹（六部）和三军府：议政院是最高国家机关；承政院负责咨询国事，处于议政府之下；各项政务分别由沿袭高丽而来的六曹处理，但需经议政府审议；三军府是执掌军权的最高军政机关，后改设五卫都总府。

1461年，李朝政府鉴于前朝法典不统一的现象，命崔恒等编纂《经国大典》，1469年最终完成，分为吏、户、礼、兵、刑、工六部分，并于1471年颁布出版。《经国大典》从法律上巩固了李朝统治体制，是李朝的基本法典，一直通行到李朝末年。

壬辰卫国战争

16世纪末，丰臣秀吉统一日本后，妄图以朝鲜为跳板达到侵略中国的目的。此时的李朝统治阶层浑然不觉危机的来临，朝内大臣一直忙于党争，朝廷上下一片混乱。1592年4月，丰臣秀吉派20万大军由釜山登陆，拉开了侵略朝鲜的序幕。

11世纪时的高丽王国地图

日军从釜山登陆后长驱直入，根本没有受到多少抵抗。当朝鲜统治者匆忙迎敌时，才发现长期废弛的军备根本无法抵抗日本人，稍有接触即溃不成军。20 天后，朝鲜首都汉城陷落，不久，开城、平壤陷落。失去半壁河山的李朝宣祖率王公贵族逃至义州，遣使向明朝求援。

深知唇亡齿寒的明朝统治者马上派兵援助朝鲜。就在这时，朝鲜战场也有了一些变化。5 月，日本海军到达玉浦洋，刚一入港就遭到了李舜臣率领的朝鲜水军的迎头痛击，李舜臣部凭借改良的龟船和机动灵活的战术，连获大捷，逐渐掌握了制海权。这时，

朝鲜人民也自发组成反侵略武装力量，四处袭击日军。因 1592 年是农历壬辰年，故朝鲜称之为"壬辰卫国战争"。

很快，明朝政府的援军也赶到了，两国联军接连收复平壤、开城、汉城等地，把日军赶出朝鲜北部。这时，丰臣秀吉提出与朝鲜进行谈判，以便为日军争取到喘息时间。1597 年初，毫无诚意的谈判破裂后，日军重新出动 14 万人进攻釜山，朝鲜无奈再次向明政府请求出兵。

1598 年 7 月，明朝大军在杨镐率领下，取得稷山等战役的胜利，日军被迫退到东南一隅。8 月，丰臣秀吉病死，日军开始萌发退意。11 月，中、朝联合舰队在鸣梁海战中，歼敌万余人，大胜日军，但李舜臣和明朝老将邓子龙壮烈殉国。

919

东莱府殉节图

龟船复原图

至此，壬辰卫国战争以中朝军民的胜利而宣告结束。

阿拉伯帝国时期的埃及

罗马帝国分裂后，埃及成为拜占廷帝国的一部分。639年12月，阿拉伯将领阿慕尔·伊本·阿斯率兵侵入埃及，使这片古老的地区成为阿拉伯帝国的一个行省。

在统治埃及时期，阿拉伯统治者除了征收很重的土地税外，还专门向非穆斯林成年男子征收高额的人头税，迫使土著科普特人纷纷皈依伊斯兰教，学习阿拉

阿慕尔·伊本·阿斯和随从

伯语，到8世纪末时，阿拉伯语已成为埃及官方通用语言。

倭马亚朝和阿拔斯王朝统治时期，统治者对埃及进行了无情的搜刮，使阿拉伯移民和科普特人大量破产。忍无可忍的人们发动了大规模的起义，大大削弱了阿拔斯王朝的统治，促进了埃及的独立。

阿慕尔·伊本·阿斯清真寺

7世纪中期以后100多年中，埃及名义上还是由阿拔斯王朝的总督统治，实质上已经独立了。此后的500多年里，埃及逐渐成为一个独立的阿拉伯国家，以开罗为首都，领土包括埃及、叙利亚、巴勒斯坦和阿拉伯半岛西部等广大区域。

由于埃及地理位置优越，历史上少不了外族的入侵。1096年，东侵的十字军在占领叙利亚、巴

勒斯坦的部分土地后，多次入侵埃及。这时，阿尤布朝的建立者萨拉丁对其进行了坚决的抵抗，多次战胜十字军，被誉为反十字军的英雄。

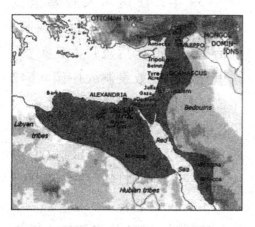

马木路克王朝1400年的疆域

1258年，旭烈兀率领蒙古军队攻下巴格达，灭掉阿拔斯朝。亡埃及之心不死的十字军联合蒙古军，再次夹击埃及，当时统治埃及的马木路克王朝进行了英勇的斗争，于1291年攻克了十字军的最后一个据点阿克，彻底地结束了历时200年的十字军东侵。

在与十字军作战的过程中，埃及人还要面对一次次西征的蒙古人。曾攻无不克的蒙古人在巴勒斯坦、叙利亚等地多次被埃及人击败。勉强进入埃及后，开始陷入泥潭不能自拔，最终在埃及止住了西进的势头。

埃及封建社会的发展

埃及反侵略战争的胜利确保了国家的独立，从而促进了经济发展。马木路克苏丹纳绥尔在位时，修整、扩大了前朝的水利工程，依靠从叙利亚调来大批人员，维修尼罗河各段的大堤坝，疏浚三角洲的河道，并挖了许多沟渠和水塘。这一时期，埃及耕地面积迅速增加，农作物产量大大提高，许多城市都有粮食储备，大量谷物和亚麻还远销国外。

此外，建设驿站、修筑桥梁、制造船舶、扩建海港等措施使埃及水陆交通十分发达，埃及商船遍及地中海各国，远达红海、波斯湾和印度，国内外贸易空前活跃。14世纪时，除首都开罗、海港城市亚历山大里亚和杜姆亚特外，埃及出现了许多新兴的工商业城市，如曼苏拉、开纳、库斯、爱斯郁特等。

凭借强大的财力，埃及统治者大量购进奴隶，组成马木路克卫队，并让马木路克卫队的大小头目担任马木路克朝的官僚，这种军政合一体制，使国家机器空

爱资哈尔清真寺内景

前强化，中央集权大大加强。然而，这种政策带来的弊端在后期逐渐显现出来。由于封建阶级内讧，动辄大兴刀兵，使兵灾战祸连绵不断，水利设施失修，耕地荒芜，饥荒瘟疫接踵而来，国家开始衰落。

16世纪初，土耳其大举进攻埃及，于1516年大败马木路克军，占领叙利亚，此后攻占开罗，灭亡了马木路克王朝，埃及变成奥斯曼帝国的一个行省。

中世纪早期的马格里布

马格里布在阿拉伯语里是"日落的地方、西方"的意思，原指埃及以西的整个北非地区，后来专指突尼斯、阿尔及利亚和摩洛哥三国，该地区最早的居民是

柏柏尔人，也称摩尔人。公元前814年至公元439年间，腓尼基人和罗马人先后来到这里定居，灭亡了柏柏尔人所建立的国家，将柏柏尔人变为奴隶。

439年，汪达尔人盖塞里克以迦太基为首都建立了封建国家，统治了近100年后被拜占廷灭亡，这里开始出现奴隶制大庄园。642年，阿拉伯埃及总督阿慕尔占领了巴尔卡城，将其作为昔兰尼加的首府，以此为基地，阿拉伯两次进兵突尼斯，打败拜占廷军队，杀死了拜占廷总督。

670年，阿拉伯将领奥克巴修建凯鲁万城，作为伊非里基亚（突尼斯地区）首府，将统治范围扩大到大西洋沿岸，开始了统一马格里布的征程。到710年，阿拉伯人攻陷了拜占廷在北非的最后据点丹吉尔，完全征服了这一

古城凯鲁万

世界通史　最新整理图文珍藏版

地区。此后，凭借阿拉伯骑兵的强大优势，奥克巴镇压了柏柏尔部落的抵抗，开始在柏柏尔人中广泛传播伊斯兰教，并吸收这些人参加军队。

在阿拉伯人统治的马格里布地区，封建生产关系占了主导地位，但柏柏尔人还保留着不同程度的原始社会的痕迹：在海滨和平原的农民中仍保留着部落组织，在山区和绿洲的游牧部落里，氏族制度仍居统治地位。这是马格里布不同于阿拉伯帝国其他地区的一个显著特征。

739 年，摩洛哥北部爆发了纳税人起义，起义首领自称哈里发，起义军占领了许多重要城市，两次打败阿拉伯军队。788 年，阿拉伯贵族伊德里斯·本·阿卜杜拉，依靠柏柏尔部落的支持，在摩洛哥北部建立了独立的封建国家——伊德里斯。

马格里布的兴衰

9 世纪时，伊德里斯王朝和其后的阿格拉布王朝的君主纷纷将土地赐给王族和官僚作为禄田，之后则变成了世袭的领地，随着封建割据势力日益强大，马格里布逐步走向分裂。

909 年，阿拉伯什叶派利用人民起义推翻阿格拉布王朝后，建立了法蒂玛王朝。然而，其后统治马格里布的齐里王朝没有从前车之鉴中吸取教训，又将大片土地授予王亲国戚和达官显贵，使得游牧军事贵族的势力不断发展。随着分裂割据日益严重，王朝更迭频繁，人民起义不断，成为马格里布王朝这段时期的一个显著特征。

11 世纪，大规模的人民起义在摩洛哥地区爆发，1061 年，尤素福·伊本·塔士芬建立了军事封建神权国家阿尔摩拉维德王朝，在利用人民起义的力量消灭了摩洛哥和阿尔及尔以西地区的封建割据政权后，两度出兵伊比利安半岛，把领土扩张到西班牙的南部和东南部。

阿尔摩拉维德王朝建国不到50 年，人民起义又起，起义领导人穆罕默德·伊本·图尔马特在摩洛哥地区自称马赫迪（救世主），1129 年去世后，其门徒阿卜德·阿尔·穆明自称哈里发，继续斗争，于 1147 年建立阿尔摩哈德王朝。阿尔摩哈德王朝随后灭亡了哈马德王朝，收复了突尼斯沿海城市，消灭了东马格里

哈里发征服开罗

布的地方政权，统一了整个马格
里布。

　　阿尔摩哈德王朝军事力量非
常强大，长期保持一支强大的陆
军和舰队，1196 年曾大败西班牙
的基督教骑士军，但还是无法抵
挡来自内部的侵蚀。1269 年，在
人民的反封建起义和王室夺权内
讧的冲击下，阿尔摩哈德王朝
灭亡。

　　1516 年，土耳其开始入侵马
格里布，东马格里布逐渐沦为奥
斯曼帝国的行省。

东苏丹诸国

　　苏丹古称努比亚，境内曾存
在过古老的库施国，4 世纪中叶
被阿克苏姆王国灭亡。六七世纪
之交，阿克苏姆王国开始衰落，
该地区兴起了两个独立的基督教
国家：6 世纪形成的穆库拉王
国，建都栋古拉，统治了阿特巴
拉河口以北到第二瀑布的地方；
7 世纪建立的阿勒瓦王国，建都
索巴，统治阿特巴拉河口以南的
地方。

　　7 世纪中叶到 13 世纪，大批
阿拉伯部落迁居，散居在苏丹全
境，到 16 世纪初，苏丹出现了两
个强大的伊斯兰教王国：东部的
芬吉苏丹国和西部的达尔富尔苏
丹国。

　　芬吉苏丹国建立于 1504 年，
首都散纳尔，极盛时东临红海，
西面包括科尔多凡一部分，北面
包括栋古拉，到第三瀑布附近，
南面临近尼罗特人部落。

　　芬吉苏丹国的统治者自称为
倭马亚王朝的后代，实际是阿拉
伯化的黑肤色土著部族后裔，国
内各地区的总督各自为政，独霸
一方，削弱了国家实力，17 世纪

芬吉首都散纳尔遗迹

前期一度为达尔富尔吞并，1821年被埃及军队灭亡。

达尔富尔苏丹国的首都为厄尔法舍，极盛时包括全部科尔多凡，还占有尼罗河东岸的几个州，居民主要从事畜牧、农耕。达尔富尔苏丹国冶铁业发达，铁器成

库施穆萨瓦拉塔神庙遗址——"伟大的圈栏"

为当地特产，甚至远销到埃及。该国一直维持到1716年，末代苏丹阿里·迪纳尔被英国殖民者废黜。

桑给帝国

东非海岸在10世纪至15世纪是桑给帝国的统治区域，所谓的"桑给帝国"并不是一个统一的国家，而是一个由许多城邦组成的联合体，各城邦中长期居于霸主地位的是基尔瓦苏丹国。

基尔瓦苏丹国是波斯人哈桑·阿里·伊本建立的，10世纪时，哈桑率七艘大船，载着大批移民到达东非的基尔瓦，征服当地居民后，在基尔瓦建立了城市。此后，外来的阿拉伯人、波斯人、印度人和当地的黑人纷纷在邻近岛屿建立城邦。14世纪初，桑给帝国达到极盛，其他如安哥舍、莫桑比克、蒙巴萨、摩加迪沙等城邦都依附于它，后人将其统称为"桑给巴尔"。"桑给"意为"黑人"，"桑给巴尔"的意思就是"黑人帝国"。

桑给帝国各城邦普遍实行奴隶制，无论是政府还是家庭，都采用大量奴隶劳动，这些奴隶为

发现基尔瓦

帝国创造了大量财富。阿拉伯人的商队将当地黄金、象牙、龙涎香和奴隶源源不断地运往印度洋、地中海各国，并将中国的绸缎、瓷器、金属制品和玻璃器皿等运进来。

利用国际贸易获得的巨额财富，桑给帝国建筑了华丽的宫殿、雄伟的清真寺和坚固的堡垒。14世纪，穆斯林探险家伊本·巴图塔来到了桑给帝国，他这样描述各国的富庶：基尔瓦是"美丽、最整齐的城市"，蒙巴萨是"巨大"的城市，摩加迪沙是"特别巨大的城市"。

阿克苏姆王国

以阿克苏姆城为中心的阿克苏姆王国是埃塞俄比亚领土上的第一个国家，建立于公元前1000年左右，国王自称"涅古斯"（意即"万王之王"或"皇帝"）。3世纪至6世纪时，阿克苏姆王国达到了鼎盛，领土东到也门，西至撒哈拉，北抵埃及国境，南达索马里香料之地，被称为当时世界四大帝国之一。

阿克苏姆农业发达，手工业也达到了较高的水平，加上特产丰富，使得本国有着发展商品经济的绝佳条件。公元前3世纪，当时的统治者在红海西岸兴建了阿杜里斯港，自此，阿克苏姆的国际贸易开始兴盛。凭借良好的先天条件，这里逐渐成为东西方商品的聚散地，本地的香料、龟板、树胶以及来自世界各国的货物都能在这里看到。

4世纪时，基督教自叙利亚传入阿克苏姆国，国王埃扎纳改宗基督教，还进行了文字改革，建立了沿用至今的、音节分明的埃塞俄比亚文字体系。从6世纪中期开始，由于波斯等国入侵，阿克苏姆的领土逐渐被蚕食。710年，阿杜里斯港被阿拉伯人破坏，从此，阿克苏姆开始衰落。

10世纪末，阿克苏姆王国重新占领了红海沿岸部分地区，但随后爆发了阿加乌部落起义，起

阿克苏姆方尖碑

义军以罗哈为都城建立了扎格维王朝，阿克苏姆被迫迁往绍阿，直到13世纪强大起来后才推翻扎格维王朝，建立了所罗门统治的埃塞俄比亚王国。

埃塞俄比亚王国

埃塞俄比亚王国建立于1270年，定都冈达尔，到16世纪初，版图从红海之滨的马萨瓦伸展到西南的阿巴亚湖，这个疆界与目前的埃塞俄比亚大致相同。

埃塞俄比亚王国的所有土地属于皇帝，皇帝根据功劳将其分封给服军役的贵族，然后，大贵族再将自己的封地分封给中小贵族，以土地占有关系为纽带，整个社会建立起严密的封建等级制度。

为了争夺领地，贵族之间长年混战，可以说，这些人就是将打仗作为自己的终身职业。贵族们往往通过对农民的劫掠和横征暴敛获得巨额财富，农民无奈地承担着沉重的剥削。比农民更苦的是奴隶，当时的奴隶劳动在贵族经济中还占有重要地位，广大奴隶没有任何自由，从生下来就要为贵族做一辈子苦工。

埃塞俄比亚圣斗士形象 中世纪插图画

14世纪，索马里地区的穆斯林国家开始反对埃塞俄比亚的统

拉利贝拉岩石教堂

治，并在 16 世纪初联合土耳其人侵入埃塞俄比亚。16 世纪中期，埃塞俄比亚王国被阿达尔苏丹国军队攻陷，大部分国土遭洗劫。不久，游牧部落盖拉人又从南向北践踏了王国约三分之一的土地，统治时间达半个世纪。16 世纪末，埃塞俄比亚皇室在葡萄牙军队的帮助下驱逐奥斯曼人，征服了部分盖拉部族。此后，西班牙耶稣会教士以盟友身份涌入埃塞俄比亚，四处进行侵略活动，激起了人民起义，皇帝被迫在 1632 年把

耶稣会教士驱逐出境。

埃塞俄比亚历史上尽管入侵不断，内讧不断，但在人民的坚决斗争下，非常幸运地长期保持了国家的独立。

强盛一时的马里

马里处在尼日尔河及巴科伊河上游，7 世纪初建立国家，不过有证可考的第一个国王是 11 世纪的巴拉门达纳，那时，马里还是加纳的藩属。

1050 年左右，巴拉门达纳皈依了伊斯兰教，在去麦加朝觐后，开始取得苏丹称号。其在位时垄断了国内金矿生产，同北非展开黄金贸易，使国家逐渐富强，摆脱了加纳的统治。巴拉门达纳之后最著名的马里国王是穆萨·阿拉科伊，在位时曾三度去麦加朝觐，挥霍掉大量钱财，不过却换

廷巴克图

坎坎·穆萨肖像

来了极高的声望。现在，穆萨仍被看作马里国家最伟大的君主。

14 世纪前期，马里的繁荣达到顶峰，到国王坎坎·穆萨时，国家版图扩大到南起赤道森林边缘，北到撒哈拉沙漠，西至大西洋，东达豪萨地区（今尼日利亚边境）的广大地区，成为西非历史上最强大的国家之一。

1324～1326 年，穆萨率大队人马声势浩大地前往麦加朝觐。朝圣归来后，穆萨请阿拉伯建筑师埃斯·萨赫利在全国修建王宫和清真寺。穆萨十分尊重学者，在廷巴克图的桑科尔清真寺附近设立了著名的桑科尔大学，对法官、医生、教授给予很高礼遇。当时，桑科尔大学中有几千名学生，其中还有不少白人留学生。

到苏莱曼统治时期，国家继续繁荣，著名的阿拉伯旅行家伊本·巴图塔在 1352～1353 年到达马里，其游记中记载了许多关于马里的珍贵史料。

桑海王国的兴起

传说桑海人建立的第一个王朝叫迪阿王朝，统治着北到班巴，南至鲁普的尼日尔河两岸之地，第十五代国王科塞伊在加奥穆斯林影响下皈依伊斯兰教，并在 1010 年迁都加奥。

1493 年，桑海大将索林凯人穆罕默德·杜尔从桑尼·阿里之子巴罗手中夺取了王位，自称阿斯基亚·穆罕默德一世，开创了阿斯基亚王朝，其后的一系列改革，使桑海进入鼎盛时期。

1517～1528 年，桑海发生内乱，尼日尔河东岸的凯比王康塔起义，此时，穆罕默德一世的三个儿子也举兵反对父亲。1528 年，穆罕默德一世战败，被儿子残忍地剜去双眼，流放到尼日尔河的一个岛上。此后，争夺王位的战争不断。

到达乌德统治时，虽有振兴国家之意，但颓势已不能挽回。1590 年，摩洛哥苏丹艾哈迈德·曼苏尔派兵入侵桑海，在汤迪比与桑海人展开了激战。摩洛哥近 2000 名装备先进、带着火枪的侵略军，轻而易举地打败了以刀、矛、弓箭、木梃、皮制和草编盾牌为武装的几万桑海军。桑海国王在逃到古马避难时，被当地居民杀死。

摩洛哥侵略军洗劫了加奥、廷巴克图和选内，著名的桑科尔

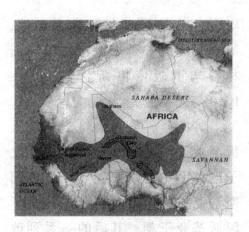

桑海王国的扩张

大津巴布韦内的祭神塔

大学被付之一炬，10万金币和1000个奴隶（其中有不少当地的学者和阿訇）被作为战利品运回马拉喀什。桑海王室失败后无力反击，影响力逐渐消失，到17世纪初桑海王国不复存在。

南非古国津巴布韦

津巴布韦的意思是石头城，大约建于6世纪至8世纪，是南非古国莫诺莫塔帕的首都。

莫诺莫塔帕建立于5世纪前后，是在原始公社解体基础上形成的国家，氏族部落贵族在政治生活中起着主导作用，建国后的很长一段时间内仍保存有母系氏族制度遗风。12世纪，莫诺莫塔帕国开始进入全盛时期，15世纪

时，其疆域北起赞比西河，南越林波波河，东临印度洋。

16世纪，葡萄牙人侵入到莫诺莫塔帕国宫廷。据葡萄牙人记载：国王后宫里有几千名嫔妃和女奴，其中九个（大多为国王的姊妹或亲属）有王后的称号，她们享有决定王位继承人的大权；国家大权属于国王，他拥有臣民及其所有东西的决定权，甚至可以随意将臣民杀死。

此后，葡萄牙人开始垄断了海上贸易，莫诺莫塔帕的经济受到严重的压制。另一方面由于长年的内讧和战乱，莫诺莫塔帕王国开始走向衰落。尽管如此，当葡萄牙人妄图通过传教控制和武力征服等手段占据莫诺莫塔帕时，仍然被奋起的人民打得狼狈而回。一段时期内，莫诺莫塔帕人曾迫使葡萄牙人向国王交纳商业税，

当时王国的使臣每三年一次到葡萄牙人的商业据点去收取这种商业税。

作为殖民大国的葡萄牙自然不能忍受这种耻辱，1628～1629年，葡萄牙人再次挑起战端，终于打败了让其大丢面子的莫诺莫塔帕国大军。此后，扶植了一个听命于葡萄牙并接受了洗礼的新国王，还通过不平等条约获得了金矿垄断权。

在葡萄牙人的掠夺下，莫诺莫塔帕进一步衰落下去，1693年，被马肖纳族的罗兹威人灭亡。

第二节　文化中兴：艺海拾贝　科技撷英

日本的早期文明

日本文明的迟缓发展

东亚的伟大文明中，日本文明发展最晚。它的起源在大陆上，而且很大程度上是对大陆文明，尤其是中国文明的消化吸收。然而，日本落后于中国和印度数百年并且在借鉴中国文明的基础上才得到迅速进步的事实并不证明这些岛国居民缺乏才能和创造力。他们不仅在消化吸收外国因素并改造利用方面表现出令人瞩目的天赋，而且在历史的某些时期中，他们似乎比远东其他民族更具有首创精神。早期日本的落后至少在某种程度上可以解释为它与亚洲大陆隔绝的地理环境。在跨洋商业没有十分发达时，日本列岛不可能随时受到大陆上正在发生的政治和文化变革的影响。这些岛屿与亚洲大陆的关系就像不列颠群岛和欧洲的关系一样。正如欧洲文明逐步从近东的中心向西经意大利传入北方各国，最后传播到不列颠一样，远东的文明也是由黄河流域向西、南、东北辐射式传播，必然最晚到达日本。实际上，日本比不列颠离邻近的大陆要远得多。多佛尔海峡最窄处只有 20 英里宽，而日本列岛与朝鲜半岛距离最近处也超过 100 英里。

地理上的利弊

日本的地理位置在某种意义上说是得天独厚的。在构成日本列岛的 3000 个左右的岛屿中，只有 600 个有人居住，而大部分人口集中在四个主要岛屿上。整个群岛位于温带，最大的岛屿本州，拥有日本人口的半数，处在与加利福尼亚几乎完全相同的纬度上。从热带海洋向北流来的黑潮缓解了冬季的寒冷；而有时是破坏性极强的气旋风暴使气温上下波动，二者都锻炼了人们的身体和意志。

他们濒临大洋促使他们发展了航海并成为坚忍不拔的渔民。这一地区以它的海岸、山脉、火山和积雪的山峰而成为世界上风景最优美的地区之一，这无疑是形成日本民族敏锐的美学眼光的一个因素。同时，日本从大自然得到的并不全是恩惠；它也受一些不利条件的困扰。除了煤的储量相对丰富外，矿产资源贫乏；更为严重的情况是，大部分地区是山区或岩石地区，农田缺乏。虽然在历史上日本人是一个农业民族，但他们的土地只有百分之十六适宜耕种。这在人口较少和普遍安居乐业的条件下算勉强够用；但到了近代，它成了一个严重的问题。

日本的种族构成

虽然日本的领土面积这样小（比加利福尼亚州略小一点）而且它相对与世隔绝，但从很早时就连续不断地有大陆上的各民族移民迁入此地居住。已知最早的居民是一个拥有新石器文化的原始民族。他们在许多方面还很原始，但却以令人惊叹的设计精美的陶器和制作技艺精湛的武器而著称。他们今天以阿伊努人——一个皮肤白皙、脸孔较平、毛发浓重的民族——为代表，除了北海道和

北方的千岛群岛外他们已从这个国家的大部分地区消失了。大部分日本人是自新石器时代及其以后跨海而来的蒙古人侵者的后裔，他们大部分经朝鲜进入日本。从秦朝起，日本人就掌握了关于中国文化的一些知识，它们当时已渗透进了朝鲜。从公元前 2 至公元前 1 世纪的墓葬中出土过铜镜、有雕刻的宝石和中国或蒙古式样的剑。到公元前 1 世纪末，日本人已经开始使用铁器和青铜器。

日本社会的开端

文化演进的主要中心在日本的南部和西部——靠近朝鲜的地区，移民主要从那里进入日本——而且这一地区的文化发展逐步扩散到北部和东部，这一点十分清楚。日本国家的真正核心是位于最大的本州岛东南部的大和半岛，也许早在公元 1 世纪就有一个家族群从九州（正对朝鲜）迁入此地。当时日本社会十分原始。人们还穿着用大麻和树皮制成的衣服，尽管丝绸在当时并不完全不为人所知。他们只以易物方式进行贸易，也没有文字系统。社会的主体单位是氏族，一个家庭组成的群体靠血缘关系维持。每个氏族都供奉一些特有的神灵，他们被认为是氏族的祖先；但祖

先崇拜尚未形成定规。氏族首领由一个特定的家庭世袭，这个首领既是军事指挥者也是祭司。在原始的日本社会中，妇女似乎占有较高地位，甚至是统治地位。氏族首领有时是妇女，而且有证据指出早期家庭是母系的，即按母亲家族来安排世系——鉴于后来妇女的严酷的从属地位，这是一个令人瞩目的情况。但是，向父权制的过渡实现得很早。根据公元·3世纪中国的记载，一夫多妻很普遍，尤其是那些地位较高的男人。各种工艺和技术被以成员资格世代相传的行会形式组织起来。每个行会依附于一个氏族并最终趋向于融入这个氏族，虽然有一些行会因为成员从事特殊职业，例如管理宗教仪式等而能独立存在并保持高贵的地位。另一方面，农业和手工业行会的成员实际上是农奴。社会是确定的贵族统治，身份都是世袭的，奴隶制仍然存在，尽管奴隶的人数相对较少。

神道教的创立

与其他原始民族的宗教相比，日本的宗教在某些方面是独一无二的。它基本上是万物有灵论的，是一种幼稚的，没有明确神性概念的普遍自然崇拜。一般来讲它是多神教，除了这个术语可能对神的种类、数量和意义有严格限制以外。日本人后来把他们的宗教命名为"神道（神的道路）"，这是因为他们需要把它与教义清晰而成熟的佛教信仰区别开来。虽然日本人承认一些伟大的神灵，把他们附着于日、月、土、谷和风，但他们并未被赋予明确的性格，也没有用神像来表现。崇拜的对象叫做"神"，这个术语意为"无上的"，但它被应用于几乎一切神秘或有趣的事物，范围从天象到泥沙以至于害虫。在自然与超自然、魔术与崇拜之间没有明确的界限。死后生命的想法极端模糊，宗教十分缺乏道德内容。它包含许多禁忌，而且对礼仪的洁净十分注重，用净化仪式来排除污秽，但这种要求并不是基于道德上的考虑甚至不是总与健康有关。例如，不洁总是与生育、死亡和不管是否光荣的受伤联系在一起。为了取悦神，人们用恭敬的行动、祈祷和祭品来供奉他们。但献祭的酒食逐步被象征性的物品代替了，先是陶、木器，最后是纸制品。

日本土著宗教的诱人之处

日本土著宗教尽管松散、原始，但并不缺乏诱人之处。它反

世界通史

最新整理图文珍藏版

映了一种乐观态度和罕见的对自然的同情和欣赏。神不被认为是残忍和令人生畏的；甚至风神也被普遍认为是谦和的。总的来说，日本的宗教是一种"爱和感恩而不是恐惧，宗教礼仪的目的是颂扬、感谢，同时也是安抚和宽慰他们的神灵们"。如画的传奇和诗一般的用语，引起人们对自然世界的自发的愉悦心情，这也给了这种宗教强大的生命力。

统治大和平原的并逐渐取得对周围地区支配地位的氏族，可能来自九州并自称是天照大神的后裔。这种宣称不算引人注目，因为所有重要的家族都把自己的祖先说成是神。然而，当大和氏族扩展它的政治势力并试图使其他各氏族都承认它的至高无上的地位时，与天照大神有关的神话就显得更加重要，因为由它派生出大和氏族的酋长是由神决定统治全日本的传说（尽管大部分地区还在土著居民手中未被征服）。据这个传说，天照大神派她的孙子琼琼杵尊来到地上，"皇孙……则引开天磐户，排分天八重云以奉降之。"他降落在西部的九州岛上，随身带着象征日本皇权的三种神器——一块玉，一柄剑和一面铜镜。琼琼杵尊的孙子沿着海岸来到大和

地区，在那里他作为"第一个天皇"神武天皇开始了统治。日本国家的传统把帝国的开始定为公元前660年2月11日。实际上，大和国家迟至六七百年后才建立；而且它当时绝不可能是帝制的。天照大神及她的后裔的传说直到7世纪才成为日本国家崇拜的独特组成部分，而且直到近代才被别有用心地抬高成全民族的神灵，目的是为了向人民灌输一种狂热的不问是非的爱国主义。

日本在好几个世纪里保持着与朝鲜的联系并连续从那里获得文化动力，这意味着它间接地受到中国汉代和以后各朝代的更古老、更丰富的文明的影响。公元369年，日本人侵入朝鲜南部并作为一个平衡的力量介入朝鲜政治，在当时朝鲜三国鼎立的时代里一会儿帮这个，一会儿帮那个。对日本以后的历史起最重要作用的是通过朝鲜引进的中国的文字系统（公元405年）和佛教（公元552年）。

日本的文字

由于文字对文明进步是有决定作用的，所以，对日本人来说他们从中国引进文字是个不幸。如果他们能发展或引进一种表音或字母系统，书写他们的语言就

会变得相对简单了。汉字——基本是象形的或表意的，与发音关系极不明确——已发展成一个复杂的体系并被用来创造了中国文学的杰作；但它们表达日语却很别扭。与中文不同，日语是表音的，想用汉字写出日语就像试图用汉字写出英语一样困难。然而，日本人为此努力奋斗，终于发展出一套自己的文字——准确地讲，是一套文字的两种形式。虽然原来的汉字被大量删减，而且在 9 到 10 世纪又统一了日语音节的音值，结果仍是十分麻烦。从那时起，学写日文——这个有 48 个音节符号和 1850 个不能取消的汉字的文字系统就成为一件非常吃力的事情。这种文字系统与其口语的结构、曲折变化和其他特性的大相径庭严重阻碍了表达的清晰。为了弥补这些缺点，大量的汉字被采用进日文中，使它在词汇和概念上都极大地丰富了。由于中文的环境，一个希望受教育的日本人几乎必须学习中文，因为它是几乎一切文学名著的载体。在好几个世纪里，日本学者、官员和文人都用中文文言写作，这与中世纪及其以后受过教育的欧洲人写拉丁文有点相似，但那些欧洲人也说拉丁语，而日本人说汉语的却很少。

佛教在日本的立足

6 世纪中期，佛教开始在日本立足。据说第一个佛教传教者来自朝鲜；后来这种新信仰的传播者不仅来自朝鲜，也来自中国甚至印度。和在中国一样，大乘佛教由于它高深的理论和强调拯救灵魂而显得最为著名。正如在中国一样，许多新的教派时时刻在日本兴起。佛教在日本的出现引起了比它几个世纪前传入中国时可能大得多的震动。中国人至少通过道教比较熟悉了那些神秘的概念，但日本人以前从未有过无论是这种宣扬"来生"的宗教还是其他类似哲学的经验。佛教对日本人的号召力部分在于它的新奇。佛经提出了显然日本人以前闻所未闻的问题——例如灵魂，非物质世界的本质，死后的果报等——然后又以令人折服的雄辩来回答它们。在一段时间内，为是否应该接受这种外来的信仰发生了尖锐的辩论（第一尊来自朝鲜的佛像在一种传染病流行时，被扔进了河沟）。然而，一个显赫的贵族家庭苏我氏接受并支持佛教，并说服皇族也支持它，因此，到 6 世纪末，佛教在日本已经成功地扎了根。从某种意义上讲，它的成功归因于政治策略和权宜之计。苏我氏家族帮衬佛教是为了提高它自己的威望而且通过这种宗教超自然的力量来确立自己在与敌对家族的斗争中的优势。佛教在平民和贵族中迅速获得大批信仰者，而且发展得如此稳定；以至无论那些相互斗争的氏族势力如何变化，它的地位都是坚不可摧的。它的普遍流传也许是因为它被解释为一个神奇的保护者，使人在今生来世都避免灾难而不是因为它的哲学遗产。尽管如此，对佛教教义的不断熟悉激发了人们的知识活力，并有助于培养同情和仁慈的态度。

佛教——传播中国文化的媒介

佛教在日本的传播的最有意义的方面是它所表明的那样，是一种传播中国文化的最有效的媒介，尤其是艺术、建筑和文学。寺庙和神龛建立起来了，佛教的绘画和造像出现了，佛教的经典也积累起来了。贵族阶层中的信佛者经常去中国学习，开了眼界之后带着高雅的姿态回来。日本土著的信仰这时开始被称为"神道"，虽然没有被消灭，但它在与佛教的接触中显然受到很大影响。两种宗教之间很少有对抗。日本的佛教染上了民族传统色彩，而且对同一个神龛，两种信仰都认为是神圣的。日本的僧侣，无论是佛教的还是神道的，都和中国僧侣一样，没有建立一种对人民实行严酷统治的僧侣政治，尽管佛教寺院由于获得大量土地而在经济上显得十分重要。

日本向中国求教

在盛唐时代，中国文明对日本的影响达到了高潮，它标志着日本社会演进的一个转折点。这段时间日本人贪婪地向中国寻求教导，这一点也不奇怪。在唐朝头几个皇帝统治下的中国是世界上文明最发达，实力最强大的国家之一，在远东没有实力相近的对手。在整个七八世纪，大和政府向大唐朝廷派出一系列的使节，很重要的目的之一是为了搜罗科学、艺术和文学上的人才。结果深刻地影响了日本社会的每一个方面。中国的医药、军事、筑路方法都被引进了；建筑风格、家具陈设甚至服饰都被照搬过来。中国的度量衡制度被采用了，铜钱也开始有限地流通，尽管几个世纪以后货币经济还没有完全取代易货贸易。许多艺术品很早就被引进和复制了，但这时日本的画家和雕刻家才开始展示他们的精湛技艺和创造力。中国的典籍，尤其是儒家典籍被日本人认真学习，因为每一个教养好的人都要求熟悉它们。随着这些具体而明显的革新，一种按中国方式改变社会结构的尝试也开始了。新的强调家庭和睦和孝顺父母的理论出现了，它也要求祭祀祖先的责任。日本的统治者和知识阶层似乎已下决心照中国的样子再造他们的国家了。

最全面的改革计划是按照唐朝的模式来改组政府。它是由一个被称为"大化改新诏书"的敕令宣布的。这个诏书是由大和的统治者在一个学者改革集团的督促下发布的。这个诏书，而不是公元前660年那个神话事件，标志着日本帝制的建立。从文化改新诏书的颁布起，统治者起的作用不再仅仅是一个氏族首领，而是一个拥有无上权力的皇帝，尽管他还宣称遵守儒家准则。整个日本被划分成国、郡、里几级行政区，每一级由中央从民众中选拔任命的官吏来管理。改革者们忠实地仿效中国的样子，设立科举制度，通过考试来选拔官吏，选拔的标准不是对日本的问题是否熟悉而是对中国哲学和古典文献是否精通。为了给新的统治制度一个经济基础，也为了让它直

接统治人民，改新诏书宣布，土地全归天皇所有，每六年在农民中平均分配一次。反过来，每个土地所有者都被要求直接向国家纳税（实物、货币或劳役）。

日本政治制度的巩固

总而言之，7世纪的改革是所有统治者进行过的改革中最有魄力和抱负的一次。它的目的是把一个文化发达、传统深厚的民族经过几乎一千年的发展而产生的统治制度嫁接给一个仍然相当原始的社会。与此相似，它还努力把日本一部分地区的政体推广到整个地区，而它的大部分还几乎没有走出新石器时代。在采用这种中央集权的家长式统治时，中国原型的一个侧面被想方设法地避开了；就是说，皇权是以公众幸福的增进为条件的，它可能被人通过造反这种最高形式来终止，如果它不能实现这一目标的话。大和统治集团试图使学者型官吏组成的官僚机构依附于一个由万世一系的家族统治的政府，它的最高统治者有不可冒犯的神格。为了加强天皇的威信，他是天照大神后裔这一神话被空前地强调。他被看成是"万世一系"的化身而且他本人即是神——与中国皇帝"受命于天"的有条件和暂时

的神性迥然不同。除了中国和日本的这方面官方理论的根本对立外，对于政治权威的根基和限度，在实践中也有显著差异。中国有许多不同的朝代，大多数是通过造反或篡权建立的；但当一个有作为的皇帝即位后，他通常能够有效地有时是独断专行地治理国家，正如每一个主要朝代的开头几个皇帝的实践所证明的。而在日本，无论是社会内部暴力的或革命性的变化还是对外的关系，都没有改变和废黜过皇室；在皇家神性的偶像被精心维护着的同时，大部分实权都是被其他家族、机构和集团打着皇室的神圣旗号掌握着。自从日本企图照搬中国的统治机器以来，"间接治理"就成为一种制度而不是例外，只偶尔被几个名义上的天皇统治阶段取代过。

改革计划的部分失败

由于那些固有的困难，7世纪的改革计划没有完全成功是不足为奇的。新的统治制度只是纸上谈兵，并没有真正实行。以前只有有限的并且很大程度上是礼节性权威的皇族不能够强迫边远地区绝对服从它，而贵族传统过于强大，难于立即打破。天皇实行的是任命氏族首领为他们自己领地上的官员而不是派忠实的奴仆去取代他们。这样，那些当地的巨头们获得了新的头衔并保留了他们以前的大部分权力。那些渴望在政府中获得一席之地的人们有了科举考试这一阶梯，而重要的职位几乎总是给贵族成员保留的，较低阶层的有才能者发现他们自己只能做下属和杂务。为了给统一的税收体系打好基础，宣布了"班田制"，它却是最令人沮丧的失败。它是在中国的社会利益在于土地这一思想的激发下产生的，这种思想谴责任何个人为了私利而霸占土地，指出土地应该在耕作者中平均分配。这只是一种中国的理论，在日本它是完全不现实的。后来大的土地所有者设法逃税，增加了贫苦农民的负担。有些人完全失望，弃家逃走。这样，可收税的土地越来越少，天皇又把土地赐给大臣或佛寺，更使这种状况加剧。再以后，这种定期重新分配土地的制度只在已开垦为稻田的地区实行，这是个相当小的范围。边远地区的氏族从土著居民手中征服的和开荒得来的土地被认为是私人所有，不计入向天皇纳税的比例。结果，经济的发展不是增加了而是减少了中央政府有效控制的土地。朝

939

廷越来越依赖于皇室直接所有的土地上的收入而不是确保从税收中获得大量收入。

皇室鼓励下的文化进步

虽然中央政府没有完全达到它的目的，它却把文化水平成功地提高到一个令人钦佩的程度。7世纪以前，即使在大和地区也没有一个全日本的固定首都，实际上也根本没有城市。日本人为唐朝的首都——伟大的长安城所倾倒，他们决定仿照它建造一座城市作为皇家的大本营。从710年起他们在现在的奈良附近，忠实地仿效中国的样子建设都城。它也有宽阔的街道和整齐排列的方形里坊，不过它没有城墙，也比长安小得多。尽管如此，它比起城中的人口来还是太大了。794年，在京都建造了一座更加壮观的都城，从那时起它一直是一个重要城市。这两座在皇家主持下建成的城市有宫殿、庙宇和其他公共建筑物，他们也使各种艺术发展起来。以历史著作、论文和文学为内容的学术事业在宫廷里也日益繁荣。不管官僚集团有没有真正的社会责任心，它的成员们都能从精心学习汉语文言、翻译佛经、绘画或按中国的相当严格和矫揉造作的格律去做诗中寻

找乐趣和通过它们提高社会威望。对礼仪方面的修养也受到相当的重视。宫廷内的生活越来越颓废和浮华，但也给了一些艺术和知识方面的天才以优雅的环境。这一时期日本最好的文学作品都出自贵族和皇室妇女之手。她们的那些在10到11世纪显得卓越不凡的贡献主要是散文，特别是日记形式的，也包括一部相当著名的爱情小说（《源氏物语》）。这一事例表明，妇女，甚至是宫廷中的妇女，没有按男子的标准受教育是多么幸运。"当这个时代的男子自鸣得意地写着莫名其妙的中文时，他们的夫人们却以写优美的日文来安慰自己的缺乏教育；而且是不经意地创造了日本最伟大的散文作品。"

笈多王朝文化的繁荣

印度的文化、建筑、科学在笈多王朝时期有了长足的发展。

文化方面，许多民间故事、寓言和童话等都汇编成集，如《五卷书》、《嘉言集》等，有利于人们系统地学习知识。这个时期也涌现了不少文学家，如被誉为"超日王宫中的九个宝石"之一的

迦梨陀娑，是印度著名的古典梵语诗人、剧作家，现存公认的作品有七部，其中以抒情长诗《云使》、剧本《沙恭达罗》最为著名。

阿旃陀石窟内的雕刻艺术

不过，印度大多数学者和诗人都住在王宫和贵族邸宅里，整日为上层人士吟诗作赋，而且使用的多是民众难于理解的梵文，阻碍了文化在民间的传播。

建筑和造型艺术也在这个时期达到了较高的水平：笈多帝国首都华氏城兴建的庙宇和宫殿、阿旃陀石窟的壁画，都是印度建筑的经典之作。

阿旃陀石窟位于温迪亚山的悬崖上，现存洞窟29座，属于佛教石窟群，其中最早的石窟开凿于公元前2世纪。壁画是阿旃陀石窟中最引人瞩目的艺术，阿旃陀壁画构图壮阔，布局紧凑，色彩艳丽，富有抒情趣味，被认为是印度古代壁画的重要代表，其中最著名的是第17窟的狮子国登陆图。

印度的科学在笈多帝国时期很发达，我们现在所说的"阿拉伯数字"，其实原本是当时的印度人民发明的。这10个数字先是从印度传到阿拉伯，阿拉伯人略加修改后又传到欧洲，不知道来龙去脉的欧洲人以为就是阿拉伯人的发明，于是"阿拉伯数字"这一称呼流传至今。

天文方面，印度人也走在了前头。出生于476年的印度人阿略巴陀，很早就提出了地球是球形的观点，认为地球是围绕着自己的轴在旋转。阿略巴陀还指出月蚀是因为地球的阴影遮住了月亮，虽然没能为自己的学说提出科学的论证，但是观点已经很超前了。

德里苏丹和莫卧儿帝国的文化

德里苏丹时期，梵文走向衰落，方言文学逐渐兴起。

许多方言语种都是凭借杰出的文学家而流传开来的：宫廷诗人艾密尔·胡斯鲁采用由印地语

和波斯语混合而成的乌尔都语，写出了大量的诗歌和历史著作，诗人那爱斯瓦尔则让马拉特语空前繁荣，孟加拉语文学家蔡培尼亚写的圣歌也让印度人如痴如醉。此外，泰卢古语文学有《摩诃婆罗多》的译本，波斯文有著名的历史著作《那西尔通史》、《菲鲁兹王史记》和《穆巴拉克王史记》等，这些都是研究当时历史的第一手资料。

德里古天文台

到莫卧儿帝国时期，方言文学兴盛不衰。与《摩诃婆罗多》并列为印度两大史诗的《罗摩衍那》，在印度文学史上被称作最初的诗，但因用梵文写成，难以广泛传播，最终还是在图西尔·达斯用印地语对其进行改编后，才使其在人民中的知名度迅速提升。

印地语诗人苏尔达斯也曾用西部印地语写成了《苏尔诗集》，

泰姬陵

每首诗都配有曲调，几百年来始终受到印度人民的喜爱和传唱。

德里苏丹时期，随着伊斯兰教的广泛传播，清真寺四处兴建，其圆顶、拱门、尖塔、宽庭、完全没有人物的雕绘等特点是印度以前没有的，大大丰富了印度的建筑风格。德里苏丹国王朝时兴修的库巴特·乌勒·伊斯兰清真寺和库特卜尖塔，都是其代表之作。

到莫卧儿帝国时，印度建筑艺术达到了一个新的高度，最值得一提的是被誉为"世界七大建筑奇迹之一"的泰姬陵，这是莫卧儿王朝第五代皇帝沙贾汗为其爱妻修建的陵墓，素有"大理石的梦境"之称。泰姬陵共耗资4000多万卢比，历时22年才完工，融合了印度，波斯、土耳其的建筑师和工匠技术之大成，体现了劳动人民非凡的创造力。

玛雅文明

美洲最伟大的文明

美洲的古代文明中，最辉煌的当属玛雅文明，玛雅文明主要分布于今天墨西哥的尤卡坦半岛、恰帕斯和塔帕斯科两州的大部分地区，另外在伯利兹、危地马拉、洪都拉斯西部、萨尔瓦多等地区也有玛雅文明的存在。

公元前1800年左右，最早的玛雅猎人就开始引种玉米，从事农耕活动，玛雅人的历史一直延续到1697年，当时佩腾湖地区最后一个玛雅城邦在与殖民侵略者进行了浴血奋战后惨遭灭族。玛雅文明绵延达3500年之久。

玛雅人在天文、数学等方面达到很高的水平：在长期观测天

魔术师金字塔

象后，玛雅人掌握了日食周期和日、月、金星的运行规律，制定出一套完整的历法，其精确度超过同时代希腊、罗马所用历法；数学方面，玛雅人使用"0"的概念比欧洲人早800余年，并可以进行繁复的数学运算；玛雅人还创建了象形文字体系，以树皮纸和鹿皮写书。玛雅人取得的一系列成就，将中美洲各印第安文明共同拥有的一套以神权政治为核心的文明体系推上了高峰。

库库尔坎金字塔

玛雅文明全盛时期在公元300～900年，其影响范围西达墨西哥高原，东达巴拿马，对这些地区文明的崛起产生了深远的影响。玛雅文明时期，整个玛雅地区兴起了100多个城邦，城邦中多以气势恢宏的金字塔祭祀建筑为核心。

12世纪时，尤卡坦半岛上的

玛雅潘城邦势力逐渐强盛，成为玛雅地区的霸主，"玛雅"一词就是由此而来的。1441年，以乌斯马尔为首的众多弱小城邦联合起来反抗玛雅潘的霸权统治，焚毁了玛雅潘。之后诸城邦之间混战达百余年之久，耕地荒芜，瘟疫流行，玛雅文明逐渐衰落。

玛雅人的文明成就

玛雅文明是美洲古代印第安文明的杰出代表，所取得的文化成就令人惊叹。

玛雅人独创出完整的象形表意文字体系，由850个图形和符号组成，既能表意又可标音。玛雅人每隔20年就立石记事一次，这些有规律记载的历史，使玛雅文明成为美洲古代唯一有年代可考的文明。

在天文学方面，玛雅所取得的成就简直令人难以理解：那时，玛雅人已经测算出地球年是365.2420天，与现在的准确计算只相差2/10000天，玛雅人据此发明了著名的"玛雅历"，把一年分成18个月，每月20天，年终再加5天为禁忌日，合为365日之数；测算出的金星年是584.92天，和现代的精确测量相比，50年内的误差只有7秒。此外，玛雅人可以相当准确地预测出日食的发生。

玛雅建筑最具代表性的是金字塔，玛雅金字塔在气势上足可与埃及金字塔相媲美，而且在数量上大大多于埃及。数千年间，玛雅地区建造的金字塔数以万计，此外，还有数量众多的神庙，里面祭祀羽蛇神、太阳神等。

与埃及金字塔作用不同，玛雅金字塔不是寝陵，而是神庙建筑的组成部分。以金字塔和神庙为中心，玛雅城邦的建筑按照一定的历法要求安排各自的方位、角度，使得城邦中的建筑群在一定程度上还起着天文观测仪器的作用，这在古代建筑史中也是少有的。

丛林中的都市

玛雅人在公元初建立起一些奴隶制城邦国家，在鼎盛时期的公元300～900年间，拥有象形文字铭刻的城邦就有100多个，还有许多没有文字记载的城邦。

位于洪都拉斯西部的科潘，是玛雅人最大的城邦之一。古城规模庞大，现已陆续挖掘出了金字塔祭坛、广场、庙宇、石阶及大量的石碑和雕刻，素有"雕塑之城"的称号。

奇钦·伊查原先是玛雅人的古老城邦，但后来被托尔特克人所占领，在这里兴起了独特的玛

铭文神殿

雅一托尔特克文化，该文化的繁荣直至 1224 年才结束。约在公元 1250 年前后，尤卡坦半岛北部地区发生了重要变化——虽然奇钦·伊查遗址作为当时的一个政治中心并未废弃，但在它的附近又建立了一座新的玛雅城邦——玛雅潘，从此，玛雅潘取代了奇钦·伊察而成为北部尤卡坦的中心。

蒂卡尔古城位于危地马拉北部佩滕地区的热带丛林中，湮没于丛林植物缠结之中达 1000 年之久，1895 年，蒂卡尔古城在原始森林中被发现。城中的金字塔、祭坛、石碑等遗迹有 3000 座以上，建筑大致沿着一条南北中轴线而建。

帕伦克位于墨西哥恰帕斯州北部，是古代玛雅人的中心城市之一。早在公元前 1 世纪时，这里就成为玛雅人著名的祭祀中心，

公元 600～700 年是城市发展的顶峰时期，玛雅人在这里创造了光辉灿烂的文化，历史上称为玛雅文化，在人类发展史上书写了辉煌的一页。

说不完的玛雅之谜

玛雅文明在古代所有文明中是最富有传奇色彩的文明，在这一神奇的古代文明中存在了许多难以解释的现象。首先，在玛雅人进入文明社会之前，他们仍过着非常原始的生活，巢居树穴，以渔猎为生，其生活水准非常低下。突然之间，数百座城邦在广阔的地域之内崛起，马上进入了文明社会的行列，文明在一开始就已经相当成熟，几乎没有什么渐进的迹象，人类学家将之称为

科潘遗址中的玛雅纪念碑

"突变"，但无法解释造成突变的原因。

　　玛雅人把城市建在条件恶劣的密林中或者荒野上，而不像其他文明那样在自然环境优越的大河附近兴起，这又是一个非常难以理解的现象。更加奇怪的是，玛雅文明走过几千年的辉煌历程

玛雅天文台

后，好像有某种神秘的约定，所有的玛雅人在同一时间内突然消失了。有的家庭的炉灶上还放着盛有饭菜的锅，郊外田野里倒放着正在耕地的犁，但所有的玛雅人都不知所向。关于玛雅文明的消失有着种种的猜测，有人说他们是受到了瘟疫、战争等的袭击，但是为什么没有见到尸体？它的消失与它的崛起一样，充满了神秘的色彩，为世人瞩目。

　　的确，玛雅文明中存在的许多现象至今难以解释。就玛雅文字来说，玛雅人留下的遗产只有

三部手抄本和一些石碑、壁画等上面的象形文字。为了研究玛雅文化，人们使用了包括先进的电子计算机在内的各种破译方法和手段，即使这样，据说也仅认出其中的1/3。人们根据已认出的这些玛雅文字考译了一块玛雅石碑，出乎人们的意料之外，碑文竟是一部编年史。在这部编年史中，竟记载着9000万年前和4亿年前发生的事情！

　　玛雅人发明了非常先进的历法，这些历法的精确度不禁令人吃惊，而且可以使用6400万年以上。在帕伦克的铭文神殿石棺盖子上，竟然雕刻着太空船的形象！

　　从这些现象来看，也无怪有人认为玛雅人是"天外来客"了。但究竟玛雅文明的本质是什么，相信总有揭开谜底的一天。

阿兹特克文明

印第安人的最后辉煌

　　阿兹特克人最早居住在墨西哥西北的阿斯特兰的小岛上，12世纪中叶移居到墨西哥盆地，1248年开始定居在特斯科科湖西岸，1325年建立了著名的村落特诺奇蒂特兰（意为"出水之石"）。

阿兹特克神庙入口的精美雕刻

1426 年，在军事酋长伊茨考特耳领导下，阿兹特克人同特兹库坎、特拉科潘两个部落组成了联盟，三个部落平时各自独立，但在对外关系以及攻守问题上，阿兹特克的军事酋长取得了联盟中的领导地位，实际上成为联盟的总指挥。其后不到百年的时间里，阿兹特克主导的联盟先后征

特诺奇蒂特兰城复原图

服了许多部落，1519 年时，其势力范围西起图潘河和巴尔萨斯河口，东至现在的塔巴斯科州，成为北美大陆上最强大的部落联盟。

16 世纪初，特诺奇蒂特兰成为一座繁华的城市，许多建筑物建在湖中的木桩上，房屋之间靠水道交通往来，俨然一座水上城市。全城分成若干小区，各区由按某种关系结合的胞族或氏族居住。城中到处是花园和屋顶花园，巨大的公共建筑物上涂有石膏，白光闪耀，极为醒目。全城建有金字塔 40 座，其中市中心的大金字塔高达 35 米，十分雄伟。到 15 世纪末，城市面积达 13 平方千米，人口有 20 万 ~ 30 万人，是当时世界上最大的城市之一。

聪明的阿兹特克人

在手工艺方面，阿兹特克人能够制造质地优良、造型美观的褐地黑纹陶器，还会用天然铜锻造铜器，在锻制与模压黄金方面的技巧也非常精湛。阿兹特克人尤其擅长羽毛镶嵌工艺，作品构思巧妙、制作精美，比如采用珍贵鸟羽编织成的各种色彩缤纷、光艳夺目的饰物以及祭祀、节庆的仪仗等用具，别具一格。

阿兹特克人学习、借鉴了托尔特克人和玛雅人的文化，创造

阿兹特克人的象形文字

吨，中央雕有太阳神图像，周围图案刻的是世界创世以来的四个时代，记录了阿兹特克人宇宙观下的世界史，这就是阿兹特克人的"太阳石"。

1978年，墨西哥考古发掘出一块珍贵的石雕，直径11英尺、重约10吨，经鉴定，这件大型石刻雕刻于1470年，为阿兹特克人的"月亮石"，上面记载着一个神话故事："月亮女神"想要杀害她的母亲"地球女神"，但被她的哥哥"太阳神"察觉，为了拯救母亲，哥哥把妹妹肢解了，所以石雕上的"月亮女神"头手分离、肢体破碎。继"太阳石"之后，"月亮石"成为墨西哥发现的最重要、最完整的阿兹特克文化艺术珍品。

了自己的象形文字和历法，与玛雅人相似：阿兹特克人定下一年为365日零6小时，分为18个月，每月20天，每周5天，每天都有特定的名称，如猴日、雨日、海兽日等，每52年为一周期。

1790年，墨西哥城的一个大教堂在整修时发现一块石头，该石呈圆盘状，直径12英尺，重26

热血献祭

阿兹特克人继承了奥尔梅克、玛雅等民族的宗教习俗，沿用活人献祭的陋习。他们建造庄严雄伟的金字塔以接近上苍；树立神圣的碑刻记载时光流逝；他们在战场上勇往直前，抓获俘虏作为祭神的供品；在球赛中尽显技巧与毅力，胜利者赢得的是带着微笑向太阳神晋献自己头颅的荣誉。

阿兹特克人的宗教是多神崇拜，他们认为神创造人时做出了

阿兹特克太阳石上的复原图案

世界通史

最新整理图文珍藏版

阿兹特克人绘画作品中的祭祀场景

自我牺牲，而人也要不断牺牲自己祭祀神灵，才能延缓世界末日的到来。据说他们继承了玛雅人关于太阳轮回的宇宙观，但精确计算世界末日的方法却失传了。所以他们只得常年四处征战，大批地宰杀俘虏向太阳神献祭，以致他们圣殿的四壁和台阶上蒙着一层厚厚的凝血和人脂肪，令远道而来的早期殖民者触目惊心。

刚踏上阿兹特克帝国土地的西班牙人不仅为其国家的富有和豪华而眼花缭乱，而且也为其宗教仪式上大肆屠杀一排排献祭用的人而毛骨悚然。西班牙人不久便认识到，阿兹特克人建造的金字塔是献祭用的祭坛。而就在这些到处可见的、用于宗教仪式的金字塔的顶端，献祭用的人遭到屠杀。

贝尔纳·迪亚斯是这一恶性循环的最终结果的见证人："我永远不会忘记这个镇区——'索科特兰'中位于庙宇附近的那块地方。这里十分整齐地堆放着许多人的头颅——可以肯定有10万多个，我再重复一遍，10万多个。同样，在这个广场的另一角落，你还能看到整齐地堆放着许多残存的人的尸骨，这些尸骨是数不清的。除此之外，还有许多人头悬吊在两旁的柱子上……在这个国家内地的任何镇区，我们都能看到同样可怕的情景……"

科尔特斯的征服

阿兹特克人的战争观念同样使他们蒙受灾难。他们认为，战争是短期的，是为宗教仪式尽力。

科尔特斯肖像

而发动战争的主要目的是捕捉俘虏，用俘虏的心祭神。因此，他们发动的战争常常是出于礼仪的争夺。战争中，以最低限度的混乱和破坏捕捉俘虏。这种军事传统显然是一大障碍，因为西班牙人一心想获胜，而阿兹特克人只想捕捉俘虏。但西班牙人科尔特斯带领的军队来到这里时，阿兹特克人只能以失败来面对。

荷南多·科尔特斯出生于西班牙的一个贵族家庭。1519 年，他率领 110 名水手和 553 名士兵乘坐 11 只船踏上了阿兹特克人的土地。说起来，这支军队的确可怜，不仅人数少，而且只有 10 门重炮、4 门轻炮和 16 匹马，13 个士兵有火枪，32 个士兵有石弓。但科尔斯特野心勃勃，在贪欲的驱使下率军向有近千万人口的阿兹特克帝国进发。但有利的是，他得到了被阿兹特克人征服的其他印第安人的帮助。再则，还得益

于一个古老的神话。据传说，有一个大丽鹃神教会阿兹特克人农业、冶金和政治，该神身材高大，皮肤白皙，长髯飘荡。他许诺重访印地安人后就飘过墨西哥海湾。在阿兹特克人看来，科尔特斯很可能是正在返回的神。当科尔特斯带着一帮强盗到来时，甚至受到了阿兹特克人的欢迎。

1519 年 9 月 8 日，科尔特斯一枪未发就进入特诺奇蒂特兰城，并马上把阿兹特克人的皇帝蒙特珠玛关押起来，使其成为自己的傀儡，然后开始对阿兹特克人进行疯狂的掠夺和残酷的殖民统治。1520 年 6 月 30 日，忍无可忍的阿兹特克人在特诺奇蒂特兰发动起义，西班牙部队伤亡惨重。

撤退到沿海的科尔特斯又重新充实了部队，翌年 5 月卷土重来，包围了特诺奇蒂特兰，于 8 月 13 日攻陷该城，并将该城改名为墨西哥城，成为西班牙殖民地的首府，从此墨西哥进入长达 300 多年的殖民统治时期，直到 1824 年才独立。

此后，西班牙人对墨西哥的控制是相当稳固的，虽然科尔特斯需费些时间来巩固对边远地区的征服成果。

科尔特斯率军占领特诺奇蒂特兰城

印加文明

太阳神的子孙

关于印加族的起源，有一个美丽的传说。一天，太阳神在的的喀喀湖中小岛上创造了一对儿女，分别命名为芒科·卡帕克和玛玛·奥柳，太阳神命两人结成夫妻，又吩咐他们将其所创造出来的新种族带到一个有发展前途的地方去。遵照神旨，夫妻俩带着一根金杖一直往前走，走到一个地方时，金杖突然钻进地下不见了于是，两人便在这里停了下来，此地就是安第斯肥沃的谷地库斯科。定居后，芒科·卡帕克教男人们学农事，玛玛·奥柳教妇女们学纺织，"印加族"就这样

库斯科 中世纪欧洲人插图画

形成了。

"印加"在印第安语中是"太阳之子"的意思，印加人起初在的的喀喀湖附近过着狩猎生活，后来向北迁徙到秘鲁中部，12世纪时，以库斯科为中心建立起了印加帝国，印加文化就是从这个时候开始的。

从13世纪起，印加族开始以库斯科为中心不断向外扩张，到第9代执政者帕查库提和第10代执政者图帕克·尤潘基统治时期，印加领地已超过今天秘鲁共和国的面积。15世纪初至16世纪初的近百年时间里，印加帝国达到了全盛，疆域南北长达3000英里，东西由太平洋沿岸直到亚马逊丛林，面积有80多万平方公里之广，人口约600万以上，是南美洲历史上空前的大国。

到了图帕克的孙子一代时，兄弟间为争夺王位开始了内讧，最后阿塔瓦尔帕击败了哥哥瓦斯卡尔夺得了王位，但内战严重削弱了国家的实力。不久，西班牙殖民主义者大举入侵，印加帝国很快就灭亡了。

安第斯山中的奇迹

印加帝国是古代南美洲最强大的帝国，印加国君依靠军队和行政机构对全国进行有效的统治，

印加王形象 壁画

印加人虽然没有创造文字，仍采用结绳记事的落后方法，但在外科、解剖、牙科、麻醉等医学方面取得了辉煌的成就，还创造了自己独特的历法，一年为365天，分成12个月，每月30天，每4年加1天，以冬至为岁首。印加人还在库斯科城广场上矗立了"日晷"，这是利用日影测定时间和季节的天文仪器。

印加的都城库斯科是建筑史上的一个奇迹，这座都城位于海拔3000多米的高原盆地中，四面群山环抱，城周围的高山顶峰和隘口要道筑有城墙和堡垒，堡垒以及城内的庙宇、殿堂都是用巨石砌成，石块有的重达百吨，石块之间对缝严密，连薄刀都插不进去。如此浩大宏伟的巨石建筑工程至今令人叹为观止。

整个社会经济生活也被纳入国家强化管制之中。其农业发达，培植了40余种农作物，以玉米和马铃薯为主要品种。安第斯山区山谷陡峭，气候干燥，自然条件十分不利，但印加人却发展起庞大的梯田系统和引水灌溉工程，有的水渠长达百余千米。畜牧业方面，印加人所驯养的动物有作为驮畜的美洲驼和羊驼。

印加人的手工业技艺水平相当高，掌握了青铜冶炼技术，并以铜、金、银、锡、铝等制成各种精美器物和装饰品。此外，制陶和毛、棉纺织技术也具有很高的水平，并逐渐形成专业化生产。同玛雅人和阿兹特克人一样，印加人在建筑方面的天赋极高。

日本大化革新

公元645年（大化元年），在日本发生了革新运动，因革新始于大化年间，故称大化革新。大化革新是日本从奴隶社会过渡到封建社会的变革运动，它废除了奴隶制，建立了以中央集权制和国家土地所有制为特点的封建制度。大化革新的划时代伟大意义，堪与19世纪发生的明治维新相比拟。

奴隶制岌岌可危

奴隶制的大和国产生于3世纪后叶，以大和（今奈良县）为中心的近畿地区，4世纪末统一了日本。统一国土之后，大和国同中国南朝刘宋和朝鲜半岛的百济密切交往，积极摄取大陆先进文化和生产技术，发展了生产力，促进了日本经济文化的发展。

生产力的迅速发展与旧有的奴隶制生产关系部民制发生尖锐矛盾，阶级矛盾和统治阶级内部矛盾加剧，经济衰落。六世纪末至七世纪初，奴隶主贵族更加残酷地榨取部民的膏脂。不堪忍受奴隶主贵族残酷压榨的部民起来反抗。最初的反抗形式是逃亡。后来，部民进山入薮，经常袭击奴隶主贵族。626年（推古三十四年），"强盗窃盗并大起之，不可止"。部民的反抗斗争日益高涨。这种部民的斗争打击了奴隶主贵族，动摇了奴隶制的根基，为新的生产关系开辟了道路。

统治阶级内部的相互倾轧也越来越激烈。奴隶主贵族大肆兼并土地，为了争夺土地"争战不已"。皇室以各种名义霸占地方贵族的土地，扩大自己的直辖领地屯仓，因此，地方贵族同皇室的矛盾也很尖锐。当时朝廷内部上下相克的事件不断发生。氏姓制度也出现混乱状态，如"父子易姓，兄弟异宗"等等。

部分奴隶主贵族看到部民制已无利可图，于是采取租佃制的剥削方式。他们把兼并的土地出租给邻近百姓（平民）和逃来的部民，收取地租。当时从平民中成长起来的富裕的大家庭也将靠家庭成员无力耕种的多余土地出租给无地少地的平民和逃亡部民，征收地租。这种租佃制是封建生产关系的萌芽。封建生产关系的产生和发展，加速了奴隶制的崩溃。

革新与守旧势力早期的矛盾

部民制开始衰落的六世纪中叶，朝廷出现了改变现行统治制度，以挽救社会危机的改革者苏我稻目（？～570年）。稻目任宣化（535～539年）、钦明（539～571年）两朝的大臣。苏我氏与大陆移民有着密切的关系，所以便于吸收中国、朝鲜的先进思想和文化，成为开明的政治家。稻目于555年（钦明十六年）在吉备五郡设了白猪屯仓，但此后十多年间逃亡的部民甚多，为了制止这种现象，569 年（钦明三十年）派胆津去白猪屯仓，编制部民户籍。编制部民户籍是一项重要改革措施。由于建立了户籍，原来以部为单位生产的部民，变成以户为单位生产和向国家交纳年贡的小生产者。

苏我稻目的政治主张遭到守旧势力的代表人物大连物部尾舆的坚决反对。他们之间的矛盾，在崇佛和排佛问题上表面化了。钦明王皇时期，百济圣明王献给日本朝廷佛像、经论。当时稻目主张崇佛，而尾舆和主管神事的中臣镰子反对。稻目主张崇佛的政治目的在于通过信仰佛教来代替氏神的崇拜，以统一全国的思想，削弱氏姓贵族的势力，提高皇权，挽救社会危机；尾舆则主张不能改变氏神的崇拜，以维护腐朽没落的部民制和氏姓制。天皇允许稻目试拜，后来，国内流行瘟疫，尾舆和镰子上奏天皇把这场灾祸归罪于崇佛，要求掷弃佛像。他们经天皇同意，把佛像投进难波的堀江，又纵火烧掉了伽蓝，由是与稻目的矛盾加剧。

587 年（用明五年），用明天皇死后，苏我稻目之子大臣苏我马子和物部尾舆之子大连物部守屋围绕皇位继承问题展开激烈斗争。当年，马子消灭了守屋，掌握朝廷的实权。他拥立泊濑部皇子为天皇。这就是崇峻天皇，崇峻天皇因不满马子在朝廷专权，于 592 年（崇峻五年）被马子指使的东汉直驹暗杀。

圣德太子的初步改革

崇峻天皇死后，推古天皇即位。翌年，即 593 年（推古元年）天皇立用明天皇遗子厩户皇子（574～622 年）为皇太子，又委以摄政重任，厩户皇子后来被世人称圣德太子。太子曾分别向高丽僧惠慈和五经博士觉哿学习佛典和中国典籍。他广泛吸收中国的先进思想和文化，成为著名的政治思想家和改革家。他试图以加强皇权，削弱氏姓贵族势力的办法，整饬社会秩序，挽救社会危机，为此采取一系列改革措施。

603 年（推古十一年），制定冠位十二阶。冠位是按才能和功绩，由天皇授予贵族个人的荣爵，不得世袭。它和可以世袭的姓是完全不同的。实行冠位制，在一定程度上提高了皇权，为选拔人才创造了有利条件，推进了贵族的官僚化和官僚体制的形式。

次年，即 604 年（推古十二年），颁布 17 条宪法。17 条宪法是贵族的行为规范，并不是国家的根本法典。其条文，大都出自中国诸子百家的典籍和佛教思想，而尤以儒家经典居多。《宪法》规定"承诏必谨，君则天之，臣则地之"，"国非二君，民无两主，率土兆民，以王为主"，以提高天皇的地位。《宪法》还提到"以和为贵，无忤为宗"，"群卿百僚，以礼为本"要求贵族息争守礼。为了发展生产，消弭人民的反抗情绪，《宪法》还规定了"国司、国造勿敛百姓"，"农桑之节，不可使民"等条款。

圣德太子又采取兴隆佛教的政策。594年（推古二年），通过天皇下诏兴隆佛、法、僧"三宝"。太子带头建寺、讲经、注经。结果全国出现了竞造佛舍，弘扬佛法的局面。太子兴隆佛教旨在用佛教来统一全国的信仰，以加强皇权。

太子遣使通好于中国隋朝，恢复了中断一个多世纪的中日邦交，积极移植中国的先进思想和文化。600年（推古八年）至614年（推古二十二年）的15年间，派出四次遣隋使和八名留学生和学问僧。随遣隋使到中国留学的高向玄理、僧旻等人，后来学成归国后，在大化革新中发挥极为重要的作用。

圣德太子的改革，在一定程度上打破了氏姓制的束缚，削弱了大氏姓贵族的势力，提高了天皇的地位，培养和选拔了人才，这为后来的大化革新打下了基础。但圣德太子的改革，局限在上层建筑领域，而在这个领域里的改革也很不彻底。冠位制是在没有废除氏姓制的情况下实行的，实施范围仅在畿内及其周边地区。17条宪法作为训诫，只能起到教化作用，没有多大约束力。所以抑制大氏姓贵族的势力，提高皇权是有限的。由于太子的改革没有触动日趋衰落的经济基础部民制，要挽救社会危机是根本不可能的。

大化革新的出现

622年（推古天皇三十年），圣德太子病逝，改革事业随之停止下来。苏我马子对太子的改革，采取消极抵制的态度，因为提高皇权，削弱氏姓贵族的势力，不利于苏我氏在朝廷专权。因此，太子死后，马子自然不会继续推进改革事业。626年（推古天皇三十四年）马子死后，其子苏我虾夷继任大臣，独揽朝廷大权。628年（推古天皇三十六年）推古天皇病死，虾夷排斥圣德太子之子山背大兄王，第二年拥立田村皇子即位（舒明天皇）。在皇极朝（642～645年）时期，虾夷之子苏我入鹿登上政治舞台，专擅朝政。他痛恨圣德太子的名望，反对他的改革事业。入鹿为了根除改革事业的后继者及拥立古人大兄的障碍，消灭了山背大兄王。古人大兄是舒明天皇和马子的女儿法提郎媛所生的皇子，与苏我氏有密切的关系。山背大兄王事件说明，统治阶级内部新旧势力的斗争日益激化。苏我虾夷和苏我入鹿父子与其祖辈苏我稻目不同，他们不断扩大田庄增加部民，加强以东汉氏为主力的私兵，打击改革势力，已成为极力维护部民制的奴隶主贵族的总代表和社会变革的最大绊脚石。

社会危机越来越严重的七世纪三、四十年代，圣德太子派到中国的留学生陆续回国。623年（推古天皇三十一年）归国学问僧惠日等上奏天皇："留于唐国学者，皆学以成业，应唤。"天皇可能采纳了这个意见，召唤在唐学习的学生。僧旻于623年（舒明天皇四年），惠隐、惠云于639的（舒明天皇十一年），南渊请安和高向玄理于640年（舒明天皇十二年），回到日本。他们去中国留学二三十年，学到了丰富的中国思想文化和隋唐两朝的统治经验，回国后积极进行传播，在部分贵族中发生强烈影响。在部民斗争的冲击和中国封建政治经济制度的影响下，出现了以中臣镰足（614～669年）和中大兄皇子（626～671年）为代表的革新人物。中臣镰足是大夫中臣御食子的长子，自幼好学，博览群书，尤其反复诵读中国兵书兼政书《六韬》。他曾受教于僧旻和南渊请安，丰富了知识，开阔了眼界。镰足在中国先进思想和社会制度的影响下，立志打倒苏我氏，实行变革。舒明朝（629～641年）之初，他称病推辞中臣氏在朝廷的世袭职务祭官，来到摄津三岛的别墅，与住在难波的轻皇子结交。但后来见轻皇子器量不足便返回飞鸟，接近舒明天皇之子中大兄皇子。两人志同道合，成为知交，在就学于南渊请安的往返路上，商讨消灭苏我入鹿。夺取政权，以唐制为蓝本，进行变革。644年（皇极天皇三年）春，从苏我氏中分化争取了与入鹿素有矛盾，又有声望的大夫苏我石川麻吕。尔后，又吸收了以守卫宫门为世袭职务的佐伯连子麻吕、葛城稚犬养连纲田等人，组成了革新派。645年（皇极天皇四年）

6月12日，革新派利用皇极天皇在宫中接见"三韩"使者的机会，杀死了苏我入鹿。随后，革新派以法兴寺为根据地准备迎接虾夷的反攻，同时派人说服苏我氏一派归顺。当时，皇族和朝廷的重臣大都站在中大兄一边。守卫虾夷、入鹿宅门的东汉氏也解除了武装，四处逃散。虾夷见大势已去，于6月13日焚宅自尽。消灭虾夷、入鹿父子之后，革新派立即组成了新的政权。6月14日，轻皇子即位为孝德天皇，中大兄为皇太子，阿倍内麻吕为左大臣，苏我石川麻吕为右大臣，中臣镰足为内臣，留学中国的僧旻、高向玄理为国博士。国博士是高级政治顾问。革新政权于同月19日，仿效中国建年号为大化，有步骤地开始实行改革。当年8月，分别往东国和倭（大和）六县（高市、葛木、十市、志贵、山边、曾布）派遣国司和使者，命造户籍，校田亩。9月，遣使诸国，没收武器，登记人口，为下一步改革做了准备。12月，首都由飞鸟迁至难波。646年（大化二年）正月元日，发布《改新之诏》。《改新之诏》是革新的纲领，这一纲领在实施过程中不断充实提高，至701年（大宝元年）以

《大宝律令》的法律形式被肯定下来。从645年诛灭苏我入鹿到701年《大宝律令》的制定，大化革新经历了大约半个世纪。革新的主要内容如下：

在经济上，废除了部民制，建立了封建国家土地所有制。政府把全国的土地和人民收归国有，变成"公地公民"，在此基础上实行了班田收授法与租庸调制。班田收授法是，政府每隔六年班给六岁以上的男女口分田，其数目为男子二段，女子为男子的2/3，"官户"、公奴婢与良民相同，"家人"、私奴婢的男女分别为良男良女的1/3，受田人对口分田只有使用权，没有所有权，他们死后，土地归还国家。除了口分田外，政府按户分给少量的园田宅地，这些土地经允许可以买卖，只是绝户时归公。山川薮泽为公用。分得口分田的农民负担租、庸、调和杂徭、兵役。

租，是实物地租，每段租稻2束2把，约当收获量的3%。庸，是劳役，凡正丁每年到都城服劳役10天，但原则上，交纳庸布2丈6尺来代替，次丁减半。调，是按丁别交纳的地方特产。杂徭，是地方国司役使农民从事水利、土木工程等事业的劳役，规定正

丁为 16 天，次丁为 30 天，少丁为 15 天。兵役，是正丁的 1/3 轮流充当士兵，在一定时期受各地军团的训练，其中有的作为"卫士"到首都服役一年，有的作为"防人"到大宰府服役三年，武器粮食自备。

在政治上，建立了中央集权制，规定了身份制度。中央设二官、八省、一台、五卫府。二官即神祇官和太政官，前者掌管神事，后者处理行政事务。太政官下设中务、式部、治部、民部、兵部、刑部、大藏、宫内八省。一台即弹正台，掌管肃正风俗，监督官吏的机构。五卫府即门卫府，左、右卫士府，左、右兵卫府，是守卫宫廷的军事机关。地方设国、郡、里三级行政单位，分别由国司、郡司、里长治理。在政治军事上的要地首都、摄津、九州分别置左、右京职、摄津职、大宰府。

在身份制度方面，国民分为"良民"和"贱民"，良民包括皇族、贵族和公民。皇族和贵族享有种种特权，如，按位接受位田、位封、位禄，按官职受职田、职封，按功受功田。又有三位以上者之子孙，五位以上者之子，到规定的年龄，受一定位阶和官职，

这叫荫位制。有位者一律免庸调。他们在法律上，还有减刑的特权。公民包括革新前的平民和革新后被解放了的部民，他们占人口的绝大多数。公民在法律上被规定为良民，具有一定的人身自由。贱民包括"陵户"、官户、家人、公奴婢、私奴婢，约占人口的 10%，大都集中在畿内。他们不得同"良民"通婚，两者之间非法所生之子从贱。

革新后，国家把土地一举集中到自己手里，班给农民以口分田，以租庸调的形式，征收地租和课以徭役，而班田农民则紧缚在田地上，依附于国家。这正是封建国家土地所有制所具有的特点。在封建国家土地所有制下，国家既作为土地所有者，同时又作为主权者同直接生产者相对立。在这里，国家就是最高的地主。在这里，主权就是在全国范围内集中的土地所有权，

由于实行了封建国家土地所有制和新的身份等级制度，阶级关系发生了根本的变化。革新后，氏族贵族变成领取俸禄的封建官僚贵族。位田、职田、位封、职封是国家发给贵族的俸禄。受田的贵族对土地没有所有权，病死或离职时还给国家。位封、职封

是食封制的形式，封主占有封户交纳租的一半和庸、调的全部，但不完全占有封户的人身。封户是分得口分田的公民，并非奴隶。封建官僚贵族的剥削对象是公民，剥削方式是占有公民的租赋。公民在法律上有人格，拥有占有权的口分田和可以买卖的园田宅地，有固定的租费和徭役，对山林沼池也有使用权。部民已经改变了过去没有生产资料和人身自由的身份地位。只是品部和"杂户"虽系良民，但因在生产中所处的地位没有改变，其地位还较低贱。

大化革新并没有彻底废除奴隶制，贱民作为奴隶保留下来，但他们在社会生产中已退居次要地位，主要从事非生产性杂务。因此，奴隶制生产关系不起主导作用。

日本经过大化革新，废除了部民制，建立了封建国家土地所有制和中央集权制，由奴隶社会过渡到封建社会。

改革与反改革的斗争

在长期的大化革新过程中，革新势力和守旧势力之间进行了尖锐复杂的斗争。

645年9月，革新政权建立不久，古大人兄皇子谋反。苏我入鹿被杀后，他以"勤修佛路，奉

祐天皇"为名，避居吉野，勾结守旧势力策划叛乱，但因同伙自首，事遂暴露。中大兄立即派兵吉野，讨灭了古人大兄皇子。

649年（大化五年）3月，发生了右大臣苏我石川麻吕之变。苏我日向诬告其异母兄石川麻吕要损害皇太子，中大兄迫使石川麻吕自尽。石川麻吕是与人鹿有矛盾，被拉到革新队伍里来的，但思想仍旧保守，跟不上革新形势的发展。大化四年，废止古冠时他和左大臣坚持戴古冠，以抵制新的官僚体制。中大兄趁日向告发的机会，除掉了深入改革的障碍。

石川麻吕之变发生的第二年，穴户国司草壁连醜经向朝廷献白雉。朝廷认为白雉的出现是吉祥之兆，于是举行盛大庆祝仪式大赦天下，改元白雉。这充分反映了革新派大功告成，万事大吉的思想情绪。

653年（白雉四年），中大兄为了便于控制守旧势力，奏请孝德天皇还都飞鸟，天皇不同意。中大兄不顾天皇的反对，率领皇族和群臣，回到飞鸟。孝德天皇陷于孤立，第二年病死在难波。

孝德天皇死后，中大兄之母前皇极天皇重祚，称齐明天皇。

齐明年间（655～661年）大兴土木，修建宫殿，加重了人民的徭役负担，引起人民的强烈不满。

孝德天皇之子有间皇子，借人民群众的不满情绪，阴谋叛乱。658年（齐明天皇四年）11月，天皇和皇太子去纪伊的温泉疗养期间，留守官守旧势力的代表人物苏我赤兄举出齐明天皇的失政，鼓励有间皇子谋反。有间皇子欣然同意，但后来，苏我赤兄见皇子一伙准备不足，事难成功，于是摇身一变，一面派人包围有间皇子的宅邸，一面派驿使报告天皇。有间皇子被中大兄绞死在藤白坂（今和歌山县海南市）。

中大兄为了转移人民的不满情绪和守旧势力的视线，大举征讨北方少数民族并出兵朝鲜。658年（齐明天皇四年）和660年（齐明天皇六年），朝廷派阿倍比罗夫征伐虾夷的肃慎。660年，百济受唐和新罗联合军的进攻，濒于灭亡。日本朝廷应百济遣使鬼室福信的求援，派兵朝鲜。663年（天智天皇二年），日军在白村江战役中惨败于唐和新罗军队。战败后，为了防备唐和新罗军的进攻，在筑紫、对马、长门、大和、濑岐等要地修建城池。这次侵朝战争的失败，加重了国内阶级矛盾。人民对沉重的战争负担不满，守旧势力借此机会向革新政权施加压力。中大兄为了缓和统治阶级内部矛盾，采取对守旧势力妥协、退让的政策。664年（天智天皇三年），肯定诸氏之氏上，赐予一定的民部、家部，部分恢复了部民制。这无疑是倒退之举。

667年（天智天皇六年）3月，迁都近江的大津。翌年，中大兄即位，称天智天皇。当年，命中臣镰足制定《近江令》。令共22卷，但全部失传，不知其内容。670年（天智天皇九年），政府为了防止人民逃避徭役而逃亡，编制了户籍，因庚午年制定，史称"庚午年籍"。

侵朝战争和修建宫殿、都城、城池等土木工程，不仅给人民带来灾难，也增加了地方中小贵族的负担。664年部分恢复部民制，有利于大贵族，但对于地方中小贵族，并没有带来多大好处，所以地方中小贵族对近江朝廷不满。

这时，皇室内部天智天皇同其弟大海人皇子（？～686年）之间的矛盾相当尖锐。大海人皇子是很有才能和胆略的革新政治家和军事家，在天智天皇即位时被立为皇太子，是法定的皇位继承者。671年（天智天皇十年），

世界通史

最新整理图文珍藏版

天皇任命他的宠儿大友皇子为太政大臣，剥夺了大海人的皇位继承权，还恢复了左右大臣制，任命对革新事业不满的苏我赤兄为左大臣，中臣金为石大臣，苏我果安、臣势人、纪大人等三人为御史大夫。他为了维护年轻的大友皇子的地位，吸收守旧的大贵族组织了政权。大海人不仅受到排挤，就连生命也没有保障。他为了摆脱这种危险境地，以出家为名，离开近江来到吉野。当年12月，天智天皇病死，政权落到守旧的大贵族手中。

近江朝廷一面积极备战，一面严密监视大海人。大海人在吉野收到这些情报，决定举兵。672年（弘文天皇元年）6月，他离开吉野，来到美浓，以此为根据地动员东国的军队。当时，东国的国司、郡司纷纷加入大海人的队伍。大海人抢先占领了不破、铃鹿两关，切断近江朝廷与东国的联系。7月，大海人皇子的数万大军进攻近江、大和，打败了近江朝廷的军队，大友皇子自缢而死。这次内战因发生在壬申年，故称"壬申之乱"。

大海人皇子之所以仅仅用一个月的时间打败近江朝廷，其主要原因是得到东国新兴封建官僚贵族国司、郡司的积极响应，而近江朝廷则相反，失去地方中小贵族的支持，朝廷四处派遣调兵的使者，但均没有成功。

壬申之乱是以大海人皇子和大友皇子之间皇位之争为契机而发生的，但实质是革新势力和守旧势力之间的一场决战。

673年（天武天皇二年）2月，大海人在飞鸟净御原宫即位。称天武天皇。他采取政治经济措施，继续推进了革新事业。

一、废除曾一度恢复了的部民制。675年（天武天皇四年）下诏，废除664年天智天皇规定的氏上私有部民的制度，并取消了赐予皇族、贵族的山林原野。这是坚持革新事业的重大措施。

二、实行皇亲政治，增强天皇的权力。天武天皇在位14年间没有任命一个大臣，完全依靠皇族进行统治，严防守旧的大贵族钻进朝廷，篡夺政权。为了提高皇族的地位，684年（天武天皇十三年），制定"八色之姓"，重新排列氏姓位次，对五世以内的皇族授姓"真人"，列在八姓之首。

681年（天武天皇十年），着手修改《近江令》，编纂《飞鸟净御原令》。令分22卷，是否有律，尚难断定。《飞鸟净御原令》也全

最新整理图文珍藏版

部失传。同年，天皇命川岛皇子、刑部亲王撰写国史，以提高皇威。

大海人在壬申之乱中打败守旧的近江朝廷，夺取政权，坚持革新的方向，确保了封建制的继续发展。

日本自大化革新以后建立的国家政权，是以天皇为中心的皇室贵族政权；而镰仓幕府开始的幕府政权是军事封建主的政权。尽管两者都属封建统治，但不仅性质上有区别，而且这两种不同性质的政权曾长期并存，与幕府政权存在的同时，天皇政权以院政的形式存在。这是由于日本历史发展过程中，武士的社会影响以及与皇室贵族之间的矛盾离合、势力消长所致。

源赖朝

21 世纪的日本，封建贵族内部斗争激烈。在中央政权中，分为皇室和外戚两大集团。由于他们都缺乏军事实力，就不得不拉拢地方武士；而这时的武士势力又以本州东部的源氏集团和以本州西部的平氏集团为最强。他们也都卷入了当时斗争的漩涡。在斗争中，天皇与外戚两败俱伤；中央政权落入平氏集团之手。平清盛的官邸设在京都的六波罗，故称他的政权为六波罗政权，这是从皇室贵族政治向武家政治过渡的政权。

平清盛掌握了中央政权，由于上层统治者的蜕化，引起下层武士的不满，这就给源氏集团提供了夺取政权的良机。在源、平两氏斗争中，源赖朝于 1180 年（治承四年）的椎模石桥山之战中失败，逃入镰仓。镰仓是物产丰富的鱼米之乡，地势险要的战略要地，也是源氏经营多年，与当地武士有密切联系的地区，因此，源赖朝以此作为据点，与平氏作斗争，并致力于建立起自己的政权。1180 年 10 月，源赖朝经富士川会战，打败平清盛大军，被尊为"镰仓殿"。平源相争又经 1184 年（寿永三年）摄津的一谷和 1185 年（文治元年）赞岐屋岛的会战，最后在长门的坛浦战争中全歼平氏军队，平氏政权覆灭。源赖朝在这些源平会战中，只是指派其弟源义经、源范赖出征，自己驻守镰仓，从事政权建设。1183年（寿永二年）源赖朝向院政上奏，提出三条意见：（一）平氏强夺神社佛寺的田地应如数归还原来寺社；（二）院宫诸家领如被平家掳掠的也应归还本主；（三）对归降回来的平家武士谅解其罪，不可处斩。这个上奏得到上皇的支持，于同年10月14日颁布了《寿永宣旨》，承认源赖朝在东海、东山两道的统治范围，承认他的统治权，使源赖朝在关东确立的行政权合法化；在以后讨伐平氏过程中，向西发展，实现全国统治就有了可能。1192年源赖朝任征夷大将军，标志着他所建立的地方政权成为对全国范围的统治。自此开始，镰仓幕府政权与天皇政权并存。一般称天皇政权为公家；幕府政权为武家。公武长期并存。

为什么会形成这样两种不同政权的长期并存呢？究其原因大致有三：第一，皇室在经济上、政治上都还有相当大的势力，经济上皇室领地长期保存，政治上皇族成员、中央贵族、佛教寺院结为一体，实力雄厚，而从中央到地方的一套行政机构仍在起作用。这就使得新兴的幕府不但不能取代皇室，而且表面上还得依靠皇室这个权威来扩张自己的势力。第二，幕府的势力内部矛盾也很多。它和皇室有矛盾的一面，也有相互利用的一面，这就形成在发展过程中幕府与皇室有时冲突，有时妥协的局面。1185年（文治元年）11月28日，源赖朝采纳大江广元的建议，即派北条时政去京都，向院厅要求设置守护、地头；第二天就得到院厅批准。此后，源赖朝又提出要朝廷驱逐反镰仓派的公卿贵族，用亲镰仓派者任朝廷的"议奏"，以图控制朝廷政务。这也得到院政同意，但在实施中并不顺利，如地头制就遭到贵族、寺社庄园领主的抵制。源赖朝迫于形势也妥协让步，同意对地头制加以限制，1186年（文治二年）6月，停止在权门势家庄园内设置地头；后又进一步退让，同年11月规定除现在叛谋者的庄园外，一律停止设置地头职。这个限制使源赖朝控制的地区缩小到仅以镰仓为中心的东部地区。第三，武士将领为防止部下谋叛，经常向部下灌输效忠皇室的观念，利用皇室的

第二编 世界中古史

最新整理图文珍藏版

963

传统权威来控制部下。源赖朝曾在背后斥骂后白河法皇是"日本最大的大天狗"，但表面上却对皇室表示虔诚，要"简以忠贞奉公，继家业守朝家"，"天下落居之后，万事当仰君王裁定"。这样他就更不能推翻天皇，而只能借助天皇号令天下了。

由于上述原因，形成了公武两种政权的同时并存。尽管幕府实质上已是国家最高的权力机关，但在形式上天皇政府仍然存在，而且幕府的最高首领将军还得由天皇任命。幕府与天皇政权同时并存的局面几乎贯穿于幕府政治的始终，形成了日本所别具一格的独特政局。

1180～1185 年以源赖朝和平清盛为首的日本两大武士集团的争霸战争。结果源氏集团胜利并创立镰仓幕府武家政权。

1156 年（保元元年）因皇位继承问题，崇德上皇举兵反对后白河天皇，发生保元之乱。站在崇德上皇方面的有摄关家藤原赖长及地方有力武士源为义、平忠正等；支持后白河天皇的有关白藤原忠通及地方武士源义朝、平清盛等。战争结果，崇德上皇失败，其本人被流放，藤原赖长战死，源为义与平忠正被杀。源氏

系清和天皇后裔，平氏系桓武天皇后裔，在地方上有很大势力。保元之乱，他们开始介入中央权力的斗争。1158 年（保元三年）后白河天皇退位，成立后白河院。掌握院政实权的藤原通宪（信西）压制二条天皇亲政，因而形成院政系和天皇系的矛盾与对立。另一方面，后白河院对于保元之乱胜利的功臣平清盛和源义朝行赏不公，引起后者的强烈不满，成为反院政派的主要武士首领。同时受信西排挤的摄关家有力人物藤原信赖也与源义朝接近，并计划联手打倒信西。

1159 年（平治元年）12 月，平清盛率众参诣宗教圣地熊野三山，源义朝乘机发动政变，幽禁后白河天皇，信西被迫自杀，源义朝和藤原信赖夺取了统治权。但不久被归来的平清盛打败，信赖和义朝被杀，义朝 13 岁的儿子赖朝被流放伊豆。平治之乱源氏一族没落，平氏则扶摇直上。平清盛晋升参议正三位，开创武士列席公卿之高位的先河。不久（1167 年），又晋升为太政大臣，成为和摄关家一样的公卿贵族而参与朝政。1179 年（治承三年），平清盛发动宫廷政变，幽禁后白河天皇，解除关白藤原基房以下

近40名公卿的官职，并以安德天皇外祖父的资格独揽朝廷大权。平氏一门独占朝廷要职，公卿16人，殿上人30余人，事实上确立了平氏独裁政权。

但是，由于平氏一族垄断了高官要职并实行独裁，从而引起了皇室和公卿贵族的强烈不满，甚至作为平氏政权基础的地方武士团也发生分裂，逐渐形成反平氏势力。1180年（治承四年），后白河天皇的第二皇子以仁王下令旨，号召各地源氏起兵讨伐平氏。被流放在伊豆的源赖朝积极响应，源平之战由此爆发。

持续五年的源平战争，前后进行五次大战，双方相对地经历了由弱到强和由盛转衰的变化过程。

石桥山之战 （1180年）

源赖朝是平治之乱败死的源义朝的第三子，因得平清盛义母池禅尼之助幸免于死，在伊豆度过了20余年的流放生活。其间与该地豪族北条时政的女儿北条政子结婚，并与源氏家人东国武士保持联系，逐渐恢复势力。1180年4月应以仁王令旨，在岳父北条时政帮助下，召集东围武士，决定起兵讨伐平氏。对于源赖朝的动向，平清盛早有警戒，并令

相模地区的有力武士大庭景亲等作了会战的准备。源赖朝因兵力较少，暂时不想与平氏对阵，计划先夺取伊豆，然后与相模的大豪族三浦氏汇合，恢复祖辈以来的故地相模地区的经略，并以此为根据地进一步扩大势力。8月17日，源赖朝乘伊豆守将山木兼隆祭祀三岛神社之机，夜袭山木的城馆，一举成功。但在往相模进军途中，为大庭景观等所率的平氏军队所阻，8月23日，两军在石桥山展开会战。当时源赖朝只有以土肥富平、工藤茂光等为首的300骑左右。与此相反，平氏军队则几倍于源氏，并且伊东佑亲率300骑绕至源氏背后，与大庭景亲所部形成夹击之势。大庭景亲乘三浦氏军队尚未与源氏汇合之前，举全军之力向源氏发起进攻。由于众寡相差悬殊，源氏不敌，败走箱根山。据说源赖朝等在箱根山中潜藏时，大庭景亲的属下梶原景时虽然发现了源氏等人的隐所，但没有举报。源氏等人侥幸地逃过了平氏军队的搜捕。之后，源氏一行从真鹤岬乘船逃往安房。原来计划和源赖朝联合进攻相模的三浦义澄，途中听说源氏在石桥之战败北，便回师退归本城。但不久（26日），

最新整理图文珍藏版

富山重忠等率数千平氏军队突袭三浦衣笠城。经过激战，三浦氏败走，由海路逃往安房，并在海上与源赖朝等相遇。

在安房，源赖朝筹谋再起。他先后赴下总、上总、武藏等地，得到那里武士团的支持，兵力疾速增长，几乎接管了关东所有武士团。10月6日，源赖朝入故地镰仓，以此为根据地重建源氏势力。

富士川之战（1180年）

石桥山之战以后，平清盛为追讨源赖朝，召集东海、东山两道的武士团，以其嫡孙维盛为大将军，忠度、知度为副将军，作为追讨使。9月29日，追讨军自京都出发。源赖朝在镰仓得知平氏追讨军到达骏河的消息，决定率军迎击敌人。10月16日率20万大军自镰仓出发，18日通过足柄峠，在这里击败准备与平氏追讨军汇合的大庭景亲的军队，然后进入黄濑川。在这之前，甲斐国源氏听说赖朝起兵，亦开始采取讨伐平氏行动，武田信义、一条忠赖、安田义定等攻入信浓。源赖朝为扩大反平氏势力并掌握反平氏的主导权，派遣北条时政为使者联合武田信义等共同对敌，得到积极响应。10月14日，武田

信义等击败骏河守将橘远茂及尾张的长田忠致等，在黄濑川与源赖朝会师，并决定10月24日向平氏军队发动进攻。

另一方面，平氏追讨军则出师不利。首先，平氏的有力人物大庭景亲和橘远茂的军队早在途中就已败北，接着伊东佑亲又被源氏所俘。到10月20日，平氏军队减员已达2000余骑。与此相反，源赖朝不但连连得胜，并且和甲斐源氏联合起来，势力急剧增长。这种情势变化，对平氏军队产生了巨大影响，平氏士兵思想恐惧，惶惶不安。10月20日夜半，武田信义向平氏军队背后移动时，富士沼的水鸟受惊急飞，听到大群水鸟急飞声音的平氏军队，以为源氏大军来袭，顿时阵营大乱，仓皇退却，统帅平维盛也吓得一溜烟似的逃回京都。这样，著名的富士川会战，由于"水鸟惊平家军"，源赖朝不战而胜。但是，源赖朝为了巩固关东根据地，未敢对败走的平维盛进行穷追猛打。富士川之战胜利后，源赖朝把安田义定和武田仪义分别置于远江和骏河，作为守护，自己率军入关东征讨尚未归服的佐竹秀义。平定了佐竹氏以后，又把骏河和远江委托于甲斐源氏，

以此换取他的支持，以便共同对付平氏。与此同时，原来寄身于奥州藤原秀衡的源赖朝的胞弟源义经也到达黄濑川，兄弟汇合，加强了力量。

一谷之战（1184年）

富士川之战，平氏败北，产生了严重后果，此后，全国各地反平氏势力蜂起。1180年11月，美浓国源氏、近江围源氏和摄津国源氏，纷纷起兵讨伐平氏。受其影响，京都附近近江国大贵族以山本义经和柏木义兼为中心也采取行动，公开树起反平氏旗帜，加入者还有园城寺和延历寺的僧众。他们切断琵琶湖的交通，夺取外地运往京都的物资，对京都构成严重威胁。尽管平氏以强大征讨军击破了他们，但是义经和义兼却东去投附了源赖朝，反而加强了对手的力量。另一方面，当地反平氏势力复以延历寺僧众为中心，在平氏军队后方展开游击战争。与此同时，奈良的兴福寺也骚动起来，以致平氏不得不组织力量打击他们。然而，打击寺院僧侣却使平氏声望扫地，招来更大的怨恨。在全国反平氏浪潮的打击下，1181年2月，平清盛患病而死。这对平氏来说，无疑又是一个沉重的打击。平清盛死后，平氏由盛而衰。

当初，响应以仁王令旨，源义仲也于关东起兵，并于1183年5月在加贺国与越中国交界处的俱利伽罗以"火牛"计（在400～500头的牛角上绑上火炬，点燃后冲向敌军）大破平氏军队，进而迫使平氏放弃京都，败走西海。于是源义仲控制京都，成为与平清盛、源赖朝三分天下的有力武士。但是，源义仲的专横很快激起公卿和民众的反感。后白河天皇密与镰仓源、赖朝等谋，欲铲除源义仲。义仲从北陆道入京，他在关东扩展势力必与源赖朝发生冲突，威胁赖朝的权益。所以源赖朝受命后，即派源赖范、源义经率军向京都进击，1184年1月，于宇治川击败源义仲，进军京都。源义仲于近江粟津战死。由是源赖朝势力空前强大，无论在军事上，还是政治上，都占有压倒平氏的优势。

败走西海的平氏图谋再起，利用源赖朝和源义仲的冲突乘机起兵。1184年1月，在摄津国福原附近设立前进基地。该地为从北向西的广阔台地并与断崖相连，其东为生田丛林，其西为一谷，南为濑户内海。平氏军队约万人，生田丛林附近由大将军平知盛和

最新整理图文珍藏版

副将军平重衡镇守，一谷附近以平忠度为大将军镇守，高岗宅地方面以平通盛为大将军，平教经为副将军守备鹎越要道。此外，从三木至三草山方面，有平资盛、平有盛、平师盛等兄弟防守。

源赖朝方面，源范赖和源义经在宇治川取胜后，由京都出发，迎战平氏军队。源军大约也有万人左右，范赖所率主力从西国街道向生田丛林方面挺进：义经所部则从丹波路向一谷背后迂回。1184年2月5日，源义经夜袭三草山，击破平资盛等军队，6日进军播磨国的三木。至此，义经分军为两部：义经自己率军通过鹎越山道向福原进发，安田义定和土肥实平率部分军队绕过明石从一谷西方进攻。6日夜，源义经所部到达一谷背后。翌日晨，著名的一谷会战开始。

7日晨，源军发起总攻。战斗首先从生田丛林方面打响。源军从腹背两方面猛烈攻击，但由于平氏营地设防坚固，难于攻略。于是，源义经率70骑精锐驰向绝壁附近的断崖，突袭一谷的敌军大本营。本来平氏阵地险要，未曾设想敌军可能来袭。因此，一旦遭袭，全军顿时大乱。混战到中午，平家军溃败，残部从海路逃散。此战，平氏受到非常打击，丧失了东上的力量，只控制濑户内海，以求自保。

屋岛之战（1185年2月）

一谷之战以后，源氏没有乘胜进攻平氏的根据地屋岛，原因是源氏的海军力量薄弱。为了进行海战准备，源赖朝费了半年多时间。与此同时，平氏也积极扩大兵力，并在屋岛之外的彦岛（长门国）设置海军基地，从而完全掌握了濑户内海的制海权。

8月7日，源赖朝命源范赖自镰仓赴京都，从朝廷取得追讨平氏的官符。9月1日，范赖率军自山阳道西下。但由于兵船不足以及粮道被平氏所断，迟迟没能到达目的地，直至翌年（1185年）1月，丰后国豪族臼杵惟隆和绪方惟荣等献兵船82艘，周防国宇佐那木远隆重献兵粮米，源军才得以于2月1日在丰后国登陆。源赖朝对于源范赖空费时间而未取得积极战果表示不满，于是起用一谷之战的名将源义经。2月16日，源军举行军事会议，军事长官梶原景时主张逆橹（即在船首和船尾两头安橹）作战，以便使船既能前进也能后退。源义经表示反对，认为战争不能首先考虑退却，这样会动摇军心，不能打胜仗，因而力主在船首安橹，只管前进。于是发生了有名的"逆橹之争"。由于两者意见对立，源义经只率5艘战船、约150骑，于摄津国部津扬帆出海，2月18日朝在阿波国胜浦滨（桂浦滨）登陆，并立刻向屋岛发起进攻。然而梶原景时所率主力行动缓慢，直至22日，屋岛之战接近尾声时才到达阵地。

源义经在胜浦滨登陆后，即令地方武士为向导，侦察敌情，并立即对屋岛进行突袭。19日突入屋岛平氏阵地，并放火焚烧敌军营地和建筑物，大火燎原。一直设想敌军只会从海上进攻的平氏军队，对从背后突如其来的攻击，惊慌失措，不知敌军多寡，纷纷舍弃陆上阵地逃往海上。不久，海上的平氏军队又遭到陆上源氏军队的矢击，损失惨重。平氏原计划在19日夜袭源氏军队，但因内部矛盾，夜袭计划未成。21日，平氏军队突然向志度湾方向进攻，目的是想攻击源军背后夺回屋岛。这时，本来兵力很少的源义经陷于腹背作战，情况严重。但由于源义经沉着应战，坚持进行反击，迫使敌将阿波左卫门尉教能投降。同时又有伊予国豪族河野四郎通信率兵船30艘参

加源军方面作战，战局顿时为之一变，源义经不仅扭转了不利局面，并且再一次以少胜多，挫败了敌军夺回屋岛的计划。翌日（22日）梶原景时所率源军主力140艘舰队亦到达阵地，于是源军掌握了濑户内海大部分的制海权。平氏被迫放弃屋岛，败走长门国，船盘濑户内海西隅的坛浦，势力削弱，败亡已成定局。

坛浦之战（1185年3月）

以屋岛为据点计划夺回京都的平氏，继一谷之战之后，两度遭受源军奇袭，一败再败，最后退至长门国的坛浦，勉强控制濑户内海西隅的制海权。但是，源范赖率领的源氏军队早已自山阳道西下，一路经略，从者甚多，特别是在九州，尽收反平氏的地方武士，在平氏背后建立了有力根据地。另一方面，源义经乘胜追击，进军周防，一路也得到不少地方武士的响应，势力剧增。迫于源氏军队的急剧追攻，以平宗盛和平知盛为首的平氏集团，决定举全力迎战源氏军队，以一决胜负。

1185年3月24日，平氏集结水军800余艘于下关海上，开始了决定源、平之命运的最后一次海战——坛浦海战。下关当联结

第二编　世界中古史

最新整理图文珍藏版

969

周防滩和玄界滩的水路上，内海和外海的潮位相差悬殊，水流急险。胜败在很大程度上取决于对潮流的巧妙利用。平氏军队首先占据有利潮流方向，向源军猛烈进攻。源义经处于下流的不利地位，初战采取守势，但亦不能抵抗敌军利用潮流的猛烈冲击，被迫逐渐后退，陷于败北的危险困境。正在这时，源义经想出挽回劣势的奇策，即用弓矢射击敌军撑船的水手，此策果然成功，失掉撑船人的兵船顺流漂走，源军乘势开始反击。到了午后，潮流发生变化，由上午的东流转向西流。于是源平两军处境的优劣也随着发生逆转。源义经利用潮流将平氏军队逼入坛浦的隘路。同时陆上源军也向敌军发起矢战。平氏军队海陆两面遭受夹击，又失去了利用潮流的优势，败北已成定局。九州、四国的水军眼看平氏处境不利，纷纷倒向源氏。平氏一门面临灭顶之灾。安德天皇和平氏家族的经盛盛、资盛、有盛、行盛等人投海自杀，平家总帅宗被俘，平氏一门彻底败亡。

日本战国末期统一全国的著名武将丰臣秀吉死后，德川家康为夺取丰臣氏政权，于1600年在美浓国关原（今岐阜县不破郡）

进行的一场战争，史称关原之战。结果，丰臣氏一派失败，权力转入德川氏手中。1603年，德川家康被任为征夷大将军，以江户（今东京）为中心，开创了德川（江户）幕府。此战在日本早期军事史上占有重要地位。

德川家康的崛起

丰臣秀吉晚年，为巩固统一政权，设立了以石田三成为首的五奉行和以德川家康为首的五大老，作为中央最高决策机关。1598年8月18日，丰臣秀吉逝世，其子丰臣秀赖幼少继位，五奉行和五大老受命辅佐秀赖。但德川家康暗藏野心，伺机夺取丰臣氏权力。

德川家康系三河国冈崎城主松平广忠长子，幼名竹千代，初名元信、远康，后改家康。6岁起，先后在尾张国织田信秀，骏河国今川义元处充当人质达12年，备尝辛酸。1560年，今川义元在桶狭间之战中战死，家康恢复自由，回到家乡冈崎。1561年与织田信长结盟，势力渐强，开始分割今川氏领地，拥有三河、远江等地。1566年，改姓德川氏。后又陆续占领骏河、甲斐等地。1582年，本能寺事变织田信长死后，德川家康联合信长之子信雄与秀吉对峙。后来信雄和秀吉妥协，家康与秀吉和解，并协助秀吉进行统一战争，屡建战功。1590年灭北条氏，领有关东八州，同时移住江户，成为最有实力的大名。1595年被任命为五大老首席，参与国家最高决策。德川家康早有夺取丰臣氏政权之心，他阳奉阴违，暗中制造诸侯之间的矛盾，拉拢加藤正清等人，挑动石田三成，形成以德川家康为首的武将派（东军）和以石田三成为首的文吏派（西军）的对立。

1598年8月丰臣秀吉死后，德川家康夺权意图愈加明显，石田三成加强提防，两派矛盾激化。文吏派为抑制家康，与五大老之一的前田利家、毛利辉元等联合，1599年，前田利家病死，政局为之一变。武将派在利家病死之夜立即向石田三成发动进攻。石田三成则与反德川氏的会津大名上杉景胜联合，景胜加强城郭防御，积极备战。德川家康以石田与景胜联合谋反为由，举兵讨伐，爆发关原之战。

站在石田三成方面的有毛利辉元、宇喜多秀家、小早川秀秋、岛津义弘等国大名，总兵力约8万，是为西军，以毛利辉为总指挥。1600年7月19日，西军攻进德川家康控制下的伏见城，首先打响反德川氏的战争。以德川家康为首的东军，主要有加藤正清、福岛正成、前田利长等大名，总兵力约7万，家康自任统帅，福岛正成为先锋，于7月24日由江户进军下野的小山。在小山得知西军攻占伏见城的德川家康，急归江户，并命先锋福岛正成进攻岐阜城，8月11日克之。福岛正成原来和丰臣氏关系密切。他为了消除德川家康的不信任感，竭力表示积极和忠诚，主动请命担任讨伐军先锋，并首先夺取了丰臣氏的居城伏见城，因而得到了家康的信任和重用。9月1日，德川家康率主力自江户出发，14日到达赤坂（大垣）。石田三成决定迎击自东国西下的东军。9月15日，两军于关原对阵。

9月15日拂晓，西军首先到达关原，控制了北国街道。东军以挑配山为大本营，其他各部亦因地安营布阵。从布阵本身看，西军占据有利地位。它以主力正面迎击东军，同时把吉川广家、安国寺惠琼、毛利秀元等所部置于敌后，形成腹背夹攻之势。但是，西军将帅人心不一，一些人"身在曹营心在汉"。吉川广家秘密与德川家康议和；小早川秀秋与德川家康私通，一脚踏两只船；岛津义弘勉强参战。因此，德川家康对西军的内情了如指掌。就阵地来说，东军虽然处于西军的中间，表面上似乎处于不利地位，但由于西军存在上述问题，东军则可以借助小早川秀秋、吉川广家等人的内应施行"中间开花"战术，从腹部一举击溃敌军。

上午8时顷，两军进入战斗。由于日前阴雨，早晨浓雾弥漫，能见度很低。两军在浓雾中摸索混战，直至中午不分胜负。德川家康对于小早川秀秋迟迟不采取内应行动十分不满，于是命令部队向秀秋阵地进行攻击，秀秋见势不妙，立即倒戈，投入东军一方。战局由此为之一变。小早川秀秋本来是丰臣秀吉夫人高台院之兄木下家定的儿子，后为小早川养子。他对德川家康与石田三成之争持骑墙态度，伺机加入有利的一方。在他的影响下，胁坂、小川、赤座等军亦倒向德川家康。于是东军士气大振。另一方面，在东军主力背后的毛利、安国寺、长束等西军，由于靠近东军阵地的吉川广家的阻挠，无法积极运动。因此，尽管石田三成等竭力奋战，亦无法挽救西军的劣势，败局已定。然而，原来战意不强的岛津义弘和丰久的部队却坚持战斗到底，他们勇敢地突破敌军，拔掉敌军阵地，与敌进行殊死战斗。担任后卫的丰久和数十名战士阵亡。但是，由于众寡相差悬殊，岛津义弘终于失败，仅率数十骑卫士退回九州。午后2时半顷，战斗终结，东军大胜，西军死亡四五千人。

西军失败后，石田三成只身逃亡伊吹山中，但不久被东军捕获。西军将领小西行长和安国寺惠琼也先后被捕。10月1日，石田三成、小西行长、安国寺惠琼三人被处死刑，斩于京都六条河原。参加西军的宇喜多秀家被流放于八丈岛；毛利辉元被减封，领地只限周防、原门二国，上杉景胜地也被减封，并从会津移住翅米泽。丰臣氏幼主秀赖则被降为仅领有摄津、河内、和泉三国共60石领地的普通诸侯。与此相反，东军诸将领则加官晋爵。关原之战，奠定了德川氏的霸权基础。

第三节 社会生活：生活百科 民俗缩影

充满自由的城市

3 至 5 世纪的罗马帝国，可谓是风雨飘摇。奴隶、隶农的不断起义，蛮族的不时袭扰，让罗马帝国疲于应付。最后，文明程度相对落后的蛮族控制了罗马的大片国土。连年的战火，使生产力遭到了严重的破坏，而蛮族相对落后的文明，使战后的生产显得更加混乱。农业衰落，工商业凋敝，城市萧条，这就是当时的情形。

中世纪英格兰城市

战乱还没有停息，生产自然难以发展。所以，中古早期的西欧，占主导地位的是自然经济，商品经济还十分落后。在自然经济占统治地位的情况下，农业和手工业还没有分离，商品交换极其有限。

民族大迁徙的浪潮过后，蛮族控制了罗马的国土。这些蛮族逐渐放弃游牧生活开始定居下来，生活的困窘让他们开始思考发展生产。自 7 世纪开始，蛮族国家把发展农业放到了头等重要的位置。这些惯于使用刀剑的蛮族，开荒种地也毫不含糊。教会也积极响应，号召僧侣从事农业劳动，同时呼吁农民到教会领地上定居以促进农业生产的发展。

国家从上至下对农业的重视，以及对罗马农业技术的合理利用，使衰败了几个世纪的农业生产渐渐有了起色。到加洛林王朝时代，仅高卢地区的耕地就由原来占总面积的 1/3 上升到 1/2，人口也增

脏脏的城市

加到了八九百万。这时，手工业逐渐同农业分离，以交换为目的的商品生产逐渐兴起。7世纪形成的朗迪集市，每年吸引了大批商人。意大利、西班牙和高卢等地的国际性贸易更加活跃，大批东方人、拜占廷人、叙利亚人和犹太人都来这里进行贸易活动。

生产力的提高和工商业的发展为城市的重新兴起奠定了基础。渡口、港湾、城堡、寺院，甚至交叉路口等，有越来越多的人定居。集中的人口，便利的交通，促进了集市的形成，而这又吸引了更多的人前来居住，逐渐形成了以市场为中心的、比较稳定的

居民点，新的城市又在这个基础上慢慢形成。

城市的兴盛，使来城中居住的人们拥有了更多的权利。德国有句谚语说："城市的空气使人自由。"这源于当时特殊的城市法权：凡是逃亡到城市的农奴，只要在城市中住满一年零一天，领主就失去了追捕的权利，这个农奴就可以成为自由人。

阿拉伯帝国的形成与扩张

阿拉伯帝国的形成

穆罕默德死后，他的亲信为了争夺继承权展开了激烈的斗争。最后选出了他的岳父艾卜·伯克为哈里发（632～634年）。艾卜·伯克首先镇压了国内各部落的叛乱，统一了半岛。然后开始对外

印度中部埃洛拉的凯拉萨纳塔庙，是众多相似的庙宇建筑群中的一个。

扩张。到第二任哈里发欧默尔统治时期（634～644年），在"圣战"的旗帜下，乘拜占廷、伊朗和中西亚各国内部危机深重、国力削弱之际，发动了一系列侵略战争。阿拉伯贵族和一般部落成员为了获得土地和战利品，纷纷应召出征。636年远征叙利亚，在约旦河支流雅姆克河畔打败了拜占廷的军队，攻陷大马士革、安条克、阿勒颇等重要城市，占领了整个叙利亚。638年，进攻耶路撒冷，不久占有全部巴勒斯坦。然后转向东方进攻伊朗。637年，占领伊朗首都泰西封。642年，灭掉伊朗萨桑王朝。同时，又派兵攻陷埃及。645年，又占领了昔兰尼加和利比亚。

在欧默尔统治时期，还没有形成完备的国家制度，阿拉伯贵族和牧民之间的差别不很显著。按照古兰经的规定，每个战士都可分得一份战利品。到第三任哈里发鄂斯曼统治时（644～656年），阿拉伯国家政权便具有明显的贵族专政性质。国家行政和军队的高级职位都由鄂斯曼的亲信和倭马亚家族担任。倭马亚家族在叙利亚、埃及等地占有大量土地，并竭力扩张自己的势力。哈里发鄂斯曼（644～656年）开始，

因哈里发的继承问题，引起伊斯兰教的教派斗争，这实质上是统治阶级内部争权夺利的斗争。鄂斯曼任用自己的亲信和倭马亚家族的人担任各地的行政长官，并分配给他们大量地产和奴隶，却常常不给阿拉伯普通战士发放粮饷，引起广大阿拉伯人的强烈不满。阿里利用人民的不满来反对鄂斯曼的专横。656年，鄂斯曼在麦地那被暗杀，阿里当选为第四任哈里发（656～661年）。倭马亚家族的人不甘心丧失政权，以叙利亚总督摩阿维亚为首同阿里展开斗争，宣称阿里与谋杀鄂斯曼有关，不能担任哈里发。支持阿里的一派称为十叶派（"什叶"是阿拉伯语，意为"宗派"或"党徒"。"什叶派"即阿里的党徒，

阿拉伯骑兵

伊斯兰建筑风格的印度红堡

他们认为阿里和法提玛的后代才能当哈里发）；支持摩阿维亚的一派则称为逊尼派（"逊尼"意为"行为"、"道路"；逊尼派全称为"逊奈和大众派"，意为遵守逊奈者；自称为正统派。这一派承认哈里发都是穆罕默德的合法继承人），双方经过几个月的战争都未取得决定性的胜利，准备以谈判解决。另有一部分不满意阿里的人，从什叶派中分离出去，形成哈瓦立及（哈瓦立及，意为"出走"）派。这一派反映下层人民的一些要求，故又称军事民主派。661年，阿里被一个哈瓦立及派分子刺死，摩阿维亚乘机即位为哈里发，建立了倭马亚王朝（661～750年）。首都由麦地那迁到大马士革，从此，哈里发成为世袭，不再选举。

倭马亚王朝统治时期，继续向外侵略。阿拉伯军队几乎同时向北、东、西三个方向出击。在西方，曾多次进攻君士坦丁堡，并向北非和西班牙扩张。698年，征服了突尼斯、阿尔及利亚和摩洛哥等西部地区，将领土扩张到大西洋沿岸。741年，征服了西哥特王国，占领了比利牛斯半岛，越过比利牛斯山，侵入高卢西南部。732年在波瓦都战役中，为法兰克王国宫相查理·马特所败。从此，阿拉伯人入侵西欧内陆的势头终于被阻止。

印度教的兴起

从笈多王朝兴起到戒日王朝衰落的300多年里，印度社会的封建关系经历了由萌芽到确立的

舞王湿婆 青铜雕像

整个过程，随着封建制度的发展，古印度的种姓制度也发生了很大变化。

从《大唐西域记》对戒日帝国种姓的记述来看，印度的等级结构已经发生了显著变化：婆罗门和刹帝利仍然是位居上层的统治种姓，但已经不是奴隶主，而是占有食邑，采取租税剥削方式的封建主；吠舍原来包括农村公社成员、手工业者以及商人，到那时只是特指纯粹的商贾，如商人、高利贷者和富裕的手工业主，农民已经不属于这个范围；至于首陀罗，不再是奴隶，而成为纯粹的农人，虽然有了一定自由，但依然要依附于上层阶级。

四大种姓以下，数目繁多的种姓将整个社会分成了许多阶层，

笈多王朝时期制作的释迦牟尼雕像

如社会地位最低下种姓"旃荼罗"，被称为"不可接触的人"，又称"贱民"，这些人进入城市时需要用击木的方法表示出自己的身份，好让人们有时间远远避开。

种姓的变化，说明封建制度逐渐成熟，随着封建关系的发展，各种宗教也大量涌现，其中笈多王朝时兴起的印度教是其中影响力最大的一个。印度教崇敬三个主神：主管创造世界之神梵天，主管维持世界之神毗湿奴，主管破坏世界之神湿婆。印度教认为，各种宗教的主神都是毗湿奴或湿婆的化身，佛教创始人释迦牟尼也不过是毗湿奴神的一个化身。

笈多王朝诸王与戒日王在位时，都采取了宗教兼容政策，但封建统治阶级更偏向于印度教，9世纪以后，印度教在印度占据了统治地位，佛教逐渐衰落了。

印度的分裂与外族入侵

戒日王死后，印度北部出现了群雄割据的局面，那些割据小邦称雄的领主们，多出身外族的侍卫，自称"拉杰普特"，即王孙贵族之意。8世纪时，拉杰普特拥有了统一群雄的实力，在印度相

继建立了几个封建王朝，史称拉杰普特时期。

伽色尼王朝攻陷曲女城

由于拉杰普特的统治大多建立在武力威慑上，往往一个王朝强盛几十年后就开始衰落，接着群雄割据的局面又会形成。这种反复，从 7 世纪中叶一直延续到 12 世纪，使印度整体的防御能力下降，给了外族入侵的机会。

711 年，倭马亚王朝大将卡西姆率大军由海路进攻印度河下游的信德地区，陆续占领了印度的部分领土。外侮当头，印度王公暂时停止了内战，同仇敌忾，一举击溃阿拉伯侵略者，但此后内讧又起。

10 世纪中叶，信奉伊斯兰教的突厥人在阿富汗境内建立了伽色尼王朝，此后近 30 年里，共侵入印度 15 次：1019 年伽色尼王朝攻陷曲女城，几乎将其夷为平地；1025 年，攻陷西海岸的苏姆那特城，把当时最富有的湿婆神庙抢劫一空，并屠杀近 5 万人，旁遮普一度被伽色尼统治。一次次入侵，使印度经济受到严重破坏，进而影响到印度社会方方面面，许多印度教封建主改信伊斯兰教，并逐渐同定居下来的突厥人、阿富汗人融合。

1186 年，阿富汗境内的廓尔王朝兴起，一番征战后，竟然灭亡了不可一世的伽色尼王朝。1206 年，廓尔王朝的总督库尔布·乌丁·伊巴克自立为苏丹，以北印度的德里为首都，建立了一个强大的国家。因为库尔布是奴隶出身的突厥人，历史上称其为奴隶王朝。

此后 300 余年里，北印度更换了五个王朝，国王均称为苏丹，统称为德里苏丹国家。突厥、阿富汗人成为国家上层统治者，而印度本地的封建主只能当乡村小吏和税吏了，印度从此完全被外族控制。

第三编

世界近代史

公元 1453 年，欧洲进入文艺复兴时期，人类历史进入了近代时期。至公元 1917 年俄国的十月革命结束，世界近代史宣告结束。一般说来，世界近代史，是资本主义产生、发展和走向成熟之时期的历史。近代与古代的根本巨别，在于它开启了人类历史的现代化进程，这是人类文明演进史上的一次飞跃。现代化涵义甚广，内容颇丰。从历史学的角度看，它是指"人类社会从传统的农业社会向现代工业社会转变的历史过程"。这种转变以工业化为动力，日益渗透到政治、经济、社会生活和思想文化等人类社会的方方面面，并引起了相应的深刻变化。其中，工业化、民主化是最重要的内容。现代化的这些基本内容规定了"近代"的真正涵义，也只有在近代社会才具备启动现代化的条件。

人类文明演进的突出标志是生产力的发展，唯物史观认为生产力是人类全部历史的基础，因此近代社会的发展同样是生产力发展不断推动的结果，世界近代史学科体系的构建可以以生产力为中轴，这与工业化是现代化之根本动力的论断异曲同工，因为工业化是生产力的物质载体和具体体现。

生产力的进步和现代化的一个重要结果就是使近现代世界的历史变成了真正意义上的世界史。世界历史不是从来就有的，它是在生产力不断发展的基础上各个封闭、分散的民族逐步融为一体的过程。自地理大发现第一次真正打破人类的封闭状态以来，伴随着近代社会生产力的每次飞跃，世界的横向联系都迈着坚实的步伐稳步向前。因此对世界近代史的梳理不妨以生产力为根本动力，视现代化为主要内容，把世界的横向发展作为其基本结果。

以生产力为根本标准的分期，既体现了历史唯物主义的基本原理，又可以使我们领略到现代化的特质——现代性因素是如何以工业化为基础在近代社会内部一步一步孵化和成长起来的。由于最早启动和实现现代化的主体最终都无一例外地成为了资本主义国家，因此也可以得出结论：近代世界的历史就是资本主义产生、发展、完善并定型的历史。

第一章

资本主义的童年
和现代化准备期

经过 16—18 世纪近三个世纪的发展，资本主义在农村和城市占据明显的主导地位。英国式的农场、法国式的富农和普鲁士的庄园经济等农村资本主义的发展瓦解了封建土地所有制，动摇了封建统治的根基。城市工、商业也发展起来，不过这时商业资本占主导地位，控制着工场手工业。处于领导地位的商业资产阶级开办工场，甚至通过购买国库券和包税等形式成为金融家，从而有力地促进了商业资本主义的发展。

商业资产阶级在经济上的统治地位必然反映到政治和意识形态领域。政治方面这一时期首先是绝对君主制的兴起，当封建君主和早期资产阶级存在共同利益时，绝对君主制努力创建统一的国内市场，实行重商主义的经济政策，它代表资本主义的发展方向。然而随着资本主义的发展，两者利益的根本对立性日趋显现，最终绝对君主制成为资本主义发展和民族国家的绊脚石，当二者的矛盾无法调和时就爆发了早期资产阶级革命。英国革命、法国大革命就是这样发生的。尼德兰革命和美国的独立战争也是早期资产阶级革命的重要内容。

改革也是通向资本主义的途径之一，此时虽然没有通过改革完全走上资本主义的范例，但许多国家的"开明君主制"改革是资本主义的变通形式。

意识形态领域，文艺复兴、宗教改革和启蒙运动的一脉相承的发展，使资产阶级的基本要求和理想社会蓝图得以初步勾画。文艺复兴时期的"人性"主张，理性时代的天赋人权、自由平等、人民主权、代议制民主和三权分立等学说成为资本主义国家追求的目标。对外政策方面，承接新航路的开辟，欧洲国家的早期殖民扩张和商业战争扩大了世界的交往和联系，人类完成了由分散走向统一的第二步。

世界通史

最新整理图文珍藏版

第一节　史海钩沉：重大事件　历史典故

都铎王朝的建立

在基本肃清兰开斯特家族的势力后，约克派内部发生了矛盾，曾经亲密无间的爱德华四世和沃里克伯爵成了冤家对头。沃里克伯爵依仗赫赫战功及手里的部队，试图让爱德华四世听命于他。而爱德华四世清理完外部矛盾后，又想解除身边大贵族手中的兵权，以消除对王权的威胁。

亨利七世和伊丽莎白王后、亨利八世

1469 年，沃里克伯爵煽动军队发动叛乱。爱德华四世派兵前去镇压，但被打败。沃里克伯爵暂时取得了优势。但爱德华趁沃里克伯爵不在伦敦之际大肆扩军，并发动反击，迫使沃里克伯爵逃亡法国，投靠法王路易十一，并与旧日死敌玛格丽特结盟。

1470 年 9 月，沃里克在路易十一支持下杀回英国，大败爱德华四世，并迫使他逃到尼德兰，寄身于他妹夫勃艮第公爵查理门下。沃里克宣布废黜爱德华四世，恢复亨利六世王位。

沃里克伯爵掌握大权后不思进取，引起了英国人的普遍反感。1471 年 3 月 12 日，大雾迷漫，爱德华四世率军与沃里克在伦敦以北的巴恩特展开决战。最后沃里克的大军被击溃，他本人被杀。5 月 4 日，爱德华四世俘虏了从南部港口偷偷登陆的玛格丽特王后，将她和她的独生幼子及许多兰开斯特贵族杀死，被囚禁的亨利六世随后也被秘密处死。至此，兰开斯特家族被诛杀殆尽，仅有流亡法国的里士满伯爵亨利·都铎还自称是兰开斯特家族事业的继承人。

1471～1483 年是英国和平昌盛的时期。但随着 1483 年爱德华四世的逝世，约克家族内部又发生分裂。年仅 13 岁的爱德华五世即位不久，皇叔理查三世篡位，遭到了爱德华四世后裔和亨利·都铎的反对。

1485 年 8 月，亨利·都铎率军与理查三世在英格兰中部的博斯沃尔特决战。斯坦利爵士率部3000 人公开倒戈，使理查三世阵形大乱，理查三世战死。亨利·都铎同年登上英国王位，称亨利七世，终结了约克家族的统治，英国历史进入了都铎王朝统治时期。次年，亨利七世娶约克家族的继承人——爱德华四世的大女儿伊丽莎白为妻，以红白玫瑰为徽，两大家族终于走到了一起。

英国王室实力的加强

为了改善王室的财政窘境，亨利七世不仅继承了两王族的地产，还夺回了王室 14 世纪中期以后失

亨利七世礼拜堂

去的地产。他在一次陈述中说道："国王们——我的前辈们用他们脆弱的财富为自己的目的办理事情，我绝不允许再出现这种情况。"为了聚敛财富，亨利七世可谓费尽心机。如设立"德税"，即要求臣民酬答他的庇护而向其献纳"贡款"。贡款起初可随意献呈，后来却演变成一种定额的国税，臣民称这种税为"缺德税"。

亨利七世巧立名目，聚敛了大量财富，据说他逝世时大约留下二百万镑的库存财富，还不包括大批金银珠宝。而这笔巨款相当于当时 15 年以上的财政收入，使王室可支配财产十分充盈。但亨利七世又爱财如命，是个吝啬的君主。1509 年当他自知不久于人世后，为了清除罪孽，请了很

世界通史

最新整理图文珍藏版

亨利七世的半身像

多僧侣为他作 2000 次的忏悔祈祷，可是每次祈祷仅付给僧职人员六个便士，当时被人传为笑谈。

虽然亨利七世为了巩固王权采取了各种为人耻笑的方法，但他开创的都铎王朝仍是"英国历史上真正的黄金时代"，他更是整个都铎"黄金时代"的奠基人。他采取重商主义政策，保护国内工业，鼓励出口；大力支持航海业，开创了给建造大船者颁发津贴的先例。亨利还是干练的外交家，他先后同丹麦、佛罗伦萨、尼德兰签订商约，还于 1492 年同法国签约，取得了外界对都铎王朝的认同；1502 年使自己的长女与苏格兰王詹姆士四世订婚，为后来不列颠的统一铺下了基石。后人这样评价道："他最终造就了一个有许多改变的英格兰：更富

有、更坚固的统一，更彻底的民族化，其形象更现代化。"

亨利八世

亨利八世初期的统治

亨利八世即位之初深受文艺复兴新思潮的影响，如他亲自拜访《乌托邦》的作者托马斯·莫尔后，一直任用莫尔为亲信大臣。他还支持维护英国司法权，反对罗马教廷干涉，声称"在英国国

亨利八世

内除了上帝，国王是最高权威"。他一手创建了皇家海军，修建了几个海军专用的船坞。1514年他还给特里尼蒂公司颁发特许状，令其专门经营航海业，并有权征税资助航海和设置灯塔。

封建贵族旧传统对亨利八世的影响也很深，如他把大量时间花在比武、打猎、游乐上，不愿处理日常政务。他虽然反对罗马教廷干涉英国内务，但却标榜拥护罗马教皇，维护天主教会正统教义，为此烧杀了大批英国下层平民中的教派"劳拉德派"的信徒及各种"异端分子"。1521年，亨利八世发表《保卫七项圣礼》，反对马丁·路德的宗教改革，被教皇授予"信仰的保护者"称号。

在对外关系上，亨利八世执行反对法国，联合西班牙的外交政策。1513年，亨利八世以保护教皇为名，联合西班牙大败法军及其同盟者苏格兰军队。就在此时，他发现了商人出身的教士渥尔塞的才能，当即加以重用。从1515年起，渥尔塞就开始总揽内政外交大权，推行利用西班牙和法国的矛盾从中渔利的政策。以拥护罗马教皇为号召，充当欧洲列强的仲裁者、扩大在法国所占地盘的政策。

但在1519年，西班牙国王查理一世当选为神圣罗马皇帝、成为大半个西欧的主人后，英国的政策却未能随机应变，还从1522年起连年派兵入侵法国，并向查理五世提供军费，以求支援。巨大的支出耗尽了充裕的国库储备，国内反战之声高涨。而查理五世在大败法军、俘获法王、进军罗马、控制教皇后，把英国抛到一边了。

离婚风波

宗教改革思想传入英国后，广大群众反天主教会的情绪日加高涨，强烈要求实行宗教改革，而亨利八世的离婚问题则成为英国宗教改革运动爆发的导火线。

亨利七世时，执行婚姻外交政策。亨利八世即位后，曾继续执行这种政策，他同自己的寡嫂凯瑟琳结婚，以维持英国与西班牙的关系，因为凯瑟琳是西班牙的公主。随着英国与西班牙关系的恶化，再加上凯瑟琳没有男嗣，亨利八世决定与她离婚。这时一个名叫安娜·波琳的倾向宗教改革的贵妇吸引了亨利八世的视线，更坚定了他与凯瑟琳离婚的决心。

按教会规定，国王的婚姻问题必须由罗马教皇批准，但此时的罗马教皇克莱门特七世受制于

布面油画亨利八世和他的六位妻子

神圣罗马皇帝查理五世，而凯瑟琳又是查理五世的姨母，所以教皇拒不批准亨利八世的离婚请求。国内的旧贵族和教会人士也反对离婚。

此时身兼约克郡大主教、枢机主教和英格兰大法官的渥尔塞，内外政策均遭失败，使亨利八世大失人心。亨利八世企图以自己的无嗣问题转移视线，从1527年起不断提出与凯瑟琳离婚，但并未得到教皇的允诺。他又请英国国教会裁决，也未得到受理。亨利八世于是迁怒于渥尔塞，于1529年10月剥夺了他的一切财产和权力。

1529年11月，亨利八世召开会议，决定实行宗教改革，决意要以王权对教权的绝对胜利来结束这场战斗。因为他了解到，议会中普遍存在着反对教会特权和外来干涉、要求国家独立强大的情绪，他决定利用这些力量向教皇和教会施加压力，以达到自己离婚的目的，于是便把各种重大问题提交议会来讨论决定。

英国的宗教改革

亨利八世发现商人、律师出身的托马斯·克伦威尔的杰出才干后，从1532年到1540年，先后让他掌握了行政、司法、财政、外交、宗教各方面大权，成为领导这场改革运动的中心人物。1533年他又提拔改革派的低级教士克兰麦为坎特伯雷大主教，领导英国教会，并重用了许多改革派人士执掌各个要职。

议会从1529年到1536年，连开八届会议，在克伦威尔等改革派策动下，通过一系列议会法案实行宗教改革。根据议会法案，亨利八世从教会勒取大笔罚金，并截留了献给教皇的年贡，取得制定教规、任命主教的全权，取得教会最高司法权，取代罗马教皇成为英国教会最高首领，把主教年俸和什一税归为己有，解散所有修道院后将其巨额土地财产

亨利八世时期的古城堡

收归王室。从此，英国脱离了罗马天主教会体系，建立了由国家政权控制的、以国王为最高统治者的英国国教会。

1533年，英国教会法庭批准亨利八世与凯瑟琳离婚。亨利八

亨利八世1546年时的画像

世随后与安娜·波琳结婚，并由议会法案确认了这项婚姻及其后裔继承权的合法性。由于夺取教会财产，王室财政收入增加了两倍左右，使亨利八世成为英国空前富有的国王。

宗教改革引起了国内外反改革势力的强烈反对。教皇将亨利八世开除教籍，神圣罗马帝国威胁要入侵和断绝贸易。亨利八世审时度势，进行反击，他利用法国与西班牙的矛盾，取得法国国王支持，并与一些信奉路德教的德意志诸侯结盟。在国内则加强镇压反动派，1534年议会通过"叛逆法"，规定凡是用言论、文字、行动诬蔑国王者，不承认国王是教会首领者，否认国王婚姻合法者，均为叛逆，罪当处死。依此法案，一大批反改革的教士被杀。

封建专制君主制的高峰

亨利八世实行宗教改革时，封建旧贵族仍有着强大的割据势力，他们勾结教皇与西班牙反对改革，阴谋暴乱。亨利八世则依靠改革派的支持，对叛乱坚决镇压，基本消灭了国内的封建割据势力。

宗教改革中没收的大批修道院地产，被王室出于财政和政治

马背上的亨利八世

的需要，转卖或赠送给新贵族和工商业资产阶级，使他们暴富，成为宗教改革的受益者，他们赶走佃户，造成大批农民流离失所。1531年和1536年议会通过法案，授权用血腥手段镇压流浪者。而管理地方行政司法事务的权力，则交给由乡绅担任的治安法官和教区职员，使他们成为中央在地方实行统治的工具。

在中央，克伦威尔等改革派对政府机构进行了改革，由大法官、财政大臣、枢密院长、掌玺大臣、国务秘书、警务大臣、会计官、御前大臣等主要专职大臣组成枢密院，成为中央政府核心。亨利八世有任免枢密大臣的全权，

并是枢密院会议的名义主持者。这些改革造成了强大的中央集权，使亨利八世拥有以前国王从未得到的权力。但是亨利八世没有常备军和庞大的官僚机构，他的专制地位取决于封建贵族和乡绅与资产阶级之间的力量平衡，因此不得不对乡绅和资产阶级的某些要求让步。

宗教改革后，新兴资产阶级思想的传播和下层人民的觉醒，使亨利八世感到恐惧，认为进一步改革将危及他的统治。于是在反改革派挑唆下，他于1540年将克伦威尔处死，大肆杀害改革派。但是改革潮流不可阻挡，改革派并未屈服，亨利八世也深知不能再与罗马教廷妥协，只得在改革派与反改革派之间摇摆。

伊丽莎白一世

从囚徒到女王

1558年11月17日，住在哈特菲尔德宫的伊丽莎白·都铎像往日一样，在玛丽女王耳目的监视下小心翼翼地行事。这时一位递送快信的信差急驰而入，禀告伊丽莎白称：她已经是英格兰女王，玛丽女王已于当天拂晓去世。

年轻的伊丽莎白

11月19日，英格兰所有重要的贵族、贵妇以及议会议员前往伦敦以北36里的哈特菲尔德宫宣誓效忠。

11月20日，伊丽莎白庄严地发表演说，她高贵的气质让每一个倾听的人都愿意为她誓死效劳。"诸位爵士：玛丽女王的去世让我感到无限悲伤，她不仅是你们的女王，还是我的姐姐。落在我肩上的责任使我感到惶恐，但由于我是上帝所创，注定要服从他的决定，所以我决心承担这个重任。虽然我顺应上帝的旨意成为政治的统治者，但也只是一个普通的人，因而我希望你们诸位，特别是贵族们，应据你们的地位与力量来协助我。朕职司统治，卿戮力为国服务，这样才可在全能的上帝前有良好的表现，并在世上给我们的后代留一些福泽。"

11月28日，伊丽莎白穿着华丽的紫色丝袍，摆开庞大的仪仗队，骑马穿过四年前囚禁待死的那个伦敦塔。伦敦塔依旧，但多了节日的气氛，这座森严的皇家监狱略微有点惶恐不安。沿途的人群向伊丽莎白喝彩欢呼，齐声歌颂她的光荣，孩子们向她朗诵烂熟于心的致敬词："礼炮发出的响声前所未有，人民也将迎来前所未有的时代。"

伊丽莎白享受着人们的歌颂，优雅地向欢迎她的群众致意，清秀的脸庞后面已透露出一代帝王的气质。这一刻曾多次在她的梦中出现，但当这一刻来临时又有恍如隔世之感。因为就在玛丽女王去世以前，她仍被软禁着；更早一些时候，她则被囚禁在伦敦塔里；再向前追溯，母亲以不贞的罪名被处死在她尚未懂事的年代里……

伊丽莎白的成长

1533年9月7日，伊丽莎白在格林尼治宫出生，她的母亲是亨利八世的第二位夫人安娜·波琳。亨利八世希望安娜·波琳能

王后玛丽

给她生个儿子，但遗憾的是伊丽莎白来到了这个世界。安娜·波琳立即失去了亨利八世的宠爱，并且成了他另结新欢的障碍。1536年，安娜·波琳被亨利八世以不贞罪处死，而此时的伊丽莎白年仅3岁。她不仅失去了王位继承权，而且面临着"非法子女"的尴尬。

亨利八世再娶后，第一个儿子爱德华被立为太子。伊丽莎白幼年境遇凄凉，11岁时，因太子身体虚弱她才恢复公主身份。亨利八世在遗嘱中规定：爱德华如无嗣就由玛丽即位，玛丽若无嗣则由伊丽莎白即位。

1547年亨利八世去世后太子即位，史称爱德华六世，由其舅舅西摩摄政。西摩的弟弟托马斯为了控制朝政大权，企图娶伊丽莎白以窃取王位，但事败被杀。14岁的伊丽莎白被卷入宫廷斗争，受到严密审问。1553年，爱德华六世早亡，伊丽莎白同父异母的姐姐玛丽即位，为玛丽一世。

玛丽是狂热的天主教徒，她大肆迫害新教徒，对信奉新教的伊丽莎白心怀嫉恨。虽然伊丽莎白被迫放弃了自己的信仰，但1554年玛丽根据叛乱新教贵族的诬告，仍将她囚禁在了伦敦塔里，不久又软禁在伦敦西部的一座王宫，两年后才解除软禁，被送往伦敦北部的一所庄园里。

1558年11月17日玛丽去世，伊丽莎白在经历了生死磨难后，终于登上了英国的王位。在前去加冕经过伦敦城时，她特意停留片刻，对夹道欢迎的人群作了简短的演讲。她激动地说："是时间把我带到这里，并承认我为女王。"

光荣的时代

伊丽莎白即位时的英国国内，相互敌视的教派拿起武器作乱，使英国处于分裂的边缘；空虚的国库源于半世纪的伪币盛行，国防方面的吝啬使得许多堡垒没有一兵一卒照看；而英国在欧洲大陆更是软弱无力，夹在西班牙与法国之间被人随意摆布。

这时的英国大权由伊丽莎白接管，她能把握好这个国家的命运吗？

伊丽莎白受过很好的教育，其著名的家庭教师罗杰·阿谢姆称："她说法语及意大利语与英语一样流利，而且随时可以很流利地用拉丁语与我交谈，希腊语也讲得差强人意。"她的优点是不必透过翻译和中间介入，就可以直接用法语、意大利语或拉丁语与各国使节会商，高超的外交技巧使各国使节都拜倒在她优雅的笑容里。西班牙大使说："这个妇人是十万名魔鬼集于一体，但是她假装自己是个活跃于寺院中的修女，每天由早到晚地祈祷。"

为解决国内宗教危机，伊丽莎白即位后就释放了大批被关押

伊丽莎白一世

的新教徒，并对英国清教徒加以压制，力图避免不同教派的教义争论。1559 年议会通过《至尊法令》，宣布女王为英国所有教会和僧侣团体的最高领导，一切神甫和官吏必须宣誓接受这一领导，不得服从国外的权力。

为了增加英国资本原始积累，伊丽莎白废除禁止圈地的法令，并把海上劫掠作为充实国库、打击西班牙的重要手段。伊丽莎白还鼓励英国商人建立各种类型的贸易垄断公司，其中 1600 年成立的东印度公司为英国向东方的扩张打下了基础。

16 世纪英国的清教徒

舵手的离去

伊丽莎白以她坚定的意志、丰富的政治经验，把玛丽一世遗留下来的财力匮乏、军事软弱的英国，带进了一个被英国人称之为"光荣的时代"——伊丽莎白时代。

1559 年拒绝西班牙国王腓力二世的求婚，显示出了伊丽莎白把握政治与私人感情的能力；1569 年对英国北部天主教势力的成功镇压，显示出了她一代帝王的霸气；1587 年处死妄图取代自己地位的苏格兰女王玛丽，则显示出了她冷酷的一面；1588 年对西班牙"无敌舰队"的胜利，使"光荣的时代"达到极盛。但统治后十年不断爆发的城乡人民起义，及 1601 年宠臣埃塞克斯伯爵在伦敦鼓动的市民起义，则在她心中留下了痛苦的回忆。

1603 年 3 月，伊丽莎白在英国的冬天放松过度，以至于发了高烧。病魔折磨了她三个星期，几乎耗尽了她的体力和活下去的勇气。在这些日子里，她仍然那么任性。许多演奏者频繁出入宫中，因为她认为医嘱远远比不上音乐动听。她经常耗在椅子上或躺在软垫上，而不是听医生的躺到床上去。当大主教祈祷她能活得长久一些时，她反而大加斥责。但当大主教跪在床边自认祈祷够了想要起来时，她却令他继续祈祷，直到深夜她沉沉睡去。

第二天，也就是 3 月 24 日，伊丽莎白永远睡在了自己的梦中。约翰·麦宁汉在日记中写道："今晨约三点钟，女王陛下去世，软绵绵的像只小绵羊，安详得像树上落下的熟苹果。"许多人意识到伟大的时代已经结束，一只有力的手已经离开了船舵。伊丽莎白虽然继续亨利八世的专制，但是因其个人魅力而减少许多专制色彩。她既无丈夫也无小孩，所以她把所有的母爱施与了英国。

伊丽莎白的离世

海外贸易繁荣的原因

都铎王朝统治时期，历代君主尊崇重商主义政策，大力发展工商业，鼓励出口。因此，英国资本主义的原始资本像雪球一样急剧膨胀，使海外贸易得到迅速发展。

为了让英国商人在与垄断北欧贸易的德国商人竞争中占据有利位置，亨利七世还特地向全国性海外贸易商人团体颁发经营特许状，并通过外交谈判，签订有利于英国海外贸易的商约。更为直接的是，英国还开创了向制造大船或向国外购买大船者提供津贴的先例，以鼓励远航。

西班牙国王腓力二世

在对付当时的海上强国西班牙方面，伊丽莎白表现得最为出色。当西班牙国王腓力二世向她求婚时，她并没有一口拒绝，而是借此契机为英国谋取利益。伊莉莎白始终让腓力二世存有幻想，让他感觉到英国很快就会并入西班牙。为了能得到那个可以赢得英国的婚戒，腓力二世对英国的各种挑衅极力克制，这直接导致了西班牙与其朋友的疏远，而英国则逐渐强大。

自 16 世纪以来，经过国王的特许，英国商人组建了许多享有海外贸易特权的团体——海外贸易公司，其中比较出名的有莫斯科公司、东印度公司等。这些

与西班牙周旋的伊丽莎白一世

世界通史

最新整理图文珍藏版

公司垄断着某些地区的贸易，如莫斯科公司专营俄国和中亚一带的贸易，东印度公司则控制好望角以东国家的贸易。英国海外贸易的发展是与海盗、走私、贩奴和殖民扩张等罪恶活动紧密联系在一起的，海外贸易公司只是扩张和掠夺的工具和保护伞。

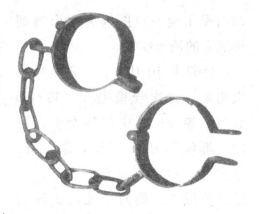

奴隶贸易中曾经用过的脚镣

奴隶贩子霍金斯

在伊丽莎白的默许和鼓励之下，英国的海盗和奴隶贸易飞速发展。约翰·霍金斯是其中较为出名的一位，他是英国16世纪著

霍金斯

名的航海家、海盗和奴隶贩子。他出生在英国西南部的普利茅斯，其家族成员大都从事海外冒险活动，他从小就在家族的船上经受了磨练。

1562年10月，霍金斯在岳父等人的资助下，率领三艘船组队出海，第一次踏上了罪恶的贸易征程。在非洲的几内亚海岸，他捕获了300名黑人，然后将这些"货物"运送到美洲，卖给海地岛上的西班牙殖民者后，换回了大量的"兽皮、生姜、糖和珠宝"。

霍金斯的"罪恶贸易"竟然引起了英国王室浓厚的兴趣。1564年，霍金斯第二次出航，伊丽莎白将自己一艘700吨的海船折合为4000镑股份投资他的船队。这次与西班牙人的交易是夹杂着枪杆的威胁进行的。1565年9月，霍金斯再次满载而归，伊丽莎白授予他一枚图饰为一个被捆绑黑人的盾形纹章。

1567 年 10 月 2 日，霍金斯再次出航。这次规模更大，共有 6 艘船只参加，其中包括女王入股的"耶稣"号和"米尼昂"号。这次远行却没有前两次顺利，经过激烈战斗，他们在几内亚捕捉了大约 600 名黑人。霍金斯以每名 160 英镑的价格将其出售给西班牙，获得了价值约 10 万英镑的赃物。但船队在返航途中遭飓风袭击，被迫开往墨西哥湾的西班牙港口，并强占了港口外的抛锚处的一个小岛。这时一支由 13 艘西班牙船只组成的舰队气势汹汹驶来，对霍金斯的船队进行了猛烈攻击。在这次战斗中，霍金斯船队死伤及失踪达 300 人左右，除两条小船外其余全部被击毁。

1569 年，霍金斯历尽千难万险之后回到英国，并于三年后进入英国议会，后来成为英国海军中的一名重要将领。

德雷克

走上海盗之路

德雷克出生在一个贫困的自耕农家庭。他的父亲是一个新教徒，曾任传道士四处传道，后来在泰晤士河口的一艘废船上安了家。德雷克自小就在海上谋生，13 岁时在一条往来于北海各港口的小船上当学徒，后来老船长去世，他成为了船主。德雷克听说表兄霍金斯贩卖黑奴获得暴利后，就变卖掉自己的小船，加入到霍金斯的队伍中。

1566 年，在霍金斯的授命下，德雷克率领一支舰队进行了一次贩卖奴隶贸易。1568 年左右，霍金斯的罪恶黑船遭到了西班牙舰队的毁灭性打击。德雷克从那次"劫难"中幸存下来，但除了"勇敢"之名外已经失去了一切，他

德雷克肖像

世界通史

最新整理图文珍藏版

决心向西班牙舰队复仇。

德雷克在 1570 年和 1571 年的西印度航行中，侦察到了西班牙一条财宝运输线：西班牙人将从秘鲁等地掠夺来的黄金白银运到巴拿马，然后用骡马将财物运到大西洋沿岸的诺夫雷·德·迪奥斯港装船，再运送回国。

1572 年，在获得了伊丽莎白女王正式许可后，德雷克带领 73 名冒险家，分乘两艘海盗船对大西洋沿岸的诺夫雷·德·迪奥斯港进行了攻击。在那里，他们发现了堆积如山的黄金、白银，但还没来得及动手就遭到西班牙人的反击。德雷克也在战斗中受伤，海盗船不得不向后撤退。但德雷克并没有死心，他耐心地等待着雨季过去，以寻找机会袭击穿过巴拿马的西班牙骡马运输队。

在等待的过程中，德雷克以达里安湾为基地不断进行海上劫掠活动，他的两个弟弟也因此丧生。1573 年春，德雷克纠集 18 人，在巴拿马伏击了西班牙的运输队，据说他们劫掠了价值十万西班牙币的财富。1573 年 8 月 9 日，德雷克载着大量财富回到普利茅斯。

穿越麦哲伦海峡

德雷克回到英国之后，受到了英雄般的接待，但西班牙却叫嚣着要将他处死。无奈之下，德雷克不得不藏匿起来。

1576 年 11 月 4 日，尼德兰的经济重镇安特卫普遭到西班牙人的袭击和劫掠，英国和尼德兰的贸易遭到重创。沉寂三年之后的德雷克打算绕过美洲大陆南端的麦哲伦海峡，袭击太平洋沿岸的西班牙殖民地，为英国报仇。于是，德雷克第一次觐见了伊丽莎白女王。女王鼓励他说："德雷克！这样我就可以报西班牙国王多方侮辱之仇了！"

1577 年 11 月，德雷克率领 160 多人乘 3 艘武装海盗船和 2 艘补给船踏上了环球航行的征程。他们沿非洲西岸南行，穿过大西洋，于 1578 年 4 月到达巴西海岸。进入麦哲伦海之前，德雷克抛弃了那 2 艘补给船。行至圣胡

正在游戏的德雷克

利安港时，有些人企图阻止船队继续航行。德雷克为了稳定军心，将这些反对者处决，并将自己所乘的仅100吨的旗舰"塘鹅"号改为"金鹿"号。

德雷克的船队

1578年8月，德雷克率领船队驶入麦哲伦海峡。经过16天的艰苦奋战之后，船队终于成功地穿越了此海峡，成为麦哲伦之后的第二批穿越者。不幸的是，船队遇到了可怕的飓风，其中一艘沉没，一艘折回英国。"金鹿"号则被吹向东南方，德雷克因此发现了合恩角。风平浪静之后，"金鹿"号沿智利海岸向北航行。这里本来是西班牙殖民者的天下，"金鹿"号的突然出现使西班牙人大为惶恐。

第二次环球航行

德雷克的这次航行是为复仇而来，所以他一路上寻找一切机会向西班牙船只发动袭击，并不

断偷袭沿岸的西班牙港口。"金鹿"号装满了抢劫来的西班牙财物后，德雷克命令船队离开南美洲，继续向北航行。野心勃勃的德雷克企图沿北美海岸找到一条连接大西洋和太平洋的北方新航线，但逆风和严寒打乱了他的计划，他不得不掉头向南航行。德雷克的船队在今天的旧金山附近的一个港湾内停留了一个月，在那里整修船只，并以伊丽莎白女王的名义象征性地占领了这块土地。

1579年7月，"金鹿"号横渡太平洋，朝菲律宾群岛方向行驶，于11月抵达摩鹿加群岛。在德那第岛，德雷克利用当地土著人对葡萄牙人的仇恨，与他们的首领

德雷克 油画

做成一笔友好交易，使船队获得了数吨重的香料。船队随后继续航行，并穿越印度洋，绕过好望角。1580 年 9 月 26 日，历经 34 个月的艰苦航行之后，"金鹿"号载着仅存的 56 名幸存者和满船财宝回到普利茅斯港，成功完成了人类历史上第二次环球航行，使整个欧洲感到震惊。

据保守估计，德雷克这次航行所抢劫来的财物，价值 50 万英镑，这相当于英国王室一年的收入。德雷克将 27.5 万英镑财物献给了伊丽莎白女王，英国人则热烈地欢迎这位当时被认为最伟大的海员和海盗。伊丽莎白亲自登上"金鹿"号，与德雷克共同进餐，授予其爵士称号，并下达命令将这艘海盗船作为永久纪念保存起来。

"金鹿"号

打击西班牙人的干将

借着环球航行的春风，德雷克于 1581 年当上了普利茅斯的市长，后来又成功当选为议会议员。在德雷克成为炙手可热的政治人物时，英国与西班牙之间的矛盾也在不断激化，他自然被推到了风口浪尖上。

1585 年，在朋友及女王的大力支持下，德雷克组建了一支由 30 艘船只组成的舰队，对西班牙发动进攻。这支英国舰队先强行进入西班牙西北部的维哥港，不但大肆抢劫财物，还剥下了圣母像的外衣。舰队随后驶往加那利及绿岛群岛，抢劫了其中最大的岛。并再次横渡大西洋，袭击美洲的西班牙殖民地。德雷克的舰队首先攻陷了西印度的圣多明各，抢走 3 万英镑财物，接着劫掠了佛罗里达的圣·奥古斯都城，并于 1586 年 1 月顺利返回普利茅斯港。德雷克的这次出击重创了西班牙，使这位海上霸主蒙受了巨大的羞辱。

1587 年 4 月，伊丽莎白女王得到情报：西班牙的"无敌舰队"准备进攻英国。女王命令德雷克率领一支由皇家和海盗组成的联合舰队对西班牙海岸进行先发制人的打击。德雷克于是率领舰队

德雷克的第二任妻子

夺殖民地和海上霸权而展开的战争，共进行了三次：1652～1654年；1664～1667年；1672～1678年。经过这几场战争，最终确立了英国的海上霸权地位。

17世纪，是西欧各封建国家走向衰落、资产阶级革命正在兴起的历史转折时期。荷兰在16世纪后半期至17世纪前半期，经过80年战争，打败了西班牙，实现了民族独立，完成了资产阶级革命。

英国和荷兰在海上激战

突袭加的斯湾内的西班牙船只，并击沉1艘西班牙战舰。同时还对西班牙的运输及补给船进行袭击，迫使"无敌舰队"推迟出航的时间。

1588年7月，西班牙"无敌舰队"与英国舰队在英吉利海峡展开了巅峰对决。德雷克被委以重任，担当英国舰队的副统帅，他完成了由海盗向英国海军高级将领的转变。

英荷战争

1652～1678年英荷战争又叫"荷兰战争"，是英国和荷兰为争

荷兰是个小国，面积2.9万平方公里，自然资源贫乏。但是荷兰人民富于聪明才智，利用千百部风车排干海水，拦海造坝，使万顷海洋变成沃野，建立了发达的农业和畜牧业。荷兰人还利用面向大西洋的几百公里海岸线和国内纵横交错的水网河道和沿海的良港，大力发展海外殖民和

贸易事业。荷兰人自古善于航海，他们建立了世界上首屈一指的商船队，17世纪上半叶共拥有商船1.6万艘，是法国、英国、西班牙和葡萄牙四国商船的总和，占全世界商船总吨位的3/4。荷兰人垄断了世界的贸易，荷兰商人的足迹遍及五大洲各个角落。荷兰人被人们称为"海上马车夫"。

荷兰人还大力开展海外殖民事业，夺取了广阔的海外殖民地：从葡萄牙人手中夺取了南非的好望角、锡兰（今斯里兰卡）、印度的马拉巴海岸和科罗曼德海岸以及马六甲；还占有印度尼西亚、北美的新尼德兰、南美的圭亚那，还曾于1622～1662年侵占了我国的领土台湾。

荷兰的海上霸权严重威胁了英国的利益。17世纪，英国资本主义正迅速发展、原始积累不断加强，也在对外殖民扩张。但是17世纪中期以前，英国资产阶级正忙于进行革命，无暇与荷兰竞争。荷兰乘机在世界各地排挤英国。荷兰的东印度公司1619年打败了英国的东印度公司，迫使英国转向印度。6000艘荷兰船在波罗的海张帆遨游，封闭了英国同北欧各国的贸易，使英国的木材、大麻和油脂等重要物资奇缺。波

罗的海的全部贸易以及对印度和美洲的贸易均由荷兰人垄断，甚至在英国西印度群岛的殖民地上，荷兰商人也压倒了英国商人，仅与巴巴多斯做买卖的荷兰商船就是英国的2倍。英国捕鱼业也受到荷兰的沉重打击。荷兰人不仅在英国领海上捕鱼，而且还把打的鱼拿到英国市场上销售。到17世纪上半叶，荷兰的海外投资已比英国多15倍，船只多10倍。

1649年英国处死查理一世后，取得了资产阶级革命的胜利。英国资产阶级迫切要向海外扩张，开辟海外殖民地和市场。这时，荷兰对海上贸易的垄断权是英国海外扩张最大的障碍和直接威胁，英国已无法容忍荷兰的海上霸权了。克伦威尔当政时制定的战略就是控制海洋。英国政治家沃尔特·雷利爵士曾经说过这样一句名言："谁控制了海洋，即控制了贸易；谁控制了世界贸易，即控制了世界财富。因而控制了世界。"为实现这一战略，从1649～1651年英国加紧海军建设。克伦威尔对海军格外关注，他抓了两件事：一是成立了专门的"海军委员会"负责建造专门为海战设计的新型战舰。革除了以往打仗是征召武装商船和海盗的习惯做

自信的荷兰人

法，而让武装商船和海盗船作为预备役用。二是加强对海军的训练和管理，一改以往靠商船水手打海战的做法，专门从陆军中选出精壮士兵担任职业海军军人，并由经验丰富的职业军官指挥海军。著名海军将领罗伯特·布莱克担任海军统帅后，加强训练和战备，使英国海军保持良好的战备状态。这期间，英国海军从1649 年的 39 艘战舰增至 1651 年的 80 艘，增长了 2 倍多，其中大部分是二层甲板、拥有 60 至 80 门炮的巨型战舰，排水量达 1000吨。最大的是"海上主权"号，

排水量 1500 吨，有四层甲板 104门重炮，水兵 800 人，最大的炮弹重 60 磅，一次齐射的炮弹重一吨。

英国在海军建设告一段落，战争准备完成后，便向荷兰开刀了。1651 年 10 月 9 日，英国议会颁布了著名的《航海条例》，主要内容为：亚洲、非洲或美洲的商品，必须使用英国船只才准许运入英国及其殖民地；欧洲商品输入英国及其殖民地，必须使用英国船只或原商品出产国的船只运送；不准英国商人进口中介商品；保护英国渔业。该条例各条款正是针对专搞"中介贸易"和海运的荷兰商人。

对于《航海条例》，荷兰断然拒绝。英荷双方都意识到战争不可避免了，便剑拔弩张，扩军备战。英国海军在原有基础上，又紧急动员了 125 艘商船。荷兰海军原仅有 60 艘战舰，1652 年也紧急征用商船后，达到 226 艘。但是荷兰战舰比英国要小得多，最大的才 54 门炮，大多数只有 20 ~30 门炮，均比英国小 1 倍。英国海军无论是数量还是质量，均比荷兰占有较大的优势。双方到了1652 年，均已做好准备，严阵以待，大战一触即发。

第一次英荷战争

1652 年 5 月 29 日，布莱克率领英国舰队在多佛尔海峡巡逻，与荷兰舰队相遇。荷兰舰队由海军名将特罗普指挥，有 42 艘军舰。英国舰队只有 20 艘军舰。但是布莱克坚持要荷兰人必须下降军旗向英国国旗致敬。荷兰人拒绝了这种无理要求，英舰便开炮轰击，击沉荷舰 2 艘，于是第一次英荷战争便爆发了。

第一次英荷战争主要集中在多佛尔海峡战区（包括北海）和地中海两大战区，其中又以多佛尔海峡为主。

英舰队司令布莱克针对荷兰对外的咽喉多佛尔海峡制定了战略：控制多佛尔海峡和北海，切断荷兰与外界的一切联系，迫荷兰人投降。为此，他采取了集中强大舰队、拦截通过海峡的一切荷兰船只的战术。他还派出舰队到苏格兰北部袭击荷兰东印度公司的运银船，到北海捕获和击沉荷兰的捕鱼船，甚至深入到波罗的海，破坏荷兰与东欧之间的海上贸易。这种战略战术对荷兰经济是致命的打击。

荷兰由海军上将德·赖特指挥。他在和法国海盗船及西班牙海军的长期战斗中积累了丰富的海战经验。荷兰制定的战略就是以强大的舰队为商船护航，强行通过海峡，确保外界的联系。但是荷兰在军舰的战略部署上不当，把过多的力量投入到次要战区地中海，从而使在海峡争夺中处于数量上的伤势。

战争分两大战区展开。在多佛尔海峡和北海战区，双方共展开 9 次激烈的海战。参战的各有一二百艘军舰和二三万士兵在海上厮杀，这一战区的战斗可分两个阶段：

一、相持阶段（1652 年 5 月~1653 年 2 月）

英荷双方互有胜负，主要海战有：

1. 普利茅斯海战（1652 年 8 月 26 日）

赖特指挥荷兰舰队护航商船通过英吉利海峡。中午，阿伊斯秋率领 40 艘军舰和 5 艘纵火船的英国舰队进行拦截。在普利茅斯港外赖特投入了 30 艘军舰和 6 艘纵火船与英军作战，双方力量相近，赖特奋勇作战，终于将英舰队击败，使荷兰商船队成功地通过了海峡。此仗，双方互有伤亡，但荷兰海军通过海战，感到与英军在航海技术、炮术、海战战术方面与英军不相上下，从而增强

最新整理图文珍藏版

了信心。

2. 肯梯斯诺克海战（1652 年 10 月 8 日）

英国舰队在布莱克指挥下，在北海给荷兰捕鱼船以沉重打击，使之损失惨重，有 900 多渔民被俘。荷兰舰队司令德·维特从普利茅斯之战中，认为英军战斗力不如荷兰，便没有从地中海战区抽调援兵，不顾兵力和火力都弱于英国的现实，向布莱克发起攻击。10 月 8 日，双方在泰晤士河口外的肯梯斯诺克相遇。双方舰只英 68 艘荷 64 艘。英舰数多，火炮多，占了上风。双方混战了 2 天 2 夜，由于布莱克进攻的勇敢顽强，荷兰舰队招架不住，被击沉 3 艘，还有许多舰只毁坏。英国舰队大获全胜。

3. 达格尼斯海战（1652 年 12 月 10 日）

英国在取得了肯梯斯诺克海战的胜利后，开始骄傲轻敌，以为荷兰海军不堪一击，于是把英国舰队分了好几部分，还抽出 20 艘去地中海，这样英国在海峡战区只有 42 艘军舰，从数量上处于劣势。荷兰方面特罗普又重掌帅印，他带领荷兰舰队担任来往于荷兰与外界的商船队的护航任务。12 月 10 日特罗普出动 78 艘战舰为 300 艘庞大的商船队护航。布莱克在英格兰东南的达格斯坦海角终日海战。荷英双方军舰为 70：42。特罗普和副手赖特作战英勇，指挥果断，数量也占优势。荷兰人击沉了 3 艘英国战舰，俘获 2 艘。英舰队大败，残舰龟缩在英国南方的港口，不敢出战。

4. 波特兰海战（又叫"三日海战"，1653 年 2 月 28 日至 3 月 2 日）

失败使英国人脑子清醒了，认识到荷兰人非等闲之辈，必须认真对付。于是英国又把海军力量集中起来，又建造了许多新舰，随时准备报上次惨败的一箭之仇。

1653 年 2 月 28 日，特罗普又率 80 艘战舰护送 180 艘商船返回荷兰，在波特兰以西海面与英国舰队相遇。英军有 70 艘战舰。一场残酷的海战爆发。荷兰舰队投入攻击，以掩护商船队前进。双方在海上激战了整整三天，特罗普费了九牛二虎之力才突破英军封锁，大部分商船安全回国。但是荷兰损失巨大：11 艘战舰被击沉或被俘获，30 艘商船也被击毁或缴获，阵亡近 2000 人。英国只损失 1 艘船，伤亡 1000 人，布莱克本人也负了伤，由蒙克继任。

二、第二阶段：英国取得战

略优势（1653 年 2 月～1654 年 4 月）

三日海战后，英国海军重新获得了对海峡和北海水域的控制。蒙克海军上将很有远见，他坚持集中兵力，以优势舰队封锁海峡，切断荷兰对外联系的战术。为此，克伦威尔动员了全国工业生产力量集中赶制战舰，雄厚的工业实力生产的高水平的战舰一艘接一艘地下水，加入英国舰队。而荷兰由于工业基础薄弱，损失的战舰很难得到补充，逐渐处于劣势。

1653 年 4 月，英国海军还颁布了两个在海军历史上具有历史意义的文件。一个是《航行中舰队良好队形教范》，规定了在航行中保持良好队形、指挥统一、完整的联络方法等重要内容。二是《战斗中舰队良好队形教范》，第一次作出了组成纵队战斗队形的规定。这两个教范有力地保证了英国海军指挥一致，作战中相互协同，大大地提高了战斗力。而荷兰海军仍采用旧的战术，不可避免地走向失败。这阶段双方主要有两次大海战：

1. 加巴德沙洲海战（1653 年 6 月 12 日～13 日）

6 月 12 日，特罗普指挥荷兰舰队从本土基地出发，试图打破英国海军的封锁。荷兰舰队有 104 艘军舰，英国舰队由蒙克和迪恩指挥，拥有 115 艘战舰，双方力量相当。开始，双方混战，相持不下。天黑时，布莱克率 18 艘军舰赶来增援，英军在数量上占了优势，荷舰队于 13 日开始撤退到佛兰德浅滩，英国军舰大多吃水深，无法进入浅滩，遂停止了追击。战斗中，荷兰被击沉 9 艘，被俘 11 艘，损失兵员 1400 人。英国虽只损失 1 艘军舰和 400 人，但舰队司令迪恩海军上将阵亡。

2. 斯赫维宁根战役（1653 年 8 月 8 日～10 日）

英国舰队夺取了海峡和北海制海权后，对荷兰海岸严密封锁，荷兰经济陷于瘫痪。为了打破英军封锁，特罗普和德维特决定孤注一掷出击，进行"敢死"的冲击。荷英双方舰数之比为 106∶100，大体相当。8 月 10 日战斗正式开始，这是一场决战。在激战中，荷兰杰出的统帅特罗普中弹身亡。荷兰舰队失去卓越的指挥官后，斗志剧减，被蒙克打得一败涂地，仓皇撤退。荷军损失了 15 艘战舰，伤亡 4000 人，而英军只沉了 2 艘军舰，伤亡 1000 人。

斯赫维宁根战役后，荷兰舰队元气大伤，再也无力出击了。

英国对荷兰实行绞杀式封锁。海峡和北海战区再无大战。

在地中海战区，从战略上对战争结局影响不大，荷兰集中了强大的舰队，保持了对英国的优势。范·盖伦指挥的荷兰舰队有14艘战舰组成，每舰有26~30门炮，还有增援的22艘武装商船。英国舰队有15艘舰，每舰30~54门炮。但英舰队部署不当，分为两部分驻在地中海东部的里窝那厄尔巴岛。

荷舰队司令范·盖伦巧妙地集中舰队兵力插入英两支分舰队之间，切断了他们的联系，造成局部优势，分而歼之。1652年8月28日，厄尔巴岛的英分舰队冲出去和优势的荷舰队交战，被荷兰舰队打得落花流水。荷军继而又封锁里窝那六个月。1653年3月13日，范·盖伦把英舰队诱出里窝那予以全歼，英舰队除跑了1艘外，全被击沉或俘获。荷海军虽然大获全胜，但是其卓越统帅范·盖伦在激战中阵亡。此战后，英残余舰只撤出地中海，荷兰海军控制了地中海。

尽管荷兰海军在地中海控制了制海权，但对于战局无补。英海军的窒息式的绞杀封锁完全切断了荷兰与外界的联系，以海运

和海外贸易为主的经济完全瘫痪。工厂关门，商店停业，商船腐烂，有1500艘商船为英国俘房。繁华城市阿姆斯特丹街上杂草丛生，乞丐遍地，有1500所房子无人居住。荷兰无力再战，被迫向英国求和。根据1654年4月两国签订的《威斯敏斯特条约》，荷兰被迫支付的27万英镑赔款同意在英国水域向英船只敬礼，英国可以与远东通商。荷兰还割让了圣赫勒拿岛。

第一次英荷战争以英国胜利而告终。英国胜利的原因：一是荷兰战略部署失当，在次要战区集中优势兵力，而在生死攸关的海峡和北海战区兵力处于劣势。二是英国有雄厚的工业实力，能迅速弥补战争的损失。三是英国海军的装备、数量、火力和战术水平优于荷兰。

第二次英荷战争

荷兰战败后，英荷矛盾并没有解决。荷兰对于《航海条例》如芒在背，一直在寻找时机，报仇雪耻，打败英国，废除《航海条例》。赖特海军上将这时担任荷兰海军的头面人物。他励精图治，改组海军，重建海军舰队，招雇和训练水兵。他还认识到：单凭给商船护航是打不败英国的。只

世界通史

最新整理图文珍藏版

有改变这种被动战略，抛开商船，只用战舰作战，以海军主力与英国舰队决战，夺取制海权，才能取得战争的胜利。为实现这一战略，荷兰加紧建造大型战舰，到1664年，已拥有103艘大型战舰，上有大炮共4869门，官兵2.1631万人。

而英国，自取得第一次英荷战争的胜利后，便不把荷兰放在眼里。克伦威尔建立了军事独裁，对内镇压本国劳动人民，对外侵略爱尔兰并与西班牙进行战争，造成200万镑的债务，搞得国内人民怨声载道，危机四伏。1658年克伦威尔死后不久，蒙克便投向保皇党，让查理二世于1660年

查理二世画像

复辟。查理二世复辟后，为了对外扩张，仍加紧建设海军。但这时英国海军今非昔比，由于政界和军界的腐败，使海军陷于债务，1660年欠债100万镑。而全年海军拨款仅及海军预算的2/3，造成舰只失修破旧，士兵常常领不到薪水，士气低落，战斗力不降。

荷兰卧薪尝胆、忍辱负重十年，一直在寻机报仇，这时机会终于来了。早在1660年，查理二世十分狂妄，又颁布了新的《航海条例》，而且条件更为苛刻。但当时荷兰还未准备好，未有行动。1663年，英国得寸进尺，开始进攻荷兰在非洲西岸的殖民地并于1664年攻占。同年，英国还攻占了荷兰在北美的属地新阿姆斯特丹，并命名为纽约。荷兰忍无可忍，开始采取了行动。1664年8月，赖特率8艘战舰扬帆驶向西非，很快便收复了西非被英国占领的据点。1665年2月22日，荷兰正式向英国宣战，第二次英荷战争爆发了。

第二次英荷战争主要是以双方海军主力决战的形式来夺取制海权，海战的规模更大了，由于火炮的改进和射程及杀伤力的提高，使海战中的损失大大提高。战场主要在英吉利海峡和北海地

区，战争进程可分三个阶段。

一、第一阶段：英国占据优势（1665年6月~年底）

荷英两国宣战后，由于是冬季，气候条件不利于海战，直到春天之后才正式交战。

1665年6月13日，两国舰队在英格兰东海岸外的洛斯托夫特展开海战。英国舰队由国王的兄弟约克公爵任总司令，共有109艘战舰，其中50门至90门炮的战列舰35艘，其他战舰53艘，武装商船21艘，纵火船21艘及小型船只7艘，共有4200门大炮和2.2万人。荷兰舰队因赖特远征非洲未及返回，由沃森纳尔和奥布丹指挥，拥有103艘战舰，11艘纵火船和7艘通讯船。共有4900门炮2.1万人，但荷兰人的舰和炮仍比英国的要小。荷兰舰队本处于顺风的有力位置，但奥布丹等未及时主动攻击，不知何故。等风变向后，荷兰舰艇顶风攻击，双方开始还能相互列阵齐射，但不久队形乱了，转入混战。从上午3时一直打到下午3时，有些荷兰舰支持不住转舵逃跑，给英国人留下了缺口。英舰队立即插入。在激战中，荷兰旗舰"伊恩德纳赫特"号被击中弹药库爆炸，两位舰队司令沃森纳尔和奥布丹阵

亡，409名人员中仅有5人获救。旗舰沉没后，荷兰又一艘巨舰"奥兰奇"号陷于敌舰重围被俘获，后被焚毁。荷兰舰队乱了阵营，纷纷溃逃。荷兰人在英舰炮击、火攻和登船攻击下，损失惨重，至少损失了17艘战舰、3名海军上将及官兵4000多人。英国仅损失军舰2艘和800名官兵。英国获胜是因为炮的射程远，英海军战术水平高。二是由于荷兰人指挥失误及旗舰过早损失之故。

洛斯托夫特海战后，荷兰舰队一时伤了元气，德维特下令马上重建舰队。这时，英国舰队向北欧进发，企图俘获停在挪威卑尔根港内的70艘荷兰商船，但被荷兰人击退。8月，赖特终于回到国内。他立刻稳住了荷军阵脚，担任荷兰海军统帅。他率荷兰舰队驶往挪威，把在卑尔根的船队安全带回国内，只有10艘因风掉队被英国人俘获。在下半年的大部分时间里，赖特靠出色的指挥艺术，巡逻于英吉利海峡和泰晤士河口以外，有效地保护了荷兰的海上贸易。但是英国的战略优势地位仍然存在，荷兰只是处于保护交通线的被动态势。

二、第二阶段：战争的扩大与相互拉锯阶段（1665年年底~

1666 年 9 月）

1665 年秋天起，一场大祸降临英国。伦敦及英国各地流行大瘟疫，这是由老鼠引起的鼠疫（又叫"黑死病"）大流行。夏天，鼠疫开始发作，9 月后流行，死亡人数剧增。伦敦人口的 1/4、约 10 万人死于鼠疫。这使英国国内一片混乱。1661 年 1 月，荷兰又先后与法国、丹麦结为反英同盟。法丹两国向荷兰提供了各种援助。虽然法国并不想积极参战，但是也迫使英国舰队分出 20 艘军舰对付法国人，使英国舰队的力量受到削弱。因此，英国的战略优势逐渐丧失。

经过冬季休战后，春夏之交双方又恢复了战斗。在短短的几个月，双方连续展开了五次大小海战，激烈程度以往罕见，双方互有胜负。

1. 四日海战（1666 年 6 月 11～14 日）

6 月 11 日晨，赖特率荷兰舰队出海。这支舰队是冬季花了 1100 万盾组建的，共有 84 艘战舰，4600 门大炮和 2.2 万官兵。英舰队在蒙克（现在是阿尔比马尔公爵）和鲁珀特亲王联合指挥下前来迎战。英舰队共 78 舰 4500 门炮和 2.1 万人。战前，英军收到错误情报，说法国舰队来了，便由鲁珀特亲王率 20 舰去截击"法国人"。仅给蒙克留下 2/3 的力量，作为支援鲁珀特的预备队。但不想迎头蒙克撞上了荷兰主力舰队。双方立刻展开激战。荷舰利用数量优势渐渐包围了蒙克的舰队。荷军抢占了上风，加上多年的训练使炮手射术大长，所以一射则十分准确，给处于逆风的英舰沉重打击。英"绥夫蒂秀尔"号被俘，舰队司令贝克利阵亡。英舰"亨利"号受了重伤，但仍战斗，荷兰先遣舰队司令埃弗森被炮弹击中身亡。头天战至黄昏，双方各损失几艘舰，平分秋色。第二天，英舰队又发起攻击，荷兰后卫舰队想抢先英方占领上风，引起荷方阵形大乱。但英方因舰只数量上占劣势，无法抓住战机打击荷方。双方又一次平手。6 月 13 日，英方仅有 30 艘军舰还能战斗，蒙克被迫西撤。英先头舰队旗舰"皇家亲王"号被荷舰包围搁浅，舰队司令阿伊斯秋举白旗投降，该舰被荷兰人焚毁。正当英舰队危急之际，鲁珀特亲王的舰队因未找到法国人又返了回来，与蒙克舰队残部会合。6 月 14 日清晨，双方展开决战。赖特的两员大将奋勇当先，其中一人是特罗普之子小特罗普,英舰队中先头舰队走得太快,与主力舰队间留下空隙,被荷舰切入,英舰队后卫又为小特罗普迂回,赖特率主力猛攻入英舰队中央。英舰队陷于混乱,但为避免灭亡,拼死抵抗。海面上一时硝烟滚滚,弹如雨下,杀声震耳,双方打得天昏地暗。荷兰为全歼英军,先后投入了3万人和6000门炮。这时天降大雾,天也黑了。英军为避免全军覆灭,被迫撤出战斗。而荷兰人也耗尽了弹药,筋疲力尽,只好也返航了。这一仗,是英荷战争中最大的一场海战。英国有17艘战舰(包括3艘旗舰)被击沉,官兵阵亡8000人,被俘3000人,其中有2名将军和12名舰长阵亡。这是英皇家海军历史上少有的几次败仗之一。荷兰海军仅损失6艘战舰,伤亡2500人,其中有3名将军。

2. 古德温海战(1666年7月1~4日)

但四日海战并不是决定性的,赖特虽然把泰晤士河口封锁了一段时间,但是英国舰队很快便修复完毕,又出现在海洋上。7月1日,蒙克率60艘军舰与小特罗普等指挥的荷兰舰队(约100艘军舰,其中71艘是战列舰)遭遇,

双方激战了两天,3日荷兰援兵赶到,蒙克遂撤出战斗。但4日,鲁珀特亲王又率一支分舰队来援,蒙克又发起攻击,但被击退。此仗是一场中等规模的海战,英军10艘军舰被击沉,其余大部分军舰丧失了战斗力,死伤1700人,被俘2000人。荷兰的损失较轻。

3. 圣·詹姆斯日之战(1666年8月4日~5日,北福兰角之战)

赖特准备率荷兰舰队想在光天化日之下溯泰晤士河而上攻打英国首都伦敦。蒙克和鲁珀特奋起卫国,国王严令督军,英舰队出海与荷兰舰队决战。荷兰方面有89艘战舰,英国约有90艘。这次英国较好地发挥了其炮火优势,因为在前几次混战中英准确的射击和射程远的特长难于发挥,而这次是列阵作战,英又占上风,所以战斗与四日之战正好反了个儿。战斗刚开始不久,荷兰先头舰队中的7名将军便死了3名,先头舰队四散溃逃。特罗普这时指挥荷后卫追赶一些逃跑的英国船,赖特的中央舰队面对优势的英军,只好采用机动战术,边打边撤。8月5日清晨,特罗普杳无踪影,赖特只好用8艘军舰掩护沿着荷兰海岸浅滩赶上来的掉队船只。

特罗普一直有被切断退路的危险，但他借助浅水海域的掩护，终于安全返回荷兰。这一仗，英军获胜，只损失了1艘战舰和2至3艘火攻船，伤亡不到300人，但有5位舰长阵亡。荷兰人则损失了20艘战舰，伤亡7000人，其中有4位将军阵亡，英海军又一次掌握了制海权。

4. "霍尔姆斯篝火"（1666年8月8日）

英国霍尔姆斯受命率一支小型分舰队袭击荷兰的弗利兰岛，但意外发现了隐藏的大量荷兰商船。英国舰队经短暂的战斗烧毁了两艘出来迎战的小型荷兰军舰。然后放火焚烧了挤在一起的150多艘荷兰商船，这就是有名的"霍尔姆斯篝火"。荷兰这一下午受到的损失超过了英国舰队在整个战争期间给荷兰造成损失的总和。英军然后又劫掠了弗利兰岛上的居民，然后离去。

这一阶段战事，双方互有胜负，展开了拉锯战，损失巨大，英国仍占上风。

三、第三阶段：荷兰获胜（1666年9月~1667年7月）

荷兰虽在圣·詹姆斯之战失利，但舰队主力依在，元气未挫。赖特通过这场在英国本土附近作战的实践，总结出了宝贵的经验：必须在夜间进行偷袭。以往两国海战均在白天，夜晚基本不打。于是赖特派出间谍，摸清了泰晤士河的潮汐、水位、航线等情况以及伦敦地区的军事和经济情报，并对水兵进行了夜战训练，准备寻找有利时机闯入英国心脏地区。

1666年9月10日，又一场灾难降临伦敦。一场罕见的大火在伦敦燃起，大火整整烧了四天四夜，伦敦繁华的商业中心、无数楼房、教堂、宫殿、工场等被大火烧成灰烬。伦敦城被毁2/3，损失超过800万~1000万镑，超过两次与荷兰战争的费用。火灾给英国经济以沉重打击。英国无力再战，从1667年1月开始，与荷兰就恢复和平举行谈判。

荷兰并不急于和谈，而是想再给英国狠狠一击，以实力迫英国签订城下之盟，并对霍尔姆斯的纵火予以报复。荷兰元首德维特是个足智多谋、精明强干的人物。当荷英两国在布雷达会谈时，他已制定了秘密计划，令赖特率舰队全体出动，在特塞尔岛外紧急集合待命。德维特亲自向赖特面授机宜，并派他的兄弟随舰队行动，监督这一计划不惜任何代价地完成。该计划就是冒险溯泰晤士河而上，再沿梅得威河直驶查塔姆，那儿是英国战舰的船坞，然后将英战舰击沉或焚毁。该计划风险太大，不要说沿途有英国的各种防御设施，而且泰晤士河口和梅德威河多沙洲和浅滩，必须涨潮且顺风才行，稍一疏忽，错过潮位，风向不顺，则军舰就会搁浅。尽管计划冒险，但俗话说"艺高人胆大"，前已说过，赖特早已做过周密的侦察和准备工作，并对士兵进行了夜战训练，早已胸有成竹。于是海战史上的奇迹出现了。

1667 年 6 月 19 日，赖特率荷兰舰队 24 艘战列舰、35 艘各类舰只，乘黑夜涨潮时冲入泰晤士河，荷兰舰队此举出英国人意料之外，引起极大恐慌。荷兰军舰一路行驶，一面炮击，沿途英国船只不是被击中起火，便是相撞沉没。岸边建筑物也燃起熊熊大火。荷兰舰队横行直撞，寻找和击毁所发现的英国舰船，一些最好的军舰被俘获准备带回荷兰。荷兰舰队还炮轰伦敦，使伦敦浓烟弥漫，火光冲天。英国人从上到下，惊慌失措，纷纷逃难，无法组织有效的防御。22 日，荷兰舰队一直驶入查塔姆船厂，打哑了岸上炮台，登陆部队及纵火船人员拆除或毁掉了河上障碍，船厂中的 9 艘巨型战舰均被俘获或焚毁。其中蒙克的旗舰"皇家查理"号被荷兰人带回国内。荷兰舰队横行了三天后，全部安全返回。然后，赖特便封锁了泰晤士河口，长达几个月。

赖特直闯英国腹地，是战争史上的奇迹，也是以海军立国的英国的奇耻大辱。英国遭此大败，加上大瘟疫和伦敦大火这两大灾难，已焦头烂额，无力再战。1667 年两国签订了《布雷达和约》，英国对《航海条例》作了有利于荷兰的修改，在海上贸易权方面作了让步，把南美的苏里南归还给荷兰，荷兰则放弃了在北美的殖民地。

荷兰在第二次英荷战争中获胜，其原因主要是建造了大批堪与英舰匹敌的巨型战舰，战略战术得当，能集中优势兵力，与英国争夺制海权。还得力于杰出海军统帅赖特的杰出指挥艺术，尤其是奇袭伦敦的壮举。英国国内政局腐败，士兵士气低落，指挥低下，也是其败因之一。

第三次英荷战争

这场战争实际上也是荷法战争的一个组成部分，战争使许多国家卷入其间。战争起因是，法国国王路易十四早就图谋瓜分荷兰领土，把现今比利时的荷兰领土作为法国的"天然边界"，以巩固法国欧洲大陆的霸权地位。而英国不甘心上次战争的失败，想卷土重来。于是英法两国不谋而合地勾结起来。1670年6月路易十四与查理二世经过秘密谈判，达成交易，于1670年6月签订了《多佛密约》。该约规定：查理二世有"义务"在英恢复天主教，并与法国共同对荷作战。法国则有"义务"出兵镇压英国可能发生的"骚乱"。于是1672年法国对荷兰宣战，英国也退出了原与荷兰、瑞典组成的三国同盟，援助法国对荷作战。为此，法王给了英王40万镑奖励。英法和瑞典三国先后向荷兰发起进攻，于是第三次英荷战争爆发了。

第三次英荷战争实际上并不仅仅是英荷两国间的战争，而是一场扩大了的国际战争，参战的还有欧洲一些主要国家，如法国、丹麦、瑞典、西班牙等。战争大体为两个阶段。

一、第一阶段（1672～1674年）以海战为主，陆战为辅

1672年5月，英法两国先后对荷兰宣战。法军从陆地、英军从海上两方面向荷兰发起了进攻。

法军在孔代和蒂雷纳指挥下，从陆地向荷兰进攻。荷兰陆军仅仅是象征性的，根本不是久经沙场的、欧洲第一流的法国陆军的对手，接二连三地丢城失地，荷兰的格尔德兰、奥弗赖塞尔和乌得勒支等省相继陷落，连久乎众望的威廉将军也抵挡不住路易十四骑兵的凶猛冲击。法军节节进逼，突破了埃塞尔河防线，直逼首都阿姆斯特丹。荷兰到了最后关头，军民百姓全都撤到船上，准备随时撤离。为了阻止法军的进攻，荷军统帅部迫不得已采取了最后一招，下令打开堤坝。汹涌的海水立刻涌入荷兰人开垦的良田沃野，须德海和莱茵河之间立刻成了一片汪洋大海。法军先头部队赶紧后撤，才免受灭顶之灾。荷兰在付出巨大损失后，阻止了法军陆上进攻。

这时，海上战斗又成为战争的主要内容了。赖特已有65岁高龄，这次又担任荷兰舰队总司令。他分析了双方实力对比，认为英国海军是最主要的威胁，法国海军无足轻重，于是他只是分出一支小舰队来牵制法国舰队，集中主力对付英军。他把主力部署在靠近荷兰海岸的浅海中，可以随时利用浅滩掩护。如有时机便向

英国舰队发动攻击。这种战术十分奏效。双方在这阶段共展开了五次海战：

1. 海峡之战（1672年3月）

在宣战之前，英国舰队进攻一支荷兰护航船队。英方有12艘战列舰及6艘小型战舰，荷兰只有5艘战舰护送72艘商船（其中有24艘是武装商船）。荷兰舰队司令哈恩依靠出色的指挥与优势英军周旋，终于击退了英舰队的攻击，使大多数商船安全抵达目的地，只被击沉1艘、被俘3艘商船。

2. 索尔湾（索斯伍德湾）海战（1672年6月7日）

英法联合舰队主力泊于英国东南部的索尔湾，共有150艘各类舰只，其中有英国45艘战舰，法国26艘战舰，其余是后勤补给船等，共有5100门炮和3.3万人。赖特指挥荷兰舰队约130艘（其中大型战舰61艘）、共4500门炮和2.1万人，于6月7日偷袭索尔湾的英法舰队。荷兰舰队先在港外布置了封锁线，乘涨潮放纵火船，造成敌人的混乱。接着赖特挥军逼近港湾，炮击逃窜的英法舰艇。英舰队司令约克公爵是著名的战术家，指挥沉着冷静，很快克服了混乱局面，编成队形出

港作战。双方展开近距离炮战，由于法舰队只躲在远处用远射程炮轰击，不想参加近战以蒙受重大损失，所以荷兰舰队集中主力攻打英国舰队。战斗十分激烈，英后卫舰队司令桑德威治和荷兰后卫指挥范根特中将均在战斗一开始就被打死。战斗从中午一直打到天黑才告结束。英国损失了4舰2500人，荷兰损失了2舰2000人。此战战果虽然不大，但荷兰人在战略上粉碎了英国计划中的对荷兰的入侵，也挫败了普鲁士从陆地入侵荷兰的企图，拯救荷兰于危亡之中，这次先发制人的进攻具有重大战略意义。

在1672年的余下时间里，赖特再次把舰队撤至海岸边的浅水地带，随时从浅滩中出击打击敌人。7月，英法联合舰队载一支强大的登陆部队到达特塞尔岛外，企图进行登陆，但由于赖特的舰队在侧翼牵制，英法军队未敢实行登陆入侵的计划。8月，荷兰仍处于敌人的海陆包围之中，威廉三世在危急时刻担任了荷兰国家首脑。荷兰开始展开外交活动，于1673年春天，争取到奥地利和西班牙站在荷兰一边，加入了战争。而普鲁士则和法国签订了和约，战争规模开始扩大。

3. 第一次斯库内维尔海战（1673 年 6 月 7 日）

英法联军集结了强大舰队载陆军，又企图登陆入侵荷兰。赖特率海军出来迎战，双方军力为：荷兰 89 艘军舰，其中战列舰 52 艘；英法联军有 127 艘各类舰只，其中战列舰 81 艘（内法国 27 艘）。英法数量占优。双方激战至天黑，各损失了一些小型舰只。

4. 第二次斯库内维尔海战（1673 年 6 月 14 日）

过了一周之后，风向突变，荷兰占了上风。赖特立刻当机立断，向英法联合舰队主动攻击，迫使英法舰队仓皇撤退，从而使英法的登陆计划再次受挫。

5. 特塞尔海战（1673 年 8 月 21 日）

8 月，英法联军又一次企图入侵荷兰。2 万陆军集结在英国，第 1 梯队 1 万人登船，在鲁珀特亲王指挥的联合舰队指挥下，驶向荷兰。鲁珀特计划在荷兰的战略要地特塞尔岛登陆，建立前进基地，然后一举攻克荷兰本土。联合舰队准备充分，兵精弹足，鲁珀特的副手拉帕尔与赖特多次交过手。他仔细研究了赖特的战术，制定了相应对策。

8 月 21 日，英法舰队接近特塞尔岛，赖特又率荷兰舰队出击。英法有 90 艘战舰，荷方有 75 艘战舰。尽管英法方兵力占优，但荷兰水兵想到背后就是祖国，已无退路，于是同仇敌忾，奋勇向前，誓死拼杀。双方战斗空前激烈。赖特和英将拉帕尔三次更换旗舰，仍勇敢战斗。荷军首先突破了法国人的防线，法军一片混乱，丢下英军首先逃跑。鲁珀特指挥舰队中坚力量避开赖特的主力，双方后卫舰队展开激战，英后卫舰队司令斯普拉格被击毙。天黑时，英国舰队开始返航，原定的登陆计划也取消了。战斗中双方舰船都没有被击沉的，主要是炮弹是实心的，爆破弹还未问世。但许多舰只受到严重损害。联军损失 2000 余人，荷兰伤亡 1000 人。但是荷兰消除了海上威胁，取得了制海权，大批东印度护航船安全返回。

特塞尔海战导致英法的裂痕。英军对法军临阵脱逃不满，加上议会削减军费，英无力再封锁和入侵荷兰了，于是便单独与荷兰媾和。1674 年 2 月，英荷签订了《威斯敏斯特和约》，双方恢复了战前状态，英国退出了战争。

二、第二阶段（1674 ~ 1678 年）

英国退出战争后，并没有使战争平息，反而扩大了。荷兰通过外交，联合了西班牙、丹麦、勃兰登堡等国在陆上对付法国。而法国仅获得瑞典一个盟国的支持。战争以海战和陆战相结合，海战主要在大西洋的北海、波罗的海及地中海进行。陆战遍及欧洲各地。

在陆战方面：1674年8月，孔代亲王指挥法军于瑟内夫与荷军交战。法军4.5万人，荷方是荷兰与西班牙联军约5万人，由奥兰治的威廉指挥。双方激战17小时，不分胜负。法国名将蒂雷纳在辛茨海姆和蒂尔凯姆两次会战中，打败了日耳曼人及荷兰、西班牙组成的联军。接着，法国陆军又在阿尔萨斯—洛林地区获胜。1675年6月28日，勃兰登堡军队在费尔贝林之战中打败了瑞典军队，这是荷兰方面在陆战中第一次获胜，迫使瑞典退出战争。1676年，法军又在西西里击溃了西班牙军，控制了西西里岛。陆战法国占了上风，攻占了荷兰的大部分领土。

在海上，双方处于僵持状态。在波罗的海和地中海两个战区，荷兰与丹麦控制了波罗的海制海权，地中海是主要战场，大的海战主要有以下几次：

1. 阿里卡迪海战（1676年1月8日）

1675年12月，赖特带领15艘战列舰和快速帆船驶入地中海，援助保卫西西里岛的西班牙人。1月8日，荷兰舰队和法国舰队在阿里卡迪交战。荷方舰只19艘（内1艘西班牙舰）1200人，法地中海舰队由杜贵尼海军上将指挥，有战列舰20艘，火炮1500门。荷兰舰队处在下风的不利位置，但赖特成功地保持了密集队形，用猛烈的舷炮挫败了优势法舰的进攻。荷兰击沉了3艘法国纵火船，但自己有1艘战列舰重伤沉没。

2. 奥古斯塔海战（1676年4月22日）

荷兰与西班牙联合舰队为保卫西西里，与法国地中海舰队又一次展开决战。荷西舰队由西班牙的切尔达海军上将任司令，拥有17艘战列舰（西班牙占4艘），9艘快速帆船（5艘为西班牙的），共1330门炮。法国舰队仍由杜贵尼斯指挥，拥有战列舰29艘，2200门大炮和10700人。战斗中荷兰舰队为优势法舰包围，经过激战才突出重围。但赖特不幸身负重伤，几天后死去，这对荷兰是个沉重

世界通史

最新整理图文珍藏版

打击，

3. 巴勒莫海战（1676 年 6 月2 日）

法国舰队在维渥尼伯爵指挥下，共约 60 艘军舰向西西里岛首府巴勒莫港内停泊的荷西联合舰队（27 艘军舰）发起攻击。在法国 9 艘战列舰猛烈炮火的掩护下，6 艘法国纵火船冲入联合舰队队列，使之造成巨大损失。经过激战，荷西联合舰队几乎全军覆灭，死伤 2000 人，6 位海军上将阵亡，其中有荷兰司令哈恩和西班牙司令切尔达。法国舰队几乎没有什么损失。法国取得了对地中海的控制权。

巴勒莫海战基本上决定了战争的结局，在欧洲水域几乎没有什么大的海战了，荷兰控制了北海制海权，法国在地中海称雄。仅仅在 1677 年 3 月 3 日，荷法两国海军在西印度群岛的多巴哥岛附近展开了一次海战，荷兰舰队打败了法国舰队，法 10 艘战舰损失了 5 艘，荷兰的 6 艘战舰沉了一半。但法国最后依靠增援部队攻占了多巴哥岛。

海战的胜利加上陆地上的优势，使法国取得了战争的胜利，荷兰已无力再战了。由于国内财政困难以及害怕英国再度参战来瓜分胜利果实，法国便与交战各方谈判，于 1679 年 2 月 5 日签订了《奈梅亨和约》，法国侵占了德国和荷兰的许多领土，包括：阿尔萨斯、洛林、弗莱堡、布莱沙赫、法兰齐、柯门特等地。法国获得的土地超过了三十年战争。

两个海军强国的较量

16 世纪时，海上的霸主是西班牙。自哥伦布发现新大陆以后，西班牙的殖民者便涌到那片土地上掠夺黄金、白银，大量的珠宝像翻滚的潮水一样流入西班牙，使西班牙迅速发展成为欧洲最富有的海上帝国。仅 1545～1560 年 15 年的时间里，西班牙海军就从海外运回黄金 5500 公斤，白银24.6 万公斤。16 世纪末，世界贵重金属开采量的 83% 为西班牙所占有。为了保障自己的海上交通运输线和海外利益，西班牙组建了一支由 100 多艘战舰、3000 余门大炮、数以万计士兵组成的强大海上舰队。在极盛时期，这支舰队的舰船多达千余艘。它耀武扬威地横行于地中海和大西洋，自称"无敌舰队"。

当时的英国尚处于资本主义萌芽状态，飞速发展的轻工业急于向海外寻找市场，舰船制造和航海技术的革新，使英国夺取海

气势宏大的无敌舰队

外殖民地的野心急速膨胀，这些都是西班牙所不愿看到的。另外，英国在海上的海盗行径以及对美洲的虎视眈眈直接威胁到了西班牙的利益。西班牙国王腓力二世对此极为不满，但他起初并不想使用武力，妄图勾结英国天主教势力将伊丽莎白女王赶下台，将苏格兰女王玛丽扶上英国王位。但西班牙人的阴谋很快被伊丽莎白识破，她下令处死了苏格兰女王玛丽。腓力二世见阴谋败露，决心用武力征服英国。

当时，英国的海上实力实在难以与强大的西班牙相抗衡，但海盗头子德雷克、霍金斯等人组织的海盗团伙的海上袭击，令"无敌舰队"防不胜防，成为一种有效的进攻方式。

巅峰对决

1588 年 7 月，西班牙的"无敌舰队"在公爵梅迪纳的统率下，自里斯本扬帆出航，直奔大不列颠而去。这支舰队由 134 艘战舰、8000 多名船员和水手、2000 多名摇桨奴隶和 2.1 万名步兵组建而成。梅迪纳打算采用传统打法，利用强大的步兵优势，冲撞敌舰，强行登舰后进行肉搏。

英国方面也做好了充分的准备，组建了一支由 197 艘战舰、9000 名船员和水手组成的新型舰队。霍华德任统帅，海盗头子德雷克任副统帅。英国的战舰由霍金斯做了改进之后，具备了船体小、速度快，灵活性强的特点，而且装备有先进的火炮，既可以躲开西班牙重型炮弹的射击，又可以远距离打击西班牙舰队。

7 月 22 日清晨，战斗打响了，西班牙战舰的甲板太高，他们的炮火高高地掠过英国战舰，英国战舰在炮火下快速行驶，他们的敏捷令西班牙人感到恐慌和无助。英军正好处于上风位置，他们利用重炮猛轰西班牙后卫舰船。"无敌舰队"阵脚大乱，以致节节败退。23 日拂晓，风向逆转，"无敌舰队"处于上风位置，重创英国最大的军舰"凯旋"号。

25 日，在怀特岛附近，霍华

世界通史

最新整理图文珍藏版

无敌舰队统帅梅迪纳

英国舰队统帅霍华德

德率领一支舰队冲入"无敌舰队"之中，双方展开对射。英军舰船的灵活及炮火的精准，彻底击垮了西班牙人的士气。双方激战几小时后，弹药基本上都消耗殆尽。为了补给弹药，西班牙舰队向加来前进，英国舰队则转向多维尔。英国舰队可以从附近的港口获取弹药，"无敌舰队"在到达加来之前，一点接济都没有。

26日黄昏，"无敌舰队"到达加来附近海域，在港内停泊，英国舰队尾随追来。因为知道"无敌舰队"还没有补给弹药，英国舰队便放心大胆地在"无敌舰队"的射程内停泊，梅迪纳则无可奈何。

最后决战

西班牙舰队在加来港湾内下锚停泊。1588年8月7日凌晨，霍华德在旗舰上召开紧急会议。会议经过对各方面的条件进行分析，最后决定用火攻。英军在会议结束的当天晚上便开始了"火攻"计划。8艘200吨以下的小船很快被改装成为引火船，船上装满易燃物。当时正值深夜，随着司令官一声令下，这8艘被点燃的小船顺风冲向"无敌舰队"。睡

逃跑的西班牙船只

西班牙战舰在加来受到英国火船的攻击

眼蒙眬的西班牙人做梦也没想到英国人会来这一招，个个呆若木鸡。8条"火蛇"眨眼间已经窜入"无敌舰队"之中，木制的大帆船遇上"火蛇"立刻燃烧起来。西班牙舰队变成一片火海，士兵被烧得焦头烂额，发出一阵阵惨叫，大小船只一片混乱。梅迪纳急忙命令各舰砍断锚绳，避开大火。但慌乱之中，不少西班牙船只只顾逃命而互相撞在了一起，自相撞沉者不计其数。

火攻过后，梅迪纳命令舰队向加来集中，但大多数船只刚才已经将锚砍掉，已经无法停泊，遂向东北方向漂流而去。霍华德见西班牙舰队杂乱无章地向敦刻尔克方向行驶，便命令英国舰队乘胜追击。因为数次激战过后，英军的弹药也不充足，霍华德命令舰队尽量保证攻击的准确度。

西班牙舰队

此时的"无敌舰队"已无招架之力，只能后退。

英军哪里肯放过他们，在后面穷追不舍。上午9时，双方舰队再次交火。英国舰队步步紧逼，已无队形的"无敌舰队"显得更加混乱。西班牙人虽然勇敢作战，但无奈的是战舰在各方面都不占优势。"无敌舰队"三尺厚的木船壳也被英军的炮火所洞穿，4000多西班牙人被杀，鲜血从甲板上流入大海中，染红了大片海水。

1600年在布拉克弗莱尔游行的伊丽莎白一世

海战一直持续到下午6时，鉴于舰队已无法作战，梅迪纳命令撤退。"无敌舰队"已名存实亡。

海上新霸主
"无敌舰队"集中起残余船只，从北面绕过不列颠群岛向西班牙驶去。英国舰队虽胜，碍于一些舰只受创，加之弹药消耗过

大，霍华德命令停止追击。剩下的西班牙舰只乘着风势向北逃窜，但在抵达苏格兰西北岸的拉斯角时，遇到猛烈的大西洋风暴。大海咆哮，恶浪滔天，残船怎能经得起这般折腾，一些战舰遂出现了漏水的状况。船员也被饥饿、病魔缠绕，无助地在海上随巨浪漂泊。许多战舰撞上了岩石后进水下沉，消失在浪涛之中。

在崎岖难行的爱尔兰岸边，有17艘船触礁沉没，数千人淹死。仅在斯莱格一地，就有1100名沉没的西班牙人尸体被海水冲至海滩上。一些船员向当地的爱尔兰人乞讨食物及淡水，但是遭到无情地拒绝。有几百人软弱得不堪一击，竟然被岸边的半野蛮人屠杀。

1588年10月，"无敌舰队"仅剩43艘残破船只回到西班牙，近乎全军覆没。腓力二世望着仅存的43艘遍体鳞伤的战舰，不禁百感交集。但是，他还是强装出一副无所谓的样子给这些西班牙的残兵败将打气。暗地里，腓力二世将自己囚禁在皇宫密室里，没有人敢与他说话。

整个大海战，英军阵亡海员水手不过100人左右，而西班牙

有 2 万多官兵葬身鱼腹，近 100 艘战舰遭到灭顶之灾。英军之所以能取得如此巨大的胜利，是因为英军采用了灵活多变的战术，充分利用炮火对敌人进行远程打击。西班牙貌似强大，但保守僵化，仍然以登上敌方舰队进行肉搏战为指导思想，因而失败在所难免。此役过后，西班牙海军一蹶不振，而英国海军则迅速成为新的海上霸主。

英国霸主地位的确立

英西战争

15 ~ 16 世纪，西班牙是当时世界上最为强大的国家之一，在西半球，西班牙更是不可一世。在最强盛的时期，西班牙拥有一支有 100 多艘战舰，1000 余门大炮，数以万计士兵的强大海上舰队，因此西班牙在当时有"海上霸主"之称。

它凭借这支庞大的舰队，垄断了许多地区的贸易，甚至干预欧洲乃至国际事务。到 16 世纪中叶时，西班牙拥有 1000 多万人口，其殖民势力范围遍及欧、美、非、亚四大洲。到 16 世纪末，世界贵重金属开采中的 83% 为西班牙所得。

随着英国、法国等国的崛起，西班牙的霸主地位受到了挑战，对西班牙最具挑战性的就是英国。15 世纪后，英国资本主义经济通过圈地运动、血腥立法、海外掠夺而获得了很大发展，对外贸易和殖民掠夺日益扩大。但在殖民扩张的道路上，英国却遭到了劲敌西班牙的严重阻遏。

最初，英国尝试寻找，一条从西欧到达远东的西北路线或由西欧到达美洲的东北路线，均因受西班牙海军的阻遏而失败。英国认识到，要实现海外扩张的目的，必须首先击败西班牙，摧毁它的强大舰队。

起初，由于西班牙拥有庞大

1660 年，英国王查理二世，即位的他在国民中很有人缘。

的舰队，英国不敢正面交锋，于是雇佣海盗来打击西班牙力量。英国以高官厚禄招募大批富有实战经验的海盗为皇家海军所用，这期间英国招募和支持的大量海盗在大洋上大肆劫掠西班牙商船甚至军舰。这些海盗在海上扰乱西班牙航线、掠夺西班牙船只、乘机进行走私贸易。

英国政府支持的海盗活动给西班牙带来了巨大损失。对于西班牙来说，英国的扩张必然同西班牙发生矛盾。对于当时的这个"海上霸主"而言，是不允许其他国家来分享殖民地的利益的。英国的海上抢劫以及对美洲等殖民地的掠夺，严重威胁着西班牙对殖民地的垄断地位，引起西班牙国王腓力二世的仇视。

到16世纪70~80年代，英国和西班牙之间的矛盾愈演愈烈。

伊丽莎白一世的肖像

当时，英国出于自身利益而援助遭受西班牙统治的荷兰人起义，向起义者提供港口以反击西班牙军队的镇压。不久，英国又支持法国的胡格诺教徒反对法国天主教会，而法国天主教会又受到西班牙的支持。

为了报复英国对西班牙的挑衅，西班牙试图煽动英国的天主教徒和分裂势力去颠覆伊丽莎白女王的统治，组织暗杀英国女王伊丽莎白，扶植前苏格兰女王玛利亚上台。但阴谋很快被伊丽莎白女王识破，1587年2月，玛利亚被处死。此举惊动了天主教廷，教皇立即颁布诏书，号召天主教徒征讨英格兰，对英国进行圣战。西班牙国王腓力二世趁机响应。

英国当时显然还没有做好同西班牙舰队作战的准备，士兵缺乏训练，军饷和战争物资等都供应不足。1587年4月，伊丽莎白女王支持和供养的海盗德雷克带领自己的海盗舰队沿西班牙海岸一路扫荡，击沉和俘获了36艘西班牙补给船。接着，海盗德雷克又进入西班牙本土港口，袭击停在港内的船舶。在他返航时，德雷克还顺手抢劫了腓力二世的私人运宝船。

德雷克的袭击行动，给西班

牙造成了大量损失，致使西班牙进攻英国的作战计划被迫推迟了一年。而英国则利用这些时间组建了一支海军舰队。到1588年，这支英国海军舰队包括皇家海军、海盗等各种船只140艘，士兵9000余人，由霍华德上将任舰队司令员，海盗德雷克和霍金斯也参与海军的指挥。

即使如此，英国皇家海军的实力还是不能和西班牙舰队同日而语。不过，英国这支舰队也有它的优点：船体小而狭长，船只航行速度快；除甲板上安装了大炮以外，舷窗上也装了大炮，因此船只的活力较强；由于英国属于岛国，而大西洋比地中海更加险恶多雾，因此靠抢劫起家的英国水兵比那些习惯于在风平浪静的地中海作战的西班牙水兵更具有战斗力。

西班牙舰队自遭到德雷克的袭击之后，不得不招兵买马、采购战争物资、准备武器弹药。眼看着大功即将告成，海军统帅克卢斯突然病逝。国王命令梅迪纳·西多尼亚公爵顶替克卢斯的位置。由于西多尼亚公爵没有海战经验，于是上书国王要求辞职，被国王驳回。

1588年5月，西班牙国王腓力二世强令梅迪纳·西多尼亚公爵率领那支"最幸运的无敌舰队"从里斯本出发，计划与集结在尼德兰（相当于今比利时、荷兰、卢森堡及法国东北部地区）港口的陆军运兵船会合。然后，舰队掩护陆军横渡多佛尔海峡，登陆英国本土，对英国本土实施进攻。

这支庞大的"无敌舰队"拥有130余艘舰船，2000多门火炮，水兵8000余人，步兵1.9万人，同时还有2000多名奴隶用以摇桨。不过该舰队出师不利，出发不久就遭风暴袭击，被迫进入拉科鲁尼亚港避风，等待补给。由于指挥不善，近一半的舰船被惊涛骇浪冲散或触礁沉没，以致六天以后，还有33艘战船杳无音讯。

7月中旬，西班牙无敌舰队在获得补给后，从拉科鲁尼亚港再度起航，两天后到达利泽德角附近海区，进入英吉利海峡。此时，英国舰队竟在西班牙军队毫未觉察的情况下尾随而来。英舰队派出小舰群快速挺进，不断袭扰和迟滞西班牙舰船，使西班牙舰队还没有正式交战就遭到了较大损失。

7月22日，双方舰队交火。霍华德指挥的英国海军舰队采用

英王查理一世身着盔甲，自豪地向前凝望着。

灵活的战术，放过"无敌舰队"的前卫后，充分发挥自己活力猛烈的优势，重炮轰击其后卫舰船。"无敌舰队"由于指挥不利，阵脚大乱。23日，由于"无敌舰队"处在东北风上风头，以优势兵力重创英国最大军舰"凯旋号"。

7月25日，双方再次交火。经过数小时激战，双方的弹药基本上都消耗光了。由于战场就在"家门口"，英国海军很快就得到了弹药补给。而"无敌舰队"则要困难得多，梅迪纳于是决定改变原来计划，东航到加莱以补充弹药。在航行途中，英国军队对

这支没有弹药的舰队实施打击，在怀特岛附近击伤西班牙的旗舰。"无敌舰队"一直在遭受袭扰的状况下继续北进。

26日黄昏，"无敌舰队"到达加莱附近海域，随后英国海军舰队也赶到。霍华德将军明白西班牙舰队此时弹药空虚，无力打击就在面前的英军，于是放心地让他们停泊在海港中等待时机。

27日夜，海面上正刮着强劲的西风。英国舰队抓住这次极好的天气，将6艘船身涂满柏油、舱内装满易燃物和炸药的旧商船点燃，在西风的作用下冲进"无敌舰队"的停靠地，引起"无敌舰队"基地的极大混乱。

由于有些船只被大火点燃，梅迪纳命令舰队砍断锚索，等火船飘过后再回到投锚地。不想那些军舰为了逃命而互相撞击，甚至互相发生交火。而且大部分舰船为了躲火船而丧失了两个主锚，海面上的西风把它们吹向东北方向。

梅迪纳命令"无敌舰队"朝敦刻尔克方向撤退。28日黎明，英军霍华德将军看见"无敌舰队"队形混乱、兵无斗志地驶向敦刻尔克，下令自己的舰队继续咬住"无敌舰队"的船只猛打。刚开始

时，"无敌舰队"还组织了几次反击，但是很快由于弹药不足导致火力难以持久。

在决战中，西班牙舰队墨守过时的横阵战术，坚持接舷战，但舰体笨重，机动性差，难以靠近英舰，且舰炮射程近，不能毁伤英舰。而霍华德指挥舰船灵活出击，加上舰炮射程远，使英军始终处于主动地位。虽然"无敌舰队"舰船上载有大量步兵，但是由于无法靠近船舷而发挥不了作用。

处决查理一世的情景

这次战役给"无敌舰队"以致命性的打击。双方从28日早上一直打到下午，直到英军将炮弹全部打完。从22日到28日这一个星期里，虽然"无敌舰队"发射了10万发炮弹，但是没有击沉一艘英军舰船，自己却死亡1400余人，是英军伤亡的14倍。

由于舰队损失惨重，梅迪纳被迫决定返航。英舰队当时的弹药也消耗殆尽，而且风向突变，故未予追击，即使如此，英军也是满载而归。

由于风向的转变，使得"无敌舰队"无法返回英吉利海峡，加上德雷克的威胁，只好绕过苏格兰和爱尔兰折返西班牙。但是这段航线给"无敌舰队"带来的打击，实在不比加莱海战的要小。

在苏格兰北部，"无敌舰队"遭到了大风暴的袭击，很多已经破损不堪的舰船在那次风暴中沉没。另外，由于大西洋航道比地中海要复杂得多，习惯于地中海航道的"无敌舰队"，在遭遇大风暴之后又进入了礁石密布的爱尔兰西海岸，很多船只触礁或者因此搁浅。此后，由于船上缺乏粮食和饮用水，加上伤员伤口溃疡和坏血病等疾病的发生，"无敌舰队"的船员和士兵损失严重。

1588年10月，梅迪纳终于带领残兵败将回到了西班牙，原先庞大的"无敌舰队"仅剩43艘舰船，死亡船员达到8000余人，近乎全军覆没。损失了大半舰船的"无敌舰队"，事实上已经不复存

两国舰队在一场战役中的交战场面

在。它一半是被英国舰队打败，另一半是被狂风骇浪摧垮的。

之后，英国海军在海盗的配合下，继续扫荡西班牙海上力量。虽然西班牙为弥补国库空虚而更加疯狂地掠夺殖民地，但财富大部分在海上被劫掠。1702年，西班牙满载价值2000多亿英镑财宝

的"黄金舰队"遭到英荷联合舰队拦截。虽然西班牙军队在关键时刻焚毁了大部分船只，但是还是被联合舰队俘获不少船只，被抢去数百亿英镑的财宝。

当"无敌舰队"覆灭之后，西班牙自此丧失了制海权，使之迅速从世界强国的顶峰上跌落下来。相反，加莱海战之后，英国获得了海上霸主的地位，代替西班牙而成为新一个"日不落帝国"。英国海军从一支不起眼的力量，迅速发展成为世界上首屈一指的强大海军。17世纪，英国皇家海军击败了荷兰舰队，18世纪又击败了法国海军。截至1938年，英国海军舰船总吨位达214万吨，数量近700艘。

与此同时，英国国家实力也随着海军的强大而不断强大。在

英国殖民者基地

强大海军力量的保护下，英国疯狂地占领殖民地。这个仅有几百万人口的孤岛小国，从此成为世界头号殖民帝国。一度英国海外殖民地面积占全球总面积的 1/4，比英国本土几乎大 100 倍，殖民地人口达 4 亿多。英国国内经济空前强盛，伦敦成为当时世界国际贸易和金融信贷的中心。此外，英国的人口也随之大幅度增长，这奠定了以后战争胜利的基础。仅就伦敦而言，1500 年时伦敦才 5 万人口，到 1600 年的时候，伦敦人口已经超过 25 万了。

这次海战以后，西班牙一蹶不振，它的海上霸权从此成为历史，历时一个世纪建立起来的帝国大厦开始坍塌。而英国则一跃成为海上强国，夺得了大西洋上的部分制海权，并从此开始走上了全面争夺海上霸权的道路。因

火烧伦敦

此，英西战争，是英国强盛的开始，西班牙日渐衰落，英国获得了海上霸主地位，为英国成为 17、18 世纪的世界强国奠定了基础。

纵观世界战争史，海战对许多国家的前途和命运曾产生过决定性的影响。如：萨拉米斯海战之于波斯和希腊；阿克兴海战之于罗马和埃及。1588 年，海上霸主西班牙派遣自己的"无敌舰队"入侵英国，最后失败，再一次证明了海战对历史发展的影响力。西班牙衰落，而英国一跃成为世界上最强大的国家。

两个海军强国的较量

16 世纪，世界上的"超级大国"不是美国，也不是后来殖民地遍布全球、号称"日不落"的大英帝国，而是欧洲的西班牙。自从哥伦布远涉重洋发现美洲新大陆后，西班牙殖民主义者纷纷涌到那里掠夺金银财宝，致使西班牙很快成为欧洲最富有的海上帝国。

据统计，公元 1545～1560 年间，西班牙海军从海外运回的黄金即达 5500 公斤，白银达 24.6 万公斤。到 16 世纪末，世界贵重金属开采中的 83% 为西班牙所得。为了保障其海上交通线和其在海外的利益，西班牙建立了一支拥

世界通史

最新整理图文珍藏版

有 100 多艘战舰、3000 余门大炮、数以万计士兵的强大海上舰队，最盛时舰队有千余艘舰船。这支舰队横行于地中海和大西洋，骄傲地自称为"无敌舰队"。

那时，英国的资本主义处于萌芽状态。轻工业的发展，迫使它急于寻找海外商业市场；舰船制造和航海技术的革新，更加膨胀了英国夺取殖民地的勃勃野心。

对于西班牙来说，自然不允许其他国家分占他来自殖民地的利益。英国的海上抢劫以及对美洲的掠夺严重地威胁着西班牙对殖民地的垄断地位，引起西班牙国王腓力二世的仇视。起先腓力二世不想诉诸武力，他勾结英国天主教势力，企图把信奉天主教的苏格兰女王玛丽扶上英国王位。为此，他在英国开始进行颠覆活动。

玛丽早在 1568 年就因苏格兰政变而逃到英国，被伊丽莎白所囚禁。当英国的天主教徒在西班牙的怂恿下谋刺伊丽莎白而另立玛丽时，伊丽莎白乘机处死了玛丽。腓力二世谋杀不成，就决心用武力征服英国。

当时，英国的海上实力并不强大，难以与西班牙海上舰队相匹敌，只能靠海盗头子德雷克、豪金斯和雷利等人组织的海盗集团在海上袭击、拦劫西班牙运载金银的船只，进行海盗活动。而腓力二世却拥有一支庞大的舰队——"无敌舰队"。

战争初期

1588 年 5 月末，西班牙公爵梅迪纳统率的西班牙"无敌舰队"从里斯本扬帆出航。这时"无敌舰队"共有舰船 134 艘，船员和水手 8000 多人，摇桨奴隶 2000 多人，船上满载 2.1 万名步兵。显然，梅迪纳是要利用西班牙步兵的优势，运用传统战法，冲撞敌舰，在强行登舰后进行肉搏，然后夺取英国船只。

不幸的是，"无敌舰队"出发不久，就在大西洋上遭遇风暴。狂风恶浪使帆船失去控制，水手们被晃得晕头转向，准备登陆的"旱鸭子"更晕得像站不住的醉汉。这样，舰队只好返港避风。待到 7 月，舰队又踏着大西洋的滔滔海浪，一路浩浩荡荡地驶进英吉利海峡。

英国方面也做好了迎击准备，由霍华德勋爵任统帅，德雷克任副帅。英军共有 197 艘战舰，载有作战人员 9000 多人，全是船员和水手，没有步兵。英国的战舰性能虽不如西班牙，但由豪金斯做了改进，船体小、速度快、机动性强，而且火炮数量多、射程远。这种战舰既可以躲开西班牙射程不远的重型炮弹的轰击，又可以在远距离对敌舰开炮，以火炮优势制胜。

7月22日清晨，战争爆发，英军纵队列阵，迎着强劲的西南风，抢到横队列阵的"无敌舰队"上风位置，放过"无敌舰队"的前卫后，充分发挥自己两舷的火力，重炮猛轰其后卫舰船。"无敌舰队"阵脚大乱，节节败退。23日拂晓，海上风向逆转，"无敌舰队"处在东北风上风头，于是他们以多围少，重创英国最大军舰"凯旋"号。这样，在第一回合双方打了个平手。

25日，双方再度交手，激战几小时后，双方尽管损失不大，但弹药基本上消耗光了。梅迪纳

英国舰队与西班牙无敌舰队海上交战图

决定改变计划，向加莱前进。霍华德也率领舰队转向多维尔。此刻，双方面临的主要问题是弹药补给问题，霍华德还可以从附近的港口获取一些补给，而"无敌舰队"则要困难得多，在未到达加莱之前，一点接济都没有。

26日黄昏，"无敌舰队"到达加莱附近海域，在加莱与格里斯尼兹港之间驻锚，英国舰队也随后赶来。鉴于"无敌舰队"弹药空虚，英国舰队放心大胆地在敌人长炮射程之内停泊，甚至一些英国舰只驶到敌轻武器射程的边缘线上，穿来穿去，随心所欲，梅迪纳对此惟有望洋兴叹。

28日凌晨，霍华德在旗舰"皇家方舟"号的主舱召集作战会议。因为攻击的时间紧迫，决定在舰队中挑选8艘200吨以下的小船，改装成大船，作为突击使用。清晨，"无敌舰队"的哨兵发现几艘轻装船只向他们靠拢，突然，小船上发出熊熊火光，接着，"无敌舰队"的大小船只一片混乱，一些船已经被大火点燃。梅迪纳慌忙命令各舰砍断锚索，想等火船过去后，重新占领这个投锚地。但在混乱中，许多船只只顾夺路逃走，结果互相碰撞，甚至自己打了起来，全舰队已经开始溃散。

世界通史

最新整理图文珍藏版

火船过后，梅迪纳命令所属各分舰队向加莱集中，但只有少数船只执行了命令，大多数船只由于刚才砍去两只锚，只靠剩下的一只锚已经系留不住，遂沿岸向东北方向漂流而去。

此时发生的情况，霍华德看得清清楚楚，"无敌舰队"正以杂乱无章的队形驶向敦刻尔克方向，这样它就没有可能再回到加莱了。霍华德立即命令舰队全速追击，在高速航行中，英国舰队与"无敌舰队"的距离逐渐缩短。考虑到自己的弹药也不是十分充足，霍华德命令舰队尽量靠近敌人，在保证弹无虚发、全部命中的短距离才开始实施炮击。此时，"无敌舰队"已没有弹药储备了，英国舰队抓住这个弱点，把握风向，进退灵活，无所顾忌，时而左舷，时而右舷，连续不断地向敌舰发射大小炮弹。"无敌舰队"只有后退之力而无招架之功。

上午9时，双方舰队在格南费里尼斯角接火。英国舰队步步紧逼，"无敌舰队"各舰距离越拉越大，秩序更加混乱。英国舰队各舰配合默契，各式火炮此起彼伏，打得有章有法。海战一直持续到下午6时，突然风向转变，霍华德及时命令舰队摆脱战斗，"无敌舰队"趁此机会，退出英吉利海峡。

整整一个星期的交战中，"无敌舰队"耗费了10万多发大型炮弹，而英国舰队无一遭到重创，只是阵亡了一名舰长和20余名水手。与此相比，仅仅格南费里尼斯一战，"无敌舰队"即死伤1400余人。

7月29日黄昏，梅迪纳召集作战会议，权衡利弊后，决定如果风向有利，应再度设法控制英吉利海峡，否则，别无出路，只能绕道北海，返回西班牙。结果，天公不作美，风向始终未变，"无敌舰队"只得采取第二方案，返回西班牙。

"无敌舰队"的覆灭

8月，英西两军在加莱东北海上进行了二次会战。西班牙的战舰高耸在水面上，外形壮观，但运转不灵，虽然人数和吨位占优势，却成为英国战舰集中炮火轰击的明显目标。英国战舰行动轻快，在远距离开炮，炮火又猛又狠，打得"无敌舰队"许多舰只纷纷中弹起火。西班牙开炮向英舰射击，却不能命中英舰，英国舰只尽可能避免进入西班牙火炮射程之内，在远处灵活闪避，活动自如。这种远距离炮战使西班

最新整理图文珍藏版

牙舰队的步兵和重炮不能充分发挥作用。激烈的炮战持续了一整天，直到双方弹药用尽，轰击才告终止。"无敌舰队"被打得七零八落，两个分舰队的旗舰中弹、撞伤，一个分舰队司令被俘。

西班牙全线退却，在退却途中，英国舰队紧追不舍。8月8日，在格拉夫林子午线上，英国舰队又紧逼"无敌舰队"的50多艘军舰，以优势兵力发起攻击。这时，"无敌舰队"其余70余艘军舰正在6海里外，未能及时介入战斗。英国军舰轻便灵活，机动性能好，其火炮射程也远远大于敌人，因此，英舰始终保持着有利于自己的距离作战。而西班牙火炮射程近，只能力图靠近英舰队，以便进行接舷战。英舰凭借强大火力压制对方，不让其靠近一步。战斗持续到下午6时才以西班牙舰队受到重创而结束。这一战，"无敌舰队"被击沉16艘军舰，而英国军舰虽有一些损伤，但无一被击沉。

"无敌舰队"集中起残余船只，从北面绕过不列颠群岛向西班牙驶去。英国舰队虽取得胜利，但一些舰只受创，加之弹药消耗过大，霍华德命令停止追击。剩下的西班牙舰只乘着风势向北逃

窜，准备绕过苏格兰、爱尔兰回国。受损的舰队抵达苏格兰西北岸的拉斯角时，遇到猛烈的大西洋风暴掀起的巨浪。战舰漏水、损坏，船员饥饿、生病，他们孤立无援地在海上随风漂泊。许多战舰撞上了岩石；另一些战舰进水下沉，消失在浪涛之中。风暴狂吹了一个月。还有一些战舰在爱尔兰海岸外失踪，数千人淹死。许多好不容易登上爱尔兰海岸的幸存者也被杀死或饿死。到1588年10月，"无敌舰队"仅剩43艘残破船只返回西班牙，近乎全军覆没。而英舰没有损失，阵亡海员水手只有百人左右。

"无敌舰队"覆灭以后，西班牙逐渐衰落下去，而英国则取得了海上霸主地位，使本来一个仅有数百万人口的孤岛小国一跃成为世界上头号殖民帝国，并在以后好几个世纪中保持着世界"第一强国"和"海上霸主"的地位。16世纪末，英国几次派舰队去侵掠西印度群岛。接着，英国开始组织向北美的殖民活动。16世纪后半期，英国国势空前强盛，生产力不断增长，经济走向繁荣，伦敦成为国际贸易和信贷的中心。1500年，伦敦大约有5万人口，过了1个世纪，它的人口增加到

世界通史

最新整理图文珍藏版

原来的五倍左右，而且还在继续增长。

德意志三十年战争

德意志帝国的政治分裂

近代开端后一直到19世纪中叶为止，政治上的分裂与经济上的落后是德意志的两大历史特点。

从11世纪以后，神圣罗马帝国的疆域逐渐缩小，到1500年只限于德意志领土了。而且15世纪以后，当英、法诸国逐步形成中央集权的统一国家的时候，神圣罗马帝国仍处于分崩离析的状态。所谓神圣罗马皇帝不过是徒有其名的国家元首，帝国境内的封建诸侯各自为政，他们的领地实际上等于独立的王国。以皇帝为代表的中央政府毫无实权，不能干预诸侯领地的内政。皇帝是由选举产生的终身职，他是由几个特定的选帝侯选出来的。最初一共有八个选帝侯，从1692年起，又出现了第九个——汉诺威选帝侯。但是自从1273年以来，哈布斯堡王朝的代表一成不变地被选为皇帝，这是因为这个王朝在帝国境内领有奥地利这样强大的领地，当时德意志时常遭到土耳其的侵略威胁，奥地利的强大及其地理位置起了抵制土耳其侵略的前哨作用。

这种政治上的分裂，到16世纪进一步加深，这是宗教战争所促成的。在宗教改革的过程中，帝国境内有许多天主教教会的土地被没收了，封建诸侯乘机抢到大块教会土地，并且使新成立的路德派教会服从自己的支配。这便增大了他们的力量，从而更加强了他们的独立性。

但是，皇帝是不甘心自己所处的无权地位的，他渴望加强帝国中央的权力，而诸侯却力求维持自己的独立自主的地位。于是便发生了皇帝与德意志诸侯之间的斗争，这个斗争演变为三十年战争。

1618年捷克反对哈布斯堡王朝的起义，是三十年战争的导火线。神圣罗马帝国皇帝为在捷克（波希米亚）恢复天主教，指定斐

战争中惨遭踩躏的村庄不计其数

一步步向鲁道尔夫王位逼近的哈布斯堡王朝成员——马蒂亚亚斯

迪南二世为捷克国王。斐迪南二世下令禁止新教活动，拆毁其教堂。1618 年 5 月 23 日，布拉格民众冲入王宫，把几个官吏从王宫窗口掷了出去，史称"掷出窗外事件"。这一事件引发了三十年战争。

三十年战争从 1618 年至 1648 年，历时 30 年，共分为四个阶段：① 捷克 - 普法尔茨时期（1618 ~ 1624）："掷出窗外事件"发生后，捷克摆脱了哈布斯堡王朝的统治。1619 年捷克议会选举普法尔茨选帝侯弗里德里希为国王。1620 年，神圣罗马帝国皇帝斐迪南二世（1619 ~ 1637 在位）依靠德意志天主教同盟军，入侵捷克。为援助蒂利伯爵 J·采尔克

莱斯率领的天主教同盟军，西班牙出兵普法尔茨。1620 年底，捷克和普法尔茨联军在白山为天主教同盟军所败，弗里德里希逃亡荷兰，捷克重归奥地利统治。同期，休战 12 年的西班牙和荷兰于 1621 年战事再起。

② 丹麦阶段（1625 ~ 1629）：神圣罗马帝国皇帝的胜利，引起外国参战。丹麦得到英国和法国的资助，于 1625 年在北德意志新教诸侯支持下攻入帝国境内。捷克贵族 A. E. W. von 瓦伦斯坦率雇佣军协同蒂利伯爵打败丹麦军队。丹麦王国同皇帝于 1629 年 5 月签订《吕贝克和约》，保证不再干涉德意志事务。皇帝的势力伸展到波罗的海。

③ 瑞典阶段（1630 ~ 1635）：神圣罗马帝国皇帝和天主教同盟势力北进，促使瑞典加速军事行动，与法国结成同盟。瑞典国王古斯塔夫二世·阿道夫率军于 1630 年 7 月进入波美拉尼亚，同勃兰登堡和萨克逊选帝侯联合，在德意志西部和南部接连取胜。1632 年，蒂利伯爵在累赫河战败身亡。吕岑会战中，瓦伦斯坦战败，后被暗杀。古斯塔夫二世·阿道夫也在会战中阵亡。1634 年皇帝联合西班牙打败瑞典军队，

返回波罗的海沿岸。萨克逊和勃兰登堡于 1635 年 5 月同皇帝缔结《布拉格和约》。

④法兰西—瑞典阶段（1635~1648）：瑞典军队战败，促使法国直接出兵，与瑞典联合对哈布斯堡王朝作战。1635 年 5 月，法国又联合荷兰进入莱茵地区，瑞典军队在莱比锡附近的布赖滕费尔德取胜，并继续南进。法国军队大败西班牙军。瑞典的胜利，又引起丹麦的不满。1643~1645 年丹麦同瑞典开战，结果，战败求和。此后法、瑞两国军队进入德意志南部。长期战争使双方都有极大的消耗，帝国方面的困难更为突出。皇帝斐迪南三世（1637~1657 在位）被迫求和，得到法国和瑞典的赞同。战争结束。

1648 年 10 月 24 日，参战各方代表齐集明斯特市政厅签署《奥斯纳布吕克条约》和《明斯特和约》。奥斯纳布吕克和明斯特两个城市都在威斯特伐利亚境内，故两个和约统称《威斯特伐利亚和约》。《威斯特伐利亚和约》规定：法国得到三个主教区（梅林、图尔、凡尔登）和整个阿尔萨斯（斯特拉斯堡除外）。瑞典取得西波美拉尼亚及东波美拉尼亚的一部分、维斯马城和不来梅、维尔登两个主教区，从而得到波罗的海和北海诸港口。正式承认荷兰、瑞士独立；帝国境内勃兰登堡、萨克逊、巴伐利亚等邦诸侯领地恢复到战前状况，诸侯在领地内享有内政、外交上的自主权。

这场战争使德意志损失了 1/3 的人口，300 多座城市，2000 多个村庄毁于一旦。封建主利用战争造成的破坏，大肆霸占土地，许多自由农变成了农奴，13 世纪已被废止的农奴制得以复活。在易北河东岸地区，自由农就"像白色的乌鸦一样罕见"。

三十年战争和《威斯特伐利亚和约》削弱了哈布斯堡王朝的统治，加深了德意志境内的分裂割据局面。当时的德意志地区，出现了大大小小 360 多个独立邦国，以及 4 万个世俗领地和 4 万个教会领地。一年有多少天，德意志就有多少个邦国。例如，威斯特伐利亚面积仅 1200 平方英里，却存在着 52 个邦国。领地如此狭小，使邦君不敢轻易进行军事演习，害怕稍不留神炮弹掉入邻邦而引出祸端。

政治上的分裂割据也导致了关税壁垒。易北河上，从皮尔纳到莱比锡要通过 32 道税卡。从柏林到瑞士，要经过 10 个邦国，办

彼特兰是优秀的指挥官、外交官

10次手续，换10次货币，交10次关税。度量衡和货币十分复杂，仅货币就有6000种。皇帝的最后一点权威已荡然无存，帝国各种构形同虚设，德意志民族的神圣罗马帝国已名存实亡。

恩格斯指出：三十年战争所造成的严重后果，"使德国有200年不见于政治积极的欧洲国家之列"。直到18世纪末19世纪初，在外力的作用下，德意志才重又步入欧洲资本主义发展的轨道。这个外力就是法国大革命和拿破仑战争。

三十年战争（1618～1648年）

三十年战争是哈布斯堡王朝同盟和反哈布斯堡王朝同盟两个庞大的强国集团为争夺欧洲霸权而进行的第一次全欧国际性战争。由于战争打了30年，故称三十年战争，又叫"宗教圣战"。它具有德国内战、国际混战和人民起义的三重特点，其主要战场为德国。在战争初期，德国内部新旧教派之争占有明显的地位，但不久就演变成欧洲各国争权夺利的混战。西欧、北欧一些主要国家都卷入了这场战争。战争结局不仅决定了德意志帝国的历史命运，而且对西欧各国，尤其是德法两国关系产生了深远影响。

16、17世纪之交，欧洲社会的重大变化，各国的政治经济冲突，封建王朝及诸侯的领土之争以及宗教派别的矛盾，构成了三十年战争的复杂背景。经过宗教改革运动以后，欧洲形成了天主教、路德教和卡尔文教三大教派的三足鼎立。同时，英、法、西班牙及北欧的丹麦、瑞典等国的民族主义和国家意识开始成熟，并形成了统一的国家，封建专制制度也进一步加强，走上了对外扩张、争夺海外殖民地和商业优势以及地区霸权的道路。这期间，欧洲共存在两大争霸热点，一是北欧的瑞典和丹麦争夺波罗的海地区的霸权；二是以法国荷兰为

世界通史

最新整理图文珍藏版

以足智多谋著称的古斯塔夫

首的联盟与以奥地利和西班牙的哈布斯堡王朝争夺欧洲的霸权。欧洲的各种矛盾和冲突都集中围绕德国展开。

战争背景

德国地处欧洲中部，具有重要的政治、经济和军事上的战略地位，也是称霸欧洲的关键。但此时的德国在政治上正处于四分五裂、分崩离析的状况。这个号称"神圣罗马帝国"的大帝国已今非昔比，穷途末路。奥地利哈布斯堡王朝皇帝长期担任帝国的皇帝，名义上为最高统治者，实际上已成了摆设，毫无实权。这个大帝国已分成了几百个大小不等的"国家"，其中包括选帝侯国、大公国、公国、伯爵领地、

自由市、主教辖区、骑士领地等等，大的如勃兰登堡选侯国，面积1万平方英里，人口40万，小的面积不足1平方英里，人口才几十人。各类诸侯均是本"国"太上皇，拥有很大的权力，根本不听皇帝号令。他们各霸一方，割据称雄，有的还随意与外国结盟反对本国皇帝。16世纪的宗教改革和农民战争使地方贵族的权力进一步扩大，皇权进一步削弱。此外，各路诸侯之间也在为争夺领土、扩大地盘而明争暗斗。这样，德国在政治上形成了诸侯与皇帝和诸侯与诸侯之间的两大对立矛盾。

经济上，德国自16世纪末期也日渐衰落。由于新航路的开辟，世界商路的转移，南德城市和意大利的商业往来日减，原来商贾络绎不绝的阿尔卑斯山大道和客栈已人迹罕至。莱茵河一带的城市无法与英国和荷兰竞争，汉萨同盟在国际市场上也受到英荷的排挤。手工业也处于萧条状况，由于商人把工业原料输往国外并从国外输入工业品，从而影响了手工业必要的原料和市场。同时，农民战争失败后封建制度在各地的恢复也阻碍了工业的发展。此外，农村普遍恢复了农奴制，对

农民的剥削和压迫进一步加重。农奴制的"再版"不仅阻碍了城市资本主义的发展，而且还摧毁了农村中资本主义生产的萌芽。随之而来的是国内市场萎缩，工商业萧条，城市衰落，各地间的经济联系日渐减少。

宗教上，德国自宗教改革运动之后，境内分成了势均力敌的两大教派势力：天主教和新教。天主教的势力范围主要在德国的南部、东南部和莱茵河中下游。新教由路德教和卡尔文教两派组成：路德教派的中心在北部的萨克逊、黑森和勃兰登堡；卡尔文教派主要传播于莱茵河上游一带。

罗耀拉像

德国各诸侯经常打着宗教旗号来争夺地盘和教产。各地的教会也分别隶属于当地的诸侯，充当诸侯的工具。皇帝是天主教诸侯的首领，他以反对"异端"为借口，以限制新教诸侯为号召，争取信天主教诸侯的支持，力图使德国成为中央集权的天主教国家。罗马教皇因为反对宗教改革，所以也站在皇帝一边。1607年，天主教的巴伐利亚公爵依靠德皇的支持，用武力进攻信奉新教的帝国小自由城市多瑙弗特，并将其并入公爵领地之内。这个事件是个战争信号，促使德国各路诸侯分化成两大阵营。1608年，以巴拉丁选侯腓特烈为首组成了"新教同盟"（又叫"福音同盟"）。1609年又成立了以巴伐利亚公爵为首的"天主教同盟"，与之对抗。德国各大小诸侯按照各自利益分别加入了各个阵营。

德国政治和宗教上的分裂给欧洲各国以可乘之机。当时，欧洲的主要国际矛盾是法国与奥地利哈布斯堡王朝之间争夺欧洲的霸权。为夺取欧洲霸权，法国反对德国的统一和强大，力图保持德国的分裂状态，所以一再怂恿和支持德国的新教诸侯反对皇帝。英国和荷兰既想阻止德国同北欧扩大贸易关系，又力图削弱西班牙的势力；丹麦和瑞典都想借机夺取波罗的海和北海沿岸的德国领土和港口。因此法国、英国、荷兰、丹麦、瑞典等国以及特兰西瓦尼亚和意大利一些邦都站在新教阵营一边。而俄国则企图收复被波兰占领的土地，土耳其的奥斯曼帝国则想扩大在巴尔干的势力范围，他们也从背后支持反哈布斯堡阵营。而站在天主教阵营一边的则有：罗马教皇、西班牙和波兰贵族共和国。需要指出的是，这两大阵营内部也存在不同的矛盾，如新教阵营中路德派与卡尔文派的矛盾，萨克逊选侯国为此没有参加同盟；而德皇和巴伐利亚公爵之间为争夺联盟领导权也在明争暗斗。但这些矛盾同天主教和新教两大教派之间的矛盾相比，那就小巫见大巫了。

这样，到了17世纪初，欧洲和德国内部的两大阵营纷纷扩军备战，严阵以待，一场大规模国际战争一触即发。1918年5月爆发的捷克人民反对哈布斯堡王朝的起义，终于成了这场国际大战的导火线。

一般史书把这次战争的过程分为四个阶段，其间先后进行了近二十次大的会战。

战争第一阶段——捷克阶段 (1618～1624年)

胡斯战争之后，捷克一度获得独立。1526年，捷克又被重新并入神圣罗马帝国的版图，帝国皇帝兼捷克国王。当时捷克保有很大的自治权，国会和改革后的教会继续存在，捷克语仍为国语。但是后来哈布斯堡统治者违背诺言，把捷克当作附庸国看待，限制捷克的自治，并派遣奥地利官吏进行干预。奥地利人还凌驾于捷克人之上，专横跋扈，作威作福。奥地利的民族压迫政策激起捷克人民的愤怒和反抗。17世纪初，皇帝鲁道夫二世在捷克推行天主教反动政策，迫害新教徒。1609年捷克议会领导人民起来反抗，声明如果皇帝不保证捷克人的政治和宗教权利，就不承认他为捷克国王。捷克首都布拉格的新教徒还组建了军队，以图恩伯爵为统帅。鲁道夫二世怕事情闹大，便被迫作出让步，签署了有名的《大诏书》，承认捷克人的宗教自由权，准许捷克人选出30名"执政官"来保护自己的权利并监督《大诏书》的实施。

但是皇帝并没有真正实行《大诏书》，反而派遣耶稣会传教士深入捷克内地，企图恢复天主教。1617年，新登基的皇帝马蒂

最新整理图文珍藏版

亚斯指定自己的堂兄斐迪南为捷克王位的继承人。斐迪南是个狂热的天主教徒。他上台后，在捷克对新教徒进行迫害，拆毁新教教堂，把做礼拜的新教徒投入监狱，禁止新教徒集会。捷克议会对他的倒行逆施提出抗议，拒绝承认他为国王。马蒂亚斯仍一意孤行，继续迫害新教徒。于是1618年5月23日，捷克人民举行了武装起义。起义者冲入王宫，按照捷克惩罚叛徒的古老习惯，将国王的三名亲信走卒从七丈多高的窗户里扔出去，摔到宫外的壕沟里。"掷出窗外事件"是捷克民族起义的信号，也是三十年战争的开端。

布拉格人民很快占领了全城，夺取了政府的权力，组成以图恩为首的临时政府，再度摆脱哈布斯堡王朝的统治，宣布独立。1619年，捷克议会推举新教联盟首领、普法尔茨选侯腓特烈为国王，宣布对皇帝开战。图恩率领起义军很快突入奥地利境内，6月兵临维也纳城下。这时刚刚接任皇位的斐迪南手下没有多少军队，当他闻讯捷军兵临维也纳城下时，正同16个贵族在宫中开会商讨对策。他吓得浑身发抖。一名贵族急得抓住斐迪南的肩章惊呼："斐

迪南，你派代表去签字嘛！"可惜，由于起义的领导者捷克贵族不敢发动人民群众，幻想通过谈判让皇帝作出让步。于是他们下令停止攻城，派出代表进宫同皇帝谈判，结果坐失良机，使皇帝赢得了喘息时间。

斐迪南缓过气来，向天主教联盟求救，并宣布剥夺普法尔茨选侯的爵位，授予天主教联盟的主力巴伐利亚选侯马克西米利安以公爵爵位。马克西米利安立即派出自己的精锐部队2.5万人"救驾"，由名将蒂利统帅。西班牙也派兵参战。天主教同盟还向皇帝提供了大量金钱援助。

而新教阵营方面却因各自的私利，行动迟缓，举棋不定，迟迟不出兵支援捷克。许多诸侯认为捷克的事与自己的利益无关，甚至有的还向皇帝提出：如果皇帝能保证他们的财产和宗教信仰，他们就不参战。由于嫉妒普法尔茨选侯当上捷克国王，强大的新教诸侯还站在皇帝一边与新教阵营为敌。法国和英国也袖手旁观。只有特兰西瓦尼亚同捷克和普法尔茨站在一边参战。

由于新教阵营的分裂，所以双方力量对比十分不利于捷克和普法尔茨。从1620年开始，战局

开始逆转。斯皮诺拉指挥 2．4 万西班牙军很快突入普法尔茨境内，而蒂利军队也打败捷军，迫使捷军撤回捷克境内。战争从奥地利转到捷克境内，战争主要在捷克和普法尔茨两地展开。

在捷克战场，蒂利于 1620 年 7 月率军攻入捷境。11 月 8 日，在布拉格附近的白山，双方展开决战。天主教阵营方面有蒂利统帅的 2．8 万军队。这支军队是当时德国诸侯中唯一的一支常备军队，训练有素，装备精良。新教军队有 2．2 万人，由曼斯费尔德指挥。其中有 1．2 万名步兵组成 8 个长矛兵方阵，另外有火枪手和 1 万匈牙利骑兵助战。虽然新教军占有位于白山和沼泽之间良好的防御阵地，但士兵缺乏训练，纪律松弛，步兵遭敌长矛兵的首次猛烈冲击便四散溃逃。天主教军只用不到两个小时便取得了会战的胜利。在布拉格，只知寻欢作

《死亡的丰收》

乐的国王腓特烈正准备一个丰盛的宴会，闻讯天主教军队前来攻打，吓得扔下王冠，带着妻子和亲信，仓皇逃出布拉格，后又逃往荷兰。捷克起义者受到了血腥镇压，捷克又丧失了独立，沦为奥地利的一个行省，天主教被定为国教，德语被定为国语，从此捷克处于哈布斯堡王朝统治之下长达几百年之久。

捷克失败后，战争转到普法尔茨。1620 年年底、斯皮诺拉指挥 2.4 万西班牙军队攻入普法尔茨。新教军队在曼斯费尔德指挥下与之对抗。西军很快攻占了莱茵河西岸的普法尔茨地区。德国的天主教军在镇压了捷克起义之后，也调过头来攻入上普法尔茨地区。新教军面临两面夹攻之下。但曼斯费尔德是位杰出的将领，号称"基督世界的阿提拉"。他指挥军队灵活机动地与敌军优势兵力周旋。1622 年双方三次大战。1622 年 4 月 16 日，普法尔茨军在曼斯费尔德指挥下，与蒂利的天主教军在维斯洛赫展开会战，普法尔茨军击溃了天主教军，使敌损兵 3000 人，并丢失了全部火炮。此战获胜使曼斯费尔德得以与巴登侯爵军队会师。5 月 6 日，巴登侯爵指挥 1.4 万普法尔茨军同

蒂利和科尔多瓦指挥的天主教军于温普芬展开战斗。蒂利首先向未设防的新教军营地发动攻击，新教骑兵反击，击退了天主教军的攻击并缴获了蒂利军的所有火炮。但由于新教步兵未及时支援，蒂利又将军队集中起来打退了骑兵的攻击夺回了火炮，然后击溃了巴登的步兵。新教军队伤亡2000余人，丢失了全部火炮和辎重。6月22日，普法尔茨军2万人在克里斯丁指挥下，与蒂利统帅的3.3万帝国军队在赫希斯特展开决战。克里斯丁因未能与曼斯费尔德军会合，便开始撤退，急于去守卫美因河上一座大桥。正当普法尔茨军进行部署时，蒂利发起攻击。普法尔茨军在桥头村庄英勇抗击达五小时之久，最后撤走，伤亡和被俘共1.2万人，帝国军队的损失较少。普法尔茨军退入阿尔萨斯。1623年8月9日，新教军1.6万人与蒂利的帝国军队在施塔隆德进行决战。新教军大败，四散逃窜，克里斯丁逃往荷兰。9月帝国军队攻占了普法尔茨首府海得尔堡，控制了普法尔茨全境，1623年，帝国军队又乘胜攻占了新教诸侯控制下的威斯特伐利亚和下萨克逊地区。

战争第一阶段以天主教联盟胜利而告终。天主教军获胜的原因，是因为军队训练有素，作战技能优于捷克和普法尔茨军队。此外，捷克军主要为平民武装，普捷两国的贵族不敢发动广大人民群众，关键时刻妥协动摇，致使战争初期的大好形势很快丧失。新教同盟的分裂、法英两国的观望，也是捷克和普法尔茨失败的重要原因。

战争第二阶段——丹麦阶段 (1623～1629年)

帝国皇帝和天主教联盟的胜利大大加强了皇帝的权力，使国际形势发生转折。哈布斯堡王朝势力增强和西班牙军队对普法尔茨的占领，直接威胁到法国和荷兰的安全，引起了德国新教诸侯的恐慌和英法荷等国的不安。法国不能容忍查理五世帝国的复活；荷兰则于1621年与西班牙重新处于战争状态。英王詹姆士一世只关心自己的女婿、普法尔茨选帝侯腓特烈的命运；丹麦和瑞典垂涎德国北部领土，也不愿意哈布斯堡对全德实行有效的统治，尤其是丹麦，受到皇帝的威胁最大。

丹麦是北欧一个小国，历来以农牧业经济为主。16世纪中叶，丹麦国王通过宗教改革，推广路德教，使天主教会的大片地产落入国王和贵族手中，并且巩固了农奴制经济。17世纪初，英荷等国资本主义经济的发展大大推动了丹麦农牧业的增长和外贸的扩大。丹麦经济的发展促进了上层集团扩张野心的膨胀。他们把从波罗的海通往大西洋的丹麦海峡看作自己的“聚宝盆”，不容他人染指。此外，他们还企图控制北海和波罗的海，使自己成为北欧的霸主。同时丹麦国王还竭力想巩固和扩大在北德的领地。于是丹麦国王的扩张企图便与皇帝的侵略势力发生了尖锐冲突。法国、英国、荷兰等国支持丹麦国王克里斯蒂安四世并提供大量资金和武器。在英法等国的鼓动下，丹麦积极备战。国王迅速募集了6万人的军队，并且和北部的新教诸侯以及曼斯费尔德的新教军队联合在一起。同时，特兰西瓦尼亚的新教诸侯卡博尔也率军和新教军统一行动。于是，新教阵营的军队在克里斯蒂安指挥下，向皇帝及其军队发起进攻。战争遂进入第二阶段——丹麦阶段。

丹麦和新教联军进攻初期，进展顺利，很快攻入德国西北部，曼斯费尔德的军队由西进攻捷克，卡博尔的部队从东面向奥地利和巴伐利亚进攻。丹麦及新教军队多是临时拼凑的雇佣军队，组织松散，缺乏训练，战斗力不高，但是训练有素、久经征战的皇帝军队却挡不住对方攻击，连连败退，陷于被动。其原因是，经过对捷克和普法尔茨的战争之后，皇帝方面耗资巨大，财政遇到了困难。同时，在哈布斯堡统治下的匈牙利和捷克人民对民族压迫不满而经常起义，牵制了皇帝的大批兵力。此外，天主教阵营内部特别是皇帝和巴伐利亚选侯之间的矛盾日益尖锐；再加上法国当政的著名政治家黎塞留的离间政策，更进一步加深了天主教阵营内部的矛盾，诸侯故意不出兵作战。

丹麦军队的胜利引起哈布斯堡宫廷一片恐慌，皇帝手下无兵，在万般无奈之际，重新起用了A·瓦伦斯坦的雇佣军与丹军作战。瓦伦斯坦是杰出的军事家和政治家，是捷克贵族，但因长期在皇帝军中服役，已经德国化了，连他自己也自认为是德国人。他于1604年加入皇帝军队为哈布斯堡王朝效劳。捷克起义时，因忠于皇帝而失去全部领地。1620年白山之战后担任捷克北部军队司令，1621年成为帝国军事委员会成员，

1622年任布拉格卫戍司令。1625年晋封为公爵。在皇帝军队败退之际，他向皇帝建议：建立一支不受巴伐利亚牵制的独立的军队。他声称已经招募到一支3万人的军队，军队的薪水和供应可向驻地人民征收，不要皇帝一分钱，只要皇帝授给他一个正式官衔，他就能率领这支军队上前线作战。皇帝十分高兴，便正式委任他为帝国军队总司令。

瓦伦斯坦曾对自己的雇佣军进行过严格训练，再加上他本人是个军事家，具有出色的统帅能力和组织才能，所以他的军队具有较强的战斗力，此外，他采用"以战养战"政策，靠掠夺驻地居民的粮食和财富来维持军队的供应。每攻克一地，他的军队都像蝗虫一样将居民抢劫一空，人称他的军队为"瓦伦斯坦蝗群"，1626年4月，瓦伦斯坦军队出动，首先攻击曼斯费尔德的军队。4月25日双方在易北河畔的德绍要塞展开会战，曼斯费尔德正在攻打德绍要塞，瓦伦斯坦军1万人借助树林作掩护，接近新教军队，从侧翼发起突然袭击。新教军猝不及防，全线败退，1万多人被打死，被俘者占3/4。接着瓦伦斯坦挥军直进，迅速攻克了勃兰登堡、

梅克伦堡、什勒斯维希等地，并很快控制了整个萨克逊地区。他的军队一边前进，一边洗劫当地人民，一边补充扩大军队。8月份全军已达8万人。8月27日，双方展开了鲁特会战。当时克里斯蒂安指挥的丹麦军队和新教联军正在撤退途中，蒂利军在鲁特城堡附近的开阔地追上联军。这时联军已构筑了坚固的工事，蒂利军发起攻击。丹麦步兵顽强抗击，但德国新教军队骑兵拒绝参战，结果丹军大败，阵亡4000人，被俘2000人，被缴获大炮22门和军旗60面。丹麦国王逃往荷尔施坦。蒂利军攻占了巴仑堡和布伦斯维克地区，瓦伦斯坦则挥军攻入丹麦境内。另一支新教军在曼斯费尔德率领下退入特兰西瓦尼亚境内。

1627年起，战争在丹麦和波罗的海沿岸地区展开，瓦伦斯坦军在丹麦境内横冲直撞，丹军节节败退。7月5日起，瓦伦斯坦军进攻波罗的海沿岸重要港口斯特拉尔松要塞，由于守军顽强抵抗，围攻11周后，瓦伦斯坦军损失惨重，被迫撤退。但不久在沃尔加斯特战役中瓦伦斯坦再次击败丹麦军队。

正当瓦伦斯坦和蒂利的天主

世界通史

最新整理图文珍藏版

教军连连奏凯之际，法国首相黎塞留和瑞典国王古斯塔夫二世从战略上考虑，开始介入战争，直接援助新教军队，以挽救新教同盟。瑞军援助丹军在斯特拉尔松保卫战中获胜。瑞典还向北德新教诸侯和丹麦提供军事财政的援助。法国则在意大利北部直接出兵同哈布斯堡军作战，法国、西班牙和奥地利军队打得难分难解。而瓦伦斯坦也在波美拉尼亚组建海军，进行训练，准备向瑞典开战。到1628年年底，丹麦在丧失北德的重要港口维斯马和罗斯托克以后，已完全失去在德国的立足之地。这时，丹麦已筋疲力尽，无力再战，被迫于1629年5月12日，与皇帝签订了《吕贝克和约》，丹麦表示接受恢复原状和不干涉德国内政的条件。瓦伦斯坦则从丹麦撤军。皇帝通过和约进一步控制了德国北部。由于瓦伦斯坦为皇帝立下了战功，皇帝授予他"大洋和波罗的海将军"称号和大片封地。

在战争第二阶段，战争范围进一步扩大到北欧波罗的海沿岸和意大利北部，参战国逐渐增多，交战规模进一步扩大。天主教同盟依靠军事天才瓦伦斯坦，又一次打败了新教同盟的军队。

战争第三阶段——瑞典阶段（1630～1635年）

丹麦战败后，德国皇帝的权势进一步扩大到了德国北部。1629年，德皇又颁布"教产复原敕令"，规定新教贵族应把1552年后所夺取的天主教会的全部财产和土地都归还给天主教会。这更增加了德国新教诸侯的恐慌和反抗。但是这时瓦伦斯坦提出了一项建立一支强大的德国波罗的海舰队和统一的德意志帝国的计划，招致了德国新旧教诸侯和支持他们的欧洲各国的普遍仇视。德皇帝每天都收到一百多封弹劾瓦伦斯坦的奏折。德皇迫于无奈，免去了瓦伦斯坦的职务，解散了他的军队。正当德国天主教阵营发生内乱之际，号称"北欧雄狮"的瑞典军队却从德国北方打了进来。于是三十年战争进入了第三阶段。

瑞典是北欧一个封建王国，16世纪时，还是一个落后的农业国，全国约85万人口，其中5%是城市人口，其余均是农民。1611年，年轻有为的古斯塔夫·阿道尔夫二世继承了王位。他是欧洲卓越的政治家和军事家，博学多才，目光远大。他上台后，为改变瑞典的落后面貌，从政治、经济、文化、军事等各个方面实行了全方位改革，通过改革，加强了中央集权，消除了贵族分裂势力，使以采矿业为龙头的工业和贸易迅速发展起来。经济繁荣，成为北欧的大国。古斯塔夫进行的军事改革具有革命的意义。他在欧洲首先废除了雇用兵制，实行了征兵制，组建了以农民为主的 3.6 万人的正规军。他对这支军队严格训练，实行严格的纪律，大大提高了战斗力。同时他建立了军火工业，大量生产枪炮和弹药，并对滑膛枪进行了技术上的改进，使之火力更强，更轻便灵活。他还组建了一支强大的炮兵部队，以先进的轻型野战炮为主要火炮。他创建了线式战术，即全军排成"楔形阵形"；骑兵为纵深三列，长矛步兵排成三至六列横队，左右两翼为火枪手，全军成横列线式队形。这种队形一改传统的笨重方阵，可以在作战中更灵活快速地机动、布阵和进攻。这是军事史上的一个里程碑，它标志着从古代和中世纪的战术向近代战术的转化。古斯塔夫还重视骑兵的建设，用骑兵作为突击力量。他还建立了高效率的后勤补给系统，建立了一系列兵站和仓库，保障军队的供应。改革后的瑞典军队成了欧洲第一流的军队。

古斯塔夫努力提高瑞典的国际地位，制定了争霸波罗的海的战略计划：第 1 步，孤立瑞典最危险的敌人波兰，先打败俄国；第 2 步，打败波兰；第 3 步，控制波罗的海沿岸所有的土地，把波罗的海变成瑞典的内湖。为实现这一野心勃勃的战略目标，瑞典于 1614 年和 1615 年先后同荷兰和德国的新教诸侯建立了联盟。接着 1617 年瑞典打败了俄国，切断了俄国通往波罗的海的出海口。接着又打败了波兰，根据 1629 年的"阿尔特马克条约"，瑞典占领了波罗的海沿岸全部港口和大片土地，波罗的海成了瑞典的"内湖"。

古斯塔夫完成了称霸波罗的海的目标后，又参与争霸欧洲大陆的角逐。三十年战争提供了有利时机。古斯塔夫二世分析了形势，认为德皇和天主教联盟的胜利是对瑞典的威胁。因为德皇控制了北德后，正开始建立波罗的海舰队，威胁到瑞典对波罗的海的控制。而一旦德皇和天主教联盟控制了波罗的海，将威胁到瑞典经济的生命线——输出矿产的海上商路的安全。此外，天主教的波兰也会向瑞典讨还失地。于是古斯塔夫根据瑞典历来的作战原则："只可在敌国领土上逐鹿打仗，不要在自己本土上兴兵打仗。"他制定了作战计划：主动出击德国，以保卫本土。他指出："假如我们在瑞典境内等待敌人，则可能丧失了一切而一败涂地。如能侥幸在日耳曼境内一战成功，那就只有利而无害了。所以我们必须到国外作战，瑞典境内绝不许有敌军出现。"这时法国也想利用瑞典人打败天主教军，让瑞典当作法国称霸欧洲的工具，因此便提供大量金钱援助，鼓动瑞典出兵德国。

1630年7月6日，古斯塔夫二世统率1.3万军队在德国东北部奥德河口登陆，揭开了"瑞典阶段"的序幕。不久，瑞典又派来2.6万人的援军，使古斯塔夫二世的总兵力达到近4万人。北德意志的新教诸侯都站在瑞典一方。瑞典军队沿奥德河流域向易北河流域挺进。瑞军得到了法、荷、俄等国的援助，包括粮食和军用物资，还同萨克逊结为同盟。瑞军势如破竹，很快攻占了德国北部和中部许多地区。

德皇闻讯后令蒂利率军阻击。1631年3月，蒂利首先攻击瑞军攻占的马格德堡。蒂利军有2.2

万人，而守城的瑞军仅数千人；由法尔肯贝格指挥。5月，古斯塔夫急率军驰援。但蒂利已先行攻占了该城，法尔肯贝格阵亡。蒂利大开杀戒，屠杀了该城数千名手无寸铁的新教居民。7月22日，古斯塔夫军1.6万人与蒂利军2.3万人在韦尔本展开会战。瑞典炮兵大显威风，以猛烈炮火击溃了进攻的蒂利军，瑞骑兵乘胜追击，蒂利军损失惨重。几天后蒂利又发动攻击，再遭惨败，损失6000人。9月17日，双方主力集中于莱比锡附近的布赖滕费尔德，展开决战。蒂利军3.5万人，火炮26门。瑞典军2.4万人再加助战的1.8万萨克逊军，共4.2万人，拥有火炮100门，无论是兵力还是火力均占上风。瑞典军队排成了新型的线式阵形，而蒂利军则按传统战法排成一个个密集的方阵。双方先用炮兵互射，瑞典军炮兵火力占压倒优势，给敌造成巨大损失。蒂利军在炮轰后发起攻击，但骑兵七次冲锋都被瑞军滑膛枪齐射的火力击退。但瑞典军右翼萨克逊军还未与蒂利军方阵接仗，便向后溃退，蒂利军又迂回到瑞军薄弱的左翼发起攻击。古斯塔夫沉着冷静地调动兵力，使队形向右翼倒卷过来，迎头截

最新整理图文珍藏版

击敌军。瑞军炮兵和滑膛枪的密集火力把以长矛为主的敌军方阵打得一排排倒下。蒂利军伤亡达8000人，尸横遍野，蒂利也负了重伤，率残兵逃回莱比锡。瑞军俘敌5000，缴获了敌军全部大炮和辎重。而瑞萨联军共伤亡2700人，其中瑞军仅伤亡700人。布赖滕费尔德战役是古斯塔夫二世军事艺术的杰作。以机动如火力为基础的新战术第一次战胜了以数量加长矛为基础的旧战术。这在军事史上具有划时代意义，显示了改革后的瑞典军队对旧式欧洲军队所具有的优势。

布赖滕费尔德大捷震动了欧洲，新教联盟欢喜若狂，把古斯塔夫二世推选为新教阵营的盟主。而德皇斐迪南二世则惊恐万状，跑到意大利向教皇乞援。在胜利面前，古斯塔夫二世有些飘飘然，他制定了一个冒险的军事计划：乘胜深入德国南部地区，进攻天主教同盟的基地巴伐利亚，然后沿多瑙河进攻哈布斯堡王朝的老巢奥地利，逼帝国皇帝投降。于是瑞军继续向德国南部挺进，1631年底和1632年初攻占了美因茨。1632年4月，古斯塔夫二世的瑞典军及德国新教军队2.6万人与蒂利军2万人在莱希河展开激

战。瑞军准备强渡莱希河，用炮火掩护工兵架桥。在炮战中蒂利重伤身亡，天主教军仓皇撤退。瑞典及新教联军顺利渡过莱希河，继续南进，直下奥格斯堡、慕尼黑和纽伦堡等重镇，占领了整个莱茵区，并把西班牙军赶回荷兰。瑞军在南下过程中沉重打击了天主教阵营的封建反动势力，但也具有侵略性。瑞军一路烧杀掳掠，给德国人民带来深重灾难。

瑞典军队的胜利迫使皇帝斐迪南二世重新启用瓦伦斯坦担任帝国军队总司令，以扭转战局。这时法国担心瑞典的胜利会导致新教徒控制德国，威胁到法国在德国南部的利益，便千方百计阻止瑞典军队的行动，并策动德国的新教诸侯不再支持瑞典，同时，瑞军的暴行也激起了德国农民的起义。这样，古斯塔夫二世面临四面受敌的不利境地，加上战线过长，军队过于分散，指挥困难。从1632年下半年开始，瑞军逐渐丧失了战略主动权。

1632年瓦伦斯坦复出后，采取了强征和募兵相结合的办法重建了一支雇佣军，并起用以前的旧部军官担任指挥，连帝国残军在内，共有4万人。他针对瑞典军队供应线过长的弱点，以最快

世界通史

最新整理图文珍藏版

的速度飞军插向瑞军侧后方，攻入萨克逊，切断了瑞军供应线。这是十分高明的一着，它打乱了古斯塔夫进攻奥地利的原定计划，迫使他掉转方向，解救萨克逊。这时瓦伦斯坦军主力驻守莱比锡附近的交通枢纽吕岑。古斯塔夫决定乘瓦伦斯坦兵力分散之机，与他决战，以打通莱比锡大道。为达成战役突然性，他于11月14日夜率军星夜急进，于15日凌晨抵达吕岑。16日早晨，大雾迷漫，双方军队列阵相对，瓦伦斯坦军1.8万人，火炮60门，列成4个步兵方阵，两翼是骑兵。瑞军1.85万人，炮66门，列成线式队形。双方兵力旗鼓相当，同时发起攻击，在浓雾中展开短兵相接的混战。由于大雾迷漫，加上瓦伦斯坦也运用了古斯塔夫以前用过的新战术调动兵力，所以古斯塔夫的新战术未发挥更大的威力。激战中，古斯塔夫二世头部中了流弹，坠马倒地身亡，一代军事天骄像流星一样过早陨落，年仅38岁。古斯塔夫二世阵亡后，贝恩哈德大公接替指挥，瑞军在为国王报仇的口号下奋勇向前。帝国军队因是新招募的雇佣军，训练很差，挡不住久经征战的瑞军猛攻，伤亡惨重，指挥官帕彭海

姆伯爵也被击毙。瓦伦斯坦见势不妙，丢下全部火炮乘夜撤离战场。是役，帝国军队损失6000人，瑞军伤亡3000人，吕岑之役瑞军虽然获胜，但统帅阵亡大大挫伤了军队士气，新教诸侯乘机摆脱了瑞典人的控制，独立行事。瑞典国内贵族和王室之间的争权夺利斗争也随之加剧，进一步削弱了瑞典的力量。

吕岑战役后，由于瓦伦斯坦兵权在握，不把皇帝放在眼里，这使皇帝和诸侯把他视为眼中钉，他们联合起来，伺机要除掉他。1634年，瓦伦斯坦因企图与瑞典和谈，恢复国内和平，并使外国军队撤出德国领土。皇帝认为他有通敌嫌疑，于2月派人刺杀了瓦伦斯坦。瓦伦斯坦的去世也使天主教阵营失去一位天才统帅。这是天主教阵营最后失败的一个重要因素。

德皇杀了瓦伦斯坦后，由皇太子斐迪南掌握军权，并联合西班牙军队共同与瑞典军队作战。1634年9月6日，在纳德林根西班牙和天主教军4万人与瑞典和新教联军3万余人展开了一场决战。瑞典和新教联军大败，1万人阵亡，6000人被俘，丢失火炮80门。天主教军乘胜追击瑞典残军

最新整理图文珍藏版

到波罗的海岸边。纳德林根战役具有决定性意义，瑞军主力损失殆尽，无力再战。新教联盟解体，而天主教同盟也筋疲力尽。1635年5月，萨克逊和勃兰登堡与皇帝议和，签订了"布拉格和约"，其他德国新教诸侯也纷纷和皇帝议和。根据和约，皇帝要控制大多数诸侯的军队，所有的诸侯联盟一律解散。皇帝在军事和政治上再次取得了胜利。

在战争第三阶段，天主教同盟取得了胜利。战争规模进一步扩大，瑞典成为战争的主角。交战双方主要通过主力会战来决定胜负。古斯塔夫二世指挥的布赖滕费尔德战役和吕岑会战在战史上堪称典范。古斯塔夫的阵亡导致战局逆转，结果皇帝和天主教阵营第三次占了上风。战局演变导致了法国的参战，并形成全欧洲战争。

战争第四阶段——全欧混战阶段（1635～1648年）

天主教同盟的再次胜利促成法国的参战。法国本是天主教国家，同德皇、西班牙和德国天主教诸侯在宗教上是一致的，并无宗教矛盾。但法国的国策是对外扩张，争夺欧洲霸权。在三十年战争前三个阶段，法国一直假手他国和新教联盟的力量来打击哈布斯堡王朝，待两败俱伤后，法国好从中取利。在"丹麦阶段"，法国虽曾参战，但仅在意大利北部打了一场小仗，并未大规模卷入。现在法国担心瑞典在德国建立听命于瑞典的新教同盟政府，还担心哈布斯堡王朝的实力再度恢复和壮大，不利于法国在欧洲建立霸权。于是法国趁德国交战双方疲惫不堪、元气大伤之际，决定出兵收拾残局，给哈布斯堡王朝以最后一击，实现称霸欧洲的伟业。

17世纪上半期，由于奥地利哈布斯堡王朝已虚弱，无力与法国抗衡，只有西班牙是法国争霸的最大障碍。西班牙也是哈布斯堡王朝统治下的天主教封建专制的国家。西班牙在教皇支持下，实行"世界基督教帝国"计划，妄图把欧洲所有国家都置于西班牙统治之下。在国内，西班牙建立了欧洲最反动的封建专制，残酷迫害异教徒，臭名昭著的宗教裁判所遍及全国各地，无数异教徒被处以火刑。西班牙还到处向外扩张侵略，除在拉丁美洲建立庞大的殖民帝国外，还在欧洲统治着尼德兰（今荷兰、比利时和卢森堡）意大利一些邦和葡萄牙。

为了争霸欧洲，西班牙与英国打过仗，并介入过法国国内纠纷。但西班牙进入 17 世纪后，力量已大大削弱，"无敌舰队"的毁灭，尼德兰的革命，使它焦头烂额。但西班牙仍具有相当实力，法国仍视它为主要敌人。

为了实现霸业，法国宰相、著名政治家和外交家黎塞留制定的战略是：双管齐下，一方面打击西班牙，夺取它在尼德兰和意大利南部的属地，并使西班牙无力援助德皇和天主教贵族；另一方面，进军德国境内，建立法国的势力范围。为此，黎塞留在外交上使法国和瑞典、荷兰、威尼斯和匈牙利等国结成反哈布斯堡的同盟，另一方面又和德国的新教诸侯结成反对皇帝和天主教联盟的同盟。1635 年 5 月，法军按照黎塞留制定的兵分数路，多点进攻，破袭敌方交通线的作战计划，在德国、尼德兰、意大利和西班牙同时展开反哈布斯堡王朝的军事行动。在法军行动的同时，滞留在德国北部的瑞典军队已恢复了元气，趁机再次侵入德国的中部和南部。战火开始在欧洲大陆各地燃起。由于十几年的战争已使交战双方的人力、物力受到极大消耗，双方军队无力再进行像前几阶段那样的大规模会战，尽量避免决战，使战争变成了旷日持久的消耗战。战争范围扩大到欧洲各地，各主要欧洲国家均卷入战争，而且无固定的战线，到处是混战。战争进程可分两大阶段：1635 ~ 1643 年以法国同西班牙交战为主；1643 年 ~ 1648 年，战场以德国为主。

在法国与西班牙的战争中，1635 ~ 1640 年西班牙占了上风。1635 年，西班牙首相奥利瓦雷斯制订了三路入侵法国的作战计划，并提出了"宁愿牺牲一切，否则卡斯提尔（指西班牙）将成为世界霸主"的口号。1636 ~ 1637 年，西班牙军及其盟军巴伐利亚军队先后从北面和南面攻入法国，一度逼近了首都巴黎。但由于战线过长，军力分散，再加上国力空虚，财力和军力补充不足，西军的优势逐渐丧失。法军于 1637 年把西班牙军逐出法国南部，但在 1638 年，法军在尼德兰和意大利连连受挫。后法军采取集中兵力、各个击破的战术，相继取得一些胜利。在意大利战场上，法军在南部通过与萨伏依、曼图亚等小国军队协同作战，重创了西班牙军队，同时在意大利北部切断了西班牙从米兰、热那亚到尼德兰的重要通道。

这时法国及盟友荷兰在海上取得了辉煌胜利。1638年8月，法国舰队在圣塞巴斯蒂安附近击沉了西班牙一支分舰队28艘军舰的大部分。1639年10月21日，荷兰海军又与西班牙在唐斯展开了一场从战争以来规模最大的海战。当时，特罗普指挥下的荷兰舰队有100艘军舰。在这次海战中，西班牙舰队70艘军舰被击沉44艘，被俘14艘，死伤7000人，被俘1800人，荷海军仅损失500人和1艘军舰。从此西班牙海军便一蹶不振。海战的胜利大大改善了法荷在陆战的态势。法荷军队密切协同，于1640年在尼德兰南部战场上攻占了阿图瓦等重要城市和地区。1643年5月，法军同西班牙军在法国与尼德兰交界的罗克鲁瓦展开决战。法军2.2万人由孔代指挥，西班牙军2.8万，由梅洛统率。战斗十分激烈。开始法军左翼被击溃，中军也受到动摇。但西班牙军缺少骑兵，未能扩大战果。法军重整旗鼓，采用了瑞典军队改革后的新阵式，以线式队形集中主力从一翼实施突破，打乱了西班牙军的方阵，西军全线溃退，法军大获全胜。西军阵亡8000人，被俘6000人，

而法军仅损失2000多人。西班牙的精锐部队几乎丧失殆尽。从此，西班牙失去了反击能力，法军确立了对西战争的胜局。

在德意志战场，瑞典军队又恢复了锐气，于1642年11月2日同皇帝军队展开了第二次布赖滕费尔德会战。瑞军在撤退途中在布赖滕费尔德为皇帝军队截住去路。托尔斯滕森元帅指挥瑞军奋起迎击，击溃了帝国军队，奥地利军损失了1万人。瑞军再度向德国南部挺进。瑞军节节胜利，引起丹麦国王的嫉妒和恐惧。丹麦便乘瑞军深入南德之际，向瑞典宣战。瑞军托尔斯滕森放弃向维也纳的进军，回师北上，反击丹麦军队。瑞典军队从陆海两方面进攻丹麦，迅速攻占了什勒斯维希一荷尔什坦因地区和日德兰半岛的许多地方。丹麦海军表现不凡，1644年1月击败了荷兰瑞典联合舰队，封锁了在基尔湾的瑞典舰队。但不久，瑞荷舰队在洛兰岛海战中摧毁了丹麦的17艘战舰，丹麦海军的主力被消灭了。经过三年战争，丹麦海军主力被歼，国土大片被占，丹麦被迫战败求和。

瑞典军在同丹麦鏖战时，在其他方向也进展顺利。法国为了

制止瑞典实力的增强，急忙调兵东进，自莱茵河南下挺进德国腹地。但1643年11月，法军在托伊特林根被帝国军队打得溃不成军，司令德朗佐将军等被捕，火炮辎重全被天主教军队缴获。1644年8月，法军与天主教军在弗赖堡交兵。法军2万人，由军事家孔代和蒂雷纳指挥。对手则是梅尔奇率领的巴伐利亚军队1.5万人。法军击败了巴伐利亚军并缴获了其全部火炮和辎重。法军乘胜前进，与瑞典军会师。

1645年，法瑞两军双双凯旋。二三日间，瑞典军在捷克的扬考一战给帝国军队以致命一击，然后攻入奥地利，占领了斯泰因等地。法军则于8月进行了第二次纳德林根战役。孔代指挥1.5万法军同冯梅尔西元帅的1.2万帝国军队交战。法军大获全胜，毙俘敌军6000人，缴获敌所有的火炮，冯梅尔西元帅也被打死。法军损失4000人。

1646年，瑞典军重新攻入巴伐利亚，法军也进入士瓦本和巴伐利亚。不久，两军联合攻入奥地利。1648年5月，法瑞联军在楚斯马斯豪森大胜巴伐利亚和帝国的军队。这次决定性胜利后，瑞典军攻占了布拉格，奠定了战争的结局。法军从美因茨攻入巴伐利亚，双方对维也纳形成了钳形攻势。

皇帝和天主教同盟经多年战争，加上失去了西班牙的援助，已无力再战，被迫求和。其时瑞典军也十分疲劳，军中传染病流行，战斗力大大削弱。法国对英国革命深感不安，和瑞典也时有摩擦，已无心再战。于是法瑞双方也同意停战。这样，持续了三十年之久的大战终于尘埃落定，偃旗息鼓了。

朝鲜壬辰卫国战争

朝鲜壬辰卫国战争是16世纪末期，朝鲜在中国明朝军队支援下，先后战胜日本入侵的两次大规模的反侵略战争。这两次战争的胜利彻底粉碎了当时日本强占朝鲜，染指中国的狂妄企图，为维护亚洲的安全与稳定做出了重大贡献，也给中世纪朝鲜人民反侵略斗争史写下了不可磨灭的光辉篇章。

这两次战争经历了1592～1598年的七年时间，实际上是1592年爆发的和1597年再次爆发的两次大规模的侵略与反侵略的战争。1592年、1597年适值朝鲜李氏王朝宣祖25年、30年；中国万历20年、25年；日本文禄元年、庆长2年，这两年为夏历的壬辰年、丁酉年，因此朝鲜历史上通称这次保卫祖国免遭奴役的正义的反侵略战争为壬辰卫国战争、壬辰倭乱、壬辰丁酉倭乱；日本史称文禄·庆长之役，中国则称万历朝鲜之役。

这次战争的开端可以追溯到15世纪后半期开始的日本战国时代。在天皇对全国失控、大权旁落，各地封建领主、武士相互厮杀、兼并、混战长达120余年的极其混乱时期，随着西势东渐的潮流，欧洲商船队开始涌入日本西部，开辟了东西方贸易的通路。当时日本的商业资本日益增长，在日本西部逐渐兴起了商业城市。当时集大封建领主和大军阀头目于一身的丰臣秀吉（1536～1598年），在16世纪后半期，经过长期的混战，以雄厚的武力相继统辖了各藩的领地，征服了大大小小的领主，壮大了政治、经济和军事实力，在1590年统一了日本全国，结束了战国时代。从此以后从表面现象观察，在名义上日本天皇似乎恢复了全国最高统治者的地位，但是实际上强逼天皇

授权担任关白要职、协助天皇总揽朝政、执掌全国军政大权的丰臣秀吉，才是全国最高的实际统治者。日本天皇只不过是他操纵任其摆布的一具傀儡而已。

以丰臣秀吉为首的反动扩张势力所以在16世纪末期发动这次侵略战争，既有其远因也有近因，既是统治阶级上层集团对外扩张的要求，也是丰臣秀吉对外扩张野心的袒露。据史料记载，在这次战争的若干年前，也就是说在丰臣秀吉尚未完成统一日本宏图大业的期间就曾经表明"侵朝伐明"的野心与计划，并已着手准备。例如1578年，当丰臣秀吉还在作为织田信长部将时，就曾对织田明确地表示过，在大军平定日本本州西部地区以后，就要立即进军九州，进而"图朝鲜，窥视大明国"。再如丰臣秀吉在1585年9月3日亲自写给一柳末安的文件中，就有："日本国之事自不待言，尚欲号令唐国"。这样的有据可查的佐证，又如1586年3月16日，丰臣秀吉在大阪会见名字叫科艾里奥的外籍传教士等人的时候也曾开门见山地表示，"在平定了日本国内之后，他还要准备'专心征服朝鲜和中国'，现在正采伐木材以制造两千艘可渡海的

表现日本军队侵略朝鲜的版画

舰船，还拜托传教士们代他斡旋，购入两艘欧洲战舰"。在发动这次侵略战争的前2年，即1590年11月1日，丰臣秀吉在京都接见了朝鲜使节，并要该使节转交致朝鲜国王李昖的一封信。在信中他用外交辞令表示了他统一日本以后野心极度膨胀的心术："予入大明之日，将士卒临军营，则弥可修邻盟也。予无愿也，只显佳名于三国（即日、朝、中）而已"。从这句话就可以明显地揭示出丰臣秀吉的真真假假的"伐交"、"伐谋"、"伐兵"兼而有之的谋略思想，"修邻盟"是假，侵略邻国是真。

作为大封建领主的丰臣秀吉由于其对外扩张野心，在统一日本的过程中，逐渐与商业资本的大商人勾结在一起。随着日本西部商业资本的成长，大商人为了发财致富极力要求对外开展贸易和征服。丰臣秀吉代表着商业资本的这种要求，在他们的支持下不仅统一了日本全国，而且还企图征服朝鲜、侵略明朝。根据这一趋势，以丰臣秀吉为代表的日本大封建领主集团梦想通过侵略战争来建立一个包括朝鲜、中国和日本的"三国为一"的封建大帝国，以便称霸亚洲大陆，奴役其他民族。

统一以后的日本国内阶级矛盾日益尖锐，空前激化，为了转移国内人民斗争的视线，丰臣秀吉集团就势必不惜发动对外侵略战争，以维护和巩固其国内的统治。具体说来，主要是：

①面临农民强烈反对的丰臣秀吉，企图发动侵略战争转移农民的视线，从而摆脱日益激化的政治危机。

②他企图把封建领主和武士吸引到这次掠夺性的侵略战争中去，以消除他们的不满，从而巩固自己的政权。

③他企图通过侵朝战争不仅消除封建势力的不满，还在削弱反对势力从而巩固自己的专制。

④丰臣秀吉是一个权势欲、君主专制欲、名利欲兼而有之的人物，他受这种根深蒂固的欲望

所驱使，难以自拔，指望能打赢这场侵略战争而"扬名后世"，让人们把他当作神灵加以祭礼、崇拜，广为宣扬。丰臣秀吉还有一个如意算盘，那就是企图用全力征服朝鲜以后，利用朝鲜的人力、武力充实自己的实力再进攻中国明朝，实现其扩张领土的狂妄野心。基于上述诸多原因，丰臣秀吉就毅然决定、不计后果地发动了这场日本头一次以灾难性惨败而告终的侵略战争。它既断送了丰臣秀吉的生命，又给他的声誉蒙上了一层污浊的阴影。

作战双方参战的将领很多，有的身先士卒英勇牺牲，有的指挥有术屡建奇功，因篇幅所限，不便一一详述。在此仅择出对战争胜负起主导作用的一二主将，略加评论，以供观察此次战争胜利之因，略悉战略战术优劣之果。

战争主谋丰臣秀吉

丰臣秀吉（1536～1598 年）作为这次侵略战争的主谋，毫无疑义，是一个历史罪人；作为战争的战败者，他又是一个无能败将。因此，在日本军史和世界军史上也就必然写下了极不光彩的一页。

但作为一个历史人物，他又确是日本战国末期统一日本的一个著名军事家、政治家。既然他是这场战争的主谋，我们不能不给他一个比较公允的评论。

丰臣秀吉作为织田信长的部将在辅佐织田统一四面八方争霸日本的历次战争中审时度势，随机应变，文武兼施，精于谋略，善于用兵。在政治上和军事上显现了他卓越的独到创见、运筹魄力和雄才大略，最终完成了织田即将完成而又未能完成统一日本的大业。有的史书甚至称赞他具有"政治家式的大将风度"。

他在晚年集当时统治阶级反动势力和一切野心家向外扩张的欲望与他本人追求终身充当最高专制统治权威的奢望于一身，贸然发动了这次侵略战争，以灾难性的惨败而告终，铸下了一生中最大的历史错误。他曾为这次战争做了充分而周密的准备：

① 在战略战术上，确定了"陆海并进"，"以强凌弱"，"速决速胜"的作战方针，力图以 14 万余人的大军，分 3 路在朝鲜南端釜山登陆，陆海并头长驱直入，一举取胜，在战争初期仅用两个月的短暂时间，相继攻占开城、京城（今汉城）、西京（今平壤）等城市，朝鲜大片领土陷落，就是上述战略战术和作战方针的显

例。在这里还必须指出，丰臣秀吉是中国军事典籍《孙子兵法》的崇尚者，在这次战争中精心运用了《孙子兵法》"伐谋"、"伐交"、"伐兵"的谋略思想，利用《孙子兵法》用间思想，巧用间谍窃取敌军情报，制定应敌策略，取得了相当的成果。有时还用《孙子兵法》的火攻战术对付朝军和明军。例如他通过长达四年之久的"停战和谈"用以"和"备"战"的策略，为第二次大规模侵朝战争做准备，这也说明丰臣秀吉对运用《孙子兵法》是多么娴熟。

丰臣秀吉绣像

②在日本本州肥前修筑名护屋城（今名古屋市），设立侵朝日军总指挥部，丰臣秀吉坐镇亲掌军事全部工作。

③把关白要职，交与他的养子秀次，以防不测。

④1591年9月24日下达了"征讨朝鲜令"。

⑤1592年1月，决定了侵朝日军的部署，任命宇喜多秀家为元帅，下辖8个军。任命小西行长率第1军，加藤清正率第2军，黑田长政率第3军，陆军15万余人，先后渡过对马海峡在朝鲜釜山登陆。同时任命九鬼嘉隆率三四万人的水兵和700艘舰船配合陆军突袭。

⑥征募总兵力50余万人，决定调动30万人用于侵朝战争，20万人用于先遣部队，把德川家康、前田利家、上杉景胜、涌生氏乡、伊达正宗诸将所统率的10万人兵力屯于名护屋作为预备部队。另外还准备了千余艘舰船、数万匹战马和几十万石军粮储存于国内以备应急。

朝鲜爱国名将李舜臣

与丰臣秀吉相抗衡而又战胜他的是朝鲜民族英雄、爱国名将李舜臣（1545～1598年）。他的抗战胆略与视死如归的风范，堪称民族楷模。这位将军一生仕途坎坷，但他一心报国，受命危难，积极率军迎战，为国捐躯。他品德高尚，言行谨慎，文武兼备，百折不挠，受到古今军人的无限敬仰。

他一向认真学习和运用《孙子兵法》和《吴子兵法》、《司马法》的思想和战略战术。他在这次卫国战争中，以"避实击虚"、"以正合，以奇胜"的战略战术与敌作战，"避其锐气，击其惰归"，取得了接二连三的胜利。有时还用《孙子兵法》的用间谍略，揭穿并粉碎了敌人的阴谋诡计。这充分体现了他的魔高一尺，道高一丈的斗争艺术。现举一二例以资说明。

1592年4月，日本侵略军在釜山登陆以后，以强大的优势兵力，"水陆并进"，所向披靡，向北猛进。日本水军的任务是攻占庆尚、全罗、忠清诸道的沿海地区，确保海上通路，为陆军供应粮食和战略物资，以配合陆军火速侵占全朝鲜。

当时担任朝鲜全罗道水军节度使之职的恰是李舜臣。面临这种极为不利的形势，李舜臣急中生智，立即于5月4日率全罗左道和全罗右道水军85艘战船离开港口基地，驶往海域，寻机打击敌军。5月7日，发现玉浦海面停泊着50余艘敌战船，大部敌军离船上陆进行抢劫并把抢劫之物往船上搬运。李舜臣便以"出其不意"、"攻其无备"的战术，亲率水军立即驶赴玉浦海面，猛攻敌军战船。敌军遭到意想不到的突袭，六神无主，不知所措，慌忙择路而逃。李舜臣率领同仇敌忾、奋勇杀敌的水军紧紧包围了正在逃窜的战船，猛烈轰击，经过短时间的激战，击沉敌船26艘，击伤击毙敌军不计其数。此战后，朝鲜水军继续进行海面搜索，是日下午又在永登浦前海击沉敌船5艘。紧接着，5月8日又一次在赤珍浦海面击沉各类敌船13艘，朝军取得了开战以来的首次战果。

上述胜利，在很大程度上既鼓舞了朝鲜军民的斗志，又坚定了战胜日本侵略者的信心，同时也给敌酋丰臣秀吉的如意算盘一次沉重的打击："水陆并进"作战计划被打乱；水军与陆路的联系被切断；陆军的物资供应失去了保证。总之，这次胜利，在战略上所具有的重要意义就在于：朝鲜水军开始在海战上取得了主动权。此后多次海战的胜利都证实了这一点。

作为指挥这次海战并取得了胜利的李舜臣来说，他的军事思想、作战指挥、抗敌意志都有了充分的表现。这就是他面对强敌无所畏惧，面对岌岌可危的战局没有惊慌失措，他决不采取消极避战的态度，而是巧用在运动战中求生存、置之死地而后动的谋略，积极主动出击，从而沉重地打击了敌人，扭转了战势被动的不利局面。

1597 年 7 月，李舜臣又以"以少胜多，出奇制胜"的战略战术原则，重振朝鲜水军的雄威。当时的具体作战态势是：他在被罢官又复原职（三道水军节度使）后，仅有幸存的 12 艘战船和屈指可数的 120 多名官兵，而面对的则是拥有 600 余艘战船和数万之众的日军舰队。这个舰队在朝鲜海面横冲直撞，东弋西荡，来去自由，准备配合陆军再次推向朝鲜腹地，进而占领全朝鲜。面对这种敌众我寡、敌强我弱的危急关头，李舜臣随机应变，立即把节度使的大本营转移到全罗道的右水营。这一海域有狭长的鸣梁海峡和险要的珍岛碧波亭，地势极端险要，历来是海战的要地。李舜臣决定利用险要的地形全歼日军。9 月 16 日，日军出动 330 余艘战船和 2 万余水军，由东向西猛攻驻在鸣梁海峡的朝鲜水军。面对占绝对优势的敌军，李舜臣沉着指挥，拼死杀敌，勇往直前。

经过浴血奋战，击沉日军指挥舰等 3 艘战船，击毙了日军指挥官马多时，使日军失去主将和指挥，一片混乱。日军无力抵挡，向后撤退，妄图逃出海峡。李舜臣指挥水军阻挡敌军舰船的退路，抓住有利战机，猛烈攻打，转瞬时间击沉 30 余艘战船，击毙 4000 余人水军，取得了著名的鸣梁大捷，又一次把丰臣秀吉的"水陆并进"的作战计划彻底粉碎了。从此以后，以李舜臣指挥的水军为主力的朝鲜水军，在中国明朝水军的大力支援下，完全掌握了海战场的主动权，同时也为这次卫国战争的胜利奠定了有力的基础。上述两个战例充分表现了这位伟大的爱国将领和朝鲜民族英雄李舜臣的杀敌决心和忠心报国的思想，也完全体现了他指挥作战的卓越谋略和超群的才干。

朝鲜壬辰卫国战争的过程可分为三个阶段：第一阶段从 1592 年 4 月日本侵略军在釜山登陆开始到 1593 年 6 月朝军把深入朝鲜内地之敌人击破并赶到朝鲜半岛南端狭小海域结束。结果，丰臣秀吉被迫提出"和谈"要求。第二阶段从 1593 年 6 月第二次晋州战役开始到 1597 年 1 月日本侵略军再次入侵之前结束。第三阶段从 1597 年 2 月日本侵略军再次入侵开始到 1598 年 11 月李舜臣将军指挥的朝鲜水军在中国明朝水军支援下，浴血奋战给企图从朝鲜败逃之敌以毁灭性的打击，最后在朝鲜南海露梁海面把入侵水军彻底消灭结束。

第一阶段（1592 年 4 月～1593 年 6 月）

1593 年 4 月 12 日，日本侵略军先遣部队，共出动 15 万多陆军、4 万水军、700 多艘战船，渡过对马海峡，大举入侵朝鲜，突然袭击釜山。敌酋小西行长率领的第 1 军首先在釜山登陆，紧接着另一敌酋加藤清正率领的后续部队继续登陆。庆尚道朝鲜水军未能阻止日军继续登陆；朝鲜地方军在东莱城拼命抵抗，也未能抵挡入侵之敌。日军登陆后，以优势兵力，采取"水路并进"的战术，分 3 路北进，第 1 军经釜山、密阳、大邱、尚州、闻庆、直抵忠州；第 2 军经彦阳、蔚山、永川，在忠州与第 1 军会师之后直逼丽州和京城（今汉城）；第 3 军经金海，越过秋风岭北上。入侵水军先后攻占庆尚、全罗、忠清诸道的沿岸地区，确保海上交通线，保证陆军的军粮和战略物资的供应，以紧密配合入侵陆军迅速占领全朝鲜。

在日军登陆之前，朝鲜李氏王朝朝廷接到日军入侵的急报，急派李镒、申砬等当代名将阻击北上日军。他们亲率朝军越过乌岭天险，4 月 27 日，在忠州挞川设下背水阵势抵抗日军。这是朝、日两军第一次交锋，但被日军战败。申砬被击毙的消息一传到京城（今汉城），倾城上下人心惶惶，混乱一片。朝廷宣祖（李昖）和大臣立即逃往开城、平壤方面，临海君和顺和君两个太子分别到咸镜道和江原道，一方面征兵抗日，一方面向明朝递送急报，请求援兵。因李氏王朝防备虚弱，无力抵抗，致使敌人仅用 20 天于 5 月 3 日就轻而易举地攻占了京城（今汉城）。接着日军分两路北上，窜入腹地，一路由小西行长率领日军经过开城，向平安道方向进攻，直逼平壤；另一路由加藤清正率领陆军向咸镜道方向进攻，直抵朝、中边境的会宁。这时朝廷宣祖（李昖）已逃往义州（今新义州）。

4 月 20 日，李舜臣率所属 95 艘战船，与全罗道水军共同出海与日本侵略军水师首次交战，给予入侵之敌当头一击，阻止了日军的海上行动，坚定了朝鲜军民抗敌的信心。

5月4日，李舜臣率全罗左道和全罗右道水军共85艘舰船从全罗道丽水出海，向庆尚道方向驶去，与该道水师会合，寻机打击停泊在巨济岛玉浦港的日军水师的战船。

5月7日，李舜臣根据确切情报，立即率水师舰船队到玉浦海面对停泊在这里的50余艘日军舰船进行了猛烈轰击。敌军遭到突然袭击，没有战斗准备，企图择路逃窜，但被朝鲜水军团团围剿，犹如瓮中之鳖，战也不行，逃也不成，只能"坐"以待毙了。经过数小时激战，日军26艘舰船被击沉，所余大部被击破，不少敌军官兵被击伤击毙，残余日军被打得狼狈不堪，急忙登上巨济岛落荒而逃，当天下午，朝鲜水军又在永登浦前海击沉了5艘敌军舰船，1天两战都取得了胜利，一显朝鲜水军的军威。

5月8日早晨，李舜臣巧抓战机，亲率朝鲜水军在赤珍浦海面一举击沉了大大小小13艘日军舰船。

几天来，双方连续交锋，朝军节节胜利。著名的玉浦海战共击毁击沉44艘日军舰船，沉重地打击了敌人，极大地鼓舞了朝鲜人民的战斗意志，坚定了他们战胜入侵之敌的信心，粉碎了敌酋丰臣秀吉的全盘侵略计划："水陆并进"受挫；水陆失去联系；陆军的物资供应困难重重，日军被迫暂停进攻。这样，朝鲜水军的辉煌胜利就有力地扭转了被动局面，开始在海上取得了主动权。

5月29日，李舜臣将军根据27日获悉的十余艘敌人舰船驶往泗川、昆阳等地的情报，亲率包括铁甲龟船在内的23艘舰船，在全罗道水军的配合下开到了泗川、固城附近的露梁海面，对敌军阵地发起进攻，把敌军追击到泗川前海，在这里停泊着121艘敌人舰船。400余官兵见势不妙，却离船登山并在山上摆设半月形长蛇阵。敌军居高临下，准备利用有利阵势，寻机歼灭朝鲜水军。李舜臣发现这一不利形势，当机立断决定改变战术，诱敌下山出海，在海上歼灭敌军。当敌人舰船开到泗川浦口的时候，朝鲜水军的铁甲龟船，迅猛冲进敌人舰船编队，用各种火炮轰击。与此同时还炮击了山上之敌。朝鲜水军在这次泗川海战中，把121艘敌人舰船全部击沉并消灭了大部敌军。

6月2日，明朝廷"命辽东抚镇发精兵二支应援朝鲜，并发银

最新整理图文珍藏版

二万解赴朝鲜犒军，赐国王大红绢丝二表里尉劳之"。

6月15日，明参将戴朝弁、先锋游击史儒率援朝先头部队渡过鸭绿江。

6月16日，明军进驻朝鲜义州（今新义州）。

6月21日，明副总兵祖承训，游击王守官率明军3000余人渡过鸭绿江抵朝鲜。

7月17日拂晓，明军对平壤发动进攻。当时日本侵略军并未守城，只是在城内设下伏兵。明军一举冲入城内，伏兵骤起反击，明将史儒、戴朝弁、千总张国忠、马世隆中弹身亡，副总兵祖承训率兵退出，1天之内退到大定江，然后退回国内。

祖承训对敌轻举妄动，大败而归，日本侵略军因此更加猖獗，朝鲜八道几乎全被敌军占领。究其失败原因有二：一是没有弄清敌军设伏情况而冒进，二是当时连续降雨不止，道路泥泞，不利行军，又因明军均为骑兵，很难发挥威力，加之，明军将领史儒等求功心切而妄动。

6月2日，朝鲜水军在泗川海战后，继续向东挺进。当天早晨李舜臣率领朝鲜水军即对唐浦敌军阵地发起了进攻。当时在唐浦港口停泊着大小21艘敌人舰船，朝鲜水军一到阵前，马上以龟船为先锋猛烈冲撞敌人指挥船，敌军措手不及，指挥船被冲撞破损，敌人船队顿时大乱，朝鲜水军趁机猛烈攻击，烧毁和击沉了全部敌人舰船。在这次海战中，丰臣秀吉的忠实信徒、入侵敌酋龟井兹矩被击中，一命呜呼。

6月4日，李舜臣将军所属水军与全罗道在水使李亿祺指挥前来增援的25艘舰船编队会师，朝鲜水军大大加强了实力，舰船多达50余艘，极大鼓舞了朝鲜军民的斗志。翌日早晨，李舜臣和李亿祺共同率领50余艘舰船编队，向停泊在唐项浦的满载掠夺物资的大小26艘敌人舰船发起进攻，以龟船为先锋，集中火力首先击沉敌军指挥船，其他敌船仓皇突围逃窜，朝鲜水军跟踪堵击。经过激战，除个别船只逃脱外，敌船全部被击沉。当日晚，逃窜到陆上的敌军，妄图偷乘仅存的一只敌船逃命，也被全部歼灭。朝鲜水军又一次获得了唐项浦海战的光辉胜利。李舜臣因卓越指挥，立下战功，荣升资宪大夫要职。

6月7日，朝鲜水军继续巡逻，搜索残敌，最后在永登浦前海，又击毁了从栗浦逃往釜山的7

世界通史

最新整理图文珍藏版

艘敌船，击伤了很多敌军官兵，直到全部肃清残敌之后，李舜臣便下令班师，胜利地结束了第二次出征。在这一连串的海战中共击毁击沉74艘敌军舰船，歼灭包括10多名敌酋在内的数千名官兵，缴获了大批军用物资，摧垮了敌水军的一支主力船队，粉碎了敌军侵犯全罗道的企图，打乱了敌军"水陆并进"的作战计划，进而使朝鲜水军既完全掌握了海战的主动权，又控制了朝鲜南海的制海权。6月末7月初，敌军又组织3支船队分3路对全罗道方面展开了进攻。

7月8日，朝鲜水军抓住了敌人的这一行动之后，立即组成联合船队在凌晨迅速赶到了梁港口，根据敌情和地势的情况，李舜臣马上周密地制订了诱敌到闲山岛前海予以全歼的作战计划。果然不出所料，敌军第1船队驶入闲山岛前海，被隐蔽在闲山岛北侧的朝鲜水军主力团团包围，经过1天激战，朝鲜水军击沉59艘敌人舰船并杀伤、溺死数千余名官兵。

7月10日，获悉安骨浦停有42艘敌军舰船的情报后，李舜臣便立即决定再次诱敌出海给予围歼，用小船轮番进攻的战术，集中火力痛歼敌军指挥船和增援水军，敌军离船登岸逃窜，朝鲜水军继续炮击，紧追不舍，终于把42艘敌军舰船全部击毁、击沉，又一次显示了朝鲜水军的威力。从此"闲山岛大捷"宣告胜利结束，在海战史上又写下了光辉的一页。

入侵朝鲜腹地的小西行长、加藤清正、黑田长政等敌酋统率的日本侵略军陆军主力，由于日本水军的连续受挫，难以补充军粮和其他战略物资，被迫暂停了进攻，放弃了夺取朝鲜海峡地区和黄海制海权的企图。

8月27日，英勇不屈的朝鲜义兵对日军群起展开坚决斗争。是日，赵宪率领700名义兵战士，与一支义兵灵圭部队一道预计攻打锦山，因官军不配合作战，义兵与数万日军英勇决战，打死打伤众多敌人，终因寡不敌众，700名义兵全部壮烈牺牲。

9月1日，李舜臣等朝鲜将领所率朝鲜水军再次乘胜出征，冲向停泊在釜山一带的599余艘敌船。经过1天的激战，朝鲜水军又烧毁100多艘敌船，击伤击毙数千余名敌军官兵，敌军极度惊慌失措，力避正面迎战，边战边退，逃到山上另建巢穴去了。

9月16日，义兵领袖郑文孚

最新整理图文珍藏版

统率义兵对镜城发动进攻，全歼守敌，收复了镜城。

10月17日，明朝廷任命李如松为提督蓟辽保定山东等处防海御倭总兵官，准备大规模地援助朝鲜抗击日本侵略军。

10月21日，郑文孚所率义兵继攻占镜城之后，又一举歼灭驻明川的一部日军。10月31日，义兵全部歼灭了吉州以北的侵略军。12月10日，义兵在双浦痛击侵略者，围歼了驻守端川的日军。义兵在咸镜道与敌斗争的连续胜利，奠定了尔后收复该道的基础。

朝鲜各地先后掀起了具有广泛群众基础的义兵运动。很多僧侣在民族危机严重时刻，与广大爱国群众一样，也纷纷组织义兵，进行抗战斗争。妙香山普贤寺僧侣休静组织了1500名僧兵，以顺安法兴寺为根据地，开展游击斗争，取得累累成果。僧兵在收复平壤的战役中，给敌人以沉重打击。

从广大义兵在抗击日本侵略的过程来看，朝鲜义兵实际上已经形成保卫祖国的中坚力量。这支部队可以说是朝鲜政府陆军败退后，在敌后抗击日本侵略军的主力，是有力阻止日本侵略军灭亡朝鲜的重要力量。

12月16日，李如松率明军43000人从辽阳出发直奔朝鲜。12月24日，明军渡过鸭绿江，进驻朝鲜义州（今新义州）。12月28日，明军离开义州。12月30日进驻定州。1593年1月2日，李如松率明军进驻安州（即顺安，次日进驻肃川）。

1月6日，李如松率明军抵平壤城下组成包围圈并立即竖起一面白旗，上书："朝鲜军民自投旗下者免死。"

1月7日晨，李如松下令对平壤进行总攻击。朝、明联军从西、南、北三面对平壤城发起猛攻，破坏了敌军许多坚固的防御工事，并杀伤了众多敌军官兵。

1月8日清晨，在李如松的命令下，用大炮轰开了城门。李如松遂整军入城，众军蜂拥而入，骑兵云集，四处砍杀，而日军却龟缩在土窟中。日军将领小西行长退缩练光亭土窟（平壤城东部，紧靠大同江）。李如松命令督运柴草，四面堆积，以备火攻。但这时七星门、普通门土窟的敌军死守不放，明军攻打死伤甚众，甚至连李如松的坐骑也中弹而死。明军将领请求暂时停止攻击，李如松也深感一时难拔敌窟，部队饥疲难熬，遂暂时退师回营。

明军停止进攻之后，李如松通过翻译通告小西行长："以我兵力，足以一举歼灭，而不忍尽杀人命，姑为退舍，开你先路。"小西行长回答说："俺等情愿退军，请无拦截后面。"李如松答应了他的要求，并在当天晚上，命令朝鲜将领李镒撤回中和（平壤南）一路所设伏兵。是日夜，小西行长率领残兵败将退出平壤全城，趁河西冰封渡过大同江，向朝鲜南部逃窜而去。明将李宁、查大受亲率精兵随敌追击，击毙敌军官兵600余人，生俘3人。朝鲜黄州判官郑晔截击小西行长之后，也击毙敌军官兵90余人。日本侵略军在撤退中，饥饿疲惫不堪，有的投藏老百姓茅舍，有的投宿寺庙内，也不断被群众和僧侣痛打砍杀，其惨状可想而知。朝鲜联军在当天晚上收复了平壤。

据《援朝抗日战争》统计，平壤之战战果如下："平壤之战除焚溺者外，明军和朝鲜军共斩获一千六百四十七名，生擒五名，夺马二千九百八十五匹，救出朝鲜被掳男妇一千二百二十五名，收复了平壤城。明军阵亡七百九十六名，马骡死五百七十六匹。"平壤城的收复，对日本侵略军是一个沉重的打击，也挫败了日本侵略军扩大侵略的阴谋，铸成了入侵敌军彻底失败的起点。

平壤之战的胜利主要取决于以下3个因素：1. 集中了援朝的全部明军，以4万余兵力对1.5万余兵力，在兵力上占明显优势，并得到朝军的配合作战；2. 明军官兵援朝抗日，英勇杀敌，视死如归；3. 充分发挥了火攻战术的强大威力。

2月19日，李如松率明军进驻开城，日本侵略军已将该城屠杀掠夺焚烧殆尽，丢下一座空城，急速南逃，明军继续向临津江进发。

2月24日，李如松在开城商讨收复京城之策。

2月27日，李如松为了解前方日军动静和作战地理状况，亲率明军2000人渡过临津江向南进军，一直深入到距京城（今汉城）仅30里之遥的碧蹄馆，在这里突然遭到日军的激烈袭击。李如松亲自指挥所率明军列阵对敌，明军施放火箭，敌人很少退却，后知明军兵员不多，又集中兵力反攻，双方殊死搏斗，敌人径直冲向李如松，危险至极，因双方众寡悬殊，明军势不能支，遂挥兵撤退，李如松亲自殿后。明军撤退，日军尾随追至惠仁岭。此时，

最新整理图文珍藏版

明军将领杨元率后续大军1000人赶到，日军被迫停止追击退回。当晚李如松退至坡州，后又退驻开城。

碧蹄之战的挫折，给明军特别是给总兵李如松一个影响深远的教训，使之明确地认识到决不能轻敌冒进。当时，日军驻守京城的总兵力4万余人，前锋约2万人，而且是日本侵略军的主力部队。敌我力量对比敌人处于优势。因此要收复京城，直至把日本侵略军赶出朝鲜，必须补充实力，加强朝明两军的协同作战。为此，朝明联军调整了新的战略部署，暂停战略进攻，而把大军留驻于开城一线，不再前进，利用这个时机整顿联军，等待援军。通过上述的确切部署，为新的战略举措提供了两个有利的条件：1. 可以阻止日本侵略军可能发动的进攻；2. 可以在新的援军到前线时发动攻势，以收复京城。

3月初，日军主帅丰臣秀吉得知侵朝日军受挫，粮饷不足，疾病流行，决定暂时撤军。明朝兵部尚书石星也认为明军长期异域他乡作战，官兵疲惫，也有意从朝鲜撤军。但是，朝鲜国王李昖一意想复国报仇，不断恳请明军与朝军联合作战进击日本侵略军。

明军主将鉴于当时军事形势，按兵不动。

3月22日，李如松指派使臣沈惟敬前往京城（今汉城）会见日军将领探讨和谈问题。

4月9日，沈惟敬在龙山会见日酋商谈了和谈并议决了各项条件。

4月19日，侵占京城的日本侵略军撤出了该城，并带走了朝鲜两王子和被俘大臣。据传，3月下旬，京城（今汉城）内外日军总共有5.3万余人。

4月20日，李如松率明军进驻京城。

5月2日，根据丰臣秀吉确定的"和谈"条件，日本侵略军撤离京城的先头部队抵达釜山附近地区。从京城撤退下来的日军，玩弄两种手法，一方面在庆尚、全罗两道的沿海城市先后修筑了18处坚固的城堡，作顽抗的准备；一方面派出使节到朝、明方面进行"和谈"活动。从此开始了长达4年之久的又谈又打，谈谈停停，企图从谈判桌上取得在战争中难以取得实际利益的"和谈"时期。

第二阶段（1593年6月～1597年1月）

6月21日，日本侵略军在

"和谈"的幌子下，大肆进攻晋州（庆尚南道）。当时朝鲜派出使臣曾多次请求分驻大丘（庆尚南道）、南原（全罗北道）和尚州（庆尚南道）等地，要明军给晋州军民以应急援救，明军以未得军令，均未行动。晋州全城被日军惨杀 6 万人。这时李如松本想进兵援救，但因日军很快退出晋州，遂按兵未动，致使朝军惨败。

6 月 28 日，丰臣秀吉把"和谈"条件交给了明朝使臣并派出小西如安前往北京。

日方提出奴役朝鲜人民苛刻的无理要求作为"和谈"条件：

①在朝鲜八道中，允许日本占领南部四道。

②朝鲜、中国与日重开官、商贸易。

③朝鲜政府将王子、大臣各一或二人送到日本做人质。

④朝鲜国王应宣誓永不背叛日本。

⑤日本答应遣返被俘的朝鲜两王子。

明朝廷鉴于日本侵略军已撤到朝鲜南部并进入"和谈"阶段，似已无大的军事活动，遂下令明军撤回国内，只留一部暂驻朝鲜。

7 月 28 日，李如松离开京城归国。朝鲜国王李昖曾在黄州送行。

8 月 8 日，明军 3 万人离开京城。明朝廷决定 2 万人归国，1 万人左右留朝与朝鲜军队一起镇守由朝、明联军控制的主要城市，由刘继统辖。

9 月 20 日，朝鲜王朝任命李舜臣为三道水军节度使。在李舜臣水军节度使的统一指挥下，三道水军联合行动，密切配合，在很大程度上加强了水军的作战能力，李舜臣将军决定将朝鲜水军总部从全罗道丽水迁到庆尚道的闲山岛。与此同时对枪炮进行改良和批量生产，并对大批舰船进行了修复。此外，还抓紧时机培养了大批训练有素的军事指挥人员。由于李舜臣将军的努力，进一步加强了朝鲜水军的战斗力。8、9 月间，丰臣秀吉也先后下令侵朝日军加强朝鲜沿海城市的守备，补充兵力并筹备所需的武器装备，以备再战。

在此情况下，明、日双方"和谈"使节来往穿梭，讨价还价，成败难定，各显其能。直到 1596 年 9 月，"和谈"依然处于僵持局面，没有取得多大进展。日方之所以同意"和谈"，主要是为子利用"和谈"的机会，积极进行再次发动战争的准备，拖是真，谈是假，以"伐交"代替"伐兵"。明朝统治集团对日本侵略军的"和谈"阴谋缺乏足够的认识，但早为朝、明人民所识破和揭穿。朝鲜爱国将军李舜臣就是一个公认的显例，他对敌人"誓海鱼龙动，盟山草木知"；对国对民"忧心辗转夜，残月照弓刀"，诗如其人，既充分表达了他彻底消灭敌人的决心和勇气，也充分表现了他忧国忧民的崇高的爱国主义精神；更充分体现了"三尺誓天，山河动色"，为国捐躯，名垂青史的一生。

日本侵略军鉴于第一次战争失败的教训，深刻地认识到：只要李舜臣担任朝鲜三道水军节度使，负责指挥朝鲜水军，他们虽然在"和谈"的幌子之下，做好了再一次发动战争的准备，但也无法实现他们的侵略目的。为此，他们采用反间计，于1597年1月，日酋小西行长派出间谍要时罗钻到朝鲜庆尚右兵使金应瑞处，捏造奇闻，散布流言飞语，陷害李舜臣。朝鲜上下信以为真，全都中了敌人的奸计，朝鲜国王李昖轻信谗言谎语，下令逮捕李舜臣入狱。2月26日，李舜臣被押送到了京城（今汉城）。

日本侵略军的缓兵之计，蒙骗了朝鲜上下无能之辈以及明朝重用了"和谈"代表沈惟敬这一无赖，使其阴谋得逞，为日本对朝鲜的第二次大规模的侵略战争大开了方便之门。

第三阶段（1597年2月～1598年11月）

2月21日，丰臣秀吉下达动员令，调集14.1490万人的陆军和数万水军、数百艘舰船再次入侵朝鲜。从动员出兵到准备就绪抵达朝鲜共用了五个多月的时间。6月，日本侵略军大部队陆续抵达朝鲜。7月中旬备战就绪，待命出击。明朝廷获悉这一信息后，又动员了川、陕、浙、蓟、辽等地陆军及福建、吴淞水师等部队，再次出兵援朝。

7月7日，日本侵略军开始进攻。日军与消灭朝鲜水军的先头部队，再一次派出奸细潜入朝鲜水军总部散布假情报，巧取朝鲜的信任，朝鲜水军中了敌人的诡计，仓促迎战，连续惨败。

7月15日夜，日本侵略军以绝对优势兵力，水陆夹攻停泊在巨济岛西部漆川岛的朝鲜水军。朝鲜水军仓皇应敌，被包围三四重，不力抵抗，边战边退，舰船尽被烧毁，官兵几乎全部战死溺亡，接替李舜臣任三道水军节度使之职的元均也兵败身亡，闲山等要塞岛屿全被日军占领。日军因此取得了首次打败朝鲜水军的胜利。

日本侵略军强占闲山岛之后，控制了海上通道，遂即以水陆两路向全罗道进军。

8月1日，1.4万日本侵略军兵分3路向全罗道南原发起猛攻。恰巧这时，明朝援军的先头部队陆续进驻全罗、忠清两道。杨元率援军3000人驻全罗道南原。

8月3日，元均指挥的朝鲜水军惨遭败北后，朝鲜王朝在朝野上下强烈要求恢复李舜臣将军原职的沉重舆论压力下，无奈重新任命李舜臣将军为三道水军节度使，使朝鲜军民抗击日军侵略的爱国热情与获取胜利的决心为之一振。

李舜臣复职后，立即收罗了残存的12艘舰船和120余名官兵，并在此残破的基础上重新整顿了三道的水军，确定地势险要的利津港为三道水军的基地。

8月16日夜，经过激战，日军攻占了南原南门，杨元负伤带10余人逃出西门，明军2700名官兵战死身亡，南原失守。

8月19日，陈愚衷率明军退出全罗道的守城全州，向北撤退。

南原失守，全州以北瓦解，明军退守京城。明副总兵解生、牛伯英、杨登山等率精兵2000人坚守忠清道稷山。日军占领南原、全州以后，又连续占领了海南、顺天、宝城等地，几乎占领了朝鲜的谷仓全罗道地区，以此为其侵略战争服务。

8月28日，李舜臣将军指挥朝鲜水军一举击退了驶来偷袭的8艘敌人舰船之后，立即率舰船驶入珍岛东北地势险要的碧波亭水域，利用海潮时涨时落的特点，在鸣梁口东西通道口暗设铁索、木桩等物，以阻碍敌人舰船行动，给日本侵略军以沉重打击，这一巧妙安排是为著名鸣梁大捷所做的万无一失的准备。

9月7日，日本侵略军右军先锋黑田长征率军猛攻稷山，左军进攻舒川，企图一举而占两城。解生等亲临阵前指挥精兵2000人奋力抗击，在游击摆寒亲率援军2000人密切协同，英勇杀敌，日军死伤不计其数，溃败而退。

明军在关键的一战取得了胜利，稷山战后日军开始南撤，明军南进。敌酋丰臣秀吉下令日军不再准备进攻京城，在占领全罗、忠清两道之后，立即撤到釜山、西生浦等地沿岸一带，企图持久盘踞，蚕食朝鲜，然后再犯明朝。

9月16日，停泊在兰浦的日本侵略军330艘舰船和2万余名水军乘潮涨潮落之机对驻在鸣梁海峡的朝鲜水军发起猛攻，面对敌众我寡，敌占绝对优势的情况下，李舜臣指挥沉着，避免与日军正面作战，而亲率一部水军部队舰船诱敌进入鸣梁口。日本侵略军眼见朝鲜水军只有少部舰船和李舜臣的指挥舰，便层层包围舰船，直扑李舜臣指挥舰，形势十分紧急危险。李舜臣将军一面喝令朝鲜水军誓死不惧，英勇杀敌，一面命令部下把不少渔船伪装成兵船，尾随水军舰船之后，以助军威。这样，朝鲜水军的指挥舰率先拼死冲向敌人舰船，其他水军也紧跟其后冲入敌阵。这时，大部敌舰船被朝军暗设的铁索、木桩阻拦，无路逃脱，俨然瓮中之鳖，经过一场恶战，朝鲜水军共击沉敌人舰船30余艘，毙伤敌官兵4000余人。这就是名震一时又永垂青史的鸣梁大捷。鸣梁大捷的辉煌战绩，既大大鼓舞了朝鲜军民的抗敌意志，又沉重地打击了日军水陆并进的侵略计划。

就在这时，明朝廷获悉日军第二次入侵朝鲜的信息后，便决定任命总督邢玠和提督麻贵为援军将领，统率4万大军再次援朝。明朝援军渡鸭绿江后，与朝鲜权栗都元帅所辖和指挥的朝鲜陆军会师，组建朝、明联军，协同作战，向南挺进。

稷山战役和鸣梁大捷以后，日本侵略军各部相继南撤，形成从蔚山到顺天的沿海要点的防御阵势。加藤清正驻守蔚山，小西行长驻守顺天，岛津义弘驻守泗川，各筑营垒，以图再犯。

12月20日，明军进驻庆州，以备专攻蔚山，蔚山依山傍水，东与岛山相连，水路通向大海，西与生浦、釜山等地相连，陆路也可经彦阳通釜山。此地水陆相通，对联系作战十分有利。驻守蔚山的日军总兵力约2万人左右。为取蔚山，联军详细地作了兵力部署和作战计划。

12月23日午夜，明军兵分3路从庆州直捣蔚山。黎明，左协李如松率先头部队与守敌相遇，交战后佯退，敌人乘机追击，明军大军参战，歼敌400余人（一说500余人）。交战时，适值敌将加藤清正在西生浦监督修筑土木工事，得知明军攻城，星夜返回蔚山，明军强攻蔚山未果而退。

12月24日，明军继续强攻蔚山，英勇冲杀，但仍未攻下此城。

世界通史

最新整理图文珍藏版

12月25日，明军再次强攻蔚山，仍未见成功。

12月28日、29日，明军连续强攻，甚至准备火攻，两天进攻均无效。

12月30日，敌将加藤清正见几天来连续受到猛攻，蔚山全城已无粮无水，殆无生路，难以继续应战，遂派联络人员，给明军将领送信，乞求讲和，遭到回绝。

1598年2月7日，驻西生浦的水陆日军1.3万余人增援蔚山。

2月8日，明军再次进攻蔚山，死伤近500人，攻城未果退回。

2月9日，明军对蔚山发起总攻击。守城日军与多路援军，遥相呼应，协同反击，明军攻城无效，决定撤军。日军见明军撤退，守军与援军一起追击，明军败退死伤3400人。倾注全力进攻蔚山的明军就这样败于旦夕。

2月10日，明军经略杨镐退至庆州，然后回到京城。明军对蔚山发起攻击前后十余天，始终未果，究其原因主要是作战指挥上的严重失误，主要表现在：1.没有掌握敌情，没有攻击蔚山坚固石城的充分准备，势必屡攻屡败。2.攻坚无效，没有采取"野战歼敌"的有效战法。3.没有及时改变主攻方向，处理围城与打援的关系失当。4.盲目撤军，组织杂乱无章致使遭受重大伤亡，前功尽弃。

蔚山战后，日本侵略军的战略总方针是：继续占据从蔚山到顺天的沿海地区，固守要塞，作长期准备，在朝鲜南方站稳脚跟，蚕食全朝鲜，最后进犯中国。明军的战略方针是：水陆并进，分路进攻三要塞——蔚山、粟林、泗川。

此时在京城的总督邢玠，鉴于蔚山失利，决定继续请求援兵，特别强调增调水军，对敌实行水陆夹攻，全歼盘踞朝鲜南部的日本侵略军。据查固守要塞的日军只留有6.47万人，一半以上的兵力已回国休整。邢玠遂在2月，任命副总兵督金事陈璘为御倭总兵官。陈璘之广兵、刘继之川兵、邓子龙的浙兵相继调往朝鲜。同时把明朝援军分3路并进，陈璘率水军，在海上策应，水陆夹攻，全歼日军。

6月4日，杨镐因蔚山失利被免职。

6月24日，命万世德为经略取代杨镐。

7月15日，陈璘率水军进驻古今岛，与李舜臣将军所辖水军会合，组成联合舰队，牢牢地掌握了朝鲜南海的控制权，切断了敌军的退路。朝鲜水军 7328 人，陈璘水军 1.94 万人。连同上述陆军兵力，朝鲜和明、朝联军的总兵力共 11.3 万人左右，与日军留驻兵力相比占有明显优势，很有再战必胜的把握。

8 月 18 日（明历 19 日），敌酋丰臣秀吉因日军侵朝一再失利，积郁而死于日本的伏见城（今京都市伏见区桃山町）。日本侵略军得知丰臣秀吉死亡的消息后，留在朝鲜的日军将领和所辖官兵均无心再战，加之日军已被明、朝联军重重包围。四面楚歌，军队涣散，形势对其十分不利。为此驻守顺天的敌酋小西行长又提出停战和谈的建议，遭明、朝联军的拒绝，无计可施，只有请求援军前来解围了。

9 月 20 日，刘继率明军攻顺天东南、三面临海、筑有坚固营垒的敌酋小西行长的主营曳桥。此时明、朝联合水军也已泊在曳桥临近海域，准备水陆强攻。但因日军以 1.3 万余人的兵力防守，小西行长坚守不出，明军陆上兵力几次强攻，均无奏效。翌月 2 日，刘继率陆军，陈璘率水军协同强攻曳桥，受到日军的顽强抵抗，水陆夹攻也无结果。

9 月 20 日，董一元率明军进攻晋州，日军不战而退，逃到昆阳、泗川。明军占领晋州，继续追击敌军。在 10 月 2 日，明、朝联军以多达 2.9 万余人的强大兵力对泗川的新寨发起了进攻，新寨三面临江，一面受冲，守敌十分惊慌。但正当联军以炮火轰开守敌城门，各路部队冲向城里的时候，明军游击彭信古营中火药着火，顿时，全军大乱，争先逃脱险境。敌军乘机追杀，明军惨败，死者多达七八千人。董一元退回晋州。

此次战役前后 14 天（9 月 20 日~10 月 3 日）。明、朝联军四路出击，水路夹攻，虽有小胜，稍有进展，但损失近万人之众，是一次失败的战役，也是明军将领战略指导上的严重失误。

时隔近月，到了 11 月，日本侵略军在朝、明联军和朝鲜各地义军的沉重打击下，已陷入内外交困的窘境。外遭联军的重重包围，内呈士气低落，军纪涣散，分崩离析之势，同时根据丰臣秀吉的遗命准备撤军，不拟再战，打算回国。因此出现了欲战有难，欲撤不能，坐以待毙的局面。

11 月 16 日，面临覆灭命运

的敌酋小西行长派出满载枪剑、马匹等物的7艘船只驶向李舜臣的本营，乞求李舜臣接收此礼放其率日军回国。李舜臣对此愤慨万分，严词拒绝了敌人的物质诱惑。敌人的卑鄙行径更加激发了李舜臣率军全歼不共戴天之敌的满腔热情和战斗意志。在百般无奈的情况下，小西行长只好向驻守泗川的日军求援，以解其被围之困。

11月17日，泗川守敌将领鸟津义弘率日军500余艘舰船和大批部队，从水路支援小西行长，妄图一举冲破朝、明水军的联合防线，打通回国之路。朝、明联合舰队，根据敌军这一动静，立即连夜进驻露梁海峡。李舜臣和陈璘亲率联合舰队扼守海口，切断了敌军的退路，严阵以待，迎接一场空前激烈的歼灭战的到来。11月19日凌晨，隐蔽停泊于露梁海域的朝、明联合水军舰队，向敌军展开了猛烈进攻。李舜臣擂鼓督战首先冲向敌人舰船，被日军舰船包围。陈璘见状急忙冲入包围圈救援，形势十分危急。经过激战，陈璘突然鸣金收兵，舰船之上，一片寂静，日军疑有诡诈，不敢贸然进攻，稍稍后退。明船突然喷筒齐

发，很多日军舰船被击中起火，被击毙和跳水溺死者不计其数。这时，李舜臣已冲出重围。年过70年明水军老将邓子龙勇往直前，亲率200名勇士追击日船，投掷火球，向敌舰船进攻。正在激战时，不料，邓子龙的舰船被烧起火，日军趁势围攻，李舜臣前往救援，邓子龙力战身亡，为朝鲜人民光荣献身。李舜臣与陈璘自始至终，密切协同作战，合力夹击日军，用虎蹲炮轰击敌船。此时，李舜臣胸部中弹，伤势很重，在危垂之际，嘱咐他的儿子李荟和侄李莞说："战方急，慎勿言我死"，说着说着便与世长辞。李莞遵照李舜臣的遗嘱，以李舜臣的名义，发布命令，继续督军作战，直到日本侵略军渐渐不支，溃败而终。

通过露梁海战，朝鲜、明朝联合舰队共击毁击沉敌军200余艘舰船，消灭敌军2万余名官兵、俘虏180人，溺死不计其数。

露梁海战，从战略上来说，它是海上伏击、夹攻成功的一次战役；从明朝援军作战和朝鲜壬辰卫国战争来说，它是援朝战争和壬辰卫国战争的最后一次战役，也是获得巨大胜利的一次战役。

最新整理图文珍藏版